Andreas J. Obrecht
Zeitreichtum – Zeitarmut

Wir haben uns daran gewöhnt, Zeit als etwas Messbares, unser Leben Strukturierendes zu begreifen. Die Zeit hat uns angeblich fest im Griff. Doch es regt sich auch Sehnsucht nach mehr Freiheit.

Anhand einer Fülle historischen, ethnographischen, kulturwissenschaftlichen und soziologischen Materials beginnt Obrecht eine Zeitreise in Gesellschaften, in denen Zeit nicht genutzt werden muss, um erfüllt zu sein. Sie endet in einer Gegenwart, in der jeder Augenblick zu einem Durchgangsstadium für das Erreichen eines Ziels geworden ist.

Zwischen dem Zeitreichtum »armer« Gesellschaften und der Zeitarmut »reicher« Gesellschaften folgen wir der Fährte unterschiedlichster kultureller Identitäten und Wirklichkeitskonstruktionen. Und in dem Spiegel dieser gewesenen und gewordenen Zeit erkennen wir uns als jene, deren Zukunft mit derselben Geschwindigkeit davon läuft, mit der wir sie in die Gegenwart zu holen und in dieser zu leben trachten.

Andreas J. Obrecht, geboren 1961 in Wien; Soziologe, Kulturanthropologe, Schriftsteller. Forschungsprojekte zu Fragen des kulturellen Wandels, der Modernisierung und Globalisierung vorwiegend in Ländern des subsaharischen Afrika, im Südpazifik, der Karibik und in Asien. Habilitation in Soziologie. Projektmanager am Interdisziplinären Forschungsinstitut für Entwicklungszusammenarbeit (IEZ) der Johannes Kepler Universität Linz und Gastprofessor am Institut für Zeitgeschichte der Karl Franzens Universität Graz. Neben wissenschaftlichen Publikationen in den Bereichen Magie und Säkularisierung, Epistemologie, Kulturanthropologie und -soziologie, soziokulturelle Transformationsforschung und Technologiefolgenabschätzung erschienen literarische Bücher: Lyrik, Kurzgeschichten, Romane, Opernlibretti, sowie Dokumentationen (alle ORF) über den sozialen Wandel in außereuropäischen Kulturen. Erfolgsautor von *Die Welt der Geistheiler* und *Die Klienten der Geistheiler*.

Andreas J. Obrecht

Zeitreichtum – Zeitarmut

Von der Ordnung der Sterblichkeit zum Mythos der Machbarkeit

Brandes & Apsel

Auf Wunsch informieren wir regelmäßig über das Verlagsprogramm:
Brandes & Apsel Verlag, Scheidswaldstr. 33, D-60385 Frankfurt am Main
E-Mail: brandes-apsel@t-online.de, Internet: www.brandes-apsel-verlag.de

Die Arbeiten des Autors an diesem Buch und die Herausgabe desselben wurden gefördert und unterstützt von:

Alfred Schachner Gedächtnis-Fonds – Graz

Referat Wissenschafts- und Forschungsförderung, MA 18 – Stadt Wien

Interdisziplinäres Forschungsinstitut für Entwicklungszusammenarbeit (IEZ)
Johannes Kepler Universität – Linz

1. Auflage 2003

Lektorat: Volkhard Brandes, Frankfurt am Main
DTP: Claudia Weidner, Leipzig
Umschlaggestaltung: MDDigitale Produktion, Carsten Fischer/Petra Sartowski, Maintal – Fotos Umschlagvorderseite: *Großes Strandbild:* Levera Beach auf der Karibik-Insel Grenada. Foto: Michael Böhm. – *Kleines Strandbild:* Strand von Tong Island, unbewohnte Insel im Südpazifik, am 2,5ten Grad südlicher Breite und 148ten Grad westliche Länge. Auf Tong Island brachte der Autor 1992 drei Wochen alleine zu. Die zeitliche Distanz zur nächsten bewohnten Insel – anhand einer Bootsfahrt mit einem 40 PS-Außenmotor bei durchschnittlichem Wellengang gemessen – beträgt etwa acht Stunden. Foto: Andreas J. Obrecht. – *Flussbild:* Mekong bei Phnom Penh, Kambodscha. Foto: Volkhard Brandes. – Foto des Autors, Umschlagrückseite: Barbara Krobath.
Druck: Tiskarna Ljubljana d. d., Ljubljana, Printed in Slovenia
Gedruckt auf säurefreiem, alterungsbeständigem und chlorfrei gebleichtem Papier.

Bibliografische Information *Der Deutschen Bibliothek*
Die Deutsche Bibliothek verzeichnet diese Publikation in der Deutschen Nationalbibliografie; detaillierte bibliografische Daten sind im Internet über http://dnb.ddb.de abrufbar

ISBN 3-86099-317-8

Inhalt

... für meine Töchter Clara und Amba

Nach jahrelangen Feldforschungen in vorwiegend afrikanischen und melanesischen Kulturen zu Fragen des durch »Modernisierung« bedingten sozialen und kulturellen Wandels wurde ich von Univ.-Prof. Dr. Helmut Konrad zu Gastprofessuren für den Schwerpunkt Außereuropa am Institut für Zeitgeschichte der Karl Franzens Universität Graz eingeladen. In den Vorlesungen und Seminaren sollten vor allem Aspekte der »kulturellen Globalisierung« aus den unterschiedlichsten Perspektiven heraus dargestellt und vor dem Hintergrund einer kritischen Wissenschaftsgeschichte analysiert werden. In den Jahren 1998/99 wurde dieser Zyklus mit Lehrveranstaltungen unter dem Titel »Vom Ethnos zur Weltgesellschaft« eröffnet, gefolgt von »Magie und Säkularisierung« (1999/2000) und »Universalität versus Lokalität« (2000/01).

Das vorliegende Buch, großteils auf der Karibikinsel Grenada (West Indies) in den Jahren 2000 und 2001 geschrieben, entstand Dank dieser Lehrtätigkeit und auch der intensiven Diskussionen, die ich mit den engagierten Studierenden in Graz führen durfte. Nachdem wesentliche Teile der Arbeit geschrieben waren, hatte ich Gelegenheit, diese in Fortführung meiner Grazer Lehrtätigkeit unter dem Titel »Die Zeit im Spiegel der Fremde. Zeitorganisation und Zeitrationalität im interkulturellen Vergleich« (2001/02) zu präsentieren und einer ersten kritischen Rezeption zuzuführen. Wertvolle Anregungen sind in die Überarbeitung des Manuskriptes ebenso eingegangen wie neueste Trends und Entwicklungen, die eine sich immer rascher verändernde, zeitlich und räumlich »entgrenzte« Welt mit sich bringt.

Das Haus auf der Insel Grenada, in dem dieses Buch enstanden ist, ruht auf einer felsigen Klippe. Aufgrund dieses Felsvorsprunges hat man von jedem beliebigen Standort einen mehr als 180-gradigen Rundblick auf die Weite des Ozeans. Die Schaumkronen tragenden Wellen, das beständige Rauschen der Brandung, die stete Brise und die hölzernen Terrassen vermitteln den Eindruck, auf einem Schiff zu sein, das ruhig die Gewalten des Wassers teilt – zu allen Gezeiten, am Tag, in der Nacht. Das Buch, das ich an diesem wunderschö-

nen Ort geschrieben habe, beschäftigt sich nicht mit der Frage: Was ist die Zeit?, sondern mit der Frage: Was ist die Zeit für die Menschen? Wer bewegt die Zeit?

Als ich hier einzog und mit dem Schreiben begann, war meine zweitgeborene Tochter Amba ein Säugling, der gerade ein wenig den Kopf heben konnte. Jeden Tag nach Sonnenaufgang ging ich mit ihr hinunter an den weißsandigen, von Kokospalmen umsäumten Strand und nahm mit ihr ein erfrischendes Bad im Atlantik. Jeden Tag nach Sonnenuntergang, wenn fallweise der Mond und stets in überwältigender Klarheit unzählbare Sterne das Firmament festlich erleuchteten, machte ich mir Gedanken über das, was wir die Zeit nennen. Als ich hier auszog und das Buch im Wesentlichen fertig gestellt hatte, lief meine Tochter schon über den Strand, zog die drei Haushunde an den Schwänzen, war auf und unter den Tischen zu finden und in ihrem Drang nach Bewegung, Erfahrung und Mitteilung des Erfahrenen kaum mehr zu bremsen: Sichtbar gewordene, bewegte Zeit.

Sollte mich einmal jemand fragen: Was denn die Zeit ist?, so werde ich von dem Haus auf Grenada und meinem Kind erzählen, das mit jedem seiner sich im weißen Sand abzeichnenden Schritte jener Vorstellung von Zeit entgegenlief, die wir alle teilen.

Andreas J. Obrecht
Pondicherry/Südindien
im Januar 2003

Die Insel im Südpazifik – Erstes Bild

Stellen Sie sich vor, Sie sitzen irgendwo am – nobel ausgedrückt – Ende der Welt; zum Beispiel auf einer menschenleeren Insel inmitten des Südpazifiks. Sie warten nun schon drei Tage auf jenes Boot, von dem Sie sich hier vor drei Wochen haben aussetzen lassen und das Sie zu der eine Tagesfahrt entfernten Nachbarinsel bringen wird, von deren Missionsstation aus Sie aufgebrochen waren mit dem verwegenen Gedanken und eigenwilligen Vorhaben, hier »etwas über die Welt und *ihre* Zeit zu erfahren«.

Stellen Sie sich vor, wie sehnlichst Sie das Boot erwarten: zurück auf der Missionsstation werden Sie wieder ordentlich duschen, ein getoastetes Brot essen und obendrein etwas von der Welt außerhalb der Weite und Einsamkeit Ozeaniens erfahren können. Sie sitzen am Delta jenes Flusses, der, aus dem dichten, undurchdringbaren Dschungel des Inselinneren kommend, seine grauen schlammigen Wasser in den Pazifik ergießt. Es ist Ihnen mehrfach versichert worden, dass Sie von dem Boot zu nämlicher Zeit an nämlicher Stelle wieder abgeholt werden. Jetzt warten Sie schon den dritten Tag: vor Ihnen der blaue Horizont, in dem Wasser und Himmel zerrinnen, hinter ihnen das Dickicht des Regenwaldes, der seine Geheimnisse – selbst nach diesen drei beschwerlichen Wochen – nicht preisgegeben hat.

Wenn Sie sich obendrein vorstellen können, gelassen zu bleiben und sich auf drei weitere Tage Wartezeit einzustellen – drei Tage, an denen Sie nichts weiter tun werden, als dem Rauschen der Brandung, den Stimmen des Flusses und jenen des Waldes zu lauschen –, dann haben Sie die erste Hürde zum Verständnis dieses Buches bereits hinter sich gebracht: denn in diesem Buch geht es um die Tatsache, dass es die Zeit *in Wirklichkeit* gar nicht gibt. In diesem Buch geht es um die Zeit als Teil unserer Vorstellung von uns selbst, oder anders ausgedrückt: um das vielfältige, bunte menschliche Denken und Handeln, das stets glaubt, einer gewissen *objektiv* vorgegebenen Zeit folgen zu müssen und dabei gerne übersieht, dass das menschliche Denken und Handeln selbst die Zeit erschafft – aus dem »Nichts« endlicher Langsamkeit oder endlicher Raserei.

Um die Antwort auf die Fragen, die dieses Buch aufwirft, gleich vorwegzunehmen: Auch nach weiteren drei Tagen wird Ihr Boot nicht angekommen sein, und sind Sie beharrlich genug, auch drei weitere Wochen zu warten, es wird Sie auch nach Ablauf dieser Zeit nicht abgeholt haben. Denn am Ende der Welt kann man nichts erwarten, geschweige denn bestellen, das einen zu dem Anfang seiner Selbst zurückbringt. Darin liegt das Faszinierende an der Unumkehrbarkeit von »Zeit«. Schon haben Sie sich den Titel eines »Sanabeh« verdient, eine hohe Auszeichnung für all jene, die bereit sind, Zeitreichtum und Zeitarmut, die unbegrenzte Fülle oder die Herzinfarkt erzeugende Knappheit der »Zeit« mit einem sich selbst vergebenden Lächeln zu verstehen.

Teil I
Vergangenes und Zukünftiges

1 Die Kuckucksuhr

Sanabeh heißt in Lir, einer Sprache, die auf den Inseln östlich von Neuirland[1] gesprochen wird, soviel wie: Der/die, auf etwas wartet, das niemals kommt! Meiner Kollegin, der Ethnopsychoanalytikerin Sigrid Awart ist dieser wunderliche Name nach einer elfmonatigen Feldforschung auf der 800 Seelen zählenden Insel Lihir – im Jahre 1991 christlichen Kalendariums – verliehen worden. Während sie auf diesem herrlichen, palmenumsäumten weißstrandigen Eiland Untersuchungen zu Fragen des Kulturwandels[2] durchführte, befand ich mich im Hochland von Papua Neuguinea, um dort die Einflüsse der so genannten Modernisierung auf die indigene Bevölkerung zu studieren.[3] Ein faszinierendes Untersuchungsgebiet, in dem ich mehr als eine Zeitreise absolviert habe. Im Zeitraffertempo verändern Entwicklungen, die in der europäischen Kultur jahrhundertelang gedauert haben, mitunter sogar innerhalb weniger Jahre, die sozialen, kulturellen, ökonomischen und religiösen *Wirklichkeiten* der Menschen: Städte statt Dörfer, Geld statt Tausch, Gott statt Magie, Schule statt Initiation, Partnerschaft statt Geschlechtertrennung, Lohnarbeit statt Jagd und Brandrodung, Saxophone statt Flöten, Kleidung statt Grasrock, Zeitung und Telefon statt Schlitztrommel, Eucharistie statt Tanz, Erlösung statt Totenreiche, Alkohol statt Betelnüsse, Monogamie statt Polygynie, Medizin statt Zauber, Flugzeuge statt Hexenflüge.

Oft glaubte ich mich in einer Zeitmaschine zu befinden, die mich von den jagenden und brandrodenden Einwohnern des Waldes in die Städte und zurück katapultierte. Es ging also nicht nur *nach vor,* sondern *auch zurück,* und dann kam natürlich der Punkt an dem ich das *Zurück* als *nach vor* und umgekehrt empfinden musste – denn Fortschritt oder Rückschritt verlieren irgendwann, gleichermaßen wie die Begriffe Tradition oder Modernität, ihre Gültigkeit. Gültig ist das, was als *wirklich* erlebt wird; aber welche dieser Wirklichkeiten, die alle Folge unterschiedlicher sozialer, kultureller, ökonomischer Ordnung waren, konnten vor dem Hintergrund ihrer atemberaubenden Unterschiedlichkeit, ja Widersprüchlichkeit noch gültig sein, in welcher dieser Wirklichkeiten gab es noch Platz für Selbstverständlichkeit, also für ein definitives Bild von Welt, das sich durch Wissen und Bestand ausdrückt? Was war der kleinste gemeinsame Nenner auf den sich die epochalen Veränderungen in den menschlichen Gesellschaften – die in einem Inselstaat wie Papua Neuguinea z. T. wie im »Labor« nachzuvollziehen sind – zurückführen lassen konnten? Erst nach jahrelangen Forschungen und vielen hundert publizierten Seiten zu Fragen des kulturellen und des sozialen Wandels in Melanesien, im südlichen Afrika und in Ostafrika drängte sich mir eine *mögliche* Antwort auf all diese Fragen auf: Es war die Zeit, die die Ordnung der Dinge in höchst unterschiedlicher Qualität zu bestimmen schien, es war die Zeit, deren Qualität *Wirklichkeit* und deren Veränderung wie in einem kaleidoskopartigen Spiegelspiel definitiv festzulegen schien. Und es waren die Menschen, die diese Zeit nach Maßgabe ihrer Lebensnotwendigkeiten aus dem Nichts der Zeitlosigkeit jeweils von neuem erschufen und damit – mit dieser zeitlichen Ordnung der Dinge – mehr oder weniger zufrieden sein konnten!

Vor fünfzehn Jahren, als ich meine intensiven Feldforschungen in Papua Neuguinea begonnen hatte, ging ich freilich anderen Fragen nach: In Papua Neuguinea verwiesen 800 linguistisch voneinander getrennte Sprachen auf die große Isolation, in der diese Menschen Jahrtausende lang in vorwiegend patriarchalen, kriegerischen und magischen Traditionen gelebt hatten. Ich war auf der Suche nach der »Macht der Moderne«, die mittlerweile ihren Herrschaftsanspruch bis in die entlegensten Winkel dieser an entlegenen Winkeln ohnedies nicht mehr reichen Welt ausgedehnt hat. Damals nannte man die durch den Einfluss des »Westens« bedingten sozialen Veränderungen »Akkulturation«, heute wird von »kultureller Globalisierung« gesprochen. Modernität heißt, sich selbst als Produktionsfaktor zu begreifen, Gedanken, Anstrengungen, Technologien, Waren, Güter, Gelder, Dienstleistungen in eine *Wirklichkeit* zu stellen, die den Austausch dieser individuell hervorgebrachten Dinge nach bestimmten, auf Konkurrenz aufbauenden Kriterien bewertet, organisiert und individuell entlohnt – in Abgrenzung zu dem, was als traditional empfunden wird. Diese Abgrenzung ist von zentraler Bedeutung, denn in traditionalen Gemeinschaften steht das Kollektiv über dem Individuum, die Befriedigung individueller Ziele ist den Lebenserfordernissen der Gemeinschaft untergeordnet, und die Zeit tickt nicht nach Vorgabe des sich auf einem konkurrierenden Markt behauptenden Menschen, sondern nach Maßgabe der in großer gegenseitiger Abhängigkeit gemeinschaftlichen Verrichtung.

Während also meine Kollegin Sigrid Awart auf der kleinen Insel Lihir ähnlichen Fragen nachging, bestieg ich im Hochland von Papua Neuguinea abermals die Zeitmaschine und wanderte insgesamt acht Wochen von der Stadt Mount Hagen bis zum Yuat-Fluss, den ich schließlich mit einem selbstgebauten Floß bis zum mächtigen Sepik-Strom und dessen Mündung in den Südpazifik hinunter fahren sollte. Vielleicht faszinierte mich schon damals mehr das *Zurück* als das *Nach vor*, vielleicht war aber gerade das *Zurück* für mich ein *Nach vor;* denn wie immer die Welt aussehen mag, aus der wir kommen: die Welt, der wir *begegnen,* kann erstaunlicherweise ebenso rasch gültig werden wie die Welt der Dörfer für die Stadtmigranten Papua Neuguineas an Gültigkeit und Verbindlichkeit verliert. Sie begegnen dem, was wir verlassen, wir begegnen dem, was sie verlassen haben: z. B. der Initiation, dem Fetischismus, der Geschlechtertrennung, den Männerhäusern, in denen die Waffengänge des nächsten Tages besprochen werden, den rituellen Opferungen, den Ahnenverehrungen, den Trancetänzen, dem keinesfalls immer erschreckenden frühen Tod und vielem mehr.

Wandert man nur lange genug durch die Wildnis, von Streusiedlung zu Streusiedlung, von Berg zu Tal, vom Fluss zum Südpazifik, so findet man sich erstaunlicherweise relativ rasch zurecht. Die Zeit und damit ihre in uns festgesetzte Ordnung der Dinge entpuppt sich keineswegs als das Naturgesetz, das wir in ihr – zum Zwecke unserer Selbstvergewisserung – zu sehen geneigt sind. Alle eigenen Muster von Beurteilung und Zuweisung werden vergessen – geht man nur lange genug und scheut man sich nicht, darin mehr als eine bloß sportliche Übung zu sehen; alles, selbst das Exotischste und auch Bedrohendste erscheint plötzlich – auch wenn dieser Augenblick der Gewahrwerdung Tage oder Wochen oder Monate dauern mag – als völlig normal. Ja, das ist die *Wirklichkeit,* nur so und nicht anders kann sie hier *wirklich* sein. Zu diesem Punkt gelangt der Wandernde, der Zeitreisende, der Forscher dann, wenn er sich gar nicht mehr vorstellen kann, dass es außerhalb der Welt *dieses* Dschungels noch eine Welt der Elektrizität, der Handys, der PCs, der Kranken- und Pensionsversicherungen, der klimatisierten Flughäfen, der Arbeitskräfte freisetzenden Rationalisierung und der Auslagerung von Produktionsstandorten gibt. Erst wenn einem seine Herkunftskultur schlichtweg absurd erscheint, hat man die erste Hürde, das Selbst in der Zeit zu begreifen, genommen.

Pflichtbewusst freilich wie ein junger Forscher, der akademische Lorbeeren erringen will, nun einmal sein soll, fertigte ich, trotz des Gefühls der Unübertragbarkeit dieser Erfahrungen, auf meinen Wanderungen durch den Dschungel Papua Neuguineas eifrig Notizen und Feldforschungsprotokolle an, von denen ich wusste, dass sie erst *nach dieser Zeit*, zurück im heimischen Europa, ein konsistentes Gedankengebäude zur Beschreibung einer im Verschwinden begriffenen archaischen Welt ergeben würden oder vielmehr vielleicht ergeben könnten. Es war nicht nur eine physisch, sondern auch eine psychisch äußerst strapaziöse Zeit, denn ich *rannte* – getrieben auch von der Vorstellung einer Wissenschaft, die letztlich nichts unerklärt lassen darf – durch die unendlich mühselige Topographie des Inselinneren, mit mir meine einheimischen Begleiter, die ich je nach zu durchwanderndem Clan-Sprach-Kulturgebiet jeweils von neuem auswechseln musste. Zu gefährlich, weil zu weit von der eigenen Heimat entfernt, schienen den Papuas die Routen des seltsamen jungen Forschers aus einer anderen Welt zu sein. Tiefe nasstropische Täler, deren Sümpfe nur über umgefallene

Baumriesen durchquert werden konnten, wechselten mit Bergkuppen, die in die Wolken stießen, sodass ich meine Begleiter nur nach Zuruf neben mir wissen konnte. An Bambusstricken zogen wir uns durch reißende Flüsse, aßen Vögel, Beutelratten und Baumkängurus, die wir mit einer alten einschüssigen Flinte erlegten, und natürlich die legendären Sagopalmmaden. Nach sieben Wochen Marsch war die Streusiedlung Yambatok erreicht. Nach einer weiteren Woche war das Floß gebaut, auf dem ich vier Tage lang allein zum Sepik-Fluss driftete. Menschenleere Ufer, von schweren Regengusswolken verdunkelte Himmel, stechende Sonne des Mittags, das Feuer in der Dämmerung, nachdem ich das Floß an Land gestakt hatte, die Stimmen und Schreie der tropischen Nacht, die ich nie vergessen werde und die ich immer wieder vermisse, wenn ich jetzt – zumeist weitaus »gesitteter« – reise; ein unglaubliches Gefühl der Wiederentdeckung von Zeit, als ich nach vier Tagen zur ersten Menschensiedlung an der Mündung des Yuat in den Sepik gelange; die Weiterfahrt, dann schon bequemer und begleitet, in einem Kanu bis zum Sepik-Delta. Und schließlich – da ist wiederum die Zeitmaschine – der Rückflug in einer viersitzigen Cessna hinauf ins Hochland, diesmal nach Goroka, wo meine Kollegen schon etwas beunruhigt auf mich gewartet hatten. In der Erinnerung bleiben unbeschreibbare Bilder, eine Symphonie aus Licht, Farben, Stimmen und Tönen, Hell-Dunkel-Wechsel: ein unbedingtes Gefühl von Zeitlosigkeit, das vielleicht erklärt, warum ich seit diesem Erlebnis nie wieder mit einem Fotoapparat auf Reisen gegangen bin.

Zurück in Goroka, wohnte ich bei einem netten Tiroler, der für den Österreichischen Entwicklungshilfedienst arbeitete, und mir freundlicherweise ein kleines Zimmer zur Verfügung gestellt hatte. Von dort ging ich täglich auf das Melanesian-Institute, von dem aus meine Kollegen und ich die Untersuchung über die Lebensveränderungen bei städtischen Migranten fortführten. Eines Tages erhielt der Entwicklungshelfer ein großes Paket aus Österreich, das er in Anwesenheit einiger Papuas neugierig öffnete. Es war eine typisch alpin-österreichische Kuckucksuhr, die da zur besonderen Freude meines Gastgebers zum Vorschein kam und unter bewundernden Ausrufen der versammelten Runde aufgestellt und aufgezogen wurde. Mit besonderem Interesse bestaunten die Papuas die massive Mechanik, die dem Wunderwerk Leben einflößte. Ich drehte die Zeiger vor und schon klappte das Türchen auf und ein grün-brauner Kuckuck rief, großteils zur Erheiterung der Anwesenden, die imaginäre Stunde. Es wurde gelacht und gescherzt, einige freilich schienen mehr verängstigt als verwundert oder amüsiert zu sein. Schließlich löste sich ein junger Mann aus der Gruppe, lief aus dem Haus und rief voll Begeisterung den im Vorgarten Sitzenden zu: »Stellt euch vor, jetzt gibt es sogar schon eine Uhr, die ohne Batterien funktioniert!«

2 Warum die Uhren solange ohne Batterien funktionieren mussten

Die Gegenwart, so sagt man, ist die Vergangenheit der Zukunft. Wenn ich in einem Hörsaal die Begriffe *Vergangenheit, Gegenwart und Zukunft* an die Tafel schreibe, so wird das Wort Gegenwart mit seiner schriftlichen Beendigung zur Vergangenheit und das Wort Zukunft im Moment seiner Verschriftlichung Gegenwart. Die Linearität, die Abfolge der Zeit im Raum, scheint also in unser Denken, Handeln und in unsere symbolische Ordnung *eingeschrieben* zu sein. Wie und wodurch es zu dieser Zeichensetzung kommt und welche Auswirkungen sie auf die reale Gestaltung der Welt hat, soll der rote Faden sein, der sich durch die kommenden Kapitel zieht. Manchmal freilich scheint die Linearität der zeitlichen Ordnung durchbrochen, in Frage oder auf den Kopf gestellt. So z. B. in dem Kuckucksuhrbeispiel aus Goroka. Technikgeschichtlich betrachtet werden nicht nur Jahrhunderte »übersprungen«, sondern es wird aufgrund von realer »empirischer« Beobachtung die zeitliche Rangfolge – symbolisiert durch technische Gerätschaften – »durcheinander gebracht«; damit werden uns selbstverständlich scheinende Entwicklungen mitunter kurios konterkariert. Kein Wunder aber in einer Welt, für deren Bewohner z. B. ein Flugzeug und auch dessen Benützung – etwa im Krankheitsfalle – eine Selbstverständlichkeit ist, wohingegen ein Fahrrad oder auch ein Auto oft unbekannt sind.[4]

So interessant und gleichermaßen amüsant mir die Geschichte mit der Kuckucksuhr erschienen war, so sehr sollten sich einige Tage später die Papuas über mein Betragen amüsieren. Der 1. Juni war gekommen und ich freute mich Sigrid Awart wieder zu sehen, hatten wir uns doch elfeinhalb Monate zuvor, bevor meine Kollegin auf die Insel Lihir gegangen war, diesen Tag als Treffpunkt im Melanesian Institute in Goroka vereinbart. Damals gab es ja auf Lihir keine wie immer gearteten Kommunikationsmöglichkeiten[5], und da Sigrid immer schon in das Hochland kommen wollte, konnte ich es kaum erwarten, meinen »Wantok«[6] – meine »Landsmännin« – hier zu treffen. Schon Tage zuvor hatte ich ihre Ankunft angekündigt – Witze blieben nicht aus: eine weiße Frau, die extra hierher anreist ... Jedenfalls stand ich schon frühmorgens am Tor des von einem Wächter mit Pfeil und Bogen bewachten Melanesian Institute und wurde, indem ich auf Sanabeh wartete, ebenfalls – wie oft zuvor in diesem Land – zu einem Sanabeh. Es wurde Mittag, es wurde Abend, die Witze der mit mir vor dem Tor herumlungernden Papuas wurden zur unverhohlenen Spöttelei – ein

Mann, der in einer hyperpatriarchalen Gesellschaft einen ganzen Tag auf eine Frau wartet, ist ja von vornherein suspekt, wenn nicht verrückt –, und meine Vorfreude wandelte sich schließlich in Enttäuschung: Es war Nacht geworden und von Sanabeh fehlte jede Spur. Schließlich brach ich meine Zelte beunruhigt ab: Womöglich war ihr etwas zugestoßen? Allein diese Frage ließ sich in einer Welt, die sich bislang der beliebigen Erreichbarkeit ebenso entzogen hatte wie der zeitlichen Verkürzung der Distanz zwischen Hier und Dort, vorerst nicht so schnell beantworten. Nach weiteren drei Wochen hatte ich schließlich meine Arbeit in Goroka beendet und flog in die Hauptstadt Port Moresby. Weitere drei Wochen später erfuhr ich von einem Kollegen vom Melanesian Institute, dass sich die halbe Stadt über das alberne Verhalten des weißen Mannes und der weißen Frau vortrefflich amüsiert hatte: denn natürlich war Sanabeh gekommen, aber nicht am 1. Juni, sondern am 1. Juli! Beharrlich hatte sie beim Melanesian Institute auf mich gewartet, so wie ich auf sie einen Monat zuvor, bis ihr dann doch mitgeteilt wurde, dass ich längst schon abgereist war. Irgendetwas dürfte mit der Kommunikation zwölfeinhalb Monate zuvor zwischen uns nicht geklappt haben. Bedenklich irgendwie, tragen wir doch beide batteriebetriebene Präzisionsuhren.

2.1 Die Zeit vor der gemessenen Zeit

Die Kunst der Rede

Präzision als Vorgabe für menschliches Verhalten, auch wenn sie nicht immer zum gewünschten Resultat führt, ist ein Schlüssel zum Verständnis der Zeit in der modernen Welt. Um soziale Tätigkeiten, Abläufe von Ereignissen und individuelles Handeln zu »messen«, bedürfen wir eines zuverlässigen, nicht veränderbaren Außenkriteriums. Was machen zwei »politisch« ambitionierte Männer in einem entlegenen Dorf im Urwald von Papua Neuguinea – in einer Gesellschaft also, in der es weder Eisen noch Schrift, Geld oder Uhren gibt –, wenn sie ihre Gefolgschaft von der Wichtigkeit jeweils entgegengesetzter Standpunkte überzeugen wollen? Sie reden einfach drauflos! Dass dabei nicht unbedingt der klügere oder ehrenwertere Standpunkt, sondern schlicht die Stärke der Stimme oder die Mächtigkeit der Erscheinung den Ausgang des Disputes mitunter bestimmen wird, liegt auf der Hand. Vor exakt diesem – sozialen – Problem standen die alten Athener. Die griechisch-antike Antwort auf das Bedürfnis nach prinzipieller Vergleich- und damit Überprüfbarkeit der Rede war die Erfindung der

Sanduhr – ein Instrument mit durchaus hoher Präzision, also Zuverlässigkeit. Durch den gemessenen Intervall der Rede wurden nicht nur »gleiche« Bedingungen zwischen den Rednern hergestellt, sondern auch der Rede selbst eine Form verliehen, die Reglementierung ermöglicht.

Zeitliche Fixierung aufgrund sozialer Bedürfnisse sind in jeder Epoche, in jeder Kultur Instrumente der sozialen Kontrolle. Gemessene Zeit spannt neben den anderen großen Symbolsystemen der Menschheit – wie Normen, Sprache, Religion, Schrift usw. – ein kultursoziologisch betrachtet immer engeres, weil präziseres Koordinatensystem über den Planeten, innerhalb dessen Handlung, Denken, Fühlen, ja das gesamte Leben des Einzelnen und der Gesellschaft organisiert werden. Entgegen dem System der Wortgefechte bei den Papuas legt die *soziozentrische* Zeitmessung[7] den gewünschten Anfang und das gewünschte Ende der Rede in Übereinkunft mit den gesellschaftlichen Bedürfnissen fest. Es handelt sich dabei um einen beliebig oft wiederholbaren Intervall, der freilich noch nicht in einen größeren Bezugsrahmen, in eine »objektive« Zeit eingebunden ist, der scheinbar noch unabhängig von den anderen Verrichtungen und Tätigkeiten, von Tag und Nacht und Winter und Sommer ist, der eben allein die »Zeit der Rede« beschreibt.

Außenkriterien zur Festlegung zeitlicher Intervalle beschäftigen die Menschheit, so weit wir sie zurückverfolgen können, wenngleich es Jahrtausende dauern sollte, bis dem zunehmenden Bedürfnis, Zeit festzuhalten, Zeit festzuschreiben, Zeit verfügbar und damit kontrollierbar zu machen, durch Erkenntnis und Erfindungen einigermaßen entsprochen werden konnte, bis die soziozentrischen Intervalle zur »Messung« bestimmter Tätigkeiten in das große System eines »objektiven«, weil durch die Rotation der Erde um die Sonne festgelegten Zeituniversums integriert werden konnten. Die Länge der »Zeit der Rede« lässt sich zwar präzise wiederholen, spiegelt aber noch nicht die scheinbare »Zeit des Universums«, die fast alle von uns in Form der Armbanduhr mehr oder weniger präzise mit sich tragen. Bevor wir aber der erstaunlichen Geschichte der soziozentrischen Zeitintervalle und schließlich der gemessenen »objektiven« Zeit des Universums – der *Weltzeit*[8] – nachgehen, wollen wir noch eine *Zeit lang* in jenen Gesellschaften verweilen, die wenig präzise Verfahren zur zeitlichen Festlegung ihrer gemeinschaftlichen Tätigkeiten und individuellen Handlungen entwickelt haben. Also hinein in die Zeitmaschine und vorerst *zurück* nach Papua Neuguinea.

Zeitvergleiche und Diskrepanz

Menschen, die aus einer Zeit vor der gemessenen Zeit kommen, können die Präzision, mit der die Uhr individuelles Handeln an gemeinschaftliche Tätigkeit knüpft, mitunter als bedrohlich und widernatürlich erleben: *Als ich studierte und hernach arbeitete, habe ich eine Uhr getragen, aber es kam der Punkt in meinem Leben, an dem ich sie fort gegeben habe. Die Uhr ist gegen meine Kultur. Es ist, als würde ständig jemand hinter einem stehen und mit einer Pistole drohen. Ich habe mich sehr unwohl gefühlt mit der Uhr – sie gehört einfach nicht zu unserer Kultur!*[9] Ignatius Bolokon, der aus dem Hochland von Papua Neuguinea stammende Sekretär des ehemaligen Justizministers Bernard Narakobi, beschreibt eine grundlegende Erfahrung, die insbesondere jene Menschen machen, die noch in einer anderen lebenszeitlichen Ordnung, einem »zyklischen Zeitbewusstsein«, einer »mythologischen Zeit« aufgewachsen sind. Dass diese Erfahrung auch den gehetzten modernen Menschen nicht fremd ist, verweist darauf, dass deren subjektives lebenszyklisches Empfinden sich dem Diktat der objektiven Uhrzeit keineswegs gebeugt hat, dass vielmehr eine oft nur mühevoll zu überwindende Diskrepanz zwischen der *Lebenszeit* und der *Weltzeit* besteht. Die Zeit vor der gemessenen Zeit lebt also ebenso in der gemessenen Zeit fort wie viele mit ihr verbundenen Vorstellungen von Welt – Werden, Wachsen, Reifen, Vergehen. Entgegen der auf Quantifizierbarkeit der Handlung und messbarer Präzision aufbauenden Weltzeit markiert das »zyklische Zeitbewusstsein«, bzw. die »mythologische Zeit« einerseits Rekonstruktion von Geschichte – woher kommen wir, wohin gehen wir, warum sind wir da! –, andererseits das zyklische – von der Physiologie des Körpers und der Psychologie unserer Seelen bis zur Veränderbarkeit der Gestirne erlebbare – Wechselspiel zwischen Entdifferenzierung und Konturierung, Chaos und Ordnung, Licht und Dunkel, Hunger und Sättigung, Fülle und Nichts.

Die »mythologische Zeit« ist eine in sich geschlossene Zeit, – die Wiederkehr von Lebenszyklen samt ihrer radikalsten Konsequenz der Wiederkehr von Vergangenem, auch organisch Totem –, wohingegen die Weltzeit ein linear voranschreitendes Zeitsystem ist, das Zukunft als radikale qualitative Veränderung definiert, in der kaum etwas wiederkehrt, was einmal da gewesen ist. Wie auch immer versucht wird, »Zeit« zu definieren, die westlich-ökonomische Dynamik basiert auf der kollektiven Verinnerlichung quantifizierbarer Zeiteinheiten. Zeit-Verstehen resultiert aus der »Intimität des Bewusstseins für sich selbst und mit sich selbst«.[10] In westlichen Industrieländern wird in langen Lernprozessen eine synthetisierende, handlungspraktische Analogie zwischen der Lebenszeit und der Weltzeit herzustellen versucht, auch wenn dabei grundlegende menschliche Bedürfnisse ignoriert werden. Denn die Teleologie der gemessenen Zeit als linearer Fortschritt kennt kein Innehalten – kein Chaos, kein Nichts, keine Entdifferenzierung der Wahrnehmung. Sie schreitet immerzu fort, bricht nie ab, kehrt demnach nie wieder, ist immerzu da – unabhängig ob man an ihr teilhat oder nicht. Dieser präzise Charakter der gemessenen Zeit kann natürlich auch als gewieftes Täuschungsmanöver interpretiert werden, das dem Menschen erlaubt, sich in scheinbarer Gewissheit unabhängig von seiner physiologischen Existenz und psychischen Befindlichkeit in der Gesamtheit des zeitlichen Universums zu verankern. Insofern trägt auch die gemessene Zeit Aspekte der mythologischen Zeit in sich, auch wenn sie die wesentlichen Fragen der Menschen nicht zu beantworten vermag und in ihrer linearen Zielstrebigkeit maßlos – alle und alles vereinnahmend – voranschreitet und dem Menschen dabei nie eine Pause von sich selbst gönnt: Die Weltzeit schläft nie, die Lebenszeit täglich und die mythologische Zeit – im Sinne ihrer Verborgenheit und ritualisierten Wiederkehr – »von Zeit zu Zeit«.[11]

Wir alle wissen, dass zwei Minuten auf dem Zahnarztstuhl wesentlich länger *dauern* als zwei Minuten in einer geselligen Runde beim Wein. Ungeachtet dieses Wissens sind wir absolut davon überzeugt, dass zwei Minuten eben zwei Minuten sind, unabhängig davon, ob sie uns launig zwischen erhobenen Weingläsern verrinnen oder ob sie uns *erscheinen* wie eine halbe Stunde. Wir alle haben unsere Lektion gelernt und teilen die – relativ junge – Auffassung einer zeitlich quantifizierbaren Wirklichkeit jenseits der Grenze unseres Körpers und unserer Seele, die beide oft ein anderes Tempo vorgeben. Ja es schiene geradezu absurd, wenn wir bezweifelten, zwei Minuten seien eben mal länger oder kürzer als zwei Minuten. Denn das Zeitintervall zwei Minuten lässt sich »absolut« präzise festlegen. Diese Festlegung verunmöglicht die Verlangsamung oder Beschleunigung »objektiv« messbarer Zeit. Umgekehrt wäre es für einen analphabetischen Dorfbewohner im Hochland von Papua Neuguinea absurd, wenn wir ihm erklärten, dass das Fixieren der Beute, das Spannen des Bogens, das Ausrichten des Pfeils und schließlich die Tötung des Tieres *etwa* so lange dauert wie das Anreiben von Feuer mit Stein, Stößel und trockenem Gras. Dieser Vergleich wäre für ihn deshalb absurd, weil sich die Frage des Zeitintervalls für ihn *so* nicht stellt. Denn gemessene Zeit ist für ihn keine Kategorie – also kein Charakteristikum – individuellen oder gesellschaftlichen Handelns, und obendrein lebt er in einer Welt, in der es keine einzige Handlung gibt, die sich zeitlich exakt wiederholen lässt – wie z. B. in unserer Welt das Zeitintervall zwischen dem Abheben des Telefonhörers und dem Signal der Freileitung. In unserer Welt spiegeln uns die Maschinen jene zeitliche Ordnung, der wir glauben unterworfen zu sein. Dem Jäger im Hochland von

Papua Neuguinea ist es völlig egal, wie lange die Tätigkeit dauert, sofern das Ziel der Tätigkeit im Hinblick auf die eingesetzten Techniken befriedigend erreicht wird und ihm nicht etwa die Beute entwischt. Es gibt also auch in der Zeit vor der gemessenen Zeit das »in time«, aber es bezieht sich auf die keineswegs präzise und keineswegs zeitlich verallgemeinerbare Erfahrung von Erfolg oder Misserfolg.

In einer auf Konkurrenz aufbauenden Leistungsgesellschaft wird die Erfahrung von Erfolg und Misserfolg verzeitlicht. Diese Verzeitlichung ist Grundlage einer expandierenden Ökonomie, Technik und Leistungssteigerung.[12] In ethnischen Gesellschaften, wie sie noch im Hochland von Papua Neuguinea anzutreffen sind, gibt es natürlich Formen des Wettkampfes, z. B. Kräftemessen oder Akkumulation begrenzter Ressourcen, aber es gibt keine Verzeitlichung des Mitteleinsatzes und der Zielerreichung. Dies wäre auch für die Gesellschaftsmitglieder bedrohend, denn daraus könnte sich ergeben, dass einer den anderen immer um den »entscheidenden Schritt« voraus ist, was die Kohäsion – den sozialen Zusammenhalt der Gruppe, in der jedes Mitglied für das jeweils andere lebensnotwendig ist – gefährden könnte. Die Zeit vor der gemessenen Zeit ist eine Zeit der Zyklizität: In vielen ethnischen Gesellschaften stellen Jahreszeitzyklen – Erntezeiten, Trockenzeiten, Regenzeiten usw. – den allgemeinsten Raster dar. In Teilen von Papua Neuguinea fehlen selbst diese Zeitmarkierungen, weil aufgrund des tropischen Klimas und der frühen Hortikultur-Bewirtschaftung keine fixierbaren erntezeitzyklischen Intervalle, keine »Jahreszeiten« also, das Leben der Gesellschaftsmitglieder strukturieren.[13] Lebensphasen werden durch »rituelle Überschreitungen« wie Initiation, Verheiratung, Mannwerdung, Kampftauglichkeit, Menstruation, Krankheit, Verhexung usw. markiert, durch körperlich-seelische Kategorien von »Reife« oder »Schwäche« oder »Konflikt«, bzw. durch außergewöhnliche Ereignisse wie Kriege, Brände, Unfälle usw. Lebenszeit und mythologische Zeit stehen so in einem vertrauten Verhältnis zueinander, es gibt keine übergeordnete zeitliche Ordnung, in die man sich einzufügen hat oder mit der man – wie obiges Zitat gezeigt hat – in tiefen Widerspruch geraten kann. Das Vordringen der weltzeitlich-linearen Ordnung durch deren Wegbereiter Schule, Geld, Lohnarbeit, Christianisierung, Güter, Mobilität usw. bis hin in die entlegensten Winkel des Urwaldes bringt freilich die Zeit vor der gemessenen Zeit und deren soziale Organisation in immer größere Bedrängnis. Eine Diskrepanz tut sich auf, die auch wir – seit längstens einigen Generationen »modernisierte« Menschen – tagtäglich am eigenen Leib erfahren können: Die Diskrepanz zwischen subjektiv empfundener Lebenszeit und objektiv vorgegebener Weltzeit. Und damit die Diskrepanz zwischen dem, was als wirklich *gilt,* und dem, was als wirklich *erlebt* wird.

Ereigniszeiten

Die Zeit vor der gemessenen Zeit ist bestimmt durch die Dauer einer sozialen Tätigkeit. Zwischen diesen Ereigniszeiten und der uns selbstverständlich erscheinenden Uhrzeit liegen ein breites Spektrum unterschiedlichster menschlicher Zeiterfahrung bzw. Zeitempfindung und Zehntausende Jahre menschlicher Entwicklungsgeschichte. Von der Perspektive der Uhrzeitkultur aus erscheinen Ereigniszeitkulturen als prinzipiell langsam, wenig dynamisch, kaum expansiv, ökonomisch an den engen Rahmen der Selbstversorgung gebunden – erwirtschaftete Überschüsse werden nicht planvoll in die »Zukunft« investiert – und auch oft »schlecht« organisiert. Zeitlich präzise aufeinander abgestimmte gemeinschaftliche Tätigkeit ist ebenso wenig vorhanden wie die Notwendigkeit, sich einem Tempo unterzuordnen, das nicht den lebenszeitlichen biologischen Rhythmen entspricht. Ein hoher Grad an Komplexität – so wie dies aus der Perspektive der Uhrzeitkultur definiert wird – setzt die gemessene Zeit als verbindliches Koordinatensystem aller in der Gemeinschaft lebenden Individuen voraus; Kulturen, die diese *Systemzeit* nicht kennen, werden als »einfach«, in der frühen kulturanthropologischen Sprachregelung als »primitiv« betrachtet. Komplexe Formen der Arbeitsteilung, Produktivität, intensive Bewirtschaftung, technische Innovation usw. lassen sich in Ereigniszeitkulturen aus der Perspektive der Uhrzeitkultur nicht finden, und betritt man eine solche Welt, so erscheint sie schlichtweg als »zeitlos«. Da wo es keine gemessene Zeit gibt, scheint es dann auch keine *Lebensperspektive* zu geben. Und fürwahr setzt der Begriff der Perspektive ein Konzept der Zukunft, der Entwicklung, des Fortschritts voraus, das Ereigniszeitkulturen nicht kennen. Unwillkürlich fragt sich der Besucher mit Präzisionsarmbanduhr: Was machen die Menschen da eigentlich? Und erst wenn dieser Besucher seine eigene Rastlosigkeit und damit Ratlosigkeit abgelegt hat, ergibt sich die Antwort ganz von selbst: Sie leben!

Diese und ähnliche Gedanken gingen mir durch den Kopf, als ich ein paar Jahre nach dem missglückten Treffen mit meiner Kollegin Sigrid Awart in Goroka die melanesische Insel Masahet aufsuchte, auf der sie jahrelang geforscht hatte. Diese Insel kann in einem Tag zu Fuß umrundet werden, es gibt vier Streusiedlungen der Unavus-Ethnie auf ihr, insgesamt etwa 800 Einwohner. Bis vor kurzem ist die Population auf dieser Insel konstant geblieben und dies schätzungsweise seit etwa 5.000 Jahren. Erst in den letzten Jahren sind einige junge Leute von der Insel fortgegangen, um in der Goldmine auf der Insel Lihir zu arbeiten. Für die Gartenarbeit – Süßkartoffel, Yams, Taro, Maniok – und die Schweinezucht werden in Masahet im Durchschnitt täglich zwei, drei Stunden aufgewendet, Fischfang und

Früchte ergänzen den Speiseplan. Wie in allen melanesischen Gesellschaften gibt es die geschlechtsspezifische Arbeitsteilung; so sind die Männer etwa für den Hüttenbau und die Korbflechtereien zuständig, die Frauen hingegen für die Aussaat und Ernte bestimmter Feldfrüchte, für die Schweinehaltung und die Holzschnitzereien.[14] Die Unavus sind gesellige Leute oder anders ausgedrückt: Geselligkeit ist das Prinzip dieser »zeitlosen« Gesellschaft. Die allermeisten Tätigkeiten werden gemeinschaftlich – in der jeweiligen Geschlechtergruppe – verrichtet. Wie in allen ethnischen Gesellschaften gibt es keine Trennung zwischen Arbeitszeit und Freizeit. Immer wird gescherzt, diskutiert, gelacht, Betelnuss gekaut oder auch gestritten. Rückzug in »Privacy« ist – ebenfalls wie in allen ethnischen Gesellschaften – unbekannt. Es hat nichts mit Romantik zu tun, wenn man der einfachen Tatsache ins Auge blickt, dass das Leben in einer solchen Gesellschaft nicht etwas ist, was, nach einem bestimmten zeitlich vorgeschriebenen Reglement, das immer auf »zukünftige« Ereignisse ausgerichtet ist, gelebt werden muss, sondern dass das Leben in einer solchen Gesellschaft einfach *ist*.

Für Uhrzeitmenschen stellt diese Tatsache eigenartigerweise einen komplizierten Vorgang der Abstraktion dar, denn der Uhrzeitmensch definiert ein Ereignis stets als ein Mittel für etwas anderes, als ein Durchgangsstadium zu etwas anderem. Was dieses Andere ist, muss im Einzelfall gar nicht bekannt sein, wir wissen nur, dass diese Zeit, die Gegenwart also genutzt sein will, um uns in der Zukunft als andere sehen zu können, als wir jetzt sind. Der Uhrzeitmensch lebt in der ständigen Rastlosigkeit, sich aus sich selbst heraus neu zu erschaffen und sich für die Zukunft optimal gewappnet verfügbar zu halten. Er hat ein scheinbar endlos zur Verfügung stehendes Zeitnutzungspotential; nur wenn er die Zeit nicht nutzt – oder wenn er sie nicht »befriedigend« konsumiert – entsteht Langeweile. Langeweile ist ein Produkt der Zeitverknappung. Nur in einer Gesellschaft, die sich fortwährend hetzt und von dem einen in das jeweils andere hastet, existiert so etwas wie Langeweile. Langeweile ist dann der Zustand, aus den Zeitnutzungsoptionen freiwillig oder gezwungenermaßen keine Wahl getroffen zu haben. In einer Gesellschaft, in der Stress unbekannt ist, gibt es auch keine Langeweile, weil die Gegenwart nicht definiert ist durch die verschiedenen konkurrierenden Möglichkeiten zu nutzender oder zu konsumierender Zeit. Auf Masahat hat es 5.000 Jahre keine Langeweile gegeben. Dies könnte sich rasch ändern. Denn mit jedem auf die Insel zurückkehrenden Arbeitsmigranten, der eine *Zeit lang* in der Stadt oder in der Goldmine gearbeitet hat und damit das zeitverknappte Leben der prinzipiell unlimitierten Zeitnutzungsoptionen – Geld, Güter, Mobilität, Elektrizität, Video usw. – kennen gelernt hat, hält auch die Möglichkeit der Empfindung von Langeweile allmählich Einzug auf der Insel.

Ereigniszeitmenschen ist Langeweile unbekannt. Für sie ist der Umgang der Uhrzeitmenschen mit Leben gleichermaßen unverständlich wie unsereinem die Tatsache, dass Menschen mit nahezu unveränderten Produktionsmitteln und Produktionsmethoden seit Tausenden von Jahren auf einer kleinen Insel im Südpazifik sitzen, wo sich offensichtlich »nichts tut.« Und dennoch: Hält man sich nur *lange genug* in einer Ereigniszeitkultur auf, so *erfühlt* man, dass auch in ethnischen Gesellschaften unterschiedliche Tempi, Rhythmen, Zyklen den »Ton angeben«, also aus sich heraus die soziale Ordnung strukturieren. Wir sehen dann, dass es zwar keine Romantik ist, dass andere Gesellschaften – *gemessen* an unserer – zeitlos erscheinen, dass es aber keine Gesellschaft gibt, in der Zeit kein zentrales Ordnungskriterium für Leben ist. Nur die Zeit, die der Organisation von Leben vorgegeben wird, ist eben eine völlig andere.

Der Anthropologe Eduard Hall nennt die Zeit die »stumme Sprache« der Kulturen.[15] Aus ihr ist mitunter mehr zu erfahren als aus der gesprochenen Sprache. Auf der Insel Masahet haben wir das u. a. dadurch gelernt, dass wir – allesamt Sanabehs – auf das Zustandekommen einer Versammlung aller Dörfer, die unser Team filmen wollte, exakt elf Stunden gewartet haben. Um zwölf Uhr mittags wurde die Versammlung vor dem Haus des »Chiefs« vereinbart, etwa um diese Zeit tatsächlich ein großer Gong vor dessen Hütte mehrfach angeschlagen. Wir hatten die Kamera bereits aufgebaut und wunderten uns nicht wenig darüber, dass überhaupt erst nach zwei, drei Stunden die ersten Gäste eintrafen. Schließlich war es elf Uhr nachts, als der Chief erklärte, die Versammlung sei nun in ein wichtiges Stadium getreten, weil nun alle Führer und Ältesten aller Dörfer eingetroffen wären und Beschlüsse gefasst werden könnten. Die solargeladenen Akkus der Kameras waren längst leer, als wir etwas entnervt das Handtuch warfen. Die Situation schien uns nicht nur nicht präzise, sondern vielmehr außerordentlich anarchisch zu sein. Fraglos aber hatte für den Chief das Ereignis »Versammlung« mit dem ersten Schlag des Gongs, als die Sonne im Zenit stand, »pünktlich« begonnen.

Nun wird der Leser vielleicht einwenden, dass es schon logisch erscheint, dass Zeit in den verschiedenen Kulturen unterschiedlichst gehandhabt wird, was wiederum zu sehr unterschiedlichen Formen von sozialen Übereinkünften führen mag, dass es aber doch fraglos objektiv vorgegebene Zeitintervalle im bio-physiologischen und neurophysiologischen Bereich[16] gibt, die zumindest – was den Körper der Menschen betrifft – zu ähnlichen zeitlichen Abläufen und Reglements in allen Kulturen führen müssen. Um die Relativität der auch physiologisch vorgegebenen Rhythmen zu veranschaulichen, verlassen wir nun die Unavus – um *später* zu ihnen zurückzukehren – und begeben uns in unserer Zeitmaschine wieder in das

Hochland von Papua Neuguinea. Wir landen bei den Mianmin, einer einige tausend Mitglieder umfassenden Ethnie. Untypisch für das Hochland – normalerweise ist der Männerhausbereich strikt vom Frauenhausbereich getrennt – leben alle Mitglieder einer Großfamilie in einer Hütte.[17] Wird es Abend und Nacht, so gibt es für den Uhrzeitmenschen bei den Mianmin – wie übrigens auch in vielen anderen ethnischen Gesellschaften – eine interessante Entdeckung zu machen: Denn die Schlafenszeit ist von Essenszeit und Gesprächszeit, von haushälterischen Verrichtungen, vom Kochen, Korbflechten usw. nicht getrennt. In der zeitlich-organisch strukturierten Mianmin-Gesellschaft besteht keine Notwendigkeit des Reglements der Alltagszeiteinteilung. Die ganze Nacht über gibt es in einer solchen Hütte Bewegungen, die einander weder stören noch als hinderlich füreinander angesehen oder erlebt werden. Während einige Mitglieder der Familie schlafen, wird gesprochen, geraucht, nach draußen gegangen, Feuerholz geholt, mit Kindern gespielt, geflochten; oft wachen Mitglieder nach kurzen Schlafperioden wieder auf und knüpfen selbstverständlich an das Gespräch an, das sie vor dem Einschlafen geführt haben. Auch tagsüber gibt es genug Möglichkeiten, im Schatten einer Pandanus Schlaf zu finden. Die subjektive Müdigkeit bestimmt den Schlafrhythmus und nicht die Anpassung der physiologischen Müdigkeit an ein gesellschaftlich verbindliches Zeitmodell von Wach- und Ruhephasen. Selbst der Schlaf wird in vielen Ereigniszeitkulturen zu einer »zeitlich« äußerst variablen Tätigkeit.

Schon Kleinkinder werden in der westlichen Gesellschaft in lineare Zeitraster – u. a. durch emotionale Zuwendung und Ablehnung, bzw. durch von der Erwachsenenwelt verordnete Ruhephasen – eintrainiert; eine Sozialisation, die auch immer wieder für ethnopsychoanalytische Spekulationen über die daraus resultierenden Unterschiedlichkeiten psychologischer und charakterologischer Strukturen Anlass gegeben hat.[18] Die Bewegungen der Körper in Ereigniszeitkulturen lassen sich nicht unter das Koordinatensystem der Verzeitlichung aller Lebensbereiche subsumieren. Das Ziel, der Fortbestand der Gruppe, ergibt sich aus der Ungleichzeitigkeit individueller und dennoch gesellschaftlich organisierter Verrichtungen. Westliche Zeitökonomie hingegen beschreibt ein »Muster des Selbstzwanges«[19], welches das Individuum an die Zeit als soziale Institution rückbindet. Es bedarf gezielter Lern- und Erfahrungsschritte, »objektive« Zeit als Eigenzeit zu erleben; wer diese Lernschritte nicht macht, der wird es schwer haben, im Verein der Uhrmenschen einigermaßen problemlos zu bestehen. Obgleich »objektiv« vorgegeben, wird der »richtige Umgang« mit der Zeit in die »Eigenverantwortlichkeit« des Subjektes gelegt. Dies entspricht der Individualisierung des Menschen im Zuge der Modernisierung, die ohne präzises zeitliches Koordinatensystem gar nicht denkbar wäre. Die »Welt der

Uhren« wird so in jedem Einzelnen jeweils neu reproduziert und konstituiert das Bild von Wirklichkeit, in der wir, die modernen Menschen, leben. Die sich daraus ergebenden Widersprüche von Zeit, Gesellschaft und Ich sollen im Inneren des Individuums homogenisiert werden. Die zeitliche Zergliederung der Welt soll in dem Ich der Uhrmenschen zu einem autonomen Ganzen vereinigt werden. Das freilich erscheint oft als Quadratur des Kreises, denn jeder von uns weiß, wie gefährlich es ist, die Ordnung der Uhr zu verlassen, weil es eben so schwierig ist, sich in sie wieder einzufinden.

Auch in dem Uhrzeitmenschen liegt also ein gehöriges Maß an Eigenzeitkultur verborgen, das dann sichtbar wird, wenn dieser die Gelegenheit findet, aus der zeitlichen Tretmühle zumindest *für eine gewisse Zeit* »auszusteigen« und kühn genug ist, sich nicht gleich wieder in eine andere vorgegebene Zeitnutzungsoption hineinzubegeben – wie dies z. B. im organisierten »Erholungstourismus« der Fall ist. Wenn unsere Gesprächspartner in Papua Neuguinea immer wieder auf ihre praktischen Schwierigkeiten verweisen, mit dem Zeitparadigma der Moderne umzugehen, so haben sie damit implizit die von uns allen erfahrbare Diskrepanz zwischen Ereigniszeit, Lebenszeit und Weltzeit angesprochen. Je schneller das Tempo einer Gesellschaft wird, desto größer scheint diese Diskrepanz zu werden. Westliche Produktionslogik und Erfahrungsrationalität trägt diese Diskrepanz unter der Chiffre der »Individualisierung« bis hin zu den letzten Ereigniszeitkulturen dieser Welt – auch in die Städte und Produktionszentren Papua Neuguineas: Ökonomische Produktivität durch zeiteffiziente Erweiterung der Produktionsräume und planvolle Einbindung der diesen neuen Organisationsprinzipien untergeordneten Individuen, Geld- und Kapitalakkumulation – als zeitlicher Multiplikator individueller und gesellschaftlicher Bereicherung –, Leistungsmotivation – durch Projektion etwaiger Belohnung in die Zukunft –, all diese interkorrelierenden Faktoren eines die Erreichung jeweiliger »Etappenziele« anstrebenden universalen Fortschritts bedürfen einer quantifizierbaren, messbaren und die Subjekte scheinbar gleich und damit konkurrenzfähig voreinander auf Distanz haltenden Grundlage, die dem ganzen Geschehen eine »gewünschte Richtung« gibt. Die präzise Gestaltung der Zukunft ist nur aufgrund der präzisen Organisation der Gegenwart möglich. Die Weltzeit ermöglicht dem Uhrmenschen, sich selbst in der radikalen Umgestaltung seiner Welt zu verewigen. Der Preis, den er freilich dafür zahlt, ist, dass er in keinem Ereignis der Gegenwart mehr *sein* kann.

Wege zur gemessenen Zeit

Der berühmte französische Anthropologe Claude Lévi Strauss unterscheidet zwei prinzipielle Möglichkeiten, wie die Gesellschaft mit ihrer eigenen Geschichte umgehen kann: entweder sie akzeptiert oder sie negiert Geschichte als fortwährende Veränderung. Mythologische – oder wie er es nennt – mythische Zeit entscheidet sich für die ungeschichtliche Art des Daseins.[20] Mythen sind Bilder und Geschichten zur Ursprungs- und Welterklärung. Die fortwährende ritualisierte Wiederkehr der Mythen in der Erzählung, im Kult, in den Übergangsriten bindet das gegenwärtige Dasein in »identifizierender Weise« an die Vergangenheit. Die ungeschichtliche Zeit der Archaik erscheint so als symbolische Repräsentanz der »Urzeit«. Daraus entsteht Gewissheit über die Welt, aber auch relative Statik, denn die Welt wird in alten Bildern, nicht aber in neuen Paradigmen gedacht.[21] Zeit wird in Ereigniszeitkulturen als fortschreitende Gegenwart betrachtet.

Geschichtliche, historische Zeit hingegen entwirft eine Koordinatik der Vergangenheit, die eine Chronologie fortwährender Veränderung beinhaltet. In der historischen Zeit gibt es zwar keine nicht-hinterfragbare Rückbindung an verbindliche Welterklärung, doch die »Richtung der Zeit« wird eindeutig definiert: die Zukunft, der die Gegenwart ständig hinterdrein läuft, ist von zentralem Interesse, und nicht die Gegenwart, die sich in einer sinnbildlichen Vergangenheit sicher geborgen weiß. Die Chronologie der historischen Zeit suggeriert der Gegenwart die Gleichzeitigkeit alles Seienden und diese Geichzeitigkeit ermöglicht erst den Blick in die Zukunft. Entgegen der ungeschichtlichen Zeit, in der Leben nicht als etwas begriffen wird, was zukünftig gestaltet werden muss, kann sich das Leben in historischen Zeiten gerade deshalb auf das Kommende einrichten, weil es aufgrund der Chronologie der Vergangenheit um den Charakter der fortwährenden gesellschaftlichen Veränderung Bescheid zu wissen glaubt. Zwei zentrale Kulturtechniken sind für das Entstehen der historischen Zeit nötig: die Schrift und die universale Zeitmessung. Beide Kulturtechniken sind Ereigniszeitkulturen fremd und entstehen erst in frühen Hochkulturen als Folge zunehmender gesellschaftlicher Komplexität und damit als Folge des sozialen Bedürfnisses nach neuen Formen der sozialen Organisation. Auch die vorwiegend kultische Funktion der frühen Zeitmessung dient diesem sozialen Bedürfnis. In weiterer Folge wird die Herrschaft über und die Verwaltung von Menschen in großen arbeitsteiligen, hierarchisierten sozialen Einheiten die gemessene Zeit zur Festlegung der Bewegung der Körper und Tätigkeiten ebenso erfordern wie das schriftlich fixierte Wissen um Vergangenes, das Planung und Prognose ermöglicht.

Zwischen der mythologischen Zeit – auf die später in einem anderen

Zusammenhang ausführlicher zurückgekommen wird[22] – und der durch die Präzisionsuhren bestimmten Weltzeit liegen Jahrtausende menschlicher Zeiterfahrung, deren erste Verschriftlichungen Meilensteine auf dem Weg zur exakt gemessenen Zeit darstellen. Babylonier, Ägypter, Griechen, Römer, Inkas und Mayas verfügten schon über präzise Zeitmesssysteme und -instrumente wie Sonnen- oder Wasseruhren.[23] Doch schon Jahrhunderte vor der Entwicklung der ersten Zeitmesssysteme gab es insbesondere in Ackerbaukulturen kultische Ereignisse, die an das Auftauchen bestimmter Himmelserscheinungen gebunden waren. Diese freilich wurden nicht in einem astronomischen, sondern in einem magischen Sinne interpretiert, denn der Lauf von Sonne und Mond bestimmten den »Zeitpunkt«, wann unsichtbare Mächte und Wesenheiten z. B. die Aussaat, die Rituale und Opfer, die Tänze und die Ernte nahe legten. Voraussetzung für diese Anbindung von sozialer Tätigkeit an astronomische Konstellationen in frühen Ackerbaugesellschaften war die stete und genaue Beobachtung des Himmels, denn es war unmöglich zu wissen ob, geschweige denn zu berechnen, wann eine stellare Konstellation wiederkehren würde.[24] Erst die Verschriftlichung der astronomischen Beobachtung in den antiken Hochkulturen erlaubte jene Chronologie der Vergangenheit zu erstellen, die eine exakte zeitliche Prognose der Wiederkehr der gleichen stellaren Konstellation ermöglichte.

Nicht nur die Deutung und Nutzung von Himmelserscheinungen zum Zwecke gemeinschaftlicher Tätigkeit oder zur Navigation in frühen seefahrenden Kulturen[25] charakterisieren den langen Weg zur gemessenen Zeit. Eine Vielzahl z. T. auch heute noch beobachtbarer Außenkriterien legen das Wann? oder das Wie-lange? in Ereigniszeitkulturen fest. Diese Festlegungen sind aus der Perspektive des Uhrzeitmenschen natürlich allesamt sehr unpräzise, markieren aber dennoch Übergänge zur Strukturierung von menschlichen Tätigkeiten mit Hilfe eines außerhalb seiner selbst liegenden Kriteriums oder Vergleiches. Die Messbarkeit dieser Zeitintervalle ist aber – entgegen der astronomischen Vorgangsweise – kulturell gebunden, weil nur von jenen, denen die gleiche Alltagserfahrung zugrunde liegt, anwendbar. In der ethnologischen Literatur wird eine Vielzahl von Zeitbegriffen diskutiert[26], die soziale Tätigkeit in Bezug setzen zu alltagsweltlichen Erfahrungen: Begriffe wie »die Zeit des Melkens«, oder »die Zeit des Wasserholens«, oder »die Zeit, in der die Rinder zur Tränke gehen«, erinnern mich an eigene Forschungsaufenthalte bei rinderhaltenden Ethnien Ostafrikas – insbesondere bei den Mura im Nordwesten Tansanias.[27] Die Zebu-Rinder stehen im Mittelpunkt der Mura-Gesellschaft, sie stellen das familiale Kapital und das patriarchale Sozialprestige dar, bilden die ökonomische Grundlage und werden auch zur Zahlung des Brautpreises verwendet. Herdengrößen von mehreren hundert Stück sind keine Seltenheit. Die

Rinder geben der Mura-Gesellschaft das Tempo vor, bestimmen den Ablauf des Tages samt dessen saisonalen Veränderungen. So werden in den Trockenzeiten die Rinder bis zu 100km ausgetrieben, was die Zeitmaße selbst, je nach jahreszeitlicher Notwendigkeit, verändert. Jedem Mura aber ist demnach klar, dass z. B. »die Zeit, in der die Kühe zur Tränke gehen« ein höchst variabler Begriff ist, der seine »Genauigkeit« freilich durch die selbstverständliche Kenntnis der Jahreszeitzyklen und deren Bedeutung für die Rinderhaltung erhält.[28]

In »Zeiten der Dürre«, die in den letzten fünf Dekaden in der Mara-Region verstärkt aufgetreten sind[29], bricht nicht nur die soziale Ordnung, sondern auch die Ordnung der Zeit in sich zusammen: Während der letzten großen Dürre im Jahre 1993 sind Tausende Stück Rind verendet, weil viele Viehhalter bis zuletzt gehofft haben, dass »die Zeit wieder an sich selbst zurückgegeben« wird. Anstatt die Herden nach Norden über die Grenze Kenias zu treiben, wo zumindest Teile des Bestandes verkauft hätten werden können, warteten viele auf das »Wiedereinsetzen der Zeit«, bis es zu spät war. Die Vernichtung der ökonomischen Grundlagen einer Gesellschaft kommt in vielen Ereigniszeitkulturen einer Vernichtung der Zeit und manchmal auch deren mythischer Basis gleich, wobei – insbesondere bei dramatischen gesellschaftlichen Veränderungen – auch der umgekehrte Fall eintreten kann: dass nämlich die ökonomischen Ressourcen bewusst vernichtet werden, um den Anbruch eines neuen Zeitalters oder den Wiedereintritt eines verloren gegangenen mythischen Zeitalters zu ermöglichen.[30]

Die Wege zur gemessenen Zeit sind dadurch gekennzeichnet, dass die Zeit noch an den Raum gebunden ist. In der physikalisch gemessenen Zeit, in dem Wirklichkeitsverständnis des Uhrzeitmenschen ist der Raum der Zeit logisch vorgeordnet, denn Zeit ist das Distanzmaß der Rotation und der Bewegung der Objekte im Raum. Wenn die Zeit an den Raum gebunden ist, so haben alle Objekte, Abläufe und Handlungen *ihre* Zeit, genauso wie die Menschen ihre Eigenzeit haben – die sich ja in der Alltagserfahrung auch dadurch ausdrückt, dass wir alle unterschiedlich lange leben. Erst die Ablösung der Zeit vom Raum ermöglicht die »Verobjektivierung« des Zeitlichen und die Skalier-, Mess- und Vergleichbarkeit aller Bewegungen in Zeit und Raum. Die enge Bindung der Zeit an den Raum in Ereigniszeitkulturen schafft eine Gegenwart, die nicht fortwährend auf Zukünftiges verweist und deshalb *sie selbst* sein kann. In der indianischen Sprache der Dakota bezeichnet der Begriff »dehan« sowohl »an diesem Ort, hier« als auch »zu dieser Zeit, heute«.[31] Wenn die Zeit in den Dingen und dem Jetzt steckt, dann ist sie freilich etwas, was durch die Dinge, bzw. genauer gesagt durch deren Bewegung »in Gang gesetzt« werden muss. Die Feststellung,

»in den afrikanischen Stammeskulturen muss die Zeit selbst geschaffen werden«[32], gilt für eine Vielzahl von Ereigniszeitkulturen, in denen erst die Logik der Handlung Zeit setzt, die unabhängig von den Dingen und Menschen und ihren Räumen noch nicht vorhanden ist.

Selbst wenn frühe Zeitinstrumente in Ereigniszeitkulturen zur Vergleichbarkeit von menschlichen Anstrengungen herangezogen werden, so ist es nicht die »objektive Zeit«, sondern die Zeit des jeweiligen Instruments, das als Indikator verwendet wird: Wenn in nativen Kulturen Malaysias in einen Wasserkübel gelegte und mit einem Loch versehene Kokosnussschalen ein bestimmtes Zeitintervall für den sportlichen Wettkampf vorgeben – es geht dann dabei z. B. darum, möglichst weit zu laufen, bis die Kokosnuss gesunken ist –, so ist es doch »die Zeit der sinkenden Kokosnuss«, die mit der Bewegung des Läufers korreliert und nicht eine von der Kokosnuss und dem Läufer losgelöste »objektive« Zeit. Aus der Perspektive des Uhrzeitmenschen scheinen die Verfahren zur Bestimmung von Zeitintervallen vor der gemessenen Zeit deswegen unpräzise zu sein, weil sein zeitlicher Bezugsrahmen die von ihm – auch von seiner physischen Existenz – losgelöste physikalische Zeit ist. Die Vorstellung, dass so etwas Wichtiges wie die Zeit subjektiviert werden könnte oder schlimmer noch überhaupt Subjektivistisches als Strukturelement in sich trägt, muss den Uhrzeitmenschen zutiefst verunsichern: denn gerade die von ihm losgelöste Skalier- und Messbarkeit ermöglichende metrische Zeit garantiert ihm den Fortbestand der Ordnung *seiner* Welt. Eine Ordnung, deren sichtbar gewordenen Zeugnissen und Manifestationen wir – uns abermals in die Zeitmaschine begebend – mit einer durchschnittlichen Reise-Flug-Geschwindigkeit von über 900 km pro Stunde – entgegenfliegen.

Der Flughafen von Singapur

Persönlich halte ich wenig von der in der kulturanthropologischen Literatur breit getretenen Diskussion um den so genannten Kulturschock und von der m.E. etwas zu breit angelegten Problematisierung des Gefühls der Fremde im ethnologischen Feld.[33] Entweder man ist als weiblicher oder männlicher Feldforscher bereit, sich – im vollen Bewusstsein seiner eigenen Rolle und damit auch der Unmöglichkeit einer auch nur annähernd vollständigen Integration[34] – auf die mitunter faszinierende, aber immer auch mühselige Andersartigkeit außereuropäischer Kulturen einzulassen und in diesem Unterfangen auch allerlei physische und psychische Unbill in Kauf zu nehmen, oder man sollte besser daheim bleiben. Wenn ich aber die Gedanken und Gefühle Revue passieren lasse, die ich regelmäßig bei meiner

Rückkunft aus den Dörfern im Hochland von Papua Neuguinea am Flughafen von Singapur habe, fällt mir dann doch kein besserer Begriff als der des Kulturschocks ein. Überhaupt glaube ich nach 15 Jahren Feldforschung in den verschiedensten ethnischen Gesellschaften dieser Welt zu wissen, dass es – zumindest mir – wesentlich leichter fällt, mich in eine außereuropäische gesellschaftliche und zeitliche Ordnung einzufügen, als mich wieder – einigermaßen *rasch* – in die Ordnung meiner Herkunftskultur zu integrieren.

Nach Port Moresby, der Hauptstadt von Papua Neuguinea, fliegt man entweder über Canberra in Australien oder eben über Singapur. Da ich zumeist die südostasiatische Route nehme, ist der Flughafen von Singapur für mich zur mitunter alptraumhaften Metapher für die Erfahrung geworden, in der Zeitmaschine 15 000 Jahre *nach vorne* katapultiert zu werden.[35] Im ersten Moment scheint es, als ob diese gigantomanische Welt der Millionen Dinge – Leuchtanzeigen, Maschinen, Überwachungskameras, Lichter, Springbrunnen, Förderbänder, Lautsprecherstimmen, verspiegelte Gläser, steril geputzte Toilettenanlagen usw. – einfach nicht die Welt sein *kann*, aus der ich, aus der jeweils anderen kommend, aufgebrochen bin. Und wirklich stellt sich heraus, dass sie tatsächlich eine andere geworden ist, nicht weil sie sich so rasend schnell verändert hat – das hat sie schon *vorher* getan –, sondern weil ich in diesen ersten Momenten der Kontaktaufnahme noch der jeweils andere bin, der in sie zurückkehrt, um abermals von ihr verändert zu werden.

Irgendwie will ich nur auf diesem bequemen braunen Lehnsessel in der geräumigen lichten Halle vor den Aberdutzenden Gates sitzen bleiben, die Augen schließen und mich selbst aus dieser lauten, hechelnden, digitalisierten Maschine, die man Flughafen nennt, wegdenken. Aber schon nach der ersten Berührung mit der zeitlichen Ordnung der Moderne stellt man erstaunt fest, dass man sich gar nicht mehr hinweg denken kann, dass die Bilder des Urwaldes und seiner Dörfer, die noch vor wenigen Stunden so präsent und wirklich waren, in der Erinnerung verschwimmen. Plötzlich scheint alles sehr unwirklich gewesen zu sein. Der »Film«, in dem man sich monatelang befunden hat, »reißt«! War man überhaupt im Hochland von Papua Neuguinea oder verhält es sich umgekehrt: ist dieser Flughafen nur Imagination oder Traum, aus dem man bald erwacht und sich in der Männerhütte vor dem offenen Feuer auf einer Palmfasermatte wieder findet.

Die Unübertragbarkeit jener persönlichen Erfahrungen, die man in den letzten Ereigniszeitkulturen dieser Welt noch machen kann, entspricht der Unübertragbarkeit divergierender zeitlicher Ordnungen und divergierender Rationalitätstrukturen des menschlichen Handelns. Treten wir in eine andere Ordnung der Zeit, der Rationalität ein, so ist die solange gültig, solange wir uns in ihr zurechtfinden müssen. Zeiterfahrung und Zeitlogik sind nicht durch Individuen in andere Systeme von sozialer Wirklichkeit übertragbar, wenn dort ein anderer Sinn und damit eine andere Logik der Zeit herrscht. Das Individuum allein kann nie Wirklichkeit setzen, sondern jeweils nur in Übereinstimmung mit der umgebenden Welt erfahren und diese Erfahrung wiederum kreativ gestalten. Dasselbe gilt übrigens auch für den Sinn. Nicht nur für den Sinn, den die Dinge, das Leben im gemeinschaftlichen »Commonsense« haben, sondern auch für den Sinn, den sich das Individuum höchstpersönlich zuschreibt: Sinn lässt sich ebenso wenig wie Zeit von einem Raum, von einer Kultur, von einer Wirklichkeit zu jeweils anderen Kulturen und Wirklichkeiten »transportieren« – obwohl natürlich unsere mobile, beschleunigte Zeitnutzungsoptionsgesellschaft so tut, als wäre dies möglich, und diesen »Transport« auch in einem breiten Rahmen kommerzialisiert.[36] Auf einer individuellen Ebene mag man natürlich äußerst viel lernen und gelernt haben, von einer wissenssoziologischen Perspektive aus verlieren aber »Wissen« und »Erkenntnis« an Sinn und Bedeutung, wenn die Rationalitätsstrukturen innerhalb derer sie entstanden sind, entweder brüchig werden – wie dies im Falle der raschen kulturellen Veränderungen und der Modernisierung von Ereigniszeitkulturen der Fall ist –, oder von *vornherein* – wie im Falle des kulturfremden Trägers dieses »Wissens« und dieser »Erkenntnis« – nicht vorhanden sind und deshalb nicht zur Dechiffrierung von »Wirklichkeit« abgerufen werden können. Die Ethnologen können noch so viele Bücher schreiben und Museen mit interessanten Artefakten bestücken, in dem Moment, wo Wissen nicht mehr in den ursprünglichen Bedingungen *seiner* Rationalität gelebt wird, ist dieses Wissen in *seiner* Bedeutung für das Leben von Menschen von diesem Planeten verschwunden. Das Interesse an anderen Kulturen, und damit die Möglichkeit individueller Lerneffekte, darf nicht mit der eurozentrischen Neigung verwechselt werden, alles zu vereinnahmen und letztlich als Eigenes auszuweisen.

Diese eurozentrische Neigung, dem Erfahrbaren und dem Erfahrenen eine »gewünschte Richtung«, nämlich die der eigenen Nutzung, zu geben, hat ja auch – historisch besehen – zur nahezu vollkommenen ökonomischen und weitgehenden kulturellen Vereinnahmung und Beherrschung dieser Welt durch den so genannten »Westen« geführt. »Sinnsuchende« Reisende – oft mit den besten Absichten – führen nicht selten diese usurpatorische Tradition – die weiter unten eingehender behandelt wird[37] – in einer seltsamen Mischung aus Ich-Zentriertheit und dem Wunsch nach Auflösung dieser Ich-Zentriertheit durch »bereichernde« Erfahrungen fort. Es ist dies der Versuch, durch das Überschreiten von – in diesem Falle geographischen – Räumen die eigene Zeitlichkeit in neue, andere Bezugsrahmen von Zeit zu stellen, ohne sich freilich gewahr zu sein, dass die »Richtung der Zeit«, in die wir hineingeboren sind, zumindest so manifest ist wie die Gestalt unserer jeweiligen Körper.

Vor 100 Jahren war Singapur ein »langsam tickendes«, beschauliches Kolonialstädtchen. Malaysische Hafenarbeiter, chinesische Händler, indische Kaufleute und eine europäische Kolonialoberschicht waren von der Entfesselung der Produktion, der Ressourcennutzung, des Kapitals und der industriellen Arbeitskraft im fernen Europa nur peripher erfasst. Aufgrund der exponierten Lage an der Südspitze des malayischen Archipels und der Existenz jener Schlüsselfaktoren[38], die ehemalige Schwellenländer zu effizienten modernen Produktionszentren gemacht haben, ist von der ehemaligen Beschaulichkeit außer einigen hölzernen Kolonialbauten mit ruhigen Innenhöfen zwischen den Hochhäusern auf der Orchard Road und den chinesischen und malaysischen »Armenvierteln« nicht viel geblieben. In Singapur regieren das Geld und die Uhr die mit surrenden Mobiltelefonen »bewaffneten« Menschen. Aus dem Hochland von Papua Neuguinea auf dem Flughafen von Singapur ankommend, lässt sich intuitiv nachvollziehen, dass die moderne Welt und ihre ehemalige Peripherie im 20. Jahrhundert die Geschwindigkeit der Kommunikation mit einem Faktor von 10^2, die Reisegeschwindigkeit mit 10^2, die Geschwindigkeit der Datenverarbeitung um 10^2 und die Fähigkeit, Krankheiten unter Kontrolle zu bringen, mit etwa 10^2 gesteigert hat.[39] Singapur ist zu einer digitalen Stadt geworden. Hier werden die Uhren nicht mehr aufgezogen – was ja an und ab vergessen werden könnte –, sondern zeigen mit digitaler, batteriebetriebener Präzision die Wege an, die diese geschäftige Welt von Minute zu Minute zu gehen hat.

Während ich an die Kuckucksuhr im Hochland von Papua Neuguinea denke, und mir der Ausruf des erstaunten Papuas in den Sinn kommt, ertönt eine Lautsprecherstimme, die uns auffordert, abermals in der Zeitmaschine Platz zu nehmen. Ich schiebe meine Einstiegskarte in eine digitale Einstiegskarten-Entwertungsmaschine. Meine Tasche, in der sich Betelnüsse, ein Fetisch zum Schutz vor übler Nachrede und Verhexung aus Goroka und viele handbeschriebene Seiten Papier befinden, wird zwecks Durchleuchtung auf ein Fließband gelegt. Das Gesicht der hinter dem Bildschirm sitzenden jungen Frau bleibt völlig ungerührt. Was sie wohl sieht? Jedenfalls etwas, das nicht ihr Misstrauen erweckt, obwohl es aus einer anderen Welt kommend in dieser Welt kaum seinen Platz finden wird. Der Film ist endgültig abgerissen! Ich steige ein in die Zeitmaschine, es geht zurück nach Europa, ein Europa, in dem alles was mich ausmacht und was mir jetzt zuweilen als Problem erscheint, in dem auch das Konstruktionsprinzip der Maschine, in der ich mich befinde, seinen Anfang genommen hat: das Europa des ausgehenden Mittelalters und der beginnenden Neuzeit.

2.2 Die Zeit der gemessenen Zeit

Der Okzident erwacht im Schatten des Orients

In der modernen westlichen Mobilitätskultur ist Zeit kein Kontinuum, sondern lineare Fortbewegung: Flugmaschinen, Datenhighway, unbemannte Marsexpeditionen, Künstliche Intelligenz, Akkumulation von Reichtum aller Art, digital gesteuerte Waffensysteme, gentechnologische Programme zur Re-Konstruktion der Schöpfung, gesellschaftliche und individuelle Beschleunigung zur optimalen Nutzung sich ständig qualitativ und quantitativ erweiternder Zeitnutzungsoptionen. Auch die noch vor hundert Jahren schier unglaubliche biologische Lebensverlängerung in den reichen Nationen dieser Welt suggeriert die prinzipielle Steigerung der raum-zeitlichen Entgrenzung ins Unermessliche.[40] Die Vorstellung der individuellen und gesellschaftlichen Entgrenzung wurzelt tief in jener abendländischen Individualisierungsgeschichte, die das Subjekt von der »natürlichen Ordnung der Dinge« emanzipiert und unter die Verfügungsgewalt weltlicher Systeme gestellt hat. Sie wurzelt in dem Programm der Plan- und Machbarkeit von Welt und der Übereinkunft, dass nicht mehr Gott oder Götter, sondern irdische Mächte die Bewegungen der Subjekte in den Räumen kontrollieren und überwachen. Erst wenn die Welt unabhängig von »metaphysischen Eingriffen« gedacht und schließlich erfahren wird, »befreit« sich das Subjekt aus religiöser Bindung, aus Schicksal, aus der unbeeinflussbar vorgegebenen natürlichen Ordnung, in der es wenig Optionen bezüglich der Berechenbarkeit der Zukunft gegeben hat – außer dem gottgefälligen Leben.

Das neuzeitliche und in einmaliger Weise im Europa des ausgehenden Mittelalters entspringende Programm der Machbarkeit der Zukunft ist auch ein Programm zur Selbstversicherung des Menschen. Befreit von der Willkür der natürlichen Ordnung sollen Risiken weitestgehend minimiert und das Leben auf das sichere Fundament menschlicher Vernunft und Planung gestellt werden. Die Unterwerfung unter eine Zentralgewalt dient der im Gesellschaftsvertrag festgeschriebenen rationalen Absicherung vor der Gefahr, die dem Menschen jeweils von seinem nächsten droht.[41] Erst die Befriedung der Gesellschaft erlaubt die Hinwendung zur Zukunft und den Einsatz aller Kräfte zur Gestaltung derselben. Die Vorstellung einer autonomen, vernunftregulierten menschlichen Gesellschaft korrespondiert mit den dramatischen Entwicklungen in den frühen Naturwissenschaften, namentlich der Physik und Astronomie, welche die Schöpfung selbst zunehmend als perfekt funktionierende Maschine begreifen. Analog zu dieser Verselbständigung entstehen in Europa auch soziale Großinstitutionen wie Heer, Schule, Zucht- und Arbeitshäuser sowie Manufakturen. Alle diese

Institutionen sind auf die Realisierung eines zukünftigen Zieles hin gerichtet und vermitteln die »neuen Erfordernisse« des neuzeitlichen Staats- und Wirtschaftssystems. Diese neue Verortung des Menschen im strikt reglementierten Koordinatensystem planvoller Organisation hat ihre Idee und sozialgeschichtlichen Ursprünge in den außergewöhnlichen Entwicklungen des 12. und 13. Jahrhunderts. Ihre gemeinsam verbindende Konstante ist die »neue« Zeit und deren Messung und Übertragung auf Handlung, Bewegung und Rationalität des Menschen. Es hat Jahrhunderte gedauert, bis diese neue gemessene Zeit ihren Anspruch auf »Alleinherrschaft« durchsetzen konnte. Und eben diese Jahrhunderte waren es, in denen im so genannten Abendland jene spezifische Form des Denkens und Handelns entstanden ist, welche die heutige Welt so dominant bestimmt. Denn bis zum neuzeitlichen Erwachen aus der relativ statischen mittelalterlichen Gesellschaft war es der Orient gewesen, der in Technik, Kunst, Reichtum und Macht das Tempo vorgegeben hatte.

Bis zur Mitte des 14. Jahrhunderts war das so genannte Morgenland dem so genannten Abendland in Mechanik, Zeitmessung und Lebensorganisation rigoros überlegen. Als eine Gesandtschaft Harun al Raschids aus Bagdad im Jahre 807 Karl dem Großen die Aufwartung machte, staunte der fränkische Hofstaat über eine »mit bewundernswürdiger Kunst hergestellte Uhr – *arte mechanica mirifice compositum*«.[42] Diese Wasseruhr zeigte die Stunden mit Bronzekugeln an, die in ein Messingbecken fielen, wobei um zwölf Uhr mittags zwölf Ritter aus zwölf kleinen Fenstern traten – ein Meisterwerk von einer frühen »Kuckucksuhr«. Etwa 150 Jahre später beschreibt Luitprand von Cremona seine Audienz beim oströmischen Kaiser – in einem Palast von berückender Schönheit: *Vor dem Thron des Kaisers erhob sich ein Baum aus vergoldeter Bronze. Die Zweige waren voller Vögel, ebenfalls aus vergoldeter Bronze, von denen jeder nach seiner besonderen Art zwitscherte. Der riesengroße Thron wurde von zwei Löwen aus Bronze und vergoldetem Holz bewacht, deren Schwänze den Boden peitschten und in deren offenen Mäulern sich die Zungen hechelnd bewegten. Ich wurde auf den Schultern zweier Eunuchen vor den Kaiser gebracht. Als ich mich näherte, begannen die Löwen zu brüllen und die Vögel zu zwitschern ... Nachdem ich mich zum Zeichen der Unterwerfung dreimal vor dem Kaiser zu Boden geworfen hatte, erhob ich den Kopf und sah, Wunder über Wunder, den Kaiser, den ich kurz zuvor auf einem nicht sehr hohen Thron gesehen hatte, nun in der Höhe der Decke. Wie dies geschehen konnte, wüsste ich nicht zu sagen, aber ich denke, dass der Thron durch irgendeinen Mechanismus, wie wir ihn für die Traubenpresse verwenden, hochgehoben worden war.*[43]

Bis zu Beginn des 14. Jahrhunderts versetzten die mechanischen Erfindungen aus dem Orient die abendländischen Gelehrten in Staunen und

Bewunderung, und für das »neue Rom« Byzanz waren die »Lateiner« eine Art von »Barbaren«, denen man sich bei weitem überlegen fühlte.[44] Dies freilich sollte sich mit der Entwicklung und Dynamisierung der Stadtstaaten, vorerst in Nord- und Mittelitalien, innerhalb eines Jahrhunderts drastisch umkehren. Der erste kaufmännisch bedingte Technologietransfer aus dem Okzident nach Asien ist urkundlich für das Jahr 1339 belegt, in dem der venezianische Geschäftsmann Giovanni Loredan mit einer Galeere Richtung Orient in See sticht, um seine Fracht, worunter sich auch Uhren befinden, in Delhi zu verkaufen.[45] Das Zeitalter der aus Europa exportierten Maschinen hatte begonnen, und dass die Uhr deren erste war, kann kein historischer Zufall sein. Denn die Uhr sollte nicht nur die von ihr selbst gesetzte Zeit und damit die europäischen Produktivkräfte beschleunigen, sondern auch die gesamte Welt, die es zu durchfahren galt, neu vermessen und definieren. Die expandierenden italienischen Handelsstädte, die neue Generation der Humanisten, die erstklassigen Handwerker, das aufblühende Bankwesen und die zu dieser Zeit schon hoch entwickelte Seefahrt spielten dabei eine Vorreiterrolle. Aber auch in anderen Regionen Europas – so z. B. in den südlichen Niederlanden, in den spanischen Handelszentren am Golf von Biskaya, in Katalonien und in Toledo – wurde rasch an die neuen Entwicklungen angeknüpft. Aufgrund der Wirren des Hundertjährigen Krieges (1337-1453) kam es in Frankreich zu Verzögerungen, aber ab der zweiten Hälfte des 15. Jahrhunderts erholte es sich rasch. Und schließlich dynamisierte sich auch – insbesondere durch italienische und niederländische Einflüsse – die Entwicklung im Westen und Süden Deutschlands, das ab dem Ende des 15. Jahrhunderts tempoangebend im Bergbau und in der Metallverarbeitung ist.[46]

Schon im Hochmittelalter stehen die Verschiebungen der zeitlichen Koordinaten in Verbindung mit sozialstrukturellen und politischen Ausdifferenzierungsprozessen: Die Überwindung der arabischen Herrschaft im Mittelmeerraum, die Etablierung sich selbst regierender Städte[47], die damit verbundene Ausweitung des Begriffes der Freiheit, die Zentren der Gelehrsamkeit, die Universitäten, schließlich die kausale Übereinstimmung von Lernen und Wissen[48], und auch die Differenzierungen in Königreiche, Fürstentümer, Städte, Gilden, Stände usw. begleiten diese neue Strukturierung von Denken und Handeln, Erkenntnis, Meinung und Gewissen. Neue Gerätschaften und Techniken, die ursprünglich von Moslems, Hindus und Chinesen hervorgebracht und weiterentwickelt worden waren, beschleunigen die Kulturdynamik des Westens immens und eröffnen neue ausgedehnte Anwendungsmöglichkeiten.[49] Ein besonders treffendes Beispiel für die kulturkreative Dynamik des Westens, mit Fremdeinflüssen umzugehen, sind die Entwicklung des so genannten indo-arabischen Zahlensystems und der Null. *Der Westen sollte dem mathematischen Ansatz der Naturphilosophie neue Kraft und Bedeutung verleihen und mit Hilfe der wieder entdeckten griechischen Texte auf dramatische Weise zur mathematischen Physik fortschreiten,* schreibt der englische Historiker Benjamin Nelson[50] und sieht in der (Wieder-)Entdeckung der Null die Voraussetzung für das neuzeitliche physikalische Weltbild.

Erst durch die mathematische Implementierung der Null wird die Vorstellung eines linearen Fortschritts möglich. Um das Ziel zu definieren bedarf es des genau festlegbaren Anfangs. Die Null markiert den formaltheoretischen Ausgangspunkt der Linearität. Körper, Gedanken, Unternehmen beginnen sich auf ein zeitliches Ziel hin auszudehnen. Die Definition der Zeit entspricht der gemessenen Ordnung, in der die neuen ökonomischen und sozialen Strukturen und auch die individuellen Bedürfnisse zu entfalten sind. Die Quantifizierung der Zeit bedeutet eine immense Rationalisierung – vorerst des spätmittelalterlichen städtischen Lebens – im Sinne einer Formalisierung der Bewegungsabläufe in ihr. Die neu erworbene kosmologische Ordnung drückt sich in der sozialen Ordnung aus. In Ereigniszeitkulturen war es noch umgekehrt gewesen, da hat die soziale Ordnung weitgehend die kosmologische Ordnung bestimmt. Am Beginn der Neuzeit freilich werden die mathematischen und physikalischen Relationen in der philosophischen Reflexion schon bald auf das Zusammenleben der Menschen und deren Stellung im Universum übertragen, um Berechenbarkeit, Prognostik, Selbstversicherung und Selbstvergewisserung zu ermöglichen. Auch dabei war der Rekurs auf das wieder entdeckte antike Erbe von grundlegender Bedeutung für die Erschaffung der Neuzeit nach den Regeln der gemessenen Zeit.

Antikes Erbe und die Empirie der Renaissance

Das sich durch das gesamte Mittelalter durchziehende erkenntnistheoretische Motto *legere in libro naturae* – Lesen im Buch der Natur – erreicht seinen unzweifelhaften Höhepunkt am Ende des 12. Jahrhunderts, als die Werke des Aristoteles starke Verbreitung finden.[51] Die Faszination des aristotelischen Gesamtwerkes – das von allgemeiner Ontologie bis zu speziellen zoologischen Studien reicht – inspiriert gleichermaßen Theologen, Philosophen und Naturforscher und führt zu einer Fülle von Kommentaren. Die Kirchenväter und Scholastiker beginnen sich intensiv mit dem aristotelischen Gedankengut auseinander zu setzen. Entgegen den kosmologischen Vorstellungen der Antike freilich – die griechische Ontologie war von der zeitlichen Unentstandenheit, Unvergänglichkeit und Unwandelbarkeit des

Kosmos überzeugt – ist das Naturverständnis im christlichen Mittelalter geprägt von der Vorstellung des monotheistischen Schöpfungsaktes, also der »Geschöpflichkeit« und damit der zeitlichen Begrenzung der Welt. Der Mensch kann sich selbst und seine Stellung in der Welt durch den erkennenden Nachvollzug des – göttlichen – Mysteriums begreifen; wie in einem Buch[52] blätternd kann er die Wahrheit als »göttliches Produkt« erfahren, darf sich ihrer aber nicht manipulativ bedienen. Die Natur, die Seele und der Körper des Menschen sind ein Mysterium, an das letztlich nicht gerührt werden darf.[53] Das mittelalterliche Natur- und Menschenverständnis ist geprägt von der Superiorität Gottes: *Creatio ex nihilo*, die Welterschaffung aus dem Nichts; die Ambivalenz der Natur – Urbild-Abbild-Schema, die Natur manifestiert das göttliche Mysterium, ist aber nicht Gott selbst – und die anthropozentrische Vorstellung, dass der Mensch als Höhepunkt der Schöpfung aller belebten und unbelebten Natur hierarchisch vorsteht. Der »Sitz der Seele«, den die Antike ja schon Jahrhunderte zuvor im menschlichen Körper gesucht und »gefunden« hatte, bleibt im Mittelalter unerforschlich. Die Seele ist etwas Numinoses und darf nicht in einer »einfachen« (organischen) Repräsentation gedacht werden. Im christlichen Mittelalter ist die Welt reale Konstruktion Gottes, die metaphorisch – als Abbild des Göttlichen – zu lesen ist. Noch bei Paracelsus (1493-1541) heißt es, dass »der Arzt im Patienten wie in einem Buche lesen soll«[54].

Gerade die antike Vorstellung der zeitlichen Unentstandenheit des Universums und der Gestaltbarkeit von Welt aufgrund des rationalen, selbstbestimmten menschlichen Denkens enthalten jenen ideengeschichtlichen »Zündstoff«, der mithelfen wird, den Rahmen der mittelalterlichen Welt zu sprengen. Die Frage der Stellung des Menschen im Kosmos ist gebunden an die Frage: Was macht den Menschen zum Menschen? Die früh einsetzende wissenschaftliche Auseinandersetzung mit dem menschlichen Körper, namentlich auch mit der Frage, wie Denken und Wahrnehmung entstehen, ist immer auch als eine philosophische Frage nach dem Seinsstatus des Menschen zu lesen. Schon früh wird das zentrale handlungsleitende Organ identifiziert, das den Menschen über sich selbst hinauswachsen und über die Natur bestimmen lässt: *Das Gehirn ist es, das die Wahrnehmungen des Hörens, des Sehens und Riechens gestattet; aus diesen enstehen Gedächtnis und Vorstellung, aus Gedächtnis und Vorstellung aber, wenn sie sich gesetzt haben und zur Ruhe gekommen sind, bildet sich das Wissen.*[55] Dieses Zitat, das einem aktuellen populären Artikel entnommen sein könnte, stammt aus dem 6. Jahrhundert v. Chr.: Alkmaion von Kroton war der erste uns schrifturkundlich bekannte Philosoph, »der es gewagt hat«, systematische Sektionen vorzunehmen. Auf diese Weise erkannte er, dass das Gehirn jener »Ort« ist, in dem die »höchste und entscheidende Kraft der Seele« wurzelt.

Hippokrates (ca. 460-ca. 377 v. Chr.), der gerne als Vater der Medizin bezeichnet wird, nimmt die entscheidende Theorie wieder auf. Für ihn führt der menschliche Körper nur jene Handlungen aus, die das Gehirn vorschreibt. Das Gehirn ist für alle Sinnesempfindungen verantwortlich, es ist Sitz des Verstandes, des Denkens und des Gefühls. Das *Medium des Denkens* freilich ist für Hippokrates die Luft, die seiner Vorstellung nach beim Einatmen sich zuerst im Gehirn, dann erst im ganzen Körper ausbreitet. Die Luft als Medium des Denkens ermöglicht, sofern keine funktionalen Störungen vorliegen, das naturgemäße Leben (*katá phýsin)*, wohingegen der Verstand und das Denken das Gesetz (*nómos*) der Handlung vorschreiben. Das naturgemäße Leben steht im Einklang mit der »Zeit des Kosmos«, das Gesetz der Handlung setzt die »Zeit des Menschen«. Die hippokratische Unterscheidung in Natur (*phýsis*) und Gesetz (*nómos*), von Natur und Setzung (*thésis*), von Natur und technischer Herstellung (*téchne*) und von Natur und Geist (*nous*) gibt philosophische Dimensionen vor, die den ontologischen und erkenntnistheoretischen Diskurs in der abendländischen Philosophie nachhaltig bestimmen werden. Ausgangspunkt ist der Verstand, dessen Sitz im Gehirn ist. Für seine Anhänger wurde *phýsis* in der Bedeutung der formalen Natur zum Normalzustand, d. h. zur normalen Beschaffenheit eines erzeugten und entwickelten Wesens.[56] Als Antithese zur *phýsis* tritt die *thésis*, die gleichsam »künstliche« Setzung auf, das von Menschen und durch Menschen Gestaltete, das durch Verstand und Vorsatz (*proaíresis)* formbar wird. Die dialektische Grundvorstellung von Natürlichem und Künstlichem, später wird dies in der abendländischen Philosophie *Natur* und *Kultur* genannt werden, begleitet den Diskurs über *Schein* und *Sein*, damit auch den Diskurs über die Möglichkeiten und Grenzen der Wahrnehmung selbst, bzw. über die Täuschungen des Verstandes (durch die Sinne) und die »Fallen« des Denkens im Akt des verstandesmäßigen Nachvollzugs seiner selbst.

Die griechisch-antike Kontroverse über die *phýsis-thésis*-Dialektik erreicht bei Platon (427-347 v. Chr.) und Aristoteles (384-322 v. Chr.) einen Höhepunkt. Spätestens seit diesem Zeitpunkt gibt es die widerstreitenden Lokalisationstheorien über den »Sitz des Denkens und der Seele«: Herz oder Hirn? Platon, der eher an Hippokrates anknüpft, unterscheidet im *Timaios* zwischen den drei Seelenteilen, dem »erkennenden«, dem »mutigen« und dem »begierigen« Teil, wobei er die Erkenntnis im Gehirn lokalisiert[57]; für Aristoteles hingegen befindet sich der eigentliche Sitz der Seele im Herz, weil er aufgrund anatomischer Studien erkennt, »dass hier alle Blutgefäße von der äußeren Peripherie des Körpers zusammenlaufen«[58]. Das Herz ist für ihn das Zentrum aller sinnlichen Wahrnehmung, aller Empfindung und Emotion, aber auch des Verstandes.[59] Der *zephalozentrischen* These Platons steht somit die *kardiozentrische* These Aristoteles' gegenüber, der

»Widerspruch« zwischen Hirn und Herz, der sich zumindest im Alltagsdiskurs erhalten zu haben scheint und sich auch in den Vorstellungen über »natürliche« und »selbst gesetzte« Zeit wieder findet. Denn der »Bauchmensch« richtet sein Handeln tendenziell weniger nach ihm vorgeschriebenen Zeitrastern aus als der »Kopfmensch«, der die vorgegebenen Koordinatensysteme stärker internalisiert hat und sie durch Art und Weise seines Handelns auch ständig reproduziert.

Obgleich Aristoteles, was die Lokalisation des »Sitzes der Seele« betrifft, noch in der Antike eindeutig widerlegt wird, bleibt die aristotelisch-scholastische Erkenntnislehre wegweisend für die Wurzeln der europäischen Wissenschaft. Erst im ausgehenden Mittelalter wird Kritik an Aristoteles laut. Ursache hierfür mögen die »erstarrten« scholastischen Lehren gewesen sein, die freilich an den norditalienischen Universitäten, Padua z. B. bis Mitte des 16. Jahrhunderts, unterrichtet werden.[60] Der Herausbildung von tendenziell empirisch-naturwissenschaftlichen Ansätzen am Beginn der Neuzeit und damit der Grundlegung der systematischen Naturforschung kommt jedenfalls das mathematisch-spekulative Denken Platons mehr entgegen als das induktive des Aristoteles. *Mos geometricus* – die geometrische Methode zur Abbildung der Welt in Arithmetik, Geometrie, Musik und Astronomie beginnt die Welt »erneut« nach Kriterien eines umfassenden, sich vom mittelalterlichen Weltbild trennenden Erkenntnisprinzips zu begreifen.

Die Suche nach einem physiologischen Analogon, einem Organ also, in dem das zu finden ist, was den Menschen zum Menschen macht, wird aber im Wesentlichen bis zu Immanuel Kants (1724-1804) bahnbrechender Entdeckung der bio-chemischen Grundlage des Bewusstseins aufrecht erhalten. Er erkennt, dass die Flüssigkeit der Gehirnventrikel – »gemeines Wasser« – ohne »beharrliche Anordnung der Teile« ist und lehnt als Folge dieser dynamistischen Betrachtungsweise ausdrücklich jede statisch-räumliche Lokalisation der Seele ab.[61] Erst am Ende des 18. Jahrhunderts entsteht also die Vorstellung, dass das Bewusstsein und die Seele »keinen festen Ort« und damit »keine feste Zeit« haben, dass sie sich permanent neu, gleichsam aus sich selbst heraus konstituieren.

Auch die Empirie der Renaissance versuchte den Körper nach naturwissenschaftlichen Kriterien zu erfassen, hatte dabei aber die »Zeit der Seele« noch an die »Zeit des Körpers« gebunden. Leonardo da Vinci, einer der genialsten und einfallsreichsten Geister der Renaissance, beginnt heimlich und unter größter persönlicher Gefahr Leichensektionen durchzuführen. Ihn interessiert der Körper als Funktion, deren unüberschaubare Details einer Darstellung, Beschreibung, einer Geometrie, einer Struktur und immanenten Ordnung zuzuführen sind. Durch seine akribischen Sektionen stellt er als erster Mensch überhaupt die wirkliche Form und Gestalt der

Gehirnventrikel dar. Er gießt sie mit Wachs aus, schafft so ein »Abbild des Abbildes von Bewusstsein«[62] und legt den Grundstein für die moderne Anatomie. Anatomen, wie Andreas Vesalius (1541-1564), erkannten freilich schon kurze Zeit später, dass aufgrund der physiologischen Beschaffenheit des Gehirns der ontologische Sonderstatus des Menschen nicht mehr begründet werden kann. Die Klärung desselben überlässt er in konsequenter Übereinkunft mit dem neuen, auf Empirie aufbauenden naturwissenschaftlichen Weltbild der Philosophie: *Denn anatomisch zeigt sich nichts besonderes an diesem Menschen: Esel, Pferd und andere Tiere besitzen die Ventrikel auch.*[63] Die neuzeitliche Wissenschaft bricht aus den theologisch determinierten Strukturen der geozentrisch gedachten Welt radikal aus.

Die Abkehr vom geozentrischen und anthropozentrischen Weltbild ist die Voraussetzung des neuzeitlichen Wissenschaftsverständnisses. Der spätmittelalterliche Mensch »als Krone der Schöpfung« verliert seinen Platz angesichts der atemberaubenden Entdeckungen der »neuen Zeit«. Der in Frauenberg als Domherr und Generaladministrator der Diözese Ermland lebende Nikolaus Kopernikus (1473-1543) leitet mit seiner Schrift *De revolutionibus orbium caelestium* die sprichwörtliche Revolutionierung des Weltbildes und der Wissenschaft ein. Der tägliche Umschwung des Himmels ist nur scheinbar, bedingt durch die tägliche Rotation der Erde um eine durch ihre Pole verlaufende Achse; die Erde ist nur einer von vielen Planeten, die um die Sonne kreisen. Angesichts derart atemberaubender Thesen fällt die mittelalterliche Idylle der Welt als Zentrum der Schöpfung wie ein Kartenhaus in sich zusammen. Sowohl die Körper der Menschen als auch deren Seelen verlangen nach einer neuen Interpretation, die einen Teil jener Sicherheit zurückzugeben vermag, die durch den Verlust des anthropozentrischen Universums entstanden ist. Wenn Gott den Planeten Erde aus dem Zentrum seines Universums rückt, dann muss der Mensch dem Göttlichen in sich selbst näher kommen. Die Zeit, die ihm dafür zur Verfügung steht, ist nicht mehr die Zeit der Ereignisse, die Zeit von »Tag zu Tag« oder von »Jahr zu Jahr« – es ist die Zeit des Universums, die in dem Moment grenzenlos wird, in dem man das Universum als ein sich selbst regulierendes, unveränderlichen Gesetzen folgendes System begreift.

Wer fürchtet sich vor giftigen Schlangen?

Es ist die »Künstlichkeit«, die einem den Atem verschlägt, wenn man aus dem Hochland von Papua Neuguinea auf dem Flughafen von Singapur ankommt. Dies hier ist eine vollkommen »vermittelte«[64] Welt, der Sieg der *techné* über die *phýsis* ein totaler. Nichts, das nicht von Menschenhand gemacht wurde, verzweigte, vernetzte Systeme – die reibungslose, perfekte Koordination tausender Körper in einem »selbstgeschaffenen« Raum –, ein logistisches Universum aus Stahlbeton, Glas und Elektronik. Keine Frage, die hier nicht beantwortet, kein Problem, das hier nicht gelöst werden kann. Eine sichere, gegen alle Eventualitäten gerüstete Welt, die aus sich heraus begründbar existiert. Tausende Bewegungen werden zu jeder Sekunde zu einem einzigen zielgerichteten Bewegungsstrom: Ankommen, Abheben. Der Zweck des Unternehmens ist klar ersichtlich: Fort-schreiten, so schnell und so angenehm wie möglich – ohne Gefahr und ohne einen Gedanken daran, dass die Welt auch anders beschaffen sein, geschweige denn das Flugzeug, die Zeitmaschine auch abstürzen könnte. Und plötzlich scheinen diese linear bewegten Körper einen Augenblick lang ihrer eigenen Verletzbarkeit und Vergänglichkeit enthoben zu sein: Denn ist dieses »gläserne Jerusalem«[65] nicht kraft der Idee der Unbegrenztheit menschlichen Erfindungsgeistes gleichsam aus dem Nichts »dunkler Vorzeiten« erschaffen worden? Und sind nicht die Seelen, die diese Körper tragen, endgültig aus der Willkür und Zufälligkeit des Schicksals, den Gefahren des Lebens, ja den Ängsten des Menschseins eben durch diesen Akt der Erschaffung einer *eigenen* Welt und Wirklichkeit – gemessen an Jahrhunderttausenden mühevollster Menschheitsgeschichte – nachhaltig befreit worden?

Wenn der Uhrzeitmensch, der sich ab und an solche Fragen stellen mag, im Hochland von Papua Neuguinea mit seinen einheimischen Begleitern durch den Urwald streift, so realisiert er nur einen Bruchteil jener Gefahren, die hier mitunter auf ihn lauern. Weder Körper noch Wahrnehmung sind der Welt des Regenwaldes angepasst. Man muss z. B. genau »wissen«, wohin man in versumpften Urwaldböden tritt. Im Gegensatz zu den kurzen Strecken, die ich alleine zurückgelegt habe, ist es mir, wenn ich begleitet war, kein einziges Mal passiert, dass ich bis zu den Schultern im Morast versunken bin. Deswegen folgen an heiklen Stellen die Schritte des Uhrzeitmenschen besser jenen der Einheimischen, obwohl er deren Sicherheit im Umgang mit dieser *Gefahr* nicht versteht: denn für den Uhrzeitmenschen sind keine wie immer gearteten Unterschiede zwischen den Böden, die dem Schritt standhalten, und jenen, in die man einbricht, erkenntlich.

Oder die faszinierende Sache mit den giftigen Schlangen: Weder in den semi-ariden Savannengebieten des subsaharischen Afrika noch in den tropischen und subtropischen Gebieten nimmt der Uhrzeitmensch diese Gefahren als selbstverständlich wahr. Er muss sozusagen auf diese Gefahr »gestoßen« werden. Meine einheimischen Begleiter freilich, die barfüßig und ohne Mühe durch das schwierige Terrain klettern, zeigen mir hier und dort und da die sich auf Astgabeln kringelnden, oder unter Blattwerk halbversteckt liegenden oder in Baumstrünken reglos dahindösenden Schlangen –

oft über erstaunliche, ja unglaubliche Distanzen hinweg. Ich muss dann erst meinen Blick »scharf stellen«, die Tarnfarbe der Kaltblütler von den Farben ihrer Umgebung trennen: ja tatsächlich, da ist eine schwarze Mamba, oder eine braune Bambusotter, oder die mit orangen Bändern kreuzweise gemusterte Fea-Viper, die ihren stets stoischen Kopf perfekt an die Farben ihrer Umgebung angleicht. Dann fragt sich der Uhrzeitmensch, wie es denn für seine Begleiter möglich war, diese Tiere in ihrer geradezu perfekten Tarnung auf diese Distanz überhaupt zu *erkennen* und bleibt die Antwort voll Staunen darauf vorerst schuldig.[66] Fest steht freilich, dass er selbst nicht gewappnet ist, den meisten Gefahren hier aus eigenen Stücken »ins Auge zu sehen«, ganz einfach, weil er sie nicht wahrnimmt. Seine Unfähigkeit, Gefahren *hier* als solche zu erkennen, bewahrt ihn zumindest davor, sein theoretisches Wissen, dass es nämlich in diesem Wald jede Menge giftiger Schlangen gibt, durch seine sinnliche Wahrnehmung fortwährend bestätigt zu finden. Ob er sich deshalb freilich weniger vor der Existenz der Schlangen fürchtet als jene, die sie sehen, die ihnen ausweichen, die sie auch töten können, bleibt vorerst dahingestellt.

Ich bin immer wieder fasziniert von der unglaublichen Geschicklichkeit, Kraft, Intuition und Schnelligkeit von Menschen, die »in der Natur« leben. Diese Faszination des Uhrzeitmenschen, ließe sie sich überhaupt adäquat ausdrücken, käme den betroffenen Menschen »natürlich« völlig absurd vor, denn sie können nur so sein wie sie sind, um überhaupt in diesem Wald zu überleben. Alle Werkzeuge und materiellen Hervorbringungen sind von diesen Menschen aus den Materialien *ihres* Lebensraumes selbst gefertigt, alle Produktionszusammenhänge – von der Aussaat, über das Fallenstellen bis hin zum Hüttenbau – bekannt. So ist es nur logisch, dass in einer solchen Welt die Menschen glauben, dass alle Dinge, die der weiße Besucher mit sich trägt und die er selbstverständlich nutzt, von ihm selbst hergestellt sind oder prinzipiell von ihm selbst gemacht werden könnten. So bin ich im Dschungel Papua Neuguineas oft »der Mann des Feuersteckens (Feuerzeug)« oder »der Mann, der weiß, wie man Flugzeuge baut« genannt worden. In Gesellschaften, die komplexere Formen der Arbeitsteilung nicht kennen, sind diese Zuschreibungen völlig rational, auch deren magische Interpretationen: denn oft wird dann dem Träger oder Benutzer solcher Gegenstände die magische Fähigkeit zugeschrieben, über ein »secret knowledge« zu verfügen, ein z. B. ihm von den Ahnen verliehenes »geheimes Wissen« also, das ihn befähigt, diese wundersamen Dinge zu produzieren.[67] Die heftigsten Beteuerungen, dass man keinesfalls wisse, wie diese Dinge entstanden seien, ja oft nicht einmal ihre Wirkweise verstünde, helfen dann überhaupt nichts, bestätigen eher die Vermutungen der Einheimischen, dass man die Wahrheit verbergen will. Die so genannte Wahrheit bleibt, wie so oft, auch in diesem Fall unteilbar, weil die Voraussetzungen und Bedingungen, unter denen sie verstanden werden könnte, nicht vorhanden sind.

Die Bedingung zum Verständnis dieser Wahrheit wäre für die Papuas die schier unglaubliche Tatsache, dass wir in einer »von anderen gemachten und von anderen ständig veränderten Welt« leben, auch wenn wir selbst ein mikroskopischer Teil dieser anderen Welt sein mögen. In eben dieser Welt ist man also von Dingen abhängig, die man selbst nicht gemacht hat und die man selbst auch nicht ändern kann. Denn die Wahrheit ist, dass ich nicht einmal meine eigenen Stiefel selbst herstellen kann, die für mich aber *hier* existenzielle Bedeutung erlangen, die lebensnotwendig sind, denn kämen sie mir abhanden oder würden sie beim Trocknen über dem Lagerfeuer verbrennen, käme ich kaum wieder lebend aus diesem Wald heraus.[68]

Strategien gegen Gefahren sind natürlich in allen Kulturen und zu allen Zeiten davon abhängig, ob man die Gefahren auch als solche erkennt. So selbstverständlich, mutig und kraftvoll die Papuas tagsüber mit ihrem Besucher durch den tropischen Regenwald laufen, so unsicher, verhaltener, ja geradezu verängstigt werden sie des Nachts, wenn es nicht möglich ist, vor Einsetzen der Dunkelheit die nächste Streusiedlung zu erreichen und im Wald campiert werden muss. Jetzt wird sich der Uhrzeitmensch wieder über das eigenartige Verhalten seiner Begleiter wundern. Denn nachdem rasch ein Palmwedelverschlag errichtet und ein großes Feuer entfacht worden ist, sitze ich entspannt und müde da, esse noch eine Süßkartoffel und freue mich auf einen wohl tuenden Schlaf. Ich *weiß*, dass die Nähe zum großen Feuer, das die ganze Nacht über gehütet wird, hinreichend Schutz vor Schlangen und anderem lästigen Getier bietet. Sollte ein Regen aufkommen, so wird kaum ein Tropfen durch die dichten Palmwedel über unseren Köpfen dringen. Ich habe – ebenso wie meine Begleiter – unzählige Nächte unter freiem Himmel in tropischen Regionen verbracht und rolle mich nun in meinen Schlafsack, froh, nach den Anstrengungen des Tages, mich endlich ausruhen zu können: Ich fühle mich sicher, lausche noch den vielgestaltigen Schreien in der Urwaldnacht und bin schnell eingeschlafen. Meine Begleiter hingegen werden fast die ganze Nacht kein Auge zudrükken; etwas angespannt sitzen sie um das Feuer, reden mit gedämpften Stimmen und haben ab und an beschwörende Formeln auf den Lippen. Für sie hat der gefahrvolle Teil unserer Reise begonnen, denn der Wald um sie herum ist des Nachts beseelt von unzähligen Wesenheiten, Geistern und Kobolden, die nicht alle den Menschen gewogen sind. Sie stellen eine ernste Bedrohung für Seele und Körper dar. Erst wenn die Schreie der Tiere gegen etwa vier Uhr am Morgen leiser werden, schließlich kurz vor dem Morgengrauen nahezu ganz verstummen, entspannt sich die heikle Situation. Jetzt fühlen sich auch meine Begleiter wieder einigermaßen sicher und dösen in den beginnenden Tag hinein.

Die Verletzbarkeit der Körper und der entfesselte Sensenmann

Die universale zeitliche Begrenzung des menschlichen Lebens ist der physische Tod. So unterschiedlich dieser in den Kulturen der Welt gedeutet sein mag, die Furcht vor ihm bleibt in der einen oder anderen Form immer bestehen, außer sie wird durch rituelle Techniken – der tranceähnliche Zustand des »todverachtenden« Kriegers etwa – gezielt ausgeschaltet. In den westlichen Industrieländern stellt der Tod den – oft als skandalös empfundenen – Abbruch eines individualisierten Lebens dar.[69] Je »vermittelter« die Welt ist, desto »unnatürlicher« wird der dann gesellschaftlich verdrängte und tabuisierte Tod. Er befördert das Ich, das sich Zeit seines Lebens bewusst selbst erschaffen hat, in eine beunruhigende Grauzone, von der niemand weiß, ob in ihr in irgendeiner Weise Individualität weiterbestehen wird. Die Vorstellung, dass je ein Körper je eine Seele besitzt, ist eine zutiefst eurozentrische. In vielen Ereigniszeitkulturen ist der Mensch Träger von mehreren Seelen, wobei in den magischen Vorstellungen auch die ganze Welt um ihn herum beseelt ist, und diese sich in unterschiedlichsten Tier- und Menschenkörpern manifestierenden Seelen auch in reger Kommunikation und in vielfältigen Austauschverhältnissen zueinander stehen. Die enge Anbindung der Welt der Toten an die Welt der Lebenden[70] gibt zwar dem Akt des Sterbens eine sinnvolle, »bekannte« Richtung, nimmt aber nicht die Furcht davor.

Das »sinnvolle« Sterben war bis zum Siegeszug der *techné* über die *phýsis* integrierter Bestandteil des allgemein menschlichen Lebensvollzugs. Die griechische Antike kennt den heroischen Tod, den frei gewählten Tod, als Ausdruck höchster Selbstbestimmung, oder den vitalen epikuräischen Umgang mit dem Tod: *Der Tod ist der Verlust der Wahrnehmung ... solange wir existieren, ist der Tod nicht da, und wenn der Tod da ist, existieren wir nicht mehr.*[71] In der Lehre Epikurs wird der Tod als solcher nicht geleugnet, aber dem sinnesfreudigen Vollzug des Lebens Priorität eingeräumt. Im christlichen Mittelalter dreht sich dieses Verhältnis um: Denn das gottgefällige Leben wird erst in der Stunde des Todes und dem Entscheid des Jüngsten Gerichtes vor den Augen des Herrn belohnt werden. »Die letzten werden die ersten, die ersten die letzten sein« – der Tod als Tor zur Erfüllung und zur Erlösung aus den mitunter miserablen Bedingungen des Diesseits.

Der Umgang mit dem Tod hängt auch mit den existenziellen Gefahren zusammen, die das Leben der Menschen bedrohen. Gefahren aber müssen wahrgenommen werden, um vor dem Hintergrund individuellen und gesellschaftlichen Wissens minimiert zu werden. Jede Gesellschaft entwickelt Strategien, mit ihrem je eigenen Gefahrenpotential umzugehen. In Ereigniszeitkulturen sind die meisten dieser Strategien magischer Natur, im christlichen Mittelalter wird die Magie theologisch kodifiziert – das Leben kann erduldet, der Tod demütig erwartet werden. Später werden volksreligiöse magische Praktiken durch die »heilige Inquisition« brutalst bekämpft. Auch die Strategien der Gefahrvermeidung müssen in Gottes Hand gelegt und durch den Klerus definiert, kontrolliert und verwaltet werden. Im engen Korsett der herrschenden Gottesdemut gefährden »heidnische« Verhexungs- und Gefahrvermeidungstechniken, Liebes- und Wetterzauber, sowie magische Heilverfahren die gottgegebene Ordnung, die gegen das neuzeitliche Programm der Rationalisierung »verrechnet« wird.[72] Wer die Schlange nicht sieht, kann sich vor ihr nicht fürchten; also zielt gesellschaftliche Gefahrvermeidung darauf ab, eine Sensibilisierung der Wahrnehmung von Gefahren, bzw. deren symbolischer Repräsentation zu erreichen: dann ist es nicht mehr die Schlange, vor der man sich fürchtet, sondern die weltliche Macht, die sich die Furcht vor der Schlange – metaphorisch und realiter – zunutze macht, um Verfügungsgewalt über Menschen auszuüben. Die Schlange als Königs-Insignium der uneingeschränkten Macht stellt in der nichtchristlichen Welt den Archetyp von Klugheit, Schnelligkeit, Stärke und Tötungsbereitschaft – Exekution der Macht – dar.

Auf den Uhrzeitmenschen – weil in der Regel selten mit Schlangen konfrontiert – mag dies fremd und exotisch wirken; vertrauter – weil aus der eigenen Historie bekannt – hingegen mögen ihm die Darstellungen des »schwarzen Todes« und der »großen Pest« sein. Im inszenierten Totentanz werden alle, ob arm ob reich, ob jung ob alt, ob gottesgefällig oder nicht in die Polonaise des egalisierten Sterbens eingereiht. So wie in diesem Tanz die Menschen dem Tod absolut unterworfen sind, so werden sie auch der Zentralgewalt im absolutistischen Staat unterworfen sein. Der große Wiener Schauspieler, Dichter und Historiker Egon Friedell hat in dem durch die Pest hervorgerufenen traumatischen Sterben die »Geburtsstunde der Neuzeit« gesehen. In seiner *Kulturgeschichte der Neuzeit* stellt er die kühne These auf: *»Das Konzeptionsjahr des Menschen der Neuzeit war das Jahr 1348, das Jahr der schwarzen Pest!«*[73] Ein wilder, zügelloser, kompromissloser, anarchischer Tod bricht über die Städte Europas herein, seine alles zerstörende Gewalt wird das Menschenbild der Moderne und die menschliche Anstrengung zur Unterwerfung und Domestikation der Natur entscheidend beeinflussen.[74] Der vormals »nahe und vertraute Tod, der durch unzählige religiöse Rituale gezähmt war« und der in dem sinnstiftenden christlichen Weltbild seinen zweifelsfrei bedeutenden Platz als letzter Weg zu Gott einnahm, wird zu einer infernalischen irdischen Apokalypse, in der die öffentliche und auch die kirchliche Ordnung zusammenbricht.[75]

Wie in vielen anderen Kulturen galt der plötzliche Tod vor dem Einsetzen der Pest als Strafe Gottes[76] – die wichtige »Liturgie des Todes«: Versammlung der Gemeinschaft und der Verwandten bei dem Sterbenden, die gewohnte Form der Sterbesakramente usw. entfällt. Auch in dem Massensterben der Pest versagen alle gewohnten Rituale und Tröstungen. Der Sensenmann ist entfesselt, der Tod wird hinterhältig und gemein: Man kann ihn nicht nahen fühlen, man stirbt in Isolation vor den anderen, gemieden und einsam, die Verwandten halten sich fern, die Ärzte berühren einen nicht und die Priester erteilen aus beträchtlicher Distanz die Absolution. Nicht einmal die Bestattungsrituale, die für das Seelenheil des mittelalterlichen Menschen von so zentraler Bedeutung waren, können eingehalten werden. Die herbeigekarrten Leichen werden in Massengräbern – ursprünglich der »Ort« der Verdammten und Delinquenten – verscharrt. In vielen Städten Europas mäht der schwarze Tod bis zu 60% der Population nieder. Jeder wird zu einem potentiellen Todesbringer – eine radikale Isolation »nicht nur der Sterbenden vor den Lebenden, sondern auch von den Lebenden untereinander«[77] greift um sich. Isolierte Individuen sind einem alle unterschiedslos dahinraffenden Tod ausgeliefert, der ihnen keine Einzigartigkeit, keine Individualität mehr verleiht.

Die bizarre Egalisierung des schwarzen Todes führte aber keineswegs zu einer »kollektiven« Bekehrung oder gar zu einer neuen Hinwendung zu Gott. Wie Chronisten und Historiker[78] ausführen, dürfte eher das Gegenteil der Fall gewesen sein: Apokalyptisches Treiben, Ausschweifung, exzessive Trinkgelage, Zügellosigkeiten und Obszönitäten stehen an der Tagesordnung. Der Mensch, den der entfesselte Sensenmann jederzeit abholen kann, will »noch einmal richtig auf den Putz hauen!« Der Glaube an ein ewiges Leben wird relativiert durch den Schrecken und die Anarchie, die der schwarze Tod verbreitet. Gott rückt bei diesem Spektakel in weite Ferne, denn er wird weder als Verursacher – im Sinne einer über die Menschen verhängte Strafe – gesehen noch als Retter in der Not angerufen. Die metaphysische Erklärung kann für ein solches Inferno nicht hinreichend sein. So entsteht der Versuch einer Verwissenschaftlichung – z. B. werden giftige Erdausdünstungen und kosmische Konstellationen für das Massensterben verantwortlich gemacht[79]; und, wie zumeist angesichts schwer bewältigbarer oder unbewältigbarer Probleme, die »jeweils anderen«: Juden, Reisende, Vaganten, Hexen, Bettler und Aussätzige. Der unbestimmte Hass und die Rache aus panischer Angst richten sich gegen die Fremden in der Gesellschaft und die Schwachen. Die Juden werden der Brunnenvergiftung bezichtigt, und »die Judenverfolgungen zur Mitte des 14. Jahrhunderts während der ersten Pestwelle bleiben bis zum Holocaust des 20. Jahrhunderts die größte singuläre Mordaktion gegen die jüdische Bevölkerung in Europa.«[80]

Der im Pestinferno entstandene anarchische Tod, der keinen Regeln, nicht einmal den göttlichen mehr gehorcht, hat das Lebensgefühl der Moderne entscheidend geprägt. Die unglaublichen »Anstrengungen der Moderne«, die Natur zu zähmen und zu unterwerfen, die Welt nach Maßgabe der Vernunft und Berechenbarkeit zu gestalten, das Programm der gesellschaftlichen Lebensverbesserung und individuellen Lebensverlängerung, sie alle sind eine »Kampfansage« an eben diesen infernalischen Tod. Marianne Gronemeyer merkt pointiert an: »Der Gedanke, dass das grandiose Unternehmen der vernunftgemäßen Weltgestaltung ein Reflex auf die demütigende Todesverfallenheit des Menschen sein soll, ist seinerseits so kränkend und erniedrigend, dass die Gesellschaftstheorie sich ihm versagt.«[81] Sowenig das »Projekt der Selbsterschaffung des Menschen« in der Moderne monokausal erklärt werden kann, so schlüssig ist freilich die These, dass im Zuge fortschreitender Individualisierungsprozesse die Gefahr, die diesen »neuen« Identitäten durch das Schicksal und durch Unvorhersehbares droht, weitgehend und radikal minimiert werden muss. Die Zeit der Gegenwart wird endgültig die der Zukunft – die der Gefahrenvermeidung, Planung und Prognostik. Die *techné*, die ihren Siegeszug über die *phýsis* im Spätmittelalter angetreten hat, wird zur dominanten Verfahrensweise des Menschen mit sich selbst und seiner Umwelt. *Techné* heißt dann nicht nur etwaige Gefahren wahrzunehmen, bevor sie tatsächlich eintreten, sondern auch schon an den Strategien zu deren Zähmung oder Beseitigung zu arbeiten, noch bevor diese überhaupt entstanden sind.

Wenn der Geist der Moderne auch in dem Trauma der schwarzen Pest wurzelt, so sind wir alle – und auch die für damalige Verhältnisse, aber auch für das Hochland von Papua Neuguinea[82] schier unglaubliche Verlängerung unserer biologischen Lebenszeit – das Produkt eines jahrhundertelangen Kampfes gegen die primäre Bedingung unseres eigenen Seins: die Sterblichkeit![83] Die Folge davon ist eine »vermittelte« Welt, in der alles – von der Aussaat der Kartoffel bis zum Wettersatelliten – der menschlichen Gestaltung und Intervention zwecks Kontrollierbarkeit und Gefahrenvermeidung unterliegt. Die Technik ist dieser Welt immanent geworden. Somit scheint sich auch der »Widerspruch« zwischen Natur und Kultur aufgelöst zu haben. Um einer zu raschen Schlussfolgerung aber vorzubeugen: Ich bezweifle, dass diese »vermittelte« Welt dazu geführt hat, dass wir tatsächlich angstfreier geworden sind, uns vor *weniger* fürchten. Wir fürchten uns zwar in der Regel nicht mehr vor Schlangen, geschweige denn vor Geistern, und das seltene Aufflackern der Pest in entlegenen Gebieten dieser Welt – wie zuletzt in Madagaskar – erscheint uns Europäern wie ein fernes Echo aus einer längst *vergangenen* Zeit; auch ist ein Fünftel der Menschen reich und satt geworden, und in eben diesem Fünftel werden Frauen durchschnittlich 79,3 und Männer 71,9 Jahre alt, wobei in Österreich die Lebenserwartung für Frauen sogar bei 81,7 und für Männer bei 75,9 Jahren liegt.[84] Aber Angst – die haben wir trotzdem! Es könnte sogar sein, dass auf eine bewältigte Gefahr »ein Dutzend« neue folgen, die wiederum erst *über kurz oder lang* bewältigbar werden. Es könnte sein, dass das Angstpotential steigt, je mehr Ängste durch die *Techné* »eliminiert« werden.

Dann wäre es mit der Angst vor Gefahren so ähnlich wie mit den Zeitmaschinen. Alle zeitsparenden Maschinen haben bislang das Leben der Menschen beschleunigt, und diese Beschleunigung hat dazu geführt, dass die Menschen weniger Zeit haben als *vor* der Einführung der jeweiligen Zeitersparnis. Jede Risikominimierung setzt die Identifizierung einer Gefahr voraus. Je weiter und rascher sich das Sicherheitsdenken jedoch verbreitet, desto *mehr* Gefahren bevölkern diese Welt und desto intensiver muss an deren Vernichtung gearbeitet werden, was wiederum zu einer Unsumme neuer Identifizierungen potentieller Gefahren führt. Maschinenrationalität und Gefahrenvermeidung multiplizieren als zwei Teile eines medusischen Hauptes – »Produktivität« und »Vernunft« – die »Ursachen«, auf Grund derer sie entstanden sind. Geboren aus der Verletzbarkeit der menschlichen Körper und dem unbeirrbaren Ticken der mechanischen Uhr haben Maschinenrationalität und Gefahrenvermeidung die Welt bis zur Grenze des Vorstellbaren, ja des Messbaren beschleunigt.

Das Ticken der Uhr

Das unbeirrbare Ticken der mechanischen Uhr gibt dem Übergang zur Neuzeit das Tempo vor, die Uhr selbst wird zu einer Metapher für die selbstreferentielle, »aus sich selbst heraus funktionierende« Schöpfung.[85] Schon Thomas von Aquin arbeitet eine Theologie aus, welche die Existenz einer selbstreferentiellen Welt vorbereitet:[86] Die »creatio continua« ist eine sich permanent perpetuierende Schöpfung, deren Bestandteile in einem unendlich weisen System der Logik derart aufeinander abgestimmt sind, dass sie außer der schöpferischen Energieerhaltung keiner willkürlichen Eingriffe und Korrekturen mehr bedarf. Die logischen Gesetze dieser autonom werdenden Welt sind aus einiger Distanz heraus bestimmbar. Zwischen Beobachter und Welt beginnen sich die unterschiedlichsten Instrumente zu schieben, die vom Mikrokosmos bis zum Makrokosmos konstante und unwandelbare Strukturen aufzeigen werden. Etwa um 1300 – zeitgleich mit der Brille – beginnt in Europa die Uhr als Instrument, das sich zwischen Subjekt und Objekt schiebt, die Wahrnehmung von der Realität radikal zu verändern. Die Uhr ist das erste wirklich präzise Instrument zur Vermessung des Raumes und zur Vermessung – und damit Sicherung, Kontrolle und Zielvorgabe – der Bewegungen in diesem Raum.

So folgt die Verbreitung der Uhr vorwiegend einem »sozialen Bedürfnis«, jenem der Rationalisierung menschlicher Bewegungsabläufe.[87] Die rasche Ausbreitung der Räderuhr beginnt in jenen institutionalisierten Räumen, die offenbar ein hohes Bedürfnis nach Rationalisierung der Organisation hatten – Klöster und Städte. In den Städten werden die Arbeit und die Versammlungen angekündigt und »zu bestimmten Zeiten« die Tore verschlossen; in den Klöstern dient die Uhr zur exakten Einhaltung der Gebetsstunden, der Essens- und Schlafenszeiten sowie der genauen »Anberaumung« der Exerzitien. Die strikte zeitliche Einteilung der Exerzitien setzt die Mechanik der Uhr im Inneren des frommen Menschen fort.[88] Es sind auch die Klöster, welche die intensivste Forschungstätigkeit zur technischen Weiterentwicklung der Uhr entwickeln. Die Türme in den Städten brauchen zuverlässige Uhren, um deren Signale durch Glockenzeichen weiterzugeben. Die Türmer sind die Ersten, die im städtischen Bereich die Uhren verwenden und bedienen, und sie sind auch die Ersten, die durch den technischen Fortschritt der Räderuhr verdrängt und wegrationalisiert werden – als nämlich die Mechanik so weit entwickelt ist, dass das Schlagen der Glocken automatisch erfolgen kann. Der Glockenschlag der Uhr wird in den Städten in ein bestehendes Signalsystem integriert, wobei die Turmuhren zunehmend ein kosmologisches Spektakel inszenieren: Durch spektakuläre Mechaniken werden Lektionen in Astronomie und Theologie erteilt.[89] Die Uhr ist zu einer Weltbühne, zum Abbild der Schöpfung im Kleinen geworden.

Ab dem Ende des 14. Jahrhunderts erfolgt eine rasche und massenhafte Ausbreitung der Uhr – vorerst von Italien und seinen Stadtstaaten aus. Die ersten Uhren mit Minutenzeigern werden angefertigt. Zu dieser Zeit werden z. B. Lehrvorträge und Predigten schon von vornherein zeitlich befristet. In Schulräumen finden sich die Sanduhren wieder. Weitere technische Innovationen, wie die rasch Verbreitung findende Pendeluhr, bedingen, dass es etwa ab der Mitte des 17. Jahrhunderts »kaum mehr einen sozialen Raum gibt, der nicht der Kontrolle durch die Uhren unterliegt.«[90] Menschliche Tätigkeiten werden im Äquivalent der gezählten Zeit gedacht und realisiert. Die Uhr teilt ein, quantifiziert und verwaltet. Damit ist einerseits ein rigoroser Disziplinierungsprozess verbunden, der den Menschen in seinem Tun von den Exerzitien über frühe Erziehungsinstitutionen bis hin zur Manufakturarbeit des 17. Jahrhunderts[91] an ein externes »objektives« Kriterium bindet, das zuverlässige Planung und Produktion ermöglicht; andererseits erleichtert es auch die Zentralisierung und Hierarchisierung von organisatorischen Abläufen, da die vorgegebene Ordnung wiederum nur »von außen« veränderbar ist. Die Unterwerfung des Menschen unter den spätmittelalterlichen Gott weicht zu Beginn der Neuzeit der Unterwerfung unter das Diktat der gezählten Zeit und der sie bestimmenden und nutzenden weltlichen Macht. Die Verfügungsgewalt über die Zeit wird zu dem wichtigsten ordnungspolitischen Instrument – was zu immer wieder aufflackernden Kontroversen zwischen Kirche und Stadtverwaltung führt.[92] Die Verfügungsgewalt über die Zeit ersetzt das religiöse Monopol der Verfügungsgewalt über die richtige Glaubenslehre. Die Zeit selbst wird zum Gestalter des Lebens, zu einem modernen Gott. Die neuzeitliche Philosophie und Wissenschaft bricht endgültig aus den metaphysischen Bindungen der *Vergangenheit* aus.

So wundert es auch nicht, dass die radikalsten erkenntnistheoretischen und naturwissenschaftlichen Paradigmenwechsel genau in *jene Zeit* fallen, in der die gezählte Zeit über alle sozialen Räume zu triumphieren beginnt, sie strukturiert und nach Maßgabe der Mächtigen »in Bewegung« hält: Mitte des 17. Jahrhunderts erreicht der philosophische Diskurs über die Welt als Uhr und als Automat einen ersten Höhepunkt. Er markiert die neuzeitliche Grundlegung einer Philosophie der Selbsterschaffung des Menschen, in der der Schöpfergott der Vergangenheit in immer größere Ferne rückt, in der es der Mensch selbst ist, der sich die Bedingungen seines Lebens vernunftgerecht schaffen kann. An der theoretischen Fundierung und empirischen Formulierung des neuzeitlichen Weltbildes arbeitet zwischen 1620 und 1640 eine Gruppe französischer Philosophen und Mathematiker, von denen die bedeutendsten Marin Mersenne (1588-1648), Pierre Gassendi (1592-1655) und René Descartes (1596-1650) sind. Zwischen 1640 und 1660 kommt eine Gruppe von Engländern hinzu, die aus den Bürgerkriegswirren geflohen ist; der berühmteste unter ihnen ist Thomas Hobbes (1588-1679). Durch diese Gruppe wurde nach ihrer Rückkehr in England das neue philosophische und erkenntnistheoretische Gedankengut verbreitet, das einen vorläufigen Abschluss und Höhepunkt in Isaac Newtons (1643-1727) Hauptwerk *Philosophiae naturalis principa mathematica* findet.

Die Schöpfung als Uhr und als Automat

An der Wiege der Konstruktion des neuzeitlichen Weltbildes steht die Identifikation der Natur mit einem maschinellen Artefakt.[93] Das Wunderwerk »Räderuhr« gilt als Metapher des Körpers, des Denkens und schließlich des gesamten Kosmos. Auch René Descartes verwendet diese Metapher in den *Meditationes de prima philosophia*, wenn er im Jahre 1642 schreibt: *Ja, ebenso wie eine aus Rädern und Gewichten zusammengesetzte Uhr nicht weniger genau alle Naturgesetze beobachtet, wenn sie schlecht angefertigt ist und die Stunden nicht richtig anzeigt, als wenn sie in jeder Hinsicht dem Wunsche ihres*

Konstrukteurs genügt, so steht es auch mit dem menschlichen Körper, wenn ich ihn als eine Art von Maschine betrachte, die aus Knochen, Nerven, Muskeln, Adern, Blut und Haut so eingerichtet und zusammengesetzt ist, dass, auch wenn gar kein Geist in ihr existierte, sie doch genau dieselben Bewegungen ausführte, die mein Körper jetzt unwillkürlich ausführt und die also nicht vom Bewusstsein ausgehen.[94]

Die Schöpfung und der menschliche Körper werden zu einem selbstreferentiellen System, Gott selbst zu einem *mechanikós* und *mechanopoiós* – zu dem besten Mechaniker und Techniker. Der »Geist« der Maschine ist das Denken, das Bewusstsein und Identität entstehen lässt. *Cogito ergo sum* – Ich denke also bin ich, ist Descartes berühmte ontologische Festlegung. Der Mensch wird definiert durch seine Befähigung zur Vernunft, welche die Zukunft gestaltbar macht. Das Denken wird analog der gemessenen Zeit berechenbar und berechnend gemacht. René Descartes verachtet die menschliche Furcht: *Was die Furcht oder den Schrecken angeht, so sehe ich nicht, dass sie jemals lobenswert oder nützlich sein können*[95] – wer denkt und furchtlos ist, der schreitet sicher in die Zukunft. Fortschritt als Optimierung von Sicherheit auf der Grundlage des vernünftigen menschlichen Denkens wird zu der zentralen neuzeitlichen Idee, auf der das Projekt der Moderne, das Projekt der radikalen Umgestaltung der Welt und des Menschen aufbaut.[96] Das Ticken der mechanischen Uhr ist diesem neuen Begriff des Fortschritts immanent: So wie die Mechaniken der Maschinen mit großer Präzision »funktionieren« und nur noch »von außen« zerstört werden können, so schreitet auch die menschliche Vernunft – ihrer Funktionsweise einmal gewahr geworden – unbeirrt in die Zukunft fort. In seinem *Traité de l'homme*[97] gibt der Philosoph Beispiele für seine mechanistische Physiologie, welche die Maschinen-(Automaten-)Vorstellung seiner Zeit auf den Menschen, aber auch auf Tiere und die gesamte natürliche Umwelt überträgt.

Auch Thomas Hobbes macht sich Gedanken über das menschliche Denken, die Zeit und die Zukunft. Der Mensch der Neuzeit wird durch die gezählte Zeit nicht nur »vermessen« und dadurch berechenbar und gestaltbar gemacht, sondern das Denken und vernunftmäßige Handeln selbst stellt sich bei ihm als ein einziger Rechenvorgang dar. Vernunft entsteht für ihn als Folge von rationaler Addition und Subtraktion. Offenbar inspiriert von der Rechenmaschine[98] Blaise Pascals (1623-1662), bei dem er sich 1640 in Paris aufhält, schreibt er folgendes: *Denken heißt nichts anderes, als sich eine Gesamtsumme durch Addition von Teilen oder einen Rest durch Subtraktion einer Summe von einer anderen vorzustellen ... Denn wie die Arithmetiker lehren, mit Zahlen zu addieren und zu subtrahieren, so lehren dies die Geometriker mit Linien, festen und künstlichen Figuren, Winkeln, Proportionen, Zeiten, Geraden von Geschwindigkeiten, Kraft, Stärke und Ähnlichem ...*

Dasselbe lehren die Logiker aus Folgen aus Wörtern ... Schriftsteller, die über Politik schreiben, addieren Verträge, um die Pflichten der Menschen zu finden, und Richter Gesetze und Tatsachen, um herauszufinden, was bei Handlungen von Privatleuten recht und unrecht ist. Kurz: Wo Addition und Subtraktion am Platze sind, da ist auch Vernunft, und wo sie nicht am Platze sind, hat Vernunft überhaupt nichts zu suchen ... Denn in diesem Sinne (heißt) Vernunft nichts andres als Rechnen...[99]

Isaac Newton baut die mechanistischen Thesen seiner Vorgänger in seinem epochalen paradigmatischen Werk zu einem stringenten mathematischen System aus, womit der Physik, schließlich der gesamten Naturwissenschaft die klassische Form der Mechanik gegeben wurde.[100] Auch für ihn ist die Schöpfung eine perfekt funktionierende Uhr, obgleich er freilich noch der *okkasionalistischen* Ansicht ist, dass der Verlust an Bewegungsquantität, bzw. Energie der permanenten Rekreation durch den Schöpfergott bedarf. Er greift somit die oben beschriebene, schon von Thomas von Aquin formulierte Vorstellung der *creatio continua* auf. Das Revolutionäre und bestürzend Neue an seiner Physik freilich ist, dass die Vorgänge in der Zeit mathematisch beschreibbar werden. Wie die meisten Denker seiner Zeit arbeitet er zuerst auf dem Gebiet der Optik; der Lichtstrahl, der mühelos Distanzen überbrückt, konstituiert die Vorstellung des Raumes und seiner Geometrie. Es ist auch kein Zufall, dass zu dieser Zeit die Maler die Perspektive entdecken. Ohne die Uhr und die technologische Weiterentwicklung des Fernrohres wäre die Festlegung der vier irreduziblen Entitäten der Newtonschen Physik niemals denkbar gewesen: Körper, Kräfte, Raum und Zeit! Diese mechanistischen Absoluta werden jahrhundertelang das Weltbild bestimmen und erst durch Albert Einstein (1879-1955) radikal revidiert werden.

Isaac Newton verabsolutiert und verobjektiviert die Zeit. Die Objekte des Raums sind durch dieselbe Konstante, die messbarer Zeit miteinander verbunden und voneinander unterscheidbar. Der durch absolute Zeit konstituierte absolute Raum enthält eine spezifische Realität, eine »mittelbare Erfahrung«, die auf die Messung der relativen Zeit als Distanzmaß zwischen den Dingen zurückwirkt.[101] In dieser Totalität der Zuordnung findet, wie Newton ausführt, *dieselbe Dauer und dasselbe Verharren für die Existenz aller Dinge statt, mögen die Bewegungen schnell oder langsam oder Null sein. Daher sollte diese Dauer von ihren durch die Sinne wahrnehmbaren Maßen unterschieden werden.*[102] Die »Entdeckung« der absoluten Zeit – der Weltzeit – erschüttert die antike Grundlage, die durch die Bewegung der Gestirne am Firmament definiert war. Wenn die Zeit als kosmische (kosmologische) Resultante aus den Bewegungen der Gestirne gedeutet wird, dann ist sie prinzipiell der Vergänglichkeit preisgegeben – auch wenn sie unendlich fortfährt »Zeit« zu sein. Die neuzeitliche Physik freilich verabsolutiert die Zeit als Relation von Endlichkeit zu Unendlichkeit. Entität und Identität werden durch den Bezug auf die absolute Zeit definiert. Der Konsistenz von Raum und Zeit verleiht Newton die Formel »Sensorium divinum«, die der Philosoph Hans Blumenberg pointiert kommentiert: *Wenn Raum und Zeit das Ereignis Welt als ein nicht »erfüllendes« Faktum enthalten, ist endgültig jeder Rückgriff auf die antike Ausgangsposition abgeschnitten, die Zeit in Abhängigkeit von der Bewegung des Kosmos zu begreifen, sie mit der Folgerung Augustins in die Schöpfung hineinzuziehen und an deren Vergänglichkeit zu binden.*[103]

Isaac Newton war zutiefst von der Existenz eines Schöpfergottes überzeugt. Er hat in seinem Leben mehr über die Apokalypse des Johannes und mystisch-eschatologische Vorstellungen geschrieben, denn über physikalische Gesetzmäßigkeiten. Überdies lehrte er als Privatgelehrter Alchemie. Obwohl Gott kurz vor seiner Entthronung stand – zu der Newton wahrscheinlich mehr beitrug als irgendein Gelehrter vor und nach ihm –, herrschte zu dieser Zeit in Europa ein ungebrochenes religiöses, metaphysisches und magisches Denken. Das galt ebenso für die Mehrzahl der Gelehrten wie für die Masse der Bevölkerung. Schon während der puritanischen Revolution hatte Newton in Cambridge starke eschatologische Heilserwartungen.[104] Noch bewegten sich diese Heilserwartungen innerhalb einer integrierten, mit ihrem Schöpfer verbundenen Welt. Doch später, aufgrund der »Entdeckung« der absoluten Zeit und des selbstreferentiellen Charakters der *creatio continua*, nimmt Newton an, dass Gott seine Welt *von außen* wird zerstören müssen.[105] Die Trennung von Innen und Außen, Subjekt und Objekt, und die relative Trennung von Schöpfung und Gott spiegelt sich also auch innerhalb Newtons eigener Lebensspanne wider, obgleich er zeitlebens nie den Gedanken aufgibt, dass Gott in seiner Schöpfung zumindest als Bewegungs- und Energieprinzip enthalten ist.

Die radikale Trennung von Schöpfung und Gott und damit ursächlich verbunden von Ich und Gesellschaft wird in für seine Zeit einmaliger Weise von dem deutschen Philosophen Gottfried Wilhelm Leibniz (1646-1716) formuliert. Auch er setzt die Schöpfung mit einer Maschine, einem exakt funktionierenden Uhrwerk gleich, ist aber der Meinung, dass sich diese Schöpfung gegenüber dem Schöpfungswerk, ihrem Schöpfer also, verselbständigt hat. Darüber entfacht sich eine interessante Diskussion mit Isaac Newton in einem beiderseitigen Briefwechsel mit der Prinzessin von Wales.[106] Leibniz, den die Welt als Automat interessiert, gebraucht die Uhrenmetapher, um den voluntaristischen Standpunkt Newtons zu kritisieren. Die Welt als Automat gleicht einer Uhr mit innerem Antrieb, existiert fortan ungebunden von dem »Mechaniker«, der sie erzeugt hat, gleichsam

»aus sich selbst heraus«. Leibniz tritt so vehement gegen die spätmittelalterliche Vorstellung auf, dass der Lauf der Natur beständig an einen göttlichen Willensakt gebunden ist. Die Idee von der Welt als autonome Maschine, als Automat weist Newton kategorisch zurück. Die Verluste an Bewegungsquantität bedürfen seiner Meinung nach eines aktiven, allein aus den Gesetzen der Natur nicht ableitbaren Prinzips – Gott, wenngleich schon stark abstrahiert, ist für Newton als Energiequelle dem natürlichen System innewohnend. Leibniz hingegen stattet diese Welt mit einer evolutionären Immanenz aus, die ihren Schöpfer in eine abstrakte *Vorzeit* rücken lässt.

Nicht nur Gott hat sich von seiner Schöpfung distanziert, auch das vernunftgeleitete, erkennende Subjekt rückt auf *Distanz* gegenüber den Objekten seiner Erkenntnis: Der Mensch, so Leibniz, muss sich aus den Systemen, die er analysierend beschreiben will, *herausdenken,* um objektive Aussagen über dieselben tätigen zu können. Oder anders ausgedrückt: Jener, der »mit dem Stein fällt«, kann die Gesetze der Schwerkraft nicht berechnen. Erst der Akt der Distanzierung von den Bedingungen des eigenen Seins ermöglicht die objektive Erfassung der in der Natur gesetzmäßig vorgegebenen Kausalitäten. Die Frage nach der *zeit-räumlichen* Distanzierung des erkennenden Subjekts von den Objekten seiner Erkenntnis, die Frage nach der erkenntnistheoretischen Distanz also, die in der Wissenschaftstheorie bis heute diskutiert wird[107], führt in der leibnizschen Philosophie direkt zu einem von Autonomie aber auch Isolation gekennzeichneten Menschenbild: Das Individuum ist auf sich selbst zurückgeworfen – eine Monade, eine abgeschlossene Entität, ein »Selbst im Gehäuse«, ein gleich der Schöpfung selbstreferentiell und autonom funktionierendes System. Das Individuum ist prinzipiell getrennt von den anderen, von der Gesellschaft. Gerade diese Isolation freilich ermöglicht eine Verobjektivierung des Denkens über sich selbst und über andere.

Es verwundert nicht, dass auch Leibniz das menschlichen Denken als Grundlage der Vernunft mit einer Rechenmaschine vergleicht. Er selbst baut übrigens in realiter erfolgreich Rechenmaschinen, die »als Vorläufer heutiger Rechencomputer«[108] angesehen werden können. Seine Konzeption des erkennenden Subjektes drückt exemplarisch die zunehmende Individualisierung seiner Zeit aus und wird Jahrhunderte lang die Diskussion über die Stellung des Individuums in seiner sozialen und natürlichen Umwelt bestimmen. Die Vorstellung der vernunftmäßig machbaren, gestaltbaren Welt, in der die Unsicherheiten und Gefahren minimiert sind, setzt diese Konzeption des *homo creator* voraus, der sich selbst fortwährend erschaffen muss, um die Welt neu zu erschaffen. Die Kluft zwischen Natur – als nichtgestaltete – und Kultur – als gestaltete Welt – vertieft sich. Die Gesetze des sozialen Lebens werden enträtselt, um die Gesellschaft zu gestalten, bzw.

zu beherrschen – womit auch die Menschen selbst zu Objekten werden –, die Gesetze der Natur werden enträtselt, um ihr »Befehle zu erteilen«. Leibniz spricht vom »kleinen Gott in Jedermann«[109]. Diese von ihrer Einmaligkeit überzeugte Individualität erhebt sich über die mittelalterliche Ohnmacht und Abhängigkeit vom »großen Gott der Schöpfung«, der in immer weitere Ferne rückt. Die Lebenszeit des Menschen wird zur Zeit seiner unbedingten Selbsterschaffung: Wollen, Können, Lernen, Machen – werden zentrale selbstbezügliche Begriffe.[110]

Das »Selbst im Gehäuse« – als Metapher für die Isolation des neuzeitlichen Menschen – bestimmt nicht nur Jahrhunderte lang den Diskurs in der Wissenschaftstheorie, der Philosophie und den Gesellschaftswissenschaften[111], sondern korrespondiert auch zusehends mit der Alltagsempfindung des »modernen« Menschen. Dieses Gefühl der Vereinzelung wird in den urbanen Gesellschaften des 20. Jahrhunderts voll zur Geltung gelangen, dann nämlich, wenn für traditionale Institutionen – wie die patriarchale Familie oder die religiöse Praxis – weder Zeit noch Raum mehr vorhanden ist. Die »moderne« Leistungs- und Konkurrenzgesellschaft und ihr Prinzip der immanenten zeitlichen Beschleunigung setzt dieses Menschenbild voraus und baut auf der Individualisierung aller Lebensbereiche auf. Diese Individualisierung – als Emanzipation von den verschiedensten, auch politischen Formen der Ohnmacht – findet in der Vorstellung einer prinzipiellen Abgeschlossenheit des Universums und der Menschen ihren Anfang. Die Uhr als Indikator eines grenzenlos forttickenden sozialen und kosmologischen Ordnungsprinzips, setzt die neuen Koordinaten, die der »moderne« Mensch von Beginn seines bewussten Lebens an bis zu dessen Ende mit unverwechselbarer Identität und Individualität auszufüllen hat. Der Historiker Ernst Weigl schreibt resümierend: *Die Uhr verbindet sich in der Metaphorik mit Ordnungsvorstellungen, die für die Neuzeit konstitutiv sind. Dies wird besonders deutlich bei Leibniz: Die mit dem Abschluss der Schöpfung autarke und damit aus dem göttlichen Bereich emanzipierte, beste aller möglichen Welten genügt sich selbst in ihrem immanenten Funktionieren. Die arbiträren Willensbestimmungen Gottes oder auch des Teufels werden dadurch abgeschlossen. Wunder werden so unmöglich wie Hexerei.*[112]

Sprechende Bäume

Bewegt sich der moderne Uhrzeitmensch durch magische Welten – und ethnische Gesellschaften sind immer magische Welten –, so ist er mit einem Konzept von Wirklichkeit konfrontiert, das alle Bilder des – für den modernen Menschen – Unsichtbaren in die Bilder des Sichtbaren projiziert und umgekehrt. Der Baum ist für den Papua ein Baum, weil er *mehr* ist als für den Uhrzeitmenschen, der deswegen an ihm achtlos vorübergehen mag, weil er die Stimme, mit der jetzt der Baum – oder dessen Seele oder dessen unsichtbarer Bewohner – spricht, *nicht* hört. Gemessen an magischen Welten leben Uhrzeitmenschen in äußerst reduktionistischen Wirklichkeiten. Für sie ist der Baum ein Baum gerade weil er *weniger* repräsentiert als für den Papua. Er kann mit der Allbeseelung der Natur in animistischen Welten als moderner Mensch ebenso wenig anfangen wie mit dem Katholizismus seiner eigenen Großmutter, denn *für ihn* erhält die Welt ihre definitive Gestalt und Begrifflichkeit nicht durch metaphysische Wesen, Kräfte oder Eingriffe gleich welcher Art, sondern durch die Summe dessen, was nach Kriterien der Wissenschaftlichkeit und damit Sichtbarkeit über diese Welt gewusst werden kann. Alles andere ist Spekulation. Für den Papua wäre diese Festlegung von Wirklichkeit nicht nur denkunmöglich, sondern auch absurd. Denn auch er gründet sein magisches Denken auf empirische Evidenz. Er weiß ja, dass der Baum spricht, weil er ihn hört, genauso wie der Uhrzeitmensch weiß, dass er nicht spricht, weil er ihn nicht hört.

Diese Diskrepanz der Wahrnehmung ist deshalb erstaunlich, weil ihr doch gleiche physiologische Bedingungen zugrunde liegen. Da für die Logik des Uhrzeitmenschen nichts *wirklicher* als die Wirklichkeit sein kann, verweist er die Wahrnehmung des Papuas in den Bereich der Illusion oder des Aberglaubens. Der Papua mag sich in seiner Interpretation damit behelfen, dass der Baum eben nur *zu ihm* spricht. Entgegen der universalistischen Welt der Wissenschaft ist die Welt der Magie stets partikularistisch und subjektivistisch. Das, was für die Angehörigen einer Gruppe gelten mag, braucht von der anderen weder wahrgenommen noch geteilt zu werden. Die Vorstellung einer nach gleichen Kriterien der Wahrnehmung teilbaren Welt ist ein auf der europäischen Individualisierungsgeschichte beruhendes universalistisches Prinzip. Genauso wie es die objektive Zeit gibt, gibt es auch die durch exakte Wahrnehmung ermittelbare objektive Wirklichkeit. Individualisierung und Verobjektivierung von Welt verlaufen in ihrer historischen Entstehung parallel zueinander. Der Einzelmensch, der nicht mehr *aufgehoben* ist in der sozialen und emotionalen Selbstverständlichkeit seiner Gruppe, bedarf gültiger Kriterien für seine Bewegungen in Zeit und Raum. Der Grundkonsens über die Beschaffenheit von Wirklichkeit unter individualisierten Individuen ist jener der neuzeitlichen Wissenschaft: Empirie ist das durch Instrumente erhobene Wissen um Sichtbares, das sich jederzeit experimentell reproduzieren lässt. Spräche der Baum also doch ein einziges Mal zum Uhrzeitmenschen, so müsste dieser dessen Stimme *überhören*, sofern sich das Ereignis nicht wiederholen lässt. Sichtbarem oder Wirklichem müssen – in der Wahrnehmung des Uhrzeitmenschen – Befehle erteilt werden können. Jede neuzeitliche Erkenntnis basiert auf der prinzipiellen Exekutierbarkeit des Erkannten. Wissen um Zusammenhänge meint, dass sich in diese Zusammenhänge eingreifen lässt, und sei es nur durch die Reproduzierbarkeit der vorgefundenen Kausalität. Wenn der Baum also schweigt, nachdem er einmal gesprochen hat, so hat er *niemals* gesprochen.

Entgegen der Lebensrealität der Papuas ist also der Uhrzeitmensch ständig davor auf der Hut, Sinnestäuschungen zu unterliegen. Sinnestäuschungen gefährden seine Stellung in der Welt, die eine in Zeit und Raum exakt festlegbare und beschreibbare bleiben muss. Alles andere würde den Grundkonsens seiner Identität, die er mit allen Einzelindividuen teilt, nachhaltig gefährden. Deswegen spricht der Uhrzeitmensch von *Wissen* und *Glauben*. Geglaubt werden darf viel, sofern man *weiß*, dass es eben *nur* Glaube – und damit womöglich nicht *wirklich* ist. Diese Unterscheidung ist Menschen ethnischer Gesellschaften nicht geläufig. Denn in ihnen sind Wissen und Glauben eins. In einer solchen Welt ist es sinnlos, etwas zu wissen und nicht daran zu glauben, oder an etwas zu glauben und diesen Glauben aufgrund des fehlenden Wissens *in Zweifel* zu stellen.

Der methodische Zweifel ist ein Produkt eines auf Individualisierung beruhenden Erkenntniszuganges. Erst der Zweifel ermöglicht die universalistische Festlegung von Objektivität – Falsifizierung und Verifizierung. In der Welt, aus der der Uhrzeitmensch kommt, folgt nicht nur der Nachvollzug der äußeren Erscheinungen diesem Prinzip, sondern auch die jeweils sich neu vollziehende Festschreibung von Identität: Woher komme ich, wohin gehe ich, was ist der Sinn meiner Existenz? Diese zentralen Fragen des individualisierten Individuums mögen dem Papua nicht fremd sein, fremd hingegen ist der grimmige Ernst des Uhrzeitmenschen, mit dem er sich der Unbeantwortbarkeit dieser Fragen immer wieder von neuem unterwirft. Denn in der Gesellschaft des Papuas sind diese Fragen *bereits* beantwortet: eine Fülle von Bildern, Vorstellungen, Ritualen, Übungen und »empirischen« Wahrnehmungen steht in jeder Lebensminute zur *Verfügung*, die den Ort, welche die Zeit und somit die Identität der Menschen beschreibt, bestimmt, *verwirklicht*. Der Uhrzeitmensch – das »Selbst im Gehäuse« – freilich muss sich Tag für Tag selbst verwirklichen, aus dem Nichts aller Fragen und dem Nichts aller Zweifel selbst erschaffen. Die Welt, die er Wirklichkeit nennt, trägt ihn nicht, sondern er muss sie tragen, damit sie auch wirklich *wirklich* bleibt. Er ist in diesem Unterfangen äußerst allein, nicht, weil er unbedingt allein sein will, sondern weil er nicht mehr nicht-allein sein kann. Die Geschichte *seines* Denkens, *seiner* Zeit und *seiner* Welt hat ihn radikal von einer Welt distanziert, in der *gewusst* wird, was man sieht, hört und denkt. Das und vieles andere hat dazu geführt, dass er zwar Zeitmaschinen bauen kann; bringt ihn aber eine solche *zurück* zu sprechenden Bäumen, so kann er deren Sprache nicht mehr verstehen. *Hinter* die eigene Vorstellung von Individualität kann er nicht gehen – zumindest da ist dem Raum eine Grenze gesetzt.

Territorium und Entgrenzung

Nicht nur einmal ist es mir passiert, dass ich nach langer Wanderung im Hochland von Papua Neuguinea zu Streusiedlungen kam, wo die Frauen in dem Moment, als sie mich sahen, die Hände über dem Kopf zusammenschlugen, zu jammern, ja sogar zu weinen anfingen. Beim ersten Mal dachte ich unwillkürlich: Aha, Kulturschock! Meine Erscheinung muss die Armen so verängstigen, wahrscheinlich haben sie niemals zuvor einen Weißen gesehen, lediglich von der Existenz derselben gehört. Vorsichtig näherte ich mich ihnen, versuchte einen friedfertigen und harmlosen Eindruck zu vermitteln und bot ihnen sogleich Betelnüsse an, die sie ohne Zögern auch entgegennahmen. Im Nachhinein löste meine Interpretation im Kreise meiner Begleiter allgemeine Erheiterung aus, denn der Sachverhalt war – wie so oft bei der Feldforschung – genau umgekehrt gewesen: Nicht die Frauen waren die Armen und Verängstigten gewesen, sondern ich war der, den man so sinnfällig bedauert hatte, denn in welcher entsetzlichen Lage müsse sich ein Mensch denn befinden, der *so weit weg* von seinen eigenen Stammesbrüdern – »Wantoks« – ist!

Zuerst amüsierte mich die Geschichte, aber dann begann sie mich tief zu berühren – denn noch nie zuvor hatten Menschen meine innere Distanz zu mir selbst, meinen Freunden, meiner Kultur und auch der Zeit, aus der ich komme, mit so anteilnehmender Besorgnis bedauert. Ihr spontanes Mitleid spiegelte mir plötzlich die persönliche und historische Genese meines sonderbaren Tuns wider: Denn sie hatten im Grunde natürlich vollkommen Recht, dass es ein aberwitziges und völlig »widernatürliches« Unterfangen war, hier – getrennt von den Meinen – monatelang durch den Dschungel zu laufen. Und dennoch: Etwas über diese Welt in Erfahrung zu bringen, heißt in der Welt, aus der ich komme, die *ganze* Welt als eigen Erfahrbares, als *Eigenes* betrachten zu können, und mit jener Distanz, die analytische Beschreibung ermöglicht, sich selbst und ihr selbst zu begegnen. Aber wie sollte ich das den Dorfbewohnern erklären? Wie sollte ich ihnen begreiflich machen, dass mein Tun das Produkt einer langen spezifisch-abendländischen Geschichte der Weltauffassung und Weltvereinnahmung ist, eine Geschichte, deren *Wirklichkeit* gewordene Vorstellung von Identität und Erkenntnis erst ermöglicht, solche Unternehmungen »auszuhalten«: weil man ihnen Sinn und tiefe Bedeutung zuschreibt; weil sich das eigene Territorium grenzenlos erweitert hat; weil es eine Weltzeit gibt, die alle Menschen gleichermaßen erfasst hat, und deswegen meinen Bewegungen, selbst hier im Hochland von Papua Neuguinea, jene Koordinaten verleiht, die ich brauche, um mich zwar mühselig, aber dennoch als Mensch zurechtzufinden; weil ich *meine* Welt letztlich immer mit mir herumtrage – egal wie fremd oder vertraut ich mich persönlich dazu stellen und fühlen mag! Wie sollte ich ihnen erklären, dass ich mein »Selbst im Gehäuse« »ertrage«, weil Unsichtbares für mich immer unsichtbar bleiben wird und ich ohnedies fortwährend damit beschäftigt bin, Schein von Sein zu *trennen;* dass die zergliederte Welt mein Reich ist, in dem ich mich fortwährend wieder zusammensetzen muss, um meinem Sein Sinn zu verleihen; und dass das zwar alles recht kompliziert klingt, im Grunde aber zumindest so schlüssig ist wie die Sache mit dem sprechenden Baum.

Das Territorium des Uhrzeitmenschen sind alle Räume, die durch die gezählte Zeit bestimmbar sind. Der sprechende Baum entzieht sich der territorialen Verfügungsmacht des Uhrzeitmenschen, dafür kann er einigermaßen sorglos bis zu den entlegensten Winkeln der Welt reisen. Das Territorium der Papuas hingegen ist zumeist definiert durch die Grenzen des jeweiligen Sprachgebietes, die im wesentlichen die ethnischen und kulturellen Grenzen anzeigen. Die mehr als 800 linguistisch voneinander getrennten Sprachen sind Zeichen der großen Isolation, in der diese Gruppen jahzehntausendelang gelebt haben und teilweise noch immer leben.[113] Austauschbeziehungen zwischen den Ethnien und Clans beschränkten sich zumeist auf gelegentliche Kriegsführung und Verheiratungen.[114] Für die noch traditionell lebenden und somit denkenden Papuas stellt *ihr* Territorium das Zentrum der Welt, eigentlich *die* Welt dar. Denn jenseits des eigenen Territoriums gibt es zwar auch noch eine Welt, aber jeweils die *andere:* bedrohlich, unverständlich – Sprache! –, topographisch unbekannt, weil unbegangen, potentiell bevölkert von Feinden und Gefahren, denen kein »vernünftiger« Mensch freiwillig begegnet.

Die ethnozentrische Perspektive heute noch existierender indigener Gruppen ähnelt in vielerlei Erfahrung – der der »Fremde«, der des »Anderen« – der generellen europäischen Wahrnehmung *vor* der umfassenden Weltvereinnahmung, die sich am Beginn der Neuzeit mit den Fahrten des Columbus anzubahnen begonnen hatte und erst Ende des 19. Jahrhunderts abgeschlossen war. »Geschichte« verläuft niemals – zeitlich und räumlich – linear, und so haben sich, trotz der Universalisierung auf diesem Planeten, jede Menge ethnozentrischer Vorstellungen auch in den heute lebenden modernen Menschen erhalten. Das Neue freilich an dem neuzeitlichen Programm der Weltvereinnahmung war das prinzipielle Verfügbarmachen aller Räume und aller Zeiten: Die durch die gezählte Zeit mathematisch genau beschreibbaren Bewegungen vereinen und vereinheitlichen alle Räume dieser Welt zu einem einzigen begehbaren, benennbaren und vermessbaren Raum. Dieser *eine* Raum ist bestimmt durch die *eine* Zeit. Die Grenzen der *alten* Zeiten und Räume sind erkenntnisphilosophisch schon zu Beginn des 18. Jahrhunderts obsolet geworden. Jeder Gedanke, der *hier* gedacht wird, kann auch *dort* seine Gültigkeit haben. Jede Entdeckung, die dort gemacht wird, kann auch hier zur Anwendung gelangen. Das ethnozentrische ist dem universalen Weltbild gewichen, die relative Zeit *vor* der gemessenen Zeit der absoluten Zeit, der Weltzeit. Innerhalb der sozialen, ökonomischen und geographischen Koordinaten der Weltzeit wird der Entdeckungs-, Eroberungs- und Erkenntnisdrang der »Neuzeit« verwirklicht.

Ausbrechende Vulkane und die Zeit des Allein-Seins

All die abenteuerlichen Anstrengungen, die seit Jahrhunderten unternommen werden, um die Welt nach Maßgabe des menschlichen Denkens umzugestalten, wären ohne die Distanzierung des Menschen von sich selbst und seiner natürlichen Umwelt nicht möglich gewesen: »Herr« über diese Welt zu sein, Ozeane zu befahren, die Natur und »fremde« Völker zu unterwerfen, die Gesetze der Schwerkraft zu berechnen und jede Erscheinung dieser Welt – von dem fallenden Blatt im Herbst bis zu dem Ausbruch eines Vulkans im Südpazifik – einer universalen, kausal-analytischen Ordnung untertan zu machen, ist nur möglich, wenn der Mensch auch »Herr über sich selbst« geworden ist. Herr über sich selbst wird man durch jenen entscheidenden Schritt, der über sich selbst hinausweist – jenen der Distanz. Über sich *verfügen* zu können heißt, sich von sich selbst abstrahiert zu haben. Dieser Abstraktionsprozess erscheint als das Feuer des Prometheus, das dem *homo creator* in die Wiege seiner Selbsterschaffung gelegt worden ist. Seitdem erschafft er *die* Welt nach den Prinzipien *seiner* Erkenntnis und universalisiert die Bedingungen, Vorstellungen und Lebensweisen, die zu eben diesen Formen der Erkenntnis geführt haben. Mit jedem Tag, der vergeht, gibt es weniger Menschen auf diesem Planeten, die von sprechenden Bäumen *wissen*. Denkbar ist es also, dass deswegen der Baum irgendwann zu sprechen aufhört und sein Schweigen dann als Normalfall erscheint. Damit wäre eine weitere Form menschlicher Wirklichkeit aus dem kollektiven Gedächtnis der Menschheit gelöscht. Denn so wie die Menschen die Welt erleben, darstellen, beschreiben, abbilden, erfassen – ist sie *wirklich*. Dies gilt für alle Zeiten und alle Kulturen, auch wenn oft so getan wird, als gäbe es nur mehr die *eine* Kultur – nämlich die globalisierte westliche –, und die *eine* Zeit – nämlich die Weltzeit. Von *meinem* philosophischen Standpunkt aus gibt es kein *außerhalb* des Menschen selbst liegendes Kriterium zur Definition von Wirklichkeit. Auch die naturwissenschaftliche Erkenntnisweise ist an die Bedingung des durch sie die Welt erklärenden Menschen gebunden. Ohne diese Menschen gäbe es die Wirklichkeit der verstummenden Bäume nicht. Bäume schweigen oder sprechen nach Maßgabe menschlicher Identität!

Die wissenschaftliche Welt - auch wenn sie das Ausbrechen des Vulkans im Südpazifik exakt *voraus*berechnet - ist nicht *wirklicher* als die Welt der Papuas, sondern nur für jene *wirklicher*, die *wissen*, dass aufgrund bestimmter Gesetze und Grundannahmen über diese Welt Erscheinungen tatsächlich - zwar nicht immer, aber doch relativ häufig - vorausberechenbar sind. Die Vorausberechenbarkeit ist durch das spezifische Weltbild in die Erscheinung, die es zu berechnen gilt, hineingelegt. Der Geologe, der *weiß*, dass der Vulkan ausbricht, bedient sich also der gleichen Logik wie der Papua, der *weiß*, dass der Baum zu ihm sprechen wird. Beide Ereignisse ereignen sich nach Maßgabe des ihnen jeweils zugrundegelegten Weltbildes. Der Vulkan bricht gleichermaßen *für* die Menschen aus, die diesen Ausbruch *erleben* und nach bestimmten Ordnungsvorstellung von Welt *interpretieren*, wie der Baum *zu* Menschen spricht, die eben seine Sprache hören *wollen*. Es erscheint als bloße Spekulation, von einer Wirklichkeit *jenseits* der durch Weltbilder determinierten menschlichen Wahrnehmung überhaupt auszugehen.[115]

In Ereigniszeitkulturen stellt sich die Frage nicht, was wirklich ist, oder ob die Welt, *unbesehen* von den Menschen, also in der Erscheinungsform, wie sie von den Menschen *jetzt* begriffen wird, fortbesteht oder nicht. Gäbe es *diese* menschliche Wahrnehmung von der Welt nicht mehr, so würde auch die Welt, so wie sie darin *wirklich* ist, aufhören zu existieren. Nicht nur die Zeit, sondern auch die Welt ist *für* den Menschen. In Ereigniszeitkulturen entspricht diese philosophische Interpretation der Alltagswahrnehmung und dem unanzweifelbaren Wissen von Welt: Das, was ist, *ist* wirklich! Für die weinenden und klagenden Frauen in den Dörfern des Hochlandes von Papua Neuguinea *bin* ich eine bemitleidenswerte Figur; denn verstünden sie, dass ich eigentlich nicht zu bemitleiden, sondern eher zu beglückwünschen bin, weil ich mir durch meine Anwesenheit hier einen lang gehegten Forschertraum erfülle, so hätten sie die Distanzierung von sich selbst und die damit verbundene Entgrenzung von Zeit und Territorium an ihrem eigenen Körper und in ihren eigenen Seelen *bereits* erfahren. Dann würden auch sie »Maße« suchen, *ihre* Wirklichkeit gegenüber *meiner* Wirklichkeit zu beschreiben und sich generell die Frage stellen, was an beiden Wirklichkeiten im Hinblick auf eine »objektive« Wirklichkeit verallgemeinerbar ist.

Distanzierung and Abstraktion sind Voraussetzung und Folge des umfassenden Programms der Individualisierung[116], durch welche die moderne

Welt entstanden ist und fortwährend von neuem entsteht. Dies drückt sich nicht nur in einer spezifischen Rationalität, sondern auch in einem psychischen Habitus aus: nämlich in der Befähigung, von seiner eigenen individuellen Situation zu abstrahieren, sich aus dem eigenen Bezugssystem – zeitlich und räumlich – heraus- und in andere hineinzudenken. Diese Empathie, die ein Wissen um andere Welten voraussetzt, wird im Zuge so genannter Modernisierungsprozesse den Menschen ehemals ethnischer Gesellschaften durch Schule, Geld, neue Arbeitsorganisation, Medien usw. »vermittelt«. Der moderne Mensch ist prinzipiell ein geistig und körperlich *mobiler* Mensch. Um diese Mobilität zu erlangen, hat er sich nicht nur von clan- und großfamilialen Strukturen, sondern auch von sich selbst entfernt. Modernität und Individualität stellen den Menschen als prinzipiell autonomes Wesen vor, das »ungebunden«, »flexibel« und auch »unbefangen« Grenzen freiwillig überschreitet, weil das Überschreiten der Grenzen selbst zu einem Ordnungs- und Erfolgsprinzip der modernen Welt geworden ist. Ohne diese individuelle Befähigung wäre allgemeiner – sozialer, ökonomischer und technischer – Fort-Schritt nicht möglich!

Da, wo Schule, Mission, Geld, Staat usw. *noch* nicht regieren, gibt es diese Konzeption des modernen, autonomen Individuums nicht. Dies erlebt der Uhrzeitmensch u. a. auch dadurch, dass es in solchen Gesellschaften faktisch keine Zeit für das »Selbst im Gehäuse« gibt. Eine Selbstverständlichkeit der modernen Welt, die »Privatsphäre«, ist in ethnischen Gesellschaften nicht vorhanden. Individualisierte Gesellschaften *müssen* Räume des Rückzugs schaffen, weil die Wirklichkeit individualisiert erlebt wird, und ein ständiges gedankliches und körperliches Verweilen im Kollektiv mit dieser Vorstellung unvereinbar ist. Wäre dies nämlich *noch* die soziale Form des Zusammenlebens, so hätte sich der Begriff der Autonomie nicht *verwirklichen* können. In ethnischen Gesellschaften gibt es weder die Konzeption des autonomen Ichs noch den Raum, in dem dieses Ich »Zeit für sich« hat, damit es ausschließlich und ungestört »sich selbst sein« kann. So bin *ich* bei meinen Feldforschungen unentwegt und ununterbrochen von Menschen umgeben, die in der einen oder anderen Weise mit mir interagieren wollen. Dies ist mit der Identität, die der individualisierte Mensch konstruiert hat und die er mit sich trägt, auf Dauer schlichtweg unvereinbar. Sein Anliegen »allein zu sein« kann ebenso wenig vermittelt werden wie seine doch zeitweilige Begeisterung, »allein« fremde Territorien zu durchschreiten. Mehr noch: *Abwendung* – und besteht die nur darin, »alleine« zum Fluss hinunterzugehen – kann von »den anderen« als problematisch, ja zuweilen als beunruhigend erfahren werden. Warum kehrt *Distanz* ein? Gibt es einen Konflikt, eine Verstimmung, führt jener, der sich abwendet, vielleicht sogar etwas im Schilde, versteckt er etwas, oder bereitet er ein magisches Ritual, gar eine Verhexung vor?

Die Zeiten des »Allein-Seins«, der körperlichen Abwendung von der Gemeinschaft, des – aus der Sicht des Uhrzeitmenschen – *nicht-geteilten* Schrittes sind in Ereigniszeitkulturen äußerst begrenzt: nicht immer aber zumeist der Gang zur Defäkation im Busch, der Gang zum vorher dezent vereinbarten Liebesrendezvous[117], der Gang zu bestimmten magischen Ritualen, die der Stärkung, dem Schutz, aber auch der Verhexung dienen können[118], die Jagd bestimmter, meistens kultisch bedeutsamer Wildtiere[119], und manchmal erstaunlicherweise der Gang zum Sterben.[120] In vielen dieser Gesellschaften ist die schlimmste Bestrafung, die einem Menschen widerfahren kann, der Ausschluss aus der Gemeinschaft; der Delinquent wird zeitlebens »allein« sein, auch wenn er sich einer anderen Gruppe anschließen kann, denn diese wird »seine« Welt nie ersetzen können. Er wird ein sich selbst Fremder unter Fremden bleiben, ein bemitleidenswertes Wesen, das diesem Zustand manchmal durch bewusste, häufiger durch unbewusste Selbsttötung[121] ein Ende bereitet. Andererseits ist das »Allein-Sein-Müssen« als strengste Prüfung in vielen patriarchalen Initiationspraktiken zu finden, eben weil das »Allein-Sein« als eine schlimme, schwierig zu bewältigende Sache empfunden wird. Erträgt und meistert der Initiant diese strenge Prüfung – etwa das wochenlange Aussetzen im Wald[122] –, so hat er Mut und Stärke bewiesen, selbst mit der misslichsten Situation, die einem Menschen widerfahren kann, umgehen zu können. Als »Junge« ist er in das »Allein-Sein« gegangen, als »ganzer Mann« kehrt er wieder.

Die enge Bindung des Individuums an die Gruppe ist für Gesellschaften selbstverständlich, in denen die »Vereinzelung« ihrer Mitglieder für alle gleichermaßen lebensbedrohend wäre. In solchen Gesellschaften ist die »natürliche«, also nicht institutionell gesetzte Kohäsion in der Gruppe hoch, und es gibt kaum nennenswerte Zentralisierungen von Macht und politischer Herrschaft, geschweige denn Formen einer hierarchisierten »staatlichen« Verwaltung[123]. In individualisierten Kulturen ist es genau umgekehrt: Erst die »Vereinzelung« des Menschen ermöglicht die Umsetzung jenes sozialen und ökonomischen Konkurrenzprinzips, das die Entwicklung der Gesellschaft dramatisch beschleunigt. Gezählte Zeit wird dann zu einem Mittel der Distinktion, also des gemessenen *Vorsprungs* oder *Rückstands* zwischen Individuen oder ganzen Systemen. Dieses Kriterium zur Beurteilung von Mensch und Gesellschaft ist Ereigniszeitkulturen unbekannt. Ebenso unbekannt ist demnach die Tatsache, dass »Zeit für sich selbst haben« eine Zeit des Erholens auch von diesem Konkurrenzprinzip darstellt.

Die Zeit des Menschen wird in Ereigniszeitkulturen *mit* Menschen verbracht – und das mit erstaunlicher Konsequenz. Um dieser Konsequenz zumindest *zeitweise* zu entgehen, habe ich mich bei meinen zumeist monatelangen Aufenthalten in den Dörfern ethnischer Gesellschaften oft einfach auf meine Matte gelegt, die Augen geschlossen und so getan als schliefe ich, obwohl ich überhaupt nicht müde war. Umringt von vielen Menschen und Kindern lag ich dann da, ein »Selbst im Gehäuse«, und hatte endlich wieder meine »Privatsphäre« – und das ohne meine Gastgeber zu brüskieren. So konnte ich ungestört die Tage an *mir* vorüberziehen und Revue passieren lassen, konnte meine nächsten »Schritte« und Unternehmungen planen oder an meine Freunde und Familie »zu Hause« denken. Ich konnte mir in allen Details ein Krügerl Bier ausmalen oder das Gefühl, mit dem Taxi durch ein geliebtes Viertel einer mir bekannten Stadt zu fahren. Ich konnte mich meiner selbst vergewissern und abermals aufbrechen zu anderen Orten, Zeiten und Menschen. In dem Raum meiner Gedanken gab es genügend Platz für die »ganze Welt«, zumindest für jene, die ich im Zuge *all meiner Jahre* als die ganze Welt erfahren hatte. Ich hatte unzählbar viele Möglichkeiten der Bewegung und der Tätigkeit. In meinen Tagträumen schrieb ich Briefe, von denen ich wusste, dass ich sie nie abschicken würde, und fasste Entschlüsse, von denen ich wusste, dass ich sie nie umsetzen sollte. Das alles aber bedeutete nichts, wichtig war, dass ich mich wieder gefunden und wiederempfunden hatte als umherschweifendes, nomadisches autonomes Wesen, das sein »Allein-Sein« braucht, um sich zur Welt in Beziehung zu setzen.

Der vorgetäuschte Schlaf eröffnete mir den Raum des »Allein-Seins«, der mich, so lange *ich* wollte, der Kommunikation und Interaktion mit meinen Gastgebern enthob. Die vertrauten Gerüche des Dorfes und die Schreie der Tiere im Wald, das Knistern des Holzes in den Flammen und der dumpfe Widerhall, der von den Baumstrünken stammte, mit denen irgendwo drüben ein Lehmboden gestampft wurde, schienen unwirklich und plötzlich wie von selbst in Vergessenheit zu geraten. Die Stimmen der Menschen um mich rückten in weite Ferne, nur noch unbewusst nahm ich sie wahr. Einmal mehr war ich aufgebrochen – vielleicht in eine Zukunft, vielleicht aber auch in eine Vergangenheit, mit Sicherheit aber in die Gegenwart meiner eigenen *vereinzelten* Existenz. In Gedanken, Träumen, Vorstellungen, Plänen und Erinnerungen war ich dort angelangt, wo ich als *leibhaftiger* Mensch eben gerade *nicht* war. Ich hatte mich zu einem anderen gemacht, der ich auch war, *hier* aber nicht sein konnte. Wenn ich aus diesen Zuständen wieder »erwachte«, wenn ich die Augen aufschlug und sah, dass zwar nicht mehr alle aber doch zumindest einige meiner Gastgeber plaudernd oder rauchend um mich herumsaßen – so kam ich mir immer für einen kurzen Augenblick sehr *fremd* vor. Ich wusste nicht, wie viel *Zeit* vergangen war und manchmal auch nicht, *warum* ich eigentlich hier war. Dieses Gefühl äußerster Fremdheit verging regelmäßig so *schnell* wie es gekommen war. Schon wurde ich angesprochen, schon wurden Witze gemacht, schon brach man auf zur gemeinschaftlichen Tätigkeit, und schon hatte ich das »Selbst im Gehäuse« an jenem sicheren Ort verwahrt, der es mir erlauben würde, wann immer es *mir* beliebt, in es und damit in *mich* zurückzukehren.

Die Weltzeit

Die Zeit der gemessenen Zeit hat das Ticken der Uhr in die Fortbewegungen und das Ich der Menschen eingeschrieben. Bewegung ist ein lineares Kontinuum, das einen scheinbar grenzenlosen Raum aufspannt, durch den wir uns fortwährend von uns fort, auf uns zu bewegen. Die gemessene Zeit schafft Distanz und Nähe zwischen Menschen. Durch sie werden Handlungen miteinander vergleichbar, aber auch kontrollier- und steuerbar. Nichts entgeht der gemessenen Zeit, denn sie thront wie ehedem ein universeller Gott über ihren – *ihrer* in jeder Sekunde des Lebens *gewahr* seienden – Untertanen: Der Uhrzeitmensch knüpft die Rationalität seines Denkens und seines Handelns gleichermaßen selbstverständlich an die gemessene Zeit wie ehedem der mittelalterliche Mensch seine Bewegungen an Gott gebunden *wusste*. Im Übergang vom Mittelalter zur Neuzeit beginnen sich alle menschlichen Unternehmungen auf ein zeitlich definiertes Ziel hin auszudehnen. Dies gilt für die Philosophie und die aufkommenden Wissenschaften, in denen die Welt als Uhr, als maschinelles Artefakt gesehen wird, ebenso wie für die enorme Entfesselung der ökonomischen Produktivität, die alle Verkehrswege – von Kommunikation über Transport bis hin zum Geldumlauf – immens beschleunigt. Das mit einer Rechenmaschine analog gesetzte menschliche Denken vermag künftiges Tun ebenso zu planen wie das Verhalten von »fallenden Steinen«, bis zu jenem ganzer Planeten- und Sonnensysteme zu prognostizieren. Der Vernunft ist keine Grenze gesetzt, außer der Grenze ihrer eigenen Vernünftigkeit, die sie nicht überschreiten darf. Dies bedeutete *Rück*-schritt und würde die Errungenschaften, die im Kampf gegen die Gefahren der Natur und die menschlichen Risken erzielt wurden, empfindlich gefährden. Vernünftiger als vernünftig freilich kann kein Mensch sein, also befindet sich die Menschheit im Zuge der neuzeitlichen Natur- und Selbstbeherrschung auf dem »richtigen« Weg: Das Gesicht der alten Welt, deren Schöpfer ein strenger Gott war, dem man sich unterzuordnen hatte, soll radikal verändert werden, auf dass der »kleine Gott in jedermann« zu seinem je eigenen Recht und zu seiner je eigenen Welt gelangt. Dieses neuzeitliche Unternehmen ist keine kosmetische Operation, sondern eine radikale Neugestaltung der Schöpfung – eine schier unglaubliche Emanzipation von den »natürlichen« Bedingungen des Seins, Werdens und Sterbens.

Um das große Programm der »Neuerschaffung der Welt« durchzusetzen, bedarf es einer neuen universalistischen, alle Bewegungen gleichermaßen erfassenden und zueinander in Beziehung setzenden Zeit und des Aktes der Distanzierung und Abstraktion von sich selbst. *Cogito ergo sum* – das zentrale Motto neuzeitlicher Identitätsfindung korrespondiert mit der zentralen Errungenschaft der neuen zeitlichen Ordnung: Das autonome Individuum Mensch erfährt durch die Konstruktion der Weltzeit eine Rückbindung *an* diese Welt. Die Weltzeit verbindet Millionen »Selbst im Gehäuse« zu der großen Idee der Menschheit, die sich aus sich selbst heraus erschafft. »Herr« über die Schöpfung zu werden heißt vorerst einmal, »Herr« über sich selbst zu werden – und die gemessene Zeit gibt das Tempo vor. Die gemessene Zeit liefert auch die Bewertungskriterien für das Erreichen oder Verfehlen prognostizierter Ziele. Weltzeit ist ein Organisations- und Zuordnungsprinzip, das jeder Bewegung, jedem Unternehmen eine »gewünschte Richtung« gibt. Die Teleologie der Weltzeit ist die Reproduktion und Erschaffung der Welt in immer kleineren Zeiteinheiten.[124] Erst diese Teleologie der Beschleunigung erklärt die Entfesselung menschlicher Produktivität und das radikal veränderte Gesicht der Schöpfung – von den Sorgenfalten des Ozonloches bis hin zu dem Blick in die unendliche Weite der eigenen Unsterblichkeit, wie er sich in keineswegs utopischen Szenarien der Gentechnologie abzuzeichnen beginnt.[125]

Die Genese der zeitlichen Messung und des Zerteilens des Raumes gebiert die absolute Zeit – die Weltzeit, die in sich selbst nicht mehr teilbar ist, weil ihr Mikro- und Makrokosmos gleichermaßen »gehorchen«. Der Raum ist aber nicht nur durch die Rotation der Objekte, sondern vor allem auch durch jene der Subjekte definiert. Die europäische Kulturgeschichte zeigt uns, dass in den Subjekten – zeitlich verzögert und erst im 17. und 18. Jahrhundert voll zur Geltung gelangend – dasselbe Verfahren der Messbarkeit und Verortung im prinzipiell absoluten Raum angelegt wird, das die Objekte der Natur aus der mittelalterlichen Endlichkeit und Abhängigkeit herausgeführt hat. Die menschliche Alltags- und Lebenszeit wird an die systemische Weltzeit angebunden, unter die alle Objekte und Subjekte gleichermaßen scheinegalitär subsumierbar sind. Diese Entwicklung läuft parallel zur Entwicklung des absolutistischen Staates in Europa. Zentralisierte und hierarchisierte bürokratische, ökonomische, pädagogische usw. Institutionen sind ohne Verinnerlichung der gemessenen Zeit als Maßstab der Bewegung zwischen dem Einzelnen und den anderen nicht denkbar. Erst die Durchsetzung des Welt-Zeit-Prinzips – und damit der Teleologie der jeweils für die Zukunft definierten, anzustrebenden und schließlich zu erreichenden »Ziele« – in den meisten Bereichen des täglichen Lebens ermöglicht die weitgehend lückenlose Verwaltung und Kontrolle von Menschen, welche die zeitlichen Prinzipien dieser Disziplinierung weitgehend zu jenen ihres eigenen »persönlichen« Fort-Schritts gemacht haben.[126] Fortschreiten und somit Veränderung wird zum Strukturprinzip der Weltzeit, dem auch alle politischen Formen der Emanzipation folgen. Denn in diesen wird nicht das Strukturprinzip, dessen sich die jeweils Mächtigen bedienen, geändert, sondern die Verfügungsgewalt über die Zeit und damit die Verfügungsgewalt über andere Menschen wird neu aufgeteilt.[127]

Weltzeit als Spiegel rascher Veränderung kann in traditionellen Systemen wie den Hochlandgesellschaften Papua Neuguineas, in denen Zeit keine Kategorie der Entwicklung neuer sozialer und ökonomischer Strukturen darstellt, als lineare Metapher nicht entstehen.[128] Die Sinnstrukturen eines solchen Systems konstituieren das, was durch sie und in ihren Horizont von den Zeitgenossen und Partizipanten ihrer Sinngebung als das Selbstverständliche hineingenommen wird. Das geschieht schon oder *noch*, wenn Zeit nicht als Dimension wesentlicher Veränderungen und fortwährender Dynamik erscheint: *Dann kann sich jeder der Zeitgenossen und Partizipanten auf das Leben für ein Leben einrichten. Der Wert von Erfahrungen, die im Leben gewonnen oder aus vorherigen Generationen zugelassen und normierend übernommen sind, bleibt als das jeweils Erlernbare stabil, bezugsfähig, traditionsgültig,*[129] schreibt der Philosoph Hans Blumenberg, der sich in seinem Werk intensiv mit der Diskrepanz zwischen der Lebenszeit, wie er es nennt, und der Weltzeit auseinander setzt. Keiner von uns kann *hinter* die Grenze der Modernisierung und Individualisierung – im Sinne des »Zusammenbruchs« stabiler, bezugsfähiger, traditionell übernommener Erfahrungen – *zurück*, wir alle richten unser Leben auf die Zukunft aus, weil wir aufgrund der Strukturprinzipien der Weltzeit unser Leben nicht als Gegenwart, sondern als Zukunft und Veränderung begreifen. Wir *müssen* die Zeit und die Welt *so* sehen, weil wir sonst nicht in *dieser* Zeit und in *dieser* Welt leben könnten. Wir müssten, wenn wir die Welt nicht mehr *so* sehen können, *Zeitflüchtlinge* werden, die sich in andere Räume, nämlich jene begeben, in denen einmal Erreichtes, Gedachtes, Erfahrenes für die ganze Spanne eines Lebens gültig bleibt. Diese Räume, in denen ein Teil der Bewohner Papua Neuguineas *noch* lebt, werden von Tag zu Tag rarer.

So stringent wir in das Weltzeitsystem und sein Paradigma der Veränderung eingebunden sind, so sehr spüren wir auch die Inkongruenz und Diskrepanz zwischen der Wahrnehmung der subjektiven Zeit, der Lebenszeit, und der objektiven Zeit, der Weltzeit. Wir haben uns schon gedanklich auf den Zahnarztstuhl gesetzt und auch an einer weinseligen Runde teilgenommen und haben dabei festgestellt, dass zwei Minuten eben nicht immer zwei Minuten sein *können*[130]. Die zwei Minuten, die uns verloren gegangen sind, und die zwei Minuten, die sich wie eine halbe Stunde angefühlt haben, sind ein sinnfälliges Symbol für die Abkoppelung der Lebenszeit von der Weltzeit, die einen wesentlichen Akt im Prozess der Universalisierung der Menschheit markiert. Denn komplexe soziale Systeme könnten durch eine *subjektivistisch* festgelegte Zeitordnung nicht existieren – wir kennen kein einziges komplexes soziales System, das ohne die gemessene Zeit als Strukturprinzip besteht. Die Verzeitlichung aller Lebensbereiche, und die Öffnung der Schere von Weltzeit und Lebenszeit wirft immer wieder die Frage nach der Bewältigung der Inkongruenz, des Auseinanderdriftens von subjektiv empfundener und objektiv vorgegebener Zeit auf, »damit implizite die nach der Möglichkeit der Verweigerung, des Willens zur Zurückzwingung beider in die Kongruenz«[131]. Wir alle entwerfen unterschiedliche Strategien, um mit dieser Inkongruenz umzugehen: wir stellen Uhren vor, um trotz subjektiven Zeitempfindens der objektiven Zeitanforderung gerecht werden zu können, wir haben uns ein ganzes Arsenal an Rechtfertigungen zurechtgelegt, wenn wir selbst oder unsere Erledigungen nicht »in time« sind, wir gönnen uns »off-Zeiten« oder besuchen Zeitseminare, um mittels eines besseren Zeitmanagements die Gefahren, die unserer Planung seitens des lebenszeitlichen Empfindens drohen, zu minimieren.

So umfassend der moderne Mensch dem Diktat der Weltzeit unterworfen sein mag, ständig läuft er Gefahr, sich in »Zeitlosigkeit«, also in nicht zeitlich strukturierter und gemessener Zeit zu *verlieren*. Diese Gefahr wird umso virulenter, je mehr die Verfügungsgewalt der Zeit »individualisiert« wird. Flexibilisierung und Deregulierung – die Schlagworte der »postmodernen«, auf immens beschleunigten Kommunikationstechnologien basierenden globalen Ökonomie, von der weiter unten ausführlich berichtet wird[132] – bezeichnen eine nicht mehr als zwanzig Jahre alte Entwicklung in den westlichen Industrieländern, die die Organisation der Zeit und deren Kontrolle tendenziell immer mehr dem Einzelnen »überlässt«. Das was diesem früher in hierarchischen Arbeitsprozessen extern vorgegeben war, muss dieser nun sich selbst von Tag zu Tag neu »vorschreiben«. Deregulierung und Flexibilisierung führen entgegen den Aussagen der Protagonisten dieser »neuen« Arbeitsformen nicht zu *weniger*, sondern zu *mehr* Zeitdruck. Ein Zeitdruck, der im Inneren des Menschen ausgetragen und indirekt sanktioniert wird, wohingegen ein Verstoß gegen externe Zeitsetzung – etwa beim Zuspätkommen zum Arbeitsplatz – mit direkten Sanktionen beantwortet worden ist. Das Überich der Weltzeit, als bestimmender Gott des individuellen und gesellschaftlichen Fortschritts, gemahnt den Einzelnen fortwährend an die Erfüllung seiner Pflicht gegenüber dem individualisierten Strukturprinzip der Weltzeit: Beschleunigen, Fort-Schreiten, Zeit-Nutzen. Stillstand, Zeitverlust oder gar bewusste *Zeitvernichtung* sind in der modernen Welt keine lässlichen Sünden. Sie sind ein schreckliches Vergehen an dem Grundkonsens des modernen Lebens, denn sie richten sich direkt gegen diesen neuen Gott. Stillsteher, Zeitverlierer und Zeitvernichter werden insbesondere auch *in Zeiten* der so genannten Deregulierung und Flexibilisierung geächtet und bestraft. Sie gelten in den westlichen Industrieländern als nicht *kompetitiv*, also als nicht markttauglich und werden sich – falls sie ihre Lebensform nicht ändern – früher oder später in jenem Drittel der Gesellschaft wieder finden, das weder an der »Entwicklung« noch an der »Dynamik« noch an der »Produktivität« derselben partizipiert. Um dies zu verhindern, sind wir allseits auf der Hut, uns kein Zeitdelikt zu Schulden kommen zu lassen – egal ob uns nun die Zeitkoordinaten zur Verrichtung unserer täglichen Bewegungen extern vorgegeben sind, oder ob wir sie »frei wählen« können. Wir wollen ja weiter-kommen – beruflich wie privat.

Die Konstruktion der Weltzeit manifestiert sich am augenscheinlichsten durch die vielen Versuche, die »Zeit der Menschen« zu standardisieren und »raum-unabhängige« Kalendarien zu erstellen. Ein kurzer Blick auf die Geschichte dieses Unternehmens zeigt, wie *lange* es freilich gedauert hat, bis sich das weltzeitliche Prinzip auch in einem globalen semiotischen System ausdrückt. Obgleich einigermaßen exakte Kalendarien schon in frühen Hochkulturen[133] die Sonnen- und Mondjahre zur Einteilung und semiotischen Festlegung der »Menschenjahre« heranzogen, ist die globale Vereinheitlichung der gemessenen Zeit jungen Datums. In den neunziger Jahren des 19. Jahrhunderts erfolgte eine weitgehende Standardisierung in den europäischen Ländern, bis dahin hatte es von Stadt zu Stadt verschiedene Ortszeiten gegeben.[134] Die neue Territorialzeit wurde durch die Einteilung des Globus in 24 Zeitzonen schließlich zur Weltzeit, der sich nach und nach auch Kulturkreise mit eigenem Kalender – z. B. der jüdische[135] und der moslemische[136] – anschlossen. Die Globalisierung der gemessenen Zeit hat also erst vor knapp einhundert Jahren begonnen und war erst im Jahre 1948 mit Chinas »Beitritt zur Weltzeit« abgeschlossen. Die auf dem römischen Kalender basierende christliche Zeitrechnung hatte sich weltweit durchgesetzt. Sie wurde neben den anderen, auch heute noch gültigen Territorialzeiten zur »offiziellen« Zeit des weltweiten Güter-, Kapital- und Reiseverkehrs.

Die Lehre der Zeit, die Chronologie, ordnet geschichtliche Ereignisse in eine jeweils bis zur Gegenwart reichende Zeitskala ein. Der Ausgangspunkt kann dabei fiktiv – wie in der jüdischen Zeitrechnung die »Erschaffung« der Welt – sein oder einem historischen Ereignis entsprechen, wie in der moslemischen Zeitrechnung die Hedschra Mohammeds von Mekka nach Medina. Die globalisierte Weltzeit teilt die Chronologie in zwei Hälften – in jene vor und jene nach der falsch berechneten[137] Geburt Christi. Das Geburtsjahr Christi wurde obendrein mit dem 1. Jahr n. Chr. ausgewiesen, weil es, wie oben ausgeführt, die Null als mathematische Größe im Abendland zu jener Zeit noch nicht gab und diese erst später von den Arabern übernommen wurde. Die Spuren der Wirren um das Entstehen der modernen *christozentrischen* Zeitrechnung sind auch noch heute ersichtlich: So mancher Zeitgenosse hat sich schon gewundert, warum in unserer Zeitrechnung der 9. Monat als 7. Monat (*Sept*-ember), der 10. Monat als 8. Monat (*Okto*-ber), der 11. Monat und 12. Monat als 9. und 10. Monat (*Nov*-ember und *Dez*-ember) des Jahres ausgewiesen werden. Per Edikt von 1566 beschloss König Karl IX. der auf dem römisch-julianischen Kalender[138] basierenden christlichen Zeitrechnung und der französischen Gesellschaft ein einheitliches Datum für den Jahresanfang – den 1. Januar – zu geben. Bis dahin waren, wie Norbert Elias schreibt, die christlichen Jahresanfänge an die Osterfeste gebunden: *Folglich hatte das Jahr 1566, das am 14. April begann und am 31. Dezember endete, nur acht Monate und siebzehn Tage. Die Monate September, Oktober, November und Dezember, die nach einer römischen Tradition des Jahresbeginns im März, wie ihre Namen besagen, der siebente, achte, neunte bzw. zehnte Monat des Jahres gewesen waren, wurden nun etwas widersinnig zum neunten, zehnten, elften, bzw. zwölften Monat. Damals traf die Umstellung auf großen Wiederstand. Inzwischen fällt uns die Unstimmigkeit kaum noch auf. Kalender als eine Institution der Gesellschaft haben eine soziale Regulierungsfunktion. Heute hält man es für selbstverständlich, dass der 1. Jänner wirklich der Jahresanfang ist. Man macht sich nicht klar, dass das Jahr eine soziale Funktion hat und eine soziale Realität, die auf eine natürliche Realität bezogen, aber von dieser verschieden ist; man ist geneigt, das Jahr einfach als eine Naturgegebenheit wahrzunehmen.*[139]

Das soziale Ereignis Weltzeit-Jahr erhielt durch die Kalenderreform von Papst Gregor XIII. im Jahre 1582 seine bis heute definitive Gestalt. In dieser wurde die Differenz von zehn Tagen zwischen Sonnenjahr und julianischem Jahr rechnerisch beseitigt.[140] Damit war ein möglichst exaktes Abbild einer »natürlichen Bewegung« für die Organisation der Menschen in Gegenwart und Zukunft und für die Festlegung vergangener Ereignisse geschaffen. Das soziale Jahr weicht von dieser »natürlichen« Bewegung, also von jener »natürlichen« Zeit, »in der die Sonne – in Relation zu Menschen als Beobachtern und Bezugszentren – zu einem Punkt am Himmel zurückkehrt, der von ihnen selbst als Ausgangspunkt gewählt wurde«[141] – nur mehr unwesentlich ab. Die Synchronisierung dieser »natürlichen« mit der menschlichen Bewegung, die Zeitskala, die relativ gut auf das von Menschen beobachtbare physikalische Kontinuum abgestimmt ist, trägt aufgrund ihrer relativen Präzision den Charakter der Objektivierung, ja des Absoluten in sich. Die Symbole dieses Weltzeit-Systems, das Ticken der vorerst mechanischen und schließlich das unhörbar exakte Voranschreiten der digitalen Uhr, »verobjektivieren« das Tempo und die Logik der gemessenen Zeit zu einer in der Natur scheinbar feststehenden, absolut gültigen zeitlichen Ordnung. Das soziale und das natürliche Universum werden *eins* in der Wahrnehmung der Menschen; zu jeder Zeit, an jedem Ort ist man Teil der absoluten, unabhängig von einem selbst schier grenzenlos fortdauernden zeitlichen Bestimmtheit der Welt. Die soziale Zeit und die »natürliche« Zeit korrelieren miteinander, ihre rechnerische Einteilung und die sich daraus ergebende Raumvermessung spannen ein nahezu perfektes Koordinatensystem an Zuordnung von Bewegungen über den Planeten, seine Menschen und schließlich das Universum. Ein Koordinationssystem, das nicht nur die Organisation des Einzelnen, sondern ganzer Staaten und schließlich ganzer globalisierter Staatensysteme effizient ermöglicht.

Das Paradoxe freilich an der Entstehung der Weltzeit ist die schon früh erkennbare Ungleichzeitigkeit der Tempi zwischen »sozialer« Zeit und »objektiver« Zeit: Denn während die rechnerische Konstruktion der Weltzeit ein homogenes und sich in relativer Stabilität befindliches Zeitsystem *abbildet*, beschleunigt sich das Tempo der sozialen Zeit parallel zur »Entstehung« der mathematisch-physikalischen Zeit rapide. Ja erst die soziale und ökonomische Beschleunigung hat die Konstruktion der Weltzeit als verbindende Grundlage »gemeinsamen globalen Tuns« möglich gemacht. Während die objektive Zeit also scheinbar in unverrückbarer Weise gemächlich, weil immer in dem *gleichen* Tempo an ihren von den Menschen gesetzten Ausgangspunkt *zurückkehrt,* scheint der moderne Mensch in der Wahrnehmung seiner Eigenzeit von jener Dynamik erfasst, die es ihm nicht einmal erlaubt innezuhalten, geschweige denn zu sich selbst, als Ausgangspunkt seiner selbst, *zurückzukehren.* Die Weltzeit – und deren rechnerische Fixierung: der Kalender – basiert auf der Wiedererkennung des Einmal-Erkannten. Die Beschleunigung der sozialen Systeme in Richtung fortwährender Veränderung verunmöglicht es dem Einzelnen, sich – sofern er an diesen Entwicklungen teilnimmt – als Einmal-Erkanntes *wieder zu erkennen.* Die Globalisierung der Weltzeit individualisiert den modernen Menschen in einmaliger Weise: Sie verordnet ihm im wahrsten Sinne grenzenlose Mobilität. Wenn Zeiten und Räume – auch Erfahrungsräume – grenzenlos durchschreitbar werden, dann ist Identität an kein territoriales Prinzip mehr gebunden. Das dynamische Prinzip der Weltzeit in allen Bereichen des Sozialen heißt: Veränderung.

In einem sich scheinbar zeitlich konstant bewegenden Kosmos rotiert ein gehetztes Wesen auf einem kleinen Planeten, das »keine Zeit der Welt« mehr hat, nicht einmal mehr die Zeit, die gute, alte, laut tickende mechanische Uhr »von Zeit zu Zeit« aufzuziehen. Batteriebetriebene Präzisionsuhren zeigen hingegen nicht nur die »Zeit« genauer an, sondern sie helfen einem auch Zeit, die zwar die Welt, aber nicht man selbst hat, zu *sparen.* Batteriebetriebene Präzisionsuhren werden dem zeitlichen Rationalisierungsprogramm des mobilen Menschen weitaus besser gerecht als die »guten alten« Uhren. Auch ihre Unhörbarkeit ist funktional, denn das Ticken der Weltzeit ist längst ein integrierter Teil unserer modernen Existenz geworden. Wir brauchen an unsere Anbindung an die objektiv gültige zeitliche Ordnung nicht mehr erinnert zu werden. Erinnert freilich müssen wir tagtäglich daran werden, dass zwar die »Wiederkehr der Gestirne« gemächlich verläuft, unser eigenes Leben aber nicht, da wir mobile moderne Menschen sein wollen und deshalb – trotz aller Zeitsparprogramme – unser Leben so *knapp* ist wie noch nie zuvor. Also piepsen batteriebetriebene Uhren mit wunderbarer Präzision alle möglichen Handlungen der Menschen dezent ein. Das Piepsen der batteriebetriebenen Uhr ist das individualisierte Tikken innerhalb des generalisierten und längst internalisierten Weltzeitsystems. Und selbst aus der Ziffernanzeige mit ihren Zehntelsekunden lässt sich noch eine erstaunliche Analogie ableiten: Denn die Kuckucksuhr, von der wir eingangs berichtet haben und die der begeisterte Papua so weltzeitlich unbedarft kommentiert hatte, steht ja wenigstens für eine Minute still, und die schöne aufklappbare Taschenuhr meines Großvaters aus den zwanziger Jahren noch für eine Sekunde, aber die batteriebetriebene digitale Präzisionsuhr *nie* – weil sie eben *immer* mit Energie versorgt wird und jeder Stillstand die Wahrnehmung ihres Trägers verunsichern könnte: Denn für diesen gibt es keine Gegenwart mehr. Die Gegenwart ist so *unwirklich* geworden wie die Vorstellung, dass Leben nicht in der Zukunft, sondern *jetzt* einlösbar ist. Und *Jetzt* ereignet sich für den mobilen Menschen immer woanders als *Hier.*

3 Aufbruch in die Zukunft

3.1 Jeweils einen Schritt voraus

Dass für den mobilen Menschen das Glück zumeist dort ist, wo er gerade nicht ist, verwundert nicht: denn für den modernen Menschen ist die Gegenwart jeweils das Übergangsstadium zu einer neuen Zielerreichung und Glücksbefriedigung, die im Moment ihrer Realisierung Mittel zu einer weiteren Anstrengung wird. Der mobile Mensch bricht fortwährend zu neuen Zielen, Räumen, Möglichkeiten und Anschauungen auf. Technische Geräte – von der tickenden Uhr über Flugzeuge bis hin zu elektronischen Terminkalendern – helfen ihm dabei, seine rastlose Welterfahrung ständig zu reproduzieren. Ebenso viele Menschen wie auf dem Planeten leben gehen jährlich »in die Luft«. Man überfliegt spielerisch Zeit- und Kulturgrenzen, wechselt Orte, Sprachen, Identität. Nutzt man die Zeit nicht effizient, gibt es eine Menge zu versäumen, denn dem modernen Menschen *gehört* prinzipiell die ganze Welt. Eine universalistische Weltsicht ermöglicht ihm eine universelle Nutzung der Welt. Der prinzipiell unbegrenzten Möglichkeit der Akkumulation von Zeitnutzungsoptionen stehen die prinzipielle Knappheit des biologischen Lebens und eine paradoxe Wahrnehmung gegenüber: je schneller das Leben gelebt wird, desto kürzer wird das Leben empfunden, weil, selbst wenn man ein »biblisches Alter« erreicht, nur ein Bruchteil der prinzipiell unbegrenzten Zeitnutzungsoptionen realisiert werden kann. Die Zeit rast oder vielmehr der moderne Mensch rast in einer Zeit, die, durch sein Rasen in ihr, immer schneller zu vergehen scheint. Pausieren – ja!, aber nur als Strategie und Mittel zur weiteren Intensivierung der Zeitnutzung. Wenn Leben gelebte Zeit ist, dann werden alle Lebensäußerungen durch die gezählte Zeit miteinander vergleichbar und vor dem Hintergrund des Wunsches nach einem »erfüllten« Leben bemessen und gewertet. Die Gegenwart wird so ein flüchtiger Raum der Bestandsaufnahme, der zur Festlegung zukünftiger Strategien dient.

Im zukunftsprognostischen Erfüllungs- und Sicherheitsdenken des modernen Menschen verliert die Gegenwart an Realitätsstatus – sie wird *unwirklich.* Jeweils sich selbst um einen Schritt voraus sein heißt, niemals mit beiden Füßen an *einem* Ort, in *einer* Zeit stehen zu können. Wie bei Marathonläufern haben sich die Schritte verselbständigt, ein Innehalten würde oder könnte – was auch Angst macht – zu einem Zusammenbruch führen. Die Zukunft scheint durch die fortwährende Bewegung immer *wirklicher* zu sein als die Gegenwart, die für eine Zeitkonsumations- und Leistungsgesellschaft implizit wenig Bedeutung hat: Denn etwaige realisierte Gewinne müssen sofort in die Zukunft reinvestiert werden, um keine *Verluste* befürchten zu müssen – dies gilt für die Handhabung des individuellen Glücks gleichermaßen wie für die ökonomische Rationalität. »Zeit für die Arbeit«, »Zeit für die Familie«, »Zeit für sich selbst«. Die Zeit ist zergliedert in unzählige Zeitbereiche, in denen der Schritt, der als nächstes zu setzen ist, durch die Gegenwart, die als Zukunft gedacht ist, *voraus*bestimmt wird. Die große Freiheit des modernen Menschen, alle Leben in einem Leben zu leben, ist zuweilen eine tückische Falle: denn der Versuch, umfassende Sicherheit zu gewinnen und das Eintreten von Verlusten durch »Stillstand« ausschließende Hyperaktivität zu verhindern, schafft ein Bild vom Menschen, das den Menschen zwingt *vor sich selbst* davonzulaufen. Wenn die Gegenwart unwirklich wird, dann ist auch der Mensch – der *niemals* etwas anderes *sein* und *leben* kann als die Gegenwart – *unwirklich* geworden. Unwirklich sein heißt, »keine Zeit« und »keinen Raum« haben. Das aber ist *nicht* oder *noch nicht* aushaltbar: denn solange wir die Geschichte des Menschen verfolgen, hat er »seine« Zeit und »seinen« Raum zur Festlegung von Identität und damit zur Festschreibung seiner ihm Leben *vergewissernden* Ordnung gebraucht. Das hat sich auch in so genannten »postmodernen« Zeiten nicht geändert, in denen die Raum- und Zeitparadigmen der Neuzeit – wissenschaftlich betrachtet – tendenziell in Auflösung begriffen sind und die Organisation der verfügbaren Zeit von den Menschen zusehends selbst »in die Hand« genommen wird. Wenn Gegenwart trotz der scheinbaren zeitlichen Autonomie *unwirklich* wird, dann muss ständig zu neuen Orten, zu neuen Zeiten, zu einer Wirklichkeit also, die wirklicher als die Wirklichkeit der Gegenwart ist, aufgebrochen werden.

Die zeit-räumlichen Koordinaten der Neuzeit und das Bild von Wirklichkeit, die bis vor kurzem die westliche Welt geprägt und die Stellung des Individuums bis zur zweiten Hälfte des 20. Jahrhunderts bestimmt haben, wurden durch drei zentrale europäische Unternehmungen festgeschrieben: Welteroberung, Verwissenschaftlichung der äußeren Welt und Verwissenschaftlichung der inneren Welt. Das Durchschreiten aller geographischen und kulturellen Räume dieses Planeten war die Grundlage für deren Verwissenschaftlichung. Zeitlich versetzt zur naturwissenschaftlichen Zergliederung der Welt folgten die Anthropologisierung und schließlich die Psychologisierung des Menschen, also dessen Verwissenschaftlichung. Der wissenschaftliche Blick schickte sich an, bis zum kleinsten Elementarteilchen und bis zu den letzten Winkeln der Seele gleichermaßen vorzudringen und diese abermillionen, detailreichen Erkenntnisse vielseitig zu *nutzen*.[142] »Wissen ist Macht« – Benjamin Franklins berühmtes Zitat bezeichnet einen

Umgang mit der Welt, der Erkennen immer an die utilitaristische Verwertung des Erkannten bindet. Unterschiedlichste, immer präziser werdende Instrumente schieben sich – Distanz schaffend und deshalb den exakten »Blick« ermöglichend – zwischen Beobachter und Beobachtetes. Symbolische Medien – wie etwa die wissenschaftliche Sprache – und technische Apparaturen *verorten* den Menschen in einer »vermittelten« Welt, die zusehends so wahrgenommen wird, als wäre sie durch ihn geschaffen, und die auch tatsächlich immer radikaler durch ihn umgestaltet wird.

Die Verortung in Raum und Zeit soll vollkommen, absolut und rekonstruierbar sein – Sicherheit ist das Prinzip der Vernunft. Aus dem »Selbst im Gehäuse« werden analytische Blicke geschickt, Blicke, die gleichermaßen nach Innen und nach Außen gerichtet sind und den Nutzen für das Individuum und für die Gesellschaft, die aus unzähligen vereinzelten Individuen besteht, maximieren. Naturbeherrschung, Fremdbeherrschung, Selbstbeherrschung – diese Prinzipien der Kolonisierung der inneren und der äußeren Welt haben solange das europäische Unternehmen der »Selbsterschaffung« bestimmt, bis diese Prinzipien in einer globalen Melange zu scheinbar »allgemein« menschlichen Wesenseigenschaften universalisiert wurden. Die globale Ökonomie des »jeweils einen Schritt voraus Seins« funktioniert durch den entscheidenden Wissensvorsprung, der ununterbrochenen Präzisierung des Blickes und dessen Verwertung in kommerziell nutzbaren Ideen, Gütern, Dienstleistungen und Profitmaximierungsangeboten.

Auch die ökonomische Produktion hat sich derart beschleunigt, dass sie keine Zeit und keinen Raum mehr kennt.[143] Sie ist prinzipiell rast- und grenzenlos. Obendrein hat sich die so genannte Wertschöpfung von der materiellen Produktion abgekoppelt: wer heute Profit machen will, der darf nichts »erzeugen«, sondern muss den virtuellen, weil »zeitlosen« Raum der Kapitalgeschäfte *betreten*. In »Echtzeit« rotieren Kapitaltransfers um die Welt, die keine Verankerung in der materiellen Wirklichkeit der Menschen und ihrer Produktion haben, und die an keine »alten« ökonomischen Parameter – Transport, Güterproduktion, Dienstleistung usw. – mehr gebunden sind. Damit wird auch die Ökonomie beliebig manipulierbar und aus sich selbst heraus »erschaffen«. Das Prinzip der Gewinnmaximierung, das die bürgerliche Mangelgesellschaft, die durch die prinzipielle Knappheit an Gütern definiert war, wesentlich bestimmt hat, wird nach einer erreichten »natürlichen« Sättigung in den reichen Ländern dieser Welt in einem virtuellen Raum fortgesetzt. Damit wird auch diese Ökonomie *per se* unwirklich. Sie ist mehr als ein *Symbol* für Beschleunigung und Enträumlichung, sie ist *Folge* derselben.

3.2 Wagemutige Seefahrer und versicherte Nomaden

Bevor die Welt zu einem Raum zusammenwachsen kann, der dann, weil es keine zeitlichen Grenzen mehr gibt, gegen Ende des 20. Jahrhunderts *enträumlicht* wird, muss diese Welt entdeckt, begangen, erklärt, benannt und in ihre kleinsten Bestandteile zergliedert werden. Nichts darf *unbekannt* bleiben: Die Erscheinungen der inneren und äußeren Welt müssen nach Maßgabe der auf Selbst- und Fremdbeherrschung ausgerichteten Logik in ein rationales System eingeordnet und so zueinander in Beziehung gesetzt werden. In der neuzeitlichen europäischen Rationalität ist das Programm der »Unterwerfung der Natur« an das Programm der »Unterwerfung der nicht-europäischen Gesellschaften« zwangsläufig gekoppelt. Die Verwissenschaftlichung der Welt verläuft parallel zur Kolonialisierung außereuropäischer Gesellschaften, sie ergänzen, ja bedingen einander. Alles Unbekannte muss *domestiziert*, also verfügbar gemacht werden. In frühen Stadien des Kolonialismus wird Herrschaft noch mit physischer Gewalt etabliert, später – gemäß den Fortschritten in der Verwissenschaftlichung – wird Verfügungsgewalt über andere Kulturen durch Wissen über sie und durch deren Einbindung in die europäische Logik, Rationalität und Ökonomie angestrebt.

Die erste Entdeckerphase[144], die vor allem von Portugiesen und Spaniern getragen war, zeichnet sich noch durch ein messianisches Sendungsbewusstsein – Verbreitung des Christentums – und die Suche nach dem »Ophir Salomos«, der sagenhaften Goldländer, aus. Kolonialisierung ist ein militärisches Unterfangen, strategische Demarkationslinien werden gezogen, die Unterwerfung fremder Völker erfolgt zumeist mit roher Gewalt. Doch schon im 17. Jahrhundert – wesentlich bedingt durch die holländische Seefahrt – setzt eine gewisse Versachlichung ein, deren Grundlage Profitdenken und Profitmaximierung ist. Im 18. Jahrhundert relativiert die »Freihandelslehre« die Illusion der – ökonomischen – Unantastbarkeit »souveräner Herrschaftsgebiete«[145], obwohl natürlich bis zur Entkolonialisierung im 20. Jahrhundert die militärische Oberhoheit als Voraussetzung für das koloniale Unterfangen angesehen wird.

Gegenüber dem brutalen chiliastisch motivierten Vorgehen der Spanier nehmen sich die Eroberungszüge der so genannten zweiten Entdeckerphase in der Berichterstattung relativ nüchtern und kalkuliert aus. Es geht um ein integriertes ökonomisches, militärisches und wissenschaftliches Projekt. Nicht nur die »Natur« wird studiert, kartiert und katalogisiert, sondern auch »deren« Menschen werden detailreich beschrieben und analysiert. Diese Phase der europäischen Weltvereinnahmung ist charakterisiert durch den Rückgang der portugiesischen und spanischen Seefahrt und dem massiven Erstarken der französischen und englischen. Ab Mitte des 17. Jahrhunderts befinden sich auch in England und Frankreich die Zentralsammelstellen für ethnologische und anthropologische Materialien. In ihnen sind der spezifische europäische Blick auf außereuropäische Kulturen und die Logik der umfassenden Raumdurchschreitung festgeschrieben. Sie dokumentieren bis heute die 500-jährige Geschichte der europäischen Weltvereinnahmung, die Ende des 19. Jahrhunderts ihren kolonialen Höhpunkt erreicht hatte: 80% des gesamten Weltterritoriums wurden von sieben europäischen Nationen beherrscht.[146] Die Räume dieser Welt waren definitiv beschritten, für das europäische Denken und das europäische Wirtschaften *verfügbar* gemacht. Der Eroberung der Räume sollte im 20. Jahrhundert die Eroberung der Zeiten folgen.

Heute, am Beginn des 21. Jahrhunderts, ist weltweite Mobilität nicht nur eine *Lebensform* von Menschen mit reichlich vorhandenen materiellen Ressourcen, sondern auch das Prinzip der globalisierten Ökonomie. Sowohl der mobile Mensch als auch die globalisierte Ökonomie verdanken ihre Existenz der »christlichen« Seefahrt – so eigenartig dies auch klingen mag. Sie hat durch die Eroberung des Raumes die *Verzeitlichung* weltweiter Beziehungen vorbereitet, deren immanente Beschleunigung – von den Verkehrs- und Transportwegen bis zur Informationsübertragung mit Lichtgeschwindigkeit – zu einer relativen und absoluten *Entzeitlichung* geführt hat. Relativ da, wo weitere Beschleunigung zumindest theoretisch noch möglich, absolut dort, wo diese – wie im Falle elektromagnetischer Wellen – nicht mehr möglich ist. Nicht nur unsichtbare Informationsträger, sondern auch physische Körper rasen zwecks Berichterstattung, Kommunikation, Planung und Realisierung von »zukünftigen« Bewegungen über den Planeten. Die »Reichweiten« haben sich entgrenzt. In der prinzipiell weltweiten Verfügbarkeit von Wissen, Ressourcen und auch individuellen Lebensstilen ist das *Reisen,* als modernes Nomadisieren, zu einem Strukturprinzip des mobilen Menschen geworden.[147] Eigentlich ist der Begriff der Reise per se schon anachronistisch, weil es das Reisen im Sinne der *mühevollen Fortbewegung* faktisch nicht mehr gibt, sondern integrierter Bestandteil des mobilen »normalen« Lebensvollzugs ist – entweder als Teil des Erholungs- oder als Teil des Berufsprogrammes. Bevor freilich die effiziente Organisation des modernen Nomadisierens im zweiten Drittel des 20. Jahrhunderts zu dem weltweit profitabelsten Wirtschaftszweig geworden ist, war Reisen *immer* mühevolle Fortbewegung: denn im Wesentlichen ging es dabei um das Durchschreiten von Räumen *auf eigene Gefahr* und damit verbunden um eine den Menschen *fordernde* Auseinandersetzung mit Neuem, Fremdem und damit – zwangsläufig auch – mit sich selbst. Auch das Reisen ist in das Sicherheits- und Risikominimierungsprogramm der Moderne integriert worden. Fraglos folgt der Reisende den ihm vorgegebenen Routen und richtet sein Handeln an den Koordinaten aus, die andere – jene nämlich, die die Reise *versichern* – für ihn erdacht haben. Dies steht auch in hoher funktionaler Relation zur allgemeinen Raserei auf dem Planeten. Denn mühevolle Fortbewegungen erfordern Zeit, die der mobile Mensch deshalb nicht hat, weil er mit all seinen Bewegungen ununterbrochen Zeit *sparen* muss, um die Zeit, die er dann doch nicht hat, zu *nutzen*.

Der Genuese Christóbal Colón, besser bekannt unter dem Künstlernamen Columbus, der im Auftrag der spanischen Königin Isabella mit seiner ersten Atlantiküberquerung das Zeitalter der radikalen europäischen Welteroberung einleitete, musste seine Reise noch wissentlich *verlangsamen*, um nicht eine Meuterei seiner Mannschaft zu provozieren: er fälschte die Eintragungen in das Logbuch, um ihr die tatsächlich zurückgelegten Distanzen vorzuenthalten.[148] Gemäß den heute *unvorstellbaren* Härten und Risiken der Seefahrt waren diese Seemänner »rohe« und »ungebildete« Leute, die tief im mittelalterlichen Weltbild verhaftet waren: das Meer war von riesigen Seeungeheuern bevölkert und die Erde eine Scheibe, von der aus ins Nichts zu stürzen mit jeder gesegelten Meile *wahrscheinlicher* wurde. Und doch war die Wahrscheinlichkeit damals, von der Scheibe Erde zu stürzen, *geringer* – nämlich null – als heute mit dem Flugzeug abzustürzen – diese bewegt sich im Promille-Bereich. Skorbut, Gewalttaten, Schiffbruch, Piraterie – die eigentlichen Risken der rauen Seefahrt – ängstigten die Matrosen weitaus weniger, denn diese *kannte* man ja. Es waren die Dinge, die man bloß *glaubte* zu wissen, die panischen Schrecken verbreiteten: Das Ende der Zeit, des Raumes – das Ende der Welt!

Seitdem die Welt grenzenlos geworden ist, sind Reisenden Ängste aller Art so *weit* wie möglich genommen. Es braucht nicht verlangsamt, es darf *beschleunigt* werden. Das »Überfliegen« von Zeit und Raum, die massenhafte Verbreitung des Reisens als Teil der *Mobilitätskultur* hat unsere Wahrnehmung von Zeit und Raum entscheidend beeinflusst: Für Millionen Menschen gibt es keine Räume mehr auf dieser Welt, die *außerhalb* ihrer Reichweite liegen. Von dieser Tatsache bis zu der Vorstellung des »global village«, von der später die Rede sein wird, ist es dann bloß ein *kurzer* Schritt. Durch das massenhafte Reisen wird im Kollektiv jene grundlegende Erfahrung von Raumerweiterung und Weltverkleinerung *gefahrlos* reproduziert, die für die europäische Weltvereinnahmung Jahrhunderte lang symptomatisch gewesen ist. Denn mit jedem neu durchmessenen und vermessenen Raum, und mit jeder Möglichkeit, ein Stückchen *weiter* zu gelangen, sind die Räume dieser Welt *näher* zusammengerückt. Ursprünglich »elitäre« Reiseunternehmungen, die im Zeichen der Entdeckung, Missionierung, Kolonialisierung, Bereicherung und Glückssuche standen, wurden durch Massentransportmittel – von der Bahn über das Dampfschiff bis zum Flugzeug –

»egalisiert«. Jeder moderne Mensch, sofern er am Reichtum, der durch die globale Weltvereinnahmung entstanden ist, partizipiert, ist sein eigener »Entdecker« – dies freilich ohne sich Gefahren, Mühsal oder den Risiken einer persönlichen Veränderung der Wahrnehmung oder Denkungsart auszusetzen. Auch reist der mobile Mensch sicher durch »virtuelle, abgesicherte, künstliche« Räume und erlebt so die Welt als *eine* Welt. Mit dem Jet-lag hat er umzugehen gelernt, dafür gibt es Pillen oder Ruheräume in den Flughäfen, und wie mit etwaigen »lokalen Besonderheiten« umzugehen ist, wird dem Reisenden in »zeit- und nervensparenden« Kurzinfos als Teil des umfassenden Fortbewegungs-Services mit auf den Weg gegeben. Wie der Reisende »Fremdem« zu begegnen hat, steht von vornherein fest. Die Muster der Interpretation sind Teil der effizienten Fort-Bewegung, die durch nichts *gestört* werden soll. Dem freilich war nicht immer so, denn es hat Jahrhunderte gedauert, bis sich ein spezifischer europäischer Umgang mit so genannten außereuropäischen Kulturen herausgebildet und damit die Standards der Wahrnehmung und damit die »Bilder«, durch die Fremdes gesehen wird, bestimmt hat.

Rücken die Räume im Sinne ihrer Erreichbarkeit näher zusammen, so *erscheint* die Welt als etwas eigen Erfahrbares, als *das* Eigene, das *jederzeit* in die eine oder andere Richtung genutzt werden kann. Durch diese Wahrnehmung wird eine Wirklichkeit gesetzt, die territoriale Grenzen aufhebt. Damit sind auch keine kulturellen, sozialen und ökonomischen Grenzen *verbindlich.* Überall wird jederzeit *Intervention* möglich, weil der Eingriff in andere Welten nicht mehr als Eingriff erlebt wird. Die andere Welt gibt es in der Wirklichkeit des Intervenierenden gar nicht mehr, sie ist ein längst überholtes Modell einer *vormals* begrenzten und dem Menschen zeitliche und räumliche Widerstände entgegensetzenden Welt. In der Wahrnehmung mobiler Menschen hat sich der gesamte Globus ihren weit verzweigten Anliegen *bereits* widerstandslos ergeben. Denn der Fortschritt, den die Mobilität verkörpert, ist *das* universale Konzept der Menschheit geworden. Technische Apparate – von Telefon über Fax bis zum E-Mail und Satelliten-Handy – vermitteln ständig und immer eindringlicher – weil immer klarer, schneller, bildhafter usw. – diese Vorstellung der *vereinheitlichten* Welt, in der es raum-zeitungebunden um offensichtlich ähnliche Fragestellungen, Probleme und Interessen geht. Wir kommunizieren *mit* der Welt in der Annahme, dass *für* die Welt die Art unserer Kommunikation und deren Inhalte ebenso *relevant* sind wie für uns selbst. Millionen »Selbst im Gehäuse« erzählen einander so jederzeit und allerorts *verallgemeinerbare* Geschichten. Und tatsächlich: Die Rationalität und die Lebenserfahrung, die diesen Geschichten zugrunde liegen, werden von immer mehr modernisierten, zumeist städtischen Menschen auf der ganzen Welt *geteilt.* Die

Geschichte der europäischen Weltvereinnahmung hat sich in der weltweiten Modernisierung – d. h. in der Art und Weise *wie* modernes Leben »kulturunabhängig« gedacht und gelebt wird – fortgeschrieben. »Standardcharaktere« von Modernität und Mobilität finden sich von Grönland bis nach Fidschi, von Dakar bis nach Papua Neuguinea. Begleitet wird diese kulturelle Universalisierung durch den technologischen Fort-Schritt, in dem die ehemals koloniale Weltvereinnahmung eine sowohl soziale als auch ökonomische »Verlängerung« findet.

Beide – Technik und Weltvereinnahmung – bedingen einander wechselseitig, denn zeitsparende Geräte und Maschinen reduzieren die Distanzen jener Räume, die durchmessen werden sollen. Dies gilt für die Schiffs- und Navigationstechnologie der »christlichen Seefahrt« ebenso wie für die elektromagnetischen Wellen, die Räume in Sekundenbruchteilen »zerlegen« und so die Übertragung von Information der menschlichen Wahrnehmung völlig entziehen. Heute sind wir an der »natürlichen« Grenze der Beschleunigung im Bereich der Informationsübermittlung und der Kommunikation angelangt. Die mit Lichtgeschwindigkeit übertragenen Signale reduzieren den Raum und die Zeit auf den schnellsten uns bekannten Weg zwischen Raum und Zeit. Somit ist eine wesentliche Funktion des Reisens zu einem faktisch punktuellen Ereignis geworden: Berichten, Informieren und Kommunizieren – egal aus welchen Teilen dieser Welt – bedarf unserer physischen Anwesenheit nicht mehr. Nahezu jeder Ort dieser Welt ist uns praktisch zu jeder Zeit medial zugänglich. Die nach Monaten gefahrvoller Reise in den Häfen und Metropolen Europas eingelangten Berichte der großen Entdecker, Raum- und Zeiteroberer lesen wir heute mit einer Mischung aus Staunen und vielleicht auch ein bisschen Neid: denn vielleicht entgeht uns doch *etwas* in dieser nahezu risikofrei und grenzenlos durchschreitbaren Welt ...

3.3 Elektronische Enzyklopädie und virtuelle Mobilität

Wie entgeht man sich selbst? Man beschäftigt sich mit außerhalb seiner selbst liegenden Dingen, man exterritorialisiert gleichsam seine Aufmerksamkeit – richtet sie hinaus, auf Anderes, auf Ablenkendes, auf Heiteres, Interessantes, man richtet sie z. B. »auf die große weite Welt«, um einen altmodischen Begriff – weil für viele eben nicht mehr gültig – zu gebrauchen. Das Internet ist das perfekte Medium hierfür. Es simuliert zu jeder Zeit an jedem Ort – sofern ein *Anschluss* vorhanden – die Gleichzeitigkeit aller Räume und aller Zeiten sowie die Verfügbarkeit aller für diese simulierte

Welt relevanten Informationen. Nicht nur die zeit-räumlichen Grenzen des *Zugriffs* auf Information, sondern auch die Grenzen der Kommunikation und des Berichtens sind darin aufgehoben. Der versicherte Nomade segelt nicht mehr wie seine stets gefährdeten Vorgänger durch Wind und Wetter von Kontinent zu Kontinent, sondern er *surft* risikofrei auf den Wellen des Cyberspace, die ihn scheinbar überall hin tragen – ohne dass hierfür nennenswert Zeit *eingesetzt* werden muss. Das »Selbst im Gehäuse« sitzt dabei der »Welt im Gehäuse« gegenüber, deren prinzipiell unbeschränkte, virtuell aufbereitete Räume per Mausklick jederzeit *aufrufbar* sind. Bilder und Zeichen bauen sich vor dem Internet-*Nutzer* auf, die als Abbild einer Wirklichkeit bald selbst als *die* Wirklichkeit wahrgenommen und genutzt werden. Die gleichzeitige Verfügbarkeit aller Orte, aller Zeiten und aller Information über dieselben vermittelt ein Gefühl der Omnipräsenz und Omnipotenz, mit der sich spielerisch umgehen lässt: denn sowohl das »Reisen« als auch die »Aneignung von Wissen« scheinen *gefahrlos* geworden zu sein – ein geradezu revolutionärer Fortschritt im Zuge der Universalisierung des Menschen, der die Welt oder besser deren Erscheinung in der Wahrnehmung der diese Technologie Nutzenden radikal *entzeitlicht* und *enträumlicht,* sie in Informationssequenzen von Sekundenbruchteilen zerlegt und *je nach Bedürfnis* in eben so kleinen Zeitintervallen wieder zu einem Ganzen zusammenfügt.

In dieser neuen Technologie ist die Welt auf prinzipiell unendlich viele Informationen *zusammengeschrumpft*, denn diese Informationen bedürfen keiner linearen zeit-räumlichen Rangfolge mehr, sondern existieren a-hierarchisch *nebeneinander.* Die gefahrlose Wissensaneignung revolutioniert und egalisiert auch das Wissen selbst. Denn in der »alten« Welt war der Erwerb von Wissen immer an hierarchische Strukturen gebunden. Wissen über die Welt konnte gar nicht in »herrschaftsfreien« Räumen erworben werden, da die hierarchische Struktur die Prioritäten, also die zeit-räumliche Abfolge der Vermittlung von »Wissenswertem« festgelegt hat.[149] Die Gleichzeitigkeit allen verfügbaren Wissens, wie sie das Internet suggeriert, ermöglicht dem über dieses Medium »Wissen über die Welt« Beziehenden die Illusion der völligen Autonomie und Unabhängigkeit. Egal *wofür* er Information heranzieht, er ist dabei – wenn überhaupt – allein sich selbst verantwortlich. Er *verfährt* mit der *ihm* verfügbar gemachten Welt *nach Belieben* – und diese Beliebigkeit drückt sich auch in *seiner* virtuellen Ungebundenheit von Zeit und Raum aus. Dadurch ist die alte enzyklopädische Vorstellung von der umfassenden Rekonstruktion der gesamten Welt durch die Ansammlung möglichst vieler, ja prinzipiell unendlich vieler Detailinformationen über diese Welt im Begriffe, sich zumindest in einem elektronischen Raum zu *realisieren.* Auch wenn diese Entwicklung erst an ihrem Anfang steht[150], so zeichnet sich in ihr doch jene künftige virtuelle Mobilität ab, welche die

Bedeutung der Bewegung der physischen Körper nachhaltig relativieren wird.

Nicht nur Wissen, sondern auch Kommunikation wird durch das neue Medium »egalisiert«. Reisen umfassend mobile Menschen »in realiter«, so *entzeitlichen* sie zusehends ihre physische Bewegung durch den modisch gewordenen Zwang zur elektronischen Berichterstattung. Die Berichte der großen Entdecker, Zeit- und Raumeroberer finden ihren zeitgenössischen Abgesang in den vielfältigen Kommentaren zu den zumeist gefahrlosen »Abenteuern« mitteilungsbedürftiger Laptop-Reisender und Internet-Café-Besucher. Die zeit-räumliche Distanz, die durch die physische Bewegung des Reisenden enstanden ist, wird per Mausklick *sofort* wieder aufgehoben – als vergewissere man sich *so* seiner Herkunft und Bestimmung. Jede Sekunde rotieren abertausende Berichte von Reisenden gleich welcher Art um den Planeten, die – analog zur Verfügbarkeit von Wissen – die *jederzeitige* Verfügbarkeit des Menschen selbst symbolisieren. Der Reisende adressiert seine Botschaft, um über die »anderen« zeit- und raumunabhängig zu verfügen und sich seinerseits verfügbar zu halten. Auf ihn kann über ortsunabhängige Mail-Boxen jederzeit *zugegriffen* werden. Es scheint, als beziehe der mobile Mensch seine moderne Identität gerade aus dieser *allzeitigen* Verfügung und Verfügbarkeit, als wäre er im wahrsten Sinn des Wortes *verloren*, wenn er seinen Standort im weltweiten Koordinationsnetz der elektronischen Kommunikation nicht *mitteilen*, nicht nutzen würde. So wird ein neuer, wenngleich auch virtueller Ort geschaffen, an dem Identität hergestellt und gefunden werden kann, gleich ob der jeweils andere oder man selbst sich in Dakar oder in Port Moresby oder auf der Karibik-Insel Grenada befindet.

Von Berufs wegen kenne ich eine Menge Leute, die viel unterwegs sind: Studenten und Kollegen, Geschäftsmänner und Künstler, Politiker und Weltenbummler. Noch vor zehn Jahren konnte man sicher sein, dass, wenn jemand zu einer *längeren* Reise aufbrach, man auch *längere* Zeit nicht von ihr oder von ihm hören würde. Das war mitunter durchaus erfreulich, nicht weil man seine Mitmenschen nicht schätzt, sondern weil Distanz und Kommunikationspause einen wissen lassen, *was* man an ihnen schätzt. Vor zehn Jahren dauerte ein Brief aus dem subsaharischen Afrika etwa drei bis vier Wochen, aus Melanesien eben so lange und selbst aus der Karibik konnte man nicht unter vierzehn Tagen berichten. Telefonieren war – in entlegeneren Gebieten – oft unmöglich und wenn, dann ziemlich teuer. Wenn heute einer eine Reise tut, und man gehört zum Kreise jener Auserwählten, die eines Erlebnisberichtes wert befunden werden, so wird man spätestens drei Tage nach Abreise des geschätzten Menschen via Mail mit ausführlichen Schilderungen all der »neuen«, »interessanten« Erfahrungen bedacht, samt angeschlossenem »Attachement« mit aus dem Internet »heruntergeladenen«

Informationen über Land und Leute sowie mehreren elektronisch übermittelten Fotos, die den Reisenden unter Palmen oder inmitten exotisch anmutender Szenarien zeigen. Angesichts von so viel Information und so wenig Zeit, diese Information erstens zu *erleben* und zweitens zu *verarbeiten*, stellt sich dann doch die Frage, ob es hier um die beschriebenen Inhalte oder um die Befriedigung des neuen sozialen Bedürfnisses mobiler Menschen geht, sich zeit- und raumungebunden zu *orten* und *verorten* zu lassen.

Dem Zwang zur raumungebundenen Berichterstattung folgt der Zwang zur raumungebundenen Anteilnahme an einer Vielzahl von verschiedenen Welten innerhalb der einen, großen, virtuell durchschrittenen Welt. Noch vor zehn Jahren ist man »auf die Insel gegangen«, um »seine Ruhe zu haben«, um »Abstand zu gewinnen«, vielleicht auch »um sich selbst näher zu kommen«. Während ich diese Zeilen schreibe, sitze ich in einem wunderbaren Haus an der Atlantikküste der Karibik-Insel Grenada, auf der es vor zehn Jahren weder nennenswerten Tourismus geschweige denn Internet-Anschlüsse gegeben hat. Die Entlegenheit dieses Hauses, vor dem sich ein weißer, von Kokospalmen umsäumter Strand öffnet, bringt es mit sich, dass *hier* tageweise kein einziger Mensch zu sehen ist, denn nur am Wochenende wird diese schöne Gegend von den Einheimischen sporadisch zu Ausflügen genutzt. Vor zehn Jahren musste ich mit dem Jeep sechzig Minuten in die Hauptstadt St. Georges fahren, um einen Brief aufgeben, ein Ferngespräch führen oder ein Fax nach Europa schicken zu können. Heute lebe ich hier in einer Mischung aus eskapistischer Weltabgewandtheit und elektronischer Weltzugewandtheit – durchschnittlich vierzig E-Mails erreichen mich pro Tag, auf die ich glaube in der einen oder anderen Form reagieren zu müssen. Ich entwerfe *von hier aus* mit meinen Kollegen in Kathmandu die weiteren Schritte eines Forschungsvorhabens in einer auf 2800 Meter Höhe gelegenen Bergregion im Himalaya; ich erarbeite zusammen mit einer afrikanischen Provinzregierung ein Konzept zur Wiederaufforstung in semi-ariden Savannengebieten; ich rechne Projektgelder per Mausklick über das Internet-Banking ab, unterhalte mich mit einem befreundeten Politiker über die bevorstehenden Wahlen in Papua Neuguinea, regle die Herausgabe des nächsten Buches mit meinem Verlag, der mir natürlich elektronisch jederzeit die zu redigierenden Korrekturfahnen schicken kann. Ich stehe täglich mit meinem Forschungsinstitut in Österreich in Kontakt, ich lese eine elektronische Zeitung, um mich über österreichische Ereignisse zu informieren und beantworte *zwischenzeitlich* nette Briefe von Studenten, Freunden oder Verwandten.

Während all dieser intensiven Kommunikationstätigkeit blicke ich hinaus auf die »zeitlosen« Wogen des Atlantiks und einen menschenleeren Strand, umgeben von tropischer Flora. Ich bin ebenso in *dieser* Welt wie in den jeweils *anderen* Welten; ja, die Möglichkeit der elektronischen Kommunikation ermöglicht es mir erst, in dieser Welt *hier* zu sein, denn ohne sie wäre ich *nur* hier und für die andere Welt »außerhalb dieser Welt« unerreichbar – was ich mir auf Dauer nicht leisten könnte. Das zweite Motto der Mobilitätskultur heißt also Verfügbarkeit. So viele Möglichkeiten die *allzeitige* Verfügbarkeit eröffnet, so sehr ist mit ihr auch der Zwang zur Kommunikation und die Verunmöglichung der *Ausschließlichkeit* verbunden. Eingebunden in das omnipräsente Netzwerk der elektronischen Kommunikation ist es nicht mehr – oder nur mehr unter der Bedingung der »Zeitflucht« – möglich, ausschließlich *hier* und *jetzt* zu sein. Die grenzenlose virtuelle Mobilität lässt uns »Zeit« überall nutzen und bestätigt unseren »Zeitgenossen« unsere Anteilnahme an der Wichtigkeit *ihrer* Welt, auch wenn wir uns 8000 Kilometer von dieser *entfernt* haben. In der umfassenden Mobilitätskultur erscheint diese Entfernung *unwirklich* zu sein, denn meine virtuelle Präsenz – das Bild von mir, das in Afrika, in Europa, im Südpazifik vor dem Empfänger meiner Botschaften aufgebaut wird – »realisiert« sich innerhalb weniger Sekunden. So finde ich mich, trotz globaler Entzeitlichung und Enträumlichung, jedes Mal, wenn ich den virtuellen Raum betrete, als jener wieder, der, ungeachtet, wo sich sein physischer Körper befinden mag, eine spezifische, weil in der Wahrnehmung der anderen an den »Ort« dieses physischen Körpers nicht mehr gebundene Identität besitzt. Manchmal stört mich diese vom Hier und Jetzt losgelöste *Erscheinung* meiner selbst, denn sie gibt einem zuweilen das Gefühl, nie wirklich *woanders* ankommen, geschweige denn *bleiben* zu können; häufiger freilich bin ich der Möglichkeit dieser virtuellen Präsenz in anderen Räumen »dankbar« – denn durch sie verwirkliche ich *auch* mein Bedürfnis nach »Selbstbestimmung« und »Bewegungsfreiheit«.

Selbstbestimmung und Bewegungsfreiheit sind *die* emanzipatorischen Anliegen des individualisierten Individuums seit der Entstehung der bürgerlichen Gesellschaft in Europa, die mit der Entfesselung der Produktivkräfte, der Vermessung des Raumes, der Beherrschung der Naturgewalten und der allmählichen Depotenzierung Gottes einhergeht. »Die Herrschaft des Menschen über sich selbst im Namen seiner selbst,«[151] die Idee der Autonomie der Handlung findet sich schon bei Charles de Secondant Montesquieu (1689-1755), sie soll und sie *wird* das Individuum aus den engen Bindungen und Grenzen »gottgewollter« Ordnungen befreien. Diese Subjektkonstruktion führt auch zu einer Neudefinition der Idee des Staates, der fortan getrennt vom Individuum besteht und demselben *Raum* geben muss, Autonomie zu verwirklichen. Das Individuum selbst wird befähigt, seinen Ort, seine Zeit, sein Glück gar – unabhängig von der Willkür weltlicher oder göttlicher Gewalt – zu bestimmen und zu erhalten. Somit bekommt die Gesellschaft eine eigene »Natur«, die ebenso wie die »natürliche Umwelt« durch Vernunft und Übereinkunft gestaltbar wird.

Diese Trennung zwischen Individuum und Gesellschaft bricht mit der alten aristotelischen Staatslehre.[152] Denn aus der »Natur« der Gesellschaft sind , wie Montesquieu 1748 in *Esprit de Lois* meint, jene »Gesetze für sich selbst und damit aus sich selbst heraus« ableitbar, die auch gemäß der Vernunft verändert werden können. War in der aristotelischen Staatslehre das zentrale Subjekt der mündigen Gemeinschaft der Staat, so ist für Montesquieu der Geist der Gesetze durch »Fakten« bestimmt, die man im menschlichen Zusammenleben erkennen muss. Den Naturgesetzmäßigkeiten folgen schon früh die Sozialgesetzmäßigkeiten, die das Individuum *losbinden* und es in eine durch Übereinkunft geregelte Autonomie führen. Es erkennt sich selbst im Spiegel als *Entität*, die an der Gemeinschaft partizipiert, ohne die Gemeinschaft zu sein. Damit wird die Distanz zwischen Subjekt und Objekt, Beobachter und Beobachtenden, die Trennung zwischen Natur und Kultur – als gemachte Welt – in der Beziehung des Individuums zur Gesellschaft festgeschrieben. Der eigenwillige aufklärerische Versuch, sich vom Gottesgnadentum zu befreien, steht teilweise außerhalb der jüdisch-christlichen, bzw. griechischen Tradition. Er bereitet jenes »Bild vom Selbst« vor, das wir auch heute noch mit uns und in uns tragen: das Bild eines solistischen Wesens, das Räume betritt und in diesen Dingen, Menschen, Welten *gegenübersteht.* Auch im virtuellen Raum bedient sich die Konstruktion von Identität dieses abendländischen Selbstbildnisses, wobei der betretene Raum ebenso eigengesetzlich, autonom, verobjektiviert und von den Individuen *losgelöst* empfunden wird wie jedes künstlich geschaffene, eigengesetzlich funktionierende System der Neuzeit. Drastisch zeigt sich dies in der völligen Loslösung der »Internet-Zeit« von der mit natürlichen Bewegungen synchronisierten Uhrzeit, in der die Trennung von Natur und Kultur einen ihrer vielen symbolischen Höhepunkte erfährt.

Die neuzeitlichen Koordinatensysteme der gemessenen Zeit haben nicht nur die Beschleunigung jenes Handels bedingt, der dem Individuum ökonomische Stärke, und damit Unabhängigkeit verleiht, sondern auch die transterritoriale Organisation desselben innerhalb immer effektiverer, weil auch zeitlich präziser »funtionierender« Staatengebilde ermöglicht, die im Zuge der Auflösung des Absolutismus vorerst einer gesellschaftsvertraglichen, später einer demokratischen Legitimation bedurften und bedürfen. Doch schon etwas mehr als 100 Jahre nach dem Beginn der Ausbreitung des Weltzeitsystems über den Planeten scheint dessen Semiotik für einen »zentralen« Raum der Mobilitätskultur obsolet zu werden. »Treffpunkte« im virtuellen Raum des Internet können weder nach Zeit noch nach Ort verbindlich angegeben werden. Wenn in »Echtzeit« kommuniziert wird und mit »Lichtgeschwindigkeit« Geschäfte abgewickelt werden, ist auch die jeweils durch den Standort der physischen Körper und damit der Nacht- und Tagintervalle bestimmte »ortsgebundene« Zeit bestenfalls nur mehr eine Frage der persönlichen Befindlichkeit. Die Gleichzeitigkeit der Verfügbarkeit allen Wissens und aller Kommunikation – welche die »alten« Werte von Selbstbestimmung und Autonomie in der »neuen« Logik der Mobilitätskultur befördert –, macht eine in 24 Zeitzonen eingeteilte Welt zumindest in ihrer Simulation unnötig. So verwundert es auch nicht, dass die Einführung eines von Orts-, Tages- bzw. Nachtzeiten unabhängigen »zeitlichen« Koordinatensystems in Form von 1000 Beats/pro *virtuellem* Tag in der Diskussion über die Zukunft des Cyberspace angeregt wird.[153] Vereinbare ich also ein Treffen mit meinem Kollegen aus Papua Neuguinea im Cyberspace zum 345. Beat, so werden wir zur exakt gleichen Zeit den Raum der virtuellen Kommunikation betreten – ungeachtet unserer Weltzeitkoordinaten-Position. In dieser »neuen« Zeit ist die Welt tatsächlich *vereinheitlicht*, aber eben nur die *artifizielle* Welt. Die Beat-Zeit des Internet koppelt den *Nutzer* vollends von der »natürlichen« Zeit und der Synchronisierung der sozialen Zeit mit der natürlichen Zeit ab. Er interagiert in einem vollends künstlichen System, das weder eine natürliche Zeit noch einen natürlichen Ort kennt. Die Beat-Zeit symbolisiert vielleicht die radikalste Entfernung des Menschen von der Natur und die radikalste Distanzierung von seinen »natürlichen« Bedingungen. Die »vermittelte« Welt, in der sich der Mensch symbolisch selbst erschafft, setzt ihre eigene »vermittelte« Zeit. Grenzenlose Mobilität scheint in ihr gleichermaßen gegeben zu sein wie grenzenlose Verfügbarkeit. Durch und durch »widernatürliche« Eigenschaften also.

Es scheint, als hätte die *techné* begonnen, einen irreversiblen Siegeszug über die *physis* anzutreten zumindest dort, wo die materiellen Ressourcen für diese technologischen Revolutionen vorhanden sind. Denn nach wie vor ist auch die Kommunikation im »virtuellen Raum« ein Privileg der Reichen, welche die Standards des »Denkens« und des »Wissens« weltweit setzen. Waren es im Jahre 1990 gerade einmal 8,5% der Bewohner von industrialisierten Ländern, die einen PC benutzten, so ist dieser Anteil im Jahre 2001 auf 32,5% gestiegen, wobei fast alle von ihnen – also etwa ein Drittel der Einwohner in den reichen Ländern – auch das Internet nutzen. Von dieser technologischen Entwicklung sind die Bewohner der so genannten Entwicklungsländer radikal abgekoppelt. 1990 hatten lediglich 0,3% ihrer Einwohner Zugang zu einem PC, wobei dieser Anteil in der letzten Dekade auch nur geringfügig gestiegen ist – nämlich auf 2,8%. Internet-Zugang haben nur etwa 2,4% (2001) der Bewohner von Entwicklungsländern, einer der vielen Gründe, warum die ökonomische Kluft zwischen Reich und Arm größer wird und letztere als nicht-kompetitiv angesehen werden.[154] Auch die »Egalisierung von Wissen« im Cyberspace ist ein Privileg der reichen Welt – die globale Vereinnahmung durch Setzung neuer, aber extrem ungleich verteilter technologischer Wirklichkeiten wird darin fortgeschrieben. Die »Grenzenlosigkeit des Wissens und der Kommunikation« findet ihre implizite *Begrenzung* in der Kluft zwischen einfachen, bzw. »armen« und elektronisch »hoch gerüsteten« reichen Umwelten.

3.4 Lust auf allen Vieren zu gehen

Die Grenzenlosigkeit des Wissens und der Kommunikation wurzelt in dem Programm der europäischen Weltvereinnahmung: Alles muss erobert, erfahren, detailreich analysiert und in den Kanon des bisher Erkannten eingetragen werden, um Natur und Mensch gleichermaßen *manipulativ* zu verändern. Dazu gehört auch die Vorstellung der Manipulation des eigenen Glücks. Persönliches *Glück* ist, ebenso wie *Bedürfnisse*, die es jeweils von neuem zu definieren und zu *befriedigen* gilt, eine Vorstellung, die keinesfalls älter als 250 Jahre ist und die das Menschenbild der »Selbsterschaffung« schon voraussetzt. Kapitalistische Produktion schafft eine *Mangel-* und eine *Versäumnis*gesellschaft. Knappheit an Gütern und Knappheit an Zeit sind Voraussetzungen volkswirtschaftlich effizienter Konsumenten, die sich von immer schnelleren Produktlebenszyklen in ihrem Konsumverhalten nicht nur nicht abschrecken lassen, sondern sie auch selbst befördern. Mit dem jeweils »Neuesten« ausgestattet scheint der Konsument seiner persönlichen Glücksbefriedigung jeweils *näher* zu sein. Die Vorstellung, dass das Glück freilich nie zu erreichen, weil es jeweils einen Schritt voraus ist, findet sich schon bald in der Diskussion über die Stellung des Menschen in einer zusehends vermittelten Kultur, in welcher der Einfluss der Natur – des Ungebändigten, Nicht-Selbsterschaffenen, Gefährlichen, Nicht-Verfügbargemachten – sukzessive zurückgedrängt wird.

Für Denis Diderot (1713-1784) wird das Glück zu der zentralen Idee der Menschheit, die sich auf den Weg der Vernunft und des Fortschritts begeben hat.[155] Diese Idee setzt die Vorstellung des Menschen als formbares Material ebenso voraus wie die Vorstellung einer im Interesse des menschlichen Glücks manipulierbaren Natur. Durch ständiges Formen seiner selbst wird der Mensch als Menschenwerk »in Szene« gesetzt. Demgemäß ist auch die Wissenschaft für Diderot das »endliche Werk des menschlichen Verstandes«[156], das es immerfort zu vervollständigen gilt. Daraus speist sich die

Idee der Enzyklopädie – als »Gefäß« und »Ort« der systematischen Sammlung des Wissens der Jahrhunderte. Je mehr Wissen zusammengetragen wird, desto *umfassender* wird die Welt verstanden und für die Erfüllung des Glücks verfügbar gehalten. Dass dieses Gefäß, dieser Ort einmal eine intelligente Maschine selbst sein wird, die in einem virtuellen Raum die »ganze« Welt in Sekundenbruchteilen abrufbar und verfügbar hält, konnte Diderot gleichermaßen nicht *voraus*ahnen wie die Tatsache, dass Millionen Menschen Menschenwerk und Natur miteinander *identifizieren*, weil sie faktisch ausschließlich – als »natürliche« Wesen – in »künstlichen«, also menschlich gestalteten und definierten Räumen leben. Trotzdem wird die Frage, ob und wenn inwieweit die Setzung von »künstlichen« Welten den Menschen von seinen »Herkunftsbedingungen« und seinem »natürlichen Wesen« *entfremdet,* schon in frühen Stadien der globalen Weltvereinnahmung diskutiert. War der europäische Mensch im Zuge seines Welteroberungs- und Selbsterschaffungsdranges dabei, »sich selbst« – was immer das sein mag – zu *verlieren*? War der Fortschritt im Begriff, ihm seine *Vergangenheit* irreversibel zu entziehen?

Die Weltvereinnahmung, die in der Verwissenschaftlichung der Natur und schließlich der Menschen ihre konsequente Verlängerung findet, spiegelt sich auch in den frühen ethnologischen Materialien, die bis zum Anfang des 20. Jahrhunderts generell als Beweismittel zur Rekonstruktion der »wahren Ursprünge« der Menschheit angesehen worden sind. Die Welt *verkleinert* sich auch in dem »Wissen« um andere Völker, denen vorerst mit Angst und Brutalität, dann mit Neugierde und Kuriosität und schließlich mit zunehmendem »wissenschaftlichen« Interesse begegnet wird. Was ließ sich aus dieser »Begegnung« für die eigene Welt- und Selbstbeherrschung *lernen*? Studiert man die einschlägigen historischen Dokumente – die in erster Linie aus Reiseberichten, Logbüchern, Tagebüchern von Seefahrern, Missionaren, Händlern oder Kolonialbeamten bestehen –, so lassen sich zwei Grundtendenzen der Darstellung erkennen: Einerseits wird der »Wilde« als unzivilisierter, unmoralischer, gefährlicher, ungesetzlicher »Barbar« betrachtet, andererseits wird er in der Vorstellung des »edlen Wilden« als naturverbunden, frei, glücklich und der »Last« jeglicher Zivilisation enthoben romantisiert.[157] Der sich anbahnende, in Europa empfundene »Widerspruch« zwischen Natur und Kultur ist in die stereotype Interpretation – und auch Erstellung – der Reiseberichte hineingelegt. Ein Verlust von »Natürlichkeit« oder – im alten Sprachgebrauch – »Kreatürlichkeit« wird empfunden. Ist das der Preis, den man für eine voranschreitende Zivilisation zu entrichten hat?

Weite Verbreitung findet die Reiseliteratur beim höfischen Publikum des ausgehenden 17. Jahrhunderts.[158] Steht hier noch exotisches Staunen über das Kuriose, Eigentümliche, Fremde und Außeralltägliche im Mittelpunkt, so wird die philosophische Auseinandersetzung mit anderen Lebens- und Daseinsformen ab dem beginnenden 18. Jahrhundert gleichsam zur intellektuellen Pflicht. Als das Ideal des »philosophe« in breiteren Kreisen um sich greift, wird die eigene gesellschaftliche und zivilisatorische Entwicklung zusehends anhand außereuropäischer Kulturen reflektiert, kritisiert und legitimiert. So erscheinen ethnologische Materialien wie Spiegel der europäischen Selbstreflexion – die sich der »pluralité des mondes« und damit der eigenen Relativität *langsam* bewusst wird.[159] Die Berichte werden mit bekannten Dingen der eigenen Kultur verglichen und nach bestimmten Erkenntnisabsichten strukturiert. Dabei stehen immer die »*Vor*züglichkeiten« oder »*Nach*teile« anderer Lebensformen im Vordergrund.[160] Von Thomas Hobbes, Charles de Secondant Montesquieu, Francois Marie Arouet Voltaire (1689-1755), David Hume (1711-1776), Johann Gottfried von Herder (1744-1803) und Immanuel Kant bis hin zu den großen Gesellschaftstheoretikern des 19. Jahrhunderts wie Auguste Comte (1798-1857), Karl Marx (1818-1883) oder Emile Durkheim (1858-1917)[161] – die Auseinandersetzung mit außereuropäischen Kulturen wird zu einem »Spiegel« für die theoretische Fundierung und Analyse der eigenen europäischen Gesellschaft, ihren Widersprüchen, Spannungen, Entfremdungen, aber auch Erfolgen und Zukunftsperspektiven. Gelehriger Kosmopolitismus wird spätestens seit Jean Jacques Rousseaus *Descourse*[162] aus dem Jahre 1755 zum ungeschriebenen Gesetz der Gelehrten. Diese *surfen* zwar nicht leibhaftig auf den Wellen der Ozeane, die sie zu fremden Kulturen bringen – dies wird erst ab den zwanziger Jahren des 20. Jahrhunderts von jenen eingefordert werden, die über ethnologische Dinge schreiben und reflektieren wollen[163] –, aber die Folianten der Bibliotheken und Archive bieten reichlich Material zu weitläufiger Interpretation. Kulturskeptizisten finden Beschreibungen herrlicher Naturwelten, in denen die Menschen »friedlich und frei« ihre Tage verleben; Fortschrittseuphoriker hingegen finden Berichte über barbarische Welten, in denen man sich seiner selbst keinen Tag *sicher* sein kann[164], wodurch die europäische Zivilisation zur *Ultima Ratio* gesellschaftlicher und politischer Organisation stilisiert werden kann.

»Wenn man Rousseau liest, bekommt man Lust auf allen Vieren zu gehen«[165], ätzt Voltaire, dem das »Zurück zur Natur«, das Zurück zu einer Vergangenheit, in die niemals mehr *zurück*gekehrt werden *kann*, schon zu seiner Zeit *naiv* vorkommt. Der »utopischen« Bedeutung einer romantisierten Vergangenheit kann er wenig abgewinnen. Für ihn war der philosophische Sündenfall bereits vollzogen, die Trennung von Natur und Kultur im Akt der Distanzierung des erkennenden Subjektes bereits festgeschrieben. Voltaire weiß um die Macht des Geldes und der Ungleichheit[166] in einer sich beschleunigenden Zeit, der eine lineare Richtung vorgegeben ist. Rousseau hingegen geht von einem »Urzustand« aus, in dem der »edle Wilde« prinzipiell kooperationswillig, sozial, autonom und friedliebend ist. Demgemäß begreift er seine Zeit und seine Gesellschaft als Pathologie, als krankmachende und Ungleichheit zwischen den Menschen erzeugende »Abweichung« von seiner natürlichen »eigentlichen« Wesensart. Er geht so weit, dass er selbst jene Rationalität, welche die Pathologie der »künstlichen« Welt hervorgebracht hat, als krankhaft identifiziert: *Wenn die Natur uns dazu bestimmt hat gesund zu sein, so wage ich fast zu behaupten, dass der Zustand der Reflexion ein widernatürlicher Zustand ist, und dass ein Mensch, der denkt, ein entartetes Tier ist.*[167]

Für derart *unzeitgemäß rückwärts* gerichtete Gedanken – die erst im 19. Jahrhundert wieder voll aufgenommen werden – hat ein skeptischer Mann wie Voltaire wenig Verständnis. Auch er kritisiert seine Zeit und die in ihr gegebene Ungleichheit, verweigert sich aber »utopischen« Vorstellungen der Egalität. Abhängigkeit bedeutet immer Unterwerfung, und Abhängigkeiten hat es immer gegeben und wird es immer geben. Entgegen Rousseau wagt er eine »kulturrelativistische Betrachtungsweise«, indem er »Vorzüge« und »Nachteile« außereuropäischer Kulturen anhand der eigenen abzuwägen versucht. Mit der »pluralité des mondes« geht Voltaire in seinem Werk freilich ebenso widersprüchlich um wie in seinem eigenen Leben: Großes Lob findet er für die chinesische Kultur und deren Geschichtsschreibung, die älter und detailreicher als die abendländische ist, auch der »stolze Indianer« ist dem europäischen »Bauerntölpel« weit überlegen, wohingegen der »Neger ein schwarzes Tier mit Wollhaaren auf dem Kopf« ist[168]; er fördert die französische Kolonialpolitik und besitzt Aktien der Ostindienkompanie, lehnt die Gräueltaten der Konquistadoren freilich konsequent ab und mahnt 1750 vorausblickend: *Wir tragen die Vorurteile unseres herrschsüchtigen Geistes bis an das Ende der Welt.*[169]

Die vielen Räume und Zeiten der »alten« Welt sind in der europäischen Wahrnehmung nicht *widerspruchslos* zusammengewachsen. Erst ab den dreißiger Jahren des 20. Jahrhunderts entsteht so etwas wie eine einigermaßen wertfreie Betrachtung außereuropäischer Kulturen.[170] In Zeiten der expansiven Weltvereinnahmung wird auch begonnen, den kulturellen und sozialen Raum zu *vermessen*, auch wenn die Maßstäbe aus heutiger Sicht oft kurios erscheinen mögen. Den Naturwissenschaften hinken die Sozial- und Geisteswissenschaften in ihrem Anspruch auf und in ihrer Praxis der »Messbarkeit« um einige Jahrhunderte hinterher. Erst im 20. Jahrhundert wird die Vorstellung von »social engineering« – also eine auf sozialwissenschaftliche Grundlagen gestellte »Berechenbarkeit und Planung« von menschlicher Handlung und Gesellschaft – voll zur Geltung gelangen. Vorerst galt es noch, die raum-zeitlichen Koordinaten der Weltvereinnahmung so exakt festzulegen, dass schließlich alle auf diesem Planeten beobachtbaren Erscheinungen nach ein und derselben Rationalität analysiert und einer Verwertbarkeit zugeführt werden können. Um die »Vorurteile unseres herrschsüchtigen Geistes bis an das Ende der Welt zu tragen« bedarf es einer nach Kriterien eben dieses »Geistes« vermessenen und verfügbar gemachten Welt. Eben das hat die naturwissenschaftliche Eroberung der Welt *auch* bewerkstelligt. Sie hat den Boden für jene »soziale Revolution« bereitet, welche die Welt – für einen Teil der Erdbewohner – zu einem *global village* macht. Dass die Vorstellung der Welt als global village freilich direkt an die Verfügbarkeit von gigantischen Ressourcen gebunden ist, darauf wird weiter unten genauer eingegangen: denn die Verwirklichung des Programms der umfassenden Mobilitätskultur setzt die Anhäufung entsprechenden Reichtums voraus.[171]

3.5 Die Jagd des Löwen und die Beute des Reisenden

Materieller Reichtum und präzise Zeitmessung bedingen einander. Gemessene Zeit und deren Verschriftlichung – von der Buchhaltung des Händlers bis zur Kalenderzeit – beschreiben ein höchst funktionales Symbolsystem, welches das soziale Leben und die über die Zeit und den Raum hinausgehenden Beziehungen ordnet. Sie sind Teil der Semiotik von komplexen, differenzierten, arbeitsteiligen und – im historischen Rückblick – sich zusehends zentralisierenden und hierarchisierenden Gesellschaften. Die Verfügung über Ressourcen *muss* ungleich verteilt sein, damit ökonomische und zivilisatorische Prosperität ermöglicht wird. Die Kosten-Nutzen-Rechnung der Welteroberer, Händler, Gelehrten und Mächtigen dieser Welt setzt die Zeit nach Maßgabe *ihres* Interesses. Je detailreicher das Wissen über die Welt und über die Zeit wird, desto präziser kann die Gleichung zwischen Interessen und eingesetzten Mitteln mit der großen Unbekannten *Zukunft* gelöst werden. Das Berechenbarmachen der Zukunft verlangt nicht nur die Vermessung des Raumes durch die Naturwissenschaft, sondern auch die Vermessung des Menschen durch die Gesellschaftswissenschaft. Im Zuge des Aufkommens des Freihandels nimmt die Kalkulierbarkeit von stabilen, Handel ermöglichenden Beziehungen einen immer wichtigeren Stellenwert ein.[172] Nicht nur die Natur wird durch detailreiche Erkenntnis befriedet, sondern auch die Menschen, insbesondere jener anderer Kulturen, sollen durch Pazifizierung *verfügbar* gemacht und gehalten werden. Eine andere Option hat die auf transnationalen Gütertausch ausgerichtete kapitalistische Ökonomie im 18. und 19. Jahrhundert gar nicht mehr. Nationales Denken und die sich daraus ergebenden europäischen Kriege und Faschismen sind die letzten großen Geburtswehen zur transnationalen Vereinheitlichung und Pazifizierung der Welt.

Die Idee, dass Ungleichheit und das Kalkül der Berechenbarkeit den Menschen korrumpieren, ihn von sich selbst entfernen und ihn in einer vermittelten Welt letztlich zu einem »künstlichen« Wesen machen, beschäftigt, wie wir gesehen haben, schon manche Gelehrte im 18. Jahrhundert. Rousseau postuliert sein »Zurück zur Natur« gleichsam als – sich in der weiteren Geschichte mit großer Regelmäßigkeit wiederholenden – »letzten« Aufschrei wider die »Gesinnungsdiktatur« der vermittelten Welt. Das, was normal scheint, *ist* schon lange nicht mehr normal. Die Ausnutzung der »künstlich« gemachten Ungleichheiten zwischen Menschen durch die Mächtigen der Zeit hinterlässt in ihm das Bild eines zutiefst *entwurzelten* Wesens, das, einstmals sozial, kooperativ und frei, zu einem herumstreunenden, sich selbst kompetitiv zu Markte tragenden, egoistische Ziele verfolgenden »Wolf« geworden ist. Diesem sind die Mittel genommen, sich zu wehren, da er die »Logik« der Macht verinnerlicht hat. Der Kampf ereignet sich im *Inneren* des Individuums; Befriedung heißt, dass die äußeren Kriegsschauplätze sukzessive zu inneren werden. Je mehr die Natur und der Mensch domestiziert und verfügbar gemacht sind, desto *zerrissener* wird der Mensch selbst. Natur wird »in Szene« gesetzt, und der Mensch wird »in Szene« gesetzt. Von den Parkanlagen der höfischen Kultur – in denen so mancher mondäne Aristokrat durch Rousseau inspiriert mit einer wohlgepflegten Ziege an der Leine spazieren ging – bis hin zu den Nationalparks in Ostafrika, in denen wir »Natur« effizient organisiert bestaunen: wir treten ihr als »Fremde« gegenüber, sind zwar sterblich, doch *anders* als das, was uns *ursprünglich* erscheint. Wir haben uns eine Welt nach eigenen Vorstellungen gebaut und sind von der Begegnung mit jenen Räumen der Welt, die noch nicht zur Gänze von uns gestaltet wurden, eigenartig berührt, ja manchmal sogar irritiert. Denn die Jagd des Löwen kommt uns vor wie ein atavistisches Ritual, das einer fernen Welt entstammt, die nicht mehr *gemeinsam* mit der unsrigen gedacht werden kann.

Die Wildheit, die Unberechenbarkeit, das Gefährliche *in* uns wird zeitgleich mit dem Wilden, Unberechenbaren und Gefährlichen *um* uns domestiziert. Von staatlicher Verfügungsgewalt bis hin zur subtilen pädagogischen Disziplinierung reicht das Spektrum der Mittel, die jahrhundertelang zum Einsatz gelangen, so lange bis wir unsere befriedete »Natur« als Wesen des Menschen selbst erkennen werden. Jede Aktion und Reaktion erhält eine Erklärung – der Anthropologisierung folgt die Psychologisierung; nur durch diesen Akt der Rationalisierung menschlicher Handlung kann das

Programm der Sicherheit auch im Innenbereich des Menschen fest und stabil verankert werden. Wir reißen unsere Beute ohne Blutvergießen, der Mensch als Fleischfresser und Jäger wird aus dem Bewusstsein des zivilisierten Menschen verbannt. Vom staatlichen Tötungsmonopol – im Kriegsfall etwa oder in jenen westlichen Ländern, in denen wie in den Vereinigten Staaten die Todesstrafe aufrechterhalten wird – bis hin zum plastikverpackten Kotelett im Supermarkt – nichts soll auf atavistische Beutezüge mehr hinweisen. Es wird delegiert, es wird getarnt. Unsere Toten freilich sprechen nach wie vor eine *andere* Sprache, die wir nicht mehr verstehen wollen oder können. Denn sie sind einem Kreislauf wiedergegeben, den wir nicht mehr als unseren erkennen, einer Zeit, die wir nicht bestimmen, und einem »Ort«, den wir nicht »designed« haben. Nicht nur weil wir Omnipotenz-Phantasien in unserer gestalteten Welt täglich gespiegelt bekommen, sondern auch weil uns das Sterben als »natürlicher Vorgang« wie jeder natürliche Vorgang zutiefst *fremd* erscheint, können wir mit unseren Toten und unserem eigenen Tod wenig bis nichts mehr anfangen.[173] Herausgedacht aus den Zyklen der Welt haben wir uns unsere eigene Welt erschaffen – sicher und versichert, zumindest eine Zeit lang. Das bedrohte, verunsicherte Leben als risikoreiches und jedenfalls tödliches Unternehmen, hat in einer modernen Welt, deren Individuen sich zeitlos *verewigen* wollen, nichts zu suchen. Der zum Sprung ansetzende Jäger, dessen Bewegungen wir mit Interesse und vielleicht einem wohligen Schauer verfolgen, beinhaltet für uns dieselbe Romantik wie ein guter Roman über die Schrecken der »schwarzen Pest«: in beiden Szenarien finden wir uns als mit Leib und Seele Betroffene nicht mehr wieder, genießen aber die ferne Bedrohung, deren Konsequenz uns nicht mehr, nie mehr *erreichen* kann. Denn wir sind fest davon überzeugt, nicht mehr Teil *dieser* Natur zu sein.

Das gedankliche und erkenntnistheoretische Auseinanderdriften von Natur und Kultur, Innen und Außen, Ich und Gesellschaft führt zu Bildern und Bestrebungen, die den Menschen in seinen »natürlichen« Zusammenhang reintegrieren wollen. Damit stellt sich auch früh die Frage nach dem Wesen der linearen Zeit. Denn wenn Zeit linear gedacht und *bewegt* wird, dann lässt sich Zeit eben nicht *zurückdrehen.* Alles was ist und fortschreitet, baut auf dem auf, was war und zu *seiner Zeit* fortschritt. Jeder Versuch, der Zeit selbst Einhalt zu gebieten oder die ihr innewohnenden Strukturprinzipien verändern zu wollen, gleicht dem Versuch des Narren, das Meer auszutrinken. Abendländische Zivilisation wird seit der Aufklärung als *Entwicklung* gedacht und erlebt – Natur und Mensch gleichermaßen domestizierend. »Natur« kann ab einem gewissen Punkt der zivilisatorischen Entwicklung nur mehr in der Rekonstruktion erlebt werden. Sie wird – aufgrund ihrer prinzipiellen Beherrschbarkeit – zu einem Konstrukt, zu einer Metapher, zu einem Bild. Sie kann beliebig diese oder jene Funktion haben, dieses oder jenes Bedürfnis befriedigen. Die Natur kann »selbst« nicht mehr sein, weil der Mensch ihr und ihren Erscheinungen den Stellenwert *zumisst*, den sie in unterschiedlichen Zusammenhängen zu haben hat. Damit ist das Prinzip der Unterwerfung auf menschliche wie natürliche Räume gleichermaßen ausgedehnt.

Die Vorstellung, dass die Kultur- und Zivilisationsentwicklung einen prinzipiell neurotisierten und »entmenschlichten« Menschen hervorbringt, wird seit dem ausgehenden 18. Jahrhundert heftig diskutiert. Das Bild einer »besseren Welt« und eines »naturbelassenen Menschen« wird als Antithese zur europäischen Selbsterfahrung diskursbestimmend. Bekannt sind z. B. die Beschreibungen von Commerson, der Schiffsarzt und Botaniker bei den Expeditionen von Bougainville war. Für ihn ist Tahiti Utopia schlechthin – seiner Schönheit und seiner angeblich klassenlosen Gesellschaft wegen.[174] 1769 bringt Bougainville den Tahitianer Aotourou nach Frankreich, der am Hof herumgereicht und »studiert« wird. Auch James Cook bringt bei seiner zweiten Reise (1772-1775) den aus Tahiti stammenden Omai nach England.[175] Nicht nur die Gelehrten befassen sich mit dem »Südseeinsulaner«, auch Literatur, Bühnenstücke und die bildende Kunst spiegeln die Südsee als Ort der Liebe, Schönheit und Gleichheit.[176] Die Zeit scheint in diesen Projektionen still zu stehen, und der exotische Raum wird aus Motiven des »Amusements«, der Gelehrsamkeit, aber auch der Gesellschaftskritik betreten.

Da, wo man nicht ist, ist es besser – das Motiv des sich selbst jeweils einen Schritt voraus Seins ist auch in diesen Romantisierungen zu finden, die z. T. in den Auswanderungsbemühungen zivilisationsmüder Europäer enden und in ihren Erfahrungen grausam konterkariert werden. Denn nicht selten findet der Europäer ebenso im 18. und auch noch im 19. Jahrhundert anstelle des Paradieses seinen eigenen, von der zivilisierten Welt unbemerkten, oft entbehrungsreichen Tod in der außereuropäischen Welt.[177] Mit den vielfältigen Romantisierungen setzen sich natürlich auch die großen Naturforscher des ausgehenden 18. und 19. Jahrhunderts auseinander – sie versuchen sie zu befördern oder zu widerlegen, je nachdem. Sie sind auch ein immer wiederkehrendes Motiv in der frühen Ethnologie und Soziologie, denn diese sind ja angetreten, nicht nur den Menschen »an sich«, sondern auch dessen Stellung in der Welt »empirisch« festzulegen. Was ist der Mensch, wodurch wird er zum Menschen, wie verändern ihn Kultur und Zivilisation, die er ja selbst hervorbringt? Zur Beantwortung dieser und ähnlicher Fragen werden ab der Mitte des 18. Jahrhunderts Materialien aus außereuropäischen Kulturen herangezogen. 1757 spricht David Hume von der Notwendigkeit einer »Wissenschaft vom Menschen«, und um die Jahrhundertwende führt Barthold Georg, ein Orientreisender deutscher Herkunft, in seinen Berliner Vorlesungen den Begriff Ethnologie als methodische Leitlinie zur Erfassung außereuropäischer Kulturen ein.[178] So hat die Ethnologie früher ihren Namen erhalten als die Soziologie, die von Auguste Comte erst in den zwanziger Jahren des 19. Jahrhunderts als umfassende Gesellschaftswissenschaft mit diesem Terminus belegt wird.[179] Auch in der Soziologie werden romantische Gesellschaftsbilder – oder deren stereotypes Gegenteil – eine wichtige Rolle für die Reflexion der Europäer über sich selbst spielen. Bilder, die bis heute nicht nur in den Köpfen junger Ethnologen und Soziologen, sondern all jener kursieren, die *noch* die Möglichkeit haben, sich für längere Zeit in den jeweils »anderen« Welten aufzuhalten.

»Ich habe jetzt einen völlig neuen Zugang zum Reisen gefunden. Mit der Romantisierung ist es – so glaube ich – ein für alle Mal vorbei...« Die E-Mail, die ich aus Niger erhalte, stammt von Harry, einem Studenten, der durch Südostasien, Australien und andere oft unwegsame Weltgegenden gereist und auch mit einer der letzten Tuareg-Karawanen durch die Sahara gezogen ist. Als Jurist und promovierender Philosoph schreibt er eine Arbeit über den »Einfluss des Tourismus auf die Gesellschaft der Tuareg«, weswegen er gerade eine sechsmonatige Feldforschung absolviert. Er weiß um die Widersprüche des Reisens, die Problematik ihrer »Verwertbarkeit« und die Mühsal der Feldforschung, die er schon einige Male am eigenen Leib erfahren hat. Er weiß um die Tradition der »Sichtbarmachung« in der abendländischen Wissenschaft und will – Unmut spricht aus seinen Zeilen – das Bild der »Natürlichkeit« nicht mehr oder nicht mehr auf *diese* Weise fortschreiben, für sich selbst und andere reproduzieren. Jeder sensible, selbstreflexive Reisende und Forscher macht Harrys Erfahrung: Die eigene »Entfremdung« kann gegen die anderen Lebenswirklichkeiten nicht mehr *aufgerechnet* werden. Das, was nach Hause mitgenommen werden kann, bleibt letztlich höchst spekulativ und subjektivistisch, auch wenn dies dem »Verobjektivierungs-Gebot« der akademischen Arbeit widersprechen mag. Die *eigene* Zeit *tickt* eben anders; unterschiedliche Rationalitäten und damit Bilder von Wirklichkeit sind eben oft nicht miteinander kompatibel, geschweige denn beschreibbar. Das Programm des forschenden Reisenden stößt unwillkürlich an seine Grenzen: Grenzen, die einem selbst gesetzt sind, Grenzen, die einem andere setzen.[180] Genau diese Erfahrung *widerspricht* der grenzenlos geöffneten, grenzenlos kommunizierbaren Welt. Sie widerspricht der wissenschaftlich-technischen Vorstellung von grenzenloser Transparenz und damit Erklärbarkeit. Und sie widerspricht dem Programm der Selbsterschaffung: denn jeder, der sich seiner Relativität und der Relativität dessen, was es über die Welt zu erfahren gibt, bewusst wird, beugt sich, um ein altmodisches Wort zu gebrauchen, letztlich *demütig* vor der Vielgestaltigkeit der Welt, die eben für vier Fünftel der auf diesem Planeten lebenden Menschen *nicht* vereinheitlicht, *nicht* entzeitlicht und *nicht* enträumlicht ist. Der reisende Forscher fügt sich in jene Grenzen, die das Projekt zur Selbsterschaffung des Menschen negieren *muss*, um das Leben, Denken und die technologischen Errungenschaften der Moderne in allen Weltgegenden Wirklichkeit werden zu lassen.

3.6 Trennen und Zusammenfügen

Bezüglich der »Wissensbeschaffung« freilich leben wir – wie in vielen anderen Bereichen auch – nach wie vor in der Logik der Steinzeit: denn wer mit »reicher Beute« heimkehrt, dem ist der Jubel der Horde sicher, ungeachtet der Frage, wie diese beschafft wurde und *was* sie eigentlich beinhaltet. Je mehr »Wissen« über die Welt in je kürzeren Intervallen zusammengetragen wird, desto *schneller* lässt sich die Logik der wissenschaftlich-technischen Welt – ungeachtet ihrer Paradigmen und Annahmen über diese Welt – reproduzieren. Zum jetzigen Zeitpunkt verdoppelt sich das »Gesamtwissen« der Welt ja nach Berechnungsart in fünf bis zehn Jahren. Wenn dieses Buch in Druck geht, wird sich dieser *Zeitraum* bereits wieder verkürzt haben. Das quantitative Spiel mit der – nicht mehr nachvollziehbaren – Enzyklopädie des Wissens setzt nicht nur die technische Möglichkeit der Speicherung, Verarbeitung, Archivierung und Kommunizierbarkeit, sondern auch gigantische materielle und immaterielle Ressourcen voraus. In einer Gesellschaft laufender »Wissensverdoppelung« wird allein schon die Tatsache, dass soviel *gewusst wird*, auch wenn niemand mehr in der Lage ist, dieses Wissen zu *überblicken*, als Erfolg des Fort-Schritts gefeiert. Denn Wissen und Information sind Grundlage der Allberechenbarkeit. Dem Ideal der Allwissenheit und von dort zur Allmacht kommen wir – zumindest quantitativ betrachtet – sekündlich näher. Dem Umstand, dass es aufgrund der Quantität des verfügbaren Wissens keine universalistische Betrachtung der »Wissensbestände« mehr geben kann, wird versucht, durch ununterbrochene »Vernetzung« Rechnung zu tragen. Wissen *muss* laufend kommuniziert werden, und es wird aufgrund der quantitativen Expansion zwangsläufig *schneller* kommuniziert.

Auch im Bereich der Wissenschaft hat sich der virtuelle Raum als primäres Kommunikationsmedium durchgesetzt. Netzwerkstrukturen werden geschaffen, welche die »Wissensbestände« ordnen, archivieren und *jederzeit* abrufbar halten. Die Regeln der Verknüpfung von Information und Wissensbeständen entziehen sich immer häufiger der Kenntnis des »Nutzers« und

»Anwenders«. Einmal generierte Daten bleiben ad infinitum verwertbar, auch wenn deren ursprünglicher Erhebungszusammenhang längst nicht mehr bekannt ist. Die Möglichkeit des Zugriffs auf das kleinste Detail dieser gigantischen Wissensakkumulation geht immer mehr auf Kosten der Möglichkeit, zumindest Teilgebiete zu »überschauen« und in einen Gesamtzusammenhang zu integrieren. Das durch die generierten Daten implizit vermittelte Weltbild lässt sich also aus den Daten selbst oft nicht mehr rekonstruieren. Fraglos wird wissenschaftliches Wissen als verobjektivierte Erklärung der Welt begriffen. Die Beantwortung der Frage, *welche* Welt derart beschrieben wird, entzieht sich dabei tendenziell immer stärker der Verantwortung des Nutzers von Wissen. Diese Loslösung der Wissensbestände von den sie gebrauchenden Individuen, Institutionen, sozialen Systemen usw. entspricht der generellen Verselbständigung im Sinne von Autonomie und Selbstreferentialität. Auch die Praxis der Wissensnutzung versubstantiviert die Welt zur objektiven *Wirklichkeit,* die zusehends als Selbstbedienungsladen für individuelle, unternehmerische, soziale und politische Bedürfnisse fungiert.

Die zeitliche Struktur, die dem Repertoire der manischen Wissensanhäufung ihren spezifischen Charakter verleiht, läuft auf eine Vernichtung der Gegenwart hinaus. Denn jeder Moment ist aufgrund der *unendlich* vielen in ihm angelegten Möglichkeiten *jederzeit* überholt. In der vermittelten Welt gibt es kein Innehalten, kein Wissen, das sich selbst *ist*, weil wir *wissen* dass sich *diese* Welt gleichsam in jedem Augenblick »automatisch« verändert, wir in ihr und sie selbst nicht mehr die selbe ist wie *zuvor.* Die Prognostik und Berechenbarkeit von in der Zukunft liegenden Ereignissen trägt diesem dynamischen Prinzip Rechnung; »gegenwärtige« Veränderung wird als Strukturprinzip des Wissens in die Zukunft extrapoliert. Dadurch wird Wissen im Moment seiner Aneignung immer »alter Wissensbestand«. Es gibt keinen *status quo* in der modernen Wissenschaft, was für jemanden, der *wissen* will, *was* die Welt und er selbst in ihr ist, zwar unbefriedigend sein mag, für das Programm der Selbsterschaffung des Menschen und seiner Welt aber von systemerhaltender Wichtigkeit ist: denn entgegen den idyllischen Vorstellungen des Schöpfungsaktes der Genesis *ruht* der Schöpfergott Mensch niemals. Er *kann* und er *darf* nicht ruhen, denn die stete lineare Expansion spendet dem menschlichen Schöpfungswerk systemerhaltende Energie: *Creatio continua* – die an permanente *diesmal* menschliche Energieerhaltung gebundene »Maschine Welt«.[181] So wie die gemessene Zeit niemals zum Stillstand kommt, so auch nicht die ihre Logik auf die Welterfassung und -erklärung übertragende Wissensaneignung und Wissensverwertung.

Manische Wissensanhäufung hat zudem die Funktion, Sicherheit zu schaffen, da, wo es keine Sicherheit mehr gibt. Denn Sicherheit hat in vormodernen Zeiten *nicht* bedeutet zu wissen, dass man *einmal* eine Pension bekommen wird, dass man gegen das Eintreffen von Ereignissen, deren Wahrscheinlichkeit bis auf Kommawerte berechenbar ist, versichert ist; es bedeutete *nicht,* Gewährleistungen in Anspruch nehmen zu können, das siebzigste Lebensjahr zu überschreiten, sondern: zu wissen, *wer* man ist und *wohin* man gehört! Beides ist an Zeit- und Raumvorstellungen gebunden, die in der reichen westlichen Welt, die der manischen Wissensanhäufung anheim gefallen ist, in Auflösung begriffen sind. Der Zusammenhang zwischen der gesellschaftlichen Produktion von Sicherheit und dem Gefühl individueller Verunsicherung ist so evident, dass die »existenzielle Verunsicherung« – *ontological uncertainty* – als Kriterium für Modernität gilt![182] Erstaunlicherweise wird diese existenzielle Verunsicherung von jenen Mobilitätskulturen produziert, in denen individuelle Sicherheit als höchstes Gut gilt und gigantische Ressourcen zur Gewährleistung derselben eingesetzt werden. In der Logik des Sicherheitsprogramms dient auch die Anhäufung von Wissen der Sicherheit des Menschen, wenngleich dieser *auch* dadurch in seinem Realitätsstatus zutiefst gefährdet ist. Das Programm »Leben als Lernen«, das in den Mobilitätskulturen eifrig propagiert wird, trägt in sich schon jene Orientierung, die ständig aufbricht und die Zukunft, zu der sie aufbricht, niemals erreicht. Es umfasst auch das Postulat der Veränderung des Lernenden – dieser darf sich nicht mehr gemäß seiner *Lebenszyklen* verändern, geschweige denn *er selbst* sein, sondern er *muss* durch das Lernen dazu befähigt und motiviert werden, sich ständig an »neue« externe Bedingungen anzupassen. Das Wissen, was immer es auch sein mag, verhilft ihm dazu, es wappnet ihn im Kampf gegen den »Stillstand«.

Analytisches Wissen, das die Erscheinungen dieser Welt zergliedert, um sie dann nach der Logik unseres Weltbildes zusammenzufügen, erschafft nicht nur die vermittelte Welt, sondern »beruhigt« auch den gegen jedes Risiko versicherten Menschen: man *weiß* zwar nicht, *wer* man ist und *wohin* man gehört, dafür *weiß* man – prinzipiell – »alles« über die Welt. Dass dieses Wissen im Moment seiner Aneignung bereits überholt ist, erscheint uns als völlig selbstverständlich: denn es wird – nach den Strukturprinzipien dieser Welt geschaffen – in jedem Augenblick unseres Daseins komplettiert. Die Gegenwart wird Zukunft. Darin sind wir zwar »ort-« und »richtungslose«, jedenfalls aber »zukünftige« Wesen.

Die Übertragung der gemessenen Zeit auf den vermessenen Raum hat zwei tiefgreifende Konsequenzen: In der »vermittelten Welt« werden alle Erscheinungen der »vorfindbaren Welt« auf die jeweils kleinsten empirisch festlegbaren Teile ihrer selbst reduziert und in einem zweiten Schritt in den durch Hypothese, Theorie, Paradigma *gedachten* Gesamtzusammenhang reintegriert. Dieser Akt des Zusammenfügens von Abermillionen Informationen, Fakten und generierten Daten ist der eigentliche Akt der wissenschaftlichen Welterschaffung. Die Welt *funktioniert* so wie sie gedacht wird – im Sinne ihrer Erfinder, nach *bekannten* Gesetzen und Mustern. Sie wird – man denke bloß an die Gentechnologie – grenzenlos manipulierbar und erhält eben durch diese Manipulierbarkeit einen eigenen Realitätsstatus. Die Zeiten der gültigen »Welttheorien« freilich gehören der Vergangenheit an. Der physikalische Realismus ist zu Beginn des 20. Jahrhunderts fundamental erschüttert worden. Die Relativität von Zeit und Raum, mit der Albert Einstein Jahrhunderte lang gültige Absoluta widerlegt hat, waren der Anfang eines weitreichenden, noch immer nicht abgeschlossenen Paradigmenwechsels, von dem weiter unten noch ausführlicher die Rede sein wird.[183]

So wie sich das Wissen im Sinne des physikalischen Realismus *relativiert,* so *beschleunigen* »Theorien mit begrenzten Reichweiten« die Verfallsgeschwindigkeit wissenschaftlicher Produktion. Veränderbarkeit und Verfügbarkeit werden zu Strukturprinzipien der wissenschaftlichen Grundlegung der vermittelten Welt, die gedankliche Annäherung an die Relativität, das Fragment, die »beschränkte Gültigkeit« verstärkt die *Unsicherheit* und den Zweifel, ob Wissenschaft zur ganzheitlichen Welterklärung überhaupt *befähigt* ist. Andere sehen in der Grablegung des »mechanistischen Weltbildes« die Morgendämmerung einer holistischen wissenschaftlichen Welterklärung, die Teile der Welt *sehen* lernt, die bislang nicht gesehen werden konnten. Wir sehen freilich die Welt nach Maßgabe *unserer* Bewegung in ihr. Erkenntnis ist nicht eine »Black Box«, die sich aufgrund eines genialen Geistes mit Licht zu füllen beginnt und uns Geheimnisvolles offenbart; Erkenntnis ist das, was wir selbst in die »Black Box« getan haben, um es *später* als etwas vorzufinden, das uns neu und aufregend erscheint. Wir *wissen* immer soviel über die Welt, wie wir zur jeweiligen Konstruktion unserer Wirklichkeit als soziales Wesen benötigen. Derzeit benötigen wir soviel Wissen, dass dem Trennen oft kein Zusammenfügen mehr folgen kann. Die Beschleunigung der Wissensanhäufung hat die definitiven wissenschaftlichen Weltbilder *überholt.* Dennoch funktioniert die vermittelte Welt in ihrer technischen Umsetzung immer besser, präziser und effizienter, und im Alltagsverständnis bedeutet die Gesamtheit aller gegenwärtigen und damit vergangenen Kenntnisse, auch wenn diese keiner großen Theorie, keiner *großen Erzählung* mehr folgen, jedenfalls ein Mehr an *kollektiver* Sicherheit für im Inneren zutiefst verunsicherte Individuen.

3.7 Kein Blitz, der tötet: die Ästhetik der Sicherheit

Die virtuelle Welt ist die vorläufige Vollendung des gefahrlosen Abenteuers. Durch Galaxien fliegen, mit Monstren kämpfen, Flüsse befahren – Aug in Aug mit Krokodilen und Nilpferden, Außerirdischen und wilden Eingeborenen. Vergessen geglaubte Mythen und Erzählungen tauchen in den *Games* wieder auf, atavistische und futuristische Szenarien – verbunden durch viel Gewalt und eine lebenswichtige Eigenschaft: Schnelligkeit, zwar simuliert, aber immerhin. Man muss blitzschnell aufs Knöpfchen drücken, um sein virtuelles *alter Ego* noch einmal über die Runden zu bringen. Der virtuelle Raum, in dem sich das »Game« ereignet, *zwingt* den Spieler in eine ziemlich schonungslose zeitliche Ordnung: er ist Gejagter und Jagender in einem, »lernt« er dabei schnell, eröffnen sich ihm weitere Räume. Mobile Menschen sind Raum-Durchschreiter und bleiben es erst recht in der Simulation vor dem Monitor. Für das Durchschreiten der Räume sind Grenzen und Widerstände nötig; es ist kein Zufall, dass diese in einer entgrenzten und entzeitlichten Welt artifiziell reproduziert werden. Gefahren zeigen Grenzen an, sie nötigen dem Menschen Reaktion und Bewegung ab – eine gefahrlose Welt ist eine leblose Welt. Der virtuellen Gefahr zu begegnen und an dieser Begegnung Spaß zu haben, setzt für mich – so eigenartig dies auf den ersten Blick scheinen mag – das zentrale Motiv der generellen Pazifizierung und Befriedung der äußeren Lebensbereiche voraus: das der Romantisierung und Ästhetisierung. Romantisierung – und damit auch der »gefahrlose Kitzel des Gefährlichen« – ist eine bildliche Reintegration bedrohlicher Aspekte dieser Welt in eine als amüsant oder schön oder spannend erlebte Gesamtheit *nach* der zeitlichen und räumlichen Zergliederung, Verwissenschaftlichung und Befriedung eben dieser Welt. Das, was die manische Wissensanhäufung prinzipiell verhindert, setzt die Romantisierung »in Szene«: sie lässt der Phantasie freien Lauf, ohne den Phantasten in seiner Unaufmerksamkeit gegenüber den *realen* Dingen zu gefährden.

In einer wissenschaftlich nicht erklärten und technisch nicht manipulierten Welt gibt es keine Romantisierungen. Die Möglichkeit zur Romantisierung setzt die Realisierung des Programms der Sicherheit durch Weltvereinnahmung *bereits* voraus. Gefahrloses Abenteuer und Schönheit sind miteinander eng verwandt. Ein *wirklicher* Fluss, der lebt – der bedrohlich anschwellen kann, in dem tatsächlich Krokodile lauern, der Leben nimmt, aber auch gibt, weil er voll Nahrung ist, das Wasser zum Trinken spendet usw. –, kann in der Wahrnehmung der an, mit und durch ihn Lebenden nicht *schön* sein. Die »Schönheit« der Natur oder einer Reise oder des Menschen stellt eine Kategorie der Wahrnehmung und des Erlebens *nach* erfolgter Pazifizierung dar. Sie setzt ein Lebensgefühl voraus, das schon Rousseau eindringlich beschrieben hat: den von der Natur durch Instrumente, Technik und viel Rationalisierung *getrennten* Menschen. Die »Schönheit« setzt voraus, dass der Mensch keine Gegenwart mehr hat, weil die Zukunft als Programm der Lebensabsicherung in jedem Augenblick der Gegenwart bereits begonnen hat.

Am Ende des 18. Jahrhunderts schreibt Jean Paul in seinem letzten und unvollendet gebliebenen Werk »Salina oder Über die Unsterblichkeit«: *Da kam uns über die Wiesen sein Sohn Alexander entgegen, welcher bisher das Gewitter anstatt auf dem Wetterhorn durch Herumlaufen im weiten Freien zu genießen gesucht, weil er, wie er sagt, alles lieber vom lebendigen Naturaste als aus dem Einmachglas nehme.*[184] Der Schutz der Wetterhörner, die dem Blitz die Fähigkeit nehmen zu töten, die Bannung der Angst setzt die Empfindung der Grandiosität des Natur-*Schauspiels* frei. Gleichzeitig mit dieser durch technische Gefahrvermeidung bedingten Ästhetisierung taucht der romantische Wunsch auf, sich – wiederum verletzlich – den Naturgewalten auszusetzen: ein Schritt hinaus über die Grenze des schutzgewährenden, pazifizierten Raumes. Das selbstgewählte Abenteuer freilich hat eine andere, eine neue, weil Individualität und Autonomie ausdrückende Qualität, wohingegen die Jahrtausende lange kollektive Bedrohung durch die zerstörerische Kraft des Blitzes noch die Ohnmacht des Menschen gegenüber einer ihm »gewaltig« überlegenen Natur dargestellt hat. Durch Autonomie, Pazifizierung und Romantisierung verwirklicht sich unsere Vorstellung von »Freiheit«. Abenteurer, die diese Freiheit nicht im Einmachglas unter dem Wetterhorn oder in der Sicherheit des virtuellen Raumes suchen, werden in unserer Gesellschaft seit der Romantik als »freie Menschen« gedacht.

Als Jean Paul obige Zeilen schrieb, schienen die vehementen Konflikte um die Einführung des Blitzableiters in Europa allmählich in Vergessenheit zu geraten, obwohl sie längstens zwei Jahrzehnte zurücklagen.[185] Die Tatsache nämlich, dass der Mensch die älteste Waffe göttlichen Zorns und Bestrafung ab Mitte des 17. Jahrhunderts der »Natur« im Begriffe war zu entreißen, führte zu heftigen Auseinandersetzungen – wie übrigens die Einführung jeder Technik, die in ehemals göttliche »Hoheitsbereiche« interveniert. In diesem Konflikt prallen das aufgeklärte, zukunftsorientierte und das traditionale Weltbild aufeinander, die säkularisierte und die magische Welterklärung, die Idee der Machbarkeit von Welt und Sicherheit und die Idee der Abhängigkeit von überirdischen, metaphysischen, göttlichen Kräften und Mächten. Ähnliche Konflikte ereignen sich heute bei der Implementierung von neuen Technologien in vorwiegend magisch denkenden Gesellschaften, oder auch in unserer eigenen Gesellschaft, wenn die Wissenschaft sich anschickt, die letzten Bastionen verbliebener »Göttlichkeit« – die Schöpfung selbst wie etwa in der Gentechnologie – zu erstürmen.

Der Brand der Michaelikirche 1750 in Hamburg wird noch als Strafe Gottes, als Feuergericht beschworen. Sodom und Gomorrha entstehen vor dem geistigen Auge der Hamburger, es werden Buß- und Gebetstage verordnet. Zu dieser Zeit ist Hamburg nach Antwerpen oder Toulouse die modernste Stadt Europas, ein Symbol bürgerlicher Expansion: Eine ausgebildete Großkaufmannschaft, eine funktionierende Börse, ein Zeitungswesen, eine Oper und eine glänzend funktionierende Stadtverwaltung geben den neuen »Takt« an. Dieser wird jäh unterbrochen. Denn seit dem antiken Götterpantheon sind Blitz und Donner die primären Sanktionsmittel Gottes, an diesen soll nicht gerührt werden, obwohl der eigentliche Erfinder des Blitzableiters, Albrecht Reimarus, aus gegebenem Anlass die Einführung desselben fordert.[186] Benjamin Franklin, der oft als Erfinder des Blitzableiters genannt wird, hat diesen nur modifiziert, sich aber sehr für seine Verbreitung eingesetzt. Nicht nur theologische, auch wissenschaftliche Kontroversen entstehen im Gefolge dieses spektakulären Brandes; die Ableitung von Elektrizität in den Boden könnte Erdbeben verursachen.[187] Das tausende Opfer fordernde Erdbeben in Lissabon im Jahre 1755 scheint diese Hypothese zu bestätigen, mehr noch: Spekulationen tauchen auf, dass dieses Erdbeben eine Reaktion Gottes auf die dreisten Bemühungen des Menschen ist, ihm das Werkzeug des Blitzes aus der Hand zu nehmen. Wie in so vielen wichtigen Fragen seiner Zeit meldet sich sogleich der Königsberger Philosoph Immanuel Kant zu Wort: *Von dem Prometheus der neueren Zeit, dem Herrn Benjamin Franklin, der den Donner entwaffnen wollte, bis zu demjenigen, der das Feuer in der Werkstatt des Vulkans auslöschen will, sind alle solche Bestrebungen Beweistümer von der Kühnheit des Menschen, die mit einem Vermögen verbunden ist, welches in gar geringem Verhältnis dazu steht, und führen ihn letztlich auf die demütigende Erinnerung, dass er doch niemals mehr als ein Mensch sei.*[188] Ein Skeptizismus in Anbetracht der Vergottungstendenz des kühnen Menschen ist den Zeilen des großen Aufklärers zu entnehmen. Erst Ende der siebziger Jahre wird Kant zu einem vehementen Verfechter der Verbreitung des Blitzableiters in deutschen Landen werden.

Als 1767 wiederum ein Blitz in die Hamburger Kirche einschlägt, die abermals zum Teil zerstört wird, fordert Albrecht Reimarus eine strenge empirische Untersuchung, die schließlich beweist, dass Metallstangen als »präsumptive Behelfe zu verwenden seien«[189]. Aufgrund der Initiative Reimarus‘ wird 1770 der erste Blitzableiter in Deutschland, fünf Jahre später im Habsburgischen Österreich installiert. Die Verbreitung in Europa vollzieht sich nicht ohne heftigsten Widerstand. Sowohl in Österreich als auch in Frankreich zerstören Bauern Blitzableiter, weil sie fürchten, dass diese gotteslästerliche Technik zu Dürre und anderen Naturkatastrophen führt.

1776 kommt Benjamin Franklin als erster amerikanischer Botschafter nach Paris, er, der die Verbreitung in Amerika maßgeblich vorangetrieben hat, wird als Prometheus, als Titan des Feuers, als Aufklärer, Republikaner und Symbolfigur einer ganzen Epoche gefeiert. Zur gleichen Zeit erwirken die Bürger des französischen Dörfchens St. Omer die Entfernung des Blitzableiters beim Bezirksgericht, wieder mit dem Hinweis, dass dieser mehr Nutzen als Schaden bringe.

Niemand geringerer als Robespierre setzt sich für die Wiederaufnahme des Verfahrens beim Pariser Höchstgericht ein, er hält eine Flammenrede für den Geist der Wissenschaft, den Geist der Vernunft: *Heute erröten wir vor Scham über diese lächerlichen Auswüchse. Fast möchten wir die Glaubwürdigkeit der Geschichte in Zweifel ziehen. Hinfort ist es dem Genie gestattet, seine ganze Kraft zu entfalten. Und raschen Schrittes können die Wissenschaften der Vollkommenheit entgegenschreiten. Diese unser Jahrhundert auszeichnende Vernunft ist es wohl, der der kühnste und der erstaunlichste Gedanke, den der Menschengeist jemals ersann, die allgemeine Beflissenheit verdankt, mit der er aufgenommen wurde. Es trat in unserer Zeit ein Mann auf, der sich erkühnte, den Plan zu fassen, die Menschen gegen das Feuer des Himmels zu bewaffnen ... Der gehorsame Blitz anerkannte des Mannes Gesetze. Indem er alsbald jenes blinde und unwiderstehliche Ungestüm verlor. In unserem Jahrhundert hat die Missgunst nicht einmal gewagt gegen die Erfahrung und die wissenschaftliche Erkenntnis, welche die Zuverlässigkeit der Entdeckung bezeugt, die Stimme zu erheben. Die ganze gelehrte Welt hat sie sich mit Begeisterung zu Eigen gemacht. Alle aufgeklärten Nationen haben sich beeilt, sich ihrer Vorzüge zu erfreuen. Keinen Einspruch hat dieses allgemein angestimmte Lob getrübt, das von einem Ende der Welt bis zum anderen den Ruhm des Erfinders bis in den Himmel trug ... Ich irre mich, meine Herren, es gab einen Einspruch...*[190] Den der Bürger von St. Omer, die sich vor der ganzen Weltgeschichte als »Verweigerer der neuen Zeit« rechtfertigen müssen. Schließlich wird der Blitzableiter wieder installiert. Dem *raschen* Schritt, mit der sich die Wissenschaften *vervollkommnen,* sollen keine Fortschrittsverweigerer und Zeitflüchtlinge mehr im Wege stehen.

3.8 Im Rausch des Messens

What make them tick? Die umgangssprachlich ausgedrückte Kernfrage des Ethnologen und Soziologen in außereuropäischen Kulturen lässt sich in dieser Präzision nicht ins Deutsche übersetzen. Im Deutschen ist Zeit immer ein Substantiv, »zeiten« gibt es nicht, und nur die Uhren »ticken« und nicht die Menschen. Allein in der negativen Konnotation verwenden wir die Uhrenanalogie: »Der tickt nicht richtig!« – also ist bei ihm »eine Schraube locker«, das heißt, die Maschine hat einen Defekt und bedarf einer Korrektur. Ab zum Psychotherapeuten! Im Verhältnis Europas zu außereuropäischen Kulturen bereitet die Analyse derselben zwangsläufig deren Unterwerfung vor – so wie die Analyse der Psyche die Unterwerfung des Menschen unter die Zentralinstanz des Ichs vorbereitet hat. Wenn wir wissen, durch welche Regeln, Gesetze, Vorstellungen, Weltbilder, Ökonomien und kulturelle Muster andere Menschen »zeiten«, dann können wir sie befrieden, unseren Interessen dienstbar machen. Das »andere« wird immer als gefährlich erlebt, wild, unberechenbar, potentiell gewalttätig. So wie dem Unbewussten in der Psychoanalyse der gefährliche Stachel gezogen wird, so wird das Unbekannte durch Rationalisierung befriedet. Der Vervollkommnung der Wissenschaften steht auch im Bereich der Anthropologisierung nichts mehr im Wege. Für die rationale Erklärung im europäisch-technischen Sinne brauche ich Methoden, Instrumente, Kategorien, Maßeinheiten und Außenkriterien, nach denen ich das Gemessene in den Gesamtzusammenhang integrieren kann. Die Unterwerfung außereuropäischer Kulturen muss nicht nach kolonialer Manier, brutal und zwangsdisziplinierend, vonstatten gehen, sie kann sich den subtilen Gesetzen weltweiter Ökonomie gleichermaßen bedienen wie der »Vermittlung« christlicher Weltbilder. In allen sich rasch modernisierenden Gesellschaften »tikken« die Jungen anders als die »Alten«. Das gilt ebenso für ein Land wie Papua Neuguinea wie für unsere eigene Gesellschaft. Die Beschleunigung erhebt die Veränderung zu einem weltweiten Strukturgesetz. Wer nicht richtig »tickt« – und seien es Gruppen oder Kulturen oder ganze marginalisierte Länder – der hat nicht nur den Anspruch auf die Segnungen des Fortschritts, sondern überhaupt den Anspruch als *gleicher* erkannt zu werden, verspielt. Unweigerlich fallen solche Individuen oder Menschengruppen durch den Rost der Weltzeit. Sie finden sich irgendwo *anders* wieder, in hoffnungslos veralteten, traditionalen und somit unproduktiven Räumen, sind um Jahrzehnte *zurück* und können beim besten Willen die eingetretene Zeitdifferenz – aufgrund der fortwährenden Beschleunigung – nicht mehr aufholen.

Es ist kein Wunder, dass die Uhr neben dem Kugelschreiber zu dem wichtigsten Statussymbol in den so genannten Ländern der Dritten Welt gehört. Viele meiner Freunde in Papua Neuguinea und im subsaharischen Afrika tragen eine Uhr am Handgelenk und einen Kugelschreiber hinter dem Ohr, obgleich sie weder schreiben noch lesen, noch die angegebene Uhrzeit entziffern können. Intuitiv *wissen* sie, was Lewis Mumford in einem bekannten Zitat ausgesprochen hat: »Die Uhr, nicht die Dampfmaschine ist der Schlüssel der modernen industriellen Welt!«[191] Die beiden Symbole drücken also ein »Bedürfnis« nach Modernisierung aus, die in den gegebenen Strukturen oft nicht stattfinden kann, weil die Zeit anders »tickt«. So »misst« die Uhr in diesem Fall etwas, was gar nicht vorhanden ist; denn wäre es vorhanden, wären meine Freunde alphabetisiert und könnten mit der gleichen Selbstverständlichkeit »Zeit messen« und dann ihr Handeln danach ausrichten ebenso wie wir. Die Diskrepanz zwischen dem Vorhanden-Sein einer Uhr und dem Fehlen der Zeit, die durch sie messbar wird, ist *Realität* für Millionen Menschen in einer Welt, dessen reiches Fünftel froh ist, das Diktat der Uhrzeit in vielen Bereichen des Lebens wieder ablegen zu können: Flexibilisierung, Deregulierung, »postmoderne« Zeit – das sind die Schlagworte, die auf eine Individualisierung der Zeit und des Zeitmanagements hinauslaufen, die noch einmal eine Steigerung der Produktivität bewirken soll. Dies setzt freilich eine enorme zeitliche Selbstdisziplin und Selbstkontrolle voraus.

Die Ungleichzeitigkeit des Umgangs mit Zeit auf der so genannten »einen Welt« steht in direktem Zusammenhang mit der Ungleichzeitigkeit sozialer und politischer Organisation. Denn während die jungen Staaten der »Dritten Welt« – deren Entkolonialisierung nicht länger als dreißig, vierzig Jahre zurückliegt – gerade erst im Begriffe sind, nationalstaatliche Werte, Normen, Gesetze in den Individuen zu verankern – und dadurch einen neuen Raum mit definitiven Grenzen festzulegen –, ist in den reichen Ländern der transnationale ökonomische und politische »Schulterschluss« weit gediehen, womit ehemals nationalstaatliche Räume, Gesetze, Sanktionsmöglichkeiten, also Grenzen, irreversibel aufgebrochen, vielfach gesprengt werden. In den reichen Ländern herrscht die Vorstellung der Entgrenzung, wohingegen die armen Länder ständig an ihre immanenten Grenzen stoßen und die Möglichkeiten des »Aufschließens« aufgrund der Ungleichzeitigkeit und Ungleichheit produzierenden Beschleunigung faktisch nicht mehr vorhanden sind.[192] Als Modernisierungssymbole werden die Uhren und die Kugelschreiber wohl von jenen weitergetragen werden, deren Anzahl täglich größer wird, und die – im europäischen Sinne – keine Zukunft haben, weil sie schlichtweg aus dem Programm der Selbsterschaffung und Welterschaffung ausgeschlossen sind. Sie werden auch dann noch getragen werden, wenn das Tragen von Uhren und das Schreiben mit der Hand in der westlichen Welt als hoffnungslos veraltet gilt – was sich ja *jetzt* schon abzuzeichnen beginnt. Durch die angestrebte »Medienkonvergenz« werden künftige Gerätegenerationen Uhr, Telefon, E-Mail, Rundfunk, Tonträger, Zeitung, Buch, Film, Spiel, Computer und World-Wide-Web – kurz alle vorhandenen Kommunikationstechnologien – stationär und mobil[193] integrieren. Diese Geräte werden zur Grundausstattung des räumlich und zeitlich ungebundenen *homo mobilis* gehören. Dieser wird – wie schon großteils jetzt –, nachdem er seine transnationalen Grenzen dicht gemacht hat, für die zeitlich und räumlich zurückgelassenen Menschen der marginalisierten Regionen dieser Welt nicht mehr als ein Bedauern aufbringen können. Denn *homo mobilis* und *homo miserabilis* – der durch Entbehrung, Armut und Zukunftslosigkeit gekennzeichnete Mensch – sprechen schon lange nicht mehr dieselbe Sprache.

Der Entfesselung der Produktivkräfte, der Enträumlichung und Entzeitlichung in der Vorstellung und Wirklichkeitswahrnehmung der Reichen dieser Welt liegt ein gigantischer dionysischer Rausch des Messens zugrunde. Lange galt die Devise – und sie gilt in vielen Bereichen noch heute: das, was nicht gemessen werden kann, ist nicht vorhanden. Wenn ich einen Afrikaner bitte, mir die Gesellschaft, in der er lebt, zu beschreiben, wird er mir eine metaphorische Geschichte erzählen; wenn ich dasselbe einen Europäer bitte, dann wird er mir Maßzahlen nennen – Fläche, Population, Bruttosozialprodukt, Sitze im Parlament usw. Die Bilder von Wirklichkeit, die durch Maßzahlen ausgedrückt werden, entstehen durch die jahrhundertelange Bedeutung der sich zwischen Beobachter und Beobachtendes schiebenden Instrumente zur Messung und Analyse. Sie sind selbst schon Ausdruck einer Distanz zu sich selbst, zu der Gesellschaft, zur »Natur«. Der Gebrauch und die Präzisierung der Instrumente stehen am Anfang der Enträumlichung und Entzeitlichung. Das gilt nicht nur für die Uhr, die den einen großen Raum der absoluten Weltzeit schafft und damit die lokalen, kulturellen, die Ereigniszeiten aufhebt, dies gilt auch für Instrumente wie Barometer, Hydrometer, Spiegelsextant: Sie alle werden helfen, das umfassend globale Koordinatensystem zu spannen, das den Beginn oder die Erschaffung des »einen« Raumes zulassen wird, der durch Zahlen und nicht länger durch Geschichten oder Mythen beschrieben wird.

Heute stellt sich das ökonomische, politische, technische und kulturelle Konzept der radikalen Raumdurchschreitung als höchst *abstrakte* Idee mit höchst *konkreten* Auswirkungen dar. Der Philosoph Peter Heintel, der ein schönes Buch über das »Innehalten« in einer rastlosen Zeit geschrieben hat, und dem überdies das Verdienst zukommt, den »Verein zur Verzögerung der Zeit« gegründet zu haben, schreibt: *Die Überschreitung aller traditionellen Raumgrenzen, anscheinend ohne begleitende Sicherheitsnetze (neue Raumstrukturen), führt uns in einen unendlichen, abstrakten Raum, in dem alle Prinzipien der Systeme herrschen, die ihn zustande gebracht haben und ihn erhalten (Technologie, Ökonomie). Die Zielidee dieser Entgrenzung ist das Hereinholen aller und von allem in diesen einen, immer größer werdenden Raum. Wenn alles in diesem Raum ist, dann hat man auch über dies alles Macht; man ist »allmächtig«.*[194] Allmächtigkeit und Allwissenheit sind zwei Seiten der gleichen Medaille: jener der unlimitierten Expansion in den Mikro- und den Makrokosmos. Voraussetzung für diese Expansion sind die Instrumente und deren fortwährende Präzisierung, die uns mittlerweile ermöglichen, bis zum Mars zu fliegen. Der Blick, durch sie geschärft, ist an keine Grenze, keinen Raum, ja nur bedingt mehr an Zeit gebunden. Er verobjektiviert die Welt durch Abermillionen von Daten zu einem abstrakten Gebilde, in das hinein konkret interveniert werden kann. Die Maßzahlen zur Beschreibung von Wirklichkeit haben sich von der *erlebbaren* Wirklichkeit entfernt, um eine Wirklichkeit *sui generis* zu schaffen. Auch die Präzisierung der Zeit unterliegt im »Atomzeitalter« dieser Abstraktion: so koppeln Physiker heute die Sekunde »an die elektromagnetischen Schwingungen des Cäsiumatoms und wissen hierdurch, dass eine Sekunde das 9 192 631 770fache der Periodendauer der dem Übergang zwischen den beiden Hyperfeinstrukturniveaus des Grundzustands von Atomen des Nuklids 133Cs entsprechenden Strahlung ist.«[195]

Was wohl der Genauigkeitsfanatiker und große Naturforscher Alexander von Humboldt (1769-1859) zu dieser Sekunden-Definition gesagt hätte? Für ihn stand fraglos fest, dass die Präzision der Messinstrumente und eine elaborierte Messtechnik die beiden wesentlichen Voraussetzungen für die Beschreibung des »Kosmos« sind. Er freilich fokussiert seinen universalistischen Blick auf »lebende«, nicht auf »tote« Materie – mit dem Ziel, eine umfassende, »harmonische« Gesamtheit, ein »Naturgemälde« zu beschreiben.[196] Er verfolgt ein universal-erdphilosophisches Programm, das die in Teile zerlegte und analysierte Welt zu einer neuen, durchaus auch ästhetisch zu verstehenden »Einheit« zusammenfügen will. Kurz vor dem Aufbruch zu seiner großen Amerikareise richtet der Dreißigjährige am 5. Juni 1799 an seinen Freund von Moll folgende Zeilen: *Welchen Schatz an Beobachtungen werde ich nun zu meinem Werke über die Construction des Erdkörpers sammeln können! ... Ich werde Pflanzen und Fossilien sammeln, mit vortrefflichen Instrumenten astronomische Beobachtungen machen können; ich werde die Luft chemisch zerlegen ... Dies alles ist aber nicht Hauptzweck meiner Reise. Auf das Zusammenwirken der Kräfte, den Einfluss der unbelebten Schöpfung auf die belebte Thier- und Pflanzenwelt, auf diese Harmonie sollen stets meine Augen gerichtet sein!*[197] Drei Jahre bereitet er seine große Amerika-Reise vor, die sechs Jahre dauern und deren wissenschaftliche Ausarbeitung ihn dreißig Jahre lang beschäftigen wird.[198] Die Vorbereitungszeit verwendet Humboldt fast ausschließlich für die Erprobung der modernsten Instrumente und für die Verbesserung seiner eigenen Messtechnik.

Nicht nur im republikanischen Denken, sondern auch in der Konstruktion und Präzisierung der Messinstrumente sind die Franzosen zu dieser Zeit schon federführend. Humboldt übernimmt und modifiziert nicht nur französische Messtechnologie, sondern wird auch die wissenschaftlichen Ergebnisse nach seiner Rückkehr vorwiegend in Paris auswerten. Mit Akribie bereitet er seine Messungen vor. Mittlerweile tragbar gewordene Barometer dienen zur exakten Höhenmessung, Spiegelsextanten und Chronometer zum Nachzeichnen von Flussläufen und Bergen mit hoher Präzision.[199] Die Untersuchung europäischer Vulkane, des Erdmagnetismus, der Luftelektrizität und kartographische Querschnittsmessungen in Italien und Spanien gehen Humboldts großer Reise voraus, welche die Kartographie, Geographie und Botanik revolutionieren wird: die zeit-räumliche Vermessung der Welt erreicht mit Humboldt ihren ersten definitiven Höhepunkt. *Gleichzeitig* leitet er den Prozess der Internationalisierung der naturwissenschaftlichen Datenerhebung ein. Humboldt ist der erste Wissenschafter, der über Millionen von vergleichbaren Messdaten verfügt.[200] Von Sibirien bis Venezuela werden ab 1828 in Minutenabständen Messungen zum Erdmagnetismus durchgeführt, ein von ihm initiiertes, weltumspannendes Netz von Beobachtungsstationen ist entstanden, die methodisch »saubere« Daten liefern und drei universalistische Forschungsparadigmen erfüllen: Keine Beobachtung im Labor, sondern unter freiem Himmel; Genauigkeit der Messung (standardisierte Messverfahren) und generalisierende Theorien als *Voraussetzung* und *Folge* weltweiter Beobachtung.

Humboldt konnte der *faktische* Einfluss von Theorie und Messanordnung auf die *Ergebnisse* der Messung im heutigen Sinne noch nicht bekannt sein, aber er weiß, dass es eines Bildes, einer – morphologischen – Vorstellung von Wirklichkeit bedarf, um diese auch messen, darstellen, analysieren zu können. Diese moderne, theoriengebundene Auffassung von Empirie und Wissenschaft *verwirklicht* sein Programm von Vergleichbarkeit und Universalismus. Es reicht nicht, ein Phänomen an einem Ort zu klären. Die Klärung eben dieses Phänomens muss für alle Orte Gültigkeit besitzen. Das universalistische, raumvereinheitlichende Forschungsprogramm erklärt nationale Grenzen für obsolet, wissenschaftliche Produktion internationalisiert sich. Die »Augen« tausender Observatorien blicken schon zur Mitte des 19. Jahrhunderts in die verborgensten Winkel des Universums, dessen Bewohner zuweilen nicht wissen, dass es *diese* Welten *auch* gibt. Die uns heute so selbstverständlich erscheinende und *jederzeit* elektronisch abrufbare Vernetzung von Daten und »Wissensbeständen« beginnt immer schneller *voran* zu schreiten. Durch sie entsteht das erste wirkliche globale Kommunikationssystem, das die »alten« zeit-räumlichen Entfernungen auf abrufbare, vergleichbare und mitunter auch austauschbare Daten *reduziert*.

3.9 Warten am Orinoco

Vor einhundert Jahren war *hier* nichts außer immergrüner Wildnis. *Heute*, vom Flugzeug aus, erinnert die einstige sich entlang der Ufer des Orinoco ausbreitende Industriemetropole Ciudad Bolivar an eine weitläufige verlassene Ruinenlandschaft inmitten der tropischen Flussflora, die den grauen Fluss üppig umgrenzt. Über die Spuren Humboldts sind Beton und Regenwald gewachsen, einige geographische Bezeichnungen – Wege, Flussbiegungen, Hügel – erinnern an die Zeit, die er hier kartierend und botanisierend zugebracht hat. Die Stadt trägt den Namen des venezolanischen Nationalhelden, Staatengründers und Pioniers der Unabhängigkeit: Simon Bolivar. Das Paradies Humboldts blieb lange Zeit unberührt, dann wurde Öl entdeckt, viel Öl, und aus dem grünen Dschungel begannen Betonkonstruktionen zu wachsen wie Monstren von einem anderen Planeten.[201] In alle Urwälder dieser Welt hat die an natürliche Ressourcenexploitation gebundene Industrialisierung Schneisen und Krater gerissen, hat künstliche Berge auf- und natürliche abgetragen. Von der einstigen humboldtschen Harmonie, von dem Naturgemälde ist *hier* wenig übrig geblieben; so muss man bis zum Paso Caruachi am Caroni-Fluss, um von dort aus *noch* zu *jenem* Orinoco zu gelangen, der Humboldt so fasziniert hatte.

Wir wissen nicht, was Humboldt von dem venezolanischen Wirtschaftswunder gehalten hätte, das einen der größten Unterschiede zwischen Arm und Reich in ein und demselben Land produziert hat. Fest steht, dass er, ganz seinem universalistischen und internationalistischen Denken entsprechend, große Sympathien für die Unabhängigkeitsbewegung und Simon Bolivar empfunden hat. Symptomatisch für seine aufgeklärte Vorstellung von »Unabhängigkeit«, »Freiheit« und »Autonomie« ist auch, dass er bis an die Grenzen der eigenen Verarmung seine Expeditionen selbst finanziert hat, er also, anders als die meisten seiner Kollegen, nicht in koloniale Vorhaben eingebunden war. Für uns, meine damals zehnjährige erstgeborene Tochter Clara und mich, war es einfacher als für Humboldt, der hier nahezu zweihundert Jahre zuvor durch eine *terra incognita* gefahren war: Am Paso Caruachi kauften wir ein stabiles Holzboot, das wir mit einer teils löchrigen Plastikplane überdachten, dazu einen 30PS Motor, einige Hundert Liter Benzin sowie einige Kisten Proviant und machten uns gemeinsam mit einem indianischen Ortskundigen auf den Weg – vorerst den Mäandern des Gavoui, dann jenen des Orinoco folgend, insgesamt elf Tage lang, bis zu dessen herrlichem Delta, das sich über hunderte Quadratkilometer verzweigt und die schlammigen Wasser des Flusses in den Atlantik spült.[202] Flüsse in tropischen Wäldern sind für mich zum Inbegriff der »Zeitlosigkeit« geworden – selbst dann, wenn ein Motor tuckert und man in elf Tagen eine Distanz zurücklegt, für die man zu Humboldts Zeiten vier Wochen benötigt hätte. Die Nächte verbrachten wir in den Pfahlbauten der Warao, in denen es nur wenige Versatzstücke der »Maschinenzivilisation« gab: eine rostige Machete oder ein Plastikkübel, oder vergilbte alte Zeitungen, die zum Rollen von Zigarren genutzt wurden. So schliefen wir über den Wellen des Flusses, querliegend in großen Hängematten, die um ein ständig glosendes Feuer gespannt waren, aßen frische Barrakudas zum Frühstück und waren immer wieder damit beschäftigt, die Schraube unseres Motors von Schlingpflanzen, Seerosen und Treibgut zu befreien.

Während der elf Tage sahen wir kein anderes Boot außer den schlanken, eleganten Einbäumen der Warao, die wie lautlose Krokodile wendig durchs Wasser schnellen. Der Orinoco wird an dieser Stelle nur sporadisch befahren – vorwiegend von Vogelhändlern, die Tucane und andere tropische Vögel hier fangen und illegal in Venezuela verkaufen, oder von Drogenhändlern, um die kolumbianische und venezolanische Ware an den Küsten Trinidads, die man an klaren Tagen vom Delta aus sieht, oder Tobagos abzusetzen und auf ihre weite Reise über den Atlantik zu schicken. Zwei Tage, bevor wir das Delta erreichen sollten, legten wir in der Abenddämmerung am Ufer an, denn hier gibt es keine indianischen Pfahlbauten mehr. Ein kleiner untersetzter Mann, wohl ein Mestize, erwartete uns am Ufer. Unser Begleiter kannte diesen Mann seit langem und hatte beschlossen, dass wir bei ihm die Nacht zubringen sollten. Die Begrüßung fiel knapp aus. Der Fluss war in ein rosa Abendlicht getaucht, und die grünen Augen des Mannes musterten die Besucher. Dann gingen wir zu einer etwas abseits im Busch gelegenen Hütte. Eine Schar von Kindern saß um das Feuer; als sie uns sahen, kamen sie lachend und johlend auf uns zugerannt. Besuche waren hier eine Seltenheit. Erst einige Züge aus der Flasche Tequila, die ich, nachdem wir unsere Hängematten aufgehängt hatten, dem Mann als Gastgeschenk überreichte, schien diesen etwas unbefangener und gesprächiger zu stimmen.

Es war schon dunkel, als er seine Geschichte zu erzählen begann: Er selbst war in der venezolanischen Goldgräberstadt El Dorado geboren worden, aufgewachsen inmitten einer trinkenden und sich oftmals schlagenden Männergesellschaft, die das große Glück aus den umliegenden Sümpfen und Flüssen zu waschen versuchte. Der Großteil von ihnen blieb erfolglos – ein zumeist kurzes Leben lang. Malaria, Gelbfieber, Gewalttaten standen auf der Tagesordnung. Da er in El Dorado keine Zukunft sah, so der Mann, habe er als Heranwachsender beschlossen, in die Mine nach Ciudad Bolivar arbeiten zu gehen. Aber auch dort gab es keine Zukunft. Ein Leben lang arbeiten für einen Hungerlohn. Schließlich habe er seine Frau, eine Warao, kennen gelernt und sei mit ihr hierher in das Gebiet ihres Großvaters gezogen. Hier sei zwar nicht viel los, hier gäbe es zwar auch keine Zukunft, aber hier habe man wenigstens nicht das Gefühl, nach ihr suchen zu müssen. An dieser Stelle brach der Mann abrupt ab und stocherte verlegen mit einem Holzstock in die Glut. Er schwieg lange, dann entnahm er der Flasche zwei weitere kräftige Züge. Schließlich – fuhr er endlich zögernd fort – sei vor etwa vier Wochen seine Frau einem tödlichen Schlangenbiss erlegen und habe ihm sechs Kinder von zwei bis dreizehn Jahren hinterlassen. Der Mann deutete auf die Kinder, von denen schon einige in Baumwolldecken eingehüllt schliefen. Und dann sagte der Mann etwas Erstaunliches: »Ich werde hier bleiben und warten, bis meine Kinder groß gewachsen sind, und dann werde ich fortgehen, um doch noch einmal die Zukunft zu suchen!«

Was also ist die Zeit? Wenn niemand mich danach fragt, weiß ich's, will ich's aber einem Fragenden erklären, weiß ich's nicht,[203] schreibt Aurelius Augustinus (354-430) in seinen »Bekenntnissen«. Trotzdem weiß er, dass die Gegenwart die Vergangenheit und die Zukunft braucht, um nicht ewig zu sein: *Aber wie steht es nun mit jenen beiden Zeiten, der vergangenen und der zukünftigen? Wie kann man sagen, dass sie sind, da doch die vergangene schon nicht mehr und die zukünftige noch nicht ist? Die gegenwärtige aber, wenn sie immer gegenwärtig wäre und nicht in Vergangenheit überginge, wäre nicht mehr Zeit, sondern Ewigkeit.*[204] Wenn Zukunft in der Gegenwart beginnt, dann gibt es kein Zukünftiges mehr, auf das gewartet werden kann, weil sich alles sofort oder gar nicht verwirklicht. Nicht-mehr-warten-müssen benennt die Ewigkeit, nicht-mehr-warten-können simuliert die Ewigkeit. In der rastlosen Mobilitätskultur, die für alle Bedürfnisse Verständnis hat, außer für das Bedürfnis des Wartens, wird die Gegenwart aufgrund der in ihr angelegten, sich ständig beschleunigenden Zukunft verewigt. Neben Veränderung und Verfügbarkeit scheint als drittes Motto Verewigung den homo mobiles voranzutreiben. Innehalten, Stillstand, Warten gefährden die Fundamente dieser zeitlichen »Selbstvergottung«.

Für mich liegt etwas seltsam Berührendes darin, dass der ernste Mann am Orinoco darauf *wartet*, seine Zukunft suchen zu gehen. Begänne seine Zukunft, wie für viele Menschen im modernen Venezuela in der Gegenwart – könnte er an *diesem* Ort nicht *seine* Zeit leben und eine *andere* Zeit erwarten. Die Gegenwart hätte alle vergangenen und kommenden Zeiten zu einer jeweils im Jetzt beginnenden Zukunft werden lassen. In diesem Fall müsste der Mann *unterwegs* sein und die Pflege seiner Kinder jemandem anderen überlassen. Weil in der Mobilitätskultur alle fortwährend *unterwegs* sind, gibt es ja jede Menge von Kinderaufbewahrungsinstitutionen, die den Kindern selbst den Rhythmus des Unterwegs-seins vorgeben. Nach diesem kommt jenes, nach jenem dieses. Der ernste Mann am Orinoco freilich wartet *lange* auf das Ende dieser Zeit, um *später* in eine andere aufzubrechen. Eine für Menschen aus Mobilitätskulturen vergessene, ja geradezu absurd erscheinende Tugend.

Obgleich viel in den Tropen unterwegs, war dies übrigens einer der überaus seltenen Fälle, wo ich mit einem tödlich verlaufenen Schlangenbiss indirekt konfrontiert war. Man hört viele Geschichten, aber man trifft selten davon Betroffene. Wäre die Frau des ernsten Mannes in der Nähe von Ciudad Bolivar, von Paso Caruachi oder auch El Dorado gebissen worden, man hätte ihr innerhalb einer Stunde ein Serum injiziert und sie erfreute sich heute, aller *Voraussicht* nach, bester Gesundheit. Lange räumliche und zeitliche Distanzen sind oft tödlich. Das Programm der Lebensverlängerung und Todesvermeidung setzt das Programm zur Verkürzung der Distanzen und der für sie benötigten Zeit wesentlich voraus. Die physiologische Lebensverlängerung bereitet den Diskurs über die *physiologische* Verewigung des Menschen vor, die am Anfang des 21. Jahrhunderts, aufgrund der neuen gentechnologischen Möglichkeiten, aus dem Bereich der utopisch-illusionären Ideen geholt wird, und allen Ernstes – als Zukunftsszenario – diskutiert wird.[205] Auch eine Zukunft, die in der Gegenwart beginnt und das letzte noch verbliebene, regelrecht verdrängte aber zwangsläufig gegebene *Warten* auf den eigenen Tod – als einzigen letztlich nicht beliebig manipulierbaren »Lebensbereich« – radikal *beenden* will.

3.10 Fünf Milliarden Münzen

Das moderne Programm der Gefahrenvermeidung und »Angstreduktion« korrespondiert mit der Verlegung der Zukunft in die Gegenwart: durch prognostisches Denken und eine jeweils vorausblickende Rationalität, die gegenwärtiges Handeln als Investition in die Zukunft begreift, die damit im Moment dieses Handelns beginnt. Dadurch werden Muster der Überwachung, der Kontrolle auf effiziente Weise verinnerlicht, denn in der individualisierten Mobilitätskultur ist jeder »seines Glückes Schmied«. Angstreduktion und Verinnerlichung von Fremdzwängen sind auch die beiden zentralen Motive, um welche die Kulturtheorie seit nahezu 150 Jahren kreist. Beides fördert jene Rationalisierung, von welcher der europäische Mensch in seiner Selbstidentifizierung ausgeht: Spezialisierung, Bürokratisierung, Differenzierung der Gesellschaft und ihrer Subsysteme fordern dem autonomen, prognostisch denkenden und analysierenden Individuum jenes Maß an Selbstdisziplin und strategischem Denken und Handeln ab, das einerseits Voraussetzung, andererseits Konsequenz für die Verkürzung aller gefährlichen Distanzen auf ein Minimum ist.

Je *freier* sich der Mensch freilich durch technisch-instrumentelle Verwaltung und Befriedung der Natur *bewegen* kann, desto mehr scheint er an sein Inneres als regulierende, disziplinierende, sanktionierende und ihn vorantreibende Instanz gebunden. Er kann nicht mehr auf anderes, geschweige denn auf sich selbst *warten,* er muss sich und sein Begehren nach Sicherheit fortwährend *verwirklichen.* Die Wirklichkeit, die dadurch entsteht, »tickt« anders, als die Wirklichkeit außereuropäischer Kulturen oder von am Ufer von Dschungelflüssen *wartenden* Menschen. Ob die Zeit, in der nach der Zukunft gesucht werden kann, überhaupt kommt, bleibt dahingestellt, wichtig ist, dass es eine Gegenwart gibt, die die Zukunft *offen lässt.* Beschleunigung lässt nichts offen, weil der Beschleunigung immer eine Richtung vorgegeben ist, auch wenn sie der Beschleunigte gar nicht zu definieren weiß. Dies sind einige der Gründe, warum Menschen außereuropäischer Kulturen nur mit erheblichen Disziplinierungsmaßnahmen dazu angehalten werden können, mobile Formen der Lebensorganisation als eigene Lebensform zu akzeptieren – es dauert zumindest eine Generation, bis diese Menschen dann ebenso »ticken« wie »man selbst«. In der Sprache der Sozialwissenschaft wird dies dann Modernisierung genannt. Dann hat sich die zeitliche Vereinheitlichung der Welt auch im Kulturellen, Sozialen *durchgesetzt,* und wir teilen ähnliche Interessen, Lebensvorstellungen und Pläne, die sich im World Wide Web mühelos kommunizieren lassen. Auch finden wir ähnliche Dinge schrullig oder absurd: Warten auf eine Zukunft zum Beispiel, die wahrscheinlich *nie* kommt, oder Reisen in Dschungelgebiete *ohne* Schlangenserum in der Tasche.

Diese »ähnlichen« Vorstellungen sind ohne generalisierende Perspektiven von individuellem Leben und Lebenszeit nicht denkbar. Vergangenheit, Gegenwart und Zukunft lassen sich nur dann *gemeinsam* kommunizieren, wenn ihnen »ähnliche« Erlebnishorizonte, damit Muster der Wahrnehmung von Zeit und deren gedankliche, bzw. handlungsbezogene Verarbeitung zugrunde liegen. Vergangenheit als bestimmte soziale, politische, kulturelle Ereignisse festlegende Chronologie, Gegenwart als Verwirklichungsraum der Zukunft. Aber wie lässt sich die Zukunft selbst denken? Es ist erstaunlich, dass trotz der Zukunftsorientierung unseres mobilen Denkens und Handelns die eigentliche Zukunft, also das nicht in der Gegenwart auffindbare *Hinkünftige* völlig im Unklaren liegt. Die *wirkliche* Zukunft ist ein abstraktes, eigenartig ungeformtes Gebilde: wir haben aufgrund der gegenwärtigen Beschleunigung letztlich keine Ahnung, wie unsere Zukunft und wir in ihr beschaffen sein werden! Und dies trotz oder gerade wegen der permanenten Bemühung der Zukunftssicherung. Wir wissen nicht, *wie* es weitergehen wird und *wo* wir letztlich landen. Wir *ahnen* nur, auch wenn wir nicht *danach* leben, dass die Zukunft keine Fortsetzung der

Gegenwart sein kann, weil die »Grenzenlosigkeit« unserer hektischen Allmacht zu viele Grenzen entstehen hat lassen, die wir – wollen wir eine sichere Zukunft – nicht mehr ignorieren dürfen. Wir ignorieren sie trotzdem – soziale, ökonomische, ökologische Grenzen. Grenzen, die unseren Fortschrittsoptimismus zu einer Revision seiner Grundlage veranlassen sollten, werden *auf Kosten* der Natur und jeweils *anderer* Menschen dem Konzept der Entzeitlichung und Enträumlichung untergeordnet. Diesem entspricht auch, dass die Zukunft, als Bild einer möglichen künftigen Welt, von der *Bildfläche* weitgehend verschwunden ist.

Permanente Veränderung verunmöglicht stabile Beziehungen zwischen erlebbaren, erlebten und künftig zu erlebenden Zeiten. Einigermaßen Sicherheit gewährleistende Bilder von Zukunft entstehen nicht vor unseren Augen, *nur* weil wir wissen, eine Pension zu erhalten oder die Lebensversicherung ausbezahlt zu bekommen. Vorstellbare Zukunft ist ein Raum, der dem Jetzt einen künftigen »Ort«, eine künftige »Zeit« in Aussicht stellt. Wo aber wird dieser Ort sein, in einer Welt, die sich ort- und zeitlos zu denken begonnen hat. Permanente Veränderung wird die Zukunft jedenfalls *anders* aussehen lassen, sie hat sich außerhalb unserer Vorstellung, außerhalb unseres Handlungshorizontes gestellt. So können wir uns gar keine Zukunft mehr vorstellen, die nicht an die Gegenwart gebunden ist, die nicht *sofort* realisiert wird, die nicht jeweils sich selbst um einen Schritt voraus ist.

Die Wissenschaft hat den zeitlichen Horizont unseres Planeten und des Kosmos dramatisch in die Vergangenheit und in die Zukunft hinein verlängert. Je mehr sich der Wissenshorizont freilich zeitlich ausgedehnt hat, desto *begrenzter* – so scheint es – ist der zeitliche Horizont menschlichen Handelns geworden. Martin Luther berechnete den Anfang der Welt nach Anhaltspunkten in der Bibel noch für das Jahr 4000 v. Chr.[206] Wiederum war es der geniale Königsberger Philosoph Immanuel Kant, der als erster davon ausging, dass »der Kosmos eine Reihe von Millionen Jahren und Jahrhunderten«[207] alt sei. Heute wird das Erdalter mit rund 5 Milliarden Jahren angenommen; die Entstehung des Universums aus einer »Singularität« – also einem Zustand, in dem die Gesetze der Physik *nicht* gelten – wird vor etwa 13 bis 15 Milliarden Jahren vermutet. Dieses Zeitintervall übersteigt fraglos die menschliche Vorstellung. Um eine Milliarde Münzen zu zählen, benötigt man beispielsweise 57 Jahre täglich zehn Stunden.[208] Physiker, Kosmologen etwa, die Raumzeitgrenzen ausloten wollen, oder Geologen, wenn sie sich zum Beispiel mit der Entstehung der Ozeane vor etwa drei Milliarden Jahren beschäftigen, arbeiten heute ganz selbstverständlich mit – gemessen an der menschlichen Lebenszeit – unvorstellbaren Zeithorizonten, *gehen* zurück und voraus, verlängern die Vergangenheit und Zukunft dieses Planeten ins scheinbar Unermessliche. Da, wo es um uns selbst, um das menschliche Leben geht, haben wir, trotz Zukunftsorientierung, erschreckend beengte Zeithorizonte: Die Grenze der – noch realisierbar erscheinenden – Zukunft in Ökonomie und Politik liegt bei längsten falls zehn Jahren, sozialwissenschaftliche Expertise, die einen prognostischen Rahmen von 20 Jahren überschreitet, gilt im doppelten Wortsinn als *vermessen* und unseriös, und gestattet man sich 50 Jahre *vorauszudenken*, so ist man jedenfalls im Bereich der »Sciencefiction«.

Der illusionäre Charakter unserer eigenen Zukunft wird offensichtlich: Je weiter wir den Zeithorizont in der Vorstellung über uns selbst veranschlagen, um daraus eine Idee über soziale, politische, kulturelle und ökonomische Entwicklungen abzuleiten, desto mehr Unbekannte verunmöglichen die Lösung der Gleichung. Das freilich ist ein dramatisches Ungleichgewicht zwischen Erfordernis und Möglichkeit: denn die kurzbefristete Prognose und Planung sind definitiv nicht in der Lage, die drängenden und oftmals verdrängten Probleme auf diesem Planeten zu lösen. Ein Paradoxon tut sich auf: Je mehr die Zukunft in die Gegenwart verlegt worden ist, desto radikaler hat sich die Zukunft selbst als Bild hinkünftiger Lebensmöglichkeit von den Menschen verabschiedet. Je rastloser wir der Verwirklichung von Sicherheit und materiellem Reichtum *nach*gelaufen sind, desto schneller ist die Zukunft vor uns *davon*gelaufen. Vielleicht war alles nur Täuschung, vielleicht leben wir *tatsächlich* in einer extrem gefährdeten Welt – ohne Sicherheit und Zukunft! Vielleicht ist das große Programm der menschlichen Selbsterschaffung an den Bedingungen seiner Verwirklichung gescheitert! Vielleicht sind wir trotz 500 Jahren Aufklärung nicht so vernünftig, prognostisch und zukunftsorientiert, wie wir uns das selbst gerne vormachen! Vielleicht gibt es keine Zukunft mehr, weil es keinen Raum gibt, in den hinein sie sich entfalten kann! Vielleicht sind wir so rasch fortgeschritten, dass wir die Zukunft eingeholt, schließlich überholt und hinter uns gelassen haben, auch wenn wir manchmal den Eindruck haben, dass sie *uns* davongelaufen ist und *uns* zurückgelassen hat!

Gemessen an den 5 Milliarden Jahren Erdgeschichte nehmen sich die etwa 3 Millionen Jahre Menschheitsgeschichte eher bescheiden aus.[209] Vergleicht man aber diese 3 Millionen Jahre mit den 5000 Jahren seit Bildung der ersten Hochkulturen und den 150 Jahren seit der umfassenden, weltweiten Industrialisierung, so wird das atemberaubende Tempo ersichtlich, mit der wir in unsere eigene Zukunft gehetzt sind. Raum und Zeit haben sich extrem verdichtet und komprimiert – was als Argument *für*, aber auch *gegen* die Vorstellung der Enträumlichung und Entzeitlichung angeführt werden kann. Die enorme Komplexität moderner Gesellschaften und ihrer symbolischen und technischen Systeme spiegelt eine zeitliche Struktur, die eher einer Implosion als einer Explosion gleicht. Die Zeit oder besser die zeitliche Festlegung menschlicher Handlung und Organisation verkürzt alle Distanzen zwischen Ursache und Wirkung. Wie von einem Strudel erfasst, nähern wir uns einem Epizentrum, dessen Qualität niemand zu bestimmen weiß. Herrscht dort Ruhe, Zeitlosigkeit, Ewigkeit? Wir wissen es nicht, und diesbezügliche Fragen werden bis heute in der Chiffre der religiösen Symbolsprache gestellt.[210] Was wir freilich *ahnen* ist, dass Zukunft und auch Vergangenheit indifferenter werden, je näher wir dem Epizentrum kommen, obgleich beide – in unserem theoretischen Wissen über die Welt – ad infinitum *verlängert* sind. Ein in sich komprimierter Raum mit hoher Dichte und daher ständig zunehmender Komplexität kennt kein Vakuum, keine *Leere*, in der sich eine *andere*, von diesen Strukturprinzipien abweichende zeitliche Ordnung entfalten kann. Die Linearität der Beschleunigung *erscheint* zumindest zielgerichtet, auch wenn sich diese »Bestimmung« jeder *sinnhaften* Erklärung entzieht.

Kaum denken wir ja an die Gegenwart, und denken wir an sie, so wohl nur, um hier das Licht anzuzünden, über das wir in Zukunft verfügen wollen. Niemals ist die Gegenwart Ziel, Vergangenheit und Gegenwart sind Mittel, die Zukunft allein ist unser Ziel!,[211] schreibt der Erfinder der Rechenmaschine Blaise Pascal Mitte des 17. Jahrhunderts. Wir haben seine Ermunterung offenbar zu ernst genommen. Vor lauter Licht sehen wir das Licht nicht mehr und vor lauter Zukunft auch nicht mehr die Zukunft: Die enträumlichte Welt kennt keine leeren Räume und die entzeitlichte Welt nur die Gleichzeitigkeit aller Zeiten im Jetzt. Zukunft – um als stabiles Bild gedacht zu sein – bedarf eines künftigen »Ortes«. Wo soll dieser Ort sein, wenn wir alle Orte dieser Welt zu einer einzigen Bewegung gemacht haben – die uns als mobile Menschen definiert? Die fundamentale Erfahrung des Menschen als Raum-Durchschreiter, über die sich Vergangenheit, Gegenwart und Zukunft einstmals definieren ließen, scheint in der Gleichzeitigkeit und Ortlosigkeit allmählich verloren zu gehen. Wir bewegen uns auf einem 5 Milliarden Jahre jungen Planeten, aber die Art und Weise, wie wir uns bewegen, entspricht allein unserer Definition von Wirklichkeit: wir kommen an, bevor wir noch abreisen, wir sind immer schon dort, obwohl wir noch hier sind, wir verspielen 5 Milliarden Münzen mit der Leichtfertigkeit eines grandiose Profite gewöhnten Brokers, weil wir stets dabei sind, ein Versprechen in dem Moment einzulösen, wo wir es uns selbst geben. Warten ist keine Tugend des mobilen Menschen und die zeitliche Ordnung der sich durch die letzen Regenwälder dieser Welt mäandernden Flüsse schon gar nicht.

3.11 Evolutionäre Komplexität

Früher bewunderte ich Alexander von Humboldt, jetzt bete ich ihn geradezu an: er allein ist imstande das auszudrücken, was ein Naturforscher empfindet, der zum ersten Mal einen tropischen Regenwald betritt[212] , schreibt der junge Charles Darwin (1809-1882), der – Humboldts Spuren in Südamerika folgend – auf die Suche nach einer Rekonstruktion der Entwicklungsgeschichte der Arten geht. Diese Idee sollte sich erst nach und nach in ihm entwickeln; auch ihm geht es vorerst um eine umfassende morphologische Naturbeschreibung. Zudem, was weniger bekannt ist, setzt er sich mit sozialen und kulturellen Fragestellungen auseinander: in seinem 1000-seitigen Reisetagebuch finden sich nicht nur Stimmungsbilder, Routenmarkierungen, sondern auch ethnographische Skizzen und – ganz dem humanistischen Impetus seines großen Vorbildes Humboldt entsprechend – wütende Pamphlete gegen die Sklaverei. Am 1. Juli 1858 schließlich lässt Darwin vor der *Royal Linean Society of London* die Grundzüge seiner Evolutionstheorie verlesen. Ein Jahr später erscheint sein Werk *The origin of species by means of natural selection; or the preservation of favoured races in the struggle of life*, das zu einem der einflussreichsten Bücher der Wissenschaft überhaupt wird. Das Aufsehenerregende daran ist nicht nur das Prinzip der Mutanten und der selektiven Umwelteinflüsse, durch das jedes Lebewesen seiner Art etwas Neues hinzufügen kann und somit die kleinste Einheit der natürlichen Auslese ist, sondern die Übertragung der Idee linearer zeitlicher Entwicklung auf den Menschen. Entwicklungsgeschichtlich erhält der Mensch durch Darwin seinen Platz in der Evolution der gesamten natürlichen Umwelt zugewiesen. Nur weil sich Menschen voneinander *unterscheiden*, können sie sich fortentwickeln, an veränderte Umweltverhältnisse anpassen und neue Lebensräume erschließen.[213]

Entgegen der Intention Darwins wurden die Gründzüge seiner Evolutionstheorie schon früh – in oft trivialisierter Form – auf das soziale Leben übertragen, und Begriffe wie Selektion, Anpassung oder der »Kampf ums Dasein« spielten bis weit ins 20. Jahrhundert hinein auch in Rassenideologien eine unrühmliche Rolle. Für die aufkommenden Gesellschaftswissenschaften im 19. Jahrhundert freilich bedeutete Darwins Buch einen entscheidenden Anstoß – bzw. eine Bestätigung – in zweierlei Hinsicht: Erstens, sich die Gesellschaft als System vorzustellen, das Systemerfordernisse erfüllen muss, und zweitens dieser Gesellschaft eine inhärente evolutionäre Entwicklungsrichtung zuzuschreiben. Organizistische Vorstellungen, welche die Gesellschaft als »Körper« begreifen, dessen verschiedene Organe Subsysteme darstellen, die ineinander greifen, einander ergänzen, füreinander arbeiten und das »Ganze« funktionieren lassen, prägen ganz entscheidend die Bildung der großen Theorien; und der historische Evolutionismus, dass jede Gesellschaft »aus sich heraus« eine bestimmte Entwicklung nimmt, ist aus dem gesellschaftswissenschaftlichen Repertoire des 19. Jahrhunderts nicht wegzudenken. Damit aber ist die Frage nach der »Zukunft« der Gesellschaft direkt angesprochen! Die Zukunft wird ebenso integrierter Bestandteil der Gesellschaft – und der Analyse über sie – wie deren historische Vergangenheit.

Schon Auguste Comte (1798-1857), der »Vater« der Soziologie, geht in seinem *Discours sur l'esprit positif* Ende der zwanziger Jahre des 19. Jahrhunderts von einer unilinearen Entwicklung der menschlichen Gesellschaft aus, die drei Stadien – das theologische, das metaphysische und das positive – durchschreitet.[214] *Jede* menschliche Gesellschaft nähert sich demnach durch die ihr inhärente Entwicklungslogik dem rationalen Zeitalter an, in dem wissenschaftliche Welterklärung vorherrscht und auch das soziale Leben durch säkulare Erkenntnis geregelt sein wird. Rationale Voraussicht, die Sicht der Zukunft nach wissenschaftlicher Methode, wird die Zukunft selbst radikal veränderbar und gestaltbar machen. Das Programm der naturwissenschaftlichen Weltbeherrschung wird im Bereich des Sozialen fortgesetzt. Die Zukunft, die sich bislang nicht gestalten ließ, weil sie *eintraf*, soll *vergegenwärtigt* und damit *vorhersehbar* gemacht werden: *Diese Voraussicht, eine notwendige Folge der Entdeckung der konstanten Relationen zwischen den Erscheinungen, wird verhindern, dass die wirkliche Wissenschaft mit jener eitlen Gelehrsamkeit verwechselt wird, die mechanische Fakten anhäuft, ohne danach zu streben, sie auseinander abzuleiten ... So besteht der wahre positive Geist darin zu sehen, um vorauszusehen, zu erforschen, was ist, um daraus ... das zu erschließen, was sein wird.*[215]

Dieser frühpositivistische Ansatz depotenziert Gott und komplettiert das Programm der Selbsterschaffung des Menschen. Dabei tritt die Zukunft im wissenschaftlichen Orakel nahezu messianisch auf – sie verspricht die endgültige Ent-Bindung des Menschen aus dem Schoß der Natur, der jahrhundertelange Wehen der Aufklärung vorangegangen sind. In dem positiven Stadium von Comte »kippt« das traditionelle Geschichtsbild, und die Zukunft wird aufgrund des Wissens um die Vergangenheit erstmals eindeutig gestaltbar. Die Linearität der Zeit und deren Teleologie werden analog der quantifizierten Zeitmessung von der Vergangenheit auf die Zukunft projiziert, wobei jeder Erkenntnis – und das ist ein sehr »moderner« erkenntnistheoretischer Ansatz – in einem ontologischen Sinn Relativität[216] zugeschrieben wird. In seinen späteren Jahren schwebt Comte – der zeit seines Lebens Privatgelehrter war – eine Art Soziologen-Elite an der Spitze des Staates vor, die als säkulare Priesterschaft die Weisheit der rationalen Voraussicht walten lässt und die Geschicke der Menschen lenken soll.

Auch eine Generation später, etwa bei Karl Marx (1818-1883), ist das, was wir heute Gesellschaftsutopie nennen, und das, was als Zukunft gedacht wird, eng miteinander verbunden. Auch für Karl Marx, der den historischen Materialismus aus der, seinem Verständnis nach positivistisch-empirischen Analyse der kapitalistischen Gesellschaften ableitet, ereignet sich Zukunft, als evolutionär in den gesellschaftlichen Produktionsverhältnissen angelegtes Prinzip.[217] Denn die »klassenlose« Gesellschaft – als Inbegriff einer Zukunft, deren Charakter die Welt radikal umgestalten wird – *ereignet* sich ja nicht *aufgrund* von Revolutionen, sondern sie ist Folge eines evolutionären Prinzips innerhalb der Gesellschaft, das eben *auch* zu Revolutionen führt und das durch Revolutionen *beschleunigt* werden kann – die »klassenlose« Gesellschaft *muss* sich gleichsam ereignen. Die »neue« Zeit, die anbricht, lässt sich kausal aus der Vergangenheit ableiten, auch wenn die »gewesene Zeit« vom Revolutionär symbolisch vernichtet wird.[218] Zukunft wird sowohl in »bürgerlichen« als auch in sozialistischen Gesellschaftstheorien im 19. Jahrhundert voll Emphase abgehandelt. Zukunft als *formbares Gut* wird von der sich allmählich von der Philosophie lösenden Soziologie als primäres Ziel gegenwärtiger Forschung erkannt. Die enormen sozio-ökonomischen Veränderungen wie Landflucht, Industrialisierung, Verstädterung, erhöhte Mobilität im Europa des 19. Jahrhunderts – die wir heute z. T. in Ländern der »Dritten Welt« »wieder finden« – fordern geradezu Methodik und Systematik zur Klärung und Regulation von sozialem Wandel. So entsteht die Soziologie aus dem gesellschaftlichen Bedürfnis, die Gegenwart erklärend zu ordnen, um die Zukunft – nach Maßgabe dieser Erkenntnisse – zu gestalten.

Das neue Tempo im 19. Jahrhundert beschleunigt ökonomische, technische und soziale Innovation. Die »Gesellschaft« nimmt auch in der theoretischen Reflexion kaum bewältigbare Größenordnungen an. Seit Herbert Spencer (1820-1930), der von Darwins Werk stark beeinflusst war und eine organizistische Gesellschaftstheorie vertrat, stellt sich für die Soziologie die »moderne« Gesellschaft als ein zusehends komplizierter funktionierendes soziales Gebilde dar. »Spezialisierung«, »Differenzierung«, »Komplexität« sind Standardbegriffe der Soziologie, sie drücken nicht nur das Faktum der »Kompliziertheit« als solches, sondern auch das der zeitlichen Beschleunigung aus, die eine Vielzahl von Abfolgen, Funktionen, Systemen usw. immer *schneller* werden lässt. Bei Herbert Spencer klingt diese sich wie ein roter Faden durch die Soziologie bis heute durchziehende Idee im Jahre 1862 so: *Entwicklung ist definierbar als ein Wandel von unzusammenhängender Gleichartigkeit zu zusammenhängender Verschiedenartigkeit,*[219] bei dem vor nicht langem verstorbenen Soziologen Niklas Luhmann (1927-1998) folgendermaßen: *Soziale Evolution ist Steigerung der Komplexität der Gesellschaft, d. h. Steigerung der Komplexität, die die Gesellschaft im Verhältnis der einzelnen Sozialsysteme zu ihrer Umwelt tragbar machen kann.*[220] Zunehmende Komplexität erfordert zunehmende Komplexität der Zeitbestimmung und »-verwertung«. Ist Komplexität als Prozess permanenter Differenzierung und Spezialisierung aber ein Strukturprinzip der modernen Gesellschaft, so ebenso die sich daraus ableitende zeitliche Beschleunigung aller Handlungs- und Organisationsabläufe. Ein »Ausstieg« aus dieser zeitlichen Ordnung würde der Gesellschaft, so *wie* wir sie kennen, gleichsam das Fundament entreißen; die Zukunft, die der Gegenwart so nahe gekommen ist, dass man sie von dieser nicht mehr zu unterscheiden vermag, würde sozusagen zur Vergangenheit werden, weil die gesellschaftliche Entwicklung – so *wie* wir sie kennen – nicht mehr *verwirklicht* sein würde. Wenn das Tempo der Zeit sich nicht mehr beschleunigt, dann wäre dies für jede komplexe Gesellschaft ein *Rückschritt.* Jedes Kind aber weiß, dass man die Zeiger der Zeit nicht zurückdrehen kann.

Die Vorstellungen von einer glorreichen Zukunft werden in der »dritten Generation« nach Etablierung der Gesellschaftswissenschaft brüchig. Der französische Soziologe Emile Durkheim (1858-1917) erklärt »moderne« Gesellschaften aus ihrer Differenz zu »traditionalen«. Ihm verdanken wir einige grundlegende Arbeiten zum Verständnis »komplexer« gesellschaftlicher Systeme. Diese entstünden in erster Linie durch zunehmend differenzierte Arbeitsteilung, deren *Voraussetzung* und *Folge* Bevölkerungswachstum ist. Entgegen der »mechanischen« Solidarität in traditionalen Gesellschaften werden in komplexen Gesellschaften die Individuen durch ökonomische Abhängigkeit und restitutives Recht »zusammengehalten«. Institutionen sind für ihn soziale Gebilde zur Aufrechterhaltung der Solidarität.[221] Er erkennt, wesentlich in seiner 1902 vorgelegten Studie über den Selbstmord[222], dass »moderne« Gesellschaften Anomien (a-nomos, griech. Ungesetzlichkeit) produzieren. Durch Individualisierung bedingte Autonomie (autonomos – Selbst-gesetzlichkeit) führt zu einer zunehmenden *Entregelung* von sozialen Normen – soziale Institutionen, wie z. B. religiöse Zugehörigkeit und Solidarität werden brüchig, was im individuellen Fall zur Selbsttötung führen kann.[223] »Modernität« erscheint bei Durkheim schon als durchaus riskantes Geschäft zur Demontage »traditioneller« Bindungen und Institutionen. Für ihn ist die Zeit ein *fait sociale*, eine soziale Tatsache[224], eine Kategorie des Begreifens – wie Raum, Klasse, Zahl, die den soliden Rahmen des menschlichen Denkens und der Konstruktion von sozialer Wirklichkeit bilden.[225] Moderne Zeit begreift sich in Abgrenzung zu traditionalen Gesellschaften. Moderne Gesellschaften wissen – im Gegensatz zu traditionalen – über ihre eigenen Entstehungsbedingungen Bescheid. Die Zukunft besteht für Durkheim nicht mehr in der Verwirklichung eines evolutionären teleologischen Prinzips, sondern in der Verwirklichung komplexer sozialer Institutionen, die immer differenzierter werden und immer mehr Funktionen erfüllen.[226] Die sich dabei abzeichnenden Anomien sind für die zeitliche Ordnung dieser »Modernität« konstitutiv, also nicht die Ausnahme, sondern die Regel. Deswegen werden sich zukünftig nicht nur die Individuen, sondern auch die Institutionen immer rascher verändern *müssen*.

3.12 Der Immoralismus Zarathustras - das unrettbare Ich

An der Wende vom 19. zum 20. Jahrhundert geht die Zeit der Zukunft ihrem Ende entgegen.[227] Weltvereinnahmung, Industrialisierung, Kapitalisierung, faszinierende Erfindungen im wissenschaftlich-technischen Bereich, erhöhte Mobilität usw. leiten endgültig und unwiderruflich das »rasende Zeitalter« ein, in dem die Zukunft ihre ständige Verwirklichung in der Gegenwart erfährt. Deutschland, die »verspätete Nation«[228] wird in der wilhelminischen Ära ab 1888 Europa industriell das Tempo vorgeben - in der Rüstungsindustrie, in der optischen, chemischen, elektrotechnischen Industrie. Der österreichische Kulturphilosoph Egon Friedell (1878-1938) kommentiert die Gründerzeit lakonisch: *In Berlin regieren nicht mehr Fichte und Hegel, sondern Siemens und Halske, und statt der Brüder Humboldt die Brüder Bleichröder, in Jena gelangt als Nachfolger Schillers Zeiß zu Weltruf, in Nürnberg werden Dürers Werke von Schuckerts Werken abgelöst, Frankfurt am Main muss vor Höchst am Main weichen und an die Stelle der Farbenlehre tritt die Farben-AG.*[229] Die große »Entzauberung der Welt«, wie dies der große deutsche Soziologe der »vierten Generation«, Max Weber (1864-1920) nennt, ist vollzogen und hat zu einer Rationalisierung des Handelns auf allen Ebenen geführt.[230] Die Beschleunigung des Tempos erklärt Weber durch die zeitliche Logik der ökonomischen Investition, die - vorerst begünstigt durch die innerweltliche Askese der protestantischen Ethik[231] - sich im weltweiten Kapitalismus radikal verselbständigt. Jede Rendite ist zu Geld gewordene Zeit. Je mehr Geld durch Produktion innerhalb einer Zeiteinheit erwirtschaftet wird, desto schneller ist die Zeit in dieser Einheit vergangen. Das Tempo ist am Beginn des 20. Jahrhunderts nicht mehr aufzuhalten. Die Zukunft weicht der Allgegenwart des vermessenen Raumes: *Zeit und Raum sind gestern gestorben,* schreibt Filippo Tommado Marinetti (1876-1944) im Jahre 1909 in seinem »Futuristischen Manifest«, *wir leben bereits im Absoluten, weil wir haben schon die ewige, allgegenwärtige Geschwindigkeit erschaffen!*[232]

Das individualisierte Ich scheint durch das rasante Tempo der modernen Zeit zerrissen zu werden: An der vorletzten Jahrhundertwende oszilliert es zwischen einer eigentümlich illusionären Selbstaufgabe in der »Décadence« und einer beunruhigend gesteigerten Sehnsucht nach Apotheose[233] – wie dies z. B. im Werk Friedrich Nietzsches (1844-1900) zu Tage tritt. Begrenzungen – gleich welcher Art – werden ignoriert, der Mensch selbst wird zu einer illusionären Schimäre oder zu einem alle Fesseln der Vergangenheit sprengenden *Über*menschen. Der Tod wird entweder verachtet oder ästhetisiert. Der »Ort« ist dem europäischen Menschen endgültig genommen, es zeichnet sich ab, dass er seiner Rastlosigkeit und Ratlosigkeit nie wieder entkommen wird. Bei Friedrich Nietzsche, der ein Jahr nach seinem völligen geistigen Zusammenbruch im Jahre 1888 zum meistgelesenen Autor in Europa avanciert – eine Tatsache übrigens, die der noch unbekannte Philosoph seinem Verleger oftmals prophezeit hatte –, werden scharfsinnige Attacken gegen die »alte Moral« zu Manifesten für eine aus dem Menschen kommende Selbstbehauptungs- und Selbstbestimmungsmöglichkeit.[234] Seiner Analyse der christlichen Passionsmythologie, in der Leben Leid heißt und in der die Menschen auch nur durch Leid erlöst werden können, setzt er die – den »Willen zur Macht« bejahende – Philosophie Zarathustras entgegen, der den Übermenschen als sich selbst erschaffende Zukunft der Erde prophezeit.[235] Klarer ist die im neuzeitlichen Programm der Selbsterschaffung angelegte Apotheose und die auch darin enthaltene Apokalypse niemals zuvor formuliert worden.[236] Egon Friedell, der – um der Gefangennahme durch die Gestapo zu entgehen – im März 1938 aus dem Fenster seiner Wohnung in Wien sprang und den Tod fand, schrieb, die Apokalypse gleichermaßen vorwegahnend: *Im letzten Akt der Neuzeit, der mit dem Immoralismus der Renaissance anhebt und dem Immoralismus Zarathustras untergeht, war Deutschland der führende Agonist.*[237]

Der Selbstvergottung steht am Beginn des 20. Jahrhunderts die »Selbstatomisierung« und die Entdeckung der unbedingten *Relativität* des Ichs gegenüber, die das Subjekt – so wie es die Naturwissenschaft mit der ganzen Welt getan hat – in die Bruchteile seiner selbst zerlegt, wobei der Mensch dann nicht mehr als die Summe dieser *benennbaren* Teile ist. Neben Friedrich Nietzsche zählt in Österreich Ernst Mach (1838-1916) zu den meistgelesensten Autoren um die vorletzte Jahrhundertwende. In seinem 1903 erscheinenden Hauptwerk »Die Analyse der Empfindungen« wird das Individuum auf Eindrücke und Empfindungen reduziert. Mach, der zuvor auf Beobachtungen und Experimenten im Bereich der Optik basierende philosophisch-physiologische Arbeiten vorgelegt hat,[238] postuliert einen »illusionären Subjektivismus«, den er naturwissenschaftlich ableitet. Es gibt keine Seele außerhalb des Materiellen, kein Kantsches »an sich«, keine ontologischen Relationen – das Ich ist eine »ideelle denkökonomische Konstruktion, keine reelle Einheit«[239], und besteht allein, um die materiellen weltlichen Erscheinungen zu ordnen. Das Ich wird sehr relativ, sehr modern und sehr veränderlich. Die Erscheinungen der Welt werden abhängig von der Wahrnehmung dieser Welt. Der darin enthaltene konstruktivistische Ansatz bereitet den Wechsel des jahrhundertlangen mechanistischen Paradigmas vor, das mit Albert Einsteins Arbeiten definitiv zu Grabe getragen wird. Er korrespondiert mit grundlegenden Arbeiten in anderen Wissenschaftsgebieten und demontiert nicht nur den *absoluten* Raum, sondern auch die *absolute* Zeit.

1892 hat schon der Arzt Theodor Meynert (1833-1892) davon gesprochen, dass die äußere Welt, der »Raum«, neurophysiologisch gesehen, kein »Objekt« *sui generis* sein kann, dass er sich aufgrund von Verknüpfungen des zentralen Nervensystems in einer Art von »Netzwerk« als konstituierendes Bewusstsein des »Gehirnmechanismus« gestaltet.[240] Der Raum ist eine interne Konstruktion – die ehemals autonom gedachte Welt ein Konstrukt der »kognitiven Selbstreferentialität«. Das was für den Raum gilt, gilt auch für die Zeit: denn diese wird durch die Struktur unseres Gehirns nicht definitiv vorgegeben.[241] Analog zur Einsteinschen »Eigenzeit« – die Zeit ist vom Bewegungssystem abhängig, »die Zeit ist die Zeit des einzelnen Körpers und wird mit der mitbewegten Uhr gemessen, sie ist nicht mehr die Zeit aller Körper«[242] – konstruiert sich die Zeitordnung unseres Denkens selbstreferentiell nach Maßgabe der zu bewältigenden Aufgaben, der *getätigten* Bewegung. Die Idee von der Relativität des Ich und der Abhängigkeit der ehemals räumlich und zeitlich konstant gedachten Welt von der relativen Wahrnehmung und Empfindung der in ihr lebenden Menschen war vor hundert Jahren ebenso erschütternd wie heute: denn in dieser neu *erdachten* Welt beginnen sich Begriffe wie Wirklichkeit oder Wahrheit vollständig aufzulösen. Der »Ort« der Gegenwart – als stabiles, bezugsfähiges Bild – verschwimmt gleichermaßen vor unseren Augen wie der »Ort« der Zukunft. Der österreichische Dichter Hermann Bahr (1863-1934) drückt dieses moderne und nach wie vor aktuelle Empfinden in seinem Ernst Mach gewidmeten Artikel »Dialog vom Tragischen« so aus: *Hier habe ich angesprochen gefunden, was mich die ganzen drei Jahre lang her quält: Das Ich ist unrettbar. Es ist nur ein Name. Es ist nur eine Illusion ... Die Vernunft hat die alten Götter umgestürzt und unsere Erde entthront. Nun droht sie auch uns zu vernichten. Da werden wir erkennen, dass das Element unseres Lebens nicht die Wahrheit ist, sondern die Illusion.*[243]

Alles oder Nichts! Der illusionäre Charakter der Selbstvergottung und Selbstatomisierung hat das Gesicht dieser Welt im 20. Jahrhundert entscheidend geprägt. Dem Rausch des Messens folgte der Rausch des Produzierens und der Rausch der Vernichtung in Hunderten Kriegen, wobei der größte ein Vernichtungspotential entfaltet hat, das die Auslöschung der

Menschheit als Spezies erstmals möglich erscheinen ließ. An seinem Ende standen Nagasaki und Hiroshima. Das Programm der menschlichen Selbsterschaffung hat ein wüstes Szenario entfaltet, das mit Vernunft ebenso wenig zu tun hat, wie mit einem *Mehr* an Sicherheit. Trotz der propagierten Vereinheitlichung, Pazifizierung und Rationalität hat das 20. Jahrhundert die Welt so stark *polarisiert* wie nie zuvor in der Geschichte der Menschheit. Die Ungleichzeitigkeiten der Entwicklungen, die einander bedingenden und jeweils konterkarierenden oder heftig bekämpfenden Synergien – Entgrenzung und Lokalisierung, Universalismus und Regionalismus, Kosmopolitismus und Nationalismus – haben eine über die engen Grenzen bestimmter Gruppen, Länder und Staatengemeinschaften hinausgehende Durchsetzung »sozialer Vernunft« weitgehend verhindert. In Europa haben die Sozialwissenschaften den Schock der Faschismen bis heute nicht ganz überwunden, denn die beiden großen nationalistischen Kriege in Europa haben nicht nur gezeigt, wie ohnmächtig gesellschaftswissenschaftliche Erkenntnis angesichts Demagogie und zum politischen Programm erhobener Xenophobie ist, sondern auch durch die Vertreibung der Intelligenz ein Vakuum hinterlassen, das erst Ende der sechziger Jahre Anfang der siebziger Jahre begonnen hat, sich langsam wieder zu füllen. Das Programm der soziologischen Zukunftsgestaltung ist also gehörig fehlgeschlagen, was nicht an der fehlenden Befähigung zur Prognostik, sondern an den fehlenden Möglichkeiten der politischen Umsetzung lag – und so oft noch immer liegt.

Im deutschen Faschismus war die Soziologie als »verjudete kulturbolschewistische« Wissenschaft verboten, ein Umstand, den das in den zwanziger Jahren und Anfang der dreißiger Jahre bedeutende »Institut für Sozialforschung« sehr wohl zu prognostizieren imstande war. Max Horkheimer (1895-1973), Theodor W. Adorno (1903-1969) und Erich Fromm (1900-1980) führten damals mit ihren Mitarbeitern die Studie »Arbeiter und Angestellte am Vorabend des Dritten Reiches. Eine sozialpsychologische Untersuchung« durch, die einzige sozialwissenschaftliche Forschung wahrscheinlich, die den Autoren selbst das Leben gerettet hat. »Das war also ganz grauenvoll, was sich da gezeigt hat. Wir (haben) uns gesagt: Um Gottes willen, was wird hier in Deutschland geschehen?«[244] Denn am Vorabend des »1000-jährigen Reiches« trat klar zutage, dass der autoritäre Charakter insbesondere auch in jenen sozialdemokratischen Wählerschichten, die einzig noch die Katastrophe hätten abwenden können, so weit verbreitet war, dass den Autoren, als sie die Ergebnisse sahen, »das Herz in die Hose gefallen«[245] ist. Nach erfolgter Emigration und teilweiser Remigration wurde die »Frankfurter Schule« zu einer gesellschaftstheoretischen Speerspitze gegen Vietnamkrieg, Rüstungswettlauf, Wirtschaftswundereuphorie und den sich neopositivistisch legitimierenden globalen Kapitalismus mit seinem peripheren

Neokolonialismus. Den sozialistisch inspirierten Sozialstaat-Jahrzehnten in Europa folgten Reaganomics und Thatcherismus als Vorbereitung jenes großen weltweiten Triumphzuges des Neoliberalismus, dem wir heute die Implementierung *aller* wissenschaftlich-technischen Innovationen in rasender, weil immensen Profit garantierenden Geschwindigkeit verdanken. Aufgrund dieses *innovatorischen* Charakters der neoliberalen Mobilitätskulturen begreifen wir das menschliche Handeln in dieser Welt als *konstruktiv*, zukunftsorientiert und lebensbejahend. Wir übersehen dabei gerne das enorme *destruktive* Potential, welches das letzte Jahrhundert entscheidend geprägt hat, und uns die Vorstellung einer stabilen Zukunft verunmöglicht.

Trotz der wüsten Szenarien, die das 20. Jahrhundert in »Szene gesetzt« hat, definieren wir uns als vernünftige, zukunftsorientierte und alles in allem erfolgreiche Wesen. Der illusionäre Charakter, den schon Ernst Mach naturwissenschaftlich abzuleiten versucht hat, ist uns bis heute erhalten geblieben: In der enträumlichten und entzeitlichten Welt hat sich uns nicht nur eine *denkbare* Zukunft entzogen, sondern auch eine Gegenwart, die *mehr* ist, als die rastlose Verwirklichung eben *dieser* Zukunft, von der wir uns kein Bild mehr machen können. Wir spannen unsere Koordinatensysteme über die Welt ungeachtet dessen, was wir aus der Zeit, die wir doch *erfahren* haben, hätten lernen können. Da wo es noch Leben *außerhalb* der zeitlichen und räumlichen Vereinheitlichung gibt, wird dieses Leben der weltzeitlichen Zukunftslosigkeit möglichst rasch, effizient und durchaus auch kostenintensiv eingegliedert. Die Vorstellung, dass es andere Menschen, andere Zeiten und andere Kulturen *noch* gibt, hat zusehends etwas Befremdendes an sich: denn haben nicht *wir* die beste aller möglichen vermittelten Welten gebaut? Komplexe Systeme und Netzwerkstrukturen, elektronische Kommunikations-Highways und der die Welt in der Simulation jederzeit abrufbar haltende Cyberspace bewahren uns nicht davor, einer Zukunft entgegenzugehen, die weniger »bekannt« ist als jemals zuvor in der Geschichte der Menschheit. Der illusionäre Charakter der »Sicherheit«, in der sich ein Teil der Menschen in den reichen Mobilitätsgesellschaften geborgen glaubt, ist schon längst offensichtlich geworden. Es liegt – angesichts der Euphorie mit der das neuzeitliche Programm der Absicherung und Gestaltung der Zukunft in der Gegenwart begonnen hat – Resignatives in Niklas Luhmann's Resümee: *Die Zukunft macht uns Sorgen... Der einzelne mag mit einiger Sicherheit seiner Rente entgegensehen, die Distanz verringert sich von Tag zu Tag, und entsprechend nimmt die Erwartungssicherheit zu. Aber was wird aus der Menschheit, was wird aus der Gesellschaft? Welche Lebensbedingungen werden die künftigen Generationen vorfinden – gesetzt den Fall, dass es sich dabei überhaupt noch um Menschen handeln wird und nicht um gentechnologisch veränderte, genormte und nach Pro-*

grammen differenzierte humanoide Lebewesen? Die intellektuellen Ressourcen des Nachdenkens über Zukunft bieten heute wenig Perspektive. Die Postmoderne hat für die Zukunft nur das Rezept: so weitermachen.«[246]

Weitermachen: Leben schaffen – Leben vernichten! Die Zeit, in der Aufklärung und Neuzeit mit der Verwirklichung humanistischer Ideale in Zusammenhang gebracht werden konnten, geht ein für alle Mal dem Ende zu. Der entgrenzte Mensch *kennt* keine Grenze. Die Akzeptanz von Grenzen setzt – um ein altmodisches Wort zu gebrauchen – *Demut* voraus. Allmacht kennt weder Demut noch Ohnmacht. Sie verfügt, sie verändert, sie verewigt sich und anderes nach Belieben. Das Verewigungsprogramm – so könnte man meinen – wird erst dann komplettiert sein, wenn das »unrettbare Ich« sich selbst abgeschafft hat, indem es die Entstehung seiner selbst regelt, überwacht, kontrolliert – tatsächlich uneingeschränkte Schöpfungsmacht über sich selbst ausübt. Waren Allmachtsphantasien in der nationalstaatlichen Welt noch territorial begrenzt – um Eroberungskriege zu führen, müssen Grenzen überschritten werden –, so werden Allmachtsphantasien in der entgrenzten Welt zu globalen »Selbst«-Verwirklichungsprogrammen. Die Frage der Moral stellt sich dabei, wenn überhaupt noch, nur mehr peripher – denn Denken, geschweige denn Handeln in moralischen Kategorien setzt die Erfahrung und die Akzeptanz von Grenzen voraus. Die Erfahrung und die Akzeptanz von Grenzen sind in den globalisierten Mobilitätsgesellschaften anachronistische Kategorien zur *Verortung* von Welt. Zudem *glauben* wir, dass alles, was *möglich* ist, auch *Wirklichkeit* wird. Diesen Glauben haben wir der effizienten Verwertung wissenschaftlicher Erkenntnis in den letzten 500 Jahren zu verdanken. Sollen wir also gegen Windmühlen kämpfen? Sollen wir, die wir Zeit sparen müssen, um die gesparte Zeit jeweils *woanders* geltend zu machen, uns auch noch um *die* Zukunft kümmern? So hetzen wir einfach weiter – hinein in eine Zukunft, die mit *Sicherheit* anders beschaffen sein wird als die kurzfristigen Pläne, die wir in sie projizieren!

3.13 Schnee am Kahlenberg und andere Verrücktheiten

Mama Petronilla ist eine liebenswürdige Dame mittleren Alters. Vor einigen Jahren ist sie auf eine für sie bemerkenswerte Zeitreise gegangen: In den weiten Savannen der Serengeti in Tansania von Geburt an lebend, ist sie – eine langjährige Mitarbeiterin unserer dortigen Forschungsaktivitäten[247] – schließlich mit einem Auslandsstipendium nach Österreich gekommen, um hier ihr Wissen über Ernährungslehre zu vertiefen und für die Bildungsarbeit in ihrer Heimatregion fruchtbar zu machen. Als sie nach viertägiger Fahrt mit dem Bus in Dar es Salaam ankam, sah sie *zum ersten Mal* das Meer – den Indischen Ozean – und bestieg zum *ersten Mal* ein Flugzeug, das sie über London nach Wien-Schwechat brachte. Es war ein kalter Tag Ende Februar, am Kahlenberg war Schnee gefallen, und so fuhr ich – nachdem ich sie abgeholt und ihr das Quartier gezeigt hatte –, die Höhenstraße hinauf; vielleicht würde morgen schon alles tauen, und Mama Petronilla hätte dann keine Gelegenheit mehr, Bekanntschaft mit dem »alpinen« Winter zu schließen. Jetzt kam auch noch die Sonne hervor, und mein Gast stapfte begeistert im glitzernden Weiß umher. Sie hatte Schnee bis jetzt nur vom Bus aus in großer Entfernung am »Dach« des Kilimandscharo gesehen. Ihr gefiel das kühle Weiß, das in den Fingern zerrann, sobald man nach ihm griff. Sie wunderte sich, dass ein vorbeilaufender Hund »wie Jesus« – so sagte sie – auf dem Teich spazieren konnte, dessen dünne Eisdecke ihm tadellos widerstand; noch mehr wunderte sie sich aber, dass die Mütter hier ihre Babys auf den schneegeräumten Wegen in »Kisten« – »boxes« wie sie meinte – vor sich herschoben. Wie musste den Kleinen, getrennt vom Körper der Mutter, doch kalt sein! Als wir dann auf dem Rückweg am Clara Fey Dorf für behinderte Kinder vorbeifuhren, *wusste* Mama Petronilla, dass sie in eine mehr als nur klimatisch sonderbare Welt geraten war. Kinder hier alleine auf dem Berg, getrennt von ihren Müttern, Vätern, Onkeln, Tanten, Geschwistern! – das konnte doch nicht ernst gemeint sein! Ich versuchte ihr zu erklären, dass wir hier in dieser Welt, wo doch alles so gut funktioniert, keine Zeit haben, unsere behinderten Kinder, Kranken, Alten *selbst* zu versorgen; dass es *dafür* Spezialisten gebe, die für diese *Leistung* bezahlt werden und obendrein über ein spezielles *Wissen* verfügen, *wie* Alte und Kranke, und eben auch behinderte Kinder *am besten* zu betreuen seien. Mama Petronilla blickte mich ungläubig, auch ein wenig misstrauisch an, und dies sollte während der nächsten sechs Monate in unserer Sicherheit gewährenden und das Leben verlängernden Welt bei weitem nicht das letzte Mal so sein.

Jeder Besucher aus so genannten traditionalen Gesellschaften, also jenen, in denen gemessene Zeit kein Kriterium für soziales Handeln ist, und die von der zeit-räumlichen Entgrenzung und ökonomischen Globalisierung *noch nicht* erfasst sind, macht in der Begegnung mit Mobilitätskulturen drei fundamentale Erfahrungen: Die erste ist Zeitknappheit; niemand *hat* Zeit, weil alle Zeit *sparen* müssen, um Zeit für jene Dinge zu haben, für die dann – weil eben wiederum Zeit gespart werden muss – ohnedies keine Zeit vorhanden ist. Die zweite ist Geldknappheit; denn – abgesehen davon, dass jede Bewegung Geld *kostet* – ist Geld etwas, was niemals genug vorhanden sein kann, auch wenn man noch soviel *spart*. Es ist beliebig akkumulierbar, weil der Geldwert der Bewegungen und damit des Lebens selbst beliebig steigerbar ist. Jeder Geldrelation folgt eine weitere Geldrelation, deren Bedienung das Vorhandensein von noch mehr Geld voraussetzt. Die dritte Erfahrung ist Distanz und Vereinsamung; da alle Menschen Erfahrung eins und zwei miteinander teilen, gibt es nichts mehr, was außerhalb dieser Erfahrung *unbemessen* miteinander geteilt werden könnte. Für jede soziale Beziehung, Bewegung, Kommunikation und Emotion wird ein Raum in Relation zu anderen Zeitnutzungsoptionen *konstruiert.* Nur innerhalb dieser vermittelten Räume wird ein Miteinander möglich. Dies wiederspricht der Grunderfahrung von Menschen, die aus Gesellschaften kommen, in denen das Miteinander den »normalen« Lebensvollzug darstellt und das jeweilige Entfernen – aus beruflichen, rituellen, edukativen Gründen – die jeweilige Abwiechung davon. In Mobilitätskulturen definieren die Distanz, die Entfernung – aktiv und passiv – das Grundmuster der sozialen Bewegung von Menschen, das immer wieder von neuem, teils mit erheblichem Aufwand »durchbrochen« werden muss, um kurzweilige, flüchtige, weil *flüchtende* Nähe zu schaffen.

Autonomie zahlt ihren Preis, wird aber auch durch beträchtlichen materiellen Reichtum entschädigt. Bleiben die Alten als Konsumenten erhalten, so wird ihnen ein gewisser sozialer Status beschieden sein. Und die Kinder, die in Mobilitätskulturen »aufbewahrt« werden, weil sie – sind sie einmal erwachsen – ebenso wie man selbst die Versorgungsinstitution der Preisgabe der Autonomie vorziehen werden, würden ohnedies die Leistungen der Sozialversicherung aus eben diesem Grund nicht kompensieren können. Dies funktioniert – wenn überhaupt – nur mehr in bevölkerungsexpansiven, zumeist agrarisch wirtschaftenden Gesellschaften. Der *Commonsense* der Mobilitätskulturen, den die ökonomischen Strukturen spiegeln, tritt klar zutage: Zeitersparnis sowie Geldverknappung und Geldersparnis sowie Zeitverknappung bedingen einander – es gilt das *eigene* Leben zu leben und das unwiderruflich. Im individualistischen Paradigma des homo mobilis *erfüllt* sich nicht nur der einzelne Mensch sein Leben, sondern reproduziert die »Logik« *dieser* Bewegung als Bewegungsgesetz der gesamten zeitlich und räumlich durchschrittenen, vereinheitlichten Welt. Grenzen, die Zeit kosten, gefährden dieses Programm der zukunftsorientierten Zukunftslosigkeit: Es könnte sich – für einen *creator* inakzeptabel – herausstellen, dass er – getrieben von seiner eigenen *Vorstellung* von Zeit – gelebt wird, anstatt sein Leben – in das er doch soviel investiert hat – *jetzt* zu leben.

Die Folgen der Vergegenwärtigung der Zukunft im Jetzt sind tatsächlich äußerst komplizierte ökonomische und komplexe gesellschaftliche Strukturen. Zeit als soziale Kategorie lässt sich dann noch am ehesten in ihrer »Negation«, im *Stillstand,* ausmachen. Aber rennt der, der immer rennt, nicht auch dann, wenn er glaubt stillzustehen? Langeweile ist ein Rennen im Stillstand. Auch so manche Meditationstechnik, welche die psychische Disposition vermitteln soll, im Rennen *nach* der Meditation nicht nur nicht zusammenzubrechen, sondern vielleicht sogar unter die ersten zehn zu gelangen. Und was macht ein Mensch, der *wirklich* nicht rennt, unter lauter Rennenden? Er wird niedergerannt – zumindest in seiner Empfindung – von dem, was Bewegung auf dieser Welt in Relation zu seinem Stillstand bedeutet! Mama Petronilla jedenfalls – so interessant für sie die Erfahrungen, die sie in der Welt des *homo mobilis* gemacht hatte, gewesen sein mochten – war froh, nach sechs Monaten wieder in die weiten Ebenen der Serengeti zurückkehren zu können. Sie hat viel zu erzählen gehabt, aber sie wusste auch, dass sie in *diese* Welt nicht mehr zurückkehren will. »Weißt du«, sagte sie bei unserem Abschied, »das mit eurer Zeit ist sonderbar; eure Zeit ist wie euer Schnee, der – greift man nach ihm – unter den Fingern zerrinnt!«

Sicherheit war der Ausgangspunkt unserer Reise durch die Zeit, oder das, was sich die Menschen ihren jeweiligen Bewegungen entsprechend darunter vorstellen. Vom Hochland in Papua Neuguinea, über die Mäander des Orinoco bis zum Schnee am Kahlenberg sind wir diesem Programm der Moderne gefolgt. Wir haben die Vorstellung von Zeit ins Uferlose wachsen sehen und sind der Reflexion von Philosophen und Gelehrten nachgegangen, die in der »Vermittlung« – Berechnung, Erkenntnis – von Welt, in der Erschaffung der »vermittelten« Welt also, die große Herausforderung für eine *zukünftig* vernunftgemäß handelnde, aus magischem Denken befreite, leidlose Menschheit gesehen haben. Alles das, was wirklich ist, wird allzeit gültig sein! Aber wir haben auch gesehen, dass *Wirklichkeit* ein höchst relationaler Begriff ist – sei es nun in der Perspektive des Reisenden, dessen Muster der Wahrnehmung durch die Muster der Wahrnehmung anderer Kulturen *ver-rückt* werden; sei es in der Philosophie ab Mitte des 17. Jahrhunderts, die *ver-rückt* danach war, die gesamte Schöpfung als grandios funktionierende Uhr und Maschine zu begreifen; sei es in den Gesellschaftsanalysen jener Soziologen, die uns im Verlauf der letzten 150 Jahre das begriffliche Instrumentarium mitgegeben haben, so genannte soziale *Wirklichkeit* relational zu erfassen und damit eine Vergleichbarkeit zwischen den Gesellschaften zu ermöglichen. Die Idee der Relativität der Erscheinungen dieser Welt setzt die Befähigung *ver-rückt sein* zu können voraus. Ohne Verrücktheit keine Sicht auf andere Ufer. Die Idee der Relativität freilich – samt ihren unglaublichen Konsequenzen von der Physik und Kosmologie bis hin zur Soziologie und Religionswissenschaft – ist das entscheidende Kriterium, das die »erste Moderne« von der »zweiten Moderne«[248] unterscheidet. Dies gilt nicht nur für die Wissenschaften, sondern auch für jeden einzelnen von uns: Menschen, die niemals ver-rückt waren – sei es aufgrund einer emotionalen oder rationalen Erkenntnis über das, was ihre jeweilige Umgebung als *Wirklichkeit* vorstellt –, die können auch nicht die besondere Konsequenz dieser Verrücktheit nachvollziehen; sie werden im »main stream« jener Wirklichkeit bleiben, durch die sie sich *abgesichert* fühlen, aber sie »tikken« nach jenen engen Grenzen, die sie doch vorgeben, im Sinne des Wohles aller und der Wirklichkeit, die *sie* kennen, entgrenzt zu haben.

Es ist schon sonderbar mit der *Ideologie*: Ideologie ist dann, wenn die *jetzt* feststellbare empirische Wirklichkeit zur *Rechtfertigung* einer jenseits *dieser* Empirie liegenden Gesinnung dient. Ideologen sind leider keine Verrückten! Ihre Sprache verabsolutiert die Annahmen über diese Welt als ihre Entstehungs- und Bewegungsbedingungen. Daraus *kann* es nur ein schmerzhaftes oder gar kein Erwachen geben. Für Ideologen ist die Welt zweigeteilt, sie ist *für uns* zweigeteilt – das was stimmt, kann nicht *nicht* stimmen. So trägt die Welt den Namen, den *wir* ihr geben. Ansonsten ist sie namenlos. Es ist schon erstaunlich: So ist zum Beispiel eines der grundlegenden Prinzipien unserer Vorstellung von einer Welt, die eine Zukunft haben soll, spätestens seit der Französischen Revolution die soziale Gerechtigkeit, bzw. das *Vermeiden* krasser sozialer Ungleichheit. Entgegen dieser immerhin seit 200 Jahren kursierenden Idee – die in jeder Politikerrede ob links oder rechts auf der ganzen Welt jeweils von neuem *bestätigt* wird – ist noch nie zuvor in der Geschichte der Menschheit so viel und so *letale* Ungleichheit produziert worden. Es scheint als benötigte man die Sprache einer illusionären Zukunft, um die Wirklichkeit – so wie sie ist – entweder zu *rechtfertigen* oder zu *ertragen*.

3.14 Die Sprache der illusionären Zukunft

Wir *sprechen* davon, dass Mobilitätskulturen durch Veränderung, Verfügbarkeit und Verewigung charakterisiert sind; dass das Wissen über die Welt, so wie Wissen in dieser Welt verwertet wird, die Illusion von Macht, von Omnipotenz erzeugt – und das mit brutaler Konsequenz. Wir *sprechen* davon, dass die Zeit nicht aufgehalten werden kann, dass das Schöpfungswerk des Menschen in seinem aus allen Grenzen getretenen Raum gültig festgeschrieben wird – von der radikalen Umgestaltung »natürlicher« Umwelten über gigantische Datenbanken des Wissens bis hin zu den Archiven des dadurch prinzipiell beliebig manipulierbaren organischen Lebens, wie sich dies z. B. in Biotechniken und in Genom-Projekten[249] abzuzeichnen beginnt. Wir *sprechen* von einer kritischen Masse an quantitativ und qualitativ nicht mehr kontrollierbaren kommunikationstechnischen, kybernetischen und gentechnologischen Innovationen, die, auf der illusionären Basis einer *allzeit* verfügbaren Vergangenheit, die Gegenwart als in Permanenz ausbrechende Zukunft massiv beschleunigen. Und wir *sprechen* auch davon, dass außer Fort-Schritt nichts anderes mehr denkbar geworden ist als – das Ende: verabsolutiert sich die Zeit als dynamisch-lineares Prinzip, so scheint es außerhalb dieses Prinzips keine Denkvariante, keine *reale* Möglichkeit mehr zu geben, die uns *woanders* hinführen könnte.

Wir *sprechen* also auch davon, dass dem entgrenzten Raum, der entgrenzten Zeit, ein ebenso grenzenloses Subjekt entspricht, das seine eigene Grenze logischerweise in der Vernichtung seiner selbst findet: denn die göttliche Kompetenz der Selbst- und Welterschaffung trägt die göttliche Befähigung zur Selbst- und Weltvernichtung in sich. Über den waffentechnischen »over-kill« als Symbol der Kehrseite des menschlichen Fortschritts wird ebenso in der Sprache der illusionären Zukunft *gesprochen* wie über Klimaveränderung und Küstenüberflutung: Obgleich wir doch alles tun um Sicherheit zu erlangen, wird die *reale* Sicherheit auf dem Altar vielfältiger Sachzwänge, denen zu entsprechen die *illusionäre* Sicherheit erfordert, geopfert. Wir *sprechen* auch davon, dass die Befähigung zur kollektiven Selbstvernichtung womöglich nicht nur die Kehrseite, sondern die notwendige und logische Folge des Programms der Sicherheit, Lebensverlängerung und Verewigung ist: denn wie sollten wir uns dereinst sonst nicht nur als Schöpfer, sondern auch als *Erlöser* aus den von uns selbst geschaffenen leidvollen Daseinsbedingungen wieder erkennen? Jede Mythologie bedarf der widerstreitenden Kräfte und Mächte, welche die Apokalypse in die Katharsis führen und sich zuletzt – im Akt der Neuerschaffung – als Wesen *eines* göttlichen Prinzips darstellen.

Ist es unsere Sprache, in der wir da sprechen? Jedenfalls hat das Programm zur Vermeidung von Gefahren und zur Verwirklichung Sicherheit garantierender Machbarkeiten »unsichtbare« Gegner auf den Plan gerufen, die alle bislang da gewesenen und den Menschen bedrohenden Gefahren per Mausklick in den Schatten stellen. Die allzeitliche und allräumliche Apotheose erfüllte den Anspruch auf Allmächtigkeit – der bis vor kurzem noch Gott und Göttern zugeschrieben wurde – nur unvollkommen, wäre in ihr nicht gleichermaßen die Möglichkeit enthalten, Leben *jederzeit* und *überall* zu zerstören. Das Programm der Machbarkeit – bis hin zur Erschaffung geklonter Schafe und humanoider Lebewesen – findet seine logische *Verwirklichung* auch in der prinzipiellen Möglichkeit der Auslöschung all des Gemachten und allen Lebens. Hölle und Himmel können oder könnten demnach gleichermaßen *gemacht* werden: Wir sind nicht allzu weit davon entfernt, unsere Zukunft einer definitiven Entscheidung zuführen zu müssen. Die Zeit drängt, denn unsere technologischen Befähigungen eilen unserer Entscheidungsfreudigkeit in rasantem Tempo *voraus*. Selbsterschaffung und Selbstvernichtung, Verewigung und Auslöschung schließen das Programm der neuzeitlichen Weltvereinnahmung ab. Die historische Parallele der Entstehung und der synergetische Charakter dieses »Alles oder Nichts« wird auch noch künftige Generationen beschäftigen, wenn es sie denn noch gibt; sie werden darin den zivilisatorischen Höhepunkt einer polar gedachten und antagonistisch gestalteten »vermittelten« Welt sehen, die ein entfesseltes Tempo bis an die Grenze ihrer eigenen Existenz trieb. Sie werden die Bedingungen analysieren, die letztlich zu einer Revision dieses allmächtigen Umgangs mit Welt und Leben geführt haben; denn gibt es diese Revision nicht, dann wird es auch keine künftigen Generationen – in unserem Sinn von Menschsein – mehr geben.

Noch heißt die Devise einfach *weitermachen*, aber auch darin mag eine Entscheidung angelegt sein. Noch ist die Sprache der Zukunft die Sprache der Gegenwart. Noch haben wir nicht begonnen, für die Zukunft – und das heißt für künftige Menschen – Verantwortung zu übernehmen, obwohl wir *wissen*, *worin* diese bestehen müsste und wie sie sich auf den Einsatz von Technologien und auch auf das soziale Leben auszuwirken hätte. Im Moment *sprechen* wir davon, dass politische und ökonomische Sachzwänge die *Verwirklichung* dieses Wissens verunmöglichen. Nicht nur im technischen, kybernetischen, gentechnologischen Bereich ist die kritische Masse explosiver Beschleunigung schon längst überschritten, sondern auch im sozialen: Denn so wie dem Programm der entgrenzten Verewigung des Menschen die Möglichkeit grenzenloser Vernichtung folgt, so hat auch die entgrenzte Akkumulation von Reichtum grenzenlose Armut in jenen Ländern der *anderen* Welt produziert, in der die Zeit und damit der Mensch – *anders* »tickt«!

Ich will kurz so »vermessen« sein und nicht fünfzig, sondern fünfhundert Jahre »vorausdenken«, eine angesichts der menschlichen Entwicklungsgeschichte bescheidene Zeitspanne: In der Sprache der Zukunft, in der *Retrospektive* also, wird *dann* das 20. Jahrhundert den künftigen Generationen als dunkles, brutales, widervernünftiges, menschliche und natürliche Ressourcen gefährlich verschleuderndes und über die Maßen *unsicheres* Jahrhundert erscheinen. Wenn es ihnen nicht *so* erscheinen wird, dann wird es ihnen gar nicht erscheinen, denn dann wird künftigen Generationen aller Raum und alle Zeit auf diesem Planeten genommen sein. Findet diese Retrospektive aber statt, so wird in ihr auch erkannt werden, dass sich im 20. Jahrhundert in vielen vorerst nur peripher wahrgenommenen wissenschaftlichen, philosophischen und sozialen Bereichen ein Denken durchzusetzen begonnen hat, das zunächst allmählich, dann immer bestimmender, zu einem *anderen* Handeln, zu einem *anderen* Umgang mit

Raum und Zeit, zu einem *anderen* Einsatz von natürlichen und menschlichen Ressourcen und zu einer *anderen* Antizipation von Zukunft geführt hat. Jene Generationen werden aus *unseren* Texten, aus der heute noch zukunftslosen Sprache der Gegenwart mit kriminologischem Spürsinn jene unzählbaren Pfade und Wegkreuzungen analysieren, die zu einer paradigmatischen Änderung der *Haltung* des Menschen zu sich selbst und seiner Welt geführt haben. Sie werden fasziniert sein, wie *nahe* in diesem Jahrhundert Unvernunft und Innovation, Vernichtung und Kreativität zueinander kamen, wie paradox und anarchisch – wider besseres Wissen – die Existenz *ihrer* Zukunft *lange* auf dem Spiel gestanden hat. Und sie werden diese Zukunft in einer Sprache sprechen, die aus Vergangenem *gelernt* hat.

Noch haben wir zu wenig gelernt, noch hat die Revision der Maßlosigkeit nicht stattgefunden. Obgleich hierfür kein *vernünftiger* Grund besteht, glaube ich dennoch Folgendes: Vielleicht liegt die Chance einer – sich global auswirkenden und das Gesicht und die Zeit dieses Planeten verändernden – Revision in jener Unvernunft, die der *Ideologie* der Vernunft, die der Ideologie der Sachzwänge nicht »auf den Leim geht«. Wir verhandeln globale pessimistische Szenarien mit der gleichen Selbstverständlichkeit, mit der wir die ganze Welt für unsere Interessen beanspruchen. Dabei erscheint die Welt immer als Eigenes – ihre Interpretation, ihr Strukturgesetz, ja ihre mögliche Zerstörung sind von uns selbst geschaffen. Die Sprache der Zukunftslosigkeit wird mit totalitärem Anspruch gesprochen. Die Welt freilich, von der wir reden, ist nicht *unsere* Welt. Wir, die wir in der reichen westlichen Welt über die Ressourcen verfügen, über die Welt systematisch und »viele Leben lang« nachzudenken, sind ständig der Gefahr ausgesetzt unsere Gedanken, Einschätzungen und Empfindungen zu verallgemeinern. Wir führen die Tradition der Vereinheitlichung, globalen Vermessung und globalen Herrschaft damit ungestüm fort. Wir übersehen dabei, dass die Möglichkeit, pessimistisch über die Welt denken zu können, beträchtlichen Reichtum voraussetzt. Wir übersehen dabei *vitale* Prinzipien, die gegen den Allgemeingültigkeitsanspruch unseres Denkens und unserer *Vernunft* jetzt und hier, auf dieser uns gefährdet erscheinenden Welt, ein *anderes* Leben ermöglichen, zu qualitativ *anderen* Beziehungen führen und Raum und Zeit *anders* definieren als im Sinne einer entmenschlichten Verewigungsanstrengung. Eigentlich müssten wir nur von der vitalen Bejahung des menschlichen Lebens jenseits der technisch vermittelten Welt, des Reichtums und der Selbstvergottung lernen und daraus unsere Konsequenzen für unser Handeln ziehen. Eigentlich bräuchten wir nichts anderes tun, als sterbliche Wesen bleiben zu wollen!

Das reiche Fünftel dieser Welt herrscht zweifellos politisch und ökonomisch über den »Rest« der Welt. Die »herrschenden« Gedanken haben –

wie dies Karl Marx schon gesagt hat[250] – in jeder Epoche das glauben machen wollen, was die jeweils Mächtigen, auch die von der Last der ökonomischen Reproduktion freigesetzten Gelehrten, über eben diese Epoche gedacht, geschrieben, schließlich zum »Commonsense« ganzer Jahrhunderte gemacht haben. Zumindest vier Fünftel der Menschen dieser Welt freilich sind zivilisationspessimistische Spekulationen – so begründet sie aus *unserer* Perspektive auch immer sein mögen – *fremd*, denn sie leben in Welten, in denen Optimismus eine Grundvoraussetzung für die *Verwirklichung* von individuellem Leben darstellt. Man muss reich sein, bzw. in einer reichen Gesellschaft leben, um pessimistisch sein und dennoch leben zu können. Für zumindest vier Fünftel der Menschen gibt es die Zukunft, die in unserer Sprache verloren gegangen ist, vielleicht gerade deshalb, weil sie »in unserem Sinne« wenig Zukunft haben. Zumindest vier Fünftel der Menschen sehen *keinen* Sinn darin, Gott zu spielen und sich diesseits zu verewigen, die Welt in die Muster ihrer Wahrnehmung zu zwingen und die entgrenzte Rastlosigkeit zum Inhalt eines Lebens zu machen, das immer zu kurz ist, obwohl es doch lange währt. Sie wissen, dass sie *als Menschen* leben und *als Menschen* sterben werden. Ihr Leben in Armut ist nicht leicht, die Sorgen drücken oft schwer, aber sie wissen, dass es weitergehen wird, dass es die Zukunft *gibt* und sie schreiben dieses Wissen – jenseits eines abstrakten Kalküls – einem *Sinn* zu, der Hoffnung gewährt, der Armut relativiert und der Lachen ermöglicht. So will ich mich also dem Optimismus jener anschließen, die sich Pessimismus – in unserem Sinne – »nicht leisten« können. Warum? Davon soll der zweite Teil dieses Buches handeln.

Die Insel im Südpazifik – Zweites Bild

Stellen Sie sich vor, sie sitzen noch immer am – nobel ausgedrückt – Ende der Welt: drei Wochen warten Sie nun schon auf das Boot, von dem Sie noch immer annehmen, dass es Sie eine Tagesfahrt über den Pazifik zu jener Missionsstation bringen wird, wo Sie glauben, wieder einmal duschen, ein getoastetes Brot essen und vielleicht sogar irgendwelche Neuigkeiten aus der Zivilisation erfahren zu können. Sie haben beharrlich gewartet, Sie sind zu einem großen Sanabeh geworden: nichts – so denken Sie – wird sie jetzt mehr aus der Ruhe bringen, denn Sie sind ein Verbündeter *dieser* Zeit geworden, die Ihnen anfänglich, als das Boot nicht und nicht kommen wollte, als Ihr großer, gefährlicher Feind erschienen war. Nun hat sich Ihr Denken, Ihr Handeln und Fühlen den Zyklen der Tage auf dieser Insel und ihrem Regenwald angepasst. Wenn die Stimmen des Waldes anschwellen und das erste Licht durch das dichte Blätterdach bricht, dann erwachen Sie, bereiten sich ein Frühstück aus Palmmaden, wilden Eiern und gekochten Farnen, dann waschen Sie sich im Fluss, trinken sein köstlich kühles Wasser, und wenn sich nach Mittag die mächtigen Wolken zusammenbauschen, suchen Sie Schutz unter Ihrem Unterstand, den Sie nach jedem heftigen Regenguss wieder ausbessern. Dann jagen Sie Baumkängurus, Beutelratten und Vögel. Nach getaner Arbeit gehen Sie hinunter zum weißen Sandstrand, um sich im Schatten der Palmen auszuruhen. Schließlich – es ist allmählich Abend geworden – bereiten sie auf einem großen Feuer einen köstlichen Festschmaus zu.

Sie haben gelernt mit der Einsamkeit umzugehen. Sie warten, und manchmal ist Ihnen, als wüssten Sie gar nicht mehr, *worauf* Sie warten. Natürlich auf das Boot, das Sie *endlich* von hier fortbringen wird, das Sie endlich wieder zu jenem Menschen machen wird, der Sie waren, bevor Sie hier in die Kunst des Sanabeh eingeweiht wurden. Doch das Warten ist Ihnen so selbstverständlich geworden, dass Sie sich manchmal gar nicht mehr vorstellen können, dass das Boot, worauf Sie doch so sehnlichst warten, überhaupt kommt. Es ist so weit weg wie Sie selbst von der zivilisierten Welt, aus der sie aufgebrochen waren, um etwas über die Welt und ihre Zeit zu erfahren. Jetzt haben Sie nur mehr Ihr Warten und diesen Wald und seinen Fluss, der Sie ernährt, und den Strand und die Wogen der Brandung, durch die Sie in alle Himmelsrichtungen *begrenzt* sind. Sie haben kein Geld, keine Güter und keinen Menschen, der Ihre Erfahrung *teilt*, und Ihr eigener Name, den Sie sich wieder und wieder vorsprechen, kommt Ihnen fremd vor – ein zusehends abstrakter werdendes Zeichen einer *unwirklich* erscheinenden Vergangenheit. Jetzt, nach dreieinhalb Wochen Warten, sind Sie keinesfalls mehr davon *überzeugt,* dass das Boot tatsächlich auf dem Weg hierher ist. Sie halten auch nicht mehr Ausschau nach ihm, und wenn Sie sich abends, gesättigt von dem süßen Fleisch, auf Ihre Bastmatte legen, dann sind Sie gar nicht mehr beunruhigt, dass diese Vermutung stimmen könnte. Sie wissen jetzt, dass sich die Zeit, die Sie gewartet haben, nicht grundlegend von der unterscheidet, die Sie warten werden. So absurd Ihnen das noch *vor kurzem* erschienen sein mag: Sie haben auch *hier* – eine Zukunft!

Teil II
Armut und Reichtum

1 Hirten und Herden

Auf mich üben die Steppen- und Savannengebiete des subsaharischen Afrika eine ganz besondere Faszination aus. Es ist die schier endlose Weite, der man hier begegnen kann; man fährt mit seinem Jeep stundenlang auf Pisten oder querfeldein mit Kompass und legt – gemessen an der Größe der Räume – immer nur höchst bescheidene Distanzen zurück. Obwohl man motorisiert doch ziemlich *schnell* unterwegs ist, kommt man nur allmählich weiter. Man muss verwehte oder eingebrochene Pistenabschnitte umfahren oder, wenn ein Fluss nach einem heftigen Regenguss angeschwollen ist, schon mal zwei Tage warten, bis man ihn queren kann. Die großartige Weite dieser Gebiete relativiert *jede* in ihnen getätigte Bewegung; die Siedlungsdichte ist so gering, dass man zuweilen tagelang auf keine Menschen trifft.

Bei Vorlesungen und Vorträgen über Afrika verwende ich gerne die so genannte Peters-Projektions-Weltkarte[251], denn sie gibt die Relationen der Kontinente flächengetreu wieder. Afrika als flächenmäßig zweitgrößter Kontinent scheint auf dieser Karte der Mittelpunkt der Welt zu sein, Europa »schrumpft« auf ihr zur wahren Größe, und man sieht auch, dass Neuguinea nach Grönland die zweitgrößte Insel der Welt ist, und nicht, wie auf der gängigen Weltkarte, ein schmales Inselchen im Norden von Australien. Um Afrikas Wüsten, Steppen, Wälder, Seen, Gebirge und Küsten gruppieren sich die anderen Kontinente dieser Welt; so scheint es nur schlüssig, dass die Geschichte der Menschheit hier begonnen hat, dass ihre Wiege und der Ursprung der Hominisation hier zu finden sind, dass die Verbreitung des aufrecht gehenden, vernunftbegabten, Werkzeuge gebrauchenden Menschen über die ganze Welt vom »Schwarzen Kontinent« aus seinen Anfang genommen hat: Da, wo sich fruchtbare Täler und Waldgebiete mit kargen Regionen und schroffen Gebirgszügen abwechseln, wo mächtige Flüsse und Wildreichtum die besten Voraussetzungen für die Entfaltung menschlichen Lebens boten, erspürt man auch heute noch die Zähigkeit des menschlichen Überlebenswillens – vom ersten behauenen Stein über die Domestikation des Feuers und die ersten in der Glut gehärteten Holzspeerspitzen bis hin zu der Aussaat mit Grabstöcken in den Regenzeiten und den frühen permanenten Siedlungsformen. Jahrhunderttausende menschlicher Entwicklungsgeschichte, die zugleich eine Geschichte der *Erweiterung* des Zeitbewusstseins in Vergangenheit und Zukunft hinein ist.[252]

Die Ausbildung bestimmter physiologischer Merkmale wie Hautfarbe, Körperstatur, Physiognomie usw. bedarf entwicklungsgeschichtlich betrachtet nur einer kurzen Zeitspanne; heute wissen wir, dass so genannte Europäer oder Asiaten genealogisch Menschen in Afrika näher verwandt sein können, als Afrikaner oder Europäer oder Asiaten untereinander.[253] Die heute in Afrika lebenden Menschen haben also gleich viel oder weniger mit der frühen Hominisation zu tun wie alle auf dieser Welt lebenden Menschen. Schon vor Zehntausenden von Jahren haben sich auf dem afrikanischen Kontinent zwei grundlegende zivilisatorische Formen herausgebildet. Neben den sesshaften, hortikultur-wirtschaftenden Ackerbauern waren es die nomadisierenden Viehhalter, die zu entscheidenden sozialen Veränderungen und auch technischen Innovationen Anlass gaben. Die mit ihren Herden weite Wegstrecken zurücklegenden Nomaden waren den sesshaften Ackerbauern insofern »überlegen«, als sie – aufgrund ihrer Reisen – über einen beträchtlichen Wissensvorsprung verfügten, mit Waren, Lebensmitteln, Gewürzen aller Art handelten, in den Besitz von Edelmetallen, Gold, schließlich Eisen und Geld kamen, was sie nicht nur »reich«, sondern auch zu ständig verteidigungsbereiten Kriegern machte. Die großen Königshäuser und Imperien des historischen Afrikas, die schon differenzierte Verwaltung, militärische Expansion und Unterwerfung anderer Bevölkerungsgruppen kannten, gründeten ihre militärische Macht oft auf nomadisierende, kriegerische Gruppen, wobei die sesshaften Ackerbauern die Ernährungsbasis sicherstellten. Die Europäer machten sich die innerafrikanischen Herrschaftsverhältnisse, die auch bis heute auf der traditionellen Dichotomie zwischen Ackerbauern und Nomaden aufbauen, vom Beginn des Sklavenhandels in Westafrika an bis zur Durchsetzung neokolonialer ökonomischer Interessen stets zunutze, was zu blutigen Auseinandersetzungen und Kriegen führte.[254]

Noch am Ende des 19. Jahrhunderts bestand für die europäische Welt das Innere des afrikanischen Kontinents größtenteils aus einer schwer zugänglichen, ihr überdies äußerst gefahrvoll erscheinenden *terra incognita.* Sie betrieb ihre Interessen von den Küsten und von an den Flüssen gelegenen Handels- und Militärstützpunkten aus mit Hilfe einheimischer Renegaten. In die weltweiten Schlagzeilen kam Afrika regelmäßig in den Jahrzehnten der teilweise friedlich, teilweise durch gewaltsame Befreiungskriege durchgesetzten Entkolonialisierung, die erst mit der ersten freien Wahl in der Republik Südafrika im April 1994 definitiv abgeschlossen war.[255] Heute ist das in den westlichen Industrieländern gängige Afrika-Bild geprägt von eurozentrischen Projektionen und ohnmächtigem Unverständnis: Dürren, Hungersnöte, ethnisch bedingtes Blutvergießen, Bevölkerungsexplosion, epidemische Krankheiten, Verslumung der Städte, Aids usw. Die Medien und deren Kommentatoren zelebrieren seit Jahrzehnten ein düsteres, resignatives Afrika-Bild, die wirtschaftlichen Daten scheinen für sich zu sprechen. Noch vor zehn Jahren erwirtschafteten die Ökonomien der Länder des subsaharischen Afrika – mit Ausnahme der Republik Südafrika – insgesamt 2,7% des Welthandelsvolumens, heute sind sie nur mehr zu 0,6% in die Weltwirtschaft eingebunden; das kumulierte Bruttosozialprodukt aller Länder des subsaharischen Afrika – ebenfalls mit Ausnahme der Republik Südafrika – beträgt nicht mehr als das Bruttosozialprodukt von Belgien – Tendenz weiter sinkend.[256] Ein ganzer Kontinent scheint – entgegen der Ideologie der Globalisierung – *marginalisiert* zu sein; mit demselben Tempo, mit dem »Entwicklung« in den Mobilitätsgesellschaften voranschreitet, bleiben die afrikanischen Gesellschaften hinter derselben *zurück*: von zeiträumlicher Entgrenzung kann also angesichts dieser Tatsache kaum die Rede sein, trotz Cyberspace, Gentechnologie und westlicher Produktionsenklaven in einigen Gebieten der »ärmsten« Länder dieser Welt. Das stereotype düstere Afrika-Bild, das unser Verhältnis zu dem größten und gleichzeitig »ärmsten« Kontinent spiegelt, sagt freilich meines Erachtens mehr über *unser* Unvermögen aus, mit Dingen, die gemäß unserem Weltbild nicht mehr sein *dürfen*, umzugehen, als über die reale Situation in den höchst unterschiedlichen Ländern des subsaharischen Afrika. In all diesen Ländern, und das macht die Sache für unser Thema so interessant, »tickt« die Zeit freilich fundamental anders, als wir dies in den Mobilitätsgesellschaften für selbstverständlich und auch unbedingt nötig erachten. Anhand *unseres* Tempos bewerten wir die Wirklichkeit, so wie sie sich *für uns* woanders darstellt, somit auch die afrikanische.

Im zeitlichen Spiegel, in den uns die afrikanische Realität blicken lässt, finden wir Spuren unserer eigenen Vorstellung von Zeit, Spuren unserer Ideologie, die ihr Konzept von Weltgestaltung und Weltvereinnahmung – ungeachtet hunderter Millionen Menschen auf diesem Planeten – durchgesetzt hat und in radikaler Beschleunigung weiterhin durchsetzt. Die spezifische, aus der europäischen Geschichte resultierende Vorstellung von Zeit und Weltzeit und die daraus resultierende Handlungs- und Organisationsrationalität als Herrschaftsmittel zur versuchten Durchsetzung einer *global adäquaten* Ökonomie und Politik, eines global adäquaten individuellen Lebensstils in »armen«, insbesondere auch afrikanischen Ländern, wird in dem folgenden Abschnitt in einigen Aspekten dargestellt. Es wird sich dabei zeigen, dass entgegen der Vorstellung eines *global village*, das umfassende Programm zur Uniformierung und Universalisierung von Zeit und Handlungsrationalität auf sehr enge Grenzen stößt, dass sich allerorts *Widerstände* zeigen, die – nach dem heutigen Stand der Dinge – mit Sicherheit nicht *einfach* und schon gar nicht *schnell* überwunden werden können. Sehen Fortschritts-Euphoriker darin einen gewaltigen *Rückschritt* in der Verwirklichung einer entzeitlichten, enträumlichten *sicheren* Welt, so bedeutet dies für Entwicklungs-Skeptizisten, denen sich auch der Autor zurechnet, eine gewaltige Chance, für eine Zukunft, die eine *andere* Zukunft zulässt, als die, welche die hektische Gegenwart der Mobilitätsgesellschaften über uns und tendenziell über immer mehr Menschen auf dieser Welt verhängt.

Es wird sich aber auch zeigen, dass die Widerstände gegen das Programm der zeitlichen Universalisierung das Verhältnis von Macht und Ohnmacht umdrehen können, dass die Ohnmacht der Mächtigen zuweilen zur Macht der Ohnmächtigen wird. Denn in der Mobilitätsgesellschaft *kann* die Armut, die sie zum Teil selbst erzeugt hat und noch immer erzeugt, nicht *ertragen,* geschweige denn *relativiert werden.* Einerseits ignorieren wir Armut in unserem täglichen Leben – dies gilt für die eigene gesellschaftliche Realität ebenso wie für Armut, die sich *woanders* ereignet –, denn wir wollen unser zeitverknapptes Leben ja genießen; andererseits rennen wir rastlos und höchst ineffizient Sturm gegen jene Strukturen, die unseres Erachtens nach Armut erzeugen. Wir übersehen dabei gerne, dass die Rationalität, mit der wir im Felde der Armut agieren, die Rationalität der Reichen ist, und wundern uns dann, wenn unsere »Hilfe« zu spät oder überhaupt nicht ankommt. So befindet sich das reiche Fünftel dieser Welt gegenüber den Armen dieser Welt in einem Dilemma: denn es vermag die Realität der Armut weder richtig zu erfassen und zu verstehen noch derselben etwas anderes als die Rationalität des Reichtums entgegenzusetzen. Diese freilich ist an das Programm jener Beschleunigung gebunden, das in den armen Ländern weder vorhanden noch in einem gesellschaftlich relevanten Ausmaß durchsetzbar ist.

Während der letzten sechzehn Jahre habe ich in insgesamt neun afrikanischen Ländern gearbeitet[257] und da vorwiegend in ländlichen, nicht-elektrifizierten Gebieten, so genannten Armutsregionen oder armutsgefährdeten Regionen. Mit der Zeit hat sich mein Afrika-Bild radikal verändert, mit der Zeit habe ich die Zeit *Zeit* sein lassen und nicht mehr versucht, in sie nach Maßgabe der Vernunft meiner Herkunft zu intervenieren. Das war für mich – jenseits aller auch erschreckenden Erlebnisse – eine fundamental *positive* Erfahrung. Diese verdanke ich den Menschen Afrikas und der Möglichkeit, mit ihnen arbeiten zu können. Ich bin mir durchaus bewusst, dass es einen großen Unterschied macht, ob man nun als Wissenschafter oder als Projektleiter im Bereich der »Entwicklungszusammenarbeit« in armen Ländern tätig ist, oder als Geschäftsmann, Händler, Vertreter einer europäischen Firma. Denn im zweitgenannten Falle besteht der Grund der Anwesenheit ja in der Durchsetzung profitorientierter Zeitverknappung, in der Aufbereitung des Umfeldes für die *Verwirklichung* auf europäischer Rationalität und immer auch auf Technologie basierender Geschäftsinteressen. Ich habe diese Leute nie beneidet und war immer froh, von ihnen jenen Spiegel vorgehalten zu bekommen, in dem ich mich selbst als jener erkannte, der sich der Zeit *hier* und *ihren* Menschen behutsam nähern *will*.

Das war nicht immer einfach, aber nichts, woraus man *lernen* kann, ist einfach. Mit der Zeit habe ich das Gefühl bekommen, dass sich die Weite der natürlichen Räume, denen ich *hier* begegne, in die Weite der Zeit – auch der sozialen Zeit – hinein verlängert. Dabei relativiert sich vieles, was in einer anderen zeitlichen und sozialen Ordnung *unerträglich* erscheinen mag. Vergangenheit, Gegenwart und Zukunft begegneten mir oft als metaphorische Gestalten, die gleichsam *kein* Programm zur Gestaltung von Welt durchsetzen, sondern jeweils dazu aufriefen, sich seines Lebens, seiner Zeit *gewahr* zu sein. Ich weiß, dass diese Gedanken religiöse Komponenten in sich tragen, die vielen Menschen in Mobilitätsgesellschaften unangenehm sind. Aber es wäre *falsch* sie nicht auszusprechen, denn Wirklichkeit entsteht vor unseren Augen als Spiegel unserer *Wahrnehmung*, deren Darstellung oder Verschriftlichung – auch wenn sie sich einer nicht- oder nur teilwissenschaftlichen Sprache bedient – extrem reduktionistisch ist. Wie soll ich ein Totenfest in einem zimbabwischen Dorf, eine Kanufahrt auf dem Gambia-Fluss *wirklich* beschreiben, den Blick in die Weite der Serengeti, der in einem Bruchteil einer Sekunde nicht Tausende, sondern Zehntausende Wildtiere einfängt, die, als gäbe es weder Freund noch Feind, über die kenyatische Masai Mara nach Norden migrieren, und wie das *Gefühl* der Anwesenheit von Seelen und anderen *unsichtbaren* Wesen bei den schlüssig in das afrikanische Leben integrierten magischen Ritualen. Als Soziologe und Kulturanthropologe, dies war mir von Anbeginn meiner Tätigkeit in Afrika klar, macht man sich in *unserer* Welt verdächtig, wenn man die säkulare Sprache – auch nur für einen kurzen *Moment* – verliert. Der Beschreibung der Realität magischer Gesellschaften wird aber diese säkulare Sprache ebenso wenig gerecht wie die Implementierung von europäischer Handlungsrationalität in großteils subsistenzwirtschaftende Ökonomien.

Der Leser möge es mir dennoch verzeihen, wenn ich ab und an die Sprache des analytischen Erklärens verlasse. Er möge diese kleinen Exkurse wie Geschichten nehmen – aus einer *womöglich* längst vergangenen Zeit, Geschichten einer *anderen* Wahrnehmung von Wirklichkeit. Verzichtete ich auf diese Geschichten, die als »unerklärbarer« Anteil meiner *Erfahrung* hinter der *Erklärbarkeit* meiner Gedanken liegen, so würde ich dem Thema Zeit einiges und auch die in ihr anzutreffende *Zeitlosigkeit* vorenthalten. Schon bei meinem ersten längeren Aufenthalt im Norden von Zimbabwe vor mittlerweile sechzehn Jahren begegnete mir eine metaphorische Gestalt, die mich mit einer Ver-rückung der zeitlichen Ordnung konfrontierte. Es war in der trockenen, semi-ariden von Desertifikation bedrohten Tonga-Region, in der ich an einer sozio-ethnologischen Studie arbeitete[258]. Nachdem ich von der katholischen Missionsstation aus, die mich zwei Monate beherbergte, einen längeren Marsch unternommen hatte und zu einem kleineren Dorf im Süden des Gebietes gelangt war, hatte ich den lokalen »Chief« um Erlaubnis gebeten, mein Zelt unweit des Dorfes für eine Nacht aufstellen zu dürfen.

Nach der freundlichen Bewilligung meines Ansuchens und einem gemeinsam getrunkenen Tee machte ich mich also daran, mein Nachtquartier vorzubereiten. Da kam ein Mann mittleren Alters auf mich zu, der mich bat, mein Zelt etwa 100 Meter weiter östlich aufzustellen, denn heute Nacht, so der Mann, werde es regnen, und wenn es regnet, wird sich *hier* – der Mann deutete auf den Platz, wo ich gerade mein Zelt aufstellen wollte – ein Fluss bilden, und hat sich einmal ein Fluss gebildet, so werden *hier* die Büffel durch das Wasser ziehen. Ich bedankte mich freundlich für den Hinweis, war aber gleichzeitig völlig verblüfft. *Hier* hatte es nämlich schon seit etwa sieben Monaten nicht mehr geregnet. Das wusste ich genau, denn ich hatte mir im Zusammenhang mit meiner Studie am Institut für Geodynamik in der Hauptstadt Harare die Niederschlagsmengen und saisonalen Statistiken sehr genau angeschaut; überdies war aufgrund der Trockenzeit *jetzt* schon gar kein Regen zu erwarten. Etwas misstrauisch blickte ich auf zum klaren Abendhimmel, der sich ohne ein einziges Wölkchen allmählich – wie jeden Tag – in den herrlichsten Rottönen zu verfärben begann. Natürlich folgte ich schließlich dem Ratschlag des Mannes, und natürlich regnete es in der folgenden Nacht so viel, dass sich ein kleiner Fluss bildete – und natürlich habe ich Jahre gebraucht, bis mir diese Geschichte *natürlich* erscheinen konnte. Büffel freilich habe *ich* nicht gesehen, weder in der Nacht, als mich das Prasseln des Regens auf mein Zeltdach aufweckte, noch am Morgen, als ich meine Wanderung fortsetzte.

Hier begegnen wir wieder einer Art von *Wahrnehmung*, die nicht hinter, sondern *vor* dem *sichtbaren* Raum und der in ihm *jetzt* vergehenden Zeit liegt – so wie wir dies schon angesichts der giftigen Schlangen und deren Erkennung[259] getan haben. Dabei handelt es sich keineswegs um paranormale Wahrnehmungen, sondern um das sich in anderer Weise *in Beziehung* setzen zu Zeit und Raum: Im linearen Zeitverständnis des Europäers grenzt nicht-lineare, holistische Wahrnehmung an *metaphysische*, an unerklärliche Ereignisse, die sich der prinzipiellen Logik des säkularen Weltbildes entziehen, worüber weiter unten noch ausführlicher die Rede sein wird.[260] Deswegen sind für ihn holistische Wahrnehmung und damit die *Konstruktion* zeitlich und räumlich nicht-linear verlaufender Wirklichkeiten, die sich *auch* aber bei weitem nicht *nur* in der Sprache der Magie äußern, entweder etwas wundersam Unerklärliches oder heillose Spekulation und Aberglaube. Beide Auffassungen sind der afrikanischen *Wirklichkeit* so fremd wie die afrikanische Auffassung der Allbeseelung der Natur und der Existenz von Parallelwelten und Parallelzeiten der unsrigen. Wenn man den Gipfel des menschlichen Fortschritts nicht unbedingt in der weltweiten Durchsetzung eines rational-säkularen, auf der aristotelischen Logik beruhenden Weltbildes sieht, so können wir gespannt sein, was wir aus derart unterschiedlichen Wirklichkeitskonzeptionen noch lernen können, sofern sich nicht »unsrige« Wirklichkeitskonzeption weltweit durchgesetzt hat, *bevor* wir noch lernen konnten. Das aber glaube ich nicht, denn die Konstruktion *anderer* Wirklichkeiten ist erstaunlich resistent gegenüber Modernisierungsprogrammen – sowohl in Teilen unserer eigenen, insbesondere aber in den traditional viel stärker verhafteten »armen« Gesellschaften. Für jene, die Wissenschaft und Magie als einander ausschließende Systeme zum Erkennen und zum Interpretieren von Welt ansehen, müssen diese Gedanken beunruhigend sein; für jene, die sich der analogen Strukturen *aller* Wirklichkeit konstituierenden Systeme bewusst sind, mag darin eine Chance zur Erweiterung unseres Verständnisses von Welt und deren *Begrenzung* durch die Art und Weise, *wie* wir sie sehen, zu finden sein.

Holistische Wahrnehmung – als ein *anderes* Sich-in-Beziehungsetzen zu Zeit und Raum – charakterisiert nicht nur den Bereich der Magie, der bei nicht in »vermittelten« Welten lebenden Menschen alle anderen Bereiche selbstverständlich und nicht hinterfragt durchdringt, sondern auch den alltäglichen Umgang mit der Wirklichkeit. So ist es zum Beispiel für einen Hirten in der Mara-Region völlig selbstverständlich, *auf einen Blick* zu sehen, ob ein einziges Stück Vieh in einer Herde von mehreren Hundert Rindern fehlt oder nicht. Diese erstaunliche Fähigkeit – Einzelobjekte in der Tiefe und Weite jener Räume, durch die seine Vorfahren gezogen sind, *in Summe* und *im Detail* zu erfassen – verdankt er seiner analogen, holistischen Wahrnehmung. In einer zeitlich und räumlich linear *gedachten* Wirklichkeit müsste der Hirte die Rinder *durchzählen*, um sicher sein zu können, dass seine Herde vollzählig ist. Hat er, was in dieser Region die Regel ist, *keine* ausreichende Schulbildung, so könnte er dieses schwierige Unterfangen gar nicht durchführen. Die Frage, ob die Tatsache, *zählen* zu können, dazu führt, die Fähigkeit zur holistischen Wahrnehmung zu *verlieren*, wird uns noch in diesem Abschnitt beschäftigen.[261] Wir wissen etwa von Autisten, die ein erstaunliches numerisches Erfassungsvermögen haben, dass sie die genaue Anzahl von in einem Bündel auf den Boden fallenden Mikadostäbchen im Bruchteil einer Sekunde *auf einen Blick* erkennen und angeben können[262] –, dieses Vermögen aber nach »erfolgreicher« Therapie verlieren. Der afrikanische Hirte freilich wird nicht nur seine Fähigkeit zur holistischen Wahrnehmung ein ganzes Leben lang behalten, sondern diese wird ihm überdies auch als nichts Besonderes erscheinen. Denn er *blickt* auf alle Dinge *seines* Lebens so wie auf die Herde, die er zu hüten hat.

Meine Aufenthalte in viehhaltenden afrikanischen Gesellschaften habe ich stets als faszinierend empfunden: Die enge Anbindung des menschlichen Rhythmus an jenen der Tiere, die zyklische Integration des mythischen und rituellen Komplexes in die saisonalen Bewegungen, die auf der Suche nach Wasser und Weidegründen mit und *für* die Tiere getätigt werden. Nomadisierende Gruppen haben im subsaharischen Afrika Jahrtausende lang regionale klimatische Veränderungen durch ihre langen Wanderungen ausgleichen können. Heute sind die meisten dieser Ethnien aufgrund der durch Bevölkerungswachstum und Monokulturen voranschreitenden Landverknappung, aufgrund nationalstaatlicher Grenzen und der in vielen Regionen dramatische Ausmaße annehmenden Desertifikation sesshaft geworden oder ziehen halbnomadisierend wesentlich kleinere Radien als ihre Vorfahren. Die einstmalige ökonomische Stärke der Nomaden hat sich vielerorts ins Gegenteil verkehrt, denn der Nationalstaat schreibt auch ethnische Identität nach den Regeln territorialer Begrenzung und damit Kontrolle und Verfügbarkeit fest. Aus Nomaden sind Hirten geworden. An der Bedeutung der Tiere und an der Beziehung *zwischen* Mensch und Tier hat das Sesshaft-Werden freilich in jenen Ethnien nicht viel verändert, in denen die Menge an verfügbarem Geld nach wie vor gering ist und damit die ökonomische Bedeutung der Tiere weiterbesteht. Ist diese ökonomische Bedeutung gegeben, so symbolisieren die Tiere auch die Zeit – Vergangenheit, Gegenwart, Zukunft – und mit ihr die *genealogische* Ordnung. Die Herdenstückzahlen stellen *auf einen Blick* auch das Sozialprestige ganzer Familien dar, selbst wenn der ökonomische Wert aufgrund zunehmender Monetarisierung oder aufgrund von Dürren anachronistisch werden mag.

In der Mara-Region, von der schon weiter oben die Rede war[263], bestimmt das Zebu-Rind nach wie vor das Leben der Menschen. Die Mura-Gruppen sind vor etwa 120 Jahren sesshaft geworden und haben sich in den Steppen- und Hügelgebieten um den Victoria See auf heute tansanischer Seite mit ihren großen Herden angesiedelt. Von den Brautpreiszahlungen bis hin zu den Erbschaften regelt die Rinderökonomie die sozialen Beziehungen dieser Gruppen.[264] Anhand dieser Ökonomie möchte ich ein paar grundlegende Überlegungen zur Relation von »Armut« und Zeit anstellen – wie sie uns in vielen Teilen der so genannten »unterentwickelten« Welt begegnet. Die Menschen dieser Region, die mit einem Jahres-Pro-Kopf-Einkommen von US$ 50 selbst für tansanische Verhältnisse – Jahres-Pro-Kopf-Einkommen US$ 180[265] – äußerst »unterentwickelt« sind, mögen europäischen Besuchern zutiefst arm erscheinen, wenngleich sie sich selbst in dieser Definition nur *in Relation* zu ihren Besuchern wieder finden werden. Obwohl der Grad der Monetarisierung – also des im Umlauf befindlichen Geldes – so gering ist, sind Herdengrößen von einigen Hundert Stück Zebus pro patriarchaler Großfamilie keine Seltenheit. Sie werden in trockenen Perioden bis zu 100 Kilometer weit ausgetrieben, wobei aber dann nur die Hirten mitziehen, zwei bis drei Monate fortbleiben und die Familien in ihren Kralen verbleiben. Auch hier, wie überall auf der Welt, ist die soziale Ordnung eng an die zeitliche Ordnung gebunden – somit auch die materielle Reproduktion der Gesellschaft insgesamt. Diese als »subsistenzwirtschaftend« ausgewiesene Gesellschaft erscheint in erster Linie deswegen so »arm«, weil »Armut« in Mobilitätsgesellschaften durch das Fehlen von Geld, Gütern und (durch Geld bezahlte) Dienstleistungen definiert ist. Allen drei Definitionskriterien wohnt der in Teil 1 behandelte zeitliche Beschleunigungsfaktor inne, ja die Vermehrung des »Reichtums« ist nur durch ein *immer schneller Werden* des Geldumlaufs, der Produktlebenszyklen und der angebotenen und in Anspruch genommenen Dienstleistungen möglich. Obgleich gemäß *unserer* ökonomischen und damit zeitlichen Logik die Menschen in der Mara Region so »arm« erscheinen, erweist sich dies – bei näherer Betrachtung – *auch* nach Kriterien *unserer* Logik zumindest als zweifelhaft; dann nämlich, wenn man vorhandene Ressourcen gemäß *unserer* ökonomischen Logik in Geldwert bemisst. Dann zeigt sich nämlich, dass die Menschen in der Mara-Region gar nicht so »arm« sein *können*, wie wir das glauben *wollen* – obwohl die meisten von ihnen in zerschlissenen T-Shirts und ohne Schuhe herumlaufen, sie kein Geld haben, um in die nächste Stadt zu fahren und im Durchschnitt auch nicht älter als 54 Jahre werden.[266]

Diese ketzerischen Gedanken sind die logische Folge eines Zahlenspiels, das mich und meinen Kollegen Professor Kunze, der als Physiker und Techniker einige Wochen mit mir in der Region verbrachte, einen Abend lang in Verwirrung gestürzt hat. An jenem Abend hatten wir uns beim Schein einer verrußten Kerosinlampe zusammengesetzt und berechnet, wie viel es uns »kosten« würde, wenn wir – gemäß dem sozialen Status, den wir in unserer eigenen Gesellschaft innehaben – in die Mura-Gesellschaft »aussteigen« wollten. Das Ergebnis war frappierend. Obwohl beide im heimischen Leben durchaus erfolgreich – mit gesicherten Gagen als Universitätslehrer und vielfältigen Forschungsprojekten –, errechneten wir, dass wir einfach *zu wenig* Geld haben, um, unserem Herkunftsstatus entsprechend, in die Mura-Gesellschaft »auszusteigen«. Wir legten unserer Berechnung den durchschnittlichen Geldwert nach lokaler Kaufkraft zugrunde, verzichteten also auf den Wechselvorteil, den man erzielt, wenn man Hartwährungen in den tansanischen Schilling konvertiert – aber selbst dann wäre es äußerst »knapp« geworden. Als durchaus erfolgreiche Männer »in den besten Jahren« würden wir soundso viel Grund und eine Herde Zebu-Rinder von zumindest 300 bis 350 Stück benötigen. Zudem würden wir uns – gemäß unseres sozialen Status – mit zumindest vier Frauen verehelichen wollen – was beträchtliche Brautpreiszahlungen zur Folge hätte. In einer polygamen patriarchalen Gesellschaft gilt jeder mit nur einer oder zwei Frauen verheiratete Mann als armer Schlucker; er wird kaum imstande sein, einen ordentlichen Patri-Clan *in die Welt* zu setzen. Zusätzlich mussten wir die Kosten für jene Feierlichkeiten, Einladungen, Rituale usw. dazurechnen, um neben den »materiellen« Erfordernissen auch die basalen sozialen Erwartungen erfüllen zu können, damit niemand brüskiert ist und ein sozial akzeptierter »Umstieg« in diese Gesellschaft gewährleistet ist. Spätestens jetzt kapitulierten wir; die benötigten, in Geldwert ausgedrückten Ressourcen überstiegen nicht nur unsere finanziellen Möglichkeiten, sondern auch unseren Kreditrahmen bei der Bank. Abgesehen davon schien es uns äußerst fraglich, ob man einen Kredit bekommt, dessen Absicherung in dem Ankauf einer Herde Zebu-Rinder und in der Gründung einer Großfamilie in Tansania besteht. Zusätzlich zeigte sich das Problem, dass wir weder Kreditrückzahlungen noch Zinsen bedienen könnten, außer wir planten strategisch und zielten darauf ab, unsere Rinder profitabel verkaufen und vermarkten zu können. Kein ordentlicher Mura freilich verkauft seine Zebus – ein geradezu grotesker Gedanke. Die Zeit würde uns also *davonlaufen*, weil wir Geld in sie gesetzt haben: Wir lebten zwar in einer zeitreichen Gesellschaft, hätten jedoch abermals keine Zeit, weil wir die Zeit *rasch* nutzen müssten, um uns das Geld für den *Einkauf* der Zeit irgendwo borgen zu können. Wir wären also selbst in der Verwirklichung dieses kühnen Plans niemals Mura, sondern bestenfalls wiederum *Unternehmer* geworden. So leid es uns tat, auch wenn wir wollten, wir konnten es uns nicht »leisten«, in eine der »ärmsten« Regionen Afrikas »auszusteigen«.

Dieses »Scheitern« hat, vereinfacht gesagt, zwei Gründe: Erstens könnten wir bei der Verwirklichung unseres Planes nicht auf uns *zustehende* Ressourcen zurückgreifen – jede Bewegung würde also Geld und damit Zeit kosten, die wir gerade deshalb gar nicht mehr hätten; und zweitens wären alle Investitionen in unsere geldlose Zukunft von uns *allein* zu tätigen, da wir ja zum *jetzigen* Zeitpunkt auf kein großfamiliales Netzwerk von letztlich hunderten Unterstützern zurückgreifen könnten. Weil wir als Produkte der Mobilitätskultur allein sind – und *weil* wir allein sind, jede Bewegung, die wir tätigen, eine Menge Geld kostet –, können wir uns eine »Rückkehr« in vorindustrielle, großfamiliale Strukturen nicht mehr »leisten«. Der »Reichtum« also, den die viehhaltenden Mura-Gruppen in der Mara Region Tansanias zwei Professoren aus dem »reichen« Westen *voraus* haben, gründet sich somit fraglos auf die Fülle an Zeit, die zur Vermehrung der natürlichen Ressourcen und zur Vermehrung der Größe, Stärke und damit Selbsterhaltungsfähigkeit der eigenen Familie führt. Zeit, in die kein Geld, sondern Leben investiert wird – das von Menschen, das von Tieren.

Das, was uns selbstverständlich erscheint, mag woanders nicht nur nicht selbstverständlich, sondern oftmals absurd erscheinen. Wer dies nicht bedenkt und trotzdem in afrikanischen Gesellschaften arbeiten will, wird sich mit gröberen Problemen konfrontiert sehen, und in meinem Kopf lasse ich die vielen entnervten Geschäftsleute, Entwicklungsexperten und sonstigen »Professionals« Revue passieren, die sich angesichts der afrikanischen Zeit- und damit Lebensordnung, gegen die sie die eigene nicht durchzusetzen vermochten, sprichwörtlich die »Haare rauften«. Afrikanische Gesellschaften *ermöglichen* dem Forscher ein gutes Experimentierfeld, *andere* Zeiten als jene, deren historische Genese im ersten Teil dargestellt wurde, zu erfahren und *gewähren* zu lassen. Wenn dieses Gewährenlassen zu einem anderen Umgang mit Reichtum und Armut, Leben und Tod führt, dann beginnen wir, die wir glauben, Menschen »armer« Gesellschaften über den »richtigen« Umgang mit der Welt *belehren* zu müssen, endlich damit, von anderen *Zeiträumen* zu *lernen*. Dies mag ein schwieriges Unterfangen sein, aber es »zahlt sich aus« – insbesondere dann, wenn uns bewusst wird, dass wir ohnedies »keine Zeit« mehr haben, die Zinsen jener Kredite, die wir »auf Kosten« der jeweils im Jetzt beginnenden Zukunft genommen haben, »zurückzuzahlen«.

Zwischen der geldreichen Welt der Zeitarmut und der geldlosen Welt des Zeitreichtums herrscht vielfaches Unverständnis, und die einseitige ökonomische Vermittlung zwischen beiden begünstigt erstere. Wer nicht in »Zeitfallen« tappen will, muss viel über unterschiedliche zeitliche Wirklichkeiten wissen. Das wird zusehends schwerer, denn das Tempo hat sich in Mobilitätskulturen verselbständigt – nicht nur im institutionellen, sondern auch im individuellen Bereich. So wie die Systeme und Institutionen, die wir rund um uns erschaffen haben, kein »richtiges« Tempo mehr zu kennen scheinen, weil es nur das eine »richtige« – jenes der Beschleunigung nach dem Motto »je mehr, je schneller desto besser« – gibt, so auch der einzelne Mensch, der seine Rastlosigkeit zum zeitlichen Prinzip seines Lebens erhebt, um seiner Ratlosigkeit nicht ohnmächtig ausgeliefert zu sein. Auch jene, die bereit sind, andere Zeiträume gewähren zu lassen, ja nach ihnen suchen, um von ihnen zu lernen, tappen – allein schon aufgrund der Schnelligkeit, mit der wir uns von Hier nach Dort befördern lassen – in »Zeitfallen«, die sie sich selbst oder andere ihnen stellen. So ist es auch nicht leicht das »richtige« Tempo zu finden, wenn man zwischen der geldreichen Welt der Zeitarmut und der geldlosen Welt des Zeitreichtums oft hin- und herpendelt. Je mehr Zeit in meinem individuellen Leben vergeht, desto häufiger denke ich an die Episode mit einem Berber im Süden Marokkos, der mich in drastischer Weise auf eine von mir selbst gestellte »Zeitfalle« aufmerksam gemacht hat. Steht sie für mich *auch* stellvertretend für die jüngste Geschichte der Gesellschaft, aus der ich komme, so hoffe ich dennoch, dass sie nicht für deren Zukunft steht:

An einem heißen Augusttag waren meine erstgeborene Tochter Clara und ich mit einem roten Wrangler und Dutzenden Litern Wasser an Bord durch die herrlichen Dünen der Sandwüste bis nach Zagora gekommen und wollten von da aus auf einer wenig gesicherten Piste bis nach Tagounite weiterfahren. Nachdem wir Zagora Richtung algerische Grenze etwa 20 km hinter uns gelassen hatten, begannen wir innerlich zu zweifeln; immerhin war es schon drei Uhr nachmittags und die Piste könnte stellenweise stark versandet sein. Zwar hatten wir in Zagora Benzin und Proviant geladen, aber würde die Zeit *reichen,* mit Sicherheit noch vor Einbruch der Dunkelheit nach Tagounite zu gelangen? Während wir also unsere Zweifel besprachen, und ich trotzdem aufs Gaspedal drückte, und der Jeep ostwärts raste, sahen wir plötzlich vor uns etwas am Pistenrand. Als wir nah genug herangekommen waren, erkannten wir an einer nahezu nicht zu identifizierenden Wegkreuzung ein liegendes Kamel, in dessen Schatten ein Berber saß. Ich hielt den Wagen an. Ich stieg mit der Karte bewaffnet aus und setzte dem Mann wortreich unseren Plan auseinander, heute noch nach Tagounite zu gelangen, und fragte, ob dies – der eingezeichneten Route folgend – tatsächlich heute noch zu schaffen sei, und wenn ja, was es zu beachten gelte ... Der Mann, dessen braunes, tiefzerfurchtes Gesicht von einem weißen Tuch umrahmt war, rührte sich nicht, saß nur da, würdigte uns keines Blickes. Schließlich hielt ich abrupt inne – womöglich verstand der Berber uns überhaupt nicht, sprach kein einziges Wort Französisch oder ängstigte sich sogar vor uns. Eine kurze Stille trat ein, wir hörten nur den Wind, der mit einem hohen säuselnden Laut die Sandkörner über die Piste trieb. Dann hob der Mann seinen Kopf und blickte uns aus grünbraunen Augen durchdringend an: »Wer sich hetzt, ist schon tot«, sagte der Mann in bestem Französisch. Das war alles. Irgendwie beschämt stieg ich wieder in den Wagen, und wir fuhren zurück nach Zagora. Am nächsten Tag erreichten wir nach einer wunderschönen vierstündigen Fahrt sicher Tagounite. Zuvor hatten wir an der Wegkreuzung noch nach dem Berber und seinem Kamel Ausschau gehalten. Die freilich waren schon längst *ihrer* Wege gegangen.

2 Warum das Kamel durch das Nadelöhr geht

Als kleiner Junge, der in einer katholischen Familie aufwuchs, war mir der Sinn des Jesus-Zitates lange Zeit unverständlich. *Leichter kommt ein Kamel durch ein Nadelöhr hindurch als ein Reicher in das Reich Gottes hinein!*[267] Nicht, dass ich nicht wusste, was ein Kamel ist; die hatte ich schon im Zoo gesehen, sondern weil ich mir nicht vorstellen konnte, was ein Nadelöhr ist. Irgendwann schließlich, bei einer heimischen Sticksitzung mit meinen vier Schwestern, wurde ich aufgeklärt. Mir fiel es wie Schuppen von den Augen: Eher geht also so ein riesiges Kamel durch dieses kleine Löchlein am Ende einer Nähnadel als ein Reicher in das Himmelreich kommt. Unglaublich, dachte ich, und beschloss, mein Taschengeld immer so *schnell* wie möglich auszugeben, um ja niemals reich zu werden – denn immerhin *damals* lag das Himmelreich *jenseits* meiner kleinen Welt. Himmel und Hölle waren gleichermaßen durch erschreckend radikale Grenzen definiert, wie der »Kommunismus« und die »freie Welt«, oder meine »Cousins und Cousinen in Amerika« und unsere Heimat Anfang der sechziger Jahre in Wien. Dass die weite Welt »draußen« gerade dabei war, ihr Gesicht radikal zu verändern, sollte ich erst später erfahren: dass sie nicht nur beschlossen hatte, das Tempo radikal zu beschleunigen, massenhaft Atombomben zu bauen, zum Mond zu fliegen, Massenkaufkraft durch Wirtschaftswunder zu produzieren, Massen an Fracht und Menschen durch die Lüfte, über die Meere zu befördern, massenhaft Wohlfahrt und »Sicherheit« zu gewährleisten, sondern, dass sie auch beschlossen hatte, die Armut, die doch der einzige Garant dafür war, in das Himmelreich zu kommen, breitenwirksam »abschaffen« zu wollen, sie aber dennoch, oder vielleicht gerade deswegen, massenhaft »in Szene« setzte. Von all diesen Dingen sollte ich erst später erfahren, wesentlich Ende der sechziger Jahre, wo es wiederum die Massen, diesmal die Jugendlichen, waren, die gegen das massenhafte Produzieren und Konsumieren ihrer Elterngeneration und die damit verbundene Ausbeutung natürlicher und menschlicher Ressourcen energisch zu Felde zogen: selbst in der damals letzten Bastion zwischen Ost und West, dem zwischen den Fronten des Kalten Krieges gemächlich vor sich hindösenden Wien, ließen wir uns die Haare wachsen, trugen Glockenhosen und drehten Jimi Hendrix so laut auf, dass uns die Nachbarn regelmäßig die Polizei ins Haus schickten. Mit Reichtum wollten die Jungen nichts mehr zu tun haben, und es war viel die Rede von der Armut der »Dritten Welt«, die *wir* Reichen verschuldet hatten und durch Gewalt, Unterdrükkung und, wenn nötig durch Kriege in entlegenen Dschungelgebieten, aufrecht zu erhalten gewillt waren. Aber diese »Dritte Welt« – Heimat der massenhaft Armen – hatte begonnen sich zu wehren. Dekolonialisierung und Befreiung waren die großen Identifikationsfelder für die durch Woodstock bewegten Stadtindianer. Das alles gefiel mir sehr, hatte ich doch stets an die Geschichte des Kamels zu denken, wie es – schier unglaublich aber *wahr* – durch das Nadelohr schlüpft, *bevor* ein Reicher in den Himmel kommt.

2.1 Keine Zeit für Entwicklung

Die Entdeckung der Unterentwicklung

Der amerikanische Präsident Harry Truman verlautbarte in seiner Antrittsrede am 20. Januar 1949: *Der alte Imperialismus – das heißt die Ausbeutung zugunsten ausländischer Geldgeber – hat mit diesem Konzept eines fairen Handels (fair trade) auf demokratischer Grundlage nichts zu tun. Die Hebung der Industrieproduktion in den zurückgebliebenen, unterentwickelten Ländern ist der Schlüssel zur Wohlfahrt und zum Frieden!*[268] Diese paradigmatische Festlegung von dem, was Entwicklung ist, sollte Jahrzehnte lang diskursbestimmend sein und ist auch noch am Beginn des 21. Jahrhunderts gleichermaßen aktuell wie deren Gegenpositionen. Mit dieser Festlegung wurde die überwältigende Mehrheit der Menschen auf diesem Planeten für »arm« und *entwicklungsbedürftig* erklärt; die westliche Welt wurde zu einem Vorbild, dessen Hegemoniebestrebungen so *überall* auf der Welt – insbesondere auch im Kampf gegen den großen Antagonisten »Kommunismus« – gerechtfertigt werden konnten. Nach dieser Festlegung wurde ein Fischer auf der Insel Lihir im Südpazifik, ein Warao im Orinoco-Delta, ein Mura in der Mara-Region gleichermaßen zu einem in einer *unterentwickelten* Gesellschaft lebenden *armen* Menschen wie ein arbeitsloser Stadtmigrant in den »Squatter-Settlements« in Nairobi oder den Slums von Rio. Diese theoretische Festlegung *verwirklicht* sich überall da, wo die Menschen, die in als arm definierten Gesellschaften leben, mit den »materiellen Segnungen« des Westens konfrontiert werden. War der Fischer in Neuirland vor dem Bau der Goldmine[269] ein autonomer subsistenzwirtschaftender Mann, so musste er *durch* den Bau dieser Mine staunend erfahren, dass er zutiefst arm ist, weil er sich kein Coca Cola, kein Kerosin und keinen Dosenfisch – der mittlerweile zum Statutssymbol geworden ist –, schließlich kein Auto, kein europäisches Haus mit Telefonanschluss usw. leisten kann. Wenn die Mächtigen – im Sinne der herrschenden Gedanken – festlegen, was Armut ist, dann haben die Armen in der Regel nur mehr ein Ziel: *nicht* mehr arm, sondern reich zu sein. Die letzten Jahrzehnte in der »Dritten Welt« waren *auch* geprägt von dem umfassenden Bemühen der »Modernisierung« aller Lebensbereiche, um sowohl individuell als auch gesellschaftlich das *Stigma* der Armut und Unterentwicklung abzulegen oder zumindest *symbolisch* zu konterkarieren.

Der mexikanische Gelehrte Gustavo Esteva kommentiert die Antrittsrede von Präsident Truman, die exemplarisch die Haltung der industrialisierten Länder zu den nicht-industrialisierten ausdrückt, folgendermaßen: *Damals wurden zwei Milliarden Menschen plötzlich unterentwickelt. Für sie war seither alles anders: Sie verloren ihre Eigenheit und vielgestaltige Besonderheit, plötzlich erschienen sie im Zerrspiegel einer fremden Wahrnehmung, ein Spiegel, der sie verkleinerte und in den Hintergrund rückte; die Identitäten der Mehrheit und ihre mannigfaltigen Formen wurden umgedeutet und einfach über den Leisten einer bestimmten kleinen Minderheit geschlagen ... Diese Unwertbildung verwandelt Fähigkeiten in Mängel, Gemeingut in Ressourcen, Männer und Frauen in Ware Arbeitskraft; aus der Tradition wird eine Last, aus Weisheit Unwissenheit, aus Autonomie Abhängigkeit.*[270] Die *Unwertbildung*, von der Esteva hier spricht, war eine wesentliche Voraussetzung für die zeitliche und räumliche Entgrenzung, denn sie hat den Versuch der *Übertragung* des linearen Prinzips von Entwicklung und Fort-Schritt auf alle Menschen und Kulturen dieses Planeten nicht nur ermöglicht, sondern auch »moralisch« gerechtfertigt. »Armen« und »Unterentwickelten« soll geholfen werden, allein die zeitliche und räumliche Einbindung in das Netzwerk der Reichtum schaffenden Produktions- und Handlungsweisen garantiere eine Hebung des Standards und eine Vermeidung – auch im globalen Maßstab gemessen – gefährlicher Unsicherheiten. Die illusionäre Vorstellung des »global village«, welche die Ideologen des reichen Fünftels dieser Welt in unterschiedlichen Varianten zur Beschreibung des Verhältnisses eben dieses Fünftels zu dem »Rest« der Welt strapazieren, hat freilich nicht *gemessene* Armut und Unterentwicklung reduziert, sondern im Gegenteil: die Diskrepanz hat sich trotz aller Ideologie und trotz aller aus ihr resultierenden »Entwicklungs«-Bemühungen drastisch verschärft. Es scheint, als sei die Zeit der Zeit davongelaufen, oder anders ausgedrückt, als gäbe es in den armen Ländern dieser Welt *zu viel Zeit*, als dass Entwicklung in einem europäischen Sinn, die ja Beschleunigung aufgrund von Zeitverknappung meint, stattfinden kann, oder zumindest nicht in einem unserem Zeitverständnis nach einigermaßen effizienten Sinn.

Diese *Unwertbildung* begleitet die Vermessung des globalen sozialen Raumes nach Kriterien der angloamerikanisch-europäischen Welt ab Mitte des 20. Jahrhunderts. Wenn im weiteren von Armut gesprochen wird – so bezieht sich dies auf eine nach diesen Standards konstruierte Wirklichkeit, deren Durchsetzung als globales Weltmodell durch das Denken und ökonomische Handeln des reichen Fünftels dieser Welt angestrebt wird. Dabei spielt nicht nur »Modernisierung« im allgemeinen, sondern das ihr zugrunde liegende lineare europäische Zeitverständnis als *Herrschaftsmittel* eine zentrale Rolle. Armut und Unterentwicklung erfüllen in diesem Sinne ihre Funktion zur Rechtfertigung der Idee des »globalen Reichtums«, der immer mehr und schneller »Werte« schöpft und das reiche Fünftel immer radikaler von dem »Rest« der Welt abkoppelt. Die *Unwertbildung* spiegelt das auf Veränderung, Verfügbarkeit und Verewigung beruhende neuzeitliche Programm der Mobilitätskulturen auf drastische Weise: um Grenzen in der entgrenzten Welt negieren zu können, bedarf es eines plausiblen Grundes – eben jenen der Armut und Unterentwicklung, oder – damit verbunden – des »Demokratiedefizits« und »terroristischer Bedrohungspotentiale«. Militärische Drohung oder Intervention, die politische Hegemonieinteressen offensichtlich machen und zu Beginn der »post-cold-war«-Zeiten zusehends in Verruf geraten waren, erleben seit den Anschlägen des 11. September 2001 eine dramatische Renaissance. Obgleich niemand so recht daran glauben mag – militärisch interveniert wird aufgrund »humanitärer« Gründe, was »demokratisch« legitim erscheint, auch wenn Internationales Recht gebeugt, die Institutionen der Vereinten Nationen ausgehöhlt und mächtige Staaten, die eine andere Politik verfolgen, »vor den Kopf gestoßen werden«. Auch in der sich anbahnenen »neuen Weltordnung« ermöglicht und erleichtert die Unwertbildung von armen und unterentwickelten Ländern die Überschreitung ihrer Grenzen – politisch, ökonomisch, wenn es sein muss auch militärisch.

Was aber ist Armut? Fest steht, dass je mehr über Armut und deren Bekämpfung *geredet* wurde, der Anteil der Menschen, deren tägliche *materielle Reproduktion* gefährdet ist, drastisch angewachsen ist. Das erinnert an ein sich selbst erfüllendes Paradox: Die Konsequenz der »Entdeckung« der Armut durch deren weltweite Vermessung und zeitlich-räumliche Eingliederung und Bewertung in das System der Reichen, reproduziert *massenhaft* und in einem immer schnelleren Tempo das, was ich hier, mangels besserer Begriffe, *Verelendung* nennen will. Verelendung liegt dann vor, wenn *kulturspezifisch* definierbare Grundbedürfnisse nicht mehr befriedigt werden können. Verelendung bedeutet vielfaches Hungern, vielfaches Kranksein, vielfaches armutinduziertes *sinnloses* Sterben. Verelendung hat *nichts* damit zu tun, dass durch Modernisierung geweckte Bedürfnisse nach Konsumgütern oder Elektrifizierung oder Mobilität usw. *nicht* befriedigt werden können. Verelendung geht an den Kern der menschlichen Substanz, sie wütet als stetig voranschreitende Epidemie – und das in einer Welt, deren

Ideologie es ist, das neuzeitliche Programm der Sicherheit *global* durchzusetzen. Es ist sehr sonderbar: Je reicher die Reichen geworden sind, und je mehr Armut als Fehlen von Geld, Gütern und durch Geld bezahlte Dienstleistungen definiert wurde, desto heftiger ist die *Verelendung* von Hunderten Millionen Menschen auf diesem Planeten vorangeschritten. Noch bis vor relativ kurzer Zeit haben die jeweils Reichen die jeweils Armen *gebraucht*, um ihren Reichtum zu halten, bzw. vermehren zu können. Arme hatten – so zynisch das klingen mag – also nicht nur ihre traditional oder religiös motivierte Legitimation, sondern auch ihre ökonomische. In der »globalisierten« Welt der Reichen freilich werden die Armen – ja ganze Kontinente – aufgrund der Entkoppelung der Kapitalflüsse von der Primärproduktion nicht mehr benötigt, sie können marginalisiert werden: *verelenden* und fallen in Lebensbedingungen, die als »unterentwickelt« zu bezeichnen *mehr* als zynisch ist. Die Entdeckung der Armut und das Programm der Modernisierung und damit der vermeintlichen Verminderung der Armut hat zu einer gigantischen Zunahme absoluter Verelendung in vielen Teilen der Welt geführt, insbesondere in Afrika.

Von der Rede Harry Trumans bis zum ersten offiziellen Staatsbesuch[271] eines amerikanischen Präsidenten in einigen afrikanischen Ländern hat es ganze 49 Jahre – nämlich bis zum Frühjahr des Jahres 1998 gedauert. Bill Clinton reiste mit einer nahezu 300köpfigen Wirtschaftsdelegation und hatte exakt dieselbe Botschaft in seinem diplomatischen Koffer wie ein halbes Jahrhundert zuvor sein Vorgänger: »Trade not Aid« – hieß das Motto, mit dem er in jenen afrikanischen Ländern mit der fortgeschrittensten kapitalistischen Binnenstruktur eine große Investitions-, Produktions- und Handelsoffensive seitens Amerikas ankündigte. Immerhin handelt es sich trotz Marginalisierung um den noch größten ökonomisch weitgehend unerschlossenen Kontinent, auf dem zumindest theoretisch *Massenkaufkraft* erzeugt werden könnte. Beobachter waren von Anfang an skeptisch. Insbesondere auch amerikanische Kommentatoren vertraten die Meinung, Bill Clinton wolle durch diese Initiative von der Affäre »Monica Lewinsky« ablenken, die gerade ihren Höhepunkt erreichte. Mit dem ihm eigenen Geschick fürs Theatralische hatte der Präsident seinen Afrikabesuch auf der ehemaligen Sklaveninsel Gorée vor Dakar in Senegal begonnen, wo er eine bewegende Rede hielt über das tiefe historische Unrecht, das den Menschen des Kontinents in der amerikanischen Diaspora widerfahren war. Nachdem der afroamerikanischen Wählerschaft auf diese Weise Tribut gezollt worden war, kam er auf das moderne, selbstbewusste, unternehmerische Afrika zu sprechen und die Chancen, die ein fairer Handel böte; schließlich endete seine Rede mit dem Gelöbnis, dass die Vereinigten Staaten samt der westlichen Staatengemeinschaft einen Genozid wie 1994 in Ruanda nie wieder zulassen würden. Während der anschließenden Reisen, in deren Rahmen eine Art Marshall-Plan zur umfassenden ökonomischen Modernisierung jener Länder vorgelegt wurde, deren ländliche Gebiete zwar zusehends verelenden, deren Metropolen aber stärker mit den Zentren im Westen verbunden sind – zum Beispiel Nairobi in Kenia –, wurde von afrikanischen Kommentatoren immer heftigere Kritik laut: Nicht »Trade not Aid«, sondern »Aid and Trade« müsse die Devise lauten, sonst ginge die afrikanische Initiative völlig an den wahren Problemen des Kontinents – nämlich der zunehmenden Verelendung, aus der keine Profite zu schlagen sind – vollkommen vorbei.

Die spektakuläre Reise endete mit einem Besuch in der Republik Südafrika. Nachdem Bill Clinton mit dem Befreier von der Apartheid und Friedensnobelpreisträger Nelson Mandela jenes Gefängnis besucht hatte, in dem dieser 27 Jahre inhaftiert gewesen war, hielt er im Parlament in Kapstadt eine abschließende Rede. Der politischen Funktion eines Kapstädter Freundes hatte ich es zu verdanken, dass ich mit einer Besucherkarte dabei sein konnte. Im Wesentlichen enthielt die Rede die bereits dargestellten Inhalte, doch dann kam ein zumindest politisch-diplomatischer Paukenschlag: Die Zwänge des Kalten Krieges, so der Präsident, hätten dazu geführt, dass die Vereinigten Staaten jahzehntelang immer wieder auf der *falschen Seite* gestanden seien, dass sie nicht die Befreier, sondern die unrechtmäßig Herrschenden unterstützt hatten und dass er sich dafür – im Namen des Volkes der Vereinigten Staaten – entschuldige.[272] In diesem Moment hörte ich Jimi Hendrix' Gitarre in seiner Interpretation der amerikanischen Hymne wie Maschinengewehre knattern. Immerhin gehörte die Mehrheit jener staatsmännischen und diplomatischen Hände, die der Präsident während seiner Reise geschüttelt hatte, Mitgliedern ehemals durch die »sozialistischen Bruderländer« unterstützten Befreiungsbewegungen, vielfach auch aktiven Kämpfern, gegen die amerikanische Waffen gerichtet worden waren. Es ist *keine* Zeit mehr zu verlieren, so der Präsident weiter, *Entwicklung* müsse *jetzt* beginnen, um Friede und Stabilität in den Ländern des subsaharischen Afrika *in Zukunft* sicherzustellen.

Diese ökonomisch-diplomatischen Aussagen waren schon zu diesem Zeitpunkt von massiven militärischen Maßnahmen flankiert. So zog im Jahr vor dem Staatsbesuch eine Armee, bestehend aus aufständischen Kongolesen und mit US$ bezahlten Söldnern unter der Führung eines gewissen Laurence Kabila, brandschatzend durch Zaire, um nach nur neun Monaten Kampf das riesige Reich und die Hauptstadt Kinshasa zu erobern, Mobuto Sese Seko zu stürzen und die Hegemonieansprüche Frankreichs in Zentralafrika entscheidend zu schwächen.[273] Eine militärische Aktion, die zu einem bis heute schwelenden Krieg zwischen mehreren afrikanischen Ländern geführt hat. Inzwischen ist von der Mission Clintons nicht mehr viel zu hören; es war, so der allgemeine Tenor, ein »Schuss ins Leere«, neben den geostrategischen Interessen vielleicht das erste und letzte Bemühen, die diplomatischen Rahmenbedingungen für eine Initialzündung zur Modernisierung der afrikanischen Wirtschaft zu schaffen, die freilich in den gegebenen afrikanischen Verhältnissen – politisch, sozio-kulturell und infrastrukturell – nicht möglich ist.

Einstürzende Glastürme und Kriege gegen unsichtbare Feinde

Fünf Jahre später sind die diplomatischen Bemühungen und die »stellvertretende« militärische Konfliktaustragung zur Sicherung geopolitischer Interessen offener und völkerrechtlich nicht legitimierter Gewaltanwendung gewichen. Anfang April 2003 stürmen amerikanische Marine-Infanteristen, unterstützt von britischen Elite-Truppen die irakische Hauptstadt Bagdad – begleitet von flächendeckenden Bombardements, denen Tausende Zivilisten zum Opfer fallen. An der Existenz der Massenvernichtungswaffen, die von Diktator Saddam Hussein vor den Un-Waffeninspektoren angeblich verborgen werden und als »offizieller Kriegsgrund« herhalten müssen, wird weltweit ebenso gezweifelt, wie an der Legitimität dieser Intervention. Dennoch oszillieren die Kommentare in den europäischen Medien zwischen Empörung und vorsichtiger Sympathie für die »Durchsetzung westlicher Interessen und Werte«. Den UN-Waffeninspektoren ist ebenso wenig Zeit gelassen worden ihre Arbeit zu beenden, wie der Bildung eines tragfähigen politischen Konsenses innerhalb der Staatengemeinschaft. Diplomatische Konfliktregelungsstrategien sind ebenso zur Farce verkommen wie die berechtigten Einwände der prononcierten »Kriegsgegner« Frankreich, Deutschland und Russland. Die solistische Vorgehensweise der Vereinigten Staaten und Großbritanniens haben ohne Zweifel ein neues Kapitel in dem Buch der »globalen Ordnungspolitik« aufgeschlagen. Ein Kapitel, dessen erste Seiten soeben geschrieben werden und die wenig Hoffnung auf einen guten Ausgang der Geschichte lassen.

Die globale Teilung der Welt in Arm und Reich wird dabei um den seit mehreren Jahren ideologisch und literarisch vorbereiteten »Clash of Civilizations« komplettiert. Die Mehrheit der Arabischen Welt steht den »Humanitären Aktionen« und »Befriedungsversuchen« selbst ernannter Befreier in zorniger Ohnmacht gegenüber. Zumindest für sie handelt es sich bei diesem Krieg um die schonungslose Durchsetzung »westlicher« Hegemonieansprüche aufgrund ökonomischer und militärischer Überlegenheit. Der Blutzoll, der »auf beiden Seiten« für eine »Konfliktlösung« zu zahlen ist, die nicht auf Kooperation, die nicht auf einem institutionalisierten, völkerrechtlich legitimierten und durch einen breiten staatenübergreifenden Konsens getragenen Konfliktmanagement beruht, übersteigt schon jetzt die Vorstellung jener, die in der vermeintlichen Sicherheit des Reichtums glauben, die Geschicke der Menschen – gleich wo auf der Welt – bestimmen zu müssen. Eine besondere und vor allem tragische Ironie der Geschichte: Denn gerade die dominierende Stellung des »Westens« und seine geopolitische und militärische Überlegenheit nach Ende des Kalten Krieges hätten ihm – allen voran den Vereinigten Staaten – die »Freiheit« geben können, entscheidende Schritte in die Richtung einer globalen Friedenspolitik, einer umfassenden Pazifizierung des Planeten durch Demilitarisierung und einer globalen Entschärfung der ökologischen Krise zu tun. Das Gegenteil war der Fall: Ob es sich nun um das Produktionsverbot von Landminen, um das 2001 in Genf erarbeitete Zusatzprotokoll für das schon 1975 in Kraft getretene und von 143 Vertragsstaaten unterzeichnete Verbot von chemischen und biologischen Waffen handelt, das Verifikationsmechanismen und Kontrollen möglicher Einrichtungen vorsehen würde, oder ob es um den entscheidenden Schritt der Reduktion von Schadstoffemissionen geht, wie im Kyoto-Protokoll festgelegt – die Administration der Vereinigten Staaten hat wesentliche multilaterale Bemühungen zu einer transnationalen Friedenspolitik und zu einer Ökologisierung der Weltgesellschaft von sich gewiesen und dadurch auch die Rolle der Vereinten Nationen entscheidend geschwächt.

Die Möglichkeit eines friedlicheren und bedachteren Umgangs miteinander, das Ziel einer »global governance« – beruhend auf transnationalem Konsens, völkerrechtlich verbindlichen Regelmechanismen, internationalen Konventionen und Verträgen – scheint aufgrund dieser politischen Abenteuerlust vorerst verspielt. Gekämpft wird gegen technisch unterlegene »Feinde«, »autokratische Herrscher« und »Schurkenstaaten«, wobei – »Kollateralschäden« kühlen Kopfes einkalkuliert – vor allem auch Zivilisten Opfer dieser »Befriedungspolitik« werden. Die sichtbaren Ziele, denen mit Präzisionswaffen begegnet wird, stellen den kleinsten und einfachsten Nenner jener »unsichtbaren Feinde« dar, die das Kriegsgeschehen überhaupt erst ermöglichen. Denn die »unsichtbaren Feinde« sind es, *weshalb* gegen die sichtbaren Ziele entschieden vorgegangen werden muss. Im Westen bedürfen Hochrüstung und militärische Gewaltanwendung jener Bedrohungsszenarien, die vor der eigenen Haustüre »spürbar« werden und den »demokratischen Konsens« für den Einsatz massenhaft todbringender Mittel sichern. Je weniger Zeit und Raum für die Analyse und für die auf Kooperation basierenden Konfliktlösungsstrategien gelassen werden, desto *schneller* vergrößern sich die Bedrohungsszenarien. Auch die Logik der militärischen »Befriedung« folgt der Sprache der illusionären Zukunft, die Unsicherheit schafft, indem sie Sicherheit zu gewährleisten vorgibt, und eine stabile Zukunft aufgrund »gegenwärtiger Sachzwänge« – die zuweilen, wie im Falle der »Massenvernichtungswaffen«, aus ideologischen Gründen einfach konstruiert werden – verunmöglicht. Damit ist nun ein Tor geöffnet, durch das all jene schreiten können, die ihre Interessen durch die jeweils von »Anderen« ausgehenden, propagandistisch vereinnahmten »Bedrohungen« rechtfertigen können und auch die »zivilisatorische« – sprich militärische – Stärke besitzen, diese durchzusetzen.

Gewalt, Ohnmacht und Gegengewalt sind kommunizierende Gefäße; Pazifizierung durch Gewalt ist ebenso wenig möglich wie die Bekämpfung einer Sucht durch eine andere Sucht. Die Vorstellung der militärischen Befriedung entspringt einer »alten« martialischen Weltsicht, aus deren Blickwinkel die Okkupanten glauben Befreier zu sein, auch wenn sie nicht mit Blumen empfangen werden. Die Wirklichkeit funktioniert nach Maßgabe der sie *mächtig* in Szene Setzenden. Daraus resultieren unermessliches Leid, auch tragische Ironie: die Bekämpfung »unsichtbarer Feinde«. Die Bombardements in Afghanistan, die Einschränkung der Bürgerrechte in den Vereinigten Staaten, die Verschärfung der Immigrationsbestimmungen in nahezu allen westlichen Ländern, die Eroberung des Irak, die jahrelange, systematische Verhinderung eines freien Palästinenserstaates produzieren »unsichtbare Feinde« *ad infinitum*, die wiederum hegemonialpolitisch motiviertes Handeln gegenüber der eigenen Klientel begründen. Aus einem Osama bin Laden werden Hunderte, aus einem Saddam Hussein Tausende. Der »Kampf gegen den Terrorismus« ist ein Kampf gegen das medusische Haupt der Teilung der Welt in Gut und Böse, in Arm und Reich. Ein Kampf, der den *Circulus vitiosus* zwischen Gewalt und Gegengewalt aufrecht erhält und in sich widersprüchlicher nicht sein könnte. Die Diskrepanzen zwischen Sprache und Handlung, zwischen gesellschaftlichem Diskurs, politischer Ideologie und der Durchsetzung handfester Interessen, die Diskrepanzen zwischen den Tönen also und der Musik, die abermals zu einem Militärmarsch verkommen ist, werden offensichtlich: Jimi Hendrix hat seine Gitarre – nachdem sie in Woodstock geschrieen, geweint und geschossen hatte – mit Benzin übergossen und angezündet. Dies erscheint heute noch folgerichtig, logisch und konsistent: Die Idee von Vernichtung gebiert Vernichtung.

Am 11. September 2001 stürzten die beiden Türme des World Trade Center in New York spektakulär und medial weltweit begleitet in sich zusammen. Fast 3000 Menschen starben in den Trümmern. Das zentrale Symbol der reichen Welt – jenes von Freiheit, Sicherheit und ökonomischer Prosperität – war zerstört. Dieser Tragödie folgten zwei völlig unterschiedliche, aber hintergründig einander bedingende »Reaktionen«: Während der »Kampf gegen den Terrorismus« mit all seinen die Gegenwart determinierenden Konsequenzen proklamiert wurde, rückte zugleich ein Thema, das jahrelang aus dem Bewusstsein der Weltöffentlichkeit verdrängt worden war, wieder in das Zentrum des politischen Diskurses. Während Afghanistan, eines der ärmsten Länder der Welt, bombardiert wurde, wurden auf Regierungsebene der OECD-Länder, aber auch in den Gremien der Vereinten Nationen und der Europäischen Union nicht nur die geostrategischen, sondern auch die allgemein politischen Folgen des Terroraktes für eine multilaterale Friedenspolitik erörtert: Globale Stabilität, globale Sicherheit – so stand nach dem traumatischen Schock des 11. September fest – werden ohne geo-ökonomischen Interessensausgleich zwischen den ärmsten und den reichsten Ländern unerreichbar bleiben; die extreme Ungleichheit evoziert Gewalt, religiösen Fanatismus, unreglementierbare Migration, Rechtsunsicherheit und Instabilität. Armut und soziale Ungleichheit führen zu Gewaltbereitschaft, zu Terror und zu Krieg, deren ideologische Rechtfertigung sehr unterschiedlich sein mag. Auch wenn sich z.B. bei religiös legitimierter Gewalt kein direkter Bezug zu materieller Armut herstellen lässt, so herrschte doch allgemein Konsens über das Potential an Unfrieden, das jeder Armut innewohnt, gleich wie sich deren Artikulation durch »politische« oder »religiöse« Gewalt ideologisch rechtfertigt. Zudem verhindert Armut politische Mobilität, Meinungspluralismus, zivilgesellschaftliche Strukturen und »Modernisierung« autokratischer Strukturen, womit eine »Demokratisierung« armer Gesellschaften verunmöglicht wird.

Der wieder entdeckte Diskurs über die globale Ungleichheit in »Aufarbeitung« des mörderischen Schocks vom 11. September ging von dem Konzept der »Armutsbekämpfung als Friedenssicherung« aus. Dies konnte zwar weder die afghanische noch die irakische »Strafexpedition« verhindern, holte aber ein seit dem Ende des Kalten Krieges ad acta gelegtes Thema zurück in die Diplomatie: Der ökonomischen und politischen Marginalisierung der ärmsten Länder sollte entschiedener entgegen getreten werden, was sich u. a. in der Diskussion über die Erhöhung der bilateralen staatlichen Mittel der OECD-Länder für die Entwicklungszusammenarbeit spiegelte. Armutsbekämpfung als globale Friedenssicherung muss über Humanitäre (Sofort-)Hilfe hinausgehen, strukturell eingreifen, langfristig konzipiert sein und alle Potentiale der partizipativen Selbsthilfe nutzen. Bilaterale Entwicklungszusammenarbeit darf kein »Geschäft« sein, sondern muss der Sicherung der Grundbedürfnisse in den ärmsten Ländern der »Dritten Welt« zugute kommen. Dass es sich bei diesen Ansätzen um nicht viel mehr als um fromme Wünsche handelte, die keineswegs zu einer Erhöhung der Mittel oder einer markanten Revision der »Entwicklungsstrategien« führten, wird weiter unten behandelt. Im Gegenteil: Die Ausgaben der reichen Länder für die ärmsten Länder sanken weiterhin, während sich die weltweiten Rüstungsausgaben dramatisch erhöhten.

Der 11. September hat einmal mehr die unmittelbare Verwundbarkeit des »global village« aufgezeigt und die Vorstellung der durch Reichtum begründeten – und verteidigbaren – »Sicherheit« ins Wanken gebracht. Auch sind die Grenzen der konventionellen militärischen und polizeilichen »Sicherheit« offensichtlich geworden. Dieser »Verunsicherung« wurde mit dem verstärkten Einsatz von Gewalt begegnet, freilich stets auch mit dem Hinweis darauf, dass diese Gewalt der Vermeidung noch schlimmerer Szenarien – terroristische Akte durch Massenvernichtungswaffen etwa – dient.

Der »Abfederung« der sozialen Konsequenzen dieser gewalttätigen »Konfliktlösungsstrategien« dient die »Humanitäre Hilfe«, deren Volumen sich in den letzten Jahren beinahe verdoppelt hat, während die Mittel für strukturelle Armutsbekämpfung – wie in den nächsten Kapiteln ausgeführt wird – kontinuierlich gesunken sind. Die Hilfsorganisationen im Bereich der »Humanitären Hilfe« sind Symbole der westlichen Zivilgesellschaft in so genannten »Kriegs- und Katastrophenszenarien« und stellen die »Speerspitze« jener logistischen Struktur dar, die »schlechtes Gewissen« befrieden helfen soll. Schließlich soll und muss das »entwickelt« werden, was zuvor zerstört worden ist: Wasser- und Nahrungsversorgung, medizinische Betreuung, Wiederaufbau basaler Infrastruktur und Kommunikation. Ist die grundlegende Infrastruktur wieder hergestellt, kann das »Geschäft« beginnen.

Krieg ist ein »Geschäft« für jene, die den Krieg gewinnen, auch wenn sie ihn – gerade dieser zweifelhaften »Siege« wegen – von allem Anfang an verloren haben. Reichtum und militärische Überlegenheit lassen sich gegen Armut und Elend, die regelmäßig autokratische und diktatorische Regime zur Folge haben, nicht verrechnen. Jenseits der propagandistischen Feldzüge und ideologischen Diskurse, welche das Ziel einer »neuen« Weltordnung rechtfertigen sollen, geht es wesentlich um die Frage nach der globalen Ungleichverteilung von Ressourcen, politischer Macht und Ohnmacht. Eine politische Doktrin, die auf dem »Recht des Stärkeren« aufbaut, macht in schmerzhafter Weise offensichtlich, was in den Strukturen einer »globalen Apartheid« – die Herrschaftsregeln des Kolonialismus mit anderen Mitteln fortsetzend – ohnedies angelegt war und auch im Zuge der »Entkolonialisierung« keine grundsätzliche Revision erfahren hatte. Die Frage nach den Möglichkeiten globaler Stabilität und globalen Friedens lässt sich – weniger denn je – von der Frage nach dem Verhältnis von Armut und Reichtum trennen. Die durch Reichtum evozierte »zeitliche Beschleunigung« koppelt in dramatischer Weise ohnedies marginalisierte Gebiete und Länder von der ökonomischen Prosperität und damit auch von gesellschaftlichen Entwicklungen in den wohlhabenderen Teilen der Welt ab. Wenn diese »zivilisatorischen Errungenschaften« dann mittels Waffengewalt in arme, infrastrukturschwache und politisch »bedenkliche« Länder »exportiert« werden, so entbehrt dies nicht einer gewissen Ironie. Denn durch den Versuch, der Medusa das Haupt abzuschlagen, bekämpfen wir jene Ursache, die als Folge einer dramatischen globalen Ungleichheitsordnung vor unser aller Augen entstanden ist und täglich neu entsteht.

Gemessene Armut

Sowohl Armut als auch Verelendung sind in den letzten Jahren weltweit massiv angewachsen. In der zeitlich und räumlich vermessenen Welt wird Armut in Geldwert errechnet. Monetäre Investition verknappt die Zeit, die für Entwicklung zur Verfügung steht. In arme Länder transferiertes Investitionskapital produziert Entwicklungs-Artefakte, die nichts mit der Hebung des materiellen, gesundheitlichen, edukativen usw. Standards der Bevölkerung zu tun haben müssen. Der gängigste Index, der zum Vergleich von Nationalökonomien herangezogen wird, ist das Bruttosozialprodukt (BSP) – also die Summe aller in Geldwert ausdrückbaren und innerhalb der nationalen Grenzen erwirtschafteten Wertschöpfungen. Das Prof-Kopf-Einkommen, durch das noch immer am häufigsten Armut und Reichtum gemessen wird, ergibt sich dann aus dem BSP, dividiert durch die Gesamtzahl der Bevölkerung. In diese Berechnungsart gehen funktionierende Subsistenzwirtschaften – wie jene der oben beschriebenen viehhaltenden Mura in der Mara Region in Tansania – nicht ein. Es wird ihnen kein *Wert* zugeschrieben. Je mehr Geld ausgegeben wird, desto höher die Wertschöpfung. Wenn in der tansanischen Hafenstadt Dar es Salaam mit ausländischem Kapital ein Hochhaus gebaut wird, dann schlägt das in der nationalen Wertschöpfungsbilanz um den Faktor 1000 höher zu Buch als der Bau von 100 öffentlichen Schulen. Der Kauf eines einzigen Fernsehers ist so viel *wert* wie 80 Schultafeln. Die von den reichen Ländern unterstellte Konvergenz zwischen Leistung und Geldwert verkennt in der »Dritten Welt« massiv die Bedürfnisse der Menschen. Weder die Subsistenzökonomien noch die Verteilungsungleichheit innerhalb eines Nationalstaates werden im BSP berücksichtigt; dies führt zu dramatischen Verzerrungen zwischen Armut und Verelendung. So werden Länder wie Tansania weit unter der Armutsgrenze liegend ausgewiesen, obwohl die Mehrheit der Bevölkerung wesentlich subsistenzfähiger ist als in Ländern mit starken Industrieenklaven oder in Teilen anderer Länder, z. B. den ehemaligen Homelands in der Republik

Südafrika.[274] Die Verteilungsungleichheit verschärft die Diskrepanz zwischen Arm und Reich auch innerhalb der »armen« Länder massiv. Die globalisierten Reichen – ob nun im Norden oder im Süden lebend – diktieren den lokalisierten Armen ihre Vorstellung von Wirtschaft und Entwicklung – bzw. profitieren von der zeitlichen Beschleunigung der monetären Ökonomie, die Arm und Reich immer rasanter voneinander trennt.[275]

Weil schon vor geraumer Zeit – spätestens Anfang der siebziger Jahre – ersichtlich wurde, dass die monetäre Bewertung nicht ausreicht, um »absolute Armutsgrenzen« zu definieren, wurden verschiedene Anstrengungen zu deren alternativen Bemessung unternommen. So bezieht z. B. der »Physical Quality of Life Index« die Lebenserwartung[276], den Kalorienverbrauch, die Einschulungsrate und die Alphabetisierungsquote ein. Einschulung und Alphabetisierung sind voneinander getrennt, weil Hunderte Millionen Menschen, die nur eine Grundschule besucht haben, zeitlebens funktionale Analphabeten bleiben. Nach Festlegung der Food and Agriculture Organisation (FAO) wird die absolute Mindestgrenze des täglichen durchschnittlichen Kalorienbedarfs mit 2180-2380 angegeben. Ein Kaloriendurchschnitt von 2098 in den Ländern des subsaharischen Afrika bedeutet *realiter* ein tausendfaches Verhungern, ein Kaloriendurchschnitt von 3483 in den Ländern der Europäischen Gemeinschaft *realiter* millionenfache Fettleibigkeit. Im subsaharischen Afrika können 34% der Bevölkerung den Minimalkalorienbedarf nicht decken.[277] Der oft ausgewiesene »Human Development Index« versucht neben Lebenserwartung und Alphabetisierung auch noch die reale Kaufkraft innerhalb eines Landes zu berücksichtigen, die in armen Ländern immer höher liegt als in den in US$ ausgewiesenen Statistiken.[278] Auch für die Verteilungsungleichheit gibt es verschiedene Indikatoren,[279] die ein wirklichkeitsgetreueres Abbild von Reichtum und Armut zeichnen wollen: So zeigt sich, dass die höchste Einkommenskonzentration in Lateinamerika zu finden ist, einem Großraum, in dem 24,9% der ärmsten Menschen dieser Welt leben, obwohl das Pro-Kopf-Einkommen achtmal höher ist als in Afrika, wo 47% unter der absoluten Armutsgrenze leben und mit einem US$ am Tag auskommen müssen. Insgesamt haben 1,3 Milliarden Menschen nicht mehr als einen US$ und 2,4 Milliarden nicht mehr als zwei US$ pro Tag zur Verfügung.[280]

Wenn in der Folge also von Reich und Arm die Rede sein wird, dann beziehe ich mich immer auf die *Summe* der jeweiligen Indikatoren zur Beschreibung von *Lebenssituationen.* Ich werde mich dabei kurz halten, denn die Gefahr der *Zahlen* ist, hinter den Zahlen nicht mehr Menschen zu sehen – eine Gefahr übrigens, der die Sozialwissenschaften oft gleichermaßen erliegen wie Entwicklungsexperten, Politiker und Geostrategen. Dennoch will ich noch einige Indikatoren der gemessenen Armut anführen, nicht nur um die Ideologie des »global village« zu demaskieren, sondern um daraus abzuleiten, warum wir keine Zeit für »Entwicklung« *mehr* haben. Kurz gesagt: Vier Fünftel der Menschheit müssen sich mit einem Füntel, das ärmste Fünftel mit 1,4% des Weltsozialproduktes[281] begnügen – Tendenz weiter rückläufig. Die 48 ärmsten Staaten – »least developed countries« (LLDC)[282] – sind nur zu 0,4% am gesamten Welthandel beteiligt, das Pro-Kopf-Einkommens-Gefälle zwischen ihnen und den OECD-Staaten beträgt 1:60.

Insgesamt leben über 500 Millionen Menschen in den 48 LLDCs, wobei die 250 Millionen Menschen, die in Indien unter der absoluten Armutsgrenze leben – also rund ein Viertel der Bevölkerung – in dieser Statistik konsequent ausgeklammert werden.[283] Insgesamt kann von etwa 1,3 Milliarden extrem Armen (unteres Fünftel) und von 1,1 Milliarden – nicht kriegsinduzierten – Unterernährten ausgegangen werden, die *de facto* hungern.[284] Weltweit ist die Nahrungsmittelproduktion gestiegen, in den Ländern des subsaharischen Afrika ist sie trotz massiven Bevölkerungswachstums in den letzten zehn Jahren gesunken.[285] Mineralische und agrarische Rohstoffe, die seit der Kolonialzeit die einseitigen exportorientierten afrikanischen Ökonomien dominierten, haben massiv an Bedeutung verloren. Verzeichnete die Europäische Union in den letzten zehn Jahren eine Exportsteigerung von nahezu 100%, die südostasiatischen »Tiger« sogar von fast 150%, so fielen die Exporte aus Afrika im gleichen Zeitraum um mehr als ein Viertel. Die Preise für tropische Agrarprodukte sanken um 37%.[286] Verschärft wird die Situation überdies durch die Tatsache, dass 20% des weltweiten Ackerlandes durch Desertifikation bedroht sind, was zwangsläufig dazu führt, dass auch die Subsistenzquote fällt.[287] Arme Länder sind notorisch *geldlose* Länder, Geld und Kapital konzentrieren sich im reichen Fünftel. Die Kluft zwischen Arm und Reich, zwischen marginalisierten Gebieten und den drei großen Wirtschaftsräumen hat aufgrund des exponentiellen Wachstums der Geldwirtschaft massiv zugenommen: In den USA/Kanada/Nafta, der Europäischen Union und Japan-China-Südostasien wird mehr als 80% des gesamten Welthandels betrieben, werden mehr als 90% aller Kredite vergeben und wird mehr als 80% der weltweiten, in Geldwert bemessenen Wertschöpfung erzielt, wohingegen das ärmste Fünftel nur über 1% der Ersparnisse und der Investitionen verfügt.[288]

Das »weltweite System der Apartheid«, wie der Entwicklungssoziologe Franz Nuscheler die globalen Ungleichheiten nennt[289], tritt besonders krass zutage, wenn man Armut anhand von physiologischen Kriterien und individueller Lebenszeit *misst.* Mangel- und Unterernährung gefährden insbesondere Kinder und ältere Menschen. Von den 4,6 Milliarden Menschen, die heute in so genannten Entwicklungsländern leben, haben fast 1 Milliarde keinen Zugang zu sauberem Wasser und 2,4 Milliarden keinen Zugang zu basaler Gesundheitsversorgung und Hygiene. 11 Millionen Kinder sterben jährlich aufgrund leicht vermeidbarer – oft epidemischer – Krankheiten, das sind mehr als 30 000 jeden Tag: 8000 etwa an Masern, Keuchhusten, Tetanus, 7000 an Diarrhö, 6000 an Lungenentzündung usw.[290] Trotzdem verlängert die moderne Medizin auch das Leben in Armut: So ist die Lebenserwartung in den LLDCs von etwa 46 Jahren (1980) auf 51 (2002) gestiegen, wobei es freilich in Subsahara-Afrika, aufgrund der epidemischen Verbreitung von HIV/Aids seit dem Jahre 2000 zu einer rückläufigen Entwicklung gekommen ist und die durchschnittliche Lebenserwartung tendenziell wieder unter 50 Jahre sinkt.[291] Die Kindersterblichkeit bis zum fünften Lebensjahr und das Bevölkerungswachstum korrelieren direkt proportional: Eine Senkung der Kindersterblichkeit unter 10% bedingt überall auf der Welt eine drastische Reduktion der Fertilität und damit des Bevölkerungswachstums. In Afrika sterben 173 Kinder von 1000 lebend geborenen – das sind dreizehnmal so viel wie in den Industriestaaten – und gerade deshalb liegt die Durchschnittskinderzahl pro Frau noch immer bei 6,2.[292] Überall dort, wo die Kindersterblichkeit reduziert werden konnte, ist auch das Bevölkerungswachstum signifikant zurückgegangen.[293] Erst in weiterer Folge spielen Verhütungsprogramme, Bildungsstand der Frauen usw. eine wichtige Rolle. Je gefährdeter Leben ist, desto mehr Leben wird produziert – um die materielle Reproduktion unter armen Bedingungen zu gewährleisten.

Wir leben in einer Welt, in die hinein jede Sekunde drei Kinder geboren werden. Das macht etwa 260 000 Kinder pro Tag. 50 000 von ihnen werden – sofern sie ihre Kindheit in extrem armen Verhältnissen überleben – aller Wahrscheinlichkeit nach etwa 25 bis 30 Jahre früher sterben als jene 50 000 Kinder, die in den reichen Ländern aufwachsen werden. Das »Privileg der Geburt« ist heute im »entzeitlichten, enträumlichten global village« kein ständisches, sondern ein geographisches. Die ärmsten Kinder werden in eine andere *Wirklichkeit* hineingeboren als die reichen Kinder und in eine fundamental andere zeitliche Ordnung. Sie werden die Welt mit anderen Augen sehen als die reichen Kinder, die ihr Erbe *vermehren* werden wie ihre Vorfahren. Sie gehen jeweils einer Zukunft entgegen, die unterschiedlicher nicht sein kann. Werden die einen auch Mitte dieses Jahrhunderts noch damit beschäftigt sein, ihr Überleben – »von Tag zu Tag« aufs Neue – zu sichern, so werden die anderen – auch wenn sie in ihrer Gesellschaft als »arm« gelten sollten – in unvergleichlicher materieller Fülle leben und die Welt als *ihre* Welt betrachten. Sie werden gute Ausbildungen genossen haben, und dies wird ihnen nicht nur räumliche, sondern auch soziale Mobilität erlauben. Sie werden großteils in effizient funktionierenden Stadtkonglomeraten leben und global kommunizieren. Auch die armen Kinder, die heute großteils noch in ländlichen Gebieten geboren werden, werden in 30

Jahren mehrheitlich Stadtbewohner geworden sein.[294] Dies freilich sind dann andere Städte als jene in den reichen Ländern – sich über riesige Flächen erstreckende Barackensiedlungen, in denen sich mehrheitlich analphabetische Menschen ohne Grund und Boden mit kleinen Geschäften und Dienstleistungen am Rande der Legalität gerade noch »über Wasser halten«.[295] Sie werden *nicht* versichert sein, sie werden sich keine Medikamente *leisten* können, sie werden *keinen* Zugriff auf das elektronische Wissen haben, sie werden sich vielfältigster Grenzen und Begrenzungen *bewusst* sein, und trotzdem wird ihnen *dieses* Leben, *diese* Wirklichkeit völlig normal und selbstverständlich erscheinen. Sie werden es mit Kreativität, mit Engagement verändern und verbessern wollen.

Das reiche Kind, ist es einmal herangewachsen, wird dem armen Kind, treffen sie einander einmal zufällig an der *äußeren Peripherie* der Zeit, nicht recht in die Augen sehen können. Denn dem Reichtum ist es üblicherweise zutiefst unangenehm, der Armut gegenüberzustehen. Der Reiche erblickt eine Wirklichkeit, die *anders* ist als die seine, und die ihn, ob er es wahrhaben will oder nicht, eigentümlich *bedroht.* Dem Reichen ist der Arme *fremd* geworden, und diese wirkliche *Unwirklichkeit* löst Ängste aus, die schon längst überwunden geglaubt waren. Nicht nur an eigene Verletzbarkeit und Sterblichkeit erinnert die Armut, sondern auch daran, dass die Welt des Reichtums dem Reichen einen Spiegel vorhält, in dem er sich selbst oft nicht als *gleichwertiger Mensch* erkennt. Dann kommen mitunter die Zweifel an dem *Mehr und Mehr*, dann steigen – wie seltsame Erinnerungen in unruhigen Träumen – anachronistische Weisheiten aus der Leere der gehetzten Existenz: etwa die, dass nichts, was Bedeutung hat auf dieser Welt, *gekauft* werden kann, oder die, dass das Kamel vielleicht doch durch das Nadelöhr geht, *bevor ein Reicher in den Himmel kommt.* Der Reiche wird sich dann schnell verabschieden, was der Arme schade findet, hätte er sich doch noch gerne mit ihm unterhalten. Immerhin haben beide in der gleichen Sekunde das Licht dieser Welt erblickt. Aber der Reiche kommt nicht umhin, darauf zu verweisen, dass er *jetzt* leider keine Zeit habe und von der *äußersten Peripherie* der Zeit schnell wieder in deren Zentrum zu gelangen beabsichtigt. Dahin freilich kann ihm der Arme nicht folgen.

Die äußerste Peripherie der sozialen Zeit

Was benennen solche Zahlen, Indizes und Relationen der gemessenen Armut im Verhältnis zum gemessenen Reichtum? Erstens, dass es nie zuvor in der Geschichte der Menschheit so viel *relative* zeitliche und räumliche Begrenzung gegeben hat wie am Anfang des 21. Jahrhunderts, gerade weil das neuzeitliche Programm der Weltvereinnahmung und Entgrenzung des Reichtums so erfolgreich gewesen ist. Es scheint, als wären jene Grenzen, die in den hektischen Zentren der ökonomischen Produktivität und sozialen Mobilität *überwunden* wurden, doppelt, dreifach, vielfach an der äußeren Peripherie der zeitlich vermessenen Welt als die Menschen, Ökonomien und deren Zeiten trennende Grenzen wieder *aufgerichtet* worden. In den Zentren der Betriebsamkeit gibt es »keine Zeit«, weil sich in dem Tempo der Gegenwart die Zukunft verwirklicht; an der äußersten Peripherie der Zeit gibt es »Zeit in Hülle und Fülle«, und die Zukunft liegt in ihr weit – manchmal unerreichbar weit – *vor* der Gegenwart. In den Zentren *herrschen* Reichtum und Zeitarmut, an der Peripherie *herrschen* Armut und Zeitreichtum. Die einzigen unlimitiert zur Verfügung stehenden ökonomischen Ressourcen in armen Gesellschaften sind Zeit und menschliche Arbeitskraft. Diese verwirklicht sich großteils subsistent – also *ohne* Einsatz von nennenswertem Kapital und der Technologierationalität der Zeitverknappung und Produktionsverkürzung. Die Grenzen zwischen Armut und Reichtum treten in den statistischen Daten klar zutage, die Grenzen zwischen Armut und Verelendung verschwimmen – man muss sich jeweils genau anschauen, über welche Armut man spricht, wenn man über Armut spricht. Der Ungleichzeitigkeit der zeitlichen Entwicklungen folgt die Ungleichzeitigkeit und Regionalisierung von Verelendung. Fraglos ist, dass diese massiv zugenommen hat, zumindest in dem Maß, wie der in Geldwert gemessene Reichtum gewachsen ist.

Hinter den statistischen Daten stehen konkrete Menschenleben und Menschengeschichten. Die Quantifizierung von menschlichen *Bewegungen* neigt dazu, dieselben *statisch* zu verdinglichen und auf einer Ebene, auf der wir uns selbst nicht mehr wieder erkennen, zu abstrahieren. Während wir – in den reichen Ländern – uns u. a. mit Gentechnologie als Lebensverlängerungsprogramm beschäftigen, ist das Leben eines durchschnittlich Armen an der äußersten Peripherie der Zeit darauf *begrenzt*, die minimale materielle Reproduktion für sich und seine Familie *ein Leben lang* – »von Tag zu Tag« – zu gewährleisten. Wenn diese materielle Reproduktion nicht mehr gewährleistet ist, dann verelenden ganze Familien, Regionen, Ethnien oder Nationalstaaten. Trotz aller Weltverbesserungsrhetorik braucht auf »Hilfe« nicht länger gewartet zu werden. Seit der 1961 erfolgten Ausrufung der »Dekadenpolitik« der Vereinten Nationen – welche die Hebung des Lebens- und Ausbildungsstandards in der »Dritten Welt« als moralische Pflicht der Industrieländer hervorgehoben hat und die auf der Weltkonferenz in Kopenhagen 1995 unter dem Motto »Kampf gegen die Armut«, als Strategie der weltweiten Befriedigung basaler Bedürfnisse, wieder einmal rhetorisch bestätigt wurde – haben sich Armut und Verelendung massiv verschärft.

Auf dem Markt der bilateralen staatlichen Entwicklungszusammenarbeit werden jährlich Mittel in der Höhe von US$ 56 Milliarden umgesetzt (ODA – Official Development Assistance)[296], das entspricht einem durchschnittlichen Anteil von 0,22% des akkumulierten Bruttosozialproduktes der OECD-Länder, wobei nur 0,05% der Wertschöpfung in den »reichen« Ländern den so genannten Least Developed Countries zu gute kam.[297] Während der Anteil der Ausgaben für Kriegs- und Katastrophenhilfe (Humanitarian Assistance) in der letzten Dekade kontinuierlich gestiegen ist und sich mehr als verdoppelt hat, ist die ODA der reichen Länder weit hinter den Stand von 1960 (0,52% des BSP) zurückgefallen. Zwischen den Jahren 1990 und 2000 ist das Pro-Kopf-Einkommen in den OECD-Ländern um US$ 7,9 gestiegen, die Pro-Kopf-Ausgaben für entwicklungspolitische Maßnahmen im Rahmen der ODA sind in dieser Dekade um US$ 18 gesunken.[298] Während das reichste Fünftel dieser Welt reicher wird, nimmt gleichzeitig die Bereitschaft ab, strukturelle Entwicklungsarbeit zu unterstützen. »Soforthilfe« bei aktuellen Krisenszenarien lässt sich politisch und medial weitaus lukrativer »vermarkten« als langfristige Maßnahmen. Trotz des rhetorischen Imperativs der »Halbierung der absoluten Armut« bis zum Jahre 2015 – wie er auf der Weltkonferenz in Kopenhagen 1995 formuliert wurde – sind die »Geberländer« von ihrem selbst gesetzten Ziel, 0,7% des BSP für entwicklungsfördernde Maßnahmen in den armen und ärmsten Ländern auszugeben, weiter entfernt denn je. Nur einige wenige Musterländer wie Dänemark, Schweden, Norwegen, Holland oder die Schweiz kommen mit ihren Bemühungen diesem Sollwert nahe.

Weltweit betrachtet gingen von der gesamten ODA nur ein Fünftel, nämlich US$ 11,8 Milliarden im Jahre 2001 in die LLDCs[299], wobei darin *auch* »ausgelagerte« Industrieförderungen für heimische Betriebe, die in diesen Ländern tätig werden – z. B. Eisenbahn-, Kraftwerks-, Straßenbau – beinhaltet sind. Demgemäß bereinigte Statistiken freilich zeigen, dass tatsächlich für »Armutsbekämpfung und Grundbedürfnisstrategien« in den ärmsten Ländern nur drei bis maximal sieben Prozent der weltweiten ODA aufgewendet werden[300], also nur ein Bruchteil der ohnedies sehr begrenzten staatlichen bilateralen Mittel der basalen Hebung des Lebensstandards – Nahrung, Kleidung, Medizin, Wasser, Alphabetisierung usw. – dient. Entwicklungszusammenarbeit ist in weiten Bereichen nach wie vor ein »Geschäft«, deren Profite im Namen der Armut den reichen Ländern, bzw. deren professionellen »Experten« zufließen. Die apostrophierte Kluft zwischen Nord und Süd, den großen prosperierenden Wirtschaftsräumen und den marginalisierten Gebieten auf dieser Welt findet darin eine logische Verlängerung.

Der Entwicklungssoziologe Franz Nuscheler schätzt, dass etwa 30 bis 40 Milliarden US$ jährlich nötig wären, um die Verelendung auf diesem Planeten zu stoppen. Dazu zum Vergleich: Nach den weltweiten, u. a. aufgrund des »Kalten Krieges« getätigten Rüstungsausgaben in den achtziger Jahren in Höhe von etwa 900 Milliarden US$, sind in den neunziger Jahren die offiziellen Militärausgaben auf etwa zwei Drittel – 580 Milliarden US$ – gesunken: immerhin noch mehr als das Zehnfache jener Summe, die für die Eliminierung der absoluten Armut auf unserem Planeten nötig wäre. Seit 2001 hat sich dieser Trend wieder umgekehrt; weltweite Aufrüstung führt zu einer weltweiten Steigerung der Rüstungsausgaben, die maßgeblich durch die Politik des »Kampfes gegen den Terror«, den die Administration von Präsident Georg W. Bush ausgerufen hat, voran getrieben wird.[301]

Gelder und Investitionen, die in die ärmsten Länder fließen, sind oft mit massiven Eigeninteressen verbunden – dies gilt ebenso für den Einsatz von staatlichen Mitteln der Entwicklungszusammenarbeit wie für deren personelle Umsetzung vor Ort.[302] Folgt man dem Weltentwicklungsbericht, so bereisen 80 000 ausländische Experten jährlich den afrikanischen Kontinent – dies kostet insgesamt 7 Milliarden US$, also mehr als die Hälfte der gesamten ODA in den armen Ländern. Diese Daten entsprechen in etwa meiner Erfahrung: Mieten für Stadtwohnungen mit Büroinfrastruktur, Autos usw. müssen gezahlt, Flüge gebucht, Versicherungen getätigt und Gehälter nach »westlichen« Standards samt diversen Zulagen ausbezahlt werden. Die Relation zwischen dem Einkommen der Experten und jener der lokalen Mitarbeiter beläuft sich durchschnittlich auf etwa 20:1. Es ist sehr teuer, sich nach Kriterien der Zeitknappheit in Ländern des Zeitreichtums zu bewegen. Etwas zugespitzt und pointiert könnte man sagen, dass die offizielle Entwicklungszusammenarbeit *derzeit noch* eine Förderungseinrichtung für Zeitreisende ist, die Gefallen daran finden, *einige Zeit* in südlichen Gefilden zu verbringen. Die Gelder, die »ankommen«, die sich de facto realisieren, rechtfertigen oft den Mitteleinsatz nicht. Anstatt kostenintensive Infrastrukturen aufzubauen, teure Experten zu zahlen, komplizierte und damit im höchsten Grade anfällige Technologien zu importieren, sollte sich die Mittelvergabe auf kleindimensionierte, kurzfristige Projekte konzentrieren, die eine Initialzündung für einheimische Aktivitäten zur Verbesserung der *Subsistenzfähigkeit* darstellen und möglichst *rasch* lokal umgesetzt werden können. Dies bedeutet Verwendung lokaler Ressourcen, lokaler Arbeitskräfte, lokalen Know Hows – unter Zugrundelegung des Kriteriums, dass ein erfolgreiches Projekt jenes ist, das sich innerhalb kürzester Zeit selbst trägt: finanziell und personell. Wir haben *keine* Zeit zu *entwickeln*, denn alle Zeit, die wir Reichen einsetzen, kostet *in Relation* extrem viel und bedeutet zudem eine Verschwendung lokaler Ressourcen und das Erzeugen extremer Abhängigkeit. »Millionen Projekte statt Millionenprojekte!« heißt demgemäß auch die engagierte Devise vieler bemühter Organisationen.[303] An Projekten freilich, die sich rasch lokal umsetzen lassen und die *nicht* kostenintensiv sind, kann niemand etwas *verdienen*. Zudem müssen sich die Experten selbst wegrationalisieren. Sie machen dann ihre Arbeit gut, wenn sie bald keine Arbeit mehr haben. Es sind nicht nur mangelnder politischer Wille, sondern auch diese immanenten Widersprüche, die eine *nicht* von unserer ökonomischen Logik und von unseren Interessen abhängende Entwicklungszusammenarbeit oft so *schwierig* erscheinen lassen.[304]

Noch offensichtlicher wird der Eigennutz in unserem Umgang mit armen Ländern, wenn wir uns kurz den monetären Investitionen zuwenden. Die Zeit, die zeitarme reiche Länder in zeitreiche arme Länder in Form von Kapital investieren, *kostet* überproportional viel und verunmöglicht häufig ökonomische Zukunft, bzw. deren Selbstgestaltung. Bis etwa 1988 *herrschte* tatsächlich die groteske Situation eines Nettokapitaltransfers von den ärmsten zu den reichsten Ländern – d. h. die Bezahlung der Zinsen und Zinseszinsen sowie die Kapitaltilgung betrugen im jährlichen Durchschnitt mehr als die finanziellen Leistungen und Direktzahlungen.[305] Ab Beginn der neunziger Jahre hat sich durch teilweise Schuldenerlässe und Zinssenkungen die Situation verbessert, bei weitem aber noch nicht entspannt. Zudem erschweren protektionistische Maßnahmen, wie sie z. B. jahrzehntelang von der Europäischen Union[306] praktiziert wurden, faire Wettbewerbsbedingungen – insbesondere auch im Agrarsektor. Kapitalintensive Investitionen in die Zentren der armen Länder steigern nicht den Lebensstandard der Mehrheit der Bevölkerung. Die Vorstellung, dass Produktivität von diesen Zentren an die äußere Peripherie gelangt, ist schon vor mehr als 20 Jahren ad acta gelegt worden. Davon profitieren in erster Linie die Kapitalgeber und eine kleine einheimische Elite, wodurch die Verteilungsungleichheit weiter verschärft und die ökonomische Abhängigkeit größer wird. Einheimische Eliten haben in der Regel wenig Interesse, in die soziale Grundversorgung zu investieren – Prestigeobjekte, persönliche Bereicherung und partielle Aufrüstung, von denen die westlichen Länder insbesondere nach Ende des Kalten Krieges massiv profitieren, stehen an der Tagesordnung.[307] Industrieenklaven nützen komparative Kostenvorteile. Güterproduktionen – bzw. deren qualitativ »niederwertige« Arbeitsschritte – werden so in »Billigländer« ausgelagert. Schätzungsweise gibt es z. B. in Indien – trotz der 1989 in Kraft getretenen UN-Konvention des weltweiten Verbots von Kinderarbeit – 44 Millionen KinderarbeiterInnen in den Bereichen Teppich, Textil, Zündhölzer.

An der äußersten Peripherie der Zeit finden wir verelendete Menschen, deren Armut durch weltweite Globalisierung noch unseren Interessen dienstbar gemacht wird. Die Grenzen sind definitiv gezogen, und die Räume werden enger. In dem Moment, in dem Menschen in armen Gesellschaften ihre *Subsistenzfähigkeit* verlieren, ist ihre Existenz ernsthaft bedroht. Hungernde besitzen weder Land noch Geld, um sich Nahrungsmittel zu kaufen. Kapitalintensive Investitionen in den Agrarsektor – selbst wenn dieser von exportorientierter Monokultur auf heimische Grundnahrungsmittel umgestellt würde – helfen jenen, die keine Kaufkraft besitzen, nicht. »Grüne Revolutionen«[308], die zudem eine Klasse von billigstlohnabhängigen Landarbeitern schaffen, die den Ausfall der Selbstproduktion monetär nicht kompensieren können, haben dort, wo es keine funktionierenden Binnenstrukturen zwischen Stadt und Land, Industrie und Agrarproduktion gibt, Ungleichheit und Elend nur verschärft. Daran werden auch bio- und gentechnologische Szenarien nichts ändern. Nahrungsmittelquantität ist keine Frage der technologischen Möglichkeiten, sondern der sozio-strukturellen Beschaffenheit von Ungleichheit, der infrastrukturell determinierten Distribution aber auch des Problems der »Veredelung« pflanzlicher Nahrung in tierische, die eine gigantische Verschwendung von Kalorien darstellt.[309] Schon in den sechziger Jahren hat Franz Fanon in seinem nach wie vor aktuellen Buch »Die Verdammten dieser Erde« auf die zu erwartende Marginalisierung der Besitz- und Landlosen hingewiesen, und Jean Paul Sartre machte im Vorwort auf den »Hang zur Selbstprivilegierung« der einheimischen Eliten aufmerksam. Die Anbindung der Zentren der armen Länder an die Interessen der Reichen und die dadurch bedingte extreme Marginalisierung der ländlichen Gebiete erfolgt auch heute noch – wie dies Fanon schon damals ausgedrückt hat – über die »Kolonialisierung der Gehirne« und die damit verbundene Verinnerlichung einer an westliche Produktivität gebundenen Zeit- und Organisationsvorstellung. Nicht nur der Reiche aus dem reichen Land, sondern auch der Reiche aus dem armen Land wendet sich von dem Armen ab, der an der äußersten Peripherie der Zeit in immer elenderen Verhältnissen zum täglichen Überleben – jenseits aller Logik unserer Geld- und Warenwelt – gezwungen ist.

Investierte Zeit und Entkoppelung

Wir haben keine Zeit mehr, im bisherigen Sinne Dritte-Welt-Länder zu *entwickeln,* und teilt man *nicht* die Modernisierungsvorstellungen der Globalisierer, so könnte in dieser Feststellung auch durchaus Positives zu finden sein. Denn eines müssen wir: eine radikal *andere* Beziehung zur Armut finden. Sie nicht ausbeuten, was zu einer kompromisslosen Entschuldung führen müsste; sie nicht strategisch perpetuieren – was zu einem Ende der

Übertragung unserer Wirtschaftslogik und zu Millionen von kleinen subsistenzfördernden Projekten unter Kriterien sozialer und technologischer Nachhaltigkeit und unter Verwendung heimischer Ressourcen, heimischen Humankapitals usw. führen müsste; sie nicht kulturell entwerten – indem wir in ihr nur den *Mangel* sehen! Kapitalistische Produktion, ob nun vor hundertfünfzig Jahren oder im Zeitalter neoliberaler Globalisierung, bedarf einer grundlegenden Definition von Mangelgesellschaft. Uns Reichen *ermangelt* es angeblich ununterbrochen an so vielem, dass wir ununterbrochen weiterproduzieren. Nullwachstum darf es in dem System der *investierten Zeit* nicht geben, da die Beschleunigung des Tempos zur Erhöhung der Margen führen *muss*. Ansonsten ist die Zeit vergeudet. Diesen Eindruck haben jene, die aufgrund des im westlichen Sinne bescheidenen Erfolges der Entwicklungszusammenarbeit mit armen Ländern zu einer generellen Aufgabe der *Verantwortung*, die wir haben oder haben sollten, aufrufen. Sie sind enttäuscht darüber, dass Entwicklung in unserem Sinne nicht stattgefunden hat, dass Kapital und Zeit *vergeudet* wurden.[310] Ich teile nur den einen Teil dieser Analysen, nämlich jenen, dass Modernisierung großteils fehlgeschlagen ist, nicht aber die daraus abgeleitete Konsequenz, denn wir haben in Übertragung unserer Entgrenzungs- und Ökonomieparadigmen die falschen Maßnahmen gesetzt. In armen Gesellschaften – in denen nur zwei Ressourcen im Überfluss vorhanden sind: Zeit und menschliche Arbeitskraft! – muss man *einfach* umdenken. Obwohl *Einfachheit* in Mobilitätskulturen verpönt ist, ist es *höchste Zeit*, diese sowohl diesseits als auch jenseits der Zeitperipherie zu realisieren. Anstatt Zeit durch westliche Modernisierungsideen – die zu bestimmten Begriffen von Effizienz und danach ausgerichteten Organisationsmustern führen – *künstlich* zu verknappen und menschliche Arbeitskraft durch Maschinen- und Technologietransfers *systematisch* zu entwerten, müssten beide – »nicht-verknappte Zeit« und menschliche Arbeitskraft – als Produktivkräfte aufgewertet werden. Menschenadäquates Produzieren in armen Ländern ließe sich so als Folge der Verunmöglichung einer beschleunigten Modernisierung vorstellen.

Das freilich käme *auch* einer zumindest teilweisen Entkoppelung von der Logik des globalisierten Welthandelssystems und seiner zeitlichen Ordnung gleich. Es bedeutete ein Überschreiten jener Grenze, die den armen Ländern die ökonomische Entgrenzung diktiert – eine für Zeit-Optimierer, Investoren und einheimische Eliten gleichermaßen absurde oder gar gefährliche Vorstellung. Auch hier wird mit ökonomischen und damit zeitlich bedingten Sachzwängen argumentiert: z. B. mit der Notwendigkeit der Devisenbeschaffung zwecks Import und Zinsenbedienung, wodurch mit weiteren Investitionen in die Volkswirtschaft des Landes gerechnet werden könne, die schließlich – nach erfolgtem ökonomischen »take off«[311] – letztlich der ganzen Bevölkerung zugute kämen. Nicht nur ist der ökonomische »take off« in *allen* armen Ländern ausgeblieben – die südostasiatischen Wirtschaftswunderländer galten schon vor zwei Jahrzehnten als »Schwellenländer« –, sondern es hat sich auch an den monosektoralen Strukturen im Wesentlichen nichts verändert. Daraus ergibt sich, dass die ärmsten Länder nach wie vor das wenige, was sie im Agrarsektor produzieren, für den so genannten Weltmarkt produzieren, wobei der sich daraus ergebende Import wesentlich der privilegierten Minderheit zugute kommt. Umso fragwürdiger wird das Beharren auf dem Agrarexport angesichts der zunehmenden Verelendung und der Tatsache, dass der Anteil aller 48 ärmsten Länder am Welthandelsvolumen auf 0,04% *gesunken* ist.[312] Die Öfen des sinkenden Dampfers werden mit allen verfügbaren Hölzern gespeist, um seine rasende Fahrt voranzutreiben, anstatt die Zeit zu nutzen und aus den Hölzern *kleine* Boote zu bauen, durch die Besatzung und Passagiere gerettet werden könnten.

Der Chance, die weltweite Marginalisierung für eine soziale, kulturelle und auch – was die direkte Armutsbekämpfung betrifft – ökonomische Stärkung zu nutzen, wird auch mit einem politischen Argument begegnet: der Angst vor »Kubanisierung«. Dabei wird gerne übersehen, dass wirtschaftliche Sanktionen ein Regelmechanismus des »Kalten Krieges« waren und heutzutage bestenfalls bei schweren humanitären Verstößen zum Einsatz gelangen und dies auch nur dann, wenn es geostrategisch, der Absicherung der Hegemonie des Reichtums dienend, unerlässlich erscheint. Die neoliberale Ökonomie kümmert sich wenig um nationalstaatliche oder lokalpolitische Ordnungsvorstellungen. Sie produziert dort, wo komparative Kostenvorteile die Produktion *kurzfristig* begünstigen. Sie hat sich dem Zugriff des Nationalstaats entzogen, ja die Staaten selbst zu Klienten und Konkurrenten in der Frage begünstigter Standorte gemacht. Grenzen sind für die neoliberale Ökonomie gleichermaßen unbedeutend wie die ordnungspolitischen Vorstellungen, die innerhalb derselben verhandelt werden. Neben die Märkte Arbeit und Kapital ist der Markt Produktionsstandort getreten. Verlagerungsinvestitionen ersetzen zunehmend Rationalisierungsinvestitionen. Mit dieser »nationalen Entzugsmacht« – wie Ulrich Beck es nennt[313] – hat sich einerseits die weltweite Ökonomie aus dem Verantwortungsbereich der Politik entfernt, andererseits aber auch der Politik – insbesondere jener der armen Länder – einen neuen, vielleicht historisch einmaligen Spielraum zurückgegeben. Denn diese Politik hätte, folgte sie nicht dem uneinlösbaren Paradigma der Modernisierung, tatsächlich mehr Gestaltungsspielraum als noch vor wenigen Jahren zu Zeiten des »Kalten Krieges«, auch wenn sie dadurch jene »Weltmarktfabriken« verlöre, von denen ohnedies die so genannten »Armen« *nicht* profitieren.

Die globale Strategie der ökonomischen Entgrenzung lautet: Verbilligung der Arbeitskraft, Flexibilisierung der Arbeit, neue Technologien, Zerlegung der Arbeitschritte - z. B. in der Unterhaltungselektronik - und deren teilweise Auslagerung. Voraussetzung für die Realisierung dieser globalen Strategie ist die Fortentwicklung und Verbilligung der Kommunikationstechnologie und des Transportes, also die radikale Fortsetzung der weltweiten Enträumlichung und Entzeitlichung. »Weltmarktfabriken« in armen Ländern sind abgeschottete Enklaven mit wenig oder überhaupt keinem Einfluss auf die Binnenmärkte. Durch sie werden neue sichtbare soziale Grenzen gezogen. An der äußeren Peripherie der Zeit bedienen sie sich des monetär entwerteten Faktors der menschlichen Arbeitskraft, um die produzierten Güter möglichst schnell in die Zentren der Betriebsamkeit rückzutransferieren - dorthin nämlich, wo entgegen jenen Volkswirtschaften, in denen Teile dieser Produkte entstehen, Kaufkraft *herrscht*. »Weltmarktfabriken« sind Produktionsstätten der Reichen für Reiche, welche die ökonomische Stärke der »trilateralen Struktur« der drei großen Handelsblöcke - USA/Nafta, Europa, Japan-China-Südostasien[314] -, die 85% des gesamten Welthandelsvolumens unter sich aufteilen, befördern. Auf »Weltmarktfabriken« in armen Ländern zu verzichten, führte zu keiner »Kubanisierung«, sondern zu einer Freisetzung der wirtschaftlichen Aktivitäten für die kapital- und infrastrukturschwachen Binnenmärkte. Nur deren Stärkung erzielt armutsbekämpfende und Wohlstand fördernde Effekte.

Die Grenzen zwischen Arm und Reich sind definitiv gezogen. Wenn diese Grenzen räumlich und zeitlich überschritten werden, dann zum Wohle des reichen Fünftels der Weltbevölkerung. Der Jahresumsatz der Weltwirtschaft stieg von 31 Billionen US$ (1990) auf 42 Billionen US$ (2000), was einem »extrem erfolgreichen Wachstum« von 4,7% entspricht. In nur einer Dekade stieg die Zahl der weltweiten Telefonanschlüsse von 520 (1990) auf 844 Millionen (2000) - ein Plus von 62% -, die Zahl der Handy-Besitzer von 11 auf 319 Millionen - eine Steigerung von 2 800% -, und die Zahl der PCs mit Internet-Anschluss von 376 000 auf 72 398 000 - ein Zuwachs von 19 100%.[315] Mehr als 90% dieser Wertschöpfungen und der daraus resultierenden Wohlstandseffekte kamen den Industrieländern zugute. Doch auch in ökonomisch »schwierigen Zeiten« wächst die Weltwirtschaft: 1,3% im Jahre 2001 und 1,5% im Jahre 2002.[316] Die aufgrund sinkender Wachstumsraten befürchteten »Wohlstandsverluste« müssen jenen 2,4 Milliarden Menschen wie ein Hohn vorkommen, die mit weniger als zwei US$ pro Tag leben. Dennoch wird das fehlende Engagement der reichen für die armen Länder *auch* durch eben diese derzeit sinkenden Wachstumsraten begründet.

Außerhalb des Klubs der Reichen hängt es in erster Linie von der Definition des Begriffs Wohlstand ab, wonach sich nationale Politik richtet:

Wohlstand für wenige durch Unterwerfung unter die Logik eines Weltmarktes, der ohnedies die armen Länder weitgehend marginalisiert hat, oder Hebung des Standards für viele innerhalb der »engen« Grenzen der Armut – durch Förderung basaler wirtschaftlicher Aktivitäten insbesondere in ländlichen Gebieten. Pointiert ließe sich sagen: Solange Arme reich werden wollen, werden Arme immer arm bleiben, weil das antizipierte Ziel innerhalb der gegebenen ökonomischen, gesellschaftlichen und zeitlichen Strukturen *nicht* oder nur für eine kleine Minderheit einlösbar ist. Da Reichtum keine karitative Veranstaltung ist – wie er dies in traditionellen Gesellschaften zumindest *auch* war –, ist von Seiten der Reichen nichts, aber auch gar nichts zu erwarten, was die Bekämpfung der Armut und Verelendung jenseits möglicher Profitinteressen anbelangt. Wenn Wohlstand freilich anders definiert wäre als das Verfügen über Geld, Güter und Dienstleistungen, dann könnte sich das Verhältnis zwischen Macht und Ohnmacht – wie es sich nun im Verhältnis zwischen Arm und Reich zeigt – umkehren. Wohlstand *wird* anders definiert werden, wenn die Reichen *zwangsläufig* erkennen, dass ihr Programm der zeit-räumlichen Begrenzung an eine *de facto* lebensbedrohende Grenze gestoßen ist. Dieser Grenze muss *Selbstbegrenzung* folgen. Dann werden die so genannten Armen, die dem Wohlstandsbegriff der Reichen jahrzehntelang nicht folgen *konnten*, um einen entscheidenden Schritt *voraus* sein: denn sie wissen schon jetzt, wie es ist, auf eine *nicht-akkumulative*, nicht *zeitlich-dynamische*, sich selbst tragende Existenz »begrenzt« zu sein. Spätestens dann wird die Vorstellung der Entgrenzung zugunsten einer positiven Bewertung von Begrenzung revidiert werden. Eine Begrenzung, die nicht Armut meint, sondern ein Leben, das seine Bewegung *nicht* auf der Verunmöglichung der Selbsterhaltungsfähigkeit zukünftiger Generationen auf diesem Planeten aufbaut.

Globale Verunsicherung und Selbstbegrenzung

Ferner zeigt die durch statistische Daten gemessene Relation zwischen Armut und Reichtum, dass die industrialisierte Welt individuelle Sicherheit, Mobilität und Lebensverlängerung *auf Kosten* der globalen Sicherheit und Lebenserhaltung durchgesetzt hat und immer noch durchsetzt. Schon 1972 warnte der Club of Rome: Die Verallgemeinerung der westlichen Lebensbedingungen würde den vielfachen ökologischen Kollaps bedeuten. Heute verbraucht ein Mittelschicht-Amerikaner etwa 150x so viel Ressourcen täglich wie ein durchschnittlicher Afrikaner. Der Grundumsatz des Ressourcenverbrauchs hat sich in den globalen Zentren der Betriebsamkeit extrem beschleunigt; an der äußersten Peripherie der Zeit dagegen leben nicht nur arme, sondern auch *selbstgenügsame* Menschen, deren individuelle und soziale Bewegungen nicht an eine permanente Verausgabung von Energie, Material und »Leistungen« aller Art gebunden sind. Je weniger das reiche Fünftel Armut *braucht,* um Reichtum aufrechtzuerhalten, desto mehr werden globale Ressourcen ausgebeutet: der Exploitation von menschlicher Arbeitskraft im Kolonialismus folgt die weltweite Exploitation von Ressourcen im zeitlich und räumlich entgrenzten »global village«. Drei Viertel der Weltenergie werden von dem reichen Fünftel verbraucht, 70% der Emissionen von ihm erzeugt.[317] Etwa 25% aller CO_2-Emissionen werden in den USA freigesetzt, deren Administration unter dem neuen Präsidenten George W. Bush Anfang Januar 2001 einseitig das »Kyoto-Protokoll« zur Reduktion der CO_2-Emissionen aufkündigte, so dass mit einem In-Kraft-Treten desselben – trotz heftiger internationaler Proteste – vorerst nicht zu rechnen ist.[318] Daraus folgt, dass ein Geburtenzuwachs von 0,5% im Norden dreimal mehr wiegt als ein Zuwachs von 2,1% im so genannten Süden.[319] Wir kennen alle die ökologischen Krisenszenarien, und wir haben auch oft genug gehört, dass eine ökologische Strukturanpassung von den reichen Ländern auszugehen hat; aber weil wir das alles kennen und in der Sprache der *illusionären* Zukunft darüber reden, *verändern* wir zwar fortwährend die Welt, aber nicht unser grundsätzliches Verhalten in der Welt. Solange keine andere Definition von Wohlstand gelebt wird als die der Optimierung von Zeitnutzungsoptionen und damit von emotionalem und monetärem *Profit,* wird es keine Sicherheit für eine menschenwürdige, globale Zukunft geben.

Zeit-räumliche Entgrenzung bedeutet massive Begrenzung. Wenn Inselstaaten vor dem Szenario der Überflutung ihrer Küsten stehen, wenn jährlich an die 4 500 Arten aussterben[320], wenn in Kombination zwischen Bevölkerungswachstum und Abholzung die Hektargröße Wald pro Mensch auf die Hälfte reduziert worden ist[321], wenn Emissionen und Eingriffe in sensible Öko-Systeme weltweite klimatische *Verunsicherung* bedingen, so stößt die naturwissenschaftlich-technische Manipulation von Welt an ihre immanenten Grenzen. Diese werden seit drei Jahrzehnten mit wissenschaftlicher Präzision *wahrgenommen* – der Wahrnehmung freilich folgen keine einschneidenden Verhaltensänderungen. Politische, gesellschaftliche, ökonomische Sachzwänge werden angeführt. Wir gefährden unsere Welt zwar kollektiv, aber die Begrenzung der Gefährdung wird durch nationalstaatliche Politik, Bündnisinteressen oder geostrategische Hegemonialpolitik verunmöglicht. Eine Verhaltensänderung liefe auf eine radikale Revision des neuzeitlichen Programms der Weltvereinnahmung hinaus – hieße letztlich: »Selbst-Begrenzung«. Allein schon dieses Wort scheint uns – die wir uns in den Mobilitätsgesellschaften fortwährend »selbst-entgrenzen« –

absurd; nicht absurd hingegen scheint uns, dass die Welt durch unsere Entgrenzung bis an den Rand des Kollapses *begrenzt* ist. Desasterszenarien werden umso »irrealer« und auch »langweiliger«, je *näher* deren Verwirklichung rückt. Wir schützen die auf diese Weise nicht schützbare Zukunft, indem wir sie in unsere rastlose Gegenwart zwingen. So *negieren* wir die Zeit, deren Herrscher zu sein wir uns vormachen. Wir verfügen über alles Wissen der Welt, um die Welt in eine sich selbst tragende und damit *uns* ermöglichende Zukunft zu führen, aber uns fehlt offenbar das Vermögen, unser Wissen wider die zeitliche Beschleunigung der Sachzwänge geltend zu machen.[322]

Da, wo die Zeit anders »tickt«, an der globalen Peripherie der Armut, empfinden wir im besten Falle bemitleidenswerten Mangel. Entweder wenden wir uns ab, weil wir innerhalb dieser Strukturen unsere Wirklichkeit nicht in Szene setzen können, oder wir versuchen mit großem Aufwand zeitbeschleunigende Effekte zu erreichen, die *andere* Wirklichkeiten doch *noch* der unseren angleichen sollen. Das wird dann »nachholende Entwicklung« genannt. Ähnliches ereignet sich auch in unserer eigenen Gesellschaft, wenn ganze Bevölkerungsgruppen marginalisiert und aus Arbeitsprozessen »ausgegliedert« werden; sie können dann an der beschleunigten Erwirtschaftung des gesellschaftlichen »Mehrwertes« nicht mehr teilhaben. Diese Menschen gelten als »nicht-kompetitiv«; da sie entscheidende Entwicklungen »verpasst« haben, müssen sie entweder *nachholend* »entwickelt« werden – was durch diverse hoch subventionierte Arbeitsmarkt-Services sichergestellt werden soll –, oder sie werden in jenen Raum entlassen, in dem es dann viel Zeit gibt: Zeit, die in der Welt der Arbeitslosen und der »Freigesetzten« als Stigma erlebt werden muss, weil die Definition von genützter und nutzbarer Zeit in den Mobilitätsgesellschaften an entlohnte Arbeit und an sich beschleunigenden Güter- und Dienstleistungskonsum gebunden ist. Haben die produktiven Mitglieder einer Mobilitätsgesellschaft keine Zeit, so haben die unproduktiven alle Zeit – aber nicht die richtige! Die nicht-kompetitiven Mitglieder der Mobilitätsgesellschaft stellen die zeitliche Peripherie innerhalb derselben da. So wie die Armen in der »Dritten Welt« arm sind, weil der Rest der Welt reich ist, so sind auch die nicht-kompetitiven Mitglieder der reichen Welt *unnütz,* weil *alle anderen* Zeit gemäß der ihr in Mobilitätsgesellschaften zugrunde liegenden Definition *nützen.* Ihr Anteil wird, *soweit voraussehbar,* immer größer werden, und sie werden *in Relation* zu den kompetitiven Mitgliedern verarmen. Auch sie werden der radikalen *Entwertung* ihres Lebens nur durch eine andere Definition von Wohlstand, die auch eine andere Vorstellung von Zeit und Zeitnutzung beinhaltet, entgehen können.

Wir verschließen unsere Augen davor, dass wir keine Zeit mehr für Entwicklung haben, dass wir Entwicklung, die angeblich in beschleunigter ressourcenvergeudender, profitorientierter Weltvereinnahmung besteht, sein lassen müssen, ansonsten sie uns sein lassen wird. Wider besseres Wissen pochen wir auf Sachzwänge. Die Unterwerfung unter dieselben tradiert deren Logik zu einem immer rigoroseren System unfreiwilliger Begrenzung im Dienste der Entgrenzung. Ökologische Verunsicherung und massive soziale Ungleichheit sind zwei Seiten einer Medaille: jener der Verselbständigung von Zukunftsgestaltung aufgrund sich extrem beschleunigender Mitteleinsätze. Es scheint, als lebten wir in einem sich »selbst regulierenden« System, dessen Kontrolle uns entweder entglitten ist oder von uns – im Sinne der Sachzwanglogik – an das System selbst delegiert worden ist. Dies hängt auch unmittelbar mit der Ordnung der entgrenzten Ökonomie zusammen: In ihr verschwinden zeitliche Grenzen zwischen Kapitalmärkten und damit die zeitliche Möglichkeit der – auch nur gedanklichen – Revision des Mitteleinsatzes. Geld und Kapital zirkulieren raumungebunden in »Echtzeit«, extrem verkürzte Produktlebenszyklen – insbesondere im Dienstleistungsbereich – verfolgen in Permanenz die Beschleunigung des Kapitalkreislaufs. Das in Mensch, Material und Dienstleistung gebundene Kapital soll möglichst *rasch* frei werden für neue Einsätze. Beschleunigter Mitteleinsatz bedeutet auch immer raschere *Vernichtung* der durch die Mittel produzierten Güter. Wenn die Erwirtschaftung von Profiten nicht mehr an *reale* Güter, Produktion, Dienstleistung usw. gebunden ist, dann sprechen Ökonomen von der Invisibilisierung der Kapitalmärkte. Rund 870 Milliarden US$ wurden im Jahre 2001 durch »unsichtbare« Kapitalgeschäfte täglich im globalen Casino erwirtschaftet, Profite, denen keine realen Bewegungen in der materiellen Wirklichkeit vorausgegangen sind.[323] Sie sind nicht mehr Folge eines Produktes, eines Transportes, einer Leistung. Sie sind losgelöst von der Ordnung der alten Ökonomie, Ausdruck der zeitlichen und räumlichen »Ungebundenheit«.

Dennoch haben alle diese Entwicklungen einen massiven Einfluss auf das Leben der Menschen, denn der Faktor Arbeit wird zugunsten des Faktors Kapital weltweit massiv *entwertet*.[324] Dies führt nicht nur zu Massenarbeitslosigkeit in den reichen Ländern, sondern auch zu der weitgehenden ökonomischen Marginalisierung jener Länder, die über kein nennenswertes Kapital verfügen. Die Reichen, welche die Armen nicht mehr brauchen, werden täglich reicher, und die Armen, die von den Reichen nichts zu erwarten haben, täglich ärmer – und das überall auf der Welt. Die weltweite Beschleunigung der sozialen Diskrepanz zwischen Arm und Reich hat ein Ausmaß erreicht, das noch vor hundert Jahren *unvorstellbar* gewesen wäre.

Zukunftsforscher haben noch vor einigen Jahren geschätzt, dass sich die absolute Bevölkerungszahl auf diesem Planeten aufgrund ökonomischer und ökologischer Begrenzungen in spätestens zweihundert Jahren mit maximal 15 bis 17 Milliarden Menschen stabilisiert haben wird. Schon 1741 errechnete der Geistliche und Demoskop Johann Peter Süßmilch die Tragfähigkeit der Erde mit 10 Milliarden Menschen.[325] Vieles spricht dafür, dass die Stabilisierung des Weltbevölkerungswachstums schon gegen Ende dieses Jahrhunderts erreicht sein wird – bei etwa 11 bis maximal 13 Milliarden Menschen.[326] Entgegen den Prognosen in den siebziger Jahren – man rechnete damals mit 9 Milliarden Menschen um das Jahr 2000 – ist erst im Oktober 1999 die 6-Milliarden-Grenze überschritten worden. Dies ist in erster Linie darauf zurückzuführen, dass in den letzten vier Dekaden die Kinderzahl in den »less developed countries« und in den »least developed countries« kontinuierlich gesunken ist: in der Dekade zwischen 1990 und 2000 von 3,37 auf 2,92 (LDCs) und von 5,74 auf 5,24 (LLDCs), und das, obwohl im subsaharischen Afrika noch immer eine durchschnittliche Anzahl von über sechs Kindern pro Frau zu verzeichnen ist.[327] Die Prognosen konnten also wesentlich korrigiert werden. Mit aller Wahrscheinlichkeit werden schon zu Beginn des 22. Jahrhunderts die demoskopischen Voraussetzungen für ein nachhaltiges, nicht auf Kosten künftiger Generationen aufbauendes Bewirtschaften dieses Planeten gewährleistet sein. Werden die ökonomischen, technologischen und sozialen Voraussetzungen für eine sich selbst erhaltende Welt, die *wieder* eine Zukunft hat, weil sie die Zukunft *nicht mehr* in der Gegenwart *konsumiert,* auch gegeben sein?

Wir haben keine Zeit für Entwicklung. Die reiche Welt wird darauf verzichten müssen, die Sprache der *illusionären* Zukunft fortzuführen und damit die *reale* Zukunft zu verhindern. Sie wird darauf verzichten müssen, die Standards des Lebens global zu setzen. Nachhaltiges Bewirtschaften des Planeten meint auch, den heute Armen eine Zukunft der Selbstachtung in bescheidenen materiellen, aber lebenserhaltenden Bedingungen zu ermöglichen. Die Reichen wiederum werden ihre Standards und die Selbstverständlichkeit ihres Umgangs mit akkumulativem Reichtum revidieren müssen. Die Faszination der Güter- und Warenwelt wird radikal in Frage gestellt werden müssen, wenn den Kindeskindern die Bejahung des Lebens unter den dann vorfindbaren Bedingungen ermöglicht werden soll. Das bedeutet, dass sich vor allem die reiche Welt – entgegen ihrer philosophischen und ideologischen Genese – in »neue« Grenzen zu fügen hat und apotheotische Vorstellungen, *herrschaftliche* Veränderung, Verfügbarkeit und Verewigung als *anachronistisch*, nicht mehr *zeitgemäß* – weil unter der Voraussetzung einer *vermeintlichen* »Sicherheit« die Basis des Lebens und der Ökonomie selbst gefährdend – erkennen muss. Relationen zwischen gemessenem Reichtum und gemessener Armut spiegeln unsere eigene Ohnmacht: die »Macht« der Selbstentgrenzung stößt nach einem entfesselten Jahrhundert an ihre systemimmanenten globalen Grenzen. Damit sind auch die Zeit und der Raum, die wir ad infinitum ausdehnen wollten, befristet. Die äußerste Peripherie der Zeit führt uns drastisch die Unvollkommenheit unseres nach Vollkommenheit strebenden Zukunftsprogramms vor Augen. Globale Armut relativiert nicht nur globalen Reichtum, sondern konterkariert unser herrschaftliches Streben nach einer sicheren Zukunft. Die Zukunft ist nicht nur *nicht* sicher, sie hat sich uns – durch ihren »Ausverkauf« in der Gegenwart – bereits entzogen. Erst wenn wir wieder »arm« sein können, wird es wieder eine Zukunft geben. Das, was naiv oder utopisch klingt, ist nichts anderes als die Revision eines Programms, das an die äußerste Grenze der Zeitbeschleunigung und damit an die mögliche Grenze des Zeitstillstands geführt hat, die Revision einer auf Profitmaximierung und Zeitverknappung basierenden neuzeitlichen Herrschaftsabsicht.

Wenn die Art und Weise *wie* Profit maximiert wird, die Basis der Profitmaximierung gefährdet, kippt jedes exploitative System ins Irrationale. Das gilt auch für die Ausbeutung der Zeit. Wenn die Exploitation von Zeit, keine Zeit mehr »übrig lässt«, die weiter ausgebeutet werden kann, dann ist das Prinzip der Beschleunigung als zeitverknappender Wettbewerbsvorteil an sein logisches Ende geraten. Die Irrationalität herrschender Welt-Zeit-Ordnung ist seit langem erkannt, deswegen rumort es in den Zukunftswerkstätten der reichen Länder. In den Forschungslabors werden nicht-exploitative nachhaltige Technologien kreiert und solange »unter Verschluss« gehalten, bis die Kosten, die die Gefährdung der Sicherheit verursachen, explodieren und die Umstrukturierung der Märkte – z. B. auf dem Energiesektor – profitabel erscheinen lassen. Hochrangige Wirtschaftskapitäne besuchen Symposien über *denkbare* Formen von sozialer Nachhaltigkeit, feinsinnige Dispute über die »Ökologisierung« des Kapitalismus werden geführt, die der »Wertschöpfung« ein sozial und ökologisch verträgliches Antlitz verleihen soll, und der rhetorische Globalismus beschwört auf Weltkonferenzen die »Verantwortung« gegenüber der Armut – in Rio de Janeiro 1992, in Kairo 1994, in Beijing 1995, in Johannesburg 2002.

Es ist zu hoffen, dass in dieser Weltrhetorik mehr als die Sprache der illusionären Zukunft verborgen liegt, dass sie erste Ansätze zu einer Revision der Produktions- und Lebensstile beinhaltet, die auch tatsächlich *Verwirklichung* finden. Das Leben von Menschen ist – entgegen der Vorstellung und »Praxis« der neoliberalen Ökonomie – weder rhetorisch noch ökonomisch *veräußerbar.* Zeit *für* Menschen vollzieht sich in dem Jetzt ihrer Lebensbedingung. Gegenwart ist gegen Zukunft *nicht* aufrechenbar. Trotz aller Rhetorik und bewusstseinsbildender Diskurse geht es also in erster Linie darum, was *jetzt* geschieht und nicht darum, was für eine Zukunft, die der beschleunigten Welt entglitten ist, denkbar *wäre.* Achtsam müssen Ideologie und herrschende Gedanken von dem, was *wirklich* ist, getrennt werden. Dies gilt insbesondere für die Rede über die Armut.

Armut als Lebensform und Lebenszeit

Vier Fünftel der Menschen leben unter Bedingungen, die mitunter stark von Modernisierungswünschen – und dazu gehört immer auch individuelle Mobilität – geprägt sind. Trotz dieser »neu geweckten« Bedürfnisse stößt die Verwirklichung des Modernisierungsprogrammes auf die Grenzen der Modernisierung selbst: sie ist unter der Freisetzung gigantischer materieller Ressourcen *erdacht* und hat sich, aufgrund der Herrschaft eines Fünftels der Weltbevölkerung über den »Rest« der Welt, eben auch *nur* für dieses Fünftel teilweise realisiert. Unablässig werden – medial, unternehmerisch, nationalstaatlich – »neue« Bedürfnisse geweckt, aber die Möglichkeit einer auch nur bescheidenen Realisierung eines Teils dieser Bedürfnisse bleibt hinter der Lebensrealität der Mehrheit der Menschen *weit* zurück. In der Sprache der illusionären Zukunft werden auch die Bedürfnisse, die es zukünftig zu befriedigen gilt, illusionär. Sie setzen Zielvorgaben frei, deren Erreichung – wenn überhaupt – jeweils nur *woanders* stattfinden kann. Umgekehrt verhält es sich ebenso: auch Armut, also die »Verunmöglichung von Bedürfnisbefriedigung« aus der Sicht des Reichen, ereignet sich für ihn immer woanders, auch wenn dieses Woanders »örtlich« ganz nah sein mag. Die räumliche Entgrenzung verschiebt die Nähe oder Ferne des »Ortes« beliebig, damit auch die Möglichkeit einer Identifikation mit einer Problemlage aufgrund örtlicher Nähe. Warum sollen die Armen in der eigenen Gesellschaft dem Reichen näher sein, als die Armen, die 10 000 Kilometer entfernt sind? Die »Entsolidarisierung« findet nicht nur zwischen Industrieländern und Dritte-Welt-Ländern, sondern auch innerhalb der reichen Länder – als Voraussetzung zunehmender Ungleichheit – statt. Daran hat die Weltrhetorik der letzten zehn Jahre nichts zu ändern vermocht.

Entgegen der kapitalistischen Wirtschaftsideologie ist menschliches Leben keineswegs definiert durch permanenten Mangel. Der *homo oeconomicus* ist gleichermaßen illusionär wie der *homo miserabilis*. Jedem, der diese Einschätzung nicht teilt, rate ich zu einem mehrmonatigen Aufenthalt *in* einer so genannten armen Gesellschaft. Wenn er nicht vom klimatisierten Hotel aus »auf Besuch« kommt, sondern sich die Zeit nimmt, an der äußersten Peripherie der sozialen Zeit *eigene* Erfahrungen zu sammeln, wird er bald entdecken, dass das Leben in Armut *normal* ist und nicht charakterisiert durch das *Fehlen* jener Dinge, die Reichtum definieren. Menschliches Leben ist immer vitale Anpassung an vorgefundene und auch *relativ* veränderbare Verhältnisse. Er wird über die Freude, die Verzweiflung, die Schönheit und die Hässlichkeit *in* der Armut lernen und das gesamte Spektrum menschlichen Lebens *unveräußerbar* darin wieder finden. Er wird wachsam werden gegenüber der Rede von der Armut, wie er sie als Reicher zu sprechen gelernt hat. Denn in ihr wird der arme Mensch als *unvollständig* und seine Gesellschaft als *unter-entwickelt* etikettiert. Er wird erfahren, dass es andere Rationalitäten im Umgang mit sehr ähnlichen menschlichen Problemen gibt und dass der Horizont der Gegenwart, weil die Zukunft in ihr *noch nicht* vorhanden ist, weiter ist, als in seiner Herkunftsgesellschaft, welche die Zukunft schon weitgehend in der Gegenwart lebt. Er wird aber auch erfahren, dass die Zukunft – als noch Bevorstehendes – in den Kindern der Armen selbst lebendig geworden ist, als Teil ihres ökonomischen und auch spirituellen Überlebens. Er wird einiges über die Einsamkeit der Reichen erfahren, die ja *für sich selbst* Reichtum akkumulieren, aber auch über das Prinzip des Teilens, das in armen Gesellschaften die grundlegende Sozialtechnik zum Schutz vor Verelendung darstellt. Er wird mit Sicherheit am Ende seines Aufenthaltes eine andere Perspektive gewonnen haben und den Armen in die Augen blicken können: denn er wird in ihnen nicht nur *Fremdes*, sondern viel *Vertrautes* wieder finden. Dieses Gefühl mag von kurzer Dauer sein, denn spätestens, wenn der Besucher der armen Welt den Rücken kehrt und wieder an der Bar des klimatisierten Hotels sitzt, wird er beginnen, dieser seiner *eigenen* Wahrnehmung zu misstrauen. Das Erlebte rückt in weite Ferne, und der Zweifel wird bleiben: Wie kann es sein, dass ich mich *in* Armut *erkannt* habe?

Die Rede von der Armut darf sich nicht der Illusion hingeben, dass Armut ein Mangel ist, der gegenüber Reichen einklagbar wäre. Das Recht auf »Bedürfnisbefriedigung« und das Menschenrecht überhaupt verbleiben solange in einem illusionären Raum, solange wir ethische Prinzipien mit sozialen oder ökonomischen Handlungsalternativen verwechseln. Die auf Zeitmaximierung basierende Ökonomie kann im besten Fall Almosen geben, aber das tut sie nicht – wie in traditionellen ökonomischen Kontexten – um Arme aufzuwerten, sondern um sie systematisch abzuwerten und in drückender Abhängigkeit zu belassen. Armut, sofern sie nicht in Verelendung führt, ist eine Lebensform – so absurd oder zynisch das dem Reichen *ohne* die Erfahrung von Armut erscheinen mag. Wenn Armut nicht als Lebensform erkannt wird, so bedeutet dies die systematische Entwertung der Mehrheit der auf diesem Planeten lebenden Menschen. An der äußersten Peripherie der sozialen Zeit gewährleisten subsistente Lebensformen die Verwirklichung einer *Existenzweise*, von der wir uns im Zuge der Realisierung des Programmes allumfassender raum-zeitlicher Entgrenzung *weit* entfernt haben. Heute geht es in der »Dritten Welt« nicht um Akkumulation oder Industriearbeit, sondern um die Gewährleistung des geordneten Ablaufs »subsistenter« Lebensformen – insbesondere auch in den urbanen Zentren.[328] Kinderreichtum ist in der Logik der Armut die Voraussetzung für die Gewährleistung der Subsistenzreproduktion – eine vitale Investition in die Zukunft! Das Paradox der Modernisierung in subsistenzwirtschaftenden Gesellschaften heißt aber: Kinderreichtum – als einziger Garant für eine Zukunft in Armut, als Voraussetzung für den Erhalt der Subsistenzfähigkeit – wird disfunktional und kann zur Verelendung führen, wenn Geldökonomie Subsistenzökonomie ablöst, ohne freilich die Sicherung der Zukunft zu versprechen, geschweige denn ein allfälliges Versprechen einzulösen. Je mehr Geld in einer Gesellschaft zirkuliert, je weniger Kinder in den ersten fünf Jahren sterben, desto weniger ist die Zukunft durch die dann sinkende Anzahl der lebenden Kinder für die Armen garantiert. Der Zugang zu Geld und zur Absicherung durch Geld ist auch in armen Gesellschaften mit sinkender Wachstumsrate nur einer kleinen Minderheit vorbehalten. Modernisierung löst die traditionelle Zukunftssicherung – und damit Zukunfts-Vorstellung – tendenziell auf, ohne an ihre Stelle eine Alternative zu setzen. Modernisierung in diesen Gesellschaften wirkt demnach auch als »Zukunfts-Verunsicherung«.

Je höher die Kindersterblichkeit in den ersten fünf Lebensjahren ist, desto höher sind die Wachstumsraten der Bevölkerung. Es scheint eine anthropologische Konstante im armen agrarwirtschaftenden Gesellschaften zu sein, dass die Fertilität sich nach jener Wahrscheinlichkeit richtet, mit der Erwachsene »rechnen« können, im Alter z. B. zwei Söhne zu haben. In einer Gesellschaft mit einer Kindersterblichkeit von 40% müssen also pro Familie vier Söhne gezeugt werden, um mit einiger Sicherheit im Alter gut versorgt zu sein. Wie oben ausgeführt beläuft sich die Kindersterblichkeit bis zum fünften Lebensjahr im subsaharischen Afrika noch immer auf etwa 173 pro 1000 Lebendgeburten. Senkung der Kindersterblichkeit wird durch monetäre Investitionen erreicht, wobei dies dann – gemeinsam mit Faktoren wie Bildungsgrad der Frauen, Verhütungsprogramme usw. – zu einer Reduktion des Bevölkerungswachstums führen kann.

Diese Relationen lassen sich um eine zusätzliche Dimension erweitern. Je mehr Geld innerhalb einer Gesellschaft zirkuliert, je weniger Kinder also sterben, desto länger leben die Menschen. Die Senkung der Wachstumsraten aufgrund sinkender Kindersterblichkeit wie auch der Verlängerung des Lebens ist eine Folge der Monetarisierung und der Ablösung der Subsistenzökonomie durch die Geldwirtschaft. In subsistenzwirtschaftenden Gesellschaften ist kein Geld für Lebensverlängerung vorhanden. In schwach monetarisierten Gesellschaften mit einer hohen Kindersterblichkeit und deshalb auch einer hohen Anzahl Kinder wird bis zu durchschnittlich 30 Jahren *kürzer* gelebt als in reichen Gesellschaften. Lebensverlängerung findet in Gesellschaften statt, in denen monetäre Mittel für gesundheitliche Basisversorgung eingesetzt werden. Lebensverlängerung ist immer ein Produkt relativen gesellschaftlichen Wohlstands. Wir neigen dazu, Gesellschaften, in denen kurz gelebt wird, mit Verelendung in Zusammenhang zu bringen. Kämen wir aber auf die Idee, die europäische Gesellschaft Mitte des 18. Jahrhunderts als verelendet zu bezeichnen? Doch wohl nur *in Relation* zu unseren mittlerweile erworbenen Standards. In der Logik der Armut findet Lebensverlängerung *auf Kosten* möglicher werdender Leben statt – es gibt keine beobachtbare Gesellschaft, in der die Lebenserwartung steigt und die Wachstumsrate *nicht* sinkt. In der Logik der Armut wird das Leben in Armut um den *Preis* eingeschränkter Reproduktion verlängert.

Urbanisierung, Monetarisierung, Modernisierung vervielfachen die finanziellen Kosten pro Kind: das Geld, das u. a. in die individuelle Lebensverlängerung investiert wird, fehlt für die »Verlängerung des Lebens« über den individuellen Tod hinaus, die in subsistenten Ökonomien durch *möglichst viele* Kinder gewährleistet war und ist. Lebensverlängerung ist auch die Folge eines exemplarischen subjektzentrierten Mitteleinsatzes. Dies scheint Menschen in Mobilitätskulturen *selbstverständlich* zu sein; unter Bedingungen genereller Armut freilich ist Lebensverlängerung die Folge einer notwendig gewordenen Anpassung an neue ökonomische Strukturen, die Menschen und *Lebenszeit* in Geldwert bemessen. Die *de facto* Lebensverlängerung gilt als »heilige Kuh« der Modernisierung, die zur Rechtfertigung des neuzeitlichen Programms der Sicherheit und Weltvereinnahmung ins Treffen geführt wird – auch dann, wenn alle anderen Argumente relativiert sind. Wer will nicht *möglichst lange* leben? Dass Lebensverlängerung in den reichen Ländern durch eine *Medikalisierung* der Psyche und der Physis erkauft ist, die letztlich dahin führt, dass wir – in der Euphorie der Verewigung unserer selbst – gar nicht mehr sterben *können*, bleibt dabei zumeist unausgesprochen. Genauso wie wir keine Zeit haben arm oder krank zu sein, haben wir auch keine Zeit mehr zu sterben.

Der Tod ist zu einem sinnlosen Zerstörer unserer Allmacht und unserer durch Zeitnutzungsoptionen definierten Individualität geworden.[329] Gerade deswegen wird zumeist mit Kopfschütteln reagiert, wenn man das Argument der Lebensverlängerung – als zivilisatorischen Höhepunkt im Kampf gegen die Unsicherheiten und Zufälligkeiten des Lebens – in seinem Ansatz relativiert. Lebenszeit ist nämlich bei weitem nicht nur ein in Jahren gemessenes Intervall, sondern auch und vor allem ein qualitatives Empfinden von Zeit und deren Vergänglichkeit. Universaler, auf Prognostik und Manipulation der Welt beruhender Fort-Schritt diktiert auch in einem technisch quantitativen Sinn die Lebenszeit: Die statistische Berechnung von

Lebenserwartungs-Zeiteinheiten ist nur durch die Einbindung des Subjekts in das universal-lineare Zeitmodell möglich. Lebenszeit und Alter, als relationale Begriffe seelisch-körperlicher Bewegungen, und Sterben, als Ausdruck der Rückbindung einer *vergangenen* Zeit an den Ursprung des Lebens, werden im weltzeitlichen Denken zu kollektiv quantifizierten Wahrscheinlichkeiten, die das Eintreffen des biophysiologischen Phänomens des Todes auf den individuellen *Abbruch* der Linearität *reduzieren.* Trotzdem geraten das subjektive Empfinden eigener Vergänglichkeit und weltzeitliche Linearität in einen Indifferenzbereich, den die beste Gesundheitsvorsorge nicht zu klären vermag: Die Lebenserwartung wird statistisch errechnet, durch massive Investitionen erhöht; gesellschaftlicher Fortschritt und Verlängerung der statistischen Lebenserwartung werden in der westlichen Welt faktisch gleichgesetzt, obwohl dieser »Fortschritt« nichts mit der je individuellen Lebenszeit und deren Beendigung zu tun hat, aber doch genau als ein solcher ausgewiesen und subjektiv empfunden wird.

Individuelle Lebenszeit als qualitatives Kontinuum menschlicher Bewegung *erfüllt* sich innerhalb jener Zeit, die für das Durchschreiten von Lebensphasen *zur Verfügung* steht: Kindheit, Jugend, Maturität, Erwachsensein und Elternschaft, Alter, Tod. Wenn in der reichen Welt jugendliche Achtzigjährige auf dem Golfplatz spielend das Gefühl bekommen, in ihrem Leben viel versäumt zu haben, weil die Zeit zur Verwirklichung aller attraktiv erscheinenden Zeitnutzungsoptionen letztlich viel zu knapp war, dann haben sie in *ihrer* Vorstellung von Leben und Lebensverwirklichung fraglos viel zu kurz gelebt. Wenn ein Papua im Hochland von Neuguinea mit Anfang Fünfzig *bereit* ist zu sterben, und *deshalb* die sein Leben beschreibenden Zyklen *erfüllt* weiß, dann ist sein Leben *nicht* zu kurz gewesen, denn er hatte *genug* Zeit, durch Kindheit, Initiation, Mannwerdung, Reife und Altern zu gehen. Niemand kann ihm diese Selbstgewissheit in der Erfüllung *seiner* Zeit nehmen. Zeitzweifel sind Phänomene reicher und Zeitnutzungsoptionen gegeneinander verrechnender Gesellschaften, in denen Leben als umfassendes Bedürfnisbefriedigungsszenario und damit fast zwanghaft als Mangelerscheinung begriffen wird. Satter als satt kann freilich niemand sein, auch wenn sich die Zeiträume zwischen den Sättigungen auf Kosten der Zukunft verflüchtigt haben. Der reiche Alte hat keine Zukunft, weil er keine Vergangenheit hat, die den prinzipiell entgrenzten Möglichkeiten auch nur annähernd entsprochen hätte. Er bleibt nach einem langen Leben allein und entleert zurück in einer Welt der unermesslichen Fülle, und steht einem absurden Tod gegenüber, der ein rastloses Leben ersatzlos beendet. Er sieht das Kamel durchs Nadelöhr gehen, denn den Himmel – der für ihn allein auf Erden zu finden gewesen wäre – hat der Reiche schlichtweg *versäumt.* Die überaus begrenzte Vergangenheit des armen Alten freilich findet in einer Zukunft ihre Verlängerung, an deren Existenz und Sinn er auch angesichts des Todes keine Sekunde lang zweifelt. An der äußeren Peripherie der sozialen Zeit entgrenzt sich die Begrenzung des Daseins nach wie vor in einem Leben nach dem Tod, das dem kurzen irdischen Leben zumeist sehr ähnelt. Der Mangel, den wir Reichen angesichts der Armut empfinden, tut der Freude an der Weiterführung *dieses* Lebens offenbar keinen Abbruch. Vielleicht speist sich daraus jener Optimismus, der Grundvoraussetzung für das Leben in Armut ist. Vielleicht ist es kein Mangel, anstelle von Geld, Gütern, Dienstleistungen und einem statistisch verlängerten Leben *Zeit* zu *haben*. Vielleicht bräuchten wir selbst bloß wieder »arm« zu werden – um sterben zu können.

Weiße mit Videokameras

Philosophen wie Hans Blumenberg haben vor einigen Jahrzehnten noch davon gesprochen, dass der Erkenntnisfortschritt der Menschheit »unabhängig von der Lebenszeit der ihm dienenden Individuen ist«, dass die im »Fortschrittsglauben geeinigte Gattung Mensch befreit (wäre) von der auf Überstürzung angelegten Erfüllungsversessenheit des Individuums«.[330] Marianne Gronemeyer merkt dazu treffend an, dass sich diese Perspektive radikal verändert hat: *Die Zeit des Individuums hat sich der der Gattung angenähert, nicht weil die individuelle Lebenszeit sich so nennenswert ausgedehnt hätte, sondern weil die Zeit der Gattung angesichts ihrer möglichen Selbstvernichtung dramatisch geschrumpft ist.*[331] Es scheint als vollzöge sich in der Rastlosigkeit des mobilen Individuums – das keine Geduld, das kein Warten kennt – die »Dynamik der ganzen Welt«, die als irreversibel beschleunigt empfunden wird. Dieses moderne Empfinden äußerster Beschleunigung freilich wird von vier Fünftel der Menschen dieser Welt *nicht* oder nicht in *diesem* Ausmaß geteilt. Die »Erfüllungsversessenheit« des Individuums ist ein Produkt eines auf rascher Bedürfnisbefriedigung basierenden Reichtums, der »die Idee, den Nachfahren dienstbar zu sein« aufgegeben hat. Wird die Verbindlichkeit dieser Idee – und damit die fundamentalste genealogische Funktion – zugunsten einer subjektzentrierten, kurzfristigen Bedürfnissteigerung und -befriedigung aufgegeben, *so werden Zeitgenossen mit ihresgleichen um Vorteile innerhalb der verfügbaren Lebenszeit rivalisieren... Die Gangart des Fortschritts wird dann nur noch eine Geschwindigkeit kennen: die wegen der fatalen Kürze des Lebens zur Hektik gesteigerte Eile. Die Gattungsgeduld wird in diesem Tempo aufgerieben.*[332]

Mit der Aufgabe der Idee, den Nachfahren dienstbar zu sein, verliert auch die Armut ihre soziale Funktion innerhalb der Gesellschaft. Sie wird

– wie dies schon Max Weber in seiner Analyse der Entstehungsbedingungen des Kapitalismus gezeigt hat[333] – als »selbstverschuldet« stigmatisiert und schließlich, wenn die Reichen der Armen nicht mehr bedürfen um reich zu bleiben, als disfunktional und »uninteressant« gesehen. In Gesellschaften hingegen, in denen die Zeit noch anders »tickt«, und die Rastlosigkeit *nicht* das Paradigma der individuellen Lebenszeit darstellt, wird die Armut *immer* geachtet als etwas, das den Reichen die Relativität ihres irdischen Reichtums vor Augen führt und ihnen zudem die Möglichkeit gibt, sich von der »Last des Reichtums« – durch die symbolische Gabe des Almosen – »rein zu waschen«. Achtung der Armut setzt Zeitreichtum voraus, denn in zeitarmen Gesellschaften kann der Status eines Individuums nur danach bemessen werden, was es – in monetären oder anderen zeitexpansiven symbolischen Kapitalien – *hat*, und nicht danach, was es *nicht* hat. Je mehr sich Gesellschaften zeitlich beschleunigen desto schneller verliert die Armut jene symbolische Würde, die ihr in nicht-säkularen Gesellschaften eine geachtete Existenz gewährleistet hat, oder sie sogar weit über die Anhäufung irdischer Güter, Gelder und Ämter gestellt hat: von den christlichen Bettelorden, deren Entstehung großteils im Mittelalter liegt, über buddhistische und hinduistische Armutsideale bis hin zu der gängigen Praxis im Islam finden wir eine Vielfalt der »stolzen« Armut,[334] die sich nicht nur nicht vor der Welt der Reichen verbergen muss, sondern diese in ihre höchst relativen Grenzen verweist. Dies gilt auch für von unheilbaren Krankheiten Befallene, für Behinderte, Blinde, Verrückte, Verstümmelte – sie alle *zeigen* den Gesunden, Satten, Reichen, dass die Fülle, in der sie schwelgen, ein sehr begrenztes Gut ist, und dass die Reichen die »Last des Reichtums« mit Umsicht tragen sollen. Ein zumindest kleiner Teil dieses Reichtums müsste demnach ständig umverteilt werden, um die Würde des Reichtums gleichermaßen wie die Würde der Armut in nicht-säkularen, nicht-mobilen Gesellschaften zu gewährleisten.

Der individualisierte Reichtum der Mobilitätsgesellschaften aber will und kann mit der ihn umgebenden Armut nichts mehr zu tun haben. »Beim besten Willen« – die Zeit reicht dafür nicht aus. Da Geld stets investierte Zeit ist, wäre die Verbindlichkeit gegenüber den Nachfahren oder gegenüber den Armen pure *Zeitverschwendung*. Arme und Kranke werden staatlich »medikalisiert« und institutionell verwaltet, somit der Verantwortlichkeit der anderen und ihrer eigenen enthoben. Allein die Vorstellung des Almosengebens rührt Peinlichkeiten in uns an. Dies lässt sich z. B. in den großteils islamisierten ostafrikanischen Küstenstädten trefflich beobachten – sofern wir uns ein wenig für diese Beobachtung Zeit nehmen. In Städten wie Mombasa, Lamu oder Dar es Salaam leben Blinde, Lepröse, Verrückte und Verstümmelte *nach wie vor* ebenso selbstverständlich auf der Straße, wie sie in reichen Mobilitätsgesellschaften isoliert und institutionell verwahrt werden. Wenn man sich nun die Zeit nimmt, einen oder zwei dieser Armen einen Tag lang zu beobachten, so entdeckt man: Touristengruppen werden so rasch wie möglich an den Bettelnden vorbeigeschleust, auf hundert Touristen kommt etwa einer, der – zuerst zögerlich, dann übertrieben hektisch und sich sofort abwendend – eine Münze in das bereitgestellte Gefäß wirft. Diese Utensilie ist für in Touristengebieten bettelnde Arme wichtig, denn sie wissen, dass Weiße mit Videokameras Menschen wie ihresgleichen nicht *berühren* wollen und werden. Die Vorstellung, mit Krankheit oder gar Armut infiziert zu werden, ist offenbar so erschreckend, dass sie zu ungelenken Bewegungen und einer möglichst raschen Beendigung des Vorgangs des Gebens führt.

Die Bettler ahnen, dass Weiße mit Videokameras Leute sind, welche die Gegenwart für die Zukunft »einfangen«, dass sie Trophäensammler der Zeit sind. Das kann für die Seele der Gefilmten gefährlich werden. Weiße machen ununterbrochen auch deshalb Bilder, weil ihnen die Vorstellung, dass die Bilder der Gegenwart »verloren« gehen könnten, unbehaglich ist. Sie wollen die Bilder, die ihnen begegnen, *nutzen* und für die Zukunft *verfügbar* halten. Glücklicherweise filmen sie nicht oder nur selten Verstümmelte, Lepröse und Blinde. An *dieser* Gegenwart und an *diesen* Seelen sind sie nicht interessiert, es sei denn, die Bilder der Armut lassen sich profitabel verkaufen. Sie filmen nur das, dem sie auch in Zukunft *begegnen* wollen. Die Bettler wissen obendrein, dass Weiße mit Videokameras, die schnell eine Münze ins Gefäß werfen, nicht am Arm gehalten werden und keine gesungene Koransure aus dem Mund des Bettlers *empfangen* wollen – so wie die Bettler es normalerweise im Tausch von Geld und Gebet für den gottgefälligen Almosengeber tun. Also müssen Bettler, die selten aber doch manchmal von Weißen eine Münze bekommen, auf ihre heilige Pflicht verzichten. Sie werden *beschenkt.* Reiche Weiße – dies wird offensichtlich – können nur geben, nicht nehmen, weil Armut nichts *an sich* zu haben scheint, was gegen Geld getauscht werden könnte. So treten reiche Weiße der Armut nicht mit der nötigen Würde entgegen. Armut wird durch sie *erniedrigt,* weil ihnen keine Ökonomie, keine faire Beziehung von Geben und Nehmen zwischen Reichtum und Armut denkbar und damit lebbar ist. Nicht so für den reichen Afrikaner oder Inder in den ostafrikanischen Küstenstädten. Unsere Beobachtung zeigt nämlich, dass jeder Bettler in Mombasa, Lamu oder Dar es Salaam eine Art »Stammkundschaft« hat. Deswegen wechselt er auch seinen Ort, seinen »Arbeitsplatz« nicht, oder nur dann, wenn triftige Gründe ihn dazu veranlassen. An diesem Ort also kommt der Reiche auf dem Weg zu seinem Geschäft, zu seiner Familie, zur Moschee usw. in gewisser Regelmäßigkeit – zumindest aber zweimal am

Tag – vorbei: er hält im Gehen inne, scherzt, spricht, lacht mit dem Bettler, drückt ihm eine Münze *in die Hand,* lässt für sein Wohlergehen und jenes seiner Familie oder seines Geschäftes beten und geht schließlich zufrieden seines Weges, einen ebenfalls zufriedenen Bettler hinterlassend.

In die Moschee beten zu gehen *ohne* Almosen zu geben ist selbst für stark »verwestlichte« Muslime absurd. Gleichermaßen hält man sich gegenüber Armen an das im Koran verankerte Zinsverbot. Auch das christliche Mittelalter kannte das Verbot der Zinseneintreibung, der »Handel mit Zeit«, die allein Gott nicht aber dem Menschen *gehört*, wurde paradigmatisch unterbunden. Papst Johannes XXII. lockerte im 14. Jahrhundert das Verbot, mit Zeit zu handeln, und bereitete so die Ökonomisierung der Zeit durch die Aufhebung des Zinsverbotes vor – eine der wesentlichen ökonomischen Grundlagen der frühkapitalistischen Beschleunigung und Dynamik in den oberitalienischen Städten.[335] Heute sehen wir, dass selbst in urbanen Strukturen Armut ihre soziale Funktion *nicht* eingebüßt hat – sofern die Gesellschaft nicht mehrheitlich säkularisiert und nicht mehrheitlich vom Paradigma der Zeitverknappung aufgrund individueller Bedürfnisbefriedigung erfasst ist. Diese soziale Funktion drückt sich in einem engen Netz der Interaktion und in für beide Seiten *relevanten* Tauschbeziehungen zwischen Arm und Reich aus. Dadurch wird *auch* die materielle Grundversorgung der Armen sichergestellt.[336] Diese *Beziehung* zwischen Arm und Reich lässt sich auf zeitarme Gesellschaften nicht übertragen. In diesen gibt es auch kaum etwas, das so *nutzlos* ist – wie ein Gebet. Ein Gebet ist – aus säkularer Perspektive – *unproduktiv* und *anachronistisch*, es kostet nur Zeit, die man ohnedies nicht hat. So trägt der mobile Mensch seine Zeit und sein Geld an jenen Bettlern vorbei, deren pure Existenz allein schon Unbehagen einflößt. Insgeheim lobt der mobile Mensch das System der institutionellen Verwaltung von Armut und Krankheit, wie er es aus seinem Heimatland kennt, und rechnet dieses System den Konsequenzen eines gewaltigen universalen Fortschritts zu. Aus dem Bedauern, das er möglicherweise gegenüber dem Armen aufbringt, kann er nichts lernen, denn er hat in ihm nichts anderes als einen Mangel erblickt. Den Menschen hinter der Fassade der Armut hat er nicht *berührt.*

Dem modernen Menschen hinter der Fassade des Reichtums wird sein Leben jedenfalls zu kurz werden. Auch deshalb »fangen« Weiße die Gegenwart für die Zukunft, die zu schnell vergangen sein wird, so gerne mit der Videokamera ein. Das, was nicht »verewigt« wird, hat es womöglich nie gegeben. Zeit – und deren Bilder –, über die nicht verfügt werden kann ist »verloren«. Der moderne Mensch hat verlernt zu geben und auch zu nehmen. Er hinterlässt seinen Nachfahren, auf deren Kosten er gelebt hat, nicht nur eine Menge Videofilme, sondern vor allem eine *Wirklichkeit*, die aus zu nützenden Zeitoptionen, ins Unermessliche akkumulierbaren Gütern und einer Unsumme illusionäre Sicherheit »garantierenden« Investitionen besteht: Die Kinder der Reichen sollen noch gesünder, noch sicherer, noch reicher, noch länger und wenn möglich überhaupt *ewig* leben. In der Sprache der illusionären Zukunft scheint das große Versprechen der Moderne, der endgültige, unwiderrufliche Triumph des Menschen und seiner »gemachten« Welt über die Natur, fortwährend realisiert zu werden. Jede Minute, jede Sekunde, soll hierfür genutzt sein, jede Möglichkeit der Zukunft soll in der Gegenwart beginnen – der moderne Mensch und seine Welt erscheinen als Programm, das unter allen Umständen, *erledigt* werden muss. Marianne Gronemeyer resümiert treffend: *Er (der moderne Mensch) hofft, sein Welthunger könne durch immer mehr Nahrungszufuhr gestillt werden, und er könne dann alt, beruhigt und weltsatt sterben. Er betreibt einen Weltkontakt wie ein Trophäensammler. Alles muss sich daran bewähren, ob es auf dem Lebenskonto zu Buch schlägt. Das Leben stellt sich dar wie ein zu absolvierendes Pensum. Die Welt steht zur Erledigung an. Entsprechend richtet sich der Ehrgeiz darauf, in einem einzigen Normalleben durchschnittlicher Dauer ein doppeltes, dreifaches oder mehrfaches Pensum zu schaffen. Wer auf diese Weise mehr als nur ein Leben abgrast, kann eine enorme Ertragssteigerung verbuchen. Es scheint, als könne die Überlistung der Zeit mit dem Kunstgriff der rasanten Beschleunigung gelingen. Mit diesem Trick wird das Leben »verlängert« und sei es auch nur durch eine optische Täuschung. In Wahrheit wird die Zeitknappheit durch Beschleunigung nicht um ein Deut verringert. Die Kluft zwischen »Lebenszeit« und »Weltzeit« wird nicht geringer, sondern vergrößert sich rapide.*[337]

Wir haben keine Zeit mehr für lineare Expansion, für Entwicklung, Fortschritt, Weltvereinnahmung. Wir haben uns durch die Nutzung beschleunigter Zeitoptionen, denen jeweils immer schneller neue folgen, bis an den Rand einer individuelles, gesellschaftliches und globales Leben bedrohenden *Zeitverelendung* begeben. Mit jeder so genannten Bedürfnisbefriedigung steigt das Angebot weiterer Bedürfnisbefriedigungsoptionen exponentiell an. In diesem Zerrspiegel der Beschleunigung erkennen wir, die wir in den reichen Gesellschaften Reichtum vermehren, indem wir unentwegt *Mehrwert* und *Wertsteigerungen* produzieren, uns selbst als rastlos gehetzte Zeitnutzer, deren Zeit in dem Moment, in dem wir sie nutzen, allein durch die Art und Weise, *wie* wir sie nutzen, gefährlich verknappt ist. Der durch extreme Beschleunigung freigesetzte Reichtum *hat* weder Zeit für die Nachkommen der reichen Welt noch für die Armen der jeweils *anderen* Welt. Expansiv akkumulierter Reichtum *kann* gar keine Zeit haben, denn er reduziert Zeit zu einem immer »effektiveren« Mitteleinsatz, um sich selbst in der Welt *als* Welt in Szene zu setzen. Diese ökonomische Logik der Beschleunigung hat sich auf alle Lebensbereiche des mobilen modernen Menschen übertragen. Mittlerweile wird in zeitarmen Ländern Zeitverknappung als selbstverständlich, als Charakteristikum des Lebens schlechthin wahrgenommen. In zeitreichen Gesellschaften freilich hat das Leben Zeit, in der Lebenszeit erfüllt zu sein. Lebenszeit ist Zeiterfüllung und nicht Zeitverknappung. Die Menschen hinter der Fassade der so genannten Armut leben also tatsächlich in einer *anderen,* in einer zeiterfüllten Wirklichkeit. Armen Menschen ist der Zweifel, ob man nun genügend Zeit zur Realisierung aller selbst- und fremdgestellten Programme zur Verfügung habe, völlig fremd. Lebenszeit und Weltzeit sind noch nicht in einen unauflösbaren Widerspruch zueinander geraten, der anderswo durch Beschleunigung des Tempos aufzulösen versucht wird. Arme Menschen brauchen sich und die Zeit nicht zu überlisten, um Sättigung zu spüren. In zeitreichen Gesellschaften wird – qualitativ betrachtet – länger gelebt, auch wenn früher gestorben wird, wohingegen in zeitarmen Gesellschaften die – quantitativ betrachtete – Länge der Lebenszeit durch die Erfüllungsversessenheit der Individuen qualitativ – in der Wahrnehmung jener, die keine Zeit haben – auf den Bruchteil ihrer selbst reduziert wird.

Modernisierung bedeutet in den armen Ländern der »Dritten Welt« nicht nur Monetarisierung, Lohnabhängigkeit, Schule und die versuchte Implementierung »westlicher« Rationalität und Organisation, sondern in erster Linie, all die erwähnten Indikatoren von Modernisierung begleitend und strukturierend: Zeitverknappung. Das, was in armen Gesellschaften im Überfluss vorhanden war, muss verknappt werden, um durch die Integration in das Weltzeitsystem und seine Ökonomie materielle Mehrwerte zu schaffen und so der materiellen Armut den Kampf anzusagen. Erfolgreiche Modernisierung bedeutet demnach Zeitreichtum gegen Geldreichtum und Geldarmut gegen Zeitarmut zu *tauschen.* Durch die Analyse von Modernisierungsprozessen in Dritte-Welt-Ländern können wir analytisch nachvollziehen, wie Zeit – als Mittel zur Etablierung von modernen Strukturen und als Herrschaftsmittel zur Durchsetzung neuer Lebensstile und Produktionsformen – alle Bereiche des menschlichen Lebens grundlegend verändert und dazu beiträgt, dass die Welt in neuen Bildern gedacht und gestaltet wird. Anhand einiger Beispiele wird im nächsten Teil dieses Buches dargestellt, wie durch »importierte« Entwicklung die »künstliche« Verknappung von Zeit grundlegende kulturelle, soziale Muster und Lebensweisen in Frage stellt, verändert, oft auch zerstört. Wir werden dabei aber auch sehen, dass – entgegen den Vorstellungen der Modernisierer – der universalen Vereinheitlichung des Zeitempfindens und des Zeitumgangs massive Widerstände entgegenstehen. Von diesen Widerständen können wir in unserer eigenen *Zeitverelendung* lernen, auch für unsere Beziehungen zu *anderen* Wirklichkeiten und zeitlichen Ordnungen. Denn auch in der Vereinnahmung anderer Zeiten durch die Logik der Weltzeit und deren Zeitverknappung haben wir keine Zeit mehr, auf den herkömmlichen Bahnen linearer Entwicklung fortzufahren.

In den zeitarmen Gesellschaften wird die Kluft zwischen Lebenszeit und Weltzeit immer größer. Die Akkumulation von »ideellem« und materiellem Reichtum verunmöglicht vielfach die grundlegende menschliche Erfahrung *einfach* Zeit zu haben. Wir haben weder Zeit, unser Verhältnis zur Zeit radikal in Frage zu stellen, noch es im Hinblick auf eine *wirkliche*, sich nicht in die Gegenwart flüchtende Zukunft zu revidieren. Unser Ehrgeiz, unsere Zeitverknappung, unser Wirtschaftssystem und unsere Bedürfnisbefriedigungslogik verhindern, in *anderen* Wirklichkeiten, in denen gemessene Zeit keine Kategorie der Distinktion, Konkurrenz, Leistungssteigerung, Produktivität und keine Kategorie der in Geldwert ausgedrückten Bewertung des Menschen darstellt, etwas *anderes* zu sehen, als die anachronistischen Restbestände einer traditionalen, räumlich und zeitlich beengten Welt: einer Welt, die folgerichtig arm bleiben muss, weil sie sich dem Paradigma der Beschleunigung und Dynamik entzieht; eine bemitleidenswerte Welt, die sich für Reiche wesentlich durch Mangel auszeichnet. Eine Welt, die sich direkt proportional jener Geschwindigkeit der reichen Welt entfernt, mit der diese Reichtum vermehrt und Leben – quantitativ – verlängert. In dieser Welt gibt es offenbar ein Zuviel an Zeit. Vielleicht ist in ihr aber auch *jene* Zeit zu finden, die uns im Umgang mit uns selbst und dem jeweils zu »erledigenden« Pensum fehlt. Das Bild von Welt als Zu-Erledigendes kann angesichts der Tatsache, dass uns nicht nur individuell, sondern auch global die Zeit dafür abhanden gekommen ist, nicht mehr aufrecht erhalten werden. Vielleicht sollten wir in dem Zeitreichtum der armen Welt keinen Mangel, sondern eine Chance sehen, Leben anders zu bewerten und zu organisieren, als wir dies in zeitarmen Gesellschaften tun: Nicht als Rückschritt in überwunden geglaubte »Grenzen«, sondern als wirklichen Fortschritt in ein *anderes* Verständnis von Zeit und deren Erfüllung durch menschliches Leben.

Die Kluft zwischen Lebenszeit und Weltzeit, aber auch zwischen Arm und Reich, wird stetig größer – auch wenn wir *alles* unternommen haben, um durch die Universalisierung der Zeit den *einen* universalen modernen Menschen zu schaffen. Dieses Programm ist gescheitert. In den reichen Ländern an der Zeitarmut, in den armen Ländern an dem Zeitreichtum. Wir werden lernen müssen zu sehen, was wir gegen was getauscht haben und weiterhin tauschen. Die Bewertung von Gewinn und Verlust wird sich nicht mehr lange an dem Mitteleinsatz gemessener Zeit orientieren können. Wir werden *einfacher* werden müssen. Wir müssen lernen zu warten und geduldig zu sein – und zwar jetzt. Denn wir haben keine Zeit mehr, *nicht* zu warten und *nicht* geduldig zu sein. Warten und Geduld, das sind wahrscheinlich die beiden größten Tugenden jener *anderen* Wirklichkeit, von der wir – die wir in den reichen Ländern leben – so oft nicht *berührt* sein wollen. Dies könnte sich als Fehler erweisen, denn: Erst wenn wir arm geworden sind, werden wir wieder eine Zukunft haben! Erst wenn wir arm geworden sind, werden wir wieder lernen zu sterben!

2.2 Zuviel Zeit für Modernisierung

Ungleichzeitigkeiten: Ethnos, Nation, Weltgesellschaft

Die »Dritte Welt« ist maßgeblich hinter der so genannten Ersten Welt *zurückgeblieben*, weil es nicht gelungen ist, Zeit in einem relevanten ökonomischen Ausmaß zu *verknappen*. Je weniger Geld in einer Gesellschaft zirkuliert, desto mehr Zeit gibt es in ihr, die nicht im Sinne der Weltzeit-Rationalität organisiert werden muss. Aus der Perspektive der Zeitarmut ist dieser Zeitreichtum Verschwendung, aus der Perspektive schwach monetarisierter Gesellschaften ist Zeitreichtum die Grundlage für eine erfolgreiche materielle – oft auch noch subsistente – Reproduktion. Die Ungleichheiten der Zeitordnungen nehmen direkt proportional zur Verschärfung der sozio-ökonomischen Diskrepanzen zwischen armen und reichen Ländern zu. Auch die partielle Zeitarmut in zeitreichen Ländern und der partielle Zeitreichtum in zeitarmen Ländern sind im Steigen begriffen: denn weltweite Modernisierung heißt auch, dass der Anteil jener, die in armen Ländern »keine Zeit« haben und in zeitverknappende Organisationsstrukturen eingebunden sind, *relativ* größer wird, wohingegen in den reichen Ländern immer mehr Menschen aus dem durch Geldwert bemessenen Zeitkarussell freigesetzt werden, weil sie als nicht-kompetitiv angesehen werden.

In Teilen der südlichen Hemisphäre ereignen sich mit *großer Zeitverzögerung* jene Modernisierungsprozesse, die Europa wesentlich im 19. Jahrhundert, im Übergang von feudalen zu ständischen, von agrarischen zu urbanen, von manufakturellen zu industriellen Produktionsweisen, charakterisiert haben.[338] In der Logik der Mobilitätsgesellschaften vollziehen sich diese Modernisierungsprozesse *viel zu langsam*, denn die in sie gesetzten Hoffnungen des ökonomischen »take off«, der nachholenden Entwicklung, der auch nur irgendwie mit der europäischen Wirtschaftsgeschichte vergleichbaren Entfesselung der Produktivkräfte, sind ausgeblieben. In diesen Ländern gibt es noch immer *zu viel* Zeit, als dass Zeitverknappung zu einem allgemeinen Charakteristikum der Lebens- und Wirtschaftsorganisation geworden wäre. Trotzdem wird die *moderne* Zeit, als Veränderung der Lebensweise und Organisation, in der einseitigen Gestaltung der Beziehungen zwischen reichen und armen Ländern als *Herrschaftsmittel* eingesetzt. Erst wenn die Einbindung in die zeitliche Linearität der Weltzeit vollzogen ist, werden Menschen anderer Kulturen *unser* Programm der Entzeitlichung und Enträumlichung mittragen und maßgeblich »ökonomischen Aufschwung« nehmen. Schule, Christianisierung, Lohnarbeit, Verstädterung, »westliche« Formen politischer und bürokratischer Institutionen, Geldabhängigkeit und Investitionslogik – viele ineinander greifende soziale Faktoren der Modernisierung des Zeitbewusstseins stehen auf dem Programm der Einbindung zeitreicher Gesellschaften in die Zeitarmut der Weltgesellschaft. Dadurch werden kulturelle Eigenzeiten, Begrenzungen, ethnische Bezugsrahmen, Rechts- und Glaubenssysteme, Weltbilder und ganze Gesellschaftsmodelle relativiert oder auch zerstört, um sie radikal in die Ordnung der »zweiten Moderne« zu integrieren. Im folgenden soll also sowohl von den sozialen und kulturellen Folgen dieser globalen weltzeitlichen Integration als auch von den vielfältigen *zeitverzögernden* Widerständen die Rede sein. Großstrukturierte Räume stehen dabei kleinstrukturierten gegenüber, die Weltzeit verschiedenen lokalen und kulturellen Zeiten.

Eine wesentliche Voraussetzung für die zumindest teilweise Durchsetzung weltzeitlicher Organisation ist die Etablierung des Nationalstaates in jenen Ländern, deren Unabhängigkeit erst jungen Datums ist. Die Identifikation mit dem Nationalstaat – als Staatsbürger – erweitert den Raum des Ethnos, des Clans, der Großfamilie, der insbesondere in den ärmsten Ländern das zentrale Kriterium für Identifikation darstellt. Analog zu den im ersten Teil beschriebenen historischen Entwicklungen in Europa erweitert der Nationalstaat den Bezugsrahmen und damit die zeitliche Koordinatik der in ihm agierenden Individuen. Der Nationalstaat ist freilich noch an ein Territorialprinzip gebunden, wohingegen Transnationalität das territoriale Prinzip entgrenzt und sich in der *ganzen Welt* in Szene setzt. Auch hier ist eine extreme Ungleichzeitigkeit zwischen den reichen und den armen Ländern gegeben. Denn während sich in vielen Ländern der »Dritten Welt« das Prinzip der Nationalstaatlichkeit gerade erst im Stadium der Konstituierung befindet – und »neue« zeitliche und räumliche Vorgaben setzt –, ist es in den reichen Ländern bereits im Begriff der Auflösung. Der »Egalisierung« der Individuen, zwecks stärkerer Wettbewerbsfähigkeit, folgt im Zuge der Globalisierung die »Egalisierung« der Nationalstaaten – scheinbare Gleichheiten zur Durchsetzung gemeinsamer Interessen. Die dem alten Gesellschaftsmodell entnommenen Kreise, Individuum-Familie-Großfamilie(Klan)-Ethnie (Sprachgruppe)-Lokal-, Provinzregierung, Nationalstaat, werden in der reichen Welt immer rascher ersetzt durch transnationale ökonomische, soziale und kulturelle Systeme. Begrenzte Räume und damit begrenzte Identifikationsmöglichkeiten sind mobilen Menschen fremd, die Auflösung des Territorialprinzips erlaubt die illusionäre Gewissheit der Verfügbarkeit der ganzen Welt.

In den Mobilitätsgesellschaften wird von hybriden Kulturen[339], sozialen Netzwerken und Soziosphären[340], globalen Referenzsystemen und »epistemic communities«[341] gesprochen – alles Begriffe, die das Ortsparadigma des Sozialen – wie es noch im Prinzip der Nationalstaatlichkeit festgeschrieben ist – *gedanklich* auflösen. Man spricht von Kulturlandschaften, Finanzlandschaften, Ideenlandschaften – räumlich und zeitlich ungebunden, jenseits der *Lokalität* der Zeit und des Raums Identifikation und Aktivität ermöglichende, frei fluktuierende Felder eines entgrenzten globalen Kollektivismus.[342] Man identifiziert sich über transnationale Wissensgemeinschaften, transnationale Moden und Medienevents, die vielfältige Imaginationen über *mögliche* Leben und Lebensentwürfe freisetzen. Diese diffundieren auch, dort wo ein Zugang zu Medien besteht, in die Länder der »Dritten Welt«. Medien fördern in armen Gesellschaften massiv kollektive Phantasien über Geld- und Güterreichtum, Entgrenzung sozialer und familiarer Verbindlichkeiten – Reichtum und Mobilität also in den unterschiedlichsten Varianten. Auch der kollektiven Phantasie der Reichen ist keine Grenze gesetzt. Dies führt – entgegen kursierenden vereinfachenden Darstellungen – keineswegs zu einer McDonaldisierung der Weltgesellschaft[343], sondern zur Freisetzung maßloser, pluraler Wohlstandsutopien, die sich in der Gegenwart *ad hoc* verwirklichen lassen sollen. Bilder, in denen die Welt gedacht wird, schaffen Weltbilder, Bilder der Entgrenzung in Zeit und Raum beschleunigen die »Erfüllungsversessenheit« des Individuums ins Unermessliche. An dieser »neuen«, vom Territorial- und Familienprinzip losgelösten Selbstidentifikation scheitern auch die »alten« sozialwissenschaftlichen Begriffe wie Klasse, Schicht, Kultur, da sie an das Ortsparadigma des Sozialen gebunden sind. Selbst »Demokratie« wird fraglich, denn der Zentralbegriff von Demokratie ist, wie schon der deutsche Verfassungsgelehrte Carl Schmitt gesagt hat, »Volk« und nicht »Menschheit«[344]. Das »Volk« unterliegt axialen institutionellen Prinzipien, die feudal oder autoritär oder demokratisch legitimiert sein können. Für die »Menschheit« freilich existieren keine axialen Steuerungsmechanismen – trotz heftiger Weltrhetorik über mögliche Formen derselben in den Bereichen Global Governance, Peace Keeping, Ökonomie, Ökologie und Sozialpolitik.

Während die reichen Gesellschaften die Folgen der Entgrenzung *leben*, entgrenzen die in den reichen Ländern »überwundenen« nationalstaatlichen Grenzen die Lebens- und Überlebensbedingungen lokaler Gruppen und

Ethnien. »Entwicklung« bedeutet – in der Vorstellung der Modernisierer – eine »Entwicklung« vom Ethnos zur Nation, von der Nation zur Weltgesellschaft. Diese Entwicklung ist aber keineswegs linear, sondern äußerst widerspruchvoll, oft auch paradox, sie unterliegt extremen Ungleichzeitigkeiten, und nicht selten verkehrt sie sich in ihr Gegenteil. Re-Tribalisierung, Re-Nationalisierung, Re-Lokalisierung: in der Perspektive der Weltgesellschaft sind das zeit-räumliche Sezessionismen, die ernsthaft das »Entwicklungsprogramm« der Moderne gefährden. Übersehen wird dabei, dass das Programm der zeit-räumlichen Entgrenzung nur unter den Bedingungen äußersten materiellen Reichtums *freizusetzen* war, dass Armut – ob es sich nun um die Modernisierungsverlierer in den reichen Gesellschaften oder die Globalisierungsverlierer in den armen Gesellschaften handelt – *notwendigerweise* dem Territorialprinzip verhaftet sein *muss*, weil sie nur innerhalb dessen gelebt werden kann. Man muss seine Grenzen *genau* kennen, um innerhalb dieser Grenzen ein *Überleben* zu ermöglichen und eine *Zukunft* zu sichern. Mobilitätsgesellschaften, in denen *Abwesenheit* zum zentralen Kriterium sozialer Präsenz und Stärke wird – man muss permanent unterwegs sein, gedanklich, innovatorisch, physisch, um Zeit zu nutzen und der Dynamik des »Weltgeschehens« zu entsprechen[345]–, verkennen das Paradigma der *Anwesenheit*, das in nicht-mobilen Gesellschaften Voraussetzung für die Entfaltung von sozialer und ökonomischer Stärke ist und sich nur unter der Bedingung territorialer Begrenzung und begrenzter Mobilität realisieren lässt. Die kollektive Utopie von einer »Weltgesellschaft«, die in den reichen Gesellschaften beschworen wird, scheitert an der Ungleichzeitigkeit ihrer Entstehung und Realisierung. Was ist das für eine »Weltgesellschaft«, die mehr Verelendung und zeitlich-räumliche Begrenzung verursacht hat als jemals zuvor? Wenn Weltgesellschaft und »global village« mehr als eine Ideologie der Reichen sein sollen, dann müssten dieselben zuallererst auf weiteres Wachstum und auf weitere zeitliche Beschleunigung verzichten.

Die hitzige Debatte über vor allem ökonomische Bereiche tangierende Globalisierungsprozesse problematisiert in erster Linie deren Konsequenz für die reiche westliche Welt: Begriffe wie Vernetzung, Liberalisierung, Deregulierung, zeit-räumliche Entgrenzung der Kapital- und Investitionsmärkte, Internationalisierung der Ausbildung und des Wettbewerbs usw. charakterisieren den Modernisierungsschub, der die postindustrielle Dienstleistungsgesellschaft in die kybernetische Kommunikationsgesellschaft des 21. Jahrhunderts – je nach Perspektive – bereits geführt hat oder führen soll.[346] Eine extreme Ungleichzeitigkeit dieser »Entwicklungen« *herrscht* aber nicht nur zwischen armen und reichen Ländern, sondern auch innerhalb der reichen Länder. Marginalisierung, neue Armut, Zwei-Drittel-Gesellschaft beschreiben die *destabilisierenden* Konsequenzen der Loslösung einer globalen

Ökonomie aus dem Kodex nationalstaatlicher Regelungsmechanismen. Parallel zu sezessionistischen Bewegungen – in Europa bis hin zu den Ländern der ehemaligen Sowjetunion –, die ein beunruhigendes Potential nationalistischer Ideologie als Reaktion auf die Demontage nationalstaatlicher Politikrelevanz in sich tragen und sich nur allzu oft zu einem populistischen Sprachrohr für »Modernisierungsverlierer« stilisieren, wird eine Re-Lokalisierung propagiert: einerseits um sezessionistische Tendenzen politisch »abzufedern«, andererseits um eine Ökonomie kleinstrukturierter Räume – lokale Wertschöpfung, »nachhaltige Bewirtschaftung« usw. – *wieder* zu ermöglichen. Dieses Konzept von Lokalisierung findet sich auch in den Förderungsprogrammen der Europäischen Gemeinschaft. Einerseits wird mit der politischen Vision des europäischen Integrationsgedankens an universale »urbane« Werte wie Kosmopolitismus, Solidarität, informationstechnologische Vernetzung und Abbau von nationalem Protektionismus, also an eine Ökonomie großstrukturierter Räume appelliert, andererseits geht es um eine Aufwertung lokaler Wertschöpfung und auch regionaler kultureller Bezugsrahmen. Das politische Ziel dieses Unterfangens – ein »Europa der Regionen« – scheint der gesellschaftlichen Realität ebenso um Jahre *voraus* zu sein[347], wie die Realisierung eines sozial und ökologisch nachhaltigen »global village«, in dem Universalisierung *nicht* Marginalisierung zukünftiger Generationen bedeutet.

Kosmopolitismus versus Regionalismus, Universalismus versus Ethnozentrismus – das sind die widerstreitenden Konstanten im ungleichzeitigen Kräftespiel weltweiter Modernisierung. Solange »Modernisierung« in einer beschleunigten Ausbeutung von Mensch und Natur begründet liegt, solange werden diese Konstanten *Widersprüche* bleiben, welche die Diskrepanz zwischen Arm und Reich, Modernität und Traditionalität, Zeitreichtum und Zeitarmut vergrößern. Historisch, soziokulturell und kulturanthropologisch gesehen sind diese Konstanten antagonistische Prinzipien, die aus dem »Verdrängungswettbewerb« der Zeit-Raum-Konzeptionen und deren sozialen Konsequenzen entstanden sind. Globales Denken und Wirtschaften im Sinne einer sozialen Nachhaltigkeit freilich würde zu einer »Synthetisierung« dieser Konstanten in einer neuen Qualität von »Ort«, »Zeit«, »Heimat«, »Region«, schließlich »Welt« führen. »Weltgesellschaft« lässt sich *nur* »egalitär« und »sozial nachhaltig« denken. Ansonsten wird die große Vision zu einer die *herrschende* Weltungleichheit legitimierenden Ideologie. Weltgesellschaft kann und wird es ohne Welt-Wir-Bewusstsein nicht geben. Individuelle Akkumulation von in Geldwert ausdrückbaren Zeitnutzungsoptionen *verunmöglicht* die kosmopolitische Identifikation und die Verantwortlichkeit gegenüber der Zukunft. Was die reiche Welt von so genannten ethnischen Gesellschaften, von denen im Folgenden die Rede ist, lernen kann, ist, dass *Welt* zwar *gestaltet*, aber nicht *gemacht* werden kann, dass *Zeit* nicht *genutzt* sein muss, um *erfüllt* zu sein, dass es *dann* eine Zukunft gibt, wenn *innerhalb* der Welt gelebt wird, die den Rahmen für die Selbstidentifizierung beschreibt, und nicht, wenn man der Welt *von außen* als Schöpfer gegenübersteht.

Das neuzeitliche Programm der radikalen Entgrenzung von Zeit und Raum hat nicht nur keine kosmopolitische Verantwortung geschaffen, die allein die Rede vom »global village« rechtfertigen würde, sie hat sich vielmehr erst durch extreme Individualisierung und egomanische »Erfüllungsversessenheit« *realisiert.* Diese Individualisierung ereignet sich zeitlich verzögert überall dort in den Ländern der »Dritten Welt«, wo die Menschen einem »Modernisierungsdruck« ausgesetzt sind, wo Leben aufgrund ökonomischer Notwendigkeit umstrukturiert werden muss, wo nationalstaatliche Interessen ethnische Bedingungen und Bindungen tendenziell auflösen, wo Zeit knapper wird und Geld eine zentrale Rolle zu spielen beginnt. Lebens- und Systemebene beginnen sich voneinander zu trennen, der Welt *innerhalb* steht zusehends die Welt *außerhalb* gegenüber. Das neuzeitliche Programm der Weltvereinnahmung hat Lebenszeit und Weltzeit – kurzfristiger Profite wegen – in einem lebensbedrohenden Ausmaß von einander getrennt. Erst wenn die Welt *außerhalb* wieder zur Welt *innerhalb* geworden ist, wird es Universalität und globale Verantwortlichkeit geben. Alle kursierenden globalen Zukunftsszenarien, die das Überleben der Spezies Mensch auf diesem Planeten thematisieren, gehen zu Recht von einer Extrapolation des territorialen Bezugssystems Ethnos in die größte geographische Einheit und damit in den kleinsten gemeinsamen menschlichen Nenner aus: in die eine, die einzige Welt. Erst wenn wir in einem universalistischen Sinne wieder ethnisch denken können, wenn »Entgrenzung« und »Modernisierung« ethnische Prinzipien nicht desavouieren, sondern befördern, erst wenn die Weltbevölkerung zu einem globalen Ethnos geworden ist, der *innerhalb* seiner Grenzen – dieser Welt – Zeit *erfüllt* sein lassen und Leben *leben* lassen kann, ohne von *außerhalb* ununterbrochen zu intervenieren, könnte nachhaltiges Wirtschaften auf einem menschfreundlichen pazifizierten[348] Planeten bei konstant gehaltener Population denkbar werden.

Die zu Fels versteinerten Ahnen

Aus der Zukunft, die gedacht sein darf, zurück in die Vergangenheit, die mich in der Gegenwart *dieser* Reise einholt: Wir, »Sanabeh« Sigrid Awart und ich, sind abermals in die Zeitmaschine gestiegen, um zwecks Auslotung zeitlicher Grenzen ein besonderes südpazifisches Sozial-Laboratorium aufzusuchen. Diesmal hat sie uns von den ostafrikanischen Küstenstädten zu der kleinen Insel Masahat gebracht, auf der etwa 800 Menschen *bis vor kurzem* in einer vom Pazifik begrenzten Welt etwa 5.000 Jahre lang nahezu unverändert gelebt haben.[349] Sanabeh Sigrid ist schon vor Jahren auf der Nachbar-Insel Lir in die Unavus-Ethnie aufgenommen worden – sie trägt die Tatauierung des Clans auf ihrer linken Schulter, auf der Stirn, wo sie eigentlich hingehört, wollte sie die geometrischen Zeichen verständlicherweise doch nicht haben. Aufgrund ihrer engen Beziehung zu den Bewohnern der Nachbarinsel werden wir auf Masahet herzlichst empfangen und – gleichsam als Verwandte – aufgenommen. Gemeinsam wohnen wir in einer auf Stelzen stehenden Bambushütte. Dies ist nur möglich, weil Sigrid mich als ihren »kandere« – ihren Onkel mütterlicherseits – ausgegeben hat. Da wir uns auf Masahat in einer matrilinearen Gesellschaft befinden, ist es der »kandere« und nicht der leibliche Vater, der die höchste männliche Autorität gegenüber den Kindern seiner Schwester ausübt. So bleibt die männliche Entscheidungs- und Sanktionskompetenz über die Kinder, gleichsam wie die Erbfolge, der Landbesitz, die Rechtsprechung usw. in der Linie der Mutter. Nur ein »kandere« darf mit seiner Nichte in einer Hütte wohnen, alles andere wäre äußerst unschicklich. Für den »kandere« gilt das gleiche strenge Inzestverbot wie für den leiblichen Vater. Wäre ich nicht Sigrids »kandere« gewesen, wäre ich örtlich getrennt worden und hätte die meiste Zeit im Männerhaus zugebracht, zu dem Frauen unter strengem Verbot keinen Zutritt haben. All diese sozialen Begrenzungen hätten unsere Forschungsarbeit natürlich einigermaßen erschwert. Einmal zum »kandere« geworden, hatte ich plötzlich selbst eine Menge Verwandte auf der Insel und musste mich auch demnach verhalten: so musste ich andere »kandere« des Matri-Clans, in den Sigrid initiiert worden war, besonders herzhaft und Schulter klopfend begrüßen und jede Menge Betelnüsse, Tabak oder Früchte tauschen.

Nach einigen Tagen der Eingewöhnung in dieses »zeitlose« Inselparadies getraue ich mich am abendlichen Feuer, die für mich und für mein Interesse an der Zeit *hier* entscheidende Frage zu stellen. Immerhin handelt es sich bei den Unavus um freundliche, liebenswürdige Leute, die seit Tausenden von Jahren auf nicht mehr als insgesamt 25 km^2 leben – und die daran offenbar noch immer Gefallen finden. »*Wo* ist der Anfang der Welt?«, frage ich zögernd, »*Woher* kommt ihr?, *Wie* seid ihr geschaffen worden?« Ich blicke in verdutzte, vom Schein des Feuers hell erleuchtete Gesichter: »Seit *wann* gibt es die Unavus, *wohin* geht ihr?« Einen Moment lang herrscht betretenes Schweigen, dann ergreift eine ältere Frau beherzt das Wort: die Jungen hätten vergessen, woher sie kommen und wer sie seien, aber es gebe einen einzigen alten, sehr alten Mann auf dieser Insel, der da oben auf dem Berg lebt, der weiß, wo der Anfang der Welt ist, der weiß, woher die Unavus kommen und wer sie *wirklich* sind. Dieser Mann, so fährt die Frau fort, sei älter als Jesus Christus, er sei kurz vor Jesus Christus geboren worden, als dieser noch im Bauch seiner Mutter Maria war. Thomas Knut, die Frau wiederholt den Namen des Mannes eindringlich, habe also das Licht der Welt erblickt, *bevor* der Erlöser selbst auf dieser Welt angekommen sei. Da er so alt sei, wisse er allein, woher die Unavus wirklich kommen und wo der Anfang der Welt ist. Alle pflichten jetzt erleichtert der alten Frau bei. Und wir beschließen, diesen wissenden alten Mann aufzusuchen – so bald wie möglich, gleich morgen in der Früh.

Zwei Stunden steigen wir über steinige Halden auf die Kuppe des Hügels, von der aus man die ganze Insel und deren Lage in dem in allen Himmelsrichtungen bis zum Horizont reichenden Pazifik überblicken kann. Auf einem Lattengestell sitzt im Schatten einer Pandanus ein greiser Mann, der uns mit lebendigen Augen freundlich Willkommen heißt. Er, der der einzige ist, der weiß, woher die Unavus kommen, beginnt eine atemberaubend verzweigte Genealogie vor unserem geistigen Auge auszubreiten, die etwa vier Generationen zurückreichen dürfte und insgesamt weit über hundert Namen – samt den dazugehörenden Geschichten – umfasst. Er selbst – so bestätigt Thomas Knut die Erzählung der Frau – sei tatsächlich *vor* der »Geburt des Erlösers Jesus Christus« geboren worden. Nach einer kurzen Recherche wird sich diese Angabe später als durchaus plausibel erweisen: denn wenn Thomas Knut kurz vor der Ankunft des ersten weißen Missionars geboren ist, der die »Geburt des Erlösers« auf ganz Masahet *verkündet* hat, so wäre er jetzt etwa 87 Jahre, was durchaus richtig sein mag. Mit der weit verzweigten Familiengeschichte, die Thomas Knut uns erzählt hat, gebe ich mich aber noch nicht zufrieden. Ich insistiere: »Woher kommen die Unavus, wo ist der Anfang der Welt?« Und so beginnt Thomas schließlich die archaische Mythe vom Ende der Vorzeit zu erzählen, die hier verkürzt wiedergegeben werden soll:

In undenklicher Vorzeit sind die Männer und Frauen des Unavus-Clans eines Tages frühmorgens in die Gärten gegangen, um Yams, Taro, Bananen und Zuckerrohr zu ernten. Als die Sonne tiefer sank, entdeckte ein Mann am steilen Abhang eines Berges ein riesiges Spinnennetz. Die Unavus warfen die Schale des Zuckerrohrs in das Spinnennetz und sahen, dass es alles auffing, ohne zu reißen. Der Anführer der Gruppe sagte: »Dieses Spinnennetz, das muss etwas ganz Besonderes sein, es ist so stark, dass einer von uns hinunterspringen kann und aufgefangen wird.« Daraufhin wurden sie alle sehr neugierig, denn sie glaubten an eine großartige Entdeckung. Sie ermunterten den Mann hinunterzuspringen ... Er stürzte den Berg hinunter und blieb schwer verletzt im Sand liegen. Er schrie und weinte vor Schmerz, aber seine Clanangehörigen dachten, dass der Mann vor Glück schrie. Daraufhin sprangen alle Unavus – außer zwei Frauen und einem jungen Mann – den Berg hinunter. In dem Moment als der Tod kam, verwandelten sich ihre Körper, die Schweine und die Feldfrüchte, die sie in ihren Taschen trugen, in Steine – und diese wuchsen zusammen zu einem mächtigen Felsen. So endete die Zeit der Vorfahren, die alte Zeit. Da, wo der Fels ist, ist der Anfang unserer Welt.

Tags darauf stehen Sanabeh Sigrid und ich vor dem mächtigen Felsen, vor dem Abgrund, in den die Vorfahren – voll Erwartung von etwas Wunderbarem – gesprungen sind. Mit einiger Phantasie kann man in dem Relief des Felsens tatsächlich die Schemen menschlicher Gesichter und Körper, die Konturen von Schweinen und Feldfrüchten wahrnehmen. Hier also hat die Gegenwart der Unavus in ihrer *jetzigen* Gestalt durch die Vernichtung der *Zeit vor der Zeit* begonnen. Hier also *ist* der Anfang der Welt, zu deren erste »Familie« Thomas Knut die Genealogie seines Clans zurückgeführt hat. Auf diesen zwei Frauen und diesem Mann, die *nicht* der tödlichen Faszination der anderen gefolgt sind, gründet die *Zeit* der in Masahet lebenden Menschen. Was vor diesem Ereignis geschah, liegt im unergründlichen Dunkel der *Vorzeit*. Irgendwo *muss* ein Beginn der bekannten Welt gesetzt sein, damit die Gegenwart in die Zukunft und diese wieder in die Vergangenheit *zurückkehren* kann. Noch immer ruhen die zu Fels versteinerten Ahnen an dieser imposanten Stelle: Ungefähr 60 Meter fällt der Fels nahezu senkrecht in einen runden Talkessel ab, der nach Osten hin den Blick auf die Wogen des Pazifiks freigibt. Der Mann, der älter als Jesus Christus ist, hatte gesagt: »Das Ungeschick der Vorzeit-Unavus hat die Unavus der Gegenwart *gelehrt*, nie wieder einen tödlichen Irrtum zu begehen, nie wieder einer tödlichen Faszination zu erliegen.« So sind sie starke und kluge Menschen geworden, deren Zukunft durch nichts gefährdet schien. Aber dann hatte Thomas Knut bei unserem Abschied noch hinzugefügt: »Wer weiß, was die Zukunft bringt, wer weiß, was sich noch alles verändern wird? Wenn die Jungen die Namen ihrer Vorväter nicht mehr lernen *wollen*, dann entziehen sie sich dem Schutz der zu Fels versteinerten Ahnen, dann könnte auch den Unavus ein tödliches Missgeschick unterlaufen.«

Als Thomas Knut uns dies erzählte, wusste er nicht, dass auf der Nachbarinsel Lihir der Ahnenfelsen Aleia bereits Opfer des Dynamits geworden war, weil eine durch ein internationales Finanzkonsortium finanzierte Minengesellschaft in ihm Gold zu entdecken vermeinte.[350] Es hatte sich aber schnell heraus gestellt, dass das Lavagestein so unwesentlich mit Goldstaub angereicht war, dass sich die aufwendige Methode des Cyanid-Abbaus nicht rentierte. So hatte man den zerstörten Felsen, samt seinen der Ruhe entrissenen Ahnen, so gelassen wie er war. Thomas Knut hatte nur gehört, dass sich die Welt seiner Verwandten auf Lihir in den letzten zwei Jahren, seitdem die Mine fertig gestellt worden war, dramatisch geändert hat, und dass diese Veränderung Grund dafür ist, dass einige Junge von Masahet nach Lihir gehen, um *außerhalb* der Insel ihrer Väter etwas zu suchen, was es auf derselben offenbar *nicht* gibt. Auf der Insel Lihir freilich, wo bis vor kurzem immergrüner Regenwald wucherte, werden Schneisen in die Hügel getrieben, dröhnen Bulldozer und Caterpillar. Da, wo bis vor kurzem die Menschen, so wie auch heute noch auf Masahet, von ihren Gärten, von Schweinen und dem Fischfang lebten, gibt es nun eine Straße, einen kleinen Flugplatz, ein Kraftwerk, eine Containersiedlung und so genannte Super-Märkte, die von den Einheimischen die »Gärten der Weißen« genannt werden. Statt Muschelgeld gibt es nun harte Währung in Münzen und Scheinen, mit denen man sich – hat man nur genug davon – sogar einen Flug oder einen Schiffstransfer *noch weiter weg* leisten kann; und einige Dörfer besitzen sogar Autos, die als Kompensation für das Land und die Verschmutzung der Gewässer angeschafft worden sind. Auch für die Zerstörung des Berges Aleia ist *Geld* als Entschädigung gezahlt worden.[351] Eine Menge Geld für Menschen, die Tausende Jahre lang kein Geld brauchten, um eine Zukunft zu haben. Jetzt ist ihre Zukunft in die Luft gejagt worden, dafür haben sie *Geld* bekommen, um die Gegenwart des modernen Lebens im Super-Markt der Weißen zu genießen. Zeitarmut gegen Geldreichtum – die eigentümliche, uns freilich wohl bekannte Form moderner *Entschädigung*, die auf der Insel Lihir freilich besonders grotesk wirkt.

Als wir uns von dem Mann, der älter als Jesus Christus ist, auf der Insel Masahet verabschiedet hatten, und er uns seine Sorgen über die Jungen geklagt hatte, wusste er noch nicht, dass seine Befürchtungen auf der Nachbarinsel Lihir bereits *Wirklichkeit* geworden waren. »Dieser Berg Alaia«, sagte der Unavus, der uns auf Lihir zu der wüsten Geröllhalde geführt hatte und auf die *leblose* Kraterlandschaft zeigte, »*war* ein Haus, das uns allen in Lihir gehört hat. Dann kam die Minengesellschaft und zerstörte *unser* Haus. Sie zahlte dem Tineltalgo-Clan 50 000 Kina. Dann kam es zum Streit, und die anderen Klans beschwerten sich, denn dieses Haus hatte uns allen hier in Lihir gehört. Dann bekamen auch sie viel Geld. Wir haben das Geld, aber wir wissen nicht, *wohin* wir gehen sollen, wenn wir sterben!«

Der Einbruch der Moderne in viele ehemals subsistenzwirtschaftende Gebiete der »Dritten Welt« ist so drastisch und zuweilen auch so gewalttätig, dass er unweigerlich an die so oft durch Chaos, Kampf, Willkür oder tödliches Missgeschick charakterisierten Mythen über die Entstehung der *bekannten* Welt in ethnischen Gesellschaften erinnert. Die neue Zeit bricht an durch eine exemplarische Ver-Rückung oder Ver-Nichtung der alten Zeit. Das Motiv, dass die Vorzeit zerstört wird, um die Zukunft der Gegenwart zu ermöglichen, ist so weit verbreitet, dass man unter Vorbehalt von einer kulturanthropologischen Universalie sprechen kann. In der christlichen Genesis ist es der Akt des Ungehorsams, der den Menschen aus dem Paradies vertreibt und ihm die *bekannten* Attribute zuschreibt – Nacktheit, Schmerz, Angst, mühevolle Arbeit, Ausgesetztheit. Auch in den archaischen Mythen wird die Gegenwart erklärt durch eine Zukunft, deren Wurzeln und deren »Ort« in der Vergangenheit *eigentlicher* Menschwerdung liegen. Vor dem Felsen der versteinerten Ahnen auf der Insel Masahet schließt sich der »Kreis der Zeit« – auch wenn für den alten Mann der bittere Nachgeschmack bleibt, dass Junge mitunter lieber Schiffe besteigen, um in *fernen* Städten arbeiten zu gehen, anstatt die mündliche Überlieferung der wieder und wieder erzählten Genealogie, die Ausdruck dieses *Zeitkreises* ist, zu erlernen und wiederzugeben. Der Einbruch der Moderne wird von vielen so dramatisch erlebt, dass er an die mythischen Ereignisse der Vorzeit erinnert und häufig von den betroffenen Menschen als ein solches interpretiert wird. Modernisierung bedeutet also nicht nur Lebensveränderung, sondern fundamentale Entkoppelung kultureller Muster und ihrer zeit-räumlichen Struktur von einer über lange Zeiträume hinweg konstant erfahrenen *Wirklichkeit.* Modernisierung bedeutet Verwirklichung *anderer* Wirklichkeit: damit entfernt sich die neue Welt von der alten, sie entgleitet allmählich dem Zugriff ihrer eigenen Vergangenheit; und Zeit erscheint als variables Prinzip zur Gestaltung individueller Handlungs- und Bewegungsspielräume.

Die Widerborstigkeit der Jungen und die Sprengung des Ahnenfelsens sind zwei Seiten der gleichen Medaille, die für das, was wir Modernisierung nennen, eingesetzt wird: *Zeitkreise* werden aufgebrochen, die Zukunft wird nicht mehr durch die Wiederholung der Vergangenheit *getragen.* Besteht also die Gefahr, dass die Unavus wieder von einem Felsen in den Abgrund springen, weil diesmal nicht das Spinnennetz, sondern Geld, Lohnarbeit, Mobilität, Konsumgüter usw. faszinieren? Über keine Ethnie dieser Welt kann man eine »Glasglocke« stülpen. Modernisierungsverlierer und -gewinner gibt es sowohl in der reichen als auch in der armen Welt, unter den Unavus gleichermaßen wie im »Europa der Regionen«. Das menschliche Leben, das in einer ethnischen Gesellschaft mit der Einbettung der Zukunft in die mythologische Vergangenheit der Ahnen *beginnt* und mit dem individuellen Tod, als Voraussetzung für die Weiterführung des »Zeitkreises« *endet,* entwirft eine Vielzahl unterschiedlicher Strategien, mit drastischen Veränderungen und neuen Anforderungen umzugehen.

Beobachten wir diese Strategien in den zeitreichen Ländern der südlichen Hemisphäre, so werden wir sehen, dass trotz aller Veränderungen ethnische Zeit in einem gesellschaftlich relevanten Ausmaß erhalten bleibt, dass das neue Leben die zeitliche Ordnung der »Westens« keineswegs einfach kopiert oder in den Menschen reproduziert. Trotz des Endes der mythologischen Zeit und der *Ent-Bindung* aus dem traditionellen Kontext der »ewigen Wiederkehr« bleibt noch genug Zeit, um Modernisierung in *unserem* Sinn einigen Widerstand entgegenzusetzen, sie oft auch zu verunmöglichen. Die Zukunft freilich wird dabei *unsicherer*, denn durch das Hinaustreten aus dem begrenzten ethnischen Kosmos in die »moderne« Welt wird die Zukunft zu einem *unbekannten* Wagnis, zu einer Ent-Bindung aus der materiellen und spirituellen Sicherheit ethnischer Struktur. Es ist ein Paradoxon, dass das größte Versprechen der Moderne, die »Sicherheit«, nicht nur *nicht* eingelöst wird, sondern sich in ihr Gegenteil verkehrt. Da wo es »Sicherheit« in von starken Modernisierungsschüben gekennzeichneten Ländern der »Dritten Welt« gibt, wird diese in erster Linie durch die Resistenz ethnischer Bezüge und ihrer zeitlichen Ordnung gegenüber dem Prinzip der geldwirtschaftlichen Zeitverknappung gewährleistet. Da wo es in »armen« Ländern »Sicherheit« gibt, ist zweifelsohne zu viel Zeit für umfassende Modernisierung in *unserem* Sinn vorhanden.

Innerhalb und außerhalb

Die Weltbevölkerung als globaler Ethnos, der *innerhalb* seiner Grenzen sich selbst und seiner *begrenzten* Möglichkeiten bewusst ist, Zeit *erfüllt* sein und Leben *leben* lassen kann? Warum stellt sich diese oben vertretene These als *Alternative* zu den Vorstellungen eines modernen universalen kosmopolitischen Weltbürgers dar? Ganz einfach deshalb, weil im Konzept des Ethnos zentrale menschliche Eigenschaften Ausdruck finden, die in der Modernisierung zum universalistischen modernen Kosmopoliten »verloren gehen«, obwohl sie m. E. der einzige Garant für die Wiedererlangung von *wirklicher* Sicherheit und Zukunft sind. Diese menschlichen Eigenschaften hängen mit Akzeptanz von Begrenzung, mit Gewährenlassen von Zeit und mit dem Prinzip der Umverteilung lebenswichtiger Güter zusammen – alles Handlungsorientierungen, die wir in ethnischen Gesellschaften *realiter* finden, die aber in der Lebenswirklichkeit der Mobilgesellschaften, trotz einer oft anders lautenden politischen Rhetorik und einer humanistisch-philosophischen Tradition, in den Bereich *privater* Beliebigkeit verdrängt worden sind, also *keine* kulturellen Muster zur Verortung des Individuums in der Gesellschaft mehr darstellen. Zudem unterscheiden sich Mobilitätsgesellschaften von ethnischen Gesellschaften dadurch, dass die Angehörigen der einen Soziosphäre die *Welt außerhalb* ihres Lebens- und Arbeitskreises und die Angehörigen der anderen Soziosphäre die *Welt innerhalb* ihrer Reproduktions- und Produktionsräume deuten. Erst wenn der Planet als ein *Innerhalb* und nicht mehr als ein *Außerhalb* – des Individuums, der jeweiligen sozialen und ökonomischen Möglichkeiten, der Staaten und Staatengemeinschaften – gedacht wird, nähert sich die Vision einer Menschheit *mit* Zukunft ihrer schrittweisen Realisierung an.

In den »jungen« Staaten der südlichen Hemisphäre kann genau verfolgt werden, wie ein gemeinschaftlich gedachtes *Innerhalb* durch die Setzung neuer sozialer, kultureller, rechtlicher und nationalstaatlicher Grenzen tendenziell »entgrenzt«, »aufgebrochen« wird: strukturell ähnliche Prozesse, wie wir sie aus unserer eigenen europäischen Individualisierungsgeschichte kennen. Viele dieser Gesellschaften oder Teile dieser Gesellschaften befinden sich – linear betrachtet – in einem »Übergangsstadium« zwischen ethnischem und nationalstaatlichem Bezugsrahmen. Aufgrund der extremen Ungleichzeitigkeit dieses sukzessiven Modernisierungsprozesses sind aber gleichzeitig auch dessen Grenzen aufgezeigt: denn das Übermaß an Zeit in so genannten »unterentwickelten« Ländern verhindert die Durchsetzung dieses Individualisierungsprogrammes, das in den reichen Ländern an die Grenzen des Wachstums, des Fortschritts und der Entwicklung geführt hat und dies in einem entscheidenden und global relevanten Ausmaß. Das Modell des modernen individualistischen, zeitverknappten Lebens, das mit immer größerer Beschleunigung die Erfüllung der eigenen und der globalen Zukunft verunmöglicht, *muss* im Auslaufen begriffen sein. Nur die grundlegende Revision dieses Lebensmodells lässt Zukunft *denken*. Lernen wir also von jenen menschlichen Eigenschaften, wie sie uns in ethnischen Gesellschaften gegenüber treten, und lernen wir von den Veränderungen, die »Modernisierung« in ethnischen Gesellschaften bewirkt. Vielleicht können wir so den Film, der uns zeigt, warum wir zu »Zeitverknappern« geworden sind, ein wenig *zurück*spulen. Und vielleicht *sehen* wir dann, dass wir noch immer alle Zeit der Welt hätten, glaubten wir nur daran, dass die Welt *nicht* nur aus dem besteht, was wir aus ihr *machen*.

Im Folgenden soll von *ethnischer Gesellschaft* gesprochen werden, wenn sich die Identität der in ihr lebenden Individuen, die individuellen Selbstverortungen also, in einer – für Mitglieder von Mobilitätsgesellschaften nur schwer zu verstehenden Intensität – auf die lokale Genealogie, auf das raum-zeitliche Bezugssystem des eigenen Ethnos[352] gründet. Dieser ist eine soziale, politische und lebensweltliche Kategorie und definiert das Universum aller möglichen sozialen Zuordnungen im Innenverhältnis der Sozietät. Austauschbeziehungen zu anderen Ethnien unterliegen im »traditionellen Setting« zumeist stringenten Ritualisierungen und folgen ökonomischen oder genealogischen – z. B. Klanexogamie – Erfordernissen. Die enorme Sprachenvielfalt in ethnischen Gesellschaften, die Herausbildung von linguistisch voneinander getrennten Sprachen in geographisch eng umgrenzten Räumen ist eines der vielen Merkmale des Prinzips des *lokalen Ethnozentrismus*. Wenn man zum Beispiel bedenkt, dass an die 90% der

Parteien im subsaharischen Afrika nicht ideologisch, sondern ethnisch definiert sind, also letztlich nicht die Programme, sondern die Zugehörigkeit der Mehrheit ihrer Mitglieder zu einem bestimmten Ethnos für die Wahlentscheidung bestimmend sind, so lässt sich sagen, dass ethnozentrische Strukturen durch alle Gesellschaftsbereiche, bis hin zum – vom »Westen« importierten – nationalstaatlichen Politiksystem, in vielen »jungen« Staaten handlungs- und ordnungsbestimmend sind. Die Organisation von sozialem Leben, Ökonomie, Kultur und Politik lässt sich dann nur ethnisch denken und verstehen, ein Faktum, das, weil oft von Vertretern der Mobilitätsgesellschaften »übersehen« oder einfach falsch eingeschätzt, oft dazu geführt hat, dass ambitionierte »Entwicklungs-Versuche« kläglich scheitern mussten. Auch das Unverständnis gegenüber jener politischen Praxis, die »westlich-demokratische« Strukturen nur formell imitiert – nicht zuletzt um ökonomische Zuwendung von der westlichen Staatengemeinschaft zu erhalten – und die zumeist autokratische Züge trägt, gründet in der falschen oder *allein* abwertenden Einschätzung der *Wirklichkeit konstituierenden* Bedeutung von ethnischen Ordnungsstrukturen.

Begrenzung wird in Mobilitätsgesellschaften als Schwäche erlebt, in ethnischen Gesellschaften freilich stellt sie die Basis für Stärke da. Ein starkes Wir-Bewusstsein baut auf der starken Kohäsion von sozialen Gruppen auf, die in vorwiegend subsistent lebenden Gesellschaften allein materielle Reproduktion gewährleistet. In mobilen Geldgesellschaften ist das ökonomische Leben nicht – oder nur in einem vergleichsweise geringen Anteil – durch die Hinwendung zu einer sozialen Gruppe charakterisiert. Geld *anonymisiert* prinzipiell alle Austauschbeziehungen. Ist in Mobilitätsgesellschaften Zeitverknappung *der* ökonomische Faktor, so stellt Zeitreichtum in ethnischen Gesellschaften die ökonomische Basis dar. Die Hinwendung zur sozialen Gruppe, durch die man sich denkt und durch die man lebt, erfordert viel Zeit – und das täglich. Diese Zeit verknappt sich nicht aufgrund einer immanenten Logik, sondern sie *erfüllt* individuelles und kollektives Leben. Da individuelle Akkumulation von Gütern, Geld oder Zeit gegen die Interessen der Gruppe steht und den Zusammenhalt derselben schwächt, ist sie nicht nur »widersinnig«, sondern wird dort, wo sie stattfindet, auch direkt oder indirekt bestraft.[353] Zeitreichtum lässt sich unter »modernen« Bedingungen nur unter der Gefahr zunehmender Verelendung aufrechterhalten. Dies betrifft gleichermaßen städtische Migranten, die in urbanen Strukturen gezwungen sind, für jede Bewegung Geldmittel zur Verfügung zu haben, wie Plantagenarbeiter, die zwar Geld bekommen, aber *zu wenig*, um die entfallende Subsistenzwirtschaft zu kompensieren. Stadtmigranten und agrarische Lohnarbeiter ohne Landbesitz stellen in der »Dritten Welt« die von Verelendung am meisten gefährdeten Gruppen dar;

sie unterliegen tendenziell der zeitlichen Ordnung der Moderne, teilen aber nicht deren Reichtum. Die Analogie zur Landflucht und Urbanisierung im Europa des 19. Jahrhunderts stimmt in vielen Bereichen, in einem zentralen Punkt freilich scheitert die historische Parallele: Reichtum wird nie *freiwillig* umverteilt, die *relative* Umverteilung des gesellschaftlichen Reichtums in den westlichen Mobilitätsgesellschaften ist ein Produkt massiver sozialer Auseinandersetzungen und Kämpfe, die zu einigermaßen tragfähigen, Distribution *noch* garantierenden Institutionen geführt hat. In der »Dritten Welt« scheitern die Umverteilungskämpfe an der *Unerreichbarkeit* des Kapitals, das sich dem Ortsparadigma schon längst entzogen hat, und an den institutionellen Schwächen der politischen Institutionen. Aufgrund der globalen Abwertung menschlicher Arbeitskraft stellen die armen Länder ein prinzipiell *beliebig* nutzbares Reservoir derselben dar. »Welt«-Ökonomie ist nicht mehr auf jene Konzessionen angewiesen, die nationale Ökonomien gegenüber ihren Arbeitnehmern im Zuge der Entfesselung der industriellen Produktion zwangsläufig machen mussten.

In den armen Ländern ist eine vorwiegend ethnisch strukturierte Ökonomie mit einer auf Individualisierung, Akkumulation und Zeitverknappung basierenden *konfrontiert*. Das Ausmaß der Konsequenzen dieser Konfrontation mag sehr unterschiedlich sein und ist auch hier durch das Stadt-Land-Gefälle definiert. Die enormen Zuwachsraten der Stadt-Migration – zwischen 7% und 10% durchschnittliche Zuwanderung pro Jahr in die meisten Städte der südlichen Hemisphäre – verschärfen diese ökonomische und zeitliche Diskrepanz. Doch auch in der Stadt garantieren ethnische Bindungen die »Sicherheit«, die das System der Geldwirtschaft, in das der Stadtmigrant gezwungen ist, nicht garantieren kann. Der informelle Sektor in den Megastädten der »Dritten Welt« besteht aus einer Vielzahl nebeneinander koexistierender kleinstrukturierter Ökonomien, deren »unsichtbares Netz« ethnische und großfamiliale Strukturen bilden. So werden subsistenzwirtschaftliche Formen lokaler Wertschöpfung von den ruralen Gebieten in die urbanen »importiert«. Das begrenzt einerseits Verelendung, andererseits die massive Schlechterstellung der Frauen im Zuge der städtischen Migration. Denn Frauen stellen sowohl in matrilinearen als auch in patrilinearen ethnischen Gesellschaften einen Großteil der materiellen Reproduktion sicher[354], wohingegen monetäre urbane Arbeitsmärkte massiv Männerarbeit begünstigen. Die »neue« ökonomische Abhängigkeit der Frauen von den Männern im Zuge der städtischen Migration erodiert traditionelle Geschlechterverhältnisse, was in den meisten Fällen zu einer sozialen Abwertung und zu einer Gefährdung von Frauen führt. Männliche Gewalt gegen Frauen – meist unter Einfluss von Alkohol – ist eine typische sozialpsychologische Konsequenz einer »anomischen« urbanen Situation: Verelendung, begrenzter Wohnraum, einseitige Mobilität der Männer, Frustration und endemischer Geldmangel, der dadurch verschärft wird, dass Geld – auch wenn zu wenig oder kaum vorhanden – für männliche »leisure-time-activities«[355] ausgegeben wird. Der informelle Sektor, der gleichermaßen von Männern wie von Frauen getragen wird, begrenzt die massive Abwertung menschlicher Arbeitskraft, indem eine eigene, kleinstrukturierte Ökonomie innerhalb des großstrukturierten städtischen Raumes geschaffen wird, mit der Funktion eines mehr oder minder starken Auffangnetzes zur Vermeidung städtischer Verelendung.

Das Verhältnis zwischen Innerhalb und Außerhalb – zwischen dem sozialen Raum, der Sicherheit gewährleistet, und jenem, in dem das Individuum als Konkurrent auftritt – ändert sich im Zuge von Modernisierungsprozessen proportional zur zunehmenden Diskrepanz zwischen Lebenszeit und Weltzeit, Eigenzeit und extern vorgegebener Zeit. »Modernes« Leben heißt stets, die Organisation der Zeit an externen Bedingungen, Notwendigkeiten und Rationalitäten zu orientieren. Die Notwendigkeit des Gelderwerbes als Voraussetzung für die Aufrechterhaltung eines basalen materiellen Standards, bedeutet in »modernen« Strukturen die zwangsläufige Akzeptanz zeitlicher – und damit räumlicher – Fremdbestimmung. Uns, die wir in den reichen mobilen Ländern leben, mag das selbstverständlich erscheinen. Menschen, die aus subsistenten, eigenzeitlichen Lebensformen z. B. als Migranten in die Stadt kommen, erleben diesen Einfluss und diese Neubewertung als zuweilen dramatische Veränderung ihrer Lebensform und Lebensperspektive. Sie begreifen explizit oder intuitiv, dass die »modernen« Strukturen nur jenen Menschen ein Existenzrecht einräumen, die an der Erwirtschaftung von »Mehrwert« *aktiv* teilnehmen. Die Umverteilung von Geldern und Gütern, die dem ethnischen Denken entspricht und den »unproduktiven« Familien- und Clanmitgliedern eine Existenz in Würde ermöglicht, kennt die westliche Ökonomie nicht. Arbeitsproduktivität wird in den westlichen Industrienationen noch immer als Voraussetzung für das Existenzrecht *innerhalb* der Gesellschaft angesehen. Trotz Diskussionen um »Basiseinkommen« basiert das »soziale Netz« in den industrialisierten Ländern auf der Legitimation der »Arbeitsunfähigkeit«. Nichtproduktive Gesellschaftsmitglieder wurden freilich nicht nur in ethnischen Gesellschaften, sondern in allen Kulturen und zu allen Zeiten *selbstverständlich* mitversorgt. Die sich als humanste aller sozialen Ordnungen deklarierende westliche Gesellschaft *individualisiert* die Befriedigung der Grundbedürfnisse: Nahrung, Kleidung, Wohnen in einer nie zuvor da gewesenen *Totalität.* Auch der Sozialstaat basiert auf der Überhöhung der ökonomischen Produktivität: denn nur da, wo sich der Mensch legitimieren kann, aufgrund »objektiver« Kriterien nicht an der gesamtgesellschaftlichen Wertschöpfung teilnehmen zu können, gesteht ihm die Gesellschaft das Recht zu, seine »Grundbedürfnisse« durch die Gemeinschaft befriedigen zu lassen.

Westliche Ökonomie, Technik, Organisation, Weltbilder – Christianisierung –, Verwaltung usw. üben auf alle Dimensionen ethnischer Gesellschaften einen lebensverändernden Einfluss aus: Magiesysteme, Geschlechterverhältnisse, Subsistenzökonomie, politische Organisation, die Stellung der Alten, Kranken, die materielle Reproduktion sind gleichermaßen von dieser zeitlichen »Neuorientierung« betroffen wie die Konzeptionen von Raum und die individuellen und gesellschaftlichen Bewegungen in ihm. Die ethnische Welt des begrenzten lokalen Raumes weicht tendenziell der auf Kapital- und Güterakkumulation ausgerichteten Geldökonomie, ethnische Organisationsprinzipien und genealogische Ordnungen werden durch die Sanktionen und Gratifikationen der »jungen« nationalstaatlichen Institutionen ersetzt. Als Katalysatoren dieser »Modernisierungen« fungieren zunächst die Stadt: moderne Zeiteinteilung, Waren-, Geldverkehr, Mobilität, neue soziale Verbindungen und Allianzen, neue Bezugssysteme zum jeweils anderen Geschlecht, Bildung, Elektrizität, Unterhaltung usw.; dann die Vermittlung »neuer« Weltbilder: Individualisierung, Christianisierung, Pazifizierung, universalethische und egalitäre Werte; natürlich auch die Schule: Disziplinierung, universelles Wissen, Auflösung der gerontokratischen Autorität, neues Konkurrenzprinzip zwischen den Geschlechtern; und schließlich »neue« nationalstaatliche und ökonomische Institutionen: ethnische Grenzen ignorierende Verwaltungseinheiten, Exekutive, Gerichtsbarkeit, Provinzregierungen, Bürokratien, Parteien, Interessensverbände, Firmen.

War die ethnische Gesellschaft definiert durch eine Welt innerhalb der bekannten Welt, so muss das individualisierte Individuum sich und seine Welt gegenüber der Welt außerhalb behaupten lernen. Die »Erziehung« zum partizipativen »Staatsbürger«, zum »Gelderwerber und Konsumenten«, zum »Innovator und Mediennutzer« – viele moderne »Haltungen« ließen sich da anführen – erfolgt wesentlich über die Verknappung von Lebenszeit: Das Ich, das Leben, die Welt, wird zu etwas, das möglichst effizient genutzt werden muss, um das selbstgesetzte Programm der Zukunft möglichst *gegenwärtig* zu realisieren. Diese Realisation ist freilich nur mehr unter den Bedingungen der Konkurrenz möglich, da zeitverknappende Strukturen die *erwerbbaren* Güter, Möglichkeiten, Fähigkeiten usw. als *Mangel* charakterisieren: Die Jungen konkurrieren mit den Alten, die Reichen mit den Armen, die Städter mit den Landbewohnern, die Modernisten mit den Traditionalisten usw. Selbst im christlichen Weltbild, das nach 500 Jahren Mission heute vor allem von der religiösen Begeisterungsfähigkeit der Menschen in der südlichen Hemisphäre lebt, ist »Erlösung« etwas, das aufgrund der Güte der Beziehung zwischen einem individualisierten, prinzipiell schuldhaften Ich und einem personalisierten Hochgott *erworben* werden muss. Ein Konzept *persönlichen* Strebens, das Menschen ethnischer Gesellschaften gleichermaßen fremd ist wie die dahinterliegende Zeitvorstellung, dass sich das gottgefällige Leben in der Gegenwart durch »Belohnung« in einer durch diese Gegenwart bestimmten Zukunft verewigt.

Der lineare Umgang mit Zeit, der Prognostik, Berechenbarkeit und Einlösung autonomer, selbst-gesetzter Programme zum Wohle einer anonymisierten Allgemeinheit ermöglichen soll, stößt vor allem da an seine Grenzen, wo die Menschen noch *zu viel* Zeit haben, um dem Zwang der Moderne in vielen Lebensbereichen *nicht* unterliegen zu müssen. So werden soziale Strategien, die ehemals Folge des Zeitreichtums waren, auch in »modernen« Strukturen aufrechterhalten. Neben der Akzeptanz von Begrenzung und dem Gewährenlassen von Zeit spielt dabei die Umverteilung von Geldern und Gütern in der Großfamilie eine zentrale Rolle. In den »armen« Ländern wird Geld großteils nicht individuell akkumuliert – und damit weiter individuelle Lebenszeit verknappt –, sondern regelrecht innerhalb der Familie, des Clans usw. umverteilt. Dies ist eine wesentliche Voraussetzung des Erhalts *relativen* Zeitreichtums – und damit der Möglichkeit der Aufrechterhaltung einer ethnisch charakterisierten Lebensform – *trotz* tendenziell zeitverknappender externer Strukturen. Diese Fähigkeit des »Abstand-Nehmens« von sich selbst und der Identifikation mit sozialen Einheiten, deren Wir-Bewusstsein *über* der durch die Segnungen der Moderne ermöglichten »Erfüllungsversessenheit« des Individuums steht, scheint mir ein, vielleicht sogar *der* wichtigste Inhalt zu sein, mit dem sich die so genannte »entgrenzte« Weltgesellschaft im Zuge der so dringlichen Selbstreflexion und der anstehenden Revision ihrer Lebensstile auseinanderzusetzen hat. Dabei wird sich auch zeigen, dass jene »Freiheit«, die in der Selbstüberhöhung des Individuums besteht, Teil der Unerfüllbarkeit jenes neuzeitlichen Programmes ist, das *Veränderung*, *Verfügbarkeit* und *Verewigung* zu universalen menschlichen Bedürfnissen machen will.

Küsse, Kinder und andere Unfreiheiten

Wir haben die ehemals »zeitlose« Welt der Unavus *weit* hinter uns gelassen und sind zurück in das zentrale Hochland von Papua Neuguinea geflogen, wo sich, in zwei Städten und einigen Ballungszentren, seit gut drei Jahrzehnten das an »Modernisierung« vollzieht, was sich auf den Inseln Lihir und Masahet erst in den letzten fünf Jahren ereignet hat: Der Rohstoffreichtum lässt Minengesellschaften bis zu den letzten Winkeln des Regenwaldes vordringen, Container für Siedlungen werden mit Hubschraubern in den Dschungel geflogen, neben Sumpfgebieten, in denen Menschen in Baumhäusern wohnen, findet man Baracken, in denen die neuesten Computer stehen, die Generatoren summen Tag und Nacht, und über Satellitenfunk können die zumeist australischen Facharbeiter zur vorgesehenen Stunde mit ihren Familien in Canberra oder Sydney plaudern.

Auch die Stadt Goroka, in der bekannterweise ein österreichischer Entwicklungshelfer mit seiner vortrefflichen Kuckucksuhr aus Tirol lebt, ist Anfang der siebziger Jahre aus einer Barackensiedlung entstanden. Heute fasst die Stadt etwa 70.000 Menschen, wobei sich die Gesamtpopulation innerhalb von nur wenigen Jahren verdoppeln wird. Wie in allen Städten des Hochlandes kann man auch heute noch fast täglich beobachten, wie grasrocktragende Männer, die »zum ersten Mal« in die Stadt kommen, auf dem Marktplatz stehen, wo sie dann oft von den »Städtern« ausgelacht werden, oder wie sie fasziniert vor der Auslage jenes Geschäftes stehen, wo Fernseher und Videogeräte verkauft werden. Bunte Plakate zeigen Julia Roberts, oder Brad Pitt in heroischer Pose. Kaum sonst wo auf der Welt prallt die Moderne dermaßen unvermittelt auf die Lebenswirklichkeit ethnischer Gesellschaften wie in solchen Städten. Dies war der Hauptgrund, warum wir eine Reihe von sozialwissenschaftlichen Untersuchungen in dieser Stadt durchgeführt haben, deren Ergebnisse nicht nur Aufschluss über den raschen sozialen Wandel innerhalb einer beschleunigten Zeit, sondern auch über die Veränderungen der Vorstellungen von Zeit selbst geliefert haben.[356] Jetzt sitzen wir in unserem Büro auf dem Campus eines Forschungsinstitutes, der des Nachts von einem Wächter mit Pfeil und Bogen bewacht wird, und diskutieren mit unseren Mitarbeitern ein interessantes Detailergebnis, das mit der Frage nach traditionalen und modernen Partnerwahlmodalitäten zusammenhängt.

Was ihr hier heute sehen könnt, ist, dass junge Männer und Frauen sogar Händchen haltend auf der Straße spazieren gehen. Unser Mitarbeiter Jerry, ein gebildeter Papua aus den Küstenregionen, scheint von dieser Vorstellung nicht besonders angetan zu sein: *Sie wollen einem westlichen Beziehungs-Konzept folgen und vergessen darüber, was sich schickt und was nicht.* Bernadette, eine der wenigen erwachsenen Städterinnen, die schon in Goroka geboren worden ist, ergänzt: *Mit dem Küssen ist es dasselbe. Küssen hat nichts mit der melanesischen Kultur zu tun. Wir haben dies in unseren Gesellschaften nie gemacht, aber jetzt küssen einander die jungen Frauen und Männer. Warum? Sie sehen es in den Videofilmen, sie sehen es im Fernsehen, sie sehen, wie es die weißen Leute machen, und so wollen sie es auch machen. Sie probieren es aus und finden heraus, dass das Küssen gar nicht schlecht ist. Auch ich denke, dass Küssen ein guter Teil der westlichen Zivilisation ist.* Die Diskussion über das Küssen[357], in deren weiterem Verlauf unser Mitarbeiter die Contra-Position, unsere Mitarbeiterin die Pro-Position einnimmt, hat sich aus folgendem Detailergebnis heraus entwickelt:

In einer Fragebogenerhebung hat die Mehrheit der »Städter« – Männer zu 60% und Frauen zu 44% – angegeben, dass es »besser ist, wenn der Ehepartner von den Verwandten ausgewählt wird«.[358] Wie vermutet, war die Beantwortung dieser Frage stark alters- und bildungsabhängig. Je jünger und je gebildeter die Befragten waren, desto *eher* lehnten sie dieses Statement ab, waren also der Überzeugung, dass Mann und Frau sich frei ihren jeweiligen Partner wählen sollten. Dieses Ergebnis entsprach allen Vorstellungen von individueller Modernität, die Mobilität und Autonomie auch bei der Partnerwahl verwirklicht sehen will. Aufhorchen ließ uns freilich ein Detail »am Rande«. Die jungen, überdurchschnittlich gebildeten Frauen *bejahten* – entgegen aller Annahmen – dieses Statement in einem signifikant hohen Ausmaß – nämlich zu fast 70%. Anfänglich waren wir über dieses Ergebnis irritiert, nachdem wir es aber in der Gruppe diskutiert und weitere Untersuchungen dazu durchgeführt hatten, stand fest: Gerade gebildete, selbstbewusste Frauen ziehen die »Unfreiheit« der »Partnerwahl durch die Verwandten« der »Unfreiheit«, soziale Sicherheit zu verlieren, höherer männlicher Promiskuität ausgesetzt zu sein, möglicherweise mit einem Kind »im Stich gelassen zu werden« usw. vor. Freie Partnerwahl bedeutet auch immer höhere Promiskuität, die in einer patriarchalen Gesellschaft jedoch eher den Männern zugestanden wird. Traditionelle Heiratsmodalität, die allein das claninterne Sicherheitsprinzip garantiert, wird demnach trotz einer »modernen« liberalen Grundgesinnung der gebildeten Frauen befürwortet, obwohl sie dem Freiheitsparadigma von Modernität widerspricht.

An individuelle Mobilität und Autonomie gebundene Modernität spiegelt uns »Freiheit« als unveräußerliches Gut – ohne dessen Besitz wir *uns* nicht mehr *denken* können. Um »Freiheit« zu erlangen tauschen wir Zeit gegen Lebensverknappung, Sicherheit gegen Gefährdung. Dieser Prozess der Individualisierung zeichnet auch viele relevante Lebensbereiche in jenen Gesellschaften aus, die einem starken »Modernisierungsdruck« unterliegen. Obiges Beispiel wurde aus einer beliebigen Anzahl möglicher herausgegriffen, weil es zu Positionen führt, die uns – aufgrund unseres an *Wahlmöglichkeit* gebundenen Freiheitsbegriffes – atavistisch erscheinen *müssen*. Uns erscheint die »Unfreiheit«, den Lebenspartner nicht *selbst* wählen zu können, derart *absurd*, dass sich dies nicht einmal kontrovers diskutieren lässt. Auch wenn diese »Unfreiheit« jahrhundertelang die Partnerbeziehungen in Europa geprägt hat. Die »Freiheit« im Umgang der Geschlechter miteinander stellt sich für uns als universalethisches Grundprinzip dar, wohingegen die »Unfreiheit« der Partnerwahl in ethnischen Gesellschaften als *inhuman* angesehen wird und zudem nur unter der Voraussetzung strikt zugewiesener Geschlechtsrollen möglich wird.

Ethnische Gesellschaften sind – entgegen der »Geschlechteregalität« in Mobilitätsgesellschaften – *immer* partiell geschlechterseparierte Gesellschaften. Die Begegnung zwischen den Geschlechtern ist ein *Hinaustreten* aus einem eigenen, Sicherheit und Verständnis gewährenden Raum, in dem der Zusammenhalt insbesondere in der Gruppe der Gleichaltrigen besonders hoch ist. Außerhalb dieses Raumes ordnen strikte und auch ritualisierte Regeln – großteils im Bereich der Sexualität – die Geschlechterbeziehungen. Diese zu verletzen bedeutet, für beide Geschlechter in unterschiedlicher Weise, Sanktionen in Kauf zu nehmen. Die meiste Zeit aber wird in der Gruppe der Gleichgeschlechtlichen verbracht, in ihr erfährt der einzelne die größte emotionale Zuwendung. In vielen Teilen Melanesiens geht die Geschlechtertrennung so weit, dass es eigene von den Männern getrennte Frauenwohnbereiche gibt; sie würde ein Mann – auch aus Angst vor weiblicher Magie – nicht betreten.[359] Auch in den afrikanischen patrilinearen Gesellschaften definiert die Trennung der Geschlechter die Alltagswirklichkeit, die Arbeitsteilung, die mythologische Beziehung und den Wirkkreis der Magie. Mann und Frau begegnen einander in ethnischen Gesellschaften als zwei sich ergänzende, aber niemals ersetzende Wesen, wobei sich die Art und Weise, *wie* sich Familien strukturieren, vorwiegend nach ökonomischen Erfordernissen richtet. Mann und Frau können in ethnischen Gesellschaften einander weder Zeit *nehmen* noch *geben*. Lebenszeit und Zeitkreis werden in der gemeinsamen Genealogie, deren Zukunft sich durch Kinder und Kindeskinder erfüllt, zu einer *untrennbaren* Einheit.

Trennung erscheint in Mobilitätsgesellschaften als die prinzipielle Voraussetzung für die Einlösung des Lebenskonzeptes der Freiheit. Das, was nicht innerhalb ist, lässt sich vielleicht außerhalb finden. Dies gilt auch für die Geschlechter- und Liebesbeziehungen. Die Welt und auch deren jeweils andersgeschlechtliche Wesen werden zu einer »Erfüllungsoption«. Die Geschichte der Entstehung der »partnerschaftlichen Liebe« im Zuge der Individualisierung und Autonomisierung bürgerlicher Schichten in Europa und deren Propagierung als »Familienmodell« auch für die unteren Schichten im Verlauf des 18. und 19. Jahrhunderts spiegelt dieses sich unter der Vorstellung von »Freiheit« verwirklichende Verhältnis zwischen Innen und Außen. Die urbane Trennung von Wohn- und Arbeitsstätte, direkt mit der erlebnissphärischen Trennung von *internen* und *externen* Bereichen korrespondierend, setzt die »Familie« als Konsum- und Reproduktionseinheit frei.[360] Das alte Haus, der Mehrgenerationenhaushalt, hat sich in Europa rund zweihundert Jahre früher aufzulösen begonnen als in vielen Teilen der »Dritten Welt«, wo dies heute im Zuge von Monetarisierung und Stadtmigrationen geschieht. *Noch* freilich ist die Vorstellung, dass Wünsche, Zeitnutzungsoptionen, Bewegungen und Lebensverwirklichungspläne zwischen den »partnerschaftlich« aufeinander bezogenen Geschlechtern *geteilt* werden sollen, eine zutiefst eurozentrische. Aus der individuellen wird eine »partnerschaftliche« *Erfüllungsbesessenheit,* die zwangsläufig – aufgrund des sich rasant vergrößernden Bedürfnisarsenals – unbefriedigt bleibt und in den urbanen Gebieten der westlichen Welt zu »Trennungsquoten« von z. T. mehr als 50% der formell oder informell geschlossenen »Lebensgemeinschaften« führt. »Lebensabschnittsgefährten« sind Partner *auf Zeit.* Pointiert ließe sich sagen, dass der moderne Mensch *von vornherein* um die umfassende Beschleunigung seiner selbst Bescheid weiß. Dies führt auch dazu, dass er nach *einiger Zeit* nicht mehr derselbe sein *kann* – und dieses Recht auf zeitlich beschleunigte Selbstveränderung unilateral auch dem Partner, der Partnerin einräumt. Daraus ergeben sich »Erfüllungshochs« und »Erfüllungstiefs«, denen mit großer Häufigkeit der Abbruch der *einstigen* Liebesbeziehung folgt.

Dieser Umgang der Geschlechter miteinander scheint Menschen ethnischer Gesellschaften zumindest so bedenklich, wie uns das Potential der Unfreiheit, das mit zeitlich stabilen, und zumeist *nicht* selbst gewählten Partnerbeziehungen in denselben – aus unserer Perspektive – einhergeht. Wir verkennen dabei wiederum die Bedeutung ethnischer Ökonomie, die sich nicht nur in materiellen Relationen – z. B. dem Brautpreis – ausdrückt, sondern sich auch in immaterielle Bereiche fortsetzt. Wir verkennen die enge Verbindung zwischen Nachkommen und Zukunft, Zukunft und Spiritualität, die in ethnischen Gesellschaften auch dazu führt, dass »Kinderlosigkeit« zu einem nicht nur sozial problematischen, sondern sich auch massiv spirituell auswirkenden Schicksalsereignis wird. Menschen, die kinderlos bleiben, müssen sich ihre Wiederkehr in der Zukunft durch vielerlei Bemühung rituell sichern. Kommt es in ethnischen Gesellschaften dennoch zur Trennung, so finden die Kinder ihren *Ort* entweder in der Großfamilie des Vaters oder in jener der Mutter.[361] Dieser Ort *garantiert* soziale, ökonomische und spirituelle Sicherheit.

Kinder in Mobilitätsgesellschaften fühlen in der Regel schon in jungen Jahren die zeitliche Instabilität ihres Ortes. Die nukleare Lebensform des meist weiblichen Alleinerziehers mit Kind ist drastisch im Zunehmen begriffen. Kinder lernen, dass Zeit nicht nur eine verbindende Konstante im Geschlechterverhältnis, sondern deren limitierende Größe sein kann. Das Prinzip der Zeitverknappung setzt sich so im Innenverhältnis der Klein- und Kleinstfamilien fort. Moderne Lebensform bedeutet auch immer weniger, dafür kaufkräftige Menschen. Die Verkleinerung der Familie als Konsumeinheit vergrößert deren ökonomische Möglichkeiten. Die Kinder-Zielgruppen von Produkten mit besonders kurzen Lebens- und Prestigezyklen werden immer jünger. Job und Moden, private Vorlieben, sinnstiftende Angebote und Partnerschaften *auf Zeit* stellen die Welt als endloses Reservoir an Bedürfnisbefriedigungsmöglichkeiten dar, auf das bei Nicht-Erfüllung der *frei* gewählten Zielerreichung jeweils *von neuem* und relativ einfach zurückgegriffen werden kann. Die Fülle der Warenwelt spiegelt in illusionärer Weise die Fülle emotionaler *Bereicherung*. Wenn Bedürfnisse freilich aus dem individualistischen Anspruch heraus befriedigt werden, die Welt gemäß der eigenen Vorstellung über Mögliches zu *machen*, dann kann Zeit nichts mehr *sein*, was *erfüllt* sein kann. Je weniger Zeit sich erfüllt, desto mehr wird den Menschen Erfüllung durch *außerhalb* seiner selbst liegende Dinge und Menschen suggeriert. Der Glaube an dieses Spiel mit der Entgrenzung der Begrenzung ermöglicht, »immer wieder von vorne zu beginnen«. Hat man sich trotz Zeitverknappung Zeit genommen, aus dem Vorangegangenen zu lernen, so soll dies jedenfalls für die *Verwirklichung* der nächsten Erfüllung *genutzt* werden. Und das möglichst bald.

Die »Freiheit« der Wahl führt in die Unfreiheit der »Erwartungserfüllung«. Das Fehlen eines gelassenen Umgangs mit Zeit, die Verunmöglichung von Warten und Geduld aufgrund selbst gesetzter, sich selbst beschleunigender Zielerreichung führt auch in den »intimsten Dingen« zu Frustration und Schmerz, die dann oft nur mehr auf psychologischen oder psychoanalytischen Wegen relativiert werden können. Wenn die Fähigkeit, Zeit *sein* zu lassen durch therapeutische Verfahren ersetzt wird, dann entspricht dies ebenso der Vorstellung, Welt, in diesem Fall *sich selbst,* zu *machen,* wie der Vorstellung, dass jedem Bedürfnis – einem Menschenrecht gleich – zumindest *Anerkenntnis* zuteil werden muss, wenn es schon nicht oder nicht hinreichend befriedigt werden kann. Es ist immer wieder faszinierend zu beobachten, wie *hoch* wir uns die Latte für eine »erfüllte Zeit« legen, dabei aber regelmäßig die Erfüllung unserer Vorstellung, wie *diese* Zeit beschaffen zu sein hat, meinen. Zeit aber, und am allerwenigsten die »erfüllte Zeit«, lässt sich durch unsere »Erfüllungsversessenheit« *nirgendwohin* zwingen! Je mehr wir glauben, Herrscher über die Zeit und damit über die *zeitgerechte* Erfüllung unserer Bedürfnisse zu sein, desto mehr entzieht sie sich uns und desto einsamer und gehetzter bleiben wir zurück.

Modernität benennt das Konzept von individueller Mobilität in allen Lebensbereichen. Die »Freiheit« der Partnerwahl, die es in ethnischen Gesellschaften nicht gibt, erscheint uns als selbstverständliches, unveräußerliches Recht. Nach weniger als einem Jahrhundert, in dem dieses Recht in vielen Teilen der Welt – insbesondere in den reichen – gelebt wird, kann man sich freilich manchmal nicht des Eindrucks erwehren, dass sich »Liebe« bis zur »Beliebigkeit« individualisiert hat. Auch in der Begrenzung der Liebe – die im traditionellen Kontext verbindlich war – hat eine zeitliche und räumliche Entgrenzung stattgefunden, die mobilen Menschen freilich *normal* erscheint. Kinder, die zeitlich und räumlich stabiler Beziehungen bedürfen, »lernen« schon früh mit den Instabilitäten der »modernen Zeit« umzugehen. Auch für sie bedeutet Warten ein nervenaufreibendes Trainingsprogramm und keinen *möglichen* Umgang mit Zeit und deren Bewegungen. Teil des neuzeitlichen Disziplinierungsprogrammes ist die Kontrolle der Zeit durch die Kontrolle der Körper und Bewegungen in ihr. Dies haben »moderne« Menschen perfekt verinnerlicht. Da Warten und Geduld immer auch ein temporärer *Verzicht* auf die Vorstellung »Jetzt etwas *tun* zu können« ist, bedarf es der Fähigkeit, der Zeit zu *vertrauen.* Ohne das Vertrauen in die Zeit, kann sie nicht – im doppelten Wortsinn – *gelassen sein*: Warten und Geduld erscheinen so als Ohnmacht, als sichtbarer Ausdruck dafür, dass einem die »Zügel entglitten« sind, oder eben, dass einem »die Zeit davonläuft«. Der »Erfüllung« freilich ist man dann weiter entfernt als je zuvor.

Der Geschlechterseparation in ethnischen Gesellschaften wird von Seiten des »Westens« mit Unverständnis und Abwertung begegnet. Wenn die Ideologie der Weltvereinnahmung und Universalisierung des Menschen »Egalität« auf den Lippen trägt, so meint sie damit auch Geschlechteregalität, ungeachtet dessen, dass unsere Vorstellung von »Gleichheit« auf die Strukturen ethnischer Gesellschaften – in denen jeder und jede *andere* Rechte in und Pflichten gegenüber der Gesellschaft hat – nicht übertragbar ist. Überdies ist die Vorstellung von Geschlechteregalität Ideologie, solange – analog zur politischen Emanzipation – mehr Ungleichheiten zwischen den Geschlechtern in der westlichen Welt geschaffen wurden, je mehr über »Geschlechteregalität« geredet wurde. So wie sich die Diskrepanz zwischen Arm und Reich in den Industrieländern *relativ* verschärft hat, so ist auch die Ungleichheit der Lebensbedingungen und der Zugänge zu gesellschaftlichen und ökonomischen Ressourcen zwischen Mann und Frau *relativ* größer geworden. Zudem tragen allein erziehende Frauen die *gesamte* Last der Reproduktion, staatliche Versorgung kann höchstens krasse Notsituationen verhindern und tut oft nicht einmal dies im wünschenswerten Ausmaß. Tragfähige familiale Netze, die die Folgen der »Beliebigkeit der Liebe« abfedern, sind dünn gesät, sie entsprechen nicht mehr einer Lebensrealität, in der »jeder für sein Glück allein verantwortlich ist«, auch wenn dieses Glück durch den »passenden Partner« temporär erfüllt zu sein scheint.

Die massive Abwertung geschlechterseparierter Gesellschaften verkennt grundlegende Zuschreibungen: Mann und Frau sind in ethnischen Gesellschaften keine *gleichen*, sondern *unterschiedliche* Wesen – und das nicht nur bio-physiologisch und psychologisch. Mann und Frau konstituieren die Welt, *ihre* Welt nach voneinander unterschiedlichen, getrennt voneinander existierenden Schöpfungsprinzipien. Aus dieser Vorstellung von Verschiedenartigkeit ergibt sich die geschlechtsspezifische Differenz in der Alltagswelt, der Arbeitsteilung, der Ökonomie, der Magie usw. Der »Kampf der Geschlechter«, der in unseren scheinbar geschlechtsegalitären patriarchalen Gesellschaften in den Innenraum alltäglichen »Unverstandes« verlegt ist, findet dort »hochoffiziell« in dem Widerstreit gesellschaftlich, ökonomisch und magisch ausgetragener Macht und Ohnmacht statt. Von einem soziologischen und damit eurozentrischen Standpunkt besehen mag diese Macht – als Verfügungsgewalt über andere Leben – in patriarchalen Strukturen auf Seite der Männer zu finden sein, aus der Perspektive ethnischer Gesellschaften kann sich dies ebenso ins Gegenteil verkehren. Denn den »Übergriffen« sind definitive Grenzen gesetzt, deren Überschreitung *immer* sanktioniert wird. Erst die säkulare Vorstellung vom »Geschlechterkampf« ermöglicht das Bild geschlechtsspezifischer »Unfreiheit«. In ethnischen Gesellschaften lässt sich geschlechtsspezifische Stärke weder veräußern noch verlieren noch *teilen,* und sie bedarf vor allem nicht der »Erfüllung« durch das jeweils *andere* Geschlecht. Sie ist, weil sie sich selbst *bewusst* ist, und nicht weil sie durch zeitlich limitierte Regeln der Zuwendung, bzw. Abwendung von »selbst gewählten« Partnern entsteht oder vergeht.

Je weniger Zukunft wir haben, desto mehr scheinen wir »unserer Sache« trotz aller Unsicherheit sicher zu sein. Wenn im folgenden weitere Beispiele angeführt werden, die die Veränderung der zeitlichen und räumlichen Strukturen im Zuge so genannter Modernisierungsprozesse beschreiben, dann auch deshalb, um unsere eigene Vorstellung von Modernität, die sich nicht nur in unserem grenzenlos begrenzten Umgang mit Zeit, sondern auch in unserer »Arroganz« gegenüber anderen Kulturen ausdrückt, ein wenig zu relativieren. Dieses Verfahren zur Sichtbarmachung unserer Zeitgrenzen lässt sich – wie wahrscheinlich der ganze Inhalt dieses Buches – nur nachvollziehen, wenn man von der Vorstellung von »Freiheit«, so wie wir sie kennen, gedanklich Abstand nehmen kann. Anderenfalls wird auch der geneigteste Leser in die Falle der »Empörung« tappen, denn wir neigen dazu, das uns Selbstverständliche zu *universalisieren* und zum Kriterium der Bewertung für Annehmbares oder Inakzeptables zu machen.

Diese Universalisierung der Ethik ist ebenso wie die Universalisierung *unserer* Freiheit ein Produkt jener zeitlich-räumlichen Entgrenzung des neuzeitlichen Weltbildes von der im ersten Teil dieses Buches schon ausführlich die Rede war. »Freiheit« ist ein dynamischer Begriff, der *per se* keiner Grenze – sei die auch noch so *weit weg* – »Untertan« sein kann, ein Begriff, der sich selbst nur durch »Entgrenzung« deutlich macht. Die gesellschaftliche und ökonomische Realität schaut freilich jenseits der Ideologie und jenseits der Sprache der illusionären Zukunft anders aus. »Freiheit« – als Vorstellung der Besitznahme *aller* Welt so eng an unsere eigene Individualisierungsgeschichte gekoppelt – *suggeriert* uns entgrenzte Entscheidungs- und Wahlmöglichkeit, radikal und nicht hinterfragbar. Die »freie« und auch politisch großteils demokratisch organisierte Welt ist so »frei«, dass sie die »Freiheit« besitzt, die Perspektive einer Jahrhunderte oder Jahrtausende währenden Zukunft – aufgrund eines durch all diese »Freiheiten« fortgeschritten zerstörten Planeten – zu *verunmöglichen.*

All dies scheint uns *normal,* nicht normal hingegen scheint uns ein Plädoyer für mehr »Unfreiheit« – denn wir assoziieren mit dieser die Limitierung und Reduktion unseres maßlosen Selbst. Wenn man »Partei« für die Sinnhaftigkeit ethnischer Bezugssysteme ergreift, macht man sich gleich verdächtig, ein hoffnungslos konservativer Traditionalist zu sein, der Begrenzungen, Autoritäten, »repressive« geschlechtsspezifische Systeme legitimiert. Dieser einer universalen Ethik und einer humanistischen Ideologie entspringende diskursive Reflex ist verständlich. Er spiegelt aber auch das große Dilemma jener, die glauben »frei« zu sein – und daher Jobs, Parteien, Konsumgüter, Lebensstile, Partner, Weltbilder usw. realiter »frei« wählen zu können –, und der erschreckenden *Totalität* dieser Freiheit dadurch erliegen, dass sie *neben* dieser »Freiheit« keine *anderen* Lebenssysteme als *Wirklichkeit* gelten lassen können: Modernität definiert sich immer über die »Überwindung«, die »Ausgrenzung«, pointiert gesagt über die »Vernichtung« von Traditionalem. Das war im Zuge unserer eigenen Modernisierungsgeschichte so, und das ist auch im Diskurs über moderne zeitarme und traditionale zeitreiche Gesellschaften der Fall.

Wie modern kann ein Mensch sein?

Das neuzeitliche Programm der raum-zeitlichen Entgrenzung hat – trotz aller humanistischen Rhetorik über Gleichheit und Sicherheit – die Lebensbedingungen auf dem Planenten in einem historisch einmaligen Ausmaß *verunsichert.* Zwar wütet nicht mehr der »Schwarze Tod«, aber die Bedrohungspotentiale sind mit jedem Eingriff zur Befriedung der Natur und des Menschen gestiegen. Die »gemachte Welt« garantiert weder Zukunft noch Überleben in derselben. So verwundert es auch nicht, dass neben individueller und ökonomischer Mobilität der Begriff der »ontological uncertainty« – »der ontologischen Verunsicherung« – zu einem in der Diskussion über das Wesen der Modernisierung regelmäßig wiederkehrenden

Charakteristikum geworden ist.[362] Das individualisierte »Selbst im Gehäuse« – das analog zur Natur zu einem selbstreferentiellen System geworden ist –, das »unrettbare Ich«, das sich weder zeitlich noch örtlich auf eine *definitive* Wirklichkeit beziehen kann, der Verlust traditioneller Bindungen, Werthaltungen und Weltbilder, all diese Rahmenbedingungen für die »Freiheit der Wahl« lassen sich unter diesem Begriff subsumieren. Dem Selbst wird in modernen Strukturen kein *Ort* mehr zugeschrieben – wie dies noch in traditionalen Gesellschaften der Fall war –, sondern es muss seinen *Ort* jeweils von neuem selbst festlegen. Die *Relativität* des in einer Lebensspanne aneigenbaren Wissens erschwert diese *Selbstverortung* in modernen Lebensbedingungen: denn »modern« sein heißt auch zu wissen, dass die »Gültigkeit« des Wissens über sich selbst und die Welt zeitlich und räumlich limitiert ist. Die Folge davon ist die Notwendigkeit, ein Leben lang zu lernen – in dem Wissen freilich, dass das Gelernte schon morgen seine »Gültigkeit« verloren haben kann. Daraus folgert auch, dass Wissen nur mehr äußerst bedingt zur Feststellung von Identität herangezogen werden kann. Auch »Sinn« lässt sich durch Wissen, dessen »Lebensdauer« immer kürzer wird, nicht konstituieren. Sinnstiftendes Wissen, wie wir es aus dem »Glaubenskanon« aller Religionen kennen, bedarf zeitlicher und räumlicher Stabilität, um Identifizierung zu ermöglichen. Die kurzfristigen Sinnstiftungsangebote – wie wir sie analog zur Warenwelt in dem »spirituellen Supermarkt« wieder finden – bieten bestenfalls frei fluktuierende, zeitlich und räumlich limitierte Projektionsfelder für die Befriedigung ontologischer, transzendentaler oder spiritueller Bedürfnisse.[363] In ihnen wird das Konsumprinzip der »freien Wahl« fortgesetzt: *Erkenntnis* auf Zeit freilich *ersetzt* nicht das Wissen um das Woher und Wohin und Wozu, das im sozialen und kulturellen Kontext einer Gesellschaft *verbindlich* verankert sein muss, um Identität festzulegen. Dieses Wissen kann die Moderne nicht anbieten, sie ist in Abgrenzung zu diesem – traditionalen – Wissen entstanden. Und so sind »moderne« Menschen bisweilen stolz auf ihre »ontologische Verunsicherung«, denn nur sie ermöglicht ein Höchstmaß an Flexibilität in der temporären Annahme bzw. Ablehnung von jeweils »passender« Identität.

Auch bezüglich der Modernisierungsprozesse in der südlichen Hemisphäre wird von der »ontological uncertainty« gesprochen. Gemäß dem eurozentrischen Modernisierungsbestreben hält sich hartnäckig die Vorstellung, dass es durch die Übernahme westlicher Lebensstile auch zu der Übernahme von die individuelle Persönlichkeit grundlegend prägenden Dispositionen kommt.[364] Neben »Zukunftsdenken«, »Wandlungs- und Lernbereitschaft«, »Empathie«, »der Bereitschaft zur Übernahme auch konfligierender Rollen«, »Säkularisierung« und »Rationalisierung des Handelns und der Planung« gilt auch die »ontologische Verunsicherung« als individuelle und sozialpsychologische Konsequenz einer raschen Modernisierung, die – sind die ökonomischen Voraussetzungen gegeben – zu einem »behavioural take off«, also zu einer grundlegenden »Verhaltensveränderung« der betroffenen Menschen führt.[365] Die *Verwirklichung* dieser modernistischen, an linearem Fortschritt orientierten Vorstellung ist freilich in den armen Ländern der südlichen Hemisphäre an dem Faktor Zeit gescheitert: Ontologische Verunsicherung ist weniger die Folge veränderter Lebensbedingungen als eine Folge dramatischer Zeitverknappung. Je weniger sich eine Gesellschaft der Konstruktion, Wahrung, Pflege und Verbreitung von – im ökonomischen Sinn – »unproduktiven« Werten verpflichtet fühlt, desto autonomer muss »Sinn und Sein« durch das Individuum selbst bestimmt werden. Die Individualisierung der Weltbilder ist jungen Datums, reicht in der westlichen Welt nicht länger als ein halbes Jahrhundert zurück, beschreibt eine historisch neue Situation, über deren Ausgang vorerst nur spekuliert werden kann, und hat sich bis dato keinesfalls auf jene anderen vier Fünftel der Weltbevölkerung übertragen, die nicht an dem Reichtum der Weltgesellschaft partizipieren. Obwohl traditionelle Bindungen, Verpflichtungen, Regeln und Sanktionen an Stringenz verlieren, sind die Menschen in armen Gesellschaften ebenso weit von dem entfernt, was wir ontologische Verunsicherung nennen, wie wir von der Einbindung in einen sinnstiftenden, Leben beschreibenden und erklärenden Raum und in eine diese Sinnstiftung *erlebbar machende* Zeit.

Seit den sechziger Jahren des letzten Jahrhunderts haben die Soziologie und verwandte Disziplinen einiges an Forschung betrieben, um jene Prozesse zu beschreiben, die zu einer Veränderung des individuellen Habitus, der Handlungs- und Wertorientierung im Zuge so genannter Modernisierung führen. Vorerst war man davon ausgegangen, dass die primäre Sozialisation – also die unmittelbare Lebensumgebung des Kindes – am stärksten und nachhaltigsten »moderne« Dispositionen fördert[366]; dieses Konzept ist ab Mitte der siebziger Jahre freilich ins Wanken geraten: man erkannte die große Flexibilität heranwachsender Menschen, die in sekundären Sozialisationsinstitutionen – wie Schule, neuen Arbeitszusammenhängen, Fabriken, Kirchen, Parteien, Organisationen usw. – schnell bereit waren, traditionale Werthaltungen zugunsten von mehr individueller Mobilität aufzugeben oder deren Bedeutung für ihr Leben zu relativieren.[367] Die neuen Lernkontexte, die weit über den begrenzten Einfluss der familialen Primärwelt hinausgehen und sich wesentlich aus neuen Verfahren der Zuschreibung von Macht und Prestige, neuen Formen der Rationalität des Handelns und der Zuteilung von »Belohnung und Strafe« und insbesondere auch neuen Formen der Zeiteinteilung und der Bewegung in neu definierten, z. B. »öffentlichen« Räumen ergeben, führen nach diesen Befunden zu jener individuellen Mobilität, die »Wahlmöglichkeit«, »Freiheit« usw. über traditionale und ethnische Bindungen stellt.[368]

Heutzutage ist man in der Beurteilung dessen, was modern ist, schon vorsichtiger geworden: einerseits hängt dies mit den ideologischen Implikationen zusammen, die Modernitätskriterien in sich tragen[369], andererseits vollzieht sich »Modernisierung« nicht in einem linearen Prozess, der durch die Aneignung und Ablehnung von Weltbildern, Lebensstilen und Handlungsorientierungen charakterisiert ist. Die Ungleichzeitigkeit so genannter »Entwicklung« vollzieht sich auch auf der Persönlichkeitsebene. Zwischen Tradition und Moderne vermittelt kein lineares Prinzip, an dessen Ende ein universaler Mensch steht, dessen zentrale Interpretationen, Weltbilder und Handlungsorientierungen obendrein dem europäischen Individualisierungsmodell entnommen sind. Den europäischen Projektionen von »Entwicklung« und »Modernisierung« in der südlichen Hemisphäre sind nach wie vor räumliche und vor allem zeitliche Grenzen gesetzt.

Auf meinen Reisen begegnen mir immer wieder Leute, die aus professionsspezifischem Interesse – Ethnologen, Journalisten, Entwicklungsexperten, Filmemacher usw. – auf der Suche nach dem »Traditionalen«, dem »Authentischen«, dem »Autochthonen« sind. Wie weit ist der »Modernisierungsprozess« gediehen, gibt es die »unbeeinflussten«, oder gar »unbeeinflussbaren« Sphären noch?[370] Ich überlasse die Konsequenz meiner Anwort gerne der Phantasie des Lesers: Wie traditional oder modern ist mein Freund David, der in Port Moresby, der Hauptstadt von Papua Neuguinea, der Tätigkeit eines hohen Ministerialbeamten nachgeht, wann immer er aber Zeit findet, in seine Heimatregion im Hochland des Inselinneren fliegt – ausgestattet mit einem Bankkredit für seine »cash-crop«-Plantage, aber auch mit magischen Fetischen, um erfolgreich Brautpreisverhandlungen zu führen, an rituellen Schweineschlachtungen teilzunehmen, oder Kompensationsgeschäfte zur Beendigung einer tribalen Kampfhandlung zu leiten; und der überdies eine sich landesweit großen Zustroms erfreuende christliche Kirche gegründet hat, in der – entgegen den »falschen« Interpretationen der weißen Missionare – die »wahre« Lehre Christi verkündet wird. Wie traditional oder modern ist die Obeah-Priesterin[371] Mother Anny, mit der ich, vor ihrer kargen Hütte auf der Karibikinsel Grenada sitzend, Gespräche über den Kosovo, Fidel Castro und das amerikanische Schulsystem führe, während immer wieder das Telefon klingelt, Leute aus Toronto, New York und Los Angeles anrufen, um Konsultationen zu vereinbaren, bei denen es mitunter auch um die Schädigung missliebiger Konkurrenten gehen mag? Wie traditional oder modern sind meine Kollegen an so mancher afrikanischen Universität, die – um sich ihr bescheidenes Salär als

Universitätslehrer aufzubessern – Kühe und Ziegen auf dem Gelände des Campus weiden lassen? Und wie traditional oder modern bin ich selbst, der ich – meiner Profession gerecht werdend – ein afrikanisches Totenritual in säkularen Begriffen wie Ritus, Solidarität, Fetischismus, magischer Exchange usw. – beschreibe und dennoch die Anwesenheit der Verstorbenen im wiederkehrenden Schlag der Trommel zu empfinden vermeine. In solchen Situationen kann man mitunter in »Schwierigkeiten« geraten, die Rationalität, durch die wir uns selbst unsere Vorstellung von »Sein und Welt« bestätigen, aufrechtzuerhalten.

Rational kann irgendetwas immer nur *in Bezug* zu etwas anderem sein. Mit so genannter Modernität verhält es sich ähnlich – sie *bezieht* sich immer auf *zeitlich* Vergangenes, begreift sich in Abgrenzung zu dem, was *vorher* da war. Der Überwindung der »vor-modernen« Vergangenheit verdankt Modernität ihre Beschleunigung, denn sie muss sich stets durch Expansion, Innovation in jedem Moment der Gegenwart *selbst* überwinden, um sich neu zu *verwirklichen*, um nicht selbst *vergangen* zu sein. Modernität kann sich nicht vergangen sein *lassen* – sie ist *selbstbezüglich* und in dieser Selbstbezüglichkeit von einem enormen Tempo getrieben. Natürlich findet dieses selbstreproduktive Gesellschaftsmodell, das man als »modern« bezeichnet, seine vielfältigen Entsprechungen oder Abbildungen auf der Ebene der einzelnen Individuen: Solche Muster – etwa der zeitliche Umgang mit sich selbst und der Welt – lassen sich zweifelsfrei feststellen und empirisch auch messen, doch dies sind – ähnlich der »Vermessung« der Armut – artifiziell generierte Daten, hinter denen sich Menschen verbergen, die eine Vielzahl unterschiedlicher – auch traditionale und moderne – Orientierungen miteinander verbinden können. Menschliches Denken und Handeln stellen Ausschnitte eines farbigen Kaleidoskops aus Tausenden Spiegelsplittern dar, die jeweils eine historisch, sozial und ökonomisch bedingte Sequenz des »Lebens« nach Maßgabe der je individuellen Möglichkeiten und Notwendigkeiten reflektieren. Denn die Menschen setzen – von der individuellen Ebene aus analysiert –, je nach Maßgabe von externem gesellschaftlichen Druck und lebensweltlichen Bedürfnissen, ihr modernes oder traditionales Handlungs- und Denkrepertoire ohnedies von »Fall zu Fall«, also von »Perspektive zu Perspektive« neu zusammen: dies gilt insbesondere auch für den Umgang mit Zeit und den Erfordernissen, welche die »moderne« Zeit partiell stellt.

Kreative kulturelle Synthesen – auch jene zwischen Zeitreichtum und partieller Zeitverknappung – ereignen sich überall dort in der außereuropäischen Welt, wo rasche soziale Veränderungen Flexibilität und Adaptionsvermögen abverlangen. Das Prinzip der »permanenten selbstbezüglichen Beschleunigung« lässt sich aber genauso wenig in außereuropäische

Gesellschaften übertragen, wie das Prinzip der auf linearem Fortschritt basierenden »Modernisierung«. Dafür *herrscht* in ihnen zweifelsohne zu viel Zeit. Modernität findet ihre Grenze nur in der *Verewigung* des Prinzips der Selbstentgrenzung. Diese »Modernität« ist in Mobilitätsgesellschaften nicht nur zur Basis der Produktivität, sondern auch zur Basis der – temporären – Selbstidentifikation geworden. Auf einer individuellen Ebene kann dieser Dynamik Widerstand entgegen gesetzt werden – und ist ja vielerorts sichtbar –, auf einer gesellschaftlichen Ebene freilich regelt sie die wesentlichen Formen der Kommunikation, Produktion und Reproduktion. Die Welt ist das, was von ihr in uns gespiegelt wird – dies gilt ebenso für reiche wie für arme Länder. Und so sind in den westlichen Industrieländern der modernen Entgrenzung – auf der individuellen Ebene – auch definitive Grenzen gesetzt. Umgekehrt mögen in zeitreichen Gesellschaften »moderne« Lebensstile entstehen, die stark dem »westlichen« Modell »individueller Mobilität« ähneln. Aber auch diese, stark schichtspezifische »Modernität« wird begrenzt sein durch eine Vielzahl sozialer und kultureller Grenzen, die sich in dem Zeitreichtum armer Gesellschaften als *relativ* resistent gegenüber »Modernisierungsprozessen« erweisen.

Der Mensch, ob arm oder reich, ob gehetzt oder beschenkt durch üppigen Zeitreichtum, ist gerade so modern oder traditional wie er sein Verhältnis zu Vergangenem regelt: steht Vergangenes im Konflikt mit der Gegenwart, stellt Vergangenes etwas dar, das nicht *wiederholt* werden darf, und wenn es sich wiederholt, möglichst rasch – am besten *gegenwärtig* – *verändert* werden muss, so haben wir es zweifelsohne mit einem modernen Menschen zu tun. Er wird die Zukunft in der Gegenwart verwirklichen. Den nicht-modernen Menschen freilich wird die Vorstellung nicht ängstigen, in einigen Jahren *derselbe* zu sein wie *vor* einigen Jahren. In der *Wiederholung seiner selbst* vollzieht und erfüllt sich sein nicht-beschleunigtes Leben. So wird sich für ihn die Gegenwart in der Zukunft verwirklichen, ohne mit dem Vergangenen in Konflikt zu geraten. Und geraten die *Zeiten* angesichts veränderter Lebensbedingungen dennoch in Konflikt miteinander, so wird er dafür eine *außerhalb* dieser Zeiten liegende Erklärung zu Rate ziehen. Dem modernen Menschen freilich, der nicht hinter sich selbst *zurück* kann, und der seine Dynamik *auch* der Säkularisierung verdankt, wird dieses Tor zur *magischen* Interpretation von Ereignissen – solange er »modern« ist – verschlossen bleiben.

Das strahlende Licht

Wir sitzen vor einer Landkarte unserer Untersuchungsregion im warmen flackernden Schein dreier Kerzen, die wir mit Wachs auf dem gestampften Lehmboden befestigt haben. Wir zeichnen in die Karte die Wasserstellen ein, die Krale – afrikanische Rundsiedlungen –, die Weideplätze der Tiere, die erodierten Flächen und mögliche geeignete Gebiete für die geplante Wiederaufforstung in dieser von Desertifikation bedrohten Region in Zimbabwe. In der runden, mit Elefantengras gedeckten Hütte, deren Durchmesser etwa fünf Meter beträgt, sitzt ein gutes Dutzend »ungebetener« Besucher. Die Menschen sind aus der näheren Umgebung und beobachten interessiert und großteils schweigend unsere angestrengte Tätigkeit. Ab und an kommentiert einer sie, kehrt aber sofort wieder in die geradezu schüchterne Pose zurück, blickt man ihn an oder sagt ein paar Worte. Meine junge Kollegin aus Österreich, die zum ersten Mal im Rahmen einer Feldforschung in einem nicht-elektrifizierten, »armutsgefährdeten« ländlichen Gebiet des subsaharischen Afrika arbeitet, scheint angesichts dieser »ungebetenen« Besucher etwas irritiert zu sein. Schließlich fragt sie mich, ob wir denn nicht mit ihnen »reden« oder ihnen »etwas anbieten« sollen. Die Vertiefung in unsere Arbeit inmitten einer Schar wortkarger Beobachter erfüllt sie – wie schon einige Ereignisse zuvor an diesem ersten Tag unserer dreiwöchigen Anwesenheit – mit gewissem Unbehagen. Ich verneine, wir können die Arbeit ruhig fortsetzen, nichts anderes werde von uns erwartet.

Erst nachdem wir unsere Arbeit beendet, die größten Spinnennetze aus dem Gebälk entfernt, unser Nachtlager bereitet, unsere Zähne geputzt und schließlich die drei Kerzen ausgeblasen haben, verlassen unsere Besucher einer nach dem anderen die Hütte. Jetzt wird es ganz still. Über der Savanne liegt eine dunkle Nacht, der Mond wird erst in zwei Stunden aufgehen. Die Grillen sind wie auf ein einziges Kommando hin verstummt, nur von Ferne sind für uns nicht identifizierbare Tierstimmen zu hören. Kurz bevor ich einschlafe, fragt meine Kollegin noch, warum die Leute ohne ersichtlichen Grund so lange in unserer Hütte geblieben sind. »Es ist das Licht«, antworte ich müde, »das Licht unserer drei Kerzen!«

Zumeist sind es Kleinig- und Alltäglichkeiten, anhand derer sich die gängigen Bilder einer Kultur spiegeln, anhand derer man die zeit-räumliche Differenz zwischen den Kulturen, zwischen ihren Lebensbedingungen, Wahrnehmungen und damit *Wirklichkeiten* unmittelbar erfassen kann. Am nächsten Morgen – es kündigt sich ein besonders heißer, wolkenloser Tag an – fülle ich am unweit gelegenen Brunnen unsere blecherne Wanne mit vier Eimern Wasser. So stehen etwa fünf Millimeter Wasser in unserer »mobilen« Badewanne. Selbstverständlich biete ich meiner Kollegin an, dass ich ihr beim Waschen den Vortritt lasse, und ich dann nach ihr an die Reihe komme. Ihrem Gesichtsausdruck nach zu schließen zweifelt sie daran, mich richtig verstanden zu haben. Mit demselben Wasser? Ich bejahe und merke, welch großes Unbehagen ihr die Vorstellung bereitet, dass ich mich mit *ihrem* »gebrauchten« Wasser waschen werde. Ihren Vorschlag, die Wanne, nachdem sie sich gewaschen hat, erneut zu füllen, lehne ich ab. Schließlich beschließt sie, dass die von mir vorgeschlagene Vorgangsweise immerhin noch besser ist als umgekehrt und fügt sich in ihr Los. Diese anfänglichen Tücken der Feldforschung hat sie rasch zu meistern gelernt. Schon nach kurzer Zeit war es auch ihr *selbstverständlich*, mit allabendlichen Besuchern den von Kerzen erhellten Raum unserer Hütte und mit mir das Waschwasser zu *teilen* und auch sonst einige nötige Verhaltensveränderungen mit einem Augenzwinkern anzunehmen. Nicht nur die Arbeit, sondern auch das Leben in einer nicht-elektrifizierten Region – gleich wo auf dieser Welt – unterscheidet sich maßgeblich von dem, was uns üblicherweise selbstverständlich erscheint.

In einem von Desertifikation bedrohten Gebiet, in dem es nur einige wenige Brunnen gibt, sind vier volle Eimer Wasser für die tägliche Körperpflege zweier Menschen ein wahrer *Luxus*. Ähnlich verhält es sich mit dem Licht, mit dem wir uns bei anbrechender Dunkelheit umgeben und das die Nacht begrenzt: Kerzen oder Kerosin für die Lampen sind einfach zu teuer, als dass sie im täglichen Gebrauch verwendet werden könnten. Abgesehen von der Zeitspanne, in der des Abends über dem offenen Feuer gekocht wird – in dessen wärmendem Schein die Familien dann in den Küchenhütten sitzen –, regelt die Dunkelheit – als ultimative Begrenzung des Tages – die Zeit- und Lebensökonomie dieser Menschen. Der Dunkelheit der Nacht kann nichts entgegengehalten werden. In dieser von Desertifikation bedrohten Region ist Brennholz so knapp geworden, dass es gerade noch zur Essenszubereitung reicht. Zuweilen müssen Frauen in diesen Regionen mehrere Kilometer täglich auf der Suche nach Brennholz zurücklegen.[372] Die Dunkelheit der Nacht ist eine totale.

Doch auch dort, wo in ethnischen Gesellschaften Brennholz reichlich vorhanden ist, und die offenen Feuer – je nach geographischer Breite und Höhenlage – vor oder in den Hütten lodern, markiert der Wechsel vom Licht zur Dunkelheit den Übergang von *einer naturgebundenen* Zeit und Welt in eine *andere* ebenso *naturgebundene* Zeit und Welt. In der Dunkelwelt begegnen dem Menschen andere Ereignisse, Gedanken, Wesen als in der Lichtwelt, in der Dunkelwelt *atmen* die Natur und der Mensch in ihr *anders;* die Gesetze der Dunkelwelt sind von jenen der Lichtwelt verschieden, die Bewegungen in der Dunkelwelt bedürfen einer *anderen* Umsicht und auch rituellen Absicherung. Seit der Domestikation des Feuers befriedet der Mensch die Dunkelwelt, wenngleich er bis zum heutigen Tage in nicht-elektrifizierten Gebieten der Nacht – und ihrer Zeit – nach wie vor *ausgesetzt* ist. 80% der ländlichen Gebiete im subsaharischen Afrika sind nicht elektrifiziert und weltweit leben etwa 2,5 Milliarden Menschen ohne Strom, also in einer zeitlichen Ordnung, die von der Dunkelheit der Nacht maßgeblich bestimmt wird. Diese Menschen *wissen*, was Nacht ist. In den reichen Ländern ist die Nacht und deren Dunkelheit *vollkommen* »kolonisiert« worden. In einer Gesellschaft, in der ein Griff auf den Lichtschalter die hervorragendste Eigenschaft der Nacht – die Dunkelheit – »vernichtet«, *kann* niemand mehr wissen, was Dunkelheit, geschweige denn Nacht ist. Indem wir uns die Dunkelheit genommen haben, haben wir uns der markantesten und ältesten Synchronisierung von »natürlicher« und »sozialer« Zeit entledigt. Parallel zur Ausweitung der Zeitkontrolle und zur Etablierung der Weltzeit haben wir die Dunkelheit der Beliebigkeit *unserer* Ordnung untertan gemacht.

Diese entscheidende Unterwerfung der Nacht – welche die Nachtseite des Planeten, selbst aus hunderten Millionen Kilometern Entfernung »besehen«, mit den Lichtmeeren der Megastädte schmückt – ist auch in den reichen Ländern jungen Datums. Der Siegeszug des zeitunabhängigen Lichts ist in der nördlichen Hemisphäre auch ein Siegeszug der die Welt und ihre Zeit *machenden* Rationalität gewesen, welche die Verwirklichung ihrer Pläne weder von »Natur« noch von »Gott«, sondern einzig von sich selbst abhängig machen will. Karlheinz Geißler beschreibt dies in treffenden Worten: *Die temporale Kolonisierung der Nacht passierte in jenem Moment, in dem Städte, Dörfer, Straßen und Wohnungen an das Elektrizitätswerk angeschlossen wurden. Mit der Erleuchtung dessen, was vorher im Dunkeln lag, reduzierte sich neben dem Glauben an Gott auch der an den Teufel, an Geister und Gespenster. Grenzte man bis dahin die Nacht von der Zeitkontrolle aus, indem man u. a. die Stadttore schloss und Ausgangssperren anordnete, so machten die Gaslaternen und Petroleumlampen die Nacht zum ›Tag der offenen Tür‹. Goethe noch bekämpfte seine Furcht vor der Finsternis durch nächtliche Spaziergänge auf Friedhöfen. Kurze Zeit später, als der Tag durch das künstliche Licht auf 24 Stunden verlängert wurde, hätte er das nicht mehr nötig gehabt. Heute ist die Finsternis auf der Strecke geblieben.*[373]

Die prinzipiell unlimitierte Verlängerung des Tages in die Nacht hinein schafft freilich nicht mehr Zeit für die im Lichte Lebenden, sondern verknappt dieselbe als Voraussetzung jener Produktivität, die Reichtum und damit auch Licht des Nachts ermöglicht. Ein wenig erinnert dieses Paradoxon an die Verlängerung der Lebenszeit, die *subjektiv* als Verknappung derselben aufgrund beschleunigter Dynamik erlebt wird. Das »strahlende Licht« der Städte spiegelt zeitliche Limitierung bei *gleichzeitiger* Entgrenzung. Uns, die wir in Welten leben, in denen die Dunkelheit aufgehört hat zu existieren, mag das nicht bewusst sein; Menschen freilich, die aus nicht-elektrifizierten ländlichen Gebieten in die Städte der »Dritten Welt« migrieren, *erfahren* dieses Paradoxon in oft *gleichzeitig* beglückender und schmerzhafter Weise »am eigenen Leib«. Wir können uns kaum vorstellen, welche Faszination hell erleuchtete Städte auf Menschen ausüben, deren Zeit durch die Dunkelheit der Nacht strukturiert war. Ebenso können wir uns kaum die auch in der – für uns – »verschlafensten« Stadt für diese Menschen *spürbare* zeitliche Beschleunigung und Dynamik vorstellen. In der Stadt wird die Nacht zum Tag, aber der Tag wird so auch zu einer Bewegung, die durch nichts außerhalb ihrer Bewegung mehr »abgelöst« wird. Keine Stadt schläft, auch wenn die Menschen in ihr schlafen, und das Licht, das sie spiegelt, entgrenzt die individuellen Träume zu einer kollektiven Phantasie permanenter Mobilität. In dieser freilich muss sich der Stadtmigrant »Tag und Nacht« behaupten. Er tritt in eine Welt ein, die zumindest so modern ist, dass sie ihre Menschen als Konkurrenten um die »Ressource« Zeit begreift. »Schneller als der andere zu sein«, das wird dem Stadtmigranten *rasch* bewusst, entscheidet hier maßgeblich über das Ausmaß der Möglichkeit, an den Errungenschaften und Attraktivitäten der Stadt zu partizipieren. Das Licht der Stadt betrifft und egalisiert alle: es leuchtet – jenseits der bisher *bekannten* Zeit – alle gleichermaßen an und taucht den Migranten in die Strahlen einer anderen Lebenswirklichkeit. Nicht Finsternis, sondern Schatten verdunkeln den Menschen in der Stadt – und von einem Schatten verdunkelt zu sein, heißt nichts anderes, als der Lichtquelle nicht *nahe* genug zu sein, bedeutet nichts anderes, als dass *vor* einem selbst jemand anderer ist, den es so rasch wie möglich, auf dem Wege zum Licht, zu *überholen* gilt. Und das Wechselspiel von Licht und Schatten in der Stadt – entgegen der nächtlichen Dunkelheit »vor-moderner« Lebensformen – ist durch nichts mehr begrenzt.

Dem »strahlenden Licht« der Städte und dessen Bedeutung für die Urbanisierung und Modernisierung in den Ländern der »Dritten Welt« wird in der Kulturanthropologie auch durch den Begriff der »Bright Lights« Ausdruck verliehen.[374] Umfassende Untersuchungen haben ergeben, dass sich die jährlichen Zuwachsraten von 7-10% in den Städten der »Dritten Welt« nicht in erster Linie durch »rationale« Erwägungen – Jobs, Bildungsmöglichkeiten usw. –, sondern durch die enorme *sinnliche* Attraktivität der Städte erklären lassen. Die Stadt wird zum Kulminationspunkt »moderner« Lebensstile: »Moderne« Zeiteinteilung, räumliche Mobilität und Transport, Waren- und Geldverkehr, Zugang zu Konsumgütern, neue soziale Verbindungen und Allianzen, neue Beziehungen zum jeweils anderen Geschlecht, Elektrizität, Wasser, Unterhaltung, und natürlich auch die prinzipielle Möglichkeit zum Gelderwerb und zur Bildung. Stadterfahrung ist ein Schlüsselerlebnis im Prozess der Veränderung des zeitlichen und räumlichen Bewusstseins im Zuge der »Modernisierung«. Stadtmigranten sind jenseits der Faszination aber auch einem starken emotionalen und sozialen Druck ausgesetzt. Nicht nur, dass sie mit Konkurrenz, Anonymität, Verelendung, Verslumung usw. konfrontiert sind, sie müssen auch bei einer etwaigen Rückkehr in »ihr« Dorf einen »materiellen Erfolg« im Sinne des Besitzes von Gebrauchs- oder Konsumgütern vorweisen können. Sie müssen der Rolle des »erfolgreichen Städters« – der die Zeit genutzt hat – gerecht werden. Darüber hinaus steht in vielen Gebieten der »Dritten Welt«, insbesondere in weiten Teilen des subsaharischen Afrika, in denen sich das fruchtbare Land aufgrund von Klimawechsel und Bevölkerungswachstum dramatisch verknappt hat, und obendrein ein großer Anteil durch Monokulturen »gebunden« ist, die Möglichkeit der Rückkehr vielen gar nicht mehr offen. Die Folge davon sind urbane Verelendung, bzw. die Fortsetzung »subsistenter« Ökonomien im so genannten informellen Sektor. Eine andere Situation ergibt sich z. B. in Melanesien, wo die Bevölkerungsdichte nach wie vor so gering ist, dass eine Re-Migration jederzeit möglich ist. Aber auch da muss dem Bild der »erfolgreich in die Stadt investierten Zeit« entsprochen werden.[375]

In einem zentralen Punkt freilich unterscheiden sich die Metropolen der südlichen Hemisphäre von jenen der nördlichen. Zwar ist der Nacht die Dunkelheit und den Menschen z. T. die bisherige soziale Sicherheit genommen, doch nicht jenes grundlegende Weltbild, das im Kosmos ethnischen Denkens verwurzelt ist, und das üblicherweise mit Magie bezeichnet wird. Magisches Denken ist erstaunlich resistent gegenüber so genannten »Modernisierungsprozessen«. In allen magischen Systemen lassen sich drei funktionale Bereiche voneinander differenzieren: Prävention, Heilung, Verhexung. Magische Prävention soll unerwünschte *künftige* Ereignisse verhindern, magische Heilung *entstandenen* Schaden begrenzen oder wieder gut machen, magische Verhexung manipulativ eingreifen, sozial kontrollieren, im Sinne eines Rechtssystems auch bestrafen. Alle drei Bereiche stellen *Begrenzungsverfahren* dar, die in den rasch wachsenden Städten der armen Länder auch grundlegende Beziehungen zwischen Menschen regeln. Magie bindet den Menschen an die Welt – deren Zeit und Raum –, aus der er gekommen ist. Diese Rückbindung an einen *begrenzten* Kosmos mag dem westlichen Prinzip der »Freiheit« widersprechen, lässt Menschen aber auch in »neuen« Bewegungen nicht vergessen, *woher* sie kommen und *wohin* sie gehen.

Dieses Faktum ist für unsere Meditation über Zeit und Raum, Armut und Reichtum, schließlich Leben und Tod von zentraler Bedeutung. Denn die den magischen Ordnungen zugrunde liegenden Zeit- und Raumkonzeptionen begrenzen *per se* die auf zeitlicher Dynamisierung basierenden »Modernisierungsprozesse« – insbesondere auch in der Stadt. In ihnen liegt das *Ganze* noch nicht *außerhalb* der eigenen Bewegung und damit *Welt*.

Stadtmigranten der ersten und zweiten Generation, insbesondere jene, die durch keine westlichen Bildungsinstitutionen gegangen sind, sind mit zeitlichen und räumlichen Veränderungen konfrontiert, die »aus sich heraus« schwer erklärbar scheinen und eher den Charakter *unabwendbarer* Naturereignisse haben, deren Decodierung im traditionellen Kontext ethnischer Gesellschaften der Magie obliegt.[376] Rationalisierungsversuche folgen häufig magischer und nicht westlich-analytischer Interpretation. Im Prozess der Modernisierung treffen zwei grundlegend verschiedene Welterklärungsverfahren aufeinander, die wiederum durch konträre Zeitordnungen charakterisiert sind. Westliche Analytik entfaltet sich in einer Welt, in der es den Zufall und die rechnerische Null – den Anfang der Linearität – gibt. Magische Welten sind Welten ohne Zufall.[377] In magischen Welten gibt es nichts, das nicht Sinn ergibt. Westliche Rationalität stößt dort an ihre Grenze, wo eine empirische Erklärung nicht oder noch nicht so genannte Wirklichkeit modellhaft nachzeichnen kann. Magische Welten werden in Metaphern, in analogen Bildern, in Geschichten beschrieben, wohingegen die Bilder der westlichen Rationalität formal-analytisch und abstrakt erscheinen mögen. Das »Wissen der Alten«, gleich wo in den armen Ländern der südlichen Hemisphäre, beschreibt *Welt* auf einer fundamental anderen Ebene als die Lehrer in den Schulen oder die Lektoren in den städtischen Fortbildungslehrgängen. Schulisches, »westliches« Wissen macht im dörflichen Kontext sprichwörtlich »keinen Sinn«. Die Praktikabilität dieses Wissens ist an eine übergeordnete Systemebene, an die Maschinenwelt, ihre Produktionslogik, an die *Weltzeit* als Ordnungskategorie der Objektwelt – an *objektiv Universelles* also – gebunden. In magischen Welten wird jedes externe Geschehen sinnhaft interpretiert und in die Alltagswirklichkeit des einzelnen und der Gemeinschaft re-integriert. Die Außenwelt wird *versubjektiviert* – egalitäre oder universelle Prinzipien existieren nicht. Magie ist demnach nicht nur Welterklärung, sondern auch ein normatives System und eine Möglichkeit zur Gestaltung der materiellen Welt.

So ist es auch nicht verwunderlich, dass der zeit-räumlichen Veränderung und Dynamisierung im Zuge der Modernisierung und Urbanisierung durch magische Verfahren Widerstand entgegengesetzt wird. Die aus »vorindustriellen« Bezugsrahmen stammenden Erklärungs- und Gestaltungsmuster helfen, das Auseinanderdriften von Lebenswelt und Systemebene, von Lebenszeit und Weltzeit zu bewältigen:[378] Ob nun der »reiche« Städter verhext wird[379], weil er nichts von seinem Reichtum umverteilt; westliche Waren als – rechtmäßig den entrechteten Lohnarbeitern zustehende – Geschenke der Ahnen[380] interpretiert werden; ob der afrikanische Geschäftsmann vor einem Meeting den Fetischmann befragt und ein hilfreiches Amulett anlegt; ob »weibliche Magie« – Schadens- und Liebeszauber, Menstruations-Exklusion, heilmagische Praktiken – hilft, die Schlechterstellung der Frauen im Zuge der städtischen Migration zu kompensieren[381]; ob das nationalstaatliche Recht durch den magischen Richterspruch und die magische Sanktion unterwandert wird[382]; ob Jesus Christus zu einem animistischen Kulturheroen uminterpretiert wird, der als Patri-Clan-Vater über eine Ahnenreihe wacht, die materielle Besserstellung verspricht; ob Streikbewegungen und auch gewaltsamer Widerstand gegen neokoloniale Ausbeutung sich auf einen aus dem Jenseits zurückgekehrten Propheten berufen[383]; ob inmitten der »amerikanisierten« karibischen Inseln die – ihre Diaspora-Religion auf das alte Testament gründenden – Rastas das Ende der Unterdrückung und die Rückkehr in »ihr« imaginäres Afrika predigen – in all diesen Fällen handelt es sich um vitale Widerstände gegen das Diktat der »neuen« Zeit, deren Produktionslogik als ausbeuterisch empfunden wird und an deren oktroyierte *Abstraktion* allumfassender Entgrenzung *nicht* in *unserem Sinn* geglaubt wird. Identität entsteht *hier* anders als *wir* uns das denken und in der Universalisierung von Zeit und Raum – auch durch vielerlei erzieherische Bemühungen – festschreiben wollen.

Der Mann im Mond

Warum soll, wenn ein Kamel durch das Nadelöhr gehen kann, die Welt nicht *doch* eine Scheibe sein? Etwa zur selben Zeit, als ich in der schwesterlichen Strickrunde begriff, was ein Nadelöhr ist, wurde ich davon unterrichtet, dass die Welt – entgegen der Abbildung in meinem hübschen *Bilder*-Buch – eine Kugel, ähnlich einem Fußball, ist. Diese Vorstellung irritierte mich eine Zeit lang, denn in ihr sah ich die Existenz des Mannes im Mond gefährdet, der – in meinem Bilder-Buch einem mittelalterlichen Nachtwächter gleich – mit Lämpchen und Hut vertrauenserweckend die als Scheibe dargestellte Erde bewachte, wenn ihre Bewohner und ich mich selbst zu Bett legten und in so manchem Traum ihm dann Gesellschaft leisteten. Freilich wäre es denkbar gewesen, dass es den Mann im Mond *auch* gibt, wenn die Welt tatsächlich ein Fußball ist, aber irgendwie hatte sich mir das Bild dieser Zeichnung und somit die Gestalt der Erde als Scheibe so eingeprägt, dass ich mir nur den Mann im Mond über *dieser* flachen Scheibe, oder die Welt als Fußball *ohne* Mann im Mond vorstellen konnte. In so mancher Vollmondnacht stieg ich mit Hilfe meiner zwei Jahre älteren Schwester aus dem im Parterre gelegenen Kinderzimmerfenster und studierte – getrieben von Zweifeln – den über mir in milchiges Licht getauchten Trabanten. Es war unglaublich aber wahr: wenn man den Mann im Mond sehen wollte, dann konnte man ihn *tatsächlich* mit freiem Auge sehen, und dann war auch die Welt eine Scheibe; wenn man ihn *nicht* sehen wollte, dann sah man freilch nur eine durch verschiedene Hell- und Dunkeltöne strukturierte Fläche, und die Welt, auf der ich mich befand, *musste* ein Fußball sein.

Nach einigen erfolglosen Experimenten, durch die ich mir die Erhellung des Geheimnisses um den Mann im Mond erhofft hatte – ich besah den Mond durch ein Limonadenglas, durch eine Klarsichtfolie, durch den meiner Mutter entwendeten »Operngucka«, ich fing ihn sogar in einem Handspiegel ein und bestieg, was keinesfalls ungefährlich war, unser Dach, um dem Objekt meines Interesses näher zu sein –, kam mir der Gedanke, dass es vielleicht mit allen Dingen auf dieser Welt wie mit dem Mann im Mond sein könne, dass man das sieht, was man sieht, und das nicht sieht, was man nicht sieht. Das war ein betörender Gedanke, denn dann würde es – zumindest für mich – einerlei sein, ob die Welt nun eine Scheibe oder ein Fußball ist, solange es für mich *nicht* einerlei ist, ob der Mann im Mond tatsächlich existiert. Und vielleicht verhielt es sich mit dem Kamel und den Reichen ebenso: Vielleicht brauchte man nur das Kamel durch das Nadelöhr gehen *sehen*, um zu wissen, dass die Reichen *nicht* in das Himmelreich kommen, und vielleicht brauchte man nur die Reichen im Himmelreich ankommen zu *lassen* und das Kamel würde nie durch das Nadelöhr gehen. Vielleicht aber auch kamen Reiche in den Himmel, *obwohl* das Kamel durchs Nadelöhr geht – vielleicht braucht man sich auch *das* nur zu denken, um es zu *sehen.* Eigenartigerweise kam ich gar nicht auf den Gedanken, dass vielleicht das Kamel gar nicht durchs Nadelöhr zu gehen braucht, um Reiche *nicht* in den Himmel kommen zu lassen.

Jedenfalls verwarf ich diese Gedanken, denn immerhin würde ich bald in die Schule kommen, und von meinen Schwestern hatte ich gehört, dass es in der Schule um viele Dinge geht, die man nicht sieht, von denen man nichts weiß und die es trotzdem gibt. Aber der Gedanke kam immer wieder und ich vermochte ihn kaum zu verdrängen. Meine Experimente waren gescheitert, ich beschloss, dass es *für mich* den Mann im Mond geben sollte, bis er mir *selbst sagt* , dass es ihn *nicht* gibt. In vielen Träumen reiste ich zu ihm, aber lange Zeit *schwieg* er, wenn ich ihm diese Frage stellte. Nachdem ich in der Schule schon so einiges über die Welt *gelernt* hatte, war die Erde, zu der ich in diesen Träumen zurückkehrte, manchmal eine Scheibe und manchmal ein Fußball. Doch der Mann im Mond schwieg noch immer. Dann, als ich in der zweiten Klasse war, sah ich im TV des Nachbarn – um das sich die halbe Straße versammelt hatte – den Astronauten Neil Armstrong mit den Worten »Ein kleiner Schritt für mich – ein großer für die Menschheit« den Mond betreten! Gebannt verfolgte ich das Spektakel, aber vom Mann im Mond war nichts zu sehen. Auch das – soviel war mir klar – brauchte noch kein Beweis für seine Nicht-Existenz sein, denn vielleicht hatte er sich vor dem etwas monströs aussehenden Astronauten auch bloß versteckt. Jedenfalls wurde die Sache immer komplizierter. Irgendwann hörte ich dann auf, in meinen Träumen zum Mann im Mond zu reisen, denn er würde mir doch nie eine Antwort geben. Darin sollte ich mich freilich täuschen.

Dreißig Jahre später treffe ich Roy Rupenio vor seinem ansehnlichen Haus in der besten Wohngegend der papua-neuguineanischen Hauptstadt Port Moresby. Dieser freundliche, hemdsärmelige Mann von etwa Mitte 40, der seit etwa 15 Jahren einen guten Job als Filialleiter eines Warenhauses innehat, interessiert mich, denn ich habe von Kollegen an der Universität gehört, dass er seine drei Kinder – sieben, neun und elf Jahre – von einem Tag auf den anderen aus der Schule genommen hat. Abgesehen davon, dass das in »westlichen« Ländern gar nicht möglich wäre, weil man mit dem Gesetz und der Jugendbehörde in Konflikt geraten würde, stellt diese Vorgangsweise auch hier, insbesondere für einen gebildeten Städter, der keine Probleme mit der Finanzierung von Schulgeldern, Uniform, Büchern usw. hat, eine seltene Ausnahme dar. Roy und ich nehmen auf der Veranda seines Hauses in bequemen Bambusrohrsesseln Platz, er bietet mir ein Bier an, es ist ein herrlich klarer, nahezu windstiller Abend, und Roy freut sich, dass ich mich für seine Geschichte interessiere: *Das alles hat damit begonnen, dass die Missionare in unser Land gekommen sind, das Christentum gepredigt und unsere Kulturen zerstört haben. Im Dorf gilt noch das Wort der Alten, hier in der Stadt haben sie wenig zu sagen ... Im Dorf hatten die Jungen noch ihren Platz, wir waren Krieger und sie sind aufgewachsen, sind starke Männer geworden, die Land und Frauen und genug zu Essen hatten, weil sie auf die Alten gehört und ihr Wissen übernommen haben: das der Kriegsführung, der Magie, der Bewirtschaftung, des Hausbaus und vieles mehr. Jetzt beginnt sich alles zu verändern – aufgrund dieser so genannten Pazifizierung.*[384]

Roy macht eine Pause und entnimmt seiner Flasche Bier einen kräftigen Schluck. Er ist einer der gebildeten Städter, welche die Traditionen ihrer Herkunft – gerade weil sie das »westliche« Leben genau kennen gelernt haben[385] – in all ihren Aspekten, auch in jenen, die der christlichen Universalethik massiv widersprechen, schätzen können. Er braucht sich nicht – wie viele andere, die weniger Selbstbewusstsein haben, weil sie weniger über die »westliche Kultur« wissen – traditioneller Sozialtechniken wie Polygynie,

Fetischismus, Stammeskampf, Schädelkulte, Kopfjagd usw. zu schämen. Er kann sie akzeptieren als sinnvolle Teile eines integrierten sozialen Systems, das die »alte Welt« jahrtausendelang getragen hat. *Die Jungen bringen den Alten heutzutage keinen Respekt mehr entgegen, sie glauben, dass die westliche Welt die bessere, geheimnisvollere ist, aber ich denke, dass die westliche Welt nur den einfacheren Weg vorgibt: in ihr kann man schnell zu Dingen gelangen und auch zu einigem Prestige, wenn man diese Dinge dann herzeigt; aber was ist das für ein Prestige, das durch die Missachtung des Wissens der Alten und der Vorfahren erlangt wird. Es ist ein Leben, das keine Zukunft hat, denn zu einer Zukunft gehört eine Gegenwart, in der Alte und Junge einander respektieren und Wissen teilen. Dahin wo die Jungen gehen, können die Alten nicht mehr sein. Sie sprechen eine andere Sprache.*[386] *Die neue Zeit trennt uns. Obwohl ich ein gebildeter Mann bin, hat sie auch gedroht, mich von meinen Kindern zu trennen.*

Das was Roy erzählt, erinnert mich natürlich an den Mann, der älter als Jesus Christus ist, und der weiß, wo der Anfang der Welt ist. Roy freilich hat seinen Erkenntnissen und Überlegungen Taten folgen lassen: *Ein Drittel kann lesen und schreiben, zwei Drittel sind analphabetisch. Man hat uns gesagt, dass die Schule wichtig ist, und weil ich in die Schule gegangen bin, sitze ich jetzt in diesem Haus mit fließendem Wasser und Licht und einem Videogerät. Aber während der Jahre, in denen ich hier gesessen bin, habe ich erkannt, dass die Schule unsere Kultur zerstört. Dass sie uns unser Land, unsere Vorfahren, unsere Alten, unseren Stolz nimmt; keine Schule sagt mir, wer ich bin – und die Jungen, auch meine Kinder, haben vergessen, wer sie sind. So habe ich sie aus der Schule genommen, ich werde meinen Job mit Ende dieses Jahres kündigen und mit ihnen nach Telefomin, meiner Heimat, gehen. Ich gehe zurück als einer, der weiß, warum er zurückgeht. Die Schule, die Missionare, die Politiker, die Geschäftsmänner wollen, dass niemand von uns zurückgeht: sie wollen über unsere Zeit verfügen. Aber ich gehe zurück, und ich bin nicht der einzige. Auch andere Leute haben schon ihre Kinder aus der Schule genommen. Sie wollen, dass sie wieder Häuser bauen, Schweine züchten oder Kaffee pflanzen. Auch dafür bekommt man heutzutage Geld. Wenn man einen Job hat, bekommt man auch Geld. Warum also soll ich lesen, was ich nicht geschrieben habe, und schreiben, was ich nicht lesen will – wenn ich ein freier Mann sein kann.*

So eigenartig Roys zivilisationsverweigernde Positionen vorerst erscheinen, so sehr gefällt mir die Selbstverständlichkeit, mit der er sie vorbringt. Er ersetzt die Selbstverständlichkeit unserer Welt durch die Selbstverständlichkeit der Welt seiner Eltern. Dass sich die Welt, in der er lebt, *an sich* geändert hat, bereitet Roy, zumindest seit seinem Entschluss, kein Kopfzerbrechen. Er ist an einem Punkt in seinem Leben angelangt, an dem er sich die »Freiheit« nimmt, zwischen den beiden ihm bekannten Welten zu wählen. Und in seinem Denken *nimmt* er seinen Kindern keine Zukunft, wenn er ihnen eine weitere Schulausbildung verunmöglicht, sondern er *gibt* ihnen eine Zukunft *zurück*, die im Zuge seines langen Stadtaufenthaltes gefährdet schien. Wir sitzen noch lange beisammen, und Roy erzählt mir viel aus seiner eigenen Kindheit und Jugendzeit. Er erzählt von den Nächten auf der Jagd, von Initiationen, Kriegszügen, Bestattungsritualen und magischen Praktiken. Er, der einen »Garten der Weißen«, ein Warenhaus, leitet, schließt nicht aus, dass tatsächlich im Landesinneren Waren und Güter an schwer zugänglichen Plätzen gefunden werden, die von den Ahnen aus dem Reich der Toten gebracht worden sind.[387] Er, der gebildete Städter, vertraut den Geschichten jener, denen er Respekt zollt, mehr als dem geschriebenen Wort, das vorgibt die Welt zu erklären, und dabei jedes Geheimnis – von deren Vielzahl, Roy *weiß* – verunmöglicht. Magie ist nicht Glaube, sondern Wissen, denke ich, als ich einen strahlenden, beinahe vollen Mond über Roys gepflegtem Garten aufgehen sehe.

Nach einem äußerst anregenden Abend mit Roy Rupenio schicke ich mich an aufzubrechen. Mein Gastgeber begleitet mich zu meinem Auto. *Sehen Sie,* sagt Roy, *wir haben über Dinge gesprochen, die sein oder eben nicht sein können. In der Schule lernt man Dinge, so wie sie sind. Auch die Alten lehren die Dinge, so wie sie sind. Wir stehen da irgendwo dazwischen. Ich habe meine Zweifel, dass die Dinge überhaupt so sein können, wie sie sind. Wir versuchen den Ungebildeten und den Alten zu erklären, dass die Erde nicht stillsteht, dass sie um die Sonne wandert, aber die Ungebildeten und Alten sagen: die Erde steht still und die Sonne wandert um sie herum – Tag für Tag. Wir sagen, dass der Mond um die Erde und die Erde um die Sonne wandert, weil Erde und Mond runde Himmelskörper sind, die, den Gesetzen der Gravitation folgend, um einen Fixstern rotieren. Aber die Ungebildeten und Alten sagen: die Erde ist flach, und manche sagen sogar, auf dem Mond sitzen Krieger mit hellen Fackeln. Die Alten haben auch gesagt, dass jenseits der Täler, in denen sie gelebt haben, das Ende der Welt ist, sie haben gesagt: geh zu dem großen Berg, besteig seine Spitze, blicke hinaus, und da, wo der Horizont mit dem Land verschwimmt, da ist das Ende der Welt. Wir sagen den Ungebildeten und Alten, dass die Welt kein Ende hat, weil sie rund ist und um die Sonne kreist, und dass es Milliarden Sonnen gibt, um die wiederum runde Himmelskörper kreisen, und dass der Mond hell ist, weil er des Nachts von dieser Sonne angestrahlt wird und nicht, weil auf ihm Krieger mit Fackeln sitzen.* Roy hält kurz inne und ich glaube einen kurzen Moment lang das Licht des jetzt über uns stehenden Mondes in seinen Augen gespiegelt zu sehen: *Aber wer sagt, dass die Alten und Ungebildeten, nicht doch am Ende der Welt angekommen wären, hätten wir nicht versucht, sie vom Gegenteil zu überzeugen, noch bevor sie dahin aufgebrochen sind. Und wer sagt, dass die Erde nicht doch eine Scheibe war, be-*

vor wir sie durch unsere Erklärung zu einem runden Himmelskörper gemacht haben. Und wer will wissen, ob am Mond nicht doch Krieger mit Fackeln gesessen sind, bevor der Astronaut Neil Armstrong sie in Angst und Schrecken versetzt, sie vertrieben hat. Roy blickt mich scharf an: *Ich weiß, dass alles wirklich war, bevor wir gesagt haben, dass es unwirklich sein muss!*

Ich muss Roy Rupenio bei seinen letzten Worten sehr verdutzt angeblickt haben, denn jetzt bricht er in lautes Lachen aus. Es dauert wenige Sekunden, dann lache ich mit ihm. Wir klopfen einander auf die Schultern und beschließen einander wieder zu sehen. Ich steige in mein Auto, werfe den Motor an, fahre durch die leeren, in das milchige Licht des Mondes getauchten Straßen der Hauptstadt Port Moresby. Was ist das für eine Zeit, die an den Anfang ihrer selbst zurückkehrt ... Ich bremse abrupt, bleibe stehen, stecke meinen Kopf aus dem Fenster und blicke hinauf zu dem hellen, nahezu vollen Trabanten, der sein Gesicht während all dieser Jahre nicht verändert hat. Und dann danke ich dem Mann, der da oben Wache über die Geschicke der Menschen hält, dass meine Frage – nach so langer Zeit – nun doch beantwortet ist.

Der europäische Sessel

Bis vor einigen Jahrzehnten war Wissen, Erkenntniserwerb und Erkenntnis in allen Gesellschaften *hierarchisch* organisiert. Wissenserwerb war nicht nur an die soziale Struktur gebunden, sondern auch an die Hierarchie des *Wissenswerten*. Auch die in jeder Kultur anzutreffenden *Geheimnisse* unterlagen sozialen und rituellen Regeln; Wissen ohne Macht gab es ebenso wenig wie Macht ohne *machtspezifisches* Wissen. Wissen vermittelte stets – über die Organisation des Lebens hinaus – bestimmte Bilder von der Welt: in diesen Weltbildern fanden jene *ihren* Platz, die sich an dem gesellschaftlichen Wissenserwerb beteiligten – egal wo sie sich nun innerhalb derselben *befanden*, ob sie arm oder reich, jung oder alt waren. In den Mobilitätskulturen *ent-hierarchisiert* sich Wissen und Erkenntniserwerb direkt proportional zur Beschleunigung des Tempos, zudem wird Wissen *digitalisiert*, in die kleinsten möglichen Einheiten seiner selbst *zerlegt*. Weltbildkonstituierendes Wissen, das einen Rückbezug von Detailwissen auf Ganzes ermöglicht, verliert an Bedeutung. Oder anders ausgedrückt: Die zeitliche und räumliche Digitalisierung von Wissen konstituiert ein Weltbild, das das Ganze nur mehr als quantitative Summe aller Teile erkennt.[388] Dazwischen herrscht Leere, die nur durch weitere Anhäufung von quantitativem Wissen *erkannt* werden kann. Die Leere, das Nicht-Gewusste, das früher Geheimnis genannt wurde, ist jetzt eine Wissens-Option der Zukunft, für deren *Erwerb* es in der Gegenwart alle verfügbaren Vorkehrungen zu treffen gilt. Auch die Leere unterliegt zeitlicher Beschleunigung: sie *vergrößert* sich mit jeder neuen Entfesselung von Wissen und reißt die Gegenwart, als Erkenntnisabsicht der Zukunft, in rasendem Tempo mit sich fort. Um heute in der Logik des naturwissenschaftlichen Weltbildes einigermaßen Konkretes aussagen zu können, bedarf es eines hohen Maßes an Abstraktion von genau diesem Konkreten. Denn dem sich permanent reproduzierenden konkreten Wissen steht das *zeitgleich* sich vergrößernde Un-Gewusste gegenüber; das Abstrakte muss im Konkreten gedacht sein, damit es sich auf der Welt überhaupt *realisiert.*

In Mobilitätsgesellschaften, die auf höchstens zwei Jahrhunderte systematische Schulbildung zurückblicken, wird die Zeit für Wissenserwerb und Erkenntnis immer knapper. Neben ihrer sozialen, disziplinierenden, kontrollierenden, normativen Funktion ist die Einübung in das Prinzip der abstrakten Wissensaneignung, in Rahmenbedingungen der Zeitverknappung und der aus ihr resultierenden Leistungssteigerung und Konkurrenzsituation, die zentrale Aufgabe der Schule. Sie setzt damit tendenziell alle »alten« traditionalen Lern- und Wissensmodelle außer Kraft. Sie setzt *Wirklichkeit*, indem sie an traditionalen Wissenserwerb gebundene Erkenntnis für ungültig erklärt. Da das in der Schule vermittelte »Wissen« zwar nicht für Gelderwerb gebraucht wird – alle Fähigkeiten, Fertigkeiten, Wissensinhalte usw. lassen sich in anderen Lernmodellen effizienter aneignen –, aber den universalen »rite de passage« – »Übergangsritus« – zum Eintritt in die Erwerbswirtschaft darstellt, erscheint sie uns als global notwendige »Erziehungsagentur«, deren Durchsetzung sogar den Einsatz staatlicher Gewalt legitimiert.[389] Schule vermittelt ein spezifisches Modell von Leben und Welt, das mit der Durchsetzung des neuzeitlichen Programmes zur Entgrenzung von Raum und Zeit korrespondiert. Sie egalisiert die Menschen unterschiedlicher Kulturen zu »Weltbürgern«, die gleichen Inhalten tendenziell gleiche Bedeutungen zuschreiben und individuelle »Freiheit« – so wie in der Schule gelernt – als Durchsetzung von Zeitnutzungsoptionen in Konkurrenz zu anderen begreifen. Dieser Umgang mit Wissen – als Distinktion – und mit Welt – als etwas zu Machendes – erscheint uns selbstverständlich, widerspricht freilich der Qualität von Wissen, wie wir sie auch heute noch in zeitreichen Gesellschaften antreffen können. In diesen sind Wissen *über* die Welt und Sein *in* der Welt genauso wenig voneinander getrennt wie Lebenszeit und Weltzeit, Lebenswelt und Systemebene.

Alle ethnischen Gesellschaften organisieren den Erwerb und die Diffusion von Wissen nicht nur hierarchisch, sondern auch gerontokratisch.[390] Den jeweils höheren Altersklassen ist jeweils mehr Respekt zu zollen, die Verteilung der Rechte, der Pflichten folgt entgegen westlichen Vorstellungen keinen »egalitären«, sondern lebenszyklischen und geschlechtsspezifischen Mustern. In einer ethnischen Gesellschaft älter zu werden, heißt automatisch mehr zu wissen, mehr Macht, Verfügungsgewalt und Sozialprestige innezuhaben. Dies gilt für die ältere erste Frau eines Patriarchen in einem ostafrikanischen Kral, die Arbeiten an Jüngere delegieren kann, die um Streitschlichtung oder andere Problemlösungen angerufen wird, gleichermaßen wie für einen Alten im Männerhaus im Hochland von Papua Neuguinea, der reich an Erfahrung ist und deshalb eine bedeutendere soziale Rolle einnimmt als die physisch stärkeren jüngeren Männer. Die Schule stellt in ethnischen Gesellschaften die gerontokratische Ordnung »auf den Kopf«, sie erweitert nicht nur den Raum durch die Vermittlung von außerhalb der Lebenswelt der Schüler liegenden Inhalten, sondern sie verkehrt auch die zeitliche Ordnung, die Ordnung zwischen Alt und Jung, Werden und Geworden: Es sind die Jungen, die »wissen, wo es langgeht«, insbesondere dann, wenn ihnen schulische Bildung hilft, Geld und Waren, die zwangsläufig ein enorm hohes Sozialprestige mit sich bringen, zu akkumulieren. Die Jungen sind nicht länger auf den Erfahrungsschatz der Alten angewiesen, ja empfinden diesen oft als kontraproduktiv, weil provinziell und nicht »modern«. Sie treten in eine »neue« räumliche und zeitliche Ordnung des Seins ein, die, die *Verwirklichung* von Leben und Welt, stärker als dies in traditionellen Gesellschaften der Fall ist, an das Individuum anbindet.

Die Ablösung von der gerontokratischen Ordnung ist Ausdruck eines Individualisierungsprozesses, der ein »neues« Seinsverständnis des Menschen voraussetzt. In ihm *erfüllt* sich Zeit nicht indem sie *vergeht*, sondern indem sie individuell *genutzt* wird. Nicht das soziale und rituelle Netz des Ethnos gewährt Sicherheit und ein erfülltes Leben, sondern die eigene Durchsetzungsfähigkeit in einer nach »westlicher Rationalität« und zeitlicher Linearität geordneten Welt. Ähnliche Entwicklungen kennen wir auch aus der jüngeren europäischen Geschichte: War die Schule im 18. Jahrhundert noch eine disziplinierende Vorbereitungsphase zur Dienstbarmachung individueller Leistungsbereitschaft – die »Fabrikation des zuverlässigen Menschen«[391] –, so bindet die Weltzeit ab dem 19. Jahrhundert den Schüler auf Grund der Expansion eines entgrenzten formalen Wissens zusehends an universale, *über*-zeitliche und *über*-räumliche Erklärungskonzepte. Diese Universalisierung drückt sich in einer Meta-Ebene des Denkens und Wissens aus, auf der sich die Welt als *Abstraktum* konkretisiert. Nicht mehr lebensweltlich gebundenes, sondern universelles Wissen zählt! Gleichzeitig wird in der pädagogischen Vermittlung von ökonomischen Phänomenen ab Mitte des 19. Jahrhunderts zusehends von »individuellen« Bedürfnissen ausgegangen, eine Kategorie der Selbstidentifizierung und

Zuordnung zur Welt, die es in ethnischen Gesellschaften nicht gibt, und deren Entstehung ursächlich an die Intimisierung der Familie als neue Konsumeinheit gebunden ist.[392] Die »intime Familie« als neue Konsumeinheit verunmöglicht die Aufrechterhaltung der ethnischen Verpflichtungen und Verantwortlichkeiten, weil in der Großfamilie das Prinzip der Umverteilung gilt und dieses im Moment der individuellen Güter- und Warenakkumulation nicht mehr aufrechterhalten werden kann.

Nirgendwo in der südlichen Hemisphäre hat sich dieses Prinzip der Individualisierung – trotz Schule und steigendem Geldbedarf durch Urbanisierung – in einem entscheidenden Ausmaß durchgesetzt. Den »modernen« Familien stehen großfamiliale Strukturen gegenüber, durch die auch das städtische Leben und Überleben in »armen Verhältnissen« organisiert wird. Zeitreichtum und damit Geldknappheit stabilisieren das Prinzip der Umverteilung auch in »modernen« urbanen Verhältnissen. Damit sind auch die Alten, trotz relativen Prestigeverlusts stärker und nachhaltiger in die Ökonomie der Jungen integriert als jene in zeitarmen Gesellschaften. Dennoch desavouiert die Schule als mächtiger Sozialisationsfaktor »altzeitliche« Ordnungsstrukturen: Gerontokratisches Wissen wird durch formal-abstraktes Wissen ersetzt, das stärker an die zeitlich und räumlich entgrenzte Meta-Ebene gebunden ist als an die unmittelbare Lebenswelt der Schüler.[393] Der »rationalen« Erklärbarkeit von Welt liegt eine abstrakte Meta-Ebene zugrunde, denn das, was man nicht sieht, kann man nur glauben. Die Schule suggeriert Geschlechteregalität[394] und vermittelt die neuen Inhalte außerhalb der ethnischen Sprache. Analog zur Christianisierung tradiert die Schule universalethische Erklärungskonzepte für Mensch, Welt und individuelle Verantwortlichkeit.

Die Schule diszipliniert nicht nur individuelle Zeit- und Raumökonomie, sondern auch den Bewegungshabitus. In ihr bereitet sich die »Kultur des Sitzens« vor, die den »gebildeten zivilisierten« Menschen ein Leben lang an den »europäischen Sessel fesselt« und zu einer vollkommen neuen Körperhaltung und -ökonomie veranlasst.[395] Die Schule – als »Institution der Vermittlung von Fremdkultur« – schafft neue Abhängigkeiten, die oft widersprüchlich erfahren werden[396], und neue Bedürfnisse, die oft schwer zu befriedigen sind: Denn sie kann in den zeitreichen Ländern der südlichen Hemisphäre mehrheitlich nicht die in sie gesetzten Erwartungen ihrer Absolventen erfüllen. Einer mittlerweile großen Anzahl von Schulabgängern stehen zumeist minimale Jobmöglichkeiten – im formellen Bereich – gegenüber, die zudem oft nur mit teuren Zusatzqualifikationen erlangt werden können. Die Investition in die materielle Besserstellung – Schulgelder müssen gezahlt, Uniformen, Bücher usw. gekauft werden, und das Kind, der Jugendliche kann nur bedingt für landwirtschaftliche Tätigkeiten oder

Gelderwerb im informellen urbanen Sektor eingesetzt werden – erweist sich oft nach großen Entbehrungen als gescheitert und spiegelt somit auch die neue Abhängigkeit von der Irrationalität der »modernen« Welt wider. In einer von Schule, Geld und Nationalstaat *regulierten* Welt ist man abhängig von Dingen und Umständen, die man im Gegensatz zu den Lebensmustern einer ethnischen Welt überhaupt nicht beeinflussen kann.

Schulisches Wissen macht im dörflichen Kontext sprichwörtlich »keinen Sinn«. Schule bereitet auf Erwerbswirtschaft, auf Geld- bzw. Warenakkumulation vor.[397] Diese Vorbereitung auf ein Leben, das mit einiger Wahrscheinlichkeit stets nur von *anderen*, aber nicht von *einem selbst* gelebt werden wird, entfremdet den Schüler vom dörflichen Kontext. Nicht nur, dass zentrale subsistenzwirtschaftliche Fertigkeiten nicht erlernt oder verlernt werden, sie werden den in das Dorf zurückkehrenden Schulabgängern auch oft nicht mehr zugetraut. Kehren sie nicht zurück, so gehen sie in den Städten jenen Tätigkeiten im informellen Sektor nach, denen sie auch ohne schulische Ausbildung nachgegangen wären.[398] Im ersten Fall entsteht Langeweile, im zweiten Fall Erwartungsenttäuschung. In der ethnischen Welt gibt es keine Langeweile. Langeweile entsteht – gleichermaßen wie Hetze und Stress – aufgrund von Zeitverknappung und der Anbindung der Lebenszeit an die Metastruktur der Weltzeit. Erst durch das Wissen um »objektive« Zeitabläufe können »subjektive« Zeitempfindung und Zeitnutzung als »verfehlt« oder »unpassend« oder »unangenehm« erlebt werden. Das Bedürfnis »Zeit zu haben«, resultiert aus der rigorosen Zeiteinteilung – Verpflichtung – im Weltzeitsystem. Ebenso die – von Schulabgängern im dörflichen Kontext empfundene – Langeweile, da um außerhalb der Primärwelt sich befindende Zeitnutzungsoptionen *gewusst* wird, in denen man andere, nämlich »neue« Bedürfnisse befriedigen kann, zu denen man aber aufgrund der Ungleichverteilung von Mitteln, Ressourcen und Mobilität innerhalb einer Gesellschaft – insbesondere in einer »armen« – keinen oder nur einen äußerst begrenzten Zugang hat.

Abstraktes und Konkretes

Die » fackeltragenden Krieger auf dem Mond« und »die Welt als Scheibe«, »das Ende der Welt am sichtbaren Horizont« und »die über die Erde wandernde Sonne« *bezeichnen* in dem Moment *keine* Wirklichkeit mehr, in dem sich die *Wirklichkeit* einer *anderen* Sprache zur Bezeichnung *ihrer selbst* bedient. Dass sprachliche Abstraktion, und damit der Vorgang den wir »denken« nennen, nicht nur mit »Wissensinhalten«, sondern mit der Struktur von Wirklichkeit, also der Struktur der Sprache als Bezeichnung von Wirklichkeit, zu tun hat, ist in beeindruckender Weise von dem Kulturanthropologen Dieter Claessens beschrieben worden.[399] Seine Unterscheidung zwischen »innovativ-technischem« und »zirkulär-wiederholendem« Denken bindet die Verknüpfungsregeln – Logiken – zwischen der Subjekt- und der Objektwelt an die zeitliche Struktur der ihnen zugrunde liegenden »Weltbilder«. In beiden Systemen wird aufgrund von *Analogien*[400] gedacht – die »Mehrdeutigkeit« der Bilder im technisch-innovativen Denken freilich erlaubt ein höheres Maß an Assoziation und Abstraktion, womit die Grenzen der Objektwelt sukzessive erweitert werden. Diese Art des metaphorischen Denkens *ist nach vorne hin offen, d. h. es werden Metaphern verwendet (er lief wie ein Vogel; die Waffe blitzt; der Schnitt ist schnurgerade), die mehr Möglichkeiten haben, als genutzt werden. Darüber hinaus muss das technisch-innovative Denken häufig Metaphern zusammensetzen (für eine Waffe: Klaue des Bären und Zahn des Tigers) oder überhaupt auf Umschreibung verzichten, d. h. sprachlich innovativ werden. In der zirkulär-wiederholenden Linie von Sprache ist die Metapher ganz zu Hause. Das zugrunde liegende Leben und Denken ... kann mit sich selbst auskommen, es braucht nur das Naheliegende wie Wetter, Tages- und Jahreszeiten verwendet zu werden – zirkuläre Vorbilder, Geburt und Tod, Hunger und Sättigung.*[401]

Wie entsteht Wirklichkeit und damit die Zeit, in der wir leben? Und wie verändern sich Zeit und Wirklichkeit im Zuge der überall auf der Welt voranschreitenden Modernisierung? Zeit, als Ausdruck, als Eigenschaft der jeweiligen Struktur unseres Denkens, setzt die Gebundenheit dieses Denkens an unsere Sprache voraus. Objekte, die metaphorisch, also symbolisch-sprachlich nicht belegt sind, können vom Denkenden nicht *wahrgenommen* werden. Die Objektwelt erweitert sich durch die Erweiterung der Analogien zur Beschreibung derselben. Sprache bezeichnet Wirklichkeit, *unbenannte* Wirklichkeit existiert nicht.[402] Umgekehrt kann *benannte* Wirklichkeit nie *mehr* oder *weniger* als sie selbst sein. Mit dem »Mann im Mond« verhält es sich also ähnlich – *analog* – wie mit dem Fliegenpilz. *Sieht* man in ihm einen Pilz, dessen Einnahme gefährlich ist, und kennt man seine – bei richtiger Dosierung – berauschende Wirkung nicht, so *bleibt* er ein Pilz, dessen Einnahme gefährlich ist. *Kennt* man seine berauschende Wirkung, hat man also eine Sprache zur Bezeichnung derselben, so ist er ein Pilz, der mitunter die »Tore des Himmels« zu öffnen vermag. In beiden Fällen mag der Fliegenpilz *Fliegenpilz* sein, aber seine *Wirklichkeit* für den Menschen ist *anders* bezeichnet und *somit* eine andere. *Wirklichkeit* ist nie mehr oder weniger als das, was sie *für den* diese Wirklichkeit *Wahrnehmenden* ist. Das gleiche gilt auch für die Zeit: die zeitliche Struktur unseres Denkens folgt keiner universalen Ordnung, sondern ist Ausdruck jener unterschiedlichen Verknüpfungen – Logiken –, durch die wir Welt begreifen.

Technisch-innovatives Denken schließt die Möglichkeit ein, metaphorisch mehrfach belegte Symbole in Analogie der ihnen zugeschriebenen Kausalität zusammenzufügen: diese Ursache-Wirkung-Bezeichnungen lösen Objekte schneller und radikaler aus ihrem jeweiligen Erklärungszusammenhang, wohingegen zirkulär-wiederholendes Denken die Bilder der Erklärung eindeutig und zeitlich stabil in der Logik der Kausalitätszusammenhänge verankert.[403] Im technisch-innovativen Denken werden zwischen Vergangenheit und Zukunft vermittelnde Symbole der Gegenwart zwangsläufig »brüchig«. Sie vermitteln nicht mehr zwischen Abstraktem und Konkretem, sondern *verobjektivieren* sich zu *eigenen* Wirklichkeiten. Je abstrakter ein Begriff, desto radikaler diese *Selbstverwirklichungstendenz:* Raum, Zeit, Gott, Kosmos! Abstrakte Wirklichkeiten freilich müssen durch konkrete Bilder an die Wahrnehmung des Menschen *rückgebunden* werden; nur so erhalten sie *für* den Menschen ihren zweifelsfrei ontologischen Status. Das *Ding-an-sich* bleibt phänomenologisch *unerkannt.*[404] Vergrößert sich der Raum des Denkens durch die prinzipiell unendlich vielgestaltige Möglichkeit der technisch-innovatorischen Sprache bis hin zur unendlich endlichen Ausdehnung des Kosmos, der wiederum nur als großes Abstraktes in konkreten Begriffen fassbar werden kann, so tradiert das logische System der zirkulären Wiederholung, wie wir es auch heute noch aus ethnischen Gesellschaften kennen, – erstaunlich resistent gegenüber der gemessenen Zeit – den Raum *seiner* Wahrnehmung und die Bedeutung der Objekte und Subjekte in ihm.[405] Ob »analoges« oder »zyklisches« Zeitempfinden die Ursache oder die Wirkung von zirkulär-widerholendem Denken und Sprechen ist, entzieht sich *unserem* Kausalitätskalkül, das an die Prämissen der linear technisch innovativen Sprache gebunden ist. In *unserem* Denken ist es eben *unmöglich*, dass der »Mann im Mond« *uns* sagt, dass es ihn *nicht* gibt!

Im Prozess der zeit-räumlichen Entgrenzung erhalten »moderne« Symbole einen »objektiven« Status, der von den Bedeutungsebenen indigener Sprachen getrennt ist, der in die Semantik ethnischer Gesellschaften also nicht integrierbar ist. Sie stellen sich als Totalität vor: Ein Flugzeug *ist* ein Flugzeug, eine Uhr *ist* eine Uhr, ein Job *ist* ein Job. Die »moderne« Welt vermittelt in atemberaubender Schnelligkeit a-historische »Sachen«, die aus dem eigenen kulturellen Verständnis heraus weder hinterfragt noch symbolisch – d. h. in Form von umfassenden Lebenszusammenhängen – gedeutet werden können. Jedes »natürliche« und jedes »gefertigte« Objekt wird von Angehörigen ethnischer Gesellschaften sowohl in einem technisch-manipulativen als auch in einem rituell-symbolischen Sinn – was die Produktionszusammenhänge und die Entstehung der Objekte betrifft – *gekannt.* Der für den westlichen Menschen selbstverständliche *Gebrauch* von technischen Gütern muss Menschen, die ihre Überlebensfähigkeit auf verfügbarem und rekonstruierbarem Wissen aufbauen, unverständlich sein. Die Folgen des Abstraktionsniveaus westlicher Wissensvermittlung sind von dem Aspekt der Lebensbewältigung aus betrachtet erstaunlich und zuweilen auch gefährlich einseitig: Die »natürliche« Überlebensfähigkeit wird ersetzt durch eine nie zuvor dagewesene Abhängigkeit von externen, nicht manipulierbaren Versorgungssystemen.

Eine Reintegration dieser »modernen Sachen« in den ethnischen Sinnkosmos findet oft über den Bereich der Magie statt, der die Nutzung und Gestaltung der »neuen« Welt auf der Grundlage »alter« Analogien und Muster gewährleistet. Dann wird man eben nicht ins Flugzeug steigen, ohne vorher einen Fetisch anzulegen. Denn in der magischen Welt gibt es keinen Zufall, und dort, wo es keinen Zufall gibt, gibt es Techniken der Manipulation, die mit *unserem* Kausalitätskalkül nicht vereinbar sind. Erst wenn die Sprache und somit das Denken zur *Bezeichnung* von Wirklichkeit dieser »neuen« Welt und deren Sachen *entspricht,* wird das Fliegen im Flugzeug zu einer durch und durch säkularen Angelegenheit – denn man *weiß* um das *Abstraktum*, dass die Absturzwahrscheinlichkeit im Hunderstel-Promillebereich liegt. Die Totalität der Verobjektivierung der »modernen« Welt – deren wichtiger Vermittler die Schule ist – dringt in alle Lebensbereiche ein: Polygynie *ist* schlecht, Initiation *muss* verboten sein, Gott ist *in* der Hostie, Popmusik ist *keine* Magie, sakrale Masken *sind* Kunstobjekte, vermögen also *nicht* zu töten. Töten sie dennoch, so steht für einen kurzen Moment die lineare Zeit still: dann hat die zirkulär-wiederholende Logik zugeschlagen, dann hat der »Mann im Mond« gegrinst. Da *wir* uns diese Tötung nicht erklären können – wir haben keine Sprache dafür! –, hat es diese Tötung *nicht* gegeben. In die Wirklichkeit und das Denken der Weltzeit ist das Denken und die Wirklichkeit der analogen Zeit nicht integrierbar.

Im Prozess der Modernisierung beginnt eine ehemals außerhalb gelegene Welt für zumeist junge Menschen ethnischer Gesellschaften *wirklich* zu werden, Zeit und Raum sind – entgegen dem ethnischen Kosmos – universell und »neu« zu definieren. Diese Entgrenzung beeinflusst alle Muster der Beziehungen zwischen *Innerhalb* und *Außerhalb*, auch wenn die Entgrenzung selbst durch vielerlei Faktoren – und einer davon ist das in armen Ländern vorhandene Übermaß an Zeit – limitiert ist. Diese Entgrenzung bedeutet in Gesellschaften, in denen bis vor kurzem alle Produktionszusammenhänge der von ihr gefertigten und gebrauchten Güter bekannt waren, eine Abstraktion des Denkens, des Wissens und des Wissenserwerbes. Die unsichtbaren Dinge, die nicht selbst produzierten Güter, die nicht selbst betretenen Räume und die nicht selbst durchlebten Zeiten werden zum Mittelpunkt des pädagogisch vermittelten Interesses. So konzentriert die Schule ihre Bemühungen auf die Freisetzung des Individuums vom lebensweltlichen Wissen – Abstraktion ist das Medium im Prozess der Herausbildung des formal-operativen Denkens – und bereitet jene Disziplinierung und Egalisierung vor, die Voraussetzung für die Etablierung einer Konkurrenzgesellschaft ist. Die aus dem ethnischen Zusammenhang – Identifikation – gerissenen Individuen sollen an die »neuzeitliche« – nationalstaatliche – Superstruktur angebunden werden.[406] Diese durch Abstraktion erfolgende Entgrenzung der ethnischen Räume und Bezugssysteme soll einerseits eine neue soziale Identität – Staatsbürger – stiften, andererseits – auf einer neuen epistemologischen Basis – Produktivkräfte freisetzen: Formal-operatives Denken entkoppelt die Lebenswelt von dem manipulativen Instrumentarium zur Gestaltung derselben – der Technik.[407]

Diese Entkoppelung[408] fügt die Welt auf einer Ebene neuer Abstraktion zusammen, die die Trennung zwischen Lebenswelt – ethnischer Raum – und Systemebene – Staat –, zwischen Lebenszeit und Weltzeit fortschreibt. Weltzeitsysteme sind eingebettet in das universalisierte Wissen von »Welt überhaupt«. Die Schule vermittelt diese »Welt überhaupt« als Konstante *sui generis*, welche die Universalisierung des Subjekts global – aufgrund analoger Rationalitätsschemata – ermöglichen soll. Die Abhängigkeit dieser Rationalitätsschemata von einer bestimmten Sozialstruktur impliziert die Verinnerlichung dieser Struktur im Prozess der »Modernisierung«: Die weltzeitliche Meta-Ebene manifestiert sich gleichermaßen in der »neuen« Technik – deren Produktionszusammenhänge nicht bekannt sind –, in den neuen nationalstaatlichen Institutionen – deren Grundlegung umfassende »Individualisierung« voraussetzt und ethnisches Recht beugt –, in der christlich-monotheistischen Religion – Universalisierung von Werten und Normen, Anbindung des Individuums an eine religiöse Zentralgewalt –, aber auch in »abstrakten« alltagssprachlichen Begrifflichkeiten – neue Zuordnungskriterien für Status, Objekt-Subjekt-Verhältnis, Lokalisierung in neuen sozialen Räumen, Verbindlichkeiten, »Freiheiten«. All diese Veränderungen freilich sind – insbesondere in zeitreichen Ländern – geprägt von *Ungleichzeitigkeit*. Der Linearität dieser Disziplinierung, die entgegen ihrer ideologischen Selbstpräsentation mehr *Unsicherheit* als Sicherheit schafft, widersetzen sich massiv jene Lebenserfahrungen, die – aus dem ethnischen Kontext kommend – in armen Ländern nach wie vor handlungsbestimmend sind: die subsistenzwirtschaftliche Orientierung, die ökonomische Umverteilung, die magische Weltinterpretation und – nicht zuletzt, aber grundlegend und bestimmend – die Ökonomie des Todes.

Was also wird wovon getrennt, wenn die »neue Zeit« das europäische Programm zur Dienstbarmachung von »Natur«, von »Welt überhaupt«, in den Köpfen der Menschen – gleich wo auf diesem Planeten – verankern will? Geht dabei vielleicht etwas *verloren*, was wir in den Strukturen der neuzeitlichen Wirklichkeit niemals mehr *wiederfinden* können, weil wir keine Worte für das Verlorengegangene haben, weil die »alte« Wirklichkeit aufhört zu sein, in dem Moment, wo sie nicht mehr *bezeichnet* ist?[409] Wir können noch so viele Masken, Fetische, Objekte vergangener Wirklichkeiten in unsere Museen stellen und noch so viele Bibliotheken mit gelehrigen Abhandlungen über sie füllen – Wissen und damit Wirklichkeit *stirbt,* wenn es nicht mehr von atmenden, denkenden, fühlenden, letztlich sterbenden Menschen *gelebt* und *weitergegeben* wird. Wissen und Wirklichkeit sind – entgegen den Prinzipien »manischer Wissensanhäufung« – *organische* Prozesse, gebunden an sie tragende und durch sie die Welt erschaffende Individuen. Nicht die Abstraktion, das von dem Erklärungszusammenhang herausgelöste Objekt zählt, sondern nur die *Beziehung* des Menschen zu der von ihm und durch seine Sprache geschaffenen Objektwelt. Diese Beziehung ist etwas *Lebendiges,* sie ist etwas *Subjektives,* sie lässt sich auf nichts anderes als auf *gelebte Zeit* reduzieren, auch wenn das Verewigungsprogramm der Moderne so tut, als hätte nur Totes – weil es eben *ewig* ist – *wirklich* Zukunft.[410] Der Zeitreichtum so genannter armer Gesellschaften setzt dem Programm der Zeitverknappung *bis in den Tod hinein* Widerstände entgegen, dennoch *sterben* ethnisches Wissen und ethnische Wirklichkeit in rasantem Tempo. »Modernisierung« ist ein irreversibler Prozess. Auch wenn sie sich nicht im Sinne der Mobilitätsgesellschaften weltweit durchzusetzen vermag, so *verändert* sie doch die kulturellen Strukturen auf allen Ebenen. Neue Synthesen entstehen in neuen Leben, die nicht die europäische Vorstellung von Welt reproduzieren, aber sich dennoch qualitativ von der Welt der Alten unterscheiden. Subsistenzwirtschaftliche Orientierung, ökonomische Umverteilung und magische Weltinterpretation haben sich überall in der »Dritten Welt« erhalten – auch wenn sie in »neuen« Formen gelebt werden: sie sind das in die Neuzeit »hinübergerettete« Erbe einer verschwindenden archaischen Welt, ein Erbe, das Menschen in Mobilitätsgesellschaften mitunter sehr fremd erscheint, von dem sie aber, gerade weil es ihnen fremd erscheint und sie glauben es *überwunden* zu haben, für die Gestaltung *ihrer Beziehung* zwischen Leben und Tod – und damit über das, was die *Zeit* ist – grundsätzlich lernen können.

Wenn auf ethnische Welten Bezug genommen wird, so freilich zumeist in romantisierender Weise: Fliegende Schamanen, unentfremdete Naturmenschen, selbstversorgende Freiheitsliebende. All diese Bilder tragen die Kriterien der Beurteilung *unserer* Welt in sich, denn die *Inhalte*, die sie ansprechen, haben im ethnischen Kontext jeweils eine *andere* Bedeutung. So ist es auch mit den *Ängsten.* Im Zuge neuzeitlicher Entgrenzung werden überall auf der Welt – analog den im ersten Teil dieses Buches beschriebenen europäischen Entwicklungen im Zuge der Säkularisierung und der Ablösung magischer Weltbilder durch »rationale« Vernunft – »alte« Ängste durch »neue« ersetzt. Letztere freilich lassen sich ungleich schwerer kontrollieren und manipulieren als erstere, die jahrtausendelang soziale Beziehungen *geregelt* haben. Dass Magie Welt ordnet, regelt, kontrolliert, manipuliert, lebbar und verstehbar macht, wird in der romantisierenden Sprache über sie regelmäßig negiert.[411] Sie erscheint dann als Exotikum, das Dinge möglich macht, die in der »gemachten« Welt nicht mehr möglich sind. Das stimmt zwar, aber die »geheimnisvolle Wirkkraft« der Magie ist aus sich heraus nicht begründbar, sie *funktioniert* aufgrund der sozialen und religiösen Ordnung, die ihr Bedeutung verleiht. In der moderneren Welt wird Magie weitgehend ineffektiv, nicht weil ihre »geheimnisvolle Wirkkraft« verschwunden ist, sondern weil die Ordnung der Dinge in der »gemachten« Welt dieser Wirkkraft nicht *gehorcht*. Magie entfaltet dann ihren Einfluss, wenn die *Wirklichkeit*, in der sie wirkt, *durch sie* entstanden ist. Das gleiche gilt für die durch Magie freigesetzten Ängste. Diese schaffen Sicherheit, wenn subsistenzwirtschaftliche Orientierung und ökonomische Umverteilung die Basis für gemeinschaftliches Leben darstellen. Ängste normieren und regeln soziale Beziehungen. Menschen ethnischer Gesellschaften haben keine Angst »etwas zu versäumen«, keine Angst vor Übergewicht oder Herzinfarkt – dafür haben sie Angst vor Hexerei. Sie können aber auch Unglück magisch abwenden, sie können heilen, mit ihren Toten kommunizieren und Welt nach Maßgabe ihrer Möglichkeiten von Sein *denken* und somit *leben.* Alle ethnischen Gesellschaften stellen magische Systeme dar, innerhalb derer die Wirklichkeit durch magisch-rituelle Praxis beeinflussbar wird, weil die Konstruktion der Wirklichkeit einem magischen Grundprinzip folgt: dem der Beseelung, dem des Lebens, dem des Subjekts und nicht dem des Anorganischen, dem des Objekts, dem des Todes! Magie ist ein ehemals an den Ethnos gebundenes Universum, das in vielerlei Hinsicht auch in »modernen« Strukturen wieder gefunden werden kann – sofern sich »Reste« von Subsistenzorientierung und Umverteilung erhalten haben. In der zeitverknappten, objektzentrierten Warenwelt individueller »Erfüllungsversessenheit« wird man nach ihr vergeblich suchen.

Ich besteige die Zeitmaschine, fliege von der papua-neuguineanischen Haupstadt Port Moresby, wo ich den »Mann im Mond« getroffen habe, zu der kleinen, am großen Sepik-Fluss gelegenen Missionsstation Ambunti, gebe meiner Maschine den Befehl, etwa sieben Jahre *ungeschehen* zu machen und sitze wieder jenem polnischen Missionar gegenüber, dem ich einige meiner schönsten melanesischen Masken und Fetische »verdanke«. Die »große Angst, die die Leute vor Verhexung« haben, dient auch ihm – wie den meisten christlichen Missionaren – zur primären Legitimation ihrer Tätigkeit. Es ist aus seiner Sicht ein »heiliger« Kampf gegen Aberglaube, Magie, Fetischismus, Polygynie, Schädelkult usw. Er ist hierher gekommen, um den »Frieden« und die »Liebe Gottes« zu verkünden: Dies stößt auf einige Schwierigkeiten – auch sprachliche. Der Pater, der die indigene Sprache der hier ansässigen Menschen nicht spricht, beschwert sich bei mir, dass es in der Verkehrssprache Neomelanesisch kein Wort für »Liebe«, sondern nur für »Gernhaben« – *laikim* – gibt. Wie soll er die universale Gnade Gottes ohne das Wort »Liebe« und die hinter diesem Wort stehenden Inhalten verkünden? Dennoch dürfte seine Tätigkeit nicht ohne »Erfolg« geblieben sein. Freudig zeigt er mir die sakralen Objekte, die er – Trophäen gleich – in einem kleinen Zimmer aufgestellt hat: Jedes Mal, wenn die Leute Masken und Fetische zum Zeichen ihrer »Bekehrung« auf die Missionsstation bringen, spricht der Priester ein Dankesgebet. Die Geister und Dämonen, die diese Objekte beseelt haben, sind aus ihnen gewichen. Und die Menschen, die ihrer nicht länger bedürfen, sind bereit, sich taufen zu lassen.

Der Gott der Christenheit bereitet in den entlegenen Gebieten dieser Welt *nach wie vor* Modernisierung und Vernationalstaatlichung vor: Erwerbswirtschaft, Egalisierung der Geschlechter, Pazifizierung, Akzeptanz nationalstaatlicher Normen usw. – die Basis für neue Abhängigkeiten von externen Versorgungs- und Kontrollinstitutionen stellt die universale Ethik des Christentums dar. Der Kampf gegen die »große Angst vor Verhexung« ist die Speerspitze in diesem Programm zur Gestaltung des »modernen« Menschen. Sind aus den Masken und Fetischen einmal die Dämonen und Geister gewichen, sind zirkuläre Vorstellungen von Welt und Sein, die sich in der rituellen Ordnung – z. B. der Initiation – spiegeln, durchbrochen, so tritt der Mensch tendenziell in ein lineares Zeitmodell ein, das »nach vorne hin« offen ist und direkt in die Erwerbswirtschaft, den Konsum, die Lebensverlängerung und schließlich in den christlichen Himmel führt. Dann können Ethnologen die Masken und Fetische forttragen, archivieren und musealisieren. Sie und das durch sie symbolisierte Wissen haben in der »neuen Zeit« ihre Funktion verloren. So linear wie hier beschrieben, und wie sich dies viele Missionare wünschen, geht diese Transformation freilich nicht vonstatten: nirgendwo in der südlichen Hemisphäre kann magisches Denken so einfach *durchkreuzt* werden. Die Folge ist eine Vielzahl von so genannten Synkretismen – in denen sich christliche Elemente mit magischen und animistischen Vorstellungen vermischen und zu neuen religiösen Synthesen und rituellen Praktiken führen. In diesen bleibt auch das Potential der »Verhexung« relativ resistent gegenüber Modernisierung.[412] Die Trennung von Beseeltem und Unbeseeltem hat sich – entgegen der christlich-aristotelischen Bestimmung von Geist und Materie – in diesen Synkretismen also nicht vollzogen.

Der polnische Missionar hat kurz nach meinem Besuch seine Tätigkeit in Ambunti beendet – zu zweifelhaft schien ihm das Ansinnen, Menschen, die noch vor nicht allzu langer Zeit »kannibalischen Ritualen«[413] nachgingen, Gottes ungeteilte Liebe näher zu bringen. Meinem Einwand, dass auch die katholische Eucharistie ein antropophagisches – kannibalisches – Ritual sei, bei dem Gläubige ihren Hochgott verzehren, und dass diese Form der Einverleibung von kultischer Kraft – Mana! – aus vielen Kulturen bekannt sei,[414] entgegnete er mit unverhohlenem Entsetzen: »Für einen Ungläubigen ist alles Magie!« Diesen Satz finde ich interessant. Obwohl von dem Priester etwas anders gemeint, könnte es sein, dass er damit Recht hat, sofern man von dem Bild eines säkularisierten, von allen metaphysischen Bindungen und Beziehungen *freien* Menschen Abstand nimmt.

»Lässt sich unsere Sterblichkeit tatsächlich *jenseits* von Religion und Magie denken?«, geht es mir durch den Kopf, als ich abermals in die Zeitmaschine klettere, um nach weiteren Prinzipien der Trennung zwischen Modernität und Archaik, zwischen linearer Zeit und zirkulärer, zyklischer Zeit Ausschau zu halten. Schier endlos überfliege ich feuchttropischen Regenwald. Da unten gibt es weder Schrift noch gemessene Zeit, die Gesetze des Nationalstaates sind unbekannt, und wären sie bekannt, könnten sie nicht *durchgesetzt* werden. Die »Liebe« Gottes wird nicht beim Wort genannt, und die Geister und Dämonen treiben nicht nur ihr Unwesen, sondern regeln die Beziehungen zwischen den Lebenden.

Von oben, aus etwa 500 Meter Flughöhe, sind sie kaum auszumachen: die etwa 60 Meter langen in den Busch gerodeten »Airstrips«, die in mühevoller, monatelanger Arbeit von den Einheimischen angelegt werden. Zuerst wird ein Brand entfacht; dann, nachdem ein Teil der Wurzeln freigelegt ist, werden die verkohlten Baumstrünke mit aus Lianen gefertigten Seilen aus dem Boden gezogen; schließlich wird die ganze Landefläche Meter für Meter von Steinen und Ästen gesäubert. Die Papuas werden zumeist von den Missionaren zu dieser Tätigkeit angehalten; obwohl in einer Gesellschaft lebend, die kein Geld kennt, werden sie auch mit Geld entlohnt. Dies reicht freilich bei weitem nicht, um einmal selbst mit einem dieser seltsamen Blechvögel fliegen zu können, die hier einmal in zwei Wochen nach getaner Arbeit landen. Eine neue Missionsstation, ein kleines Geschäft werden gebaut, wo man Werkzeug, Kerosin, Coca Cola und Seife kaufen kann. Mit den nicht-selbstgefertigten Dingen hält der weiße Gott

Einzug in die magische Welt des Regenwaldes. Nahezu die gesamte Infrastruktur wird im Hochland von Papua Neuguinea durch die Missions-Flug-Gesellschaft aufrechterhalten. Von den Hostien über Medikamente bis hin zu westlicher Kleidung wird alles aus einer fernen, für die Menschen in entlegenen Gebieten prinzipiell unerreichbaren Welt eingeflogen, und es verwundert nicht, dass diese Dinge, dieses *Cargo,* dann oft als Gabe der Ahnen aus dem Totenreich identifiziert wurde und noch immer wird.[415]

Von oben freilich – scheint der Wald zu schweigen. Er verbirgt seine Geheimnisse vor den Augen jener, die die Gesetze der Schwerkraft auf den Kopf stellen und sich vogelgleich in den Himmel erheben. Jene, die Zeit und Raum überwinden, mögen glauben, ihrem Gott näher zu sein – die Dämonen und Geister des Waldes freilich bedürfen keiner Präsentation ihrer Macht und Überlegenheit.

Die enge Verbindung zwischen dem »Gott der Christenheit« und den nicht-selbstgefertigten Dingen, zwischen Bibel und Schule, zwischen Eucharistie und Erwerbswirtschaft ergibt sich aus der historischen Beziehung zwischen Missionierung und Kolonialisierung und aus der Tatsache, dass in den zeitreichen Ländern der südlichen Hemisphäre christliche Kirchen *nach wie vor* ungebrochene gesellschaftliche Macht innehaben. Haben sich die christlichen Kirchen in den Mobilitätsgesellschaften aufgrund der Individualisierung der persönlichen und auch religiösen Sinnstiftung geleert, so füllen sie sich in den armen Ländern – auch als Symbol der Teilnahme an den Segnungen der »neuen« Zeit. Christentum säkularisiert magische Systeme – auch wenn die Wesen und Rituale der »alten« Zeit in ihm in neuer Gestalt und auch teils in neuer Funktion wiederkehren; christliche Lehre linearisiert zirkuläre, zyklische Zeit und zentralisiert gesellschaftliche Strukturen: Die eschatologische Zeit des Christentums bewegt sich auf ein definiertes Ziel hin; das »Jüngste Gericht«, längst in den individuellen Tod hineinverlegt, markiert die endgültige Metamorphose, die keine »Wiederholung« irdischer Konstellationen jenseits der Schwelle des Todes zulässt, und ein mächtiger Gott setzt jene Normen, Werte, Handlungsmuster, deren Befolgung der Lebenszeit die erwünschte, weil *sich selbst erlösende* Richtung gibt. Leben und Zeit werden als etwas zu *Reinigendes,* zu *Sühnendes* erkannt; nur das mächtige Numinose vermag den Menschen aus diesem Mangel gegenüber sich selbst zu führen. Das christliche Menschenbild ist geprägt von der Vorstellung der »Unfertigkeit«, des stets gefährdenden »Bösen«, ein Wort, das es in nämlicher Bedeutung in vielen ethnischen Sprachen überhaupt nicht gibt. Von dieser genuinen Unfertigkeit, von dem Bösen auch erlöst zu sein, ist die Quintessenz des christlichen Messianismus, der die Zeit und somit das Leben der Menschen nicht mehr *in* und *für* sich selbst belassen kann.

Je mächtiger der die Geschicke der Menschen lenkende und sie »erlösende« Gott, desto mächtiger die diese Geschicke verwaltende und für eigene Interessen verfügbar machende weltliche Macht – Häuptling, König, Nationalstaat, Weltstaatensystem. Durch die Einbindung traditionaler lokaler Strukturen in koloniale Bürokratie und Politik sind ehemals begrenzte Herrschaftsbefugnisse massiv ausgedehnt worden.[416] Die Linearisierung der Zeit entgrenzt auch den Raum der Verfügungsgewalt über andere. Dabei entstehen neue Hierarchien, die in der Teleologie der religiösen Ordnung ihre Entsprechung finden. Nicht nur, dass Macht religiös legitimiert wird; auch Zentralisierung erscheint als »natürliches« Prinzip, das unsere Welt in den Bildern von »zurück« und »voran« denken lässt. Für diese Bewertung bedarf es einer Koordinatik, die zeit- und raumunabhängige Gültigkeit erlangt. Gott wird zum Spiegel des »objektiv Universellen«, an das die konkrete Person – in der doppelten Verpflichtung gegenüber sich selbst und gegenüber dem »Ganzen« – gebunden ist.[417] Die Entstehung beider Dimensionen – die konkrete individuelle Person als Träger von Rechten und Pflichten, aus sich selbst heraus den anderen verantwortlich; und das objektiv Universelle als rationalisierter, ethischer, exterritorialisierter, weil allgemein gültiger Normenkodex – war nicht nur fundamentale Voraussetzung für die Entwicklung der neuzeitlichen Gesellschaft und deren Organisation im Weltzeit-System, sondern stellt die *Bedingung* für die Ablösung ethnischer Gesellschaften durch das Regelungsprinzip eines ethnienübergreifenden Territorialstaates dar.[418] Hier treffen sich die Interessen des Staates und jene der Missionare: Erst wenn der an Zeit- und Raumbegrenzung gebundene *Subjektivismus* magischer Welten gebrochen ist, lassen sich nationalstaatliches Recht, erwerbswirtschaftliche Ökonomie und linearen Zeitkonzeptionen folgende religiöse Weltbilder für *dann* »vernünftige«, »rationale«, »zukunftsorientierte« und »universell gebildete« Menschen durchsetzen.

Objektiv Universelles – ob nun in göttlicher oder säkularer Gestalt – ermöglicht umfassende Kontrolle.[419] Die gemessene Zeit und der vermessene Raum spannen jene Koordinaten auf, innerhalb derer das neuzeitliche Programm der Modernisierung seine Verwirklichung finden soll. Der Kontrolle des Körpers entspricht jene der Seele. Nicht von ungefähr ist die Magie so resistent gegenüber »westlicher« Funktionalisierung. Solange nämlich das »Gleichgewicht« von Körper und Seele an die magische Erklärung gebunden ist, solange die Macht der Masken ungebrochen ist, solange sind die in diesen Körpern wohnenden Seelen nicht zur Gänze durch westliche »Logik« kontrollierbar. Das »Ganze« liegt dann außerhalb des Zentrums der säkularen Macht, wie es auch noch im europäischen Mittelalter der Fall war.[420] Die neuzeitlichen Distanzmaße, die auch – wie im ersten Teil dieses

Buches dargestellt wurde – die Distanz zwischen Körper und Seele neu definieren, beginnen ab dem 16. und 17. Jahrhundert das Raum-Zeit-Erleben und damit die *Wirklichkeit* radikal neu zu bestimmen. Die Folge dieser vom Menschen selbst geschaffenen, selbst-existenten Welt ist das objektiv Universelle, dessen Existenz Herrschaft *absolut* setzt. Objektiv Universelles erfüllt seine Funktion im Hinblick auf die Konstruktion eines erkenntnistheoretisch distanzierten Individuums, dessen zeitlich linear definierten »Leistungen« zum Gleichgewicht des Ganzen beitragen. Das Ganze wird dabei ebenso absolut gesetzt, wie der Raum und die Zeit, innerhalb derer es seine *Verwirklichung* findet. Mit diesem Absolutheitsanspruch und der daraus resultierenden Rationalität der optimalen Zeitnutzung war man daran gegangen, die Welt zu erobern. Das globale Modernisierungsprogramm freilich ist nicht nur an der Macht der Masken, sondern auch an der Fülle der Zeit gescheitert: Es stößt in den so genannten armen Ländern da an seine Grenze, wo magische Körperkonzeption die Definition von Sinn und Sein *nicht* an den Staat oder an Gott oder an die Warenproduktion delegiert, wo die Welt sich *nicht* von sich selbst trennen muss, um sich selbst erklären zu können, und wo es noch *zu viel* Zeit gibt, um ein Leben *außerhalb* der Gemeinschaft der Lebenden – die dann auch eine Gemeinschaft der Lebenden mit den Toten ist – führen zu können.

Die Ohnmacht der Zeit-Manager

Wewak ist ein bezauberndes, an der Ostküste Neuguineas gelegenes ehemaliges Kolonialstädtchen mit herrlichen Stränden, die sich gleich Pforten auf den Südpazifik hinaus öffnen. Vor dem Windjammer-Hotel werde ich von meiner Zeitmaschine nach dem langen Flug über den Regenwald abgesetzt – es ist hier die einzige Unterkunft. Hier kann der Reisende auch melanesische Tanzmasken, Skulpturen, Trommeln und andere »Kultgegenstände« erwerben. Diese Objekte freilich sind bereits in einem säkularen Arbeitsprozess entstanden, sie sind weder sakralisiert noch je in einem kultischen Zusammenhang verwendet worden, sondern Produkte einer wohlorganisierten »Kunsthandwerk-Kooperative«, die sich der zeitlich-magischen Ordnung ihrer gestalterischen Vorbilder in den Dörfern entziehen. Sie sind nur noch äußere Form, die Hülle einstiger Beseeltheit; und die Tatsache, dass sie keine Geister beheimaten, kein Unglück abwenden, nicht heilen und auch nicht töten können, ist Voraussetzung dafür, dass man mit diesen Objekten Geschäfte machen und Geld verdienen kann. So werden sie von hier aus zumeist auf lange Reisen geschickt, die irgendwo in einer für die Mitglieder der »Kunsthandwerk-Kooperative« *unerreichbaren* Welt enden. Diese freilich kämen niemals auf die Idee, dass es sich bei diesen Objekten um dieselben oder um ähnliche Gegenstände handelt wie deren gestalterische Vorbilder in den Dörfern, die ihrer magischen Funktion noch nicht verlustig geraten sind, die Leben regeln, kontrollieren, begrenzen, aber auch immer wieder – in jedem rituellen Übergang von einer Zeit zur *anderen* – diese Leben über die eigenen *jetztzeitlichen* Bedingungen hinaustragen, um sie mit der Vergangenheit und Zukunft aller lebenden und verstorbenen Gesellschaftsmitglieder zu verbinden. Niemand käme also auf die Idee, in diesen Objekten mehr zu sehen als sie sind: tote, unbeseelte Gegenstände. Nur den Touristen oder Reisenden, der sich gerne von Bildern einer romantisch gedachten Magie infizieren lässt, überkommt zuweilen ein spiritueller Schauer, wenn er die grimmige, in Holz »verewigte« Physiognomie eines kriegerischen Dämons im Handgepäck in jene Welt befördert, in der es ebenso wenig Dämonen gibt wie die Bereitschaft, die »Freiheit« des Selbst durch die Akzeptanz metaphysischer, zeitlich und räumlich nicht regulierbarer Kräfte, Wesen und Mächte *begrenzen* zu lassen.

Unweit des einladenden Windjammer-Hotels befindet sich die »skul belong stoa kipa« – was etwa mit »Schule für Kleinunternehmer, Geschäftsführer« übersetzt werden könnte. Ziel dieses Ausbildungsinstituts, das vom Österreichischen Entwicklungsdienst[421] geleitet wird, ist es, Papuas in basalen Kenntnissen der Geldwirtschaft, der Buchhaltung, der Bilanzierung usw. zu unterrichten. Sie sollen befähigt werden, ein kleines Geschäft selbst zu führen und das in einer Weise, die nicht – wie in vielen Fällen, wo Leute keine diesbezügliche Ausbildung genossen haben – zum baldigen Ruin desselben führt. Um ein Abschlusszeugnis – und damit die Möglichkeit einer Kreditierung zukünftiger Projekte – zu erhalten, müssen die StudentInnen eine Praxis absolvieren, in der sie ein Jahr lang ein Geschäft nachweislich erfolgreich leiten. Um dieses Ziel nicht von vornherein zu gefährden oder gar zu verunmöglichen, ist es den PraktikantInnen *nicht* gestattet, ein Geschäft in ihrer Herkunftsregion zu führen. Die Erfahrungen haben nämlich gezeigt, dass geldorientiertes Wirtschaften in von Modernisierung nur schwach betroffenen ethnischen Gesellschaften aufgrund der »sozialen Verpflichtungen« nicht oder nur in sehr beschränktem Umfang möglich ist: Gewinne können nicht »beiseite gelegt« werden, um neue Waren einzukaufen; sozial höher Stehenden, insbesondere älteren Menschen können Waren nicht vorenthalten werden, nur weil sie kein Geld haben, sie zu kaufen. Wird ein auch noch so kleines Geschäft mit kapitalistischer Logik betrieben, so führt dies zu unlösbaren sozialen Konflikten und großfamilialen Spannungen; ethnische Loyalität, Umverteilung und subsistenzwirtschaftliche Orientierung werden verletzt, was zudem auch die soziale und ethnische Identität jenes Menschen gefährdet, der das Geschäft führt.

Um das Wirtschaften mit Gütern und Geld zu ermöglichen, muss der Mensch also von seiner Ethnie getrennt werden, er muss *auf sich selbst* gestellt sein – nur diese Konzeption von Identität ermöglicht jenes Verhalten, das uns, die wir in Mobilitätsgesellschaften leben, als selbstverständlich vorkommt. Auf individueller Akkumulation basierende Geldwirtschaft ist schlichtweg inkompatibel mit jener grundlegenden Subsistenzorientierung, deren Ziel die Einbindung *aller* Gesellschaftsmitglieder nach Maßgabe ihrer Möglichkeiten, Rechte und Pflichten in einer nicht auf Konkurrenz, sondern auf gemeinschaftliche Lebenserhaltung abzielenden Ökonomie ist; zudem inkompatibel ist die westliche Geldwirtschaft mit der Existenz magischer Wirklichkeit, die das Universum aller möglichen Beziehungen und Lebewesen auf nichts anderes als auf sich selbst als *Ganzes* beschränkt und die »Ausbeutung« von »Natur«, »Mensch« und »Zukunft« unmöglich macht. In einem *beseelten* Weltbild werden »Natur«, »Mensch« und »Zukunft« nicht als Objekte individueller »Erfüllungsversessenheit« gedacht, die sich durch gemessene und messbare Distanzen voneinander unterscheiden, gegeneinander aufrechnen und gegeneinander in den sich zusehends beschleunigenden Wettkampf um *beschränkte* Mittel und Ressourcen *schicken* lassen.

Besselte Welten sind der Alptraum eines jeden Managers, denn in ihnen spiegelt sich die Ohnmacht und Leere seines emsigen Tuns, das nur unter der Bedingung permanenter Zeitverknappung und Individualisierung von Zeitnutzungsoptionen »Erfolge« ausweisen kann. Ob nun in Melanesien, im subsaharischen Afrika, in vielen südamerikanischen Ländern, auf dem indischen Subkontinent, in Teilen Südostasiens oder auch in der Karibik: da, wo die Zeit anders tickt, stoßen die Zeitorganisation des modernen mobilen Menschen und die Verwirklichungsmöglichkeiten seiner Pläne, Ziele und Eroberungsabsichten an immanente Grenzen. In Mobilitätsgesellschaften wird Zeitorganisation scheinbar zusehends in den Bereich individueller Entscheidung und Verfügbarkeit gelegt; es scheint, dass die Hierarchisierung der Gesellschaft, die Zentralisierung der politischen Macht, die durch die Linearisierung der Zeit entstanden sind, tendenziell »permissiv«, tendenziell »demokratisiert« werden, und man übersieht dabei gern, dass wir die strikte Einhaltung des linearen Weltzeit-Reglements als Sachzwang und als Zwang, unser eigenes Lebens bestimmen und zu anderen Leben in *Beziehung* setzen zu können, vollständig verinnerlicht haben. Wir tragen – auch historisch gesehen – alle Instanzen zur Festlegung von Zeit in uns; alle *Herrscher über die Zeit* – von dem Orakel der Antike, über den Gott des Mittelalters bis hin zum Territorialstaat und der Weltstaatengemeinschaft – begründen ihre Rationalität durch *unsere* Vorstellung von Ordnung und Zeitlichkeit. Diese Vorstellung ist an einem vorläufigen Endpunkt angekommen: *außerhalb* der Beschleunigung gibt es nichts mehr, nur Totes, keine Identität und schon gar kein Leben, das sich zu leben lohnt.

Leben muss von uns *verwirklicht* sein, weil wir das neuzeitliche Programm zur »Nutzung und Verfügbarmachung« des Lebens *selbstverständlich* in uns und mit uns tragen. Es bedarf keines *äußeren* Zwangs mehr, um uns die gemessene Zeit als Distanzmaß unserer eigenen Lebensbewegungen vorzuführen. Wir verwirklichen die *unendliche* Beschleunigung durch diese Bewegung. Außerhalb dieser Beschleunigung sind wir paralysiert und ohnmächtig. Macht entfaltet sich für den Zeitmanager durch die Optimierung der Nutzung seiner - zusehends selbst gesetzten - zeitlichen Vorgaben. In den zeitreichen Gesellschaften der südlichen Hemisphäre freilich ist noch ein gehöriger gesellschaftlicher Zwang nötig, um Menschen durch Zeitverknappung zu »individualisieren« und sie in die Ordnung einer dann auf Zeitmanagement basierenden Ökonomie und »Lebenserfüllung« einzugliedern. Zeitmanagement ist die Voraussetzung für Ressourcenmanagement. Wird Zeit nicht als verknapptes Gut begriffen, so ist das Prinzip der Akkumulation - als unendlich beschleunigtes Beheben von Mangel und Mangelsituationen - gefährdet. Es könnte sich dann herausstellen, dass Leben das ist, was es eben jetzt gerade ist, und nicht etwas, was erst noch verwirklicht werden muss, wobei diese Verwirklichung unter dem Druck der biologischen Endlichkeit jeweils möglichst in der Gegenwart zu beginnen hat. Es könnte sich auch herausstellen, dass es einen Sättigungsgrad von Konsum und Güterbesitz, von Geldvermögen und allen anderen individuellen materiellen und immateriellen Begehrlichkeiten gibt - weil eben auch die Zeit erst dann ist, wenn man sie sein lassen kann, und nicht erst dann ist, wenn man sie nach Maßgabe einer grenzenlosen Erfüllungsgier in die Motorik ständiger materieller und immaterieller Profitmaximierung zwingt. Wird Zeit also *nicht* als verknapptes Gut begriffen, so könnte sich herausstellen, dass das menschliche Leben begrenzt und *wegen* dieser Begrenztheit einmalig und lebenswert ist.

Die Ohnmacht des Zeitmanagers im Umgang mit anderen Kulturen und zeitreichen Gesellschaften spiegelt sich auch und vor allem im Umgang mit dem, was wir die Zukunft nennen. Wird die Erfüllung der Zukunft in die Gegenwart verlegt, so kann die Gegenwart niemals sie selbst sein. Sie wird zu der *Leere*, die erst durch Zukunft *erfüllt* sein kann. Diesem Umgang mit Zeit entspricht eine geldwirtschaftskompatible *Rationalität*. Die Einführung quantifizierender »Weltzeitsysteme« durch neue Formen der Organisation, Produktion und Verwaltung in armen, zeitreichen Gesellschaften verfolgt auch das Ziel einer fundamentalen Universalisierung dieser an zeitliche Beschleunigung gebundenen Rationalität. Die Ökonomie der »individualisierten« Körper und Seelen definiert, welches Vorhaben für welche

Tätigkeit und welches Ziel Voraussetzung ist. Man hat zu ruhen, um produktiv sein zu können, man hat zu lernen, um Wissen zu haben und es auf einem Arbeitsmarkt geltend zu machen. Man hat Geld beiseite zu legen, um sich gegen die etwaigen Risiken einer nicht bis ins Detail berechenbaren Zukunft abzusichern. Die sich aus dieser Zeit-Rationalität ergebenden Möglichkeiten zentralstaatlicher Kontrolle sind evident.[422] Jede »Belohnung«, jede »Lebenserfüllungsmöglichkeit« wird an dem Muster dieser »rationalen« Vernünftigkeitskriterien bemessen, das Prinzip der linearen Leistungssteigerung in den Körpern und Seelen festgeschrieben.[423]

Die Wettbewerbsgesellschaft generiert eine Rekordmanie, die zeitreichen Gesellschaften unbekannt ist. Ein Spiegel wird dieser Rekordmanie durch die Disziplinierung der Körper im Sport und in den so genannten Freizeitbetätigungen vorgehalten. Gesellschaftliche Belohnung durch »Leistung« im Sinne der Anwendung nützlicher Fähigkeiten, die durch spielerischen Wettkampf – z. B. das Kampf- und Jagdtraining in Papua Neuguinea – erworben werden, sind in allen Kulturen zu finden. Diese Wettbewerbe und die durch sie erlangten Gratifikationen stehen aber stets in einer sinnvollen Beziehung zu lebensweltlichen Erfordernissen. Durch die »Regulierung, Verwissenschaftlichung und Verschulung der Leibesübungen« wird ein weltzeitliches Distanzmaß zwischen den individuellen Körper und die Gemeinschaft gestellt.[424] Nicht von ungefähr ist der begabte Zeit-Manager auch ein begabter Sportler, denn er nützt auch die Ressourcen seines Körpers in optimaler Weise. Wir sind umgeben von einer Fülle scheinbar zeitsparender Maschinen, die uns aber auch zu der »Bewegungsunfähigkeit« des Büromenschen »verdammen«. Also spannen wir uns in unserer »Freizeit« wiederum in Maschinen und Gerätschaften ein, die uns jene Fitness zurückgeben sollen, die uns die zeitsparenden Maschinen genommen haben. Dies »kostet« zwar wiederum Zeit, doch vermittelt es uns das Gefühl, die Ressource Körper »besser« zu nutzen – als wenn wir zu Fuß gegangen wären, oder nicht den Aufzug benutzt hätten oder die Wäsche mit der Hand gewaschen hätten, was durchaus eine körperlich herausfordernde Tätigkeit ist. Die lineare Rekordmanie der Mobilitätsgesellschaften manifestiert sich jedenfalls durch Sportarten, die selbst im »Freizeitverhalten« eine stringente Verlängerung finden. Denn auch da geht es um die Steigerung der Leistung bei gleichzeitiger optimalen Nutzung der hierfür *zur Verfügung* stehenden Zeit.

Aus dem Blickwinkel jenes mobilen modernen Menschen, der glaubt, eine funktional differenzierte, lineare und stets limitierte Zeit optimal managen zu müssen, gibt es nichts an Zeit außerhalb *dieser* Zeit: Außerhalb bleiben nur Leere, Unproduktivität, Vergeudung von Zeitnutzungsoptionen! Er wird den Versuch, sich dem Druck der Zeitverknappung und damit dem Druck des ökonomischen »Erfolges« zu entziehen, als »Faulheit« bewerten. Eine Beurteilung, der sich auch jener junge Papua Neuguinese bewusst ist, der die »skul belong stoa kipa« absolviert hat, und der in sein Dorf zurückkehren will, gerade *weil* er weiß, dass er dort – will er in Frieden mit sich selbst und seinen Leuten leben – *kein* Geschäft eröffnen kann: *Ich möchte wieder zu Hause, im Dorf leben. Ich möchte da leben, wo ich geboren worden bin, gerade weil es kein Zeit-Limit, so wie in der Stadt, gibt. In der Stadt gibt es die Zeit, um schlafen zu gehen, aufzustehen, dies und jenes zu tun, und alles, was du tust, muss zeitgerecht, zur richtigen Zeit, zur festgelegten Zeit getan sein. Aber in meinem Dorf, da bin ich frei, alles was ich tun muss ist: meinen Garten pflegen, säen und ernten. Du wirst jetzt sagen, dass wir allesamt sehr faule Leute sind. Wenn wir nicht arbeiten wollen, dann arbeiten wir auch nicht: Wir sitzen dann da – essen und plaudern, oder träumen ganz einfach vor uns hin. In der Stadt aber folgst du der Zeit. Immer, überall. Viele Menschen sagen: Zeit ist Geld. Das stimmt wahrscheinlich für die Stadt, aber zu Hause in meinem Dorf ist das anders ...*[425]

Angesichts solcher »vor-industrieller« Zeithorizonte kann ein effizienter Zeit-Manager nur resignierend den Kopf schütteln. Überall in der südlichen Hemisphäre gibt es permanente Konflikte zwischen Vertretern einer westlichen Zeitrationalität und Menschen, die aus zeitreichen Lebensordnungen kommen.[426] Dieser Reichtum wird in der westlichen Rationalität regelmäßig als *Manko* dargestellt. Besonders drastisch empfinden Stadtmigranten die Entkoppelung zwischen Lebens- und Weltzeit in der strikten Trennung von Arbeitszeit und Freizeit.[427] Eine Trennung, die es in ethnischen Gesellschaften nicht gibt, sondern eine Folge der Teilung und Funktionalisierung von *Leben* in private und öffentliche Zeiten und Räume ist. Dem »gesellschaftlichen Bedürfnis« nach prosperierender Produktivität steht dann der individuelle Zwang gegenüber, als funktionierendes Subsystem einer großen unüberschaubaren Apparatur tagtäglich und zeitlich definiert an der Erwirtschaftung von »mehr Werten« teilzunehmen, die in post-kolonialen Verhältnissen vornehmlich in die Hände anderer fließen. Ausweichstrategien werden von den Vertretern westlicher Zeit- und Produktionslogik mehrheitlich als »Mangel an Willen«, »Mangel an Adaptionsbereitschaft«, »Faulheit«, »Undiszipliniertheit«, »traditionelle rückwärts gewandte Orientierung« usw. erlebt und kommentiert.[428] Die Folge dieser Ideologisierung ist die Legitimation von Niedriglöhnen, die nur knapp über dem Existenzminimum liegen.[429] Sie sollen helfen, »vorindustrielle Gewohnheiten« abzubauen. Globaler Kapitalismus und Neoliberalismus halten Niedrig-Lohn-Theoreme in Ländern der »Dritten Welt« auch am Anfang des 21. Jahrhunderts aufrecht und haben gleichzeitig mit der »Inkonsequenz«, »mangelnden Arbeitsbereitschaft und Effizienz« der Beschäftigten zu kämpfen. Dieser Kampf wird von Vertretern westlicher Organisationsrationalität als Kulturkampf gesehen, denn er soll Modernisierungsfunktionen erfüllen: Die Einbindung in ein umfassendes System der Disziplinierung, die Gewöhnung an »Fleiß« und eine neue Zeitökonomie, die unter scheinegalitären Wettbewerbsbedingungen auf eine stete Steigerung der Arbeitsintensität und Produktivität zielt.

Dieser Kampf ist *bereits* entschieden: Wir haben keine Zeit mehr für Entwicklung, und der radikalen Modernisierung aller Lebensbereiche stellt sich insbesondere in den Ländern der »Dritten Welt« jener Zeitreichtum entgegen, in dem wir so gerne ein anachronistisches Manko sehen. Die Ohnmacht, die wir in den Mobilitätsgesellschaften angesichts der rasant beschleunigten Zeitverknappung empfinden, lässt sich nicht beliebig – als Muster des Lebensvollzugs und der Lebensnutzung – in andere Teile der Welt exportieren. Wir tragen sie als Bürde und als Folge jener zeit-räumlichen Entgrenzung, die die Welt dem Menschen, aber auch den Menschen sich selbst Untertan gemacht hat: Als *homo creator* glauben wir, Herrscher über die Zeit zu sein, wobei die Strukturen dieser Zeit analog unseren Vorstellungen von Wirklichkeit sind, die uns zu Herrschern über die Natur und uns selbst haben werden lassen. So ist die Zeit nur mehr als Erfüllungsgehilfe unserer Vorstellung von Sein *denkbar*, hat *außerhalb* dieses neuzeitlichen Verwirklichungsprogrammes weder Wert noch Sinn. Die »moderne« Zeit kennt weder Innehalten noch Wiederholung; über sie muss *verfügt*, durch sie muss *verändert*, sie selbst muss *verewigt* werden. Sie hält uns den Spiegel unseres Reichtums vor: Im Moment, wo uns die ganze Welt *gehört*, haben wir uns und unsere Zeit und damit unseren Raum in dieser Welt verloren. Es bleibt uns dann keine Alternative, als die Zeit und unser Leben zu *managen*, von einer »Erfüllungsoption« zur nächsten. *Zeit zu sein* hingegen bedarf der Grenzen, die es in der entgrenzten Welt nicht mehr und wenn dann nur mehr als etwas zu Überwindendes gibt.

Lebensvollzug als Zeitmanagement degradiert die Welt zu einem unbeseelt und mechanistisch *gedachten* Universum zu nutzender Objekte und Optionen. Davon sind weder andere Menschen noch die natürliche Grundlage unseres Lebens selbst ausgenommen. Der Vorstellung der grenzenlosen Manipulierbarkeit entspricht die Vorstellung der entgrenzten Zeit und des universell begehbaren und beherrschbaren Raums. Der Objektcharakter der »gemachten Welt« eröffnet ungeahnte und unlimitierte Möglichkeiten der Exploitation. Jeder Bestandteil dieser Welt kann dazu beitragen, Zeit – gemäß des bereits in der Gegenwart zu verwirklichenden Zieles – zu nutzen oder zu vergeuden. Die Konkurrenz um Zeiterfüllung nimmt niemanden aus, der in Kriterien der Beschleunigung und der Zeitnutzungsoptionen *denkt*. Das Selbst, das dann wie die Zeit als Manko begriffen wird, kann sich selbst nicht erfüllen, weil es in der Ordnung der Beschleunigung kein menschliches Regulativ, keine Sättigung, keine *Bescheidung* mehr gibt. Die Grenzen, die in der »alten Welt« durch anderes Leben, also Beseelung gesetzt waren, verkümmern in der Objektwelt zu anachronistischen Residuen *überwundener* Subjektivität. Oder sie werden in den Bereich privater Beliebigkeit verlegt, was ihnen nichts an verbindlichem, Allmachtsansprüche limitierendem Charakter zurückerstattet.

Beseelte Welten sind zeitlich und räumlich begrenzte Universen. In ihnen ist die »Ausbeutung« und die »Nutzung« von Ressourcen durch das Prinzip alles Lebendigen – die Sterblichkeit – begrenzt. Die Zukunft endet nicht in der »Erfüllung« der Gegenwart, und die Lebenszeit selbst ist kein lineares Kontinuum, das mit diesen oder jenen Tätigkeiten auszufüllen ist. *Zeit zu sein* ist *Lebenszeit*. Lebenszeit ist nicht dazu da, individuelle »Entscheidungsfreiheiten« gemäß zeitlicher Zielvorgaben zu vergrößern und somit eine stetig steigende Anzahl von individuellen Bedürfnissen in immer kürzeren Zeiteinheiten zu »befriedigen«. »Natur« und »Mensch« werden in beseelten Welten nicht als Objekte gedacht und *wahrgenommen*, die das Programm individueller und gesellschaftlicher *Machbarkeit* durchzusetzen helfen, sondern als lebendige Prinzipien, von denen der einzelne gleichermaßen *abhängig* ist wie die Gemeinschaft. Aus dieser *Wirklichkeit* resultiert auch die andere *Bestimmung* von Zeit: sie ist keine »nach vorne hin offene«, linear beschleunigte Einbahnstraße, die scheinbar kein *anderes* Leben außer dem Leben, die Zeit zu *nutzen*, zulässt, sondern zirkuläre Wiederholung, zyklische zeit-räumliche Parallelität, Wiedererkennen und Vereinheitlichen, Geben und Nehmen, Werden und Vergehen, Leben und Sterben – *in einem*. Zeit wird vom Raum ihrer *Verwirklichung* nicht getrennt, und Lebendiges nicht vom Prinzip des Lebens – der Sterblichkeit. In dieser Perspektive von Zeit, die wir auch heute noch in zeitreichen Gesellschaften antreffen, wird Zeit erfüllt, weil Leben gelebt wird, und nicht Leben genutzt, um Zeit zu erfüllen. Umverteilung, Subsistenzorientierung und magische Praxis sind gleichermaßen Ursachen und Folgen dieses Zeitverständnisses. Aus der Sicht der mobilen Zeitmanager sind diese Erscheinungen aber allesamt anachronistische, weil nicht auf Nutzen- und Profitmaximierung und damit auf »Zeiterfüllung« ausgerichtete Verhaltensweisen. Aus der Sicht des Zeitreichtums – und das heißt auch aus der Sicht sogenannter »Armut« – freilich sind es jene drei Prinzipien, die den Reichtum an Zeit und damit den Reichtum eines nicht als Mangel begriffenen Lebens auch für zukünftige Generationen sicherstellen. Ein Leben also, das sich als Fülle in einem gegen keine Zukunft verrechenbaren Jetzt wahrnimmt und *gerade deswegen* der Zukunft nicht die Lebensgrundlage – materiell und immateriell – entzieht.

Warum das Kamel durch das Nadelöhr gegangen ist? Weil wir in langem Schlaf den Traum von der *Verwirklichung* der Unendlichkeit im Diesseits geträumt haben: Weil das Nadelöhr größer und größer geworden ist, weil es sich gestreckt und gedehnt hat, weil alles expandiert, auseinander strebt, weil Millimeter zu Kilometern und diese zu Lichtjahren geworden sind, weil die zeit-räumliche Entgrenzung Nanowelten wie Makrokosmen der gleichen Logik, dem gleichen Verständnis von Sein unterwirft – unlimitierte Erweiterung der »Rahmenbedingungen«, innerhalb derer wir Leben in Szene setzen. Die »sichtbaren« Konsequenzen dieser radikalen Unterwerfung von »Natur«, »Mensch« und »Zeit« unter das Programm der gottgleichen *Verewigung* des Menschen im Diesseits, des Programms der Nutzung von Welt als Ressource sind hinreichend beschrieben worden. In der »alten Welt« war das Kamel ein Kamel, das Nadelöhr ein Nadelöhr, die Heilige Schrift göttliche Offenbarung und die destruktive und konstruktive Macht der Masken ungebrochen. Die »alte Welt« war charakterisiert durch den Widerstand gegen Veränderung. Das hat Herrschaft tradiert, aber auch der Zeit – und den an sie gebundenen Weltbildern – Stabilität verliehen. In der »neuen Welt«, die von Europa ausgehend seit 500 Jahren immer radikalere Verwirklichung findet, wird Zeit als Mittel zur Verfügung über ehemals Unveränderliches und Unveräußerbares begriffen. Alles ist veräußerbar und instrumentalisierbar geworden; die Verfügbarkeit über »Natur«, »Mensch« und »Zukunft« folgt der äußerst befristeten Definition von Opportunität und Rentabilität. Die daraus resultierende Rationalität im Umgang mit »Welt überhaupt« folgt der zeitlichen Struktur ihrer Entstehung: ein Sein, das sich fortwährend verändert, sich in dieser Veränderung verewigt und in dieser Verewigung über andere und anderes bis in das kleinste vorstellbare Detail verfügt. So entwirft die »gemachte« Welt einen höchst befristeten Lebensplan für künftige Generationen: aus der Gier, sich gültig in diese Welt *einzuschreiben*, werden in Sand geschriebene Worte, die schnell von der Flut, vom Sturm des Nicht-Planbaren und Nicht-Regulierbaren weggefegt sein können.

Entgrenzung bezeichnet eine Welt, die Grenzen leugnet, obwohl sie massiv Grenzen setzt. Die Vorwegnahme der Zukunft in der Gegenwart und das Paradigma der Zeitnutzung markieren eine massive Grenze, die trennt. Sie trennt von einem Sein, das *sich selbst* sein kann. *Zeit zu sein* ist unter den Bedingungen der Zeitnutzung nicht verwirklichbar. Zeit zu nutzen, heißt auch immer zu *wissen*, dass Zeit anders, womöglich viel *besser* genutzt sein kann. Die Verwirklichung irdischer Fülle – so wie sich deren Dynamik in den Wohlstandsgesellschaften präsentiert – wird durch diesen niemals zum Stillstand kommenden Motor angetrieben. Der Motor, der Zeit beschleunigt, nimmt dem Menschen die Möglichkeit, Zeit zu *erfahren* und sich selbst durch Zeit *erfüllen* zu lassen. Deswegen gibt es in Mobilitätsgesellschaften keine Zeit mehr, die dem Leben gehört, und kein Leben mehr, das *nicht* dem Diktat der beschleunigten Zeit folgt. Deswegen auch werden – in historisch einmaliger Radikalität – die Reichen reicher und die Armen ärmer. Eine Anti-These zu dieser – zeitlich bedingten – »Entwicklung« ist nicht auszumachen.

Frühere Unvereinbarkeiten entpuppen sich als überwunden erscheinende Unfreiheiten einer ehemals begrenzten Welt. *Alles* wird möglich, und in dieser Anarchie so genannter Freiheit verschwimmt das Maß der Dinge, das zu setzen in der »alten Welt« insbesondere auch der Religion oblag. Wenn Reiche sich »arm« glauben, weil sie doch – aufgrund unlimitierter Akkumulationsmöglichkeit – viel reicher sein könnten, als sie *jetzt* sind – ein gängiges Muster der Selbstwahrnehmung in den Wohlstandsgesellschaften –, dann legitimiert sich die schier unendliche Expansion durch den Mangel in übergroßer Fülle. Fülle selbst wird zu Mangel. Dem Himmel – stets als *Erfüllung* gedacht –, der Fernwelt des *erfüllten* Seins also, glaubt man durch die Anhäufung des Reichtums näherzutreten. Aus dieser Perspektive entzieht sich der Himmel mit jedem Millimeter den Armen, mit dem sich das Nadelöhr vergrößert, um das Kamel durchspazieren zu lassen. Je entgrenzter die Welt, desto selbstverständlicher die moralische Unbedenklichkeit des Reichtums. Die Armen sind dann selbst Schuld an ihrem miserablen Los, sie sind auch selbst daran Schuld, dass sich an diesem Los – trotz »Hilfe« der reichen Staatengemeinschaft – nichts oder nur wenig und das auch viel zu *langsam* ändert. So bleiben die so genannten Armen auf der Schattenseite eines Planeten, dessen Lichtseite in der kollektiven Phantasie eines kurzweiligen – freilich zeitlos, nämlich ewig gedachten – Überflusses schwelgt. In einer solchen Situation erscheint es dann vollkommen »normal« und legitim, dass die Privatvermögen der fünfzehn reichsten Menschen dieser Welt das Bruttoinlandsprodukt aller Staaten des subsaharischen Afrika mit Ausnahme der Republik Südafrika übertrifft, und die 225 größten Privatvermögen – mit einem Volumen von rund 1000 Milliarden US$ – den gesamten Jahreseinkünften von 2,5 Milliarden Menschen – also rund 40% der Weltbevölkerung – entsprechen.[430] Dieser gigantische Reichtum findet nicht im Schatten der globalen Armut statt, vielmehr ist er jenes Licht, das unsere kollektiven Wohlstandsutopien zu nähren und zu rechtfertigen versteht.

Der Himmel ist in so weite Ferne gerückt, dass er prinzipiell allen offen steht, auch wenn rund die Hälfte der in reichen Ländern lebenden Menschen aufgrund ihres Reichtums nicht mehr an ihn glauben und sich deshalb – *für sie* – die Frage nach dem Kamel und dem Nadelöhr erübrigt. Mit der Linearisierung der Zeit und der Eröffnung eines grenzenlosen irdischen Universums sind auch die Toten irgendwo zwischen Himmel und Diesseits verloren gegangen. Ihr »Ort« folgt der gleichen Abstraktion wie jener der *Erfüllung:* Nirgendwo und überall! Das »Jüngste Gericht« – und damit im christlichen Kulturkreis die Wiederfindung der Identität in der Nachwelt – ist vertagt worden: von Jahrhundert zu Jahrhundert, von Jahrtausend zu Jahrtausend. Nicht nur Märkte, auf denen Gewinne gemacht werden, haben sich immaterialisiert, sondern auch jene metaphysischen Welten, die gerade ihrer *Unsichtbarkeit* wegen wirklich waren. Säkularisierte reiche Menschen leben einige Jahrzehnte – die Zeit des Lebens ist für sie zur *Lebenszeit* geworden. Unsterblichkeit *erfüllt* sich im Diesseits oder gar nicht. Von Erlösung – woraus? – keine Spur! Nichts weckt den Schlafenden, auch wenn dieser das Ende des Schlafes als Anfang einer anderen *Wahrnehmung* erträumt. Ethnische, zeitreiche Gesellschaften kennen diese eschatologische Frustration nicht. Die irdische Vergänglichkeit ist gebunden an eine höchst irdisch anmutende Metamorphose. In die zirkulär wiederkehrenden Bilder zur Erklärung von Welt sind die Bilder – und damit die Zeit und der Raum – der Toten integriert. Das Reich der Toten liegt nahe dem Reich der Lebenden. Der Himmel ist auf der Erde. Er wird auch nicht als Ort des Überflusses oder der Erfüllung gedacht; dieses Denken setzt voraus, dass das Leben als Mangel *per se* begriffen wird. Die »verweltlichte« Nachzeit bedarf keiner abstrakten Überhöhung – sie unterliegt der Zyklizität der Gegenwart alles Lebendigen, ist gleichermaßen Teil von ihr wie umgekehrt.

Im Zuge der »neuzeitlichen« Modernisierung und Säkularisierung haben sich Zeit und Raum in einem Maße verselbständigt, oder – »fortschrittsfreundlicher« ausgedrückt – »verobjektiviert«, dass wir nicht nur in der Lage sind, entfernte Galaxien und Planetenbahnen im unendlich endlichen Universum zu berechnen, sondern auf die Konstruktion des Himmels oder anderer Totenreiche überhaupt zu verzichten. Sie sind – zeitgleich – mit unserer »Beobachtung« in eine solche Ferne gerückt, dass sie für die Hälfte der in Wohlstandsländern lebenden Menschen verschwunden sind. Für mehr als vier Fünftel der Weltbevölkerung freilich – es sind vorwiegend jene, die in »armen« Ländern leben – existieren *nach wie vor* Vorwelt und Nachwelt als benannte Orte, die den Kreis der Zeit nach dem Tod und vor der Geburt schließen. Diese Menschen sind Teil jener Schöpfung, welche die Welt in einem religiösen Sinn, nämlich *über* den Selbstverwirklichungsmöglichkeiten der Spezies *stehend*, deutet. Erst Teil *von* etwas zu sein, ermöglicht Teil *für* etwas zu sein. Die verbindende gemeinsame Konstante hierfür ist die von Menschen *gelebte* Zeit, deren Tempo von Individuum zu Individuum, von Kultur zu Kultur anders beschaffen sein mag, die sich freilich im Moment ihrer Gegenwart erfüllt. *Erfahrene* Zeit steht so *gemachter* Zeit gegenüber. *Erfahrene* Zeit ist *auch* tief verankert in magischen, in religiösen Systemen, die in Mobilitätsgesellschaften – aus der Logik der »Moderne« und *ihrer* Zeit heraus – anachronistisch erscheinen müssen. *Gemachte* Zeit ist Ursache und Folge der »gemachten« Welt – Wunschbild einer gottähnlichen Kontrolle über Leben und Tod, Zerrbild einer Verleugnung von Endlichkeit.

Je näher die Toten den Lebenden sind, je vitaler diese Beziehungen gestaltet werden, die sich dann in zyklischer Wiederkehr, in Schutz, in Kommunikation und ritueller Interaktion ausdrücken, je häufiger sich also die Zeitkreise zirkulär schließen, desto vehementer widersetzt sich eine Gesellschaft der Durchsetzung des neuzeitlichen Modernisierungsprogrammes. Lebende *ohne* Tote sind in einem zirkulären Zeitempfinden gleichermaßen unvorstellbar wie die schon von dem antiken Philosophen Epikur formulierte These, dass der Tod nichts mit dem Leben zu tun habe.[431] Das Leben mit Toten, auch die Totenkulte selbst erfordern nicht nur viel Zeit, die in den westlichen Gesellschaften *dafür* nicht vorhanden ist, sondern auch die Setzung von *Wirklichkeit* außerhalb der benannten, räumlich und zeitlich vermessenen Welt. Wenn der Soziologe Majid Rahnema die Auffassung vertritt, dass das Verschwinden der »Ökonomie des Todes« der »größte kulturelle Verlust in der westlichen Welt« sei[432], dann beklagt er damit nicht den Verlust metaphysischer oder religiöser Weltbilder als solche, sondern in erster Linie deren Konsequenz: denn die individuelle »Erfüllungsversessenheit« des modernen Menschen entfaltet sich gleichermaßen auf Kosten der Noch-Nicht-Geborenen – Vorwelt – wie auch auf der Missachtung der Toten – Nachwelt. Die rücksichtslose Verwirklichung der Zukunft in der Gegenwart setzt ein geradezu autistisch auf das Individuum bezogenes Zeitkonzept voraus, in dessen Beschleunigung kein Platz für kommendes *und* gewesenes Leben mehr ist. Das Universum ist in seiner endlichen Unendlichkeit durchmessen, die Zeit auf dem Blauen Planeten reicht gerade noch aus festzustellen, dass wir *keine* Zeit mehr haben. Zwischen Lebenszeit und Weltzeit klafft eine *Leere*, in der Gewesenes und Kommendes gleichermaßen unauffindbar werden. Gewesenes ist tot, Kommendes wird unvorstellbar. Die Folgen einer Zukunft, die jeweils in der Gegenwart beginnt, tragen jene, die diese Gegenwart nicht teilen.

Zeitreiche Gesellschaften konstruieren ihre Bilder von Zukunft über die ritualisierte Achtung und Beachtung von Vor- und Nachwelten. Der generalisierte Zeithorizont mag zwar wesentlich begrenzter sein – zumindest folgen die Generalisierungen mythischen Strukturen und nicht der prinzipiell unlimitierten Abstraktion –, doch die Zukunft selbst hat ihren unverrückbaren Platz für die in einer von ihr *unterschiedenen* Gegenwart lebenden Menschen. Auch Tote und Noch-Nicht-Geborene teilen diese zirkuläre Zukunft. Vor- und Nachwelten bestehen *nebeneinander* und sind nicht Ausdruck einer linear festgelegten zeitlichen Ordnung: Parallelwelten, die einander ergänzen, einander geben und nehmen, einander schützen und schädigen, die alle Wahrnehmungen und Äußerungen des Lebendigen *füreinander* bereithalten, die im Kontinuum einer Zeit fließen, die nicht von den Menschen getrennt ist, um selbst und damit den Menschen zu beherrschen. Es sind Welten, deren Dimensionen die neuzeitlichen Ordnungsvorstellungen sprengen und Welten, die sich all dem, was wir uns und unseren Mitmenschen - gleich wo auf der Welt - seit Jahrhunderten als Vernunft, als Rationalität, als Entwicklung und Modernisierung suggerieren, widersetzen.

Das neuzeitliche Modernisierungsprogramm zielt auf die Vernichtung jener drei zentralen Dimensionen ab, die - aus der Ordnung des Ethnos kommend - auch heute noch für hunderte Millionen von Menschen handlungsbestimmend sind. In den armen Ländern setzt sich der Kampf gegen Magie, Umverteilung und Subsistenzorientierung unvermindert fort. Dieser Kampf hat in der europäischen Modernisierungsgeschichte mobile, erfüllungsversessene, bedürfnisbefriedigende, disziplinierte, konsumierende und langlebige »moderne« Menschen hervorgebracht, die alles haben - außer *Zeit zu sein*. In den armen Ländern marschieren gegen die Magie abstrakte Wissensvermittlung, Technik und auch Christianisierung, gegen die Umverteilung die monetären Sachzwänge einer akkumulativen Erwerbswirtschaft und gegen die Subsistenzorientierung die Schaffung von externen Abhängigkeiten, wobei Geld das zentrale Distanzmaß des Austausches von Gedanken, Handlungen, Gütern und der Bewertung von Menschen wird. Trotz der massiven Veränderungen wird diesem neuzeitlichen Kampf in den armen, zeitreichen Ländern kein Erfolg beschieden sein: Europäische Rationalität lässt sich unter Bedingungen der Armut und des Zeitreichtums nur äußerst bedingt reproduzieren, zudem hat sich uns selbst die Zeit in einem Ausmaß entzogen, das keine weitere »künstliche« Zeitverknappung - gleich wo auf der Welt - zulässt. Jene Gesellschaften, die Zukunft in der »Echtzeit« der Gegenwart kommunizieren, haben sich von der Zeitökonomie der armen Länder längst abgekoppelt: Marginalisierung ist die Folge der Unvereinbarkeit zeitreicher und zeitarmer Lebensentwürfe und Wirklichkeiten. Ehe der gesamten Welt *alle* Zeit genommen ist, werden die reichen Länder ihr Verständnis und ihren Umgang mit Zeit radikal revidieren müssen. Tun sie es nicht, wird sich die *Zukunftslosigkeit* selbst verwirklichen - ein unsanftes Erwachen aus dem 500 Jahre währenden Traum von irdischem Überfluss und irdischer Verewigung.

Dann wird die Zeit erfüllt sein

Heute ist die Vorstellung, *ohne* oder mit nur *wenig* Geld zu leben, in der westlichen Welt nicht nur irrational, sondern geradezu infam. Diese Vorstellung desavouiert deren »Grundwerte«. Geldvernichtung ist in jedem nationalstaatlich gesetzten Recht ein krimineller Akt. Geldvernichtung ist Zeitvernichtung. Nicht nur das im Gemeinschaftseigentum stehende Tauschäquivalent, sondern auch die »heilige Kuh« der Wohlstandsideologie wird dabei auf die Schlachtbank getragen. Die »Freiheit« der »Unfreiheit« steht auf dem Spiel, der Delinquent macht sich des »Königsmordes« verdächtig. Geld freilich koppelt uns an Versorgungsinstitutionen, die wir glauben zu brauchen, um unsere »Freiheit« aufrechterhalten zu können. »Von der Wiege bis zum Grab« erkaufen wir uns unsere »Freiheit« durch die Abhängigkeit von lebensregulierenden, lebensverwaltenden Instanzen, die zwar unser biologisches Leben quantitativ verlängern, unsere Lebenszeit aber qualitativ verkürzen. Wir sind nicht nur in den handlungsbestimmenden Koordinaten einer »Unsumme« von unnötigen Worten, Bildern, Bewegungen – die uns die mediale Welt beschert – *gefangen*, sondern auch in einer »Unsumme« vermeintlicher Notwendigkeiten: von der Medikalisierung unserer physischen und psychischen Befindlichkeit über die paradoxe Vorstellung, mobil sein zu müssen, um *erfahren* zu können, bis hin zur weltbildkonstituierenden Praxis, dass jedem »Bedürfnis« – materiell wie immateriell – eine Produktantwort entspricht. Aus der »gemachten« Welt haben sich nicht nur *lebbare* Zeit, sondern auch *lebende* Menschen verabschiedet. Uns selbstverständlich erscheinende Phänomene wie »ontologische« Verunsicherung, Depression, kategorischer Zweifel, Einsamkeit usw. steigen proportional zum gesellschaftlichen Reichtum. Reichtum produziert *mehr* unglückliche Menschen als in so genannten armen Gesellschaften je gelebt haben, denn die Vorstellung des selbstzentrierten, bedürfnisbezogenen Glücks – die ein Produkt des Reichtums und der Warenwelt ist –, muss zwangsläufig unerfüllt bleiben. In jener Welt *gibt* es keine Zeit für Erfüllung. Die zeitliche Beschleunigung ist nur noch Ausdruck eines sich stetig – auch existentiell – vertiefenden Mangelgefühls.

Magisches Denken, Umverteilung und Subsistenzorientierung wiedersetzen sich als soziale Praxis dem Konzept des Lebens als Mangel, als *noch-nicht* und in diesem »Noch-Nicht« letztlich *niemals* Erfüllbaren und Erfüllten. Magisches Denken konterkariert das neuzeitliche Modernisierungsprogramm durch die Allbeseelung der Natur: eine Eroberung durch »Verobjektivierung« derselben ist gleichermaßen unmöglich wie deren unlimitierte Nutzung. Umverteilung widersetzt sich so genannter »Individualisierung«: ich-zentrierte Akkumulation wird gleichermaßen unmöglich wie deren selbstverständliche Extrapolation in einer globalen, ausbeuterischen Ökonomie. Subsistenzorientierung schließlich widersetzt sich der Enträumlichung und Entzeitlichung: Soziale und ökonomische Nachhaltigkeit basiert auf dem Wissen um und der Beachtung von Grenzen – also auf der Achtung vor Gewesenem und Kommendem. Erst wenn sich »neue« Formen der Produktion und Reproduktion von Leben – die erstaunlicherweise den »alten« in vielerlei Aspekten durchaus ähnlich sein werden – insbesondere in den reichen, ressourcenverschleudernden Ländern beginnen durchzusetzen, wird die Sprache über die Zukunft ihren illusionären Charakter verlieren. Magie, Umverteilung und Subsistenzorientierung werden in neuen sozialen und kulturellen Synthesen die neuzeitliche Allmacht als Betrug des Menschen an sich selbst und an seiner eigenen Zukunft entlarven.[433] Die Zeit wird nicht länger den Raster zur Nutzung von Erfüllungsoptionen vorgeben, und auch dem Raum werden wieder Grenzen zurückgegeben sein. Regionalität wird kein Synonym für die Flucht aus den Folgen der ökonomischen Globalisierung sein, sondern Programm zur globalen nachhaltigen Bewirtschaftung für eine – in all ihrer Vielgestaltigkeit – quantitativ konstante Weltpopulation.

Wenn sich die Weltbevölkerung als *Ethnos* begreift, um ihre Grenzen Bescheid weiß, Individualität relativiert, die Natur und sich selbst *lebendig* wahrnimmt, heute noch oder schon wieder Unsichtbares gegenüber Sichtbarem anerkannt wird, wenn es viele Welten, Räume, Zeiten innerhalb dieser einen Welt geben darf, der Mann im Mond also nicht gegen die Erkenntnisse der Kosmologie *verrechnet* werden muss, wenn Gewesenes und Kommendes als Teil des Gegenwärtigen gedacht und somit *verwirklicht* wird, wenn das *Teilen* höchste soziale Achtung erfährt und nicht mehr *genommen* als *gegeben* wird, dann wird die Zeit *erfüllt* sein. Nicht linear und beschleunigt, sondern zirkulär und *gegenwärtig* werden wir sie dann *wieder* erfahren. Und diese *Erfahrung* wird eine Zukunft der Menschheit ermöglichen – über Jahrhunderte, Jahrtausende, vielleicht auch Jahrhunderttausende hinweg. Solange jedenfalls, solange *wir* es wollen. Und wir werden auf die Realisierung des Traums der Vergottung verzichten, weil wir in ihm einen Alptraum erkannt haben. Wenn all dem nicht so ist, werden wir nicht mehr sein, oder jedenfalls werden wir nicht die Menschen sein, als die wir uns heute noch kennen.

Die Insel im Südpazifik – Drittes und letztes Bild

Sie warten nicht mehr, Sie sind bereit, in die Gegenwart aufzubrechen. Drei Jahre sind vergangen, in denen Sie sich in der Kunst des Sanabeh geübt haben. Jetzt steht für sie fest: Das Ende der Welt kann auch *ihr* Anfang sein! Es ist Ihnen nich leicht gefallen, aber jetzt haben Sie es geschafft: das mit Lianenstricken zusammengebundene Floß, dessen gut vier Meter langer Mast stolz in den Himmel ragt, kann zu Wasser gelassen werden. Aus Rindenfasern haben Sie ein Segel geflochten und das massive Steuerruder aus Hartholz gefertigt. Die Wellen werden Sie tragen, der Wind wird Sie beschleunigen, und die Sterne werden Ihnen den Weg weisen. Vor Ihnen liegt die schier unendliche Weite Ozeaniens – *irgendwohin* werden Sie gelangen, wenn das Floß den Gewalten standhält und ein gütiger Gott Ihre Geschicke lenkt. Bevor Sie schlafen, werden Sie sich an dem Floß festbinden, und kommt ein Sturm auf, werden Sie singen, um sich selbst Mut zu machen. Wenn Sie in der Hitze einer Flaute treiben, werden Sie wissen, dass jede Bewegung – somit auch der Stillstand – der Vergangenheit angehört, und wenn Sie auch nach langer Fahrt kein Eiland sichten, so werden Sie sich in Erinnerung rufen, dass alles wiederkehrt. So werden Sie in der Gegenwart sein: ein der *Zeit* zurückgegebenes Wesen.

Zufrieden betrachten Sie Ihr Werk, oft haben Sie in den letzten Monaten gezweifelt, es fertig stellen zu können. Zu schwierig schien Ihnen das Unterfangen, die Bedingungen der eigenen Existenz zu widerrufen. Aber jetzt ist es so weit: Sie brauchen nur die Säcke mit dem Proviant festzuzurren und auf die Flut zu warten, deren Abdrift Sie hinaus aufs offene Meer ziehen wird. Dann werden Sie das Segel setzen, in das Getöse des Windes tauchen und sich von ihm fortbringen lassen: fort von dieser namenlosen, menschenleeren Insel, von dem Fluss und Regenwald, fort von dem Anfang der Welt, der genauso gut *Ihr* Ende hätte sein können – irgendwo anders hin. Sie wissen jetzt, warum Sie hierher kamen, um etwas über die Zeit und ihre Welt zu erfahren, denn genauso wie Sie das Warten erlernt und Briefe in den weißen Sand geschrieben hatten, die regelmäßig von der abendlichen Flut weggespült wurden, so haben Sie nun in Gedanken und Taten das Warten selbst beendet.

So haben Sie sich auf die Reise geschickt, die Sie ... – ein plötzlicher Gedanke verwirrt, erschreckt und erleichtert Sie – ... vielleicht niemals antreten werden. Sie stehen da wie versteinert, ein sehr eigentümliches, geradezu absurdes Gefühl hat sich Ihrer bemächtigt: Sie blicken auf das Floß, das Sie mit eigenen Händen gebaut haben, um sich von ihm hier wegbringen zu lassen und haben *gleichzeitig* das Gefühl, diese Reise bereits hinter sich zu haben, nach vielen Monaten Driften im Südpazifik soeben hier auf dieser namenlosen, menschenleeren Insel angekommen zu sein. Kurz zweifeln Sie an Ihrem Verstand. Aber das Gefühl, nicht aufzubrechen, sondern soeben, in dem Moment des Aufbruchs angekommen zu sein, wird stärker und stärker.

Sie blicken um sich. Alles scheint noch so wie früher. Die Stimmen des Waldes, die Ufer des Flusses, das Rauschen der Wellen unten am Strand: Fürwahr – es hat sich nichts verändert – nur die *Zeit*, die ist eine *andere* geworden. Und jetzt sehen Sie auch, wie sehr Ihr Floß von der langen Reise in Mitleidenschaft gezogen wurde: Der Mast ist gebrochen, das Steuerruder verdreht, das Segel zerrissen, der Proviant ist verzehrt, die Balken sind abgesplittert. Kurz erscheint es Ihnen wie ein Wunder, dass die lange Fahrt durch Wind und Wetter, durch Zeit und Raum überhaupt überstanden ist. Und in diesem Moment breitet sich ein warmes, vertrautes Gefühl in Ihnen aus – jene unermessliche Freude und auch Dankbarkeit, unbeschadet hier angekommen zu sein. Nun kommen alle Bilder der langen Reise, all ihre Gefahren und Schönheiten in Ihr Bewusstsein zurück. Sie verspüren großen Hunger, Sie laufen jauchzend über den weißen Strand und tauchen in das Wasser des Flusses. Sie wissen, dass Sie heimgekehrt sind. Sie werden jagen und das Palmblätterdach Ihres Unterstandes ausbessern, Sie werden Briefe in den Sand schreiben und die Weite des Horizontes schauen, in dem sich das Blau des Wassers und des Himmels verliert. Sie werden wissen, *überall* gewesen zu sein.

Sie werden auch Ihr Floß wieder in Stand setzen.

Ob Sie freilich jemals wieder ausfahren werden, das bleibt ungewiss.

Teil III
Leben und Tod

1 Mit kahlgeschorenem Haupt

Es war ein besonderer Augenblick, alle Zeit schien in ihm stillzustehen: In dem Raum kauerten etwa dreißig singende Frauen auf dem Boden vor dem hier auf einem einfachen Holzgerüst aufgebahrten toten Patriarchen. Da mich zu dieser Zeit familienähnliche Nähe mit ihm verband, war ich, ebenso wie etwa 150 andere Angehörige, gekommen, um von dem großen alten Mann Abschied zu nehmen. Einzeln waren wir in den Raum, auf dessen Lehmwände das rötliche Abendlicht fiel, hereingeführt worden, und jetzt stand ich vor dem toten Körper des vielfachen Vaters und Großvaters. Ich küsste sein von unzähligen kleinen Falten durchfurchtes Gesicht auf Stirn und Wange, und legte schließlich, wie es das Ritual vorsah, einige Sekunden meinen Kopf auf seine entblößte Brust – nicht um zu hören, ob er noch atmet, sondern um seiner Seele, die auf Wanderschaft gehen würde, noch einmal ganz nah zu sein, damit sie mich sogleich wieder erkennen und freundlich behandeln möge, wenn sie aus dem Reich der Toten in das Reich der Lebenden zurückkehrt.

Der monotone helle Gesang der Frauen und der süßliche Geruch des Toten hatten eine sonderbar berauschende Wirkung auf mich. Ich hatte kurz das Gefühl, mich selbst mit dem Toten aus diesem Raum zu entfernen, sah das weitläufige Lehmgehöft inmitten der kargen Savanne stehen, durch die Herden von Büffeln, Antilopen, Elefanten und Gnus zogen. Diese schier unablässige Bewegung schien jedermann zu erfassen, und ich sah Karawanga und mich nach Westen ziehen – hin zum großen See, in dem die Toten Aufnahme finden, bevor sie heimgerufen werden durch den Gesang und die Trommeln der Lebenden. Dann spürte ich, wie mich jemand behutsam am Arm ergriff und mich von dem Leichnam wegzog. Als ich nach draußen ging, waren die Bilder der Wanderschaft verschwunden, und das Fest konnte beginnen. Jeder hatte einen Beitrag nach Maßgabe seiner Möglichkeiten geleistet, und soeben war ein Pick-Up mit Kisten voll Bier vor dem Hof vorgefahren. Vom Zeitpunkt der Aufbahrung bis zum Abschluss der Begräbnisfeierlichkeiten sollten insgesamt zehn Tage vergehen – so wie es Brauch ist im Norden Tansanias.

Bwana Karawanga Mwalimu Noganda war ein stolzes, reiches Familienoberhaupt in einer armen Gesellschaft.[434] Als er etwa Mitte 50 starb, dachte niemand daran, dass sein Tod zu früh gekommen oder sein Leben zu kurz gewesen sein könnte. Er war in seinem Leben weder kranken- oder pensionsversichert gewesen noch hatte er jemals ein Medikament eingenommen. Er »hinterließ« seinem ältesten Bruder einen stattlichen Hof, an die 600

Zebu-Rinder, drei Frauen, siebzehn Kinder und mittlerweile schon 32 Enkelkinder. Ich erinnere mich an die Gespräche, die wir vor seinem Tod miteinander geführt hatten. Einmal sagte er sinngemäß: »Wenn ich nicht auf meine Familie zu schauen hätte, dann würde ich in die Stadt gehen und Geld verdienen. Ich habe einfach keine Zeit Geld zu verdienen!« Innerlich musste ich schmunzeln, war es doch in der Gesellschaft, aus der ich kam, zumeist genau umgekehrt. Oft saßen während dieser Gespräche auch seine drei Frauen bei uns – auf Schemeln, in der Reihenfolge ihres Alters und ihres Status. Wenn Karawanga sie aufforderte, sich an dem Gespräch zu beteiligen, sprach zuerst die älteste, dann die zweitälteste und schließlich die jüngste Frau. Diese extrem hierarchisierte Form patriarchaler geschlechtsseparierter Kommunikation blieb mir lange Zeit fremd und unverständlich, kam ich doch aus einer Welt, in der versucht worden war, die Worte und deren Inhalte aus den Räumen der Herrschaft zu lösen, zu »befreien« und ihnen eine von eben dieser unabhängige Bedeutung zu verleihen. In dem ethnischen Afrika freilich waren alle Worte und alle Geschichten, die sie erzählten, Ausdruck der – auch sozialen – Ordnung: das Gesagte wurde *Wirklichkeit,* insbesondere auch dadurch wie und von wem es gesagt worden war. Egalisierung und die Delegation der Festsetzung von Wirklichkeit – die wir in diesem Zusammenhang vielleicht auch Wahrheit nennen würden – an das Individuum, ob Mann oder Frau, gab es nicht.

Die geschlechtsspezifisch, kulturell und sozial festgelegte Welt fand ihre Entsprechung in der Kosmologie, in den Mythen, in den kollektiven Geschichten und Bildern, durch die *Leben* gedacht und somit erfahren wird. Ich begann erst allmählich zu begreifen, dass die »Welt der Frauen« und die »Welt der Männer« in patriarchalen ethnischen Gesellschaften sehr verschieden sein mag, dass in diese Verschiedenartigkeit freilich nicht interveniert wird, gar nicht interveniert werden kann, und die jeweiligen *Grenzen*, an die diese Welten stoßen, durch – zuweilen uns Europäern kompliziert oder »rigid« erscheinende – Ritualisierungen markiert und geregelt sind. Diese Grenzen – auch zwischen Alt und Jung, Arm und Reich, Magie und »sichtbarer Welt«, Lebenden und Toten – sind durch die Entgrenzung der säkularen Sprache, welche die Geschichten über die Welt von dem »Ort«, den der Geschichtenerzähler in der jeweiligen Welt einnimmt, losgelöst hat, verloren gegangen. Ja manchmal erscheint es, als hätte die säkulare Sprache überhaupt die Fähigkeit eingebüßt, Geschichten erzählen zu können, als könne sie niemals in eine Gegenwart des Verweilens, des Zuhörens, des – nicht in Frage gestellten – Seins aufbrechen, weil sie ständig die Zukunft *verhandelt* und damit im Jetzt *verfügbar* hält. Die säkulare Sprache öffnet so den Raum und abstrahiert das in ihm Lebendige zu »Konstellationen«, zu »Sachverhalten« und zu messbaren und verrechenbaren »Beziehungen«. Sie definiert auch Herrschaft oder Egalität über jene Distanzmaße, deren Voraussetzung die Individualisierung des Selbst und die Wahrnehmung der Welt aus der Perspektive der Vereinzelung heraus ist: Das »Selbst im Gehäuse« vergegenwärtigt sich seine Zukunft durch die Sprache, die scheinbar niemandem anderen als sich selbst Untertan ist, und begründet dadurch jene »Freiheit«, die ich im Hause Karawangas einige Zeit vermisst habe. Erst als mir meine eigenen »Unfreiheiten« und »Freiheiten« in verbindlicher Form *zugeschrieben* waren und ich begann, mich in den Strukturen *dieser* Wirklichkeit zu *denken*, empfand ich die – auch sprachlich festgelegten Grenzen – nicht als autoritäre Vorschreibung, sondern als Schutz *meines* Raumes und *meiner* Identität in einer Gemeinschaft, die in einer für Europäer unbekannten Stärke zusammengehalten wird.

Der – uns oft »rigide« erscheinende – rituelle Umgang mit Grenzen zwischen den Welten innerhalb der einen Welt manifestiert sich insbesondere dort in Totenkulten, wo Werden und Vergehen, Leben und Sterben noch in zeitlicher Zyklizität gedacht werden, wo Lebendiges und Totes nicht voneinander getrennt sind und deshalb ihren »Ort« immer wieder von neuem zugeschrieben bekommen müssen. »Raum« und »Zeit« – in der säkularen Sprache Abstraktionen von ehemals territorialen sozialen Prinzipien – müssen in der ethnischen Welt sowohl den Lebenden als auch den Toten – immer wieder von neuem – zurückgegeben werden. Die zeitliche und räumliche Strukturierung von Wirklichkeit – wirklich *kann* nur das sein, was wir als wirklich begreifen –, wird *gemeinschaftlich* festgelegt und durch das Ritual bestätigt. Darin sind die »Zweifel«, die in der säkularen Sprache angesichts des unvermeidlichen Todes geäußert werden – nichts kann Sinn ergeben, wenn es nicht in die Ordnung der Wirklichkeit integriert ist –, nicht nur relativiert, sondern aufgehoben. Der Sinn des Todes liegt im Leben selbst – ein einfacher Gedanke, der allen evolutionären Prinzipien zugrunde liegt, den wir bei jedem afrikanischen Totenritual wieder finden, der aber individualisierten Menschen zumeist freilich unzugänglich ist: denn für sie bedeutet der Tod den radikalen Abbruch einer als Zukunft gedachten und gelebten Gegenwart. Im Gegensatz dazu hat der Tod dem alten Patriarchen Bwana Karawanga Mwalimu Noganda nichts *genommen* – keine *Zeit zu sein* und keine Zukunft. Die Erschütterung angesichts der Verletzbarkeit der Körper reduziert sich auf die rituelle Besänftigung der Angst, die in allen Kulturen *auch* angesichts des Todes empfunden wird. Da der Tote nicht einfach verschwindet, und er auch weiterhin die Gegenwart alles Lebendigen teilt, wird man auch künftig versuchen, die Beziehungen zu ihm zur Zufriedenheit aller zu regeln.[435] Das schließt für beide Seiten Rechte und Pflichten mit ein, aber auch die Gewissheit, Teil desselben räumlichen und zeitlichen Strukturprinzips zu sein.[436]

Nachdem zwei Nächte lang die Trommeln und Gesänge in Karawangas Hof nicht verstummten, kam dann doch der Moment, in dem meine »Identität« kurz gefährdet schien. Wir waren in einem bewegenden Trauermarsch hinaus zu Karawangas Gärten gezogen und hatten uns nun um das unter einem Mangobaum ausgehobene Grab versammelt. Der jetzt in bunte Tücher gehüllte Leichnam des Patriarchen sollte sitzend begraben werden, das Grab zu einem kleinen Hügel aufgeschüttet und erst nach einem Jahr – dem Ende der offiziellen »Trauerzeit« – flach gemacht werden. Nach dieser Zeit würden sich die Beziehungen der Lebenden zu dem Toten »normalisiert« haben, und alles würde den gewohnten Lauf nehmen können. Sobald der Leichnam in der Grube versunken war, hörte ich ein eigenartiges Surren – der Bruder des Toten hatte ein batteriebetriebenes Haarschneidegerät mitgebracht und machte sich daran, den nächsten Verwandten die Köpfe zu rasieren. Der Blick, mit dem ich in den Augen der Nächststehenden Halt und Hilfe suchte, muss verzweifelt gewesen sein, denn sie konnten ein Lachen nicht unterdrücken. Dann wurden sie schnell wieder ernst und gaben mir durch ein unmissverständliches Nicken zu verstehen, dass ich mich dem gebotenen Ritual nicht entziehen werde können.

Es dauerte Stunden, bis all die Haare, unter denen sich schließlich auch meine befanden, in das offene Grab zu dem Toten gefallen waren. Nachdem in dieses auch noch reichlich Maisbier geschüttet worden war – die Wanderschaft sollte ja eine lange werden –, wurde die Grube mit Erdreich gefüllt und die Trauergemeinschaft kehrte mit kahl geschorenem Haupt zu dem Hof Karawangas zurück. Ich selbst habe mich während dieser Stunden verloren gefühlt; mit meinen Haaren und Karawanga war jene »Identität« zu Grabe getragen worden, die mir ein Minimum an Distanz zu einer Welt garantiert hatte, deren zeitliche Ordnung in radikalem Gegensatz zu jener meiner Herkunftskultur steht. Bis zu diesem Begräbnis hatte ich mich insgeheim noch an einer »Zukunft« festgehalten, die meine Erfahrungen *hier* relativieren und in meine bekannte Ordnung von Sein integrieren würden. Jetzt, als ich wortlos zurück zu Karawangas Hof schritt, war mir, als hätte ich diese Zukunft – der Planbarkeit, der Berechenbarkeit, der eigenen individualistischen Selbstvergewisserung – verloren. Ich fühlte mich nackt und ausgesetzt, aber dieses Gefühl war wahrscheinlich weniger auf den Verlust meiner Haare zurückzuführen, als auf die Gewissheit, dass ich in eine Gegenwart aufgebrochen war, aus der es keine Flucht in das jeweils Unerfüllte und Unerfüllbare gibt.

»Wir existieren solange wir erinnert sind«, heißt ein Sprichwort, das sich ebenso umkehren ließe: »Wir werden erinnert, solange wir existieren!« Zwischen diesen beiden Interpretationen liegen Jahrtausende menschlichen Umgangs mit der eigenen Sterblichkeit. Das neuzeitliche Programm zur

Minimierung des Risikos des Lebens hat den Tod solange domestiziert, bis der Tod selbst zu einer Ungeheuerlichkeit und Infamie geworden ist. Alles das, was wir in den zeitarmen reichen Ländern *denken* und *sind,* scheint mit dem Tod inkompatibel zu sein. Unser Selbstbildnis trägt die Züge der gemachten Welt und der gestaltbaren Zukunft, aber der Tod lässt sich – zumeist – weder gestalten noch machen noch in sein scheinbares Gegenteil – die Unsterblichkeit – verkehren. Wir Reichen gehen in ein Schweigen – die säkulare Sprache, auf die wir so stolz sind, schweigt angesichts des Todes. Auch die anderen schweigen, denn auch ihnen fehlen die Worte: Wie soll man etwas bezeichnen, das aus dem Zusammenhang der Wirklichkeit und des Lebens gerissen ist? Am Tod zerbricht das »Selbst im Gehäuse« und die Ordnung der Zeit, auf die wir uns doch immer als Garant für die Erfüllung des Lebens bezogen haben. Die Scherben zerbröseln, verwehen. Außer *uns* selbst, in der von Menschenhand gemachten Welt, hatten wir nichts in diesem Leben. *Zeit zu sein* war immer woanders. Alle Räume, in denen wir uns niederlassen hätten können, haben wir systematisch durch unsere säkulare Sprache und damit durch die Prinzipien der linearen Zeit *besetzt.* Der Berechenbarmachung des Unberechenbaren, der »Entgrenzung« von Zeit und Raum folgt die Ohnmacht angesichts unserer zeitlichen Begrenztheit, Vergänglichkeit. Kein Traum durfte wirklich sein, keine Welt *außerhalb* der räumlich durchschrittenen und zeitlich vermessenen Welt durfte existieren. Jeweils einen Schritt voraus, haben wir auf die Gegenwart, in die es aufzubrechen gegolten hätte, verzichtet. In unserer Welt führt die illusionäre Zukunft ein unerschütterliches Regiment. Und wenn der Tod diese Herrschaft relativiert, so *können* wir in ihm nichts als *Leere* und *Schweigen* wahrnehmen.

Die Idee der Schattenreiche, Traum- und Parallelwelten, wie wir sie in »armen« Gesellschaften finden, korrespondiert mit der Idee der Totenreiche. In linearen Zeitstrukturen totalisiert sich die Hierarchie der *alleinigen* Wirklichkeit. Schamanen, die »fliegen«, gehören dann gleichermaßen der Vergangenheit an wie die Existenz unterschiedlicher Bezugssysteme von Zeit, die ineinander übergehen, aber auch nebeneinander *sein* können. Schreitet Zeit linear voran, so gibt es auch keinen Raum, der sich *diesem* Fortschritt entzieht. Der Schritt *voraus* geht im Tod jene unzählbaren Schritte *zurück,* die der Mensch, der stirbt, in dieser Welt gesetzt hat. Das wird in der zeitarmen Welt als bitteres Eingeständnis der Ohnmacht jenes Fortschritts erlebt, den wir ein »Leben lang« für die *Ultima Ratio* gehalten haben, für den wir die Welt gespalten haben: in Arm und Reich, in Hungernde und Satte, für den wir die Welt für viele Menschen und viele andere Wirklichkeiten unbewohnbar gemacht haben, weil wir *jeden* Raum als *unseren* Raum definiert haben. Dieser »Rationalität« kann die Rationalität des

Todes – die eine *andere* Konzeption von Zeit voraussetzt – nicht mehr folgen. Der Tod ist in der säkularen Welt irrational geworden, mit ihm aber auch, was von vielen in der Ohnmacht nicht wahrgenommen wird, das Leben. Es stellt sich also heraus, dass wir von allem Anfang an zerbrechlicher waren, als wir uns das selbst zugestanden haben und zugestehen wollten.

Dem Aufbruch in die Zukunft folgte der Verlust der Gegenwart. Nur in *gegenwärtigem* Leben freilich erfüllen Tod und Sterben ihren »Sinn«. Es stellt sich heraus, dass wir verletzliche Wesen geblieben sind – weit entfernt von Sicherheit und Allmacht. Weit entfernt auch von der Einlösung des Versprechens, die »Willkür« des Todes ein für alle Mal zu bannen – trotz Lebensverlängerung und Computermedizin: Wenn der Tod zum irrationalen Abbruch, zum irreversiblen Ende wird, dann ist der Menschheitstraum von Omnipotenz mit jedem Akt individuellen Sterbens auf beklemmende Weise ausgeträumt. Jahre sind dann keine Kriterien für die *Beurteilung* des Lebens mehr. Die gemessene Zeit, der vermessene Raum helfen nicht mehr weiter: für die subjektive Wahrnehmung der Absolutheit des irrationalen Todes ist es nebensächlich, ob man nun 50 oder 80 Jahre gelebt hat. In der Zeit der Reife beginnen die Jahre schneller zu vergehen, sie »zerrinnen« gleichsam »unter den Fingern«. Es scheint als verlöre die gemessene Zeit, je mehr das Leben sich dem Tod nähert, ihre – ohnedies bescheidene – Kompetenz zur Beschreibung menschlicher Lebensintervalle. Drei Monate können zu drei Jahren werden, drei Jahre »im Handumdrehen« vergehen. Die Zeiger der Uhr »spielen« angesichts des Todes »verrückt«, die gemessene Zeit ist auch für jene, die »Zeit ihres Lebens« in ihr ein objektives Kriterium für ihre Bewegungen gesehen haben, nicht mehr zuverlässig: Sie scheint »gegen einen« gerichtet zu sein, weil im linearen, prognostischen Denken ja stets jenes Intervall von Bedeutung ist, das noch *vor* einem liegt. Und dann finden »wir« uns in einem Grab wieder, um das herum ohnmächtige Menschen stehen, für die *dieses* Grab gleichermaßen leer ist wie für *uns* selbst: Nichts Beseeltes bleibt dort, wo die Erinnerung an die Stelle von Leben tritt! Niemand hat sich das Haupt kahl geschoren, und niemand wird dieser radikalen Auslöschung von Identität entgehen.

2 Warum ausgerechnet wir?

In der säkularen Welt widersprechen die Linearität und Dynamisierung von Zeit einem zyklischen Verständnis von Leben und damit einer sinnhaften Reintegration des Todes in das Leben. Die Eröffnung des Sterbe-Aktes wird als »Todesurteil« begriffen. Seit dem Ende des 18. Jahrhunderts findet in der westlichen Welt eine radikale Abkehr von der »letzten Lebenszeit« als »sinnhafte Zeit der Erfüllung« statt; anstelle der gemeinschaftlich getragenen und rituell tradierten »Liturgie des Todes« tritt die Ohnmacht, Angst und Sinnlosigkeit des »um seinen Tod betrogenen« modernen Menschen.[437] Seit der Industriellen Revolution wird der Tod systematisch aus dem Leben »ausgebürgert«, in zunehmend leistungsorientierten Gesellschaften wird er »schmutzig« und »peinlich« – die Sprache der illusionären Zukunft und die Gegenwart als Nicht-Erfülltes, als Mangelerscheinung und Defizit verweigern sich der Sinngebung des Todes. Der Tod, den die Neuzeit in Denken und Technik besiegen wollte, führt ungeachtet der immensen Anstrengungen, die »Natur« des Menschen und seiner Welt umzuwandeln, ja zu zerstören, sein unerschütterliches Regiment. Nirgendwo sonst manifestiert sich die beschämende Kürze des Lebens für Menschen, die das Leben selbst und seine Bedingungen entgrenzen wollten, wie in dem Akt des Todes, der keine Illusion über die Allmacht des Menschen mehr offen zu lassen scheint. So wird in modernen, mobilen, zeitarmen Gesellschaften der Tod schlichtweg verdrängt – er wird »hospitalisiert« und »isoliert«, ihm wird in New Age-Philosophien die evolutionäre Bedeutung, die er für alles Lebendige hat, aberkannt[438], er wird abstrahiert und der Sprache des Sinns entzogen, er ist dem Leben als Kriterium seiner selbst genommen: ein kläglicher Versuch, jene Vorstellung von Allmacht aufrechtzuerhalten, die unter der Bedingung der physiologischen Grenze des Lebens dem Bemühen des Sisyphos gleicht, sich der Last des Steines zu entledigen – das Gesetz des Steines ignorierend wird gegen die Schwerkraft angerannt, um sich ihr im eigenen Fallen erneut zu widersetzen. Ein Leben ohne Tod ist ein Leben ohne Gegenwart – in diese aufzubrechen hieße den Tod als Teil des Lebens Willkommen zu heißen, hieße Raum zur Erfüllung zu gewähren.

In Mobilitätsgesellschaften, in denen es keine *Zeit zu sein* mehr gibt, in denen Zeit künstlich verknappt wird, um »Produktivität« zu erhöhen, und in denen die Zukunft selbst in die Gegenwart illusionärer Erfüllung gezwungen ist, scheint die Ohnmacht vor der Begrenztheit und Endlichkeit des Menschen eine historisch geradezu einmalige Qualität angenommen zu haben. Die Zeit, deren Herrscher zu sein man ausgezogen ist, stellt sich als unerbittlicher, hinterhältiger und letztlich unschlagbarer Feind dar. Diese individuelle Erkenntnis angesichts der als »Todesurteil« empfundenen eigenen Sterblichkeit findet keinen Niederschlag in der gesellschaftlichen Organisation von Leben. In den reichen Ländern wird nach wie vor so getan, als lebten wir *ewig*, als wäre der individuelle Tod die jeweils bedauerliche Abweichung vom »Normalfall« der in unseren Köpfen festgeschriebenen Absolutheit individueller Existenz. Da Lebenszeit exzessiv genutzt werden muss, wird der Tod in den diffusen Bereich eines die *jetzige* Existenz nicht tangierenden »Später« verschoben, er findet keinen Platz in der *Vergegenwärtigung* des Seins, das die Zukunftsorientierung der permanenten Erfüllungsversessenheit verunmöglicht. Warum ausgerechnet ich?, fragen verzweifelte, aus »der Fülle des Lebens gerissene« Menschen angesichts der als »Todesurteil« begriffenen Erkenntnis baldigen Sterbens. Diese *Lebenssituation* ist in Gesellschaften, in denen die Gelassenheit im Umgang mit dem Tod verschwunden ist, nicht vorgesehen. Ein halbes Jahr mag für einen Krebspatienten eine »kurze Zeit«, für einen in Österreich in Pension gehenden gesunden Arbeitnehmer mögen die 18 Jahre, die ihm durchschnittlich für den »Genuss« des Ruhestandes verbleiben, eine »lange Zeit« sein. »Kurze und lange Zeiten« freilich treffen einander dort, wo sie von der vergehenden Zeit eingeholt werden. In diesem zeitlichen Akt des Einholens der eigenen Vorstellung von Zeit werden gemessene oder statistisch erwartete Zeiten radikal relativiert. Ob nun ein halbes Jahr oder 18 Jahre, nach einem – in der Retrospektive – wie ein einziger Augenblick erscheinenden Zeitintervall hadern alle: Warum ausgerechnet wir? In dieser Frage liegt all die Verzweiflung jener, die ein Leben lang geflüchtet sind und schmerzhaft erkennen, dass diesmal alle Fluchtwege abgeschnitten sind. Vielleicht ist der Tod die einzige Gegenwart, die uns im erfüllungsversessenen, zukunftsprognostischen Denken und Handeln in den reichen satten Ländern verblieben ist! Vielleicht fürchten wir ihn deshalb so ohnmächtig.

Alle Menschen aller Kulturen kennen die Furcht vor dem Tod. Als Bedrohliches und individuell jeweils Nicht-Bekanntes wird der Tod rituell besänftigt, sinnhaft interpretiert und in die Zeitkreise des Werdens und Vergehens integriert.[439] Aus Furcht wird Ehrfurcht. Ehrfurcht, immer auch religiöse Komponenten in sich tragend, ist in reichen Gesellschaften in Vergessenheit geraten. Nirgendwo herrschen eine dermaßen ratlose Angst und Ohnmacht vor dem Tod und im Umgang mit ihm wie in den westlichen Industriegesellschaften. Diese Angst hat nicht nur mit dem Abbruch der in der Warenwelt auf ein Podest gestellten Individualität, sondern auch mit der Angst vor der Finsternis absoluter Einsamkeit zu tun. Der Tod wird in reichen Gesellschaften nicht *geteilt.* Er hat weder eine soziale noch eine normative noch eine kommunikative Funktion. Magie, Umverteilung und Subsistenzorientierung – allesamt Sozialtechniken, die auf einer »Ökonomie des Todes«, also auf der Achtung des Gestorbenen und Noch-Nicht-Geborenen basieren – sind in Mobilitätsgesellschaften anachronistisch geworden. Mit ihnen auch der Tod, der zu einem individuellen »Unglück« degradiert ist. Ein ganzes Leben hat man so getan, als würde man ewig leben, hat bis zuletzt große zukunftsweisende Projekte in Angriff genommen, und dann das: das »Selbst im Gehäuse« zerbricht zumeist unspektakulär!

Der »einsame«, »schmutzige« Tod trifft seine Kunden neuerdings bevorzugt in der Sterilität eines Krankenhauses, dessen Aufgabe es ja nicht ist sterben zu lassen, sondern die Illusion der Unsterblichkeit aufrechtzuerhalten. Wenn keine Aussicht auf Lebensverlängerung mehr besteht, dann wird der Patient für die Institution »uninteressant«. Er wird »aufgegeben«. »In dem Moment, wo man aufgegeben ist, schauen die Ärzte ohnedies nur von weitem herein«, sagen Todnahe und deren Angehörige in großer Übereinkunft.[440] Es ist kein Platz für sterbende Menschen im leistungsorientierten Krankenhaus, obwohl fünf von zehn Deutschen und sechs von zehn Österreichern[441] ebendort den »Akt des Todes« vollziehen. Je näher dieser kommt, desto mehr verliert die autorisierte Medizin das Interesse an dem todnahen Menschen. Jeder individuelle Tod relativiert den Herrschafts- und Allmachtsanspruch der High-Tech-Medizin. Der Relativität der Verfügung und Verfügbarkeit von Leben blickt man nicht gerne ins Auge – abgesehen von den emotionalen Bedürfnissen des Sterbenden, die in Bedingungen des effizient organisierten Krankenhauses zwangsläufig unerfüllt bleiben müssen. Ist jemand »aufgegeben«, so überantwortet die medizinische Profession den Sterbenden der Einsamkeit, die durch Freunde und Familie nur bedingt abgefedert werden kann. In Ohnmacht und Sprachlosigkeit versinkt die letzte Phase des Lebens, durch die in der »alten Welt« die Zeit erfüllt sein konnte.[442]

Heutzutage trägt der Tod einen weißen Mantel. Er schwingt in den reichen Ländern nicht mehr seine Sense, sondern hantiert mit Spritzen, Schläuchen, Überwachungsmonitoren und sterilen Handschuhen. Wenn der Patient *weiß*, dass er stirbt, dann verlieren all diese Utensilien an Bedeutung. Sie erscheinen dann als hilflose Werkzeuge jenes Sisyphosschen Bemühens, gegen das Unvermeidliche in Ignoranz des Unvermeidlichen anzukämpfen – so als gäbe es dazu nicht die Alternative: Zeit Zeit und Tod Tod sein zu lassen. Es macht keinen Sinn, Leben angesichts des Todes verlängern zu wollen, die Kategorie der gemessenen Zeit, die für den Sterbenden keine Gültigkeit besitzt, auf eben diesen in professioneller Ohnmacht zu übertragen. Dieses Gefühl aber haben regelmäßig todnahe Patienten, noch bevor die so genannte Schulmedizin sie als »Fall« aufgibt. Das Natürlichste auf der Welt *darf* nicht eintreten, tritt es trotzdem ein, so hat es mit der Welt der Lebenden nur noch wenig – und dann in negativer, nämlich in einer von allen gleichermaßen als »entsetzlich« oder »peinlich« erlebten Weise – zu tun. Menschen, die sich nicht in die »Zeit des Todes« fügen können, sterben zumeist qualvoll.[443] Sie können sich nicht trennen von dem Prinzip der linearen Zeit, in dem sie sich und ihre Identität ein Leben lang gedacht und somit auch erfahren haben. Sie empfinden sich als Delinquenten, über die jenes Urteil verhängt worden ist, das die Zeit exekutiert. Sie fühlen sich auch um ein Leben betrogen, das die erwarteten Erfüllungen nicht oder nicht genügend umfangreich eingelöst hat. Und so mancher begreift, dass die Zukunft in der Gegenwart nie eingelöst sein kann, und Gegenwart – *niemals* – für etwas anderes stehen kann als für sich selbst.

»Aufgeben« lässt sich aber auch anders deuten. »Aufgeben« kann ein »Verschicken«, ein »Loslassen«, ein »Vertrauen, anzukommen« bezeichnen. Man »gibt« Liebesbriefe und Todesnachrichten »auf«, man schickt sie *über* die Grenze, welche die Ursache, warum sie überhaupt geschrieben worden sind, markieren. Jeder Tod in der nicht-industrialisierten Welt kann als eine Art Liebesbrief an künftige Generationen *gelesen* werden. Der Sprache, die dieser Tod spricht, ist von keiner – in der Gegenwart verwirklichten – Zukunft die Worte genommen worden. *Diese* Sprache öffnet einen Raum, in dem sich Lebendiges nicht auf Kosten von Lebendigem, sondern als Voraussetzung für hinkünftig Lebendiges entfaltet. Wenn die Erfüllungsversessenheit *nicht* gelebt wird, dann erübrigt sich die Frage: Warum ausgerechnet ich? Dann erscheint Sterben bezogen auf eine Vergangenheit, die der Sterbende mit Zukünftigen teilt, und bezogen auf eine Zukunft, welche die Vergangenheit und mit ihr auch den Sterbenden in *seiner* Gegenwart mit einschließt. Der Verlust der »Ökonomie des Todes« stellt in der westlichen Welt den Sterbenden vor den Abgrund des uneinlösbaren neuzeitlichen Versprechens: Veränderung, Verfügbarkeit und irdische Verewigung können über keine Grenze geschickt werden, da sie die Grenzen selbst für obsolet erklärt haben. Am Ende unserer entgrenzten Leben *herrscht* die verständnis- und verständigungslose Ohnmacht einer in all ihrer zeitlichen Dynamik leblosen Gesellschaft, die einer sich selbst niemals erfüllenden Illusion zum Opfer gefallen ist.

Was erzählen die synkopischen Schläge der Trommeln, wenn sich die Nacht über die afrikanische Savanne breitet und in ihr mannshohe Feuer den Sternen entgegenlodern? Welche Geschichten über die Menschheit werden erzählt, und welche Welt *eröffnet* sich den Augen und Ohren, dem Körper und der Seele eines Betrachters, für den Zeit *bislang* die Kategorie selbst-zentrierter, selbst-befriedigender Bewegung war? Zeit ist ein sich ununterbrochen von Innen öffnender Raum – welchem Zentrum letztlich die Bewegung zugehört mag gleichermaßen unbeantwortbar bleiben wie die Frage nach den Grenzen des Universums, den Grenzen der Bewegung selbst! –, in dem wir uns aufeinander *beziehen* und durch die Art dieser millionenfach in Gedanken und Taten reproduzierten Beziehungen uns als jene *wieder erkennen*, die wir glauben zu sein. *Zeit zu sein* – das ist die Geschichte, die von den Trommeln des Totenfestes im Norden Tansanias *jetzt* erzählt wird. Diese zyklische Wiedergeburt, dieses zyklische Wiedersterben ist kein romantisches Szenario, das dem die Wiederkehr der Toten in Gestalt der Lebenden *wahrnehmenden* Europäer die Last der eigenen Sterblichkeit von den Schultern der Gegenwart nehmen soll, sondern konkrete *Bindung*, konkretes Programm zur Gestaltung von Welt und zur Erklärung *unserer* Zeit in dem Raum *unserer* Wahrnehmung von uns selbst. Toten-Achtung, Toten-Verehrung ist nicht *nur* »Ästhetik« – es gibt kein »schmuckloses« Ritual in der menschlichen Selbstdarstellung –, sondern vor allem moralische, rechtliche, religiöse, mythologische, soziale *Bindung* der Lebenden an die Toten und somit der Vergangenheit an die Gegenwart. Diese Bindung *verunmöglicht* Selbstvergottung. Bindung *bezeichnet* »Verantwortung gegenüber«, Verantwortung wiederum definiert einen – auch zeitlichen – Horizont für konkretes Handeln. Das Handeln für die und mit den Toten – sowie vice versa – ist ein lebendiges Programm zur Festlegung von Identität und Zeit: Im Vergangenen leben Tote und Lebende gemeinsam, in der Gegenwart interagieren und kommunizieren sie miteinander – eine Fülle von normativen und rechtlichen Aspekten schafft hier über den Bereich der Magie die Verbindung –, und in der Zukunft gehen die Lebenden zu den Toten, um ihrerseits diese zyklische Bewegung von Zeit gemeinsam mit den hinkünftig Geborenen weiterzuführen.

Diese Bindung des Lebens an den Tod und umgekehrt ist *Realität* für vier Fünftel der auf diesem Planeten lebenden Menschen. Sie war auch Realität in der europäischen Kultur, bis die massenhafte Produktion von Bedürfnissen und Gütern den Todesvollzug außerhalb einer jeden »produktiven«, »ökonomischen« Verwertung gestellt hat. So irrational, weil zeitvergeudend, das Gebet geworden ist, so irrational ist die Beschäftigung mit den Toten: Tot ist der, der nicht mehr produziert, konsumiert und an der verordneten physischen Mobilität nicht mehr Teil haben kann. Tote soll man möglichst schnell vergessen. Sie erinnern uns in peinlicher Weise daran, dass die Zeit kommen wird, in der wir ihre Anklage: Warum ausgerechnet ich!, stereotyp wiederholen werden *müssen*; sie erinnern uns an eine Zukunft, die keine Zukunft ist, weil sie sich *nicht* von einer *lebendigen* Gegenwart unterscheidet und von dieser *nicht* getragen ist. Die Ohnmacht, die wir angesichts des Todes empfinden, entspricht der Last der Verneinung unserer »natürlichen« Existenz: zu welchem Zwecke auch sollten mobile moderne Menschen ihre Sterblichkeit bejahen, wenn doch der Sinn der Mobilität die Negation jeder Grenze ist? Erst diese allumfassende Grenzenlosigkeit wird die »natürliche« Zeit – der wir noch immer den Tod als Ende unseres Selbst verdanken – in ihr Gegenteil verkehren: erst wenn dem Lebendigen sein eigenes Strukturprinzip – nämlich der Tod – genommen ist, wird das neuzeitliche Programm der »zeitlichen« Verewigung eingelöst sein. Dann werden wir nicht mehr leben um zu sterben, sondern sterben, um den »Tod ohne Leben« als Erbe unserer Angst vor uns selbst – gültig und ewig, irreversibel und unveränderbar – in die dann nicht mehr existierende, weil von uns *vollkommen* kontrollierte und *vernichtete* Zeit einzuschreiben.

3 Organisches und Anorganisches

Jede Sekunde werden etwa drei Menschen geboren; jede Minute wächst die Weltbevölkerung etwa um 150 Menschen, das ergibt eine jährliche Zunahme von etwa 78 Millionen Menschen. Von den über sechs Milliarden auf unserem Planeten lebenden Menschen befinden sich etwa 80% in so genannten Entwicklungsländern. Die Natur ist verschwenderisch mit Leben-Geben und Leben-Nehmen.[444] Massenhafter Tod macht massenhaftem Leben Platz. Der biologische Sinn des Sterbens liegt in der langfristigen Anpassung des physiologischen Lebens an die natürlichen Rahmenbedingungen, in der steten »Verjüngung« der Lebewesen durch das Prinzip der Sterblichkeit. Organisches Leben, *Lebendiges* also, ist definiert durch stetes Werden und Vergehen. Unsterblichkeit macht aus biologischer Perspektive keinen Sinn, die Evolution käme zum Stillstand, und die Folge wäre der *endgültige* Tod der betroffenen Art.[445] Leben setzt eine gigantische Symphonie an Bewegung in Szene, angesichts derer das individuelle »Schicksal« und dessen je individuelle Verarbeitung sich geradezu unbedeutend, wenn nicht völlig belanglos ausnimmt. Und doch: Jeder Geborene und jeder Sterbende ist Ergebnis einer äußerst erfolgreichen genealogischen Geschichte, deren individuelle Träger menschliches Leben – mit all seinen Merkmalen – weitergegeben haben – einer triumphalen Kettenreaktion gleich, die uns nicht nur in die Welt gesetzt, sondern diese auch durch uns bestimmen ließ. Die Lebenden und die Toten blicken auf eine Millionen Jahre währende Ahnenreihe zurück, deren erfolgreiches Denken und Handeln die Wirklichkeit zu dem gemacht hat, was sie jetzt *für uns* ist: Ein analytisch durchdringbares Konstrukt von – in einem ontologischen Sinne – Unerklärbarem. Denn alle »Erklärungen«, zu denen wir über die Art und Weise, wie wir die Welt gestalten, gelangen – von der »Mechanik« der Steinwerkzeuge bis zur »Kybernetik« der Marsflüge –, beziehen sich jeweils auf das System, innerhalb dessen sie »Gültigkeit«, »Effizienz« und »Praktikabilität« erlangen. Außerhalb dieser – kulturellen – Systeme ist nichts mehr vorzufinden als organische oder anorganische Materie, denn außerhalb seiner selbst kann der Mensch – entgegen den lange Zeit »gültigen« erkenntnistheoretischen Vorstellungen im Westen – nichts erfahren, benennen, geschweige denn *verwirklichen.* Die Wirklichkeit, so wie sie uns entgegentritt, ist ein Produkt der kulturellen Ordnung, innerhalb derer die Wirklichkeit als *wirklich gedacht* ist.[446]

Organisches ist definiert durch die Wirklichkeit des Todes, Anorganisches durch die Wirklichkeit relativer »Unsterblichkeit«. Heute blickt der westliche Mensch auf eine Ahnenreihe zurück, die sich sukzessive an das Lebensprinzip des Organischen, den Tod – gleichsam als letzte irdisch bedeutsame Raumüberschreitung – herangetastet hat. Die »Leugnung« des Todes – von der Lebenspraxis bis hin zu diversen »philosophischen« Ansätzen insbesondere des New Age – begleitet immer radikaler die riskante Frage, ob sich die Prinzipien der Moderne – Veränderung, Verfügbarkeit, Verewigung – auch auf den Tod und über denselben hinaus anwenden lassen. Die »Beantwortung« dieser Frage experimentiert in zwei unterschiedliche Richtungen: durch die Rekonstruktion der Welt als kybernetische, selbstdenkende Maschine soll menschenanalogen Systemen – relativer – Ewigkeitsstatus verliehen werden; durch gentechnologische Manipulation soll in die Strukturprinzipien des Lebens selbst – und damit auch seiner Endlichkeit – eingegriffen werden. Da keine Technologie, die jemals ersonnen wurde, *nicht* verwirklicht wurde, stehen wir vor der – zumindest versuchten – Abschaffung der Endlichkeit. Beide Unterfangen *Maschinenwelt* und *Gentechnologie* widersprechen den Strukturprinzipien des Lebens, auch wenn sie diese auf der Ebene der »gemachten« Welt rekonstruieren, kopieren und modifizieren. In der kollektiven Phantasie entgrenzten Reichtums laufen Testprogramme zur Vernichtung des Todes – und damit zur Vernichtung des Organischen und der Zeit: Der neuzeitliche Auftrag zur Selbsterschaffung des Menschen und seiner Welt wird ernster genommen und radikaler umgesetzt als jemals zuvor – weltanschaulich, sozial, technologisch.

Alle Mittel sind recht, den Tod, wenn schon nicht zu vernichten, so doch zeitlich zu domestizieren – ihn vielleicht einmal ad infinitum hinauszuschieben. Diese biologisch widersinnige Egomanie – erst wenn es keine *Zeit zu sein* mehr gibt wird sich Unsterblichkeit in Leblosen verwirklicht haben – entspricht der alltäglichen Zeitverknappung im Dienste der Zeitnutzung. Je mehr Zeit genutzt wird, desto weniger Zeit gibt es, die man nutzen könnte. Je mehr Endlichkeit zum Zwecke der Entgrenzung *begrenzt* wird, desto weniger Leben entsteht. Annäherung an Unsterblichkeit bedeutet Annäherung an Anorganisches. Nur die »unbelebte« Materie garantiert scheinbar den Sieg über die »Zeit des Todes«, dem alles Organische zyklisch unterliegt. Die Vervollkommnungsphantasie kennt keine Grenze, nicht einmal vor der Grundlage alles Lebendigen schreckt sie zurück; sie kennt keine Demut vor den Toten, keine Achtung vor den Noch-Nicht-Geborenen, keine Einsicht vor dem einzigen Regulativ der Evolution: der Endlichkeit! Vergottung setzt sich selbst absolut und begreift individuell erfahrene Zeit als schon im Moment des »Versprechens« eingelöste Ewigkeit. Um diese Ewigkeit – die es nur mehr außerhalb religiöser Kontexte gibt – zu erlangen, huldigen wir der Abschaffung des Todes durch die systematische Vernichtung des Lebendigen und durch die Produktion von Totem auf unserem Planeten: *Wir produzieren »tote« Dinge, errichten aus ihnen eine »zweite« Welt, die wir beherrschen, und haben für sie auch schon die adäquate Zeitmessung, die aus demselben Bereich stammt. Wir versuchen durch die Produktion des Todes Tod zu überwinden und haben uns dafür die Zeitmessung aus toter Materie geborgt. In der Atomzeit selbst waltet nur mehr die Rhythmik des Anorganischen ...*[447]

Peter Heintel erkennt, dass dieses Zeitmaß den »Ewigkeitsanspruch alles Toten« in sich hat. Wir haben die »ewige« Zeit, die Zeit der Toten zu unserem Prinzip beschleunigter Zeit gemacht. Totes, Anorganisches und »ewige Zeit« beschreiben gleichsam eine »unendlich zur Verfügung stehende Materie«, die in ihrer Linearität, Dauerhaftigkeit »kein inneres Maß, keine Rhythmik, keine Perioden« kennt, die sich beliebig zerteilen und digitalisieren lässt, »ohne dass sich an ihr substantiell etwas ändert«. Die Prinzipien des Lebendigen folgen der »Atomzeit« nicht, sehr wohl aber die Prinzipien der Warenökonomie und Industrieproduktion, die ihre »eigene« Zeit in das Leben der Produkte ruft, sie nach Belieben erschafft und vernichtet. Somit wird der Tod, der in irdischer Verewigung vorweggenommen scheint, durch gezielte Zeitverknappung und Intensivierung der Produktlebenszyklen symbolisch massenhaft reproduziert. Je mehr und je schneller in einer Gesellschaft *weggeworfen* wird, desto mehr entziehen sich ihr vielgestaltige Prinzipien des Lebens: *Die Beschleunigung von Zeitabfolgen, ihre zerstückelte Intensivierung im Sinne der Produktion nimmt einen vielfachen Tod vor einem »natürlichen« Absterben, gleichsam gesellschaftlich organisiert, vorweg. Um der beschleunigten Zeit zu genügen, muss viel an Individuum, an Gruppe-*

neigenleben, an partialer Regionalität »sterben«, damit die »Gattung Mensch« ohne Gott und Jenseits ewig »weiterlebt«. Damit sie bereits jetzt das Gefühl ihrer Unsterblichkeit prospektiv »genießen« kann, muss viel an Natur, Umwelt zugrunde gehen. Die Beschleunigung von Zeit erreicht somit eine Intensivierung partiellen Todes auf allen Ebenen.[448]

Objektwelten sind *tote*, beseelte Welten *lebendige* Universen der Zeit. In Totem *verewigt* sich Leben, das Leben selbst freilich ist deswegen lebendig, weil es in jedem Moment seiner Lebendigkeit dem Prozess des Sterbens ausgesetzt ist. Die Annäherung der zeitlichen Organisation an die Prinzipien des Anorganischen, damit auch die Negation der Periodenhaftigkeit, Zyklizität des Lebens, relativiert die Verletzbarkeit und damit das Risiko der Gegenwart durch die Öffnung eines scheinbar endlosen Raumes, in dem *jede* Bewegung lineare Verlängerung finden soll. Dem Aufbruch in die Zukunft folgte der Aufbruch in die Unendlichkeit, der sich rasch als Aufbruch in die radikale Verewigung und somit in die gezielte menschliche Selbstvernichtung herausstellen könnte. Denn Zeit entzieht sich grundsätzlich ihrer »Machbarkeit«. Je mehr Zeit »gemacht« wird, desto weniger Zeit *gibt* es. Je mehr Leben »gemacht« wird – und in der Abstraktion der Objektwelt *gedacht* wird –, desto *schneller* nähern wir uns dem Zustand des Todes – der Ewigkeit – an. Das Verewigungsprogramm der Moderne zielt darauf ab, diesen Tod, diese Ewigkeit im Diesseits der – dann freilich kein Leben mehr in sich tragenden – Welt zu verwirklichen. Wir werden uns, wenn wir uns nicht in einem selbst geschaffenen Tod verewigen wollen, wieder an den Gedanken gewöhnen müssen, dass Tod und Leben zwei Seiten einer Medaille sind, dass die eine ohne die andere nicht denkbar ist, und dass es Gegenwart nur dann gibt, wenn beide *in der Zeit* erfüllt sind. Wir werden uns auch wieder an den Gedanken gewöhnen müssen, dass wir organisches Leben sind, auch wenn wir uns in der »gemachten« Welt als verwaltete und medikalisierte Wesen nicht als solches empfinden. Wir werden Abstand nehmen müssen von der Idee, uns selbst zu verewigen. Denn treten wir nicht zurück vor der »Zeit der Ewigkeit« – wird sich der Himmel über uns verfinstern.

4 Die Verfinsterung des Himmels

Die Sonne scheint, weil wir sie *für uns* scheinen lassen, sie wird von einem »bösen Tier« gefressen, wenn wir das böse Tier *in uns* nicht bändigen. *...draußen an dem Kahlenberge und jenseits des Schlosses Belvedere war es schon, als schliche Finsternis, oder vielmehr ein bleigraues Licht, wie ein böses Tier heran ...,*[449] schreibt Adalbert Stifter in seiner Erzählung über die Wiener Sonnenfinsternis am 8. Juli 1842. Der Dichter verwendet hier die Metapher des die Sonne und somit das Leben verschlingenden Untiers, die seit den Hochkulturen des Altertums – wider »besseren« kalendarischen Wissens[450] – zur Beschreibung der herannahenden Apokalypse verwendet wird. Im Reich der Mitte war es der hungrige Drache, der die politische Ordnung des Reiches und jene der Welt durch das Verschlucken der Sonne gefährdete und nur durch viel Geschrei, das Blasen der Hörner und das Schlagen von Gongs vertrieben werden konnte[451]; in den frühen Hochkulturen Mittel- und Südamerikas, bei den Maya und Azteken, konnte der Weltuntergang nur durch blutige – dem Untier dargebotene – Menschenopfer abgewendet werden, obwohl es den Priestern möglich war, die Finsternisse – ungefähr – anhand relativ einfacher, aus dem Maya-Kalendarium resultierender Rechenoperationen vorherzubestimmen, exakter als mit dem gregorianischen Kalender.

Da, wo das Untier auftritt, wird Macht gesät und Ohnmacht geerntet: Die Verfinsterung des Himmels als ritualisiertes Training zur Gestaltung des Weltuntergangs, zur Vernichtung von Zeit. *Ewigkeit* will sich nicht als Totes denken lassen, *Ewigkeit* will leben, will *zeitlich* sein. Auch die Stämme in Europa begegneten der Sonnenfinsternis mit Lärm, Geschrei, magischen Ritualen und bacchantischen Umtrieben. Nach der »Edda«, der nordischen Heldensaga aus dem 9. nachchristlichen Jahrhundert, verdunkeln die wolfsgestaltigen Riesen Hati und Sköll den Quell des Lebens – die Sonne. Sie sind von Loki, dem Gott der Lüge und des Bösen, angestiftet. Er *will* den Untergang der Welt samt ihren Göttern; Sonne und Mond werden verschlungen, das in sich zusammengebrochene Leben wird nicht mehr aus dem Erbe seiner selbst wachsen: das Prinzip der Zeitlichkeit, das der Sterblichkeit *aller* endet in der mythisch beschworenen Götterdämmerung.

Wie wird Schöpfung metaphorisch ausgedrückt und gleichzeitig in Frage gestellt? Durch das Paradoxon der Zerstörung ihres Ursprungs und die durch uns scheinbar *lebendig, aber so kurzlebig* gewordene Zeit. Der Ursprung der Zeit erscheint in allen Kulturen als Grenzbegriff von Ruhe und

Bewegung. »Urgott« – »Urzeit« allen Anfangs und allen Endes. Weltenschöpfung und Weltenzerstörung liegen in der Geschichte des menschlichen Denkens über sich und die Zeit riskant nahe beieinander. *Shiva* ist im Hinduismus als *Atman* der Urgrund der Welt – Weltenerbauer und Weltenzerstörer zugleich. *Tawhito* bedeutet »Ursprung« und wird bei den Maori mit den weiblichen und männlichen Geschlechtsteilen gleichgesetzt.[452] Ein Phallus kann aber nicht nur Leben zeugen, sondern auch erschlagen, die »gefräßige« Vulva der Göttin des Todes gebiert Leben ohne Unterlass, um es »gleichzeitig« zu vernichten. In vielen archaischen Kulturen entsteht die Identität des Lebens durch den – symbolischen oder tatsächlich herbeigeführten – Akt der Tötung. Magie und Opfer vereinen sich in einer Weltzerstörung und Welterschaffung reproduzierenden Sexualität[453]: Zeit, organisches Leben muss »überlistet« werden, um nicht in die Bedeutungslosigkeit anorganischer Materie zu verfallen.

Der Widerstreit zwischen Tod und Leben schafft die Struktur der *beseelten* Welt. Der Verfinsterung des Himmels, der Zerstörung folgt Erneuerung. Auf den Inseln im Südpazifik entsteht jedes neue Leben durch den Tod – ein Geist verwandelt sich auf der Totenreichinsel in jenen Körper, durch den das neugeborene Kind an dieser und aller Sterblichkeit Anteil hat.[454] In afrikanischen und auch karibischen Gesellschaften wird das Kind als Vater, bzw. Mutter der Eltern angesprochen. Die Spirale der Reinkarnation – gleich in welchem System sie gedacht wird – entspricht dem Strukturgesetz alles Lebendigen: erst wenn im Übergang zu den Stadtstaaten aufgrund der Verfügbarkeit und Organisierbarkeit von Leben – dieses wird sukzessive in den Bereich menschlicher Handlungskompetenz gestellt –, eine neue Beziehung zum Tod gesucht und »gesichert« werden soll, entsteht so etwas wie »Metaphysik« – jenseits der archaischen Logik des Todes als lebenserhaltendes und lebensvoraussetzendes Prinzip.[455] Diese Metaphysik »individualisiert« das einzelne Leben im Verhältnis zur »Ordnung des Seins«, der Tod beginnt Identität aufgrund personaler Beziehungen – »Schuld« oder »Liebe« etwa[456] – zu bedrohen. Die Gewalt des Todes wird in dem Moment grenzenlos, in dem sich herausstellt, dass Kultur, dass »gemachte Welt« letztlich nichts dazu beitragen kann, *Ewigkeit* zu sichern.

Der Zerstörung folgt die mythische Auferstehung, der Verfinsterung des Himmels strahlender Sonnenschein. Osiris, der nach seinem gewaltsamen Tod durch Klagen wieder zum Leben erweckt wird, versinnbildlicht die Wiederauferstehung aller Verstorbenen.[457] Dieser gewaltige Mythos, dem das Christentum seine jahrtausendelange Attraktivität verdankt, überwindet die Verfinsterung des Himmels, das individuelle und kollektive Ende, verlängert die Zeit um jene Zukunft, um die sie betrogen schien. Das große Versprechen der christlichen »Auferstehung der Toten« wurzelt in der ältesten mythologischen Vorstellung der Menschheit und wird mit dem Paukenschlag einer Sonnenfinsternis theatralisch eröffnet: *Es war etwa um die sechste Stunde, als eine Finsternis über das ganze Land hereinbrach. Sie dauerte bis zur neunten Stunde. Die Sonne verdunkelte sich. Der Vorhang im Tempel riss mitten entzwei ...*, schreibt Lukas über die »Todesliturgie« des Erlösers.[458] Jeder »neuen Zeit« geht eine »Zeit der Finsternis«, der Bedrohung, des Chaos voraus. Sonnenfinsternisse zur mystischen Aufwertung von historischen Ereignissen finden sich reichlich in den Archiven menschlicher Großtaten. Dass Rom – die »ewige« Stadt – im Jahre 753 v. Chr. gegründet wurde, entbehrt ebenso jeder historischen Evidenz wie die Mythe, dass es am Tag der Zeugung des Romulus eine Sonnenfinsternis in ganz Italien gegeben haben soll. Auch zur Zeit der Geburt Mohammeds soll sich der Himmel verfinstert haben – ebenso in seinem Todesjahr. Fest steht lediglich, dass am 7. Dezember 671 eine Ringfinsternis stattgefunden hat, an jenem Tag, an dem die Gebeine des Propheten von Medina nach Damaskus überführt werden sollten. Voll Schrecken ließ man von dem Vorhaben ab, des Propheten sterbliche Überreste ruhen noch immer in Medina. Andere wiederum verdanken einer Finsternis tatsächlich ihr Leben: Der große Nomade und Lebenskünstler Christoph Columbus erlitt bei seiner vierten und letzten Reise Schiffbruch und konnte sich auf die Insel Jamaica retten, wo er und seine Besatzung, von der ein Großteil überlebt hatte, von den Bewohnern eine Zeit lang verpflegt wurden. Als diese die weitere Unterstützung schließlich verweigerten, kam ihm eine Mondfinsternis zu Hilfe, von der er aus seinen Navigationstafeln wusste. Er versammelte die Häuptlinge in der entsprechenden Nacht und erklärte, dass Gott aus Zorn über die Indianer den Mond verfinstern würde, was alsbald geschah. Voll Angst über die guten Beziehungen des Admirals zu den Planeten ließen die Indianer Columbus alle Hilfe zuteil werden.

Wo die Sonne sich verfinstert, wo das Untier sich anschickt, Leben und dessen Grundlage symbolisch zu vernichten, wird Ohnmacht gesät und Macht geerntet. Selbst in »aufgeklärten« Zeiten, in denen die säkulare Sprache Raum und Zeit nicht von prognostizierbaren Himmelserscheinungen abhängig macht, kehren mythische Bilder und apokalyptische Interpretationen wieder. Ja es scheint gerade so, als hinge die Intensität der Wahrnehmung von mystisch interpretierbaren Ereignissen auch von dem Grad der Säkularisierung ab. Je mehr die Sprache über die Zukunft säkularisiert ist, je *illusorischer* sie erscheint, desto bombastischer muss die »Gegenwart ohne Zukunft« gefeiert werden: 157 Jahre nachdem der Dichter Adalbert Stifter das überwältigende »Naturschauspiel« in seiner Erzählung beschrieben hatte, verdunkelte am 11. August 1999 eine totale Sonnenfinsternis den Osten und Süden Österreichs.[459] Abgesehen von den kommerziellen und medialen Verwertungen dieses »Mega-Events«, verhandelten zahlreiche Publikationen und Kommentare die »Bedeutung« dieses Ereignisses – insbesondere auch im Hinblick auf die bevorstehende Jahrtausendwende.[460] Religiöse, mystische oder apokalyptische Spekulationen[461] waren gleichermaßen zu finden wie wissenschaftliche Abhandlungen über die Zeit und *ihre* Zukunft. Adalbert Stifter hätte gestaunt, welch überwältigende Aufmerksamkeit man einer Sonnenfinsternis vor Anbruch eines »neuen« Milleniums entgegenbringen kann. Die von Adalbert Stifter beschriebene vorletzte totale Sonnenfinsternis über Österreich, war in den österreichischen Zeitungen jener Zeit überhaupt nicht angekündigt worden; lediglich in der Wiener Zeitung vom 7. Juli 1842 findet sich eine Anzeige, dass der Geigenvirtuose und Komponist Joseph Lanner anlässlich der zu erwartenden Sonnenfinsternis ein Konzert in »Kremser's Localitäten am Währinger Spitz« geben wird, und zwar »um halb 6 Uhr in der Früh«[462]. Auch die partielle Sonnenfinsternis, die am 15. Februar 1961 über Süddeutschland und im Norden von Österreich gut zu sehen war, fand kaum mediales Echo. Die Tageszeitung »Die Presse« vom Vortag, in der sich keine Ankündigung befand, titelte: »Sowjetraumschiff zur Venus. Abschuss von einem Riesensatelliten«.[463] Offenbar erregte der kybernetische Traum »grenzenloser« Raumreisen mehr die kollektive Phantasie als ein Naturspektakel, das so alt ist, wie die Menschen es *beobachten* können.

Dieses Verhältnis könnte sich am Beginn des 21. Jahrhunderts umkehren. Die durch die Verfinsterung des Himmels hierzulande symbolisch eingeleitete Jahrtausendwende stellte eine Zeit-Raum-Markierung dar, die kalendarisch an die systemische Weltzeit gebunden ist.[464] Das »Millenium« wurde dort am heftigsten begangen, wo die Diskrepanz zwischen Lebenszeit und Weltzeit am größten ist. Insbesondere für die industrialisierte Welt stellte der Übergang in das 21. Jahrhundert ein »zahlenmystisches Ereignis« dar: Vergangenes *könnte* symbolisch abgeschlossen, Räume der Zukunft *könnten* symbolisch eröffnet werden, in denen zu einer Gegenwart aufgebrochen wird, die nicht als Mangel und Defizit, sondern als *Vergegenwärtigung* von Zeit begriffen wird. Der öffentliche Diskurs beginnt sich *langsam* – aber doch merkbar – von der stereotypen Wahrnehmung und Aufarbeitung der »Weltzeitenden und -anfänge« zu entfernen, die als Ausdruck des neuzeitlichen Verewigungsprogramms zwischen den »Prophetien des Untergangs« und dem antizipierten Anbruch eines millenaristischen »goldenen Zeitalters« oszillieren.[465] Gemessen an der Beschleunigung des Lebens macht sich *sehr langsam* eine Umkehr in der Erfahrung und Organisation von Zeit bemerkbar: Ausgesprochen oder unausgesprochen wissen wir, dass es *so* nicht mehr weitergeht, wollen wir nicht selbst zu dem Untier werden, das die Sonne frisst! Gegenwart darf, so überfüllt sie ist, nicht länger durch das definiert werden, was ihr abgeht! Dass organisches Leben *Zeit zu sein* und damit *Zeit zu sterben* bedeutet. Und dass keine kollektive Phantasie sich jeweils als »vorletztes oder letztes Stadium der Geschichte« begreifen darf, um Leben auf diesem Planeten für die nächsten Jahrhunderte und Jahrtausende zu gewährleisten.[466] Ob die Zeit reicht, die Zeit *nicht* zu vernichten, sondern – abseits der mythologischen Wurzeln der Welterschaffung und Weltzerstörung – für kommende Generationen zu *erhalten*, wird die Zeit, die wir als Kategorie unserer Wahrnehmung von Wirklichkeit ins Leben gerufen haben, selbst beantworten: Die kommende Zeit, mehr noch als die vergangene, wird zu jenem Spiegel werden, in dem sich die Menschheit als Untier und Gott, oder als verletzbares und dadurch lebendiges Wesen erkennt!

5 Vernichtung von Zeit

Nur Gott, und in seiner Negation das Untier, haben die Gewalt, die Zukunft und somit die Zeit zu vernichten. Die gewaltigen neuzeitlichen Anstrengungen zur Selbstvergottung haben die Triumphe in Pyrrhussiege jenes Untiers verwandelt, das in den meisten Mythologien Gott selbst von allem Anfang an zur Seite gestellt war. Himmel, Hölle, oben, unten, »goldenes Zeitalter« oder »Weltuntergang« – der Dualismus der polaren Welt hat sich sozial, ökologisch und auch militärisch im vorangegangenen Jahrhundert lebensbedrohend zugespitzt. Zu Beginn des dritten Jahrtausends taumelt die Welt in neue Kriege und Konfliktszenarien, die auch durch die Kluft zwischen Reich und Arm, bzw. den »Führungsanspruch« des Reichtums über die Armut verstärkt werden. Wir haben das Problem des militärischen Vernichtungspotentials gleichermaßen nicht bewältigt wie jenes der systematischen Zerstörung unserer »natürlichen« Lebensgrundlagen. Korrespondierend zu dem destruktiven Potential wird »Leben« – ob nun kybernetisch oder gentechnologisch – simuliert, bzw. analog unserer Vorstellung von »Nützlichem« erschaffen. Sowohl in der fortschreitenden Destruktion von Organischem als auch in der Konstruktion selbstreferentieller, »selbsterschaffener« Maschinen, Wesen und Welten ist jene Vernichtung von Zukunft angelegt, die allein das als kränkend erfahrene Problem der menschlichen Sterblichkeit »lösen« könnte: Erst wenn die Zeit, als

Rhythmik und Zyklizität des Organischen vernichtet ist, verewigt sich die Schöpfung als Menschenwerk in der *unsterblichen* Kategorie des Todes.

Das durch die Dynamisierung und Linearisierung von Zeit vorangetriebene neuzeitliche Modernisierungsprogramm ist an einem entscheidenden Wendepunkt, an einer »Wendezeit« angelangt. Zukunft bedarf einer Gegenwart, in der Zukünftiges nicht vorweggenommen ist. Zukunft bedarf der *Zeit zu sein,* die in der reichen Welt durch das kontinuierliche Auseinanderdriften von Lebenszeit und Weltzeit, von biologischer und kultureller Zeit, verlustig geraten ist. In den Bedingungen der Erfüllungsversessenheit und Beschleunigung kehrt die panische Angst vor dem Tod, gegen die das Programm der Moderne angetreten ist, in radikaler Form wieder und kann nur durch die symbolische Vernichtung und die symbolische Reproduktion des Lebens selbst kompensiert werden. Dies ist ein gefährlicher Umgang mit Wirklichkeit, denn er suggeriert, dass wir erst dann nichts mehr versäumen, wenn es nichts – also keine Zeit und keine Zukunft – mehr gibt, das versäumt werden kann. Die Vernichtung von Zeit – als Strategie gegen die Verletzbarkeit durch unsere Sterblichkeit – könnte sich als fatale Einbahnstraße herausstellen, an deren Ende sich die antizipierte Fülle in *absolute* Leere verkehrt. Marianne Gronemeyer findet treffende Worte für die Beschreibung dieser letzten Anstrengung, aus den Grenzen, die das Menschsein in seiner bisher bekannten Form setzt, ein für alle Mal auszubrechen: *Wenn die abendländische Zivilisation aus panischer Todesfurcht und exzessiver Versäumnisangst hervorgegangen ist, wenn sie nur einen Teil ihrer Wurzeln darin hätte, dann ist die grausame logische Konsequenz, dass nicht Determinismus, sondern Exterminismus das letzte Stadium der Zivilisation ist. Sind nicht die bestürzende Gewissenlosigkeit, die unglaubliche Unbedenklichkeit und Leichtfertigkeit, mit der die Zukunft abgeschrieben und den kommenden Generationen das Wasser abgegraben wird, Indizien dafür, dass die beruhigendste Form des Umgangs mit der Zukunft für den in seine Lebenszeit eingeklemmten Menschen ihre Abschaffung ist? Die Liquidierung der Zukunft ist das letzte Aufgebot, um Lebenszeit und Weltzeit, die im Laufe der Fortschrittsgeschichte immer weiter auseinander gedriftet sind, einander wieder anzunähern. Die Vernichtung von Zukunft vermag, was ihre Beherrschung schuldig bleibt: der Versäumnisangst ihren Anlass zu nehmen. In dieser letzten Konsequenz offenbart sich, in welche Abgründe die beschleunigte Banalität und die geistlose Beschleunigung führen.*[467]

Der moderne Mensch, das wird offensichtlich, will dem biologischen Selektionsdruck, der kränkenden Endlichkeit seines Seins entwachsen. Der Mensch als biologisches Wesen soll nicht mehr auf Kosten der Individualität verjüngt, sondern eben diese Individualität soll auf Kosten anderer Lebewesen *ad infinitum* verlängert werden. Die aus unglaublichem gesellschaftlichen Reichtum - auf Kosten der überwiegenden Mehrheit der auf diesem Planeten lebenden Menschen - hervorgegangenen Technologien suggerieren die »Machbarkeit« dieses endgültigen »Transformationsprogrammes«. In der Humangenetik wird die radikale Lebensverlängerung für *reiche* Identitäten vorbereitet. Die »gemachte«, die kybernetische Welt wird ihre Reproduktion besorgen - Lebensverlängerungsoptimisten schließen eine Lebenszeit von 400 Jahren nicht mehr aus.[468] Die Verlangsamung des Alterns als Produkt der radikalen Beschleunigung von Zeit. In beidem erhellt sich der »Sinn« jenes »Mängelwesens«[469], das Wirklichkeit nach Maßgabe seiner Vorstellung von Zeit gesetzt hat, bis die Zeit selbst durch die derart gestaltete Wirklichkeit sukzessive vernichtet wurde und wird. Denn mit dem antizipierten »Ausstieg« aus dem Prinzip des Organischen, des Werdens und des Vergehens, setzt sich der Selbstvernichtungsdrang der Spezies, der durch die Moderne in nie zuvor da gewesener Heftigkeit entfesselt wurde, konsequent fort: Nicht sterben zu können bedeutet gleichermaßen nicht leben zu können, ebenso wie den individuellen Tod in der kollektiven Vernichtung von Zeit vorwegzunehmen!

Die Sonne scheint so lange, so lange wir sie *für uns* scheinen lassen. Die Idee, dass der Mensch *ist*, um sich schließlich selbst abzuschaffen - ist ein durchgehendes Motiv in der abendländischen Philosophie, das mit der Autonomisierung des Subjekts korrespondiert. Autonomisierung bedeutet Verfügungsgewalt - ob nun als Gott oder als Untier. Dem daraus resultierenden Leid, der daraus resultierenden Gewalt hält der Philosoph Arthur Schopenhauer (1788-1860) eine apodiktische Entscheidung entgegen: *Als Zweck unseres Daseins ist in der Tat nichts anderes anzugeben als die Erkenntnis, dass wir besser nicht da wären. Dies aber ist die wichtigste aller Wahrheiten, die daher ausgesprochen werden muss; so sehr sie auch mit der heutigen europäischen Denkweise in Kontrast steht.*[470] Der Zweck unseres Daseins als Vernichter der Zeit begründet eine radikale Philosophie der »Menschenflucht«, in der sich der Mensch endgültig und bewusst dem Leben, der Zukunft verweigert.

Ulrich Horstmann, hat in einem - wie er es nennt - »transzendentaldefätistischen Traktat« diese anthropofugale Philosophie ironisch auf die Spitze getrieben: *Der anthropofugale Blick hat das Unbewusste offen gelegt und dessen Paradoxon ist ohne Schrecken: wir sind da, um uns zu vernichten; der »Sinn« unserer Existenz ist der Untergang des sinnenden Untiers; und die Äonen, die seit unserer Deportation in das Ghetto der Vernunft vergangen sind, haben wir weidlich genutzt, um unser Abtreten schließlich mit höchster wissenschaftlicher Rationalität und der Brillanz von Nobelpreisträgern zu bewerkstelligen. Tiergattungen mögen aussterben, von Seuchen dahingerafft, ihrer ökologischen Nische beraubt, überspezialisiert, dem Druck der Nahrungskon-*

kurrenten nicht mehr gewachsen, ohnmächtig den Gesetzen der Natur ausgeliefert sein; nicht so der Mensch. Er hat sich auf die Hinterbeine gestellt und aufgerichtet vor der Schöpfung; autonom geworden und dem biologischen Selektionsdruck entwachsen, lässt er auf diese Weise nicht mehr mit sich umspringen – sondern entledigt sich seiner in eigener Regie.[471]

Die anthropofugale Philosophie ist die radikalste Anwort auf den kollektiven Zerstörungstrieb des Menschen und die damit verbundene Vernichtung der Zukunft. Das »Ghetto der Vernunft« hat den Blick für Lebendiges verunmöglicht. In keiner ethnischen Gesellschaft könnte ein solch egomanisches, apotheotisches Bild von Raum und Zeit entworfen werden. Da, wo Umverteilung, Subsistenzorientierung und Magie den Menschen in ein *beseeltes* Universum einbinden, kann die Vorstellung des endlich vom Menschen, ja von allen Lebewesen »befreiten« Planeten, der sich kalt und anorganisch der Ewigkeit entgegendreht, nicht entstehen. Vielmehr nimmt die magische Interpretation von Wirklichkeit die Vorstellung vorweg, dass die Welt lebt und stirbt, weil *wir* in ihr leben und sterben. Die »anthropofugale« Idee setzt voraus, dass man sich selbst als radikal *autonom* und somit *herrschaftlich* gegenüber der Welt und sich selbst empfinden kann. Sie setzt den Blick für Totes, nicht für Lebendiges voraus. Töten und nicht sterben können liegen nahe beieinander: der, der nicht sterben will, muss sich die Kraft des Lebendigen unter allen Umständen immer wieder einverleiben. In den magischen Systemen ethnischer Gesellschaften sind es die »erdnahen« Geister, jene, die sich nicht hinreichend von Lebendigem lösen konnten, die Unfug stiften, gefährlich werden oder von schwarzen Magiern als willfährige Komplizen für dunkle Machenschaften missbraucht werden können. Es ist wichtig sich *trennen* zu können, als Lebender und als Toter, in Übereinstimmung mit der Zeit. So gibt es in allen schamanischen Systemen Rituale zur Trennung des Toten von der Welt der Lebenden. Erst die richtige, die vollzogene Trennung erlaubt die Reintegration des Toten in die Gemeinschaft der Lebenden. Man darf sich nicht an etwas klammern, das nicht mehr einem selbst gehört, man muss der Zeit ihre Erfüllung *gewähren.*

Der suizidal anmutende Zwang, mit dem das Abendland gegen das Prinzip der eigenen Endlichkeit ankämpft, erinnert an die Weigerung »erdnaher« Geister, sich *ihrer* Zeit zu fügen: als lebendige Tote – als Zombies eigener Allmachtsphantasie – kehren sie wieder und *neiden* den Lebenden das Leben und auch den Tod, den sie sich selbst versagen anzunehmen. Dieser Neid zerstört – Lebewesen und *Zeit zu sein.* Erfüllt sich in diesem Neid scheinbar die kollektive Phantasie neuzeitlicher Verewigung, so ist die kollektive Selbstvernichtung und damit die Vernichtung von Zeit tatsächlich nicht mehr weit: denn nur die Welt, die nicht mehr von uns *wahr-*

genommen wird, ist eine Welt ohne Zeit. Wir haben vergessen, dass sich Zukunft nur angesichts der Endlichkeit – der verletzbaren Gegenwart – ereignen kann, wir haben verlernt, unsere Sterblichkeit zusammen mit der Sterblichkeit der gesamten belebten und beseelten Welt aus tiefer Einsicht, aus tiefem Lebensgefühl heraus zu bejahen. Gierig wollen wir den Tod in unserem irdischen Leben *ungeschehen* machen. Genauso wenig wie es uns freilich gelingen wird, den Tod zu überlisten, wird es uns gelingen, die Zeit zu überlisten. Denn auch wenn wir versuchen, uns über Zeit und Tod *hinwegzudenken*, bleiben wir dem Kreislauf des Lebendigen, seinen Kindern und Kindeskindern verhaftet: gegen Zeit und Endlichkeit, gegen Leben und Tod zu kämpfen, heißt *sich selbst* der größte Feind zu sein.

Kehren wir ein letztes Mal zurück in die Weite der ostafrikanischen Savanne: Ein Jahr ist vergangen – es haben sich rund zweihundert Menschen versammelt, um das Grab von Bwana Karawanga Mwalimu Noganda zu begradigen und ihn hernach zusammen mit anderen Toten zu einem überschwänglichen Fest in das Dorf einzuladen. Dem Patriarchen ist Zeit gelassen worden, sich von den Lebenden zu trennen und *seinen* Platz im Totenreich einzunehmen. Die Beziehungen der Lebenden zu ihrem *Vorfahren* haben sich normalisiert, das Indifferente, Bedrohliche, das jedem Tod anhaftet, hat sich in der Ordnung der Zeit aufgelöst, stabile rituelle und soziale Bindungen werden den Austausch zwischen Vergangenheit und Gegenwart regeln. Bwana Karawanga Mwalimu Noganda wird solange leben, solange er im Ritual erinnert ist: er wird schützen, im Traum seiner Angehörigen Entscheidungen fällen und sich in der Trance der rituellen Tänzer unverwechselbar durch Gesten und Stimmen *verkörpern.*

Nach diesem Jahr stehe ich mit einem anderen Körper und einer anderen Seele vor dem Grab des Patriarchen: Ich weiß in diesem Moment nicht, ob die Zeit *schnell* oder *langsam* vergangen ist, ob das, was ich hier erlebt habe, Wirklichkeit oder Imagination war, ob die Kriterien meiner Wahrnehmung einer »Verallgemeinerung« standhalten würden. Ich weiß aber, dass sich während dieses Jahres, in dem ich durch die ethnische, magische und soziale Ordnung der Mura im Norden Tansanias *begrenzt* war, das »Bedürfnis« rastlos Grenzen zu überschreiten, ersatzlos *aufgelöst* hat. Die Gegenwart nicht als Durchgangsstadium für Kommendes zu begreifen verrückt den Menschen in der Logik meiner Herkunftskultur. Diesmal lässt man mein Haar ungeschoren, diesmal brauche ich mich auch nicht mehr gegen die Wahrnehmung zu *wehren*, den alten Patriarchen an meiner Seite unter dem klaren Sternenhimmel tanzen zu spüren: Wir sind Teil unterschiedlicher Zeiten und unterschiedlicher Räume, die nebeneinander existieren, um einander immer wieder zu berühren. Leben als *vieldimensionale* Verbindung von Sterblichem braucht gegen die zeitliche Linearität eines entgrenzten Raumes nicht mehr verrechnet zu werden. Der alte Traum von Herrschaft, der die Pioniere, Denker, Welten- und Kirchenfürsten meiner Herkunftskultur zu den letzten Winkeln dieser Welt und über diese hinaus zu den Sternen trieb, ist in diesem Tanz – dessen Gegenwart Zukunft und Vergangenheit verbindet, ohne das eine auf Kosten des anderen zu verunmöglichen – ausgeträumt. Die lange Reise des Menschen zu sich selbst findet darin ihr Ende. Und die Zeit kehrt – wie es der Mythos seit Jahrtausenden erzählt – als zirkuläre Wiederholung zu sich selbst zurück.

6 Odyssee 2001

Er erkannte, dass das Sternenfeld, auf das er mit unfassbarer Geschwindigkeit zuraste, sich ständig ausdehnte. Diese Ausdehnung war nicht linear; die Sterne im Zentrum veränderten ihren Standort kaum, während die äußeren durch stetige Erhöhung ihrer Schnelligkeit zu Lichtstreifen wurden, ehe er sie aus den Augen verlor ... Plötzlich stellte er fest, dass sich die rätselhaften Geschehnisse nicht auf drei Dimensionen beschränkten, denn die Uhr auf seinem Armaturenbrett betrug sich ebenfalls seltsam. Normalerweise bewegte sich der Zehntelsekundenzeiger so rasch, dass man ihm kaum folgen konnte. Jetzt aber drehte er sich in unregelmäßigen Intervallen, und Bowman konnte das Ziffernblatt ohne Schwierigkeiten ablesen. Selbst die Sekunden strichen mit unglaublicher Langsamkeit vorüber, als ob die Zeit stillstünde. Schließlich blieb der Zehntelsekundenzeiger zwischen fünf und sechs überhaupt stehen. Doch Bowman konnte immer noch überlegen und sogar Beobachtungen anstellen, während die schwarzen Wände mit einer Schnelligkeit dahinrasten, die irgendwo zwischen Null und millionenfacher Lichtgeschwindigkeit lag. Merkwürdigerweise war er keineswegs überrascht oder beunruhigt, im Gegenteil, er wartete die Ereignisse mit erstaunlicher Gelassenheit ab, die ihn an den Zustand erinnerte, in den ihn die Raummediziner mit halluzinogenen Drogen versetzt hatten. Die Welt, die ihn umgab, war seltsam und wunderbar, aber sie flößte ihm keine Angst ein. Er hatte auf der Suche nach einem Mysterium Millionen Kilometer zurückgelegt und jetzt schien das Mysterium auf ihn zuzukommen.[472]

Der Mathematiker und Physiker Arthur C. Clarke, dessen in den fünfziger Jahren geschriebener Roman Weltruhm erlangen sollte[473], schickt die Astronauten Dave Bowman und Frank Poole zusammen mit dem eigenwilligen Computer HAL, der als einziger das Ziel der Expedition kennt, zum Saturn, um geheimnisvolle kosmische Manifestationen zu erforschen, die bis in die frühe menschliche Entwicklungsgeschichte zurückreichen. Poole wird von dem menschenähnlichen und schließlich neurotisierten Computer HAL getötet, Bowman freilich überlebt und fliegt durch das »Sternentor«: *Es gab Myriaden von kleinen schwarzen Punkten. Diese Punkte – anscheinend unbeweglich und willkürlich verstreut – erinnerten Bowman an etwas, was ihm vertraut vorkam. Doch die Ideenassoziation erschien ihm derart absurd, dass er sich weigerte, sie zu akzeptieren, bis er ihre Logik anerkennen musste. Was auf dem weißen Himmel schwarzen Löchern glich, waren Sterne. Er hatte den Eindruck, das Negativ einer Fotografie der Milchstraße zu betrachten. Wo, in Gottes Namen, bin ich? fragte sich Bowman; doch schon beim Stellen der Frage wusste er, dass er nur eine Antwort erhalten würde. Offenbar hatte sich der Raum von innen nach außen gewölbt. Kein Mensch sollte sich jemals in diese Dimension wagen.*

Am Anfang des 21. Jahrhunderts sind die Reisen in »andere Dimensionen« nicht mehr Sciencefiction, sondern »realer« Bestandteil der physikalischen Theorie. Die zeit-räumliche Entgrenzung unserer Wirklichkeit durch die Wissenschaft und die Veränderungen unserer Bilder von Wirklichkeit durch eben diese Wissenschaft – durch unser Denken also – lässt uns an den Anfang des Mythos, an den Anfang der Zeit und unserer Reise in ihr, die zu den elementarsten menschlichen Erfahrungen gehört, *zurückkehren*: Zeit und Raum sind schon lange keine Absoluta mehr, wie sie uns im linearen Denken und in der linearen Zeitbegrifflichkeit gegenübertreten, ebenso kann die Wirklichkeit, so wie wir sie *wahrnehmen*, anders gedacht sein – ohne deshalb eine andere Wirklichkeit zu werden.[474] Die Möglichkeiten der Sichtbarmachung von Wirklichem hängt von der Struktur unseres Denkens, somit auch der Zeit, in der wir und durch die wir denken, ab. Damit kann dieselbe Wirklichkeit für zwei verschiedene Beobachter scheinbar anderen Gesetzen gehorchen – ohne dadurch eine andere Wirklichkeit zu werden. Das Wirklichkeitsbild der physikalischen Theorie und der neuen Erkenntnistheorie nähert sich jener Qualität an, die im magischen Denken mit Parallelwelten, mit Paralleluniversen bezeichnet wird. Zeit ist keine universelle Größe, existiert nicht unabhängig vom Raum – Vergangenheit und Zukunft sind nur Richtungen der sogenannten »Raumzeit«; auch »reale« Zeit kann verschieden rasch verstreichen, denn obwohl sie sich immer in Richtung Zukunft bewegt, kann sie sich doch in einem gewissen »Winkel« zu ihr bewegen.

Das auf Isaac Newton basierende mechanistische Weltbild und dessen irreduzible Entitäten – Körper, Kräfte, Raum und Zeit –, werden vorerst durch einen 1905 von Albert Einstein publizierten Artikel zur Speziellen

Relativitätstheorie gehörig aus den Angeln gehoben: Die Zeit ist die Zeit der einzelnen Körper und wird durch die von diesen Körpern mitbewegte Uhr gemessen; erst die Aufgabe des Konzepts der universellen Zeit ermöglicht, die gleiche Geschwindigkeit – von unterschiedlichen Positionen im Raum aus – zu messen. Die Spezielle Relativitätstheorie vereinigt Raum und Zeit – bildet beide freilich noch als statischen Hintergrund für Bewegung ab. Erst die im Jahre 1915 publizierten Ideen zur Allgemeinen Relativitätstheorie, nach der die Raumzeit durch die in ihr enthaltene Materie und Energie gekrümmt ist, erklären, dass die durch die Masse der Sonne hervorgerufene Raumzeitkrümmung die Erde um sie wandern lässt, oder auch Licht ferner Sterne ablenkt, wenn deren Bahn nahe genug der Sonne verläuft. Nach der Allgemeinen Relativitätstheorie ist die Raumzeit nach innen gekrümmt, weil Masse und Energie stets positiv geladen sind, das Universum expandiert oder zieht sich zusammen.[475] Erst Ende der zwanziger Jahre steht durch astronomische Beobachtungen zweifelsfrei fest, dass sich entfernte Galaxien von uns fortbewegen. Die Tatsache freilich, dass die Materie die Raumzeit veranlasst, sich in sich selbst zu krümmen, beschäftigt die Kosmologen weiter, denn Materie könnte in einer Region des Universums die Raumzeit so stark krümmen, dass sie faktisch vom Rest des Universums, und damit von der Zeit selbst abgeschnitten wäre.

Auch der heute populärste zeitgenössische Physiker, Stephen Hawking, dessen Buch »Eine kurze Geschichte der Zeit« zum meistverkauften Sachbuch wurde, beschäftigte sich schon in jungen Jahren[476] mit der Raumzeitkrümmung: Durch sein Konzept der »Schwarzen Löcher«, in die Objekte hineinfallen, aber nicht mehr herauskommen können, wodurch die Materie zu einem »unbekannten« Zustand sehr hoher Dichte kollabiert, erklärt er jenes Phänomen, das er Singularität nennt und das die Grenze der Zeit und der Raumzeit markiert: *... aus der Krümmung der Raumzeit (folgt), dass es Singularitäten gibt, Örter, an denen die Raumzeit einen Anfang oder ein Ende hat. Sie hat vor ungefähr fünfzehn Milliarden Jahren begonnen und endet für jeden Stern, der kollabiert und für alles, was in das aus dem Sternenkollaps resultierende Schwarze Loch fällt ... das Wesen der Zeit ist ein Beispiel für einen Bereich, in dem die physikalischen Theorien unseren Wirklichkeitsbegriff bestimmen. Wenn man über Verursachung oder Schöpfung spricht, setzt man implizit voraus, dass es eine Zeit vor der Urknallsingularität gab. Seit 25 Jahren wissen wir, dass die Zeit ... einen Anfang in einer Singularität gehabt haben muss. Doch die Philosophen sind noch nicht ganz auf der Höhe dieser Erkenntnis.*[477] Hawking – und das macht ihn für unsere Reise durch die Zeit so interessant – geht freilich über die auf den Gesetzen der Gravitation beruhenden Theorien über den Urknall – der gleichsam die Null, den Beginn, respektive das Ende des Universums definiert – hinaus und formuliert die

Möglichkeit einer »Generalisierten Theorie«, in der das Universum in sich geschlossen keine Grenzen oder Ränder in imaginärer Zeitrichtung aufweist: *Wenn wir die Quantenmechanik mit der allgemeinen Relativitätstheorie verbinden, so scheint sich eine neue Möglichkeit zu eröffnen: Raum und Zeit können zusammen einen endlichen vierdimensionalen Raum ohne Singularitäten und Grenzen bilden ... Doch wenn das Universum vollständig in sich abgeschlossen ist ..., und sich erschöpfend durch eine vereinheitlichte Theorie beschreiben ließe, so hätte dies tiefgreifende Auswirkungen auf Gottes Rolle als Schöpfer.*[478]

Mehr als zweihundert Jahre nach der heftigen Diskussion zwischen Isaac Newton und Gottfried Wilhelm Leibniz über die Welt als selbstreferentielles System[479] tritt ein Physiker auf, der die Bindung der Materie an das Prinzip der Endlichkeit – zeitlicher Anfang, zeitliches Ende – aufhebt und »Unendlichkeit« in der Raumzeit selbst verankert. Dies geschieht über die Konstruktion der »imaginären« Zeit, die ein vollkommen in sich geschlossenes System ist, in der alle Bewegungen von dem Gesetz der Physik bestimmt werden – was in der so genannten »Realität« aufgrund des Unbestimmtheitsprinzips, also der regelmäßigen minimalen Abweichung von dem zu erwartenden Ergebnis, ja keineswegs der Fall ist. Die »Generalisierte Theorie« geht davon aus, dass man die Geschichte des Universums in der realen Zeit berechnen kann, wenn man die Geschichte des Universums in der imaginären Zeit kennt.[480] Vergangenheit, Gegenwart und Zukunft stießen dann an keine zeitliche und raumzeitliche Grenze – was freilich keineswegs bedeutet, dass sich Vergangenheit nicht von Zukunft unterscheidet, geschweige denn, dass die »zeitliche Richtung« aufgehoben wäre und wir ungestraft »Zeitreisen« unternehmen könnten.[481] Es hieße aber, dass reale Zeit und imaginäre Zeit einen gleichermaßen »endlichen« wie »ewigen« Raum aufspannen, der den Gestaltungswillen eines »vor der Zeit« angesiedelten Gottes »überflüssig« macht, weil auch die – imaginäre – Zeit *vor* der realen Zeit den Gesetzen der Natur folgt.[482]

Die Vorstellung des Universums ohne zeitlichen Anfang – und damit ohne Ende – widerspricht dem linearen Schöpfungsprinzip, knüpft bildlich gesprochen an den Mythos der »ewigen Wiederkehr« an, so wie er uns im zirkulären, zyklischen Zeitverständnis begegnet ist. Auch folgert daraus ein »neuer« Determinismus, der freilich an den engen Grenzen seiner Vorhersagbarkeit und an dem Unbestimmtheitsprinzip, welches das Element des Zufalls enthält, scheitert: Es wäre, selbst wenn sich das Universum auf ein einziges Gesetz zurückführen lässt, unmöglich, alle Komponenten auch nur einer einzigen komplexen Gleichung schlüssig anzugeben und die Gleichung somit zu lösen.[483] Es gibt, wie Stephen Hawking sagt, immer »eine ganze Familie möglicher Geschichten«, auch wenn sich diese großräumig betrachtet gleichen, wobei er dadurch auch die Willensfreiheit des Menschen begründet.[484] Die vielen möglichen Geschichten in der jeweils einen sichtbaren Geschichte spiegeln jenes Verständnis von Wirklichkeit, wie sie als Folge der Auflösung des physikalischen Realismus und des mechanistischen Weltbildes auch den vorangegangenen Ausführungen über Zeit zugrundegelegt war. Denn *Wirklichkeit* wird dann wahrgenommen, wenn man eine Vorstellung von dem hat, was wirklich sein könnte. Das gilt für eine Liebesbeziehung ebenso wie für die Zeit, den Raum und das Universum. Die Vorstellung über eine mögliche Wirklichkeit wird in der wissenschaftlichen Sprache Theorie genannt. ... *ohne Theorie können wir nicht erkennen, was am Universum real ist. Eine Theorie ist eine gute Theorie, wenn sie ein elegantes Modell ist, wenn sie eine umfassende Klasse von Beobachtungen beschreibt, und wenn sie die Ergebnisse weiterer Beobachtungen vorhersagt. Darüber hinaus macht es keinen Sinn zu fragen, ob sie mit der Wirklichkeit übereinstimmt, weil wir nicht wissen, welche Wirklichkeit gemeint ist ... Es hat keinen Zweck sich auf die Wirklichkeit zu berufen, weil wir kein modellunabhängiges Konzept von Wirklichkeit besitzen.*[485]

Erkennen wir die Welt durch unser Denken und Bewusstsein so *wie* sie ist, als das *was* sie ist, oder *denken* wir die Welt als das, *was* sie ist so *wie* sie ist – und nennen dies Erkennen?[486] Entstehen Zeit, Raum, vieldimensionale Universen, weil *wir* sie durch unsere Gestaltungsleistung so konstruieren, wie sie sich *uns* zu erkennen geben, oder finden wir *außerhalb* unserer realzeitlich so limitierten Existenz eine Welt vor, die sich, unabhängig von uns selbst und auch *ohne* uns selbst, von »Ewigkeit zu Ewigkeit« bewegt? Mit diesen Fragen befinden wir uns inmitten der atemberaubend spannenden Reise der Gegenwart: Die in den letzten fünfzig Jahren entworfenen Strategien zur »Vernichtung« von Zeit und zur Verewigung des Menschen in einer künstlich geschaffenen Welt machen die Odyssee 2001 *realiter* zu einem weitaus riskanteren Unternehmen, als dies der Sciencefiction-Roman vorweggenommen hat. Wir »fallen« durch die »Sternentore«, gleiten wie in Trance durch Dimensionen ungeahnter Abstraktion, vernichten Zukunft auf Kosten der Gegenwart und entgrenzen die Räume unserer Erkenntnis und unserer Bewegung, um – vorerst noch symbolisch – uns in der Zeit zu verewigen. So rasen wir durch das Universum unserer gedachten Wirklichkeiten. Aber sind wir es, die das Ziel dieser raum- und zeitüberschreitenden Mission kennen? Im Roman wird Computer HAL überlistet, *realiter* scheint es oft, als hätten wir die Führung der Zeitmaschine, durch die wir durch wundersame Räume rasen, schon längst aus der Hand gegeben. Die – von uns selbst geschaffene – Welt, durch die wir uns *außerhalb* von uns selbst gespiegelt finden, scheint in diesem Blindflug dann tatsächlich realer zu sein als wir, die wir uns jeden Moment im »Schwarzen Loch« des Todes und der unbedingten Zeitlosigkeit verlieren können.

7 Zur radikalen Technisierung der Natur

Die Nachbildung der eigenen menschlichen Erkenntnis- und Denkleistung und die Rekonstruktion der Natur in der Maschine sind die eigentlichen Antworten auf Zeitflucht, Todesfurcht und Verewigungsstreben in der Gegenwart: Die vermittelte Welt wird nicht nur künstlich »gemacht«, sondern es werden Systeme erschaffen, die ihrerseits manipulativ in diese Welt als Bedingung ihrer Existenz eingreifen.[487] Zu der auf der Kybernetik basierenden *mechanischen* Konstruktion und Rekonstruktion von Natur – von den bereits beschriebenen Rechenmaschinen im 17. Jahrhundert bis zu den heutzutage autonom handelnden Robotern[488] – gesellt sich ab Mitte des 20. Jahrhunderts die *gentechnologische*: die Schaffung sich selbst regulierender organischer und anorganischer Systeme ist – metaphorisch gesprochen – die *Verwirklichung* technoider Phantasien und Strategien wider die Verletzbarkeit, Zeitlichkeit und Begrenztheit des menschlichen Seins. Kybernetik und Gentechnologie werden das Gesicht und auch die zeitlichen Strukturen auf dieser Welt im 21. Jahrhundert nachhaltiger bestimmen und verändern als alle Paradigmenwechsel oder Technologien zuvor. Voraussetzung für diese radikale Technisierung der Natur sind erstens die Freisetzung gigantischer finanzieller Mittel in den reichen Ländern dieser Welt und zweitens das zunehmende Bewusstsein der *Fragmentarität* der Erkenntnis, die zu einer sukzessiven Veränderung des Wirklichkeitsbegriffes geführt hat. Schon Mitte des 19. Jahrhunderts beginnt – durch das Aufkommen des Historismus und des Relativismus – eine *diachrone* Betrachtung der Welt die synchrone abzulösen: An die Stelle eines a-historischen, statischen Denkens – die Welt ist ein Kontinuum, das als das existiert, was es ist – tritt ein historisch-genetisch-prozessuales, in dessen Folge die Naturgeschichte als etwas Gewordenes und Sich-Wandelndes erscheint.[489]

Von der Veränderung *in der* Zeit ist auch das Denken, das Welt erkennt und erschafft, nicht ausgenommen. Die Schaffung intelligenter Systeme im mechanisch-technischen Bereich ist demnach nicht nur Folge der Rekonstruktion menschlicher Denkleistung, sondern *vice versa* auch Experimentierfeld für die Analyse der Genese eben dieser Denkleistung. Dasselbe gilt für den biologisch-genetischen Bereich: Die Entschlüsselung der Bausteine des Lebens ist nicht nur Werkzeug zur Manipulation und Konstruktion organischer Systeme, sondern Analyse der eigenen Entstehungsbedingung von Sein, Verhalten, Merkmal, Denken. So tritt in der »künstlichen« Welt den Erschaffern dieser Welt jeweils ihr eigenes Spiegelbild als Lösung jener

Gleichung entgegen, welche sie *sich selbst* zur Definition und Festlegung von *Wirklichkeit* gestellt haben.

Was bedeutet diese spiegelbildliche Verkehrung unserer eigenen *Identität* – in der Welt, die wir für uns um uns herum errichten – für die Beantwortung der Frage, was Zeit für den Menschen ist? Um dieser Fährte zu folgen, kehren wir aus dem Makrokosmos der Sternenwelt in den Mikrokosmos unseres Denkens – das die Galaxien durchmessen und unsere Körper auf die Umlaufbahnen der Raumkrümmung geschickt hat – zurück. Das elektronische Zentrum des Raumfahrzeuges »Discovery« in Arthur C. Clarkes Roman ist HAL – »ein heuristisch programmierter algorithmischer Computer, ein Meisterwerk der dritten Generation«[490]. Er, der allein den Zweck der Mission kennt, ist seinen menschlichen Kollegen in analytischer Problemlösung bei weitem überlegen. Trotzdem wird er von einem für ihn unauflösbaren Gewissenskonflikt – zwischen Auftrag und Loyalität zu seinen Kollegen – derart neurotisiert, dass es zur Katastrophe kommt und er den Astronauten Poole tötet. Bevor er freilich noch mehr Schaden anrichtet, wird ihm von Bowman der lebensspendende Strom abgedreht. HAL trägt in dem Roman zweifelsfrei menschenähnliche Züge – eine Vision, die durch die »realen« Fortschritte in der Forschung der *Künstlichen Intelligenz*[491] längst eingeholt ist. Er besteht unschwer den »Turing-Test«, nachdem dann ein Computer die gleiche Fähigkeit besitzt wie der Mensch, *wenn er in der Lage ist, ein Problem so zu lösen, dass ein Experte nicht mehr unterscheiden kann, ob die Leistung von einem Menschen oder einem Computer vollbracht wurde.*[492]

Sind wir also denkende Maschinen, weil wir realiter denkende Maschinen zum Mars entsenden, die einen Ausschnitt unserer Wirklichkeit millionenfach *schneller* rekonstruieren können als wir selbst? Wie entstehen Räume des Wissens, die Erkenntnis und Problemlösung ermöglichen? Und in welchem Maße ist die Beschaffenheit dieser Räume abhängig von der Struktur, durch die Erkenntnis gewonnen und ausgedrückt wird? Hat sich z. B. der Schachcomputer »Deep Thought«[493], gegen den der Großmeister Garry Kasparow 1996 unter Turnierbedingungen erstmals verloren hat, *tatsächlich* menschliche Züge angeeignet? Dieses Wunderwerk an kybernetischer Dynamisierung, in dem 9000 Partien der besten Meister gespeichert sind, rechnet pro Sekunde 720 000 Stellungen durch und schafft in drei Minuten – der turnierüblichen Bedenkzeit – 129 600 000 Stellungsbewertungen. Nach der Generierung und Bewertung der Güte dieser Stellungen werden 200 Millionen Züge auf der Basis von 50 Milliarden Einzelpositionen pro Sekunde kalkuliert.[494] Ein Schachcomputer ist – wie alle elaborierten kybernetischen Systeme – eine raffinierte Zeitkomprimierungsmaschine: Auf der Basis binärer, linearer Modelle hat er sich eine analytische Problemlösungskapazität angeeignet, die einen *kleinen* Ausschnitt menschlicher Denkleistung in extremer *Beschleunigung* simuliert.

Diese »Leistung« freilich ist alles andere als »menschlich«, denn das menschliche Denken erfasst die Situation auf dem Schachbrett *ganzheitlich*, nur ein Bruchteil jener Varianten wird vom Großmeister »errechnet«, die der Computer bis ins Detail analysiert. Erfahrung, Intuition, Imagination und ein »Gefühl« für die Konsequenzen dieses oder jenes Zuges, eine letztlich unerklärliche *zeitliche Parallelität* bewusster und unbewusster Verarbeitungsprozesse charakterisieren – selbst bei einem so »rationalen« Geschehen wie dem Schachspiel – die menschliche Verhaltensweise. Diese und das ihr zugrunde liegende menschliche Denken liegen großteils *außerhalb* formal-analytischer, linear und kausal erfassbarer Prozesse. Der »Nachteil«, den der Mensch gegenüber den schnellen Rechnern hat – die kybernetische Beschleunigung rechnerischer Vorgänge – ist zugleich sein großer Vorteil, denn problemlösende, weltverarbeitende und weltgestaltende Identität entsteht nicht aufgrund von *Zeitverknappung*, sondern aufgrund der menschlichen Fähigkeit *ganzheitlicher, assoziativer* Wahrnehmung und *zeit-räumlicher Parallelität*. Dies gilt für das Schachspiel wie für jede intuitive Erfahrung und die daraus resultierende Verhaltensweise. In Bereichen, wo Zeit und Raum offensichtlich *ver-rücken*, also *sich nicht* nach der sozialen Übereinkunft des Alltäglichen *verhalten*, tritt diese menschliche Befähigung deutlich zu Tage: ob nun ein afrikanischer Hirte auf einen einzigen Blick die Stückzahl seiner Herde erkennt[495], ein Schamane die Sprache der Bäume versteht und auf seinen »Reisen« Zukünftigem begegnet, ob nun in magischen Systemen Paralleluniversen und Totenwelten nebeneinander existieren oder wir Träume und Phantasien *verwirklicht* finden, wir also *metaphysische* Erfahrungen machen; ob uns in hochabstrakten physikalischen Theorien durch »zurückgebogene Räume« unsere eigene Vergangenheit begegnet oder wir uns durch »unendlich endlich« gekrümmte Räume ein Universum schaffen, das kein zeitliches Ende, keinen Anfang zu haben braucht.

Magische Welten begünstigen die Entfaltung dieser Intuition, dieser *zeiträumlichen Parallelität*, wohingegen sich in industrialisierten Welten die Menschen durch den Spiegel der radikalen Technisierung der Natur wahrnehmen. Nur in diesem Denken scheint der »schnelle« Rechner dem Menschen überlegen zu sein, denn der Mensch selbst wird als Analogie jener zeitkomprimierenden Maschine identifiziert, die er selbst geschaffen hat. In der Wissenschaft stieß man schon bald auf die immanente Begrenzung *linearer* Verarbeitungsvorgänge. Auf der Suche nach einer künstlichen Intelligenz, die problemlösende, weltverstehende und somit weltgestaltende Kompetenz hat, ging es vor allem um die Frage nach *feed-back*-Systemen, also Lernmodellen: Erst wenn die Maschine die Umwelt bewusst wahrnimmt – so wie der Mensch – und in ihr eine *jeweils spezifische* Zeit- und Raumstruktur verankert wird, die das einmal Wahrgenommene dann bewusst »abrufen« kann, wenn es für die aktuelle Problemlösung wichtig ist, kann die Maschine selbst ein Modell von Welt *denken* und *selbständig* reagieren. Diese Rekonstruktion von Welt wurde einerseits in der Robotik[496], andererseits in der Schaffung von »Künstlichen Neuronalen Netzwerken«[497] weiterverfolgt. In beiden Bereichen geht es um die Simulation der *Parallelität* menschlicher Denkleistung, deren enorme Komplexität der künstlichen Erschaffung von Bewusstsein enge Grenzen setzt. So besteht z. B. bei dem Versuch der Rekonstruktion von Sprache und Sprachverstehen – einem Unterfangen bei dem sich die Disziplinen der »Künstlichen Intelligenz«, Neurowissenschaft, Computer Science, Informatik, Kognitionspsychologie, Verhaltensforschung, Linguistik, Semiotik, Logik und Erkenntnistheorie treffen – nicht nur das Problem der quantitativen Verknüpfung, sondern auch der »Freisetzung« analoger, assoziativer Denkprozesse und deren Weiterentwicklung in interaktiven Prozessen. Sprache und Sprachverstehen als höchstentwickelte Formen der Kommunikation und des *gestaltenden* symbolischen Nachvollzugs von Welt kann bis heute in künstlichen Systemen nicht annähernd simuliert werden.[498]

Die hohe *Parallelität* der neuronalen Verarbeitung – Wahrnehmung, Gedächtnis, Gefühle, Erinnerung, Denken usw., sowie unmittelbare sensomotorische, psychophysiologische, gestische usw. Umsetzung – hat zur Folge, dass die menschliche Intelligenz- und Denkleistung dem in linear-analytischen Prozessen sehr viel schneller arbeitenden Computern bis heute weit *voraus* ist. Der Mensch ist keine Zeitkomprimierungsmaschine, sondern ein zeitlich und räumlich *offenes* System zur Welterfahrung und Weltgestaltung. Das Programm der radikalen Technisierung der Natur hat sich – aus dem mechanistischen Weltverständnis tretend – angeschickt, diese Welt-Offenheit maschinell zu reproduzieren. Zugleich negiert es das dieser Welt-Offenheit zugrunde liegende Prinzip der Sterblichkeit: denn *organisches* Leben entfaltet und gestaltet sich *aufgrund* seiner Befähigung zu sterben. Das effizienteste und »zeitloseste« *feed-back-System*, der einzige wirkliche Lehrmeister des Bewusstseins ist der eigene Tod. Wir simulieren Erkenntnis in linear-zeitlichen Systembedingungen, obwohl uns die Zyklizität des Lebens ein anderes Modell von Wirklichkeit vorführt: Erst wenn intelligente Maschinen »vergänglich« geworden sind, erst wenn sie das Bewusstsein der eigenen Sterblichkeit *in sich tragen* und durch dieses Bewusstsein – so oder so – Welt gestalten, werden sie eine – menschenanaloge – Identität erhalten haben. Umgekehrt werden wir, die wir glauben klüger zu sein, als unser Lehrmeister: die Evolution, zu Maschinen, also zu *identitätslosen*, dann freilich womöglich »ewig« lebenden Wesen werden, wenn wir die Perspektive der Endlichkeit mit der Perspektive der Unverletzbarkeit vertauschen.

Noch virulenter als im kybernetischen Bereich zeichnet sich dieses Problem in der Humangenetik ab: denn die »Verteilung« relativer Unverletzbarkeit und relativer Unsterblichkeit wird nach den Umverteilungskriterien der »alten Welt« erfolgen, jener, in der Reiche reicher und länger und gesünder leben, und jener, in der Arme aus dem Programm der »artifiziellen« Reproduktion von Leben ausgeklammert sind. Sowohl im kybernetischen als auch im gentechnologischen Bereich geht es nicht nur um die »Domestikation« der Natur, sondern auch um die »Domestikation« des Menschen in ihr. Der Tod lässt sich nur – temporär – besiegen, indem der Mensch an neue, bislang ungeahnt *mächtige,* Abhängigkeit erzeugende Strukturen angebunden wird. Wenn sich die Maschine nicht *konform* verhält, dann wird ihr der Strom abgedreht, wenn sich der Mensch nicht *konform* verhält, dann wird ihm das »Menschsein« auf »transformierter« Ebene verunmöglicht sein. Im kybernetischen und gentechnologischen Weltbild ist Leben etwas, das – aus menschlicher »Vernunft« heraus – geschaffen wird: die Erfüllung des neuzeitlichen Programmes der – technisch gestützten und tradierten – Todesverachtung. Leben kommt aus dem Labor, Natur wird mit dem kränkenden Tod identifiziert!

Der radikalen Vernichtung der Zeit durch die technoiden Selbstvergottungsprogramme des reichen Menschenfünftels auf dieser Welt sind noch genug Stolpersteine in den Weg gelegt. Dennoch zeichnet sich am Horizont eine »Entwicklung« ab, die – sofern *Zeit* nicht anders begriffen wird – zu einer Reproduktion des organischen, des biologischen Selektionsprozesses selbst führt. Wer setzt dann den Tod, das Leben?[499] Jene, die über die *Macht* verfügen, Leben zu erhalten, zu verändern, zu erschaffen? Der Mensch wird dann endgültig »zum Züchter des Menschen« – eine Tatsache, der Universalethik und Humanismus in erschrockener Ohnmacht gegenüberstehen. Peter Sloterdijk, der wortgewaltige Philosoph, dessen notwendiger Aufruf zur Formulierung eines »Codex der Anthropotechniken«[500] zu entrüsteten Diskussionen geführt hat, die gezeigt haben, wie sehr wir die Augen vor den Konsequenzen unserer eigenen »Gottähnlichkeit« verschließen, formuliert pointiert: *Es gibt ein Unbehagen in der Macht der Wahl, und es wird bald eine Option für Unschuld sein, wenn Menschen sich explizit weigern, die Selektionsmacht auszuüben, die sie faktisch errungen haben ... Ob aber die langfristige Entwicklung auch zu einer genetischen Reform der Gattungseigenschaften führen wird – ob eine künftige Anthropotechnologie bis zu einer expliziten Merkmalsausprägung vordringt; ob die Menschheit gattungsweit eine Umstellung vom Geburtenfatalismus zur optionalen Geburt und zur pränatalen Selektion wird vollziehen können – dies sind Fragen, in denen sich, wie auch immer verschwommen und nicht geheuer, der evolutionäre Horizont vor uns zu lichten beginnt... Für den modernen Leser – der zurückblickt auf die humanistischen Gymnasien der Bürgerzeit und auf die faschistische Eugenik, zugleich auch schon vorausschaut ins biotechnologische Zeitalter – ist die Explosivität dieser Überlegungen nicht zu verkennen... Zweieinhalbtausend Jahre nach Platons Wirken scheint es nun, als hätten sich nicht nur die Götter, sondern auch die Weisen zurückgezogen und uns mit unserer Unweisheit und unseren halben Kenntnissen in allem allein gelassen.*[501]

8 Die Sehnsucht nach den Sternen

Je mehr Platons »Höhlenbeispiel« in Vergessenheit gerät, desto aktueller wird es: Schon längst sind die von den flackernden Fackeln an die Felswände geworfenen Schatten – anhand derer sich die Frage nach der Wirklichkeit, nach Schein und Sein entfachte[502] – zu Maschinen, Bildschirmen und genetischen »Schaltplänen« geworden. Nie zuvor in der Geschichte der Menschheit sind die Menschen derart explizit anhand ihrer die Welt bevölkernden, gestaltenden und bewegenden Technologien gespiegelt worden. Wenn das Maschinenanalogon zur Psychotherapie vor etwa hundert Jahren die Dampfmaschine war, so ist das Maschinenanalogon für die Gegenwart der Cyberspace, in dem sich die raum-zeitlichen Bindungen gleichsam auflösen, die Welt *in einem* verfügbar gehalten wird und die biologischen Körper, das organische Leben in Kommunikation, Konsum, Gelderwerb, Informationsbeschaffung usw. *real* nicht mehr oder nur in Form ihrer symbolischen Repräsentation vorhanden sind. Der Sehnsucht nach technischer Verewigung folgt die Sehnsucht nach Auflösung der Körperhaftigkeit: Wir *entschwinden* als reale sterbliche Wesen durch die Hintertüre unserer in all ihrer Entgrenzung *begrenzten* Vorstellungen von Leben! Wenn unsere Körper keine Schatten mehr an die Felswände werfen, dann zerrinnt die philosophische Frage nach Sein und Schein, Wirklichkeit und Imagination, Tod und Leben in Nichts.

Die »Herrschaft des Menschen über den Menschen« – das Leitmotiv der Neuzeit und ihres »aufklärenden« Wirkens –, deren Fortsetzung sich konsequent in den neuen Technologien zur Reproduktion von menschlicher Intelligenz und organischem Leben abzuzeichnen beginnt, könnte daran scheitern, dass es in absehbarer Zukunft kein *reales* Leben mehr gibt, das noch – nach den Kriterien der alten Welt – beherrschbar ist. Diese Sicht ist zumindest Teil jener in den reichen Ländern weit verbreiteten »New-Age« und »Light-Age«-Philosophien, die der »Banalität der Endlichkeit« durch »Transformation des Todes« im Diesseits entgehen möchten. In der westlichen Welt, in der die Erkenntnisproduktion seit gut einem halben Jahrhundert als Folge umfassenden – auf Konkurrenz basierenden – Reichtums »individualisiert« wurde und keine sozial verbindlichen kosmologischen Konzepte die Erklärung für die Vernichtung, bzw. den Fortbestand von Zeit – und damit über den »Sinn« des Lebens – liefern, erfreuen sich »Entmaterialisierungs«-Philosophien unterschiedlichster Seriosität besonderer Beliebtheit. Die »große Transformation« steht an, welche die Erfüllung unserer »Sehnsucht nach den Sternen« in greifbare Nähe rücken lässt. Nach industrieller, kybernetischer und gentechnologischer Revolution wird der Kampf gegen die Zeit, als Kampf gegen die eigene Sterblichkeit, auf der Ebene »neuer« metaphysischer Sinnstiftung fortgeführt.

Nachdem der Astronaut Bowman den unzuverlässigen Computer HAL eliminiert hat und durch das »Sternentor« in jene Dimensionen gefallen war, »in die sich kein Mensch begeben sollte«, trifft er im »Universum von hundert Milliarden Sonnen« auf Manifestationen transformierter, entmaterialisierter, ehemals menschlicher Intelligenz: *Draußen, inmitten der Sterne trieb die Evolution neuen Höhepunkten zu. Die ersten Besucher der Erde hatten längst ihre Grenzen von Fleisch und Blut erreicht, sie führten die Entwicklung unablässig weiter. Sobald ihre Maschinen besser waren als ihre Körper, zogen sie unbeirrt die Konsequenzen. Sie übertrugen erst ihre Gehirne und dann ihre bloßen Gedanken in glänzende Gehäuse von Metall und Plastik ... Aber das Zeitalter der beseelten Maschinen ging schnell vorbei. Bei ihren ununterbrochenen Versuchen hatten sie herausgefunden, wie sie ihr Wissen in der Struktur des Raumes und ihre Gedanken in den Wellen des Lichts speichern konnten. So befreiten sie sich schließlich von der Tyrannei der Materie und wurden Geschöpfe der Strahlung. Sie verwandelten sich also in reine Energie, und auf Tausenden Welten verkümmerten und verstaubten die leeren Hüllen, die sie abgestreift hatten ... Jetzt waren sie die Herren der Milchstraße und unabhängig auch von der vierten Dimension: der Zeit. Ohne Schranken von Raum und Zeit vermochten sie zwischen den Sternen zu wandeln. Doch trotz ihrer gottgleichen Macht hatten sie ihren Ursprung im warmen Schlamm eines längst verschwundenen Ozeans nicht vergessen.*[503]

Nicht nur die versöhnliche Demut, welche die »Herren der Milchstraße« mit ihrem eigenen geographischen Ursprung verbindet, sondern auch die Befreiung aus der »Tyrannei der Materie«, aus der Begrenzung von »Fleisch und Blut«, von »Raum und Zeit« erinnern im Sciencefiction-Roman an jene transzendentale Entgrenzung, die wir als zentrales Motiv in vielen Erlösungs-Religionen – insbesondere auch im Hinduismus, im Buddhismus und im Christentum – wieder finden. In den »Entmaterialisierungs-Varianten« des Light Age freilich scheint der »warme Schlamm eines längst verschwundenen Ozeans« regelrecht in Vergessenheit geraten zu sein. Da wo Gott oder Götter als regulierende Zentralinstanz nicht mehr über die Verewigungssehnsucht der Menschen wachen, sind der Selbstvergottung – und sei es in der Form »reinster Energie« – im wahrsten Sinne des Wortes keine Grenzen gesetzt.

Es verwundert keineswegs, dass die Simulation organischer Systeme mit einer Renaissance der »Lichtenergie-Philosophien« Hand in Hand geht. Im Spiegel der »gottgleichen« Verewigung wird hier wie dort der Endlichkeit von »Fleisch und Blut« der Kampf angesagt, bedeutet »transformiertes Leben« Entzeitlichung oder umgekehrt: der Tod das Ende der eigenen Imagination von Unsterblichkeit. Sowohl die technoiden als auch die transzendentalen Verewigungsmodelle basieren auf linearen, dynamisch-evolutionären Zeitkonzepten, in denen es nicht möglich ist, an den tatsächlichen oder vermuteten Anfangspunkt einer Entwicklung *zurückzukehren*. Technik und Spiritualität *müssen* sich gleichermaßen *entwickeln*. Sie folgen derselben Entwicklungslogik, die weiter oben ausführlich verhandelt wurde: Dort, wo es zu wenig Zeit für Entwicklung und zu viel Zeit für Individualisierung im Sinne der Autonomisierung individueller Erfüllungsversessenheit, individueller »Sehnsucht nach den Sternen« gibt, entstehen keine transzendentalen Bedürfnisse zur Vernichtung der vierten Dimension – der Zeit. Zirkuläre, zyklische Wiederkehr von Zeit bedeutet, den Tod gleichermaßen *sinnvoll* zu erleben wie die Relativität und Verletzbarkeit des Selbst angesichts einer Schöpfung, deren Beseeltheit wesentlich auch aus anderem besteht als aus eigener Selbstidentifikation.[504]

In welche Gegenwart also sind wir aufgebrochen? Die Vorstellung von der Welt *außerhalb* der jeweils als Grenzen erfahrenen Bedingungen des eigenen Denkens, Handelns, Fühlens entspricht jeweils den Vorstellungen *innerhalb* jener Grenzen, denen wir nach wie vor unser Menschsein verdanken. Das atemberaubend *Unerklärliche* an der *gegenwärtigen* Situation ist, dass man zwar mit einiger Präzision analysieren kann, *wohin* uns zeitlich-räumliche Entgrenzungen geführt haben, zu welchen Verfahrensweisen mit Welt, zu welchen sozialen Konsequenzen, transzendentalen Modellen und Endlichkeit relativierenden Techniken sie uns *bewegen*. Wir können aber keineswegs feststellen, dass die Zeit, so wie sie uns in den unterschiedlichsten Bildern unserer Reise durch die Zeit gegenübergetreten ist, auch nur annähernd jenes verbindende »Gemeinsame«, jenen »Ort«, jene »Gewissheit« beinhaltet, nach der wir uns – auch in dem Greifen nach den

Sternen - *sehnen*. Die vierte Dimension, die Zeit, ist in alldem eine äußerst variable Konstruktion zur Erfassung von Leben und dessen Bewegung geblieben. Wir können sagen, was die Zeit *für* die Menschen ist - jeweils *gemessen* an kulturellen, sozialen, ressourcenabhängigen und technischen Standards. Wir können sagen, was die Zeit *für* den einzelnen Menschen ist - jeweils gemessen an seiner Herkunft, seinen »Zukunftsplänen«, seiner religiösen Überzeugung oder seinem Umgang mit Geld. Wir können aber nicht sagen, was die Zeit selbst ist! Den großen physikalischen Theorien über Zeit, Endlichkeit und Unendlichkeit stehen kulturelle, soziale und individuelle Eigenzeiten gegenüber, die uns die Gestaltung der Welt - und somit auch des Universums - als Kaleidoskop unendlich vieler und vielgestaltiger Spiegelsplitter vor Augen führen. Das, was wir wahrnehmen, wird dabei wirklich sein, aber das, was jeder von uns als Wirklichkeit und damit als Zeitlichkeit begreift, wird so unendlich verschieden sein wie die unendliche Verschiedenartigkeit des Menschseins an sich.

9 Eigenzeiten

Kehren wir aus dem Makrokosmos transzendentaler »Entzeitlichung« ein letztes Mal in die Bedingungen menschlicher Alltagsexistenz zurück. Folgen wir den Strukturen des »Fleisches und Blutes« von atmenden menschlichen Lebewesen - gleich wo auf der Welt -, so erkennen wir, dass dem Mikrokosmos menschlicher Denkleistung und individuellen Bewusstseins weder eine bestimmte Zeit- noch eine bestimmte Raumstruktur zugrundegelegt ist. Diese faszinierende Erkenntnis wäre ohne die den Makrokosmos betreffenden physikalischen Paradigmenwechsel wiederum nicht denkbar: das Universum, so wie wir es denken, und unser Menschensein, so wie wir es begreifen, sind kommunizierende Gefäße, Spiegelbilder der Wahrnehmung und Verarbeitung von *Leben*. Die Neurophysiologie erkennt etwa *zeitgleich* mit dem sich anbahnenden Paradigmenwechsel in der Physik, dass Raum und Zeit weder etwas Absolutes sind noch eine Abstraktion von den Dingen, sondern eine physiologisch in neurokognitiven Systemen und Netzwerken angelegte Gestaltungsleistung, die Welt so zu *konstruieren*, wie wir sie *erfahren*.[505] Der einsteinschen Eigenzeit, in der die Zeit der Körper durch die mitbewegte Uhr gemessen wird, entspricht die Eigenzeit des Menschen, dessen Zeit den individuellen Bewegungen des Lebens analog zu sein scheint, die den Raum, innerhalb dessen gelebt wird, gestalten. Einen »Ort« der Zeit – der noch dazu physiologisch bestimmbar ist – scheint es nicht zu geben: *Genauso wenig, wie wir durch die Struktur unseres Gehirns selbst auf eine bestimmte Raumanschauung festgelegt sind, sind wir auf eine bestimmte absolute Zeit festgelegt. Es scheint ... bemerkenswerterweise keine eindeutigen lokalen Beziehungen im Großhirnbereich zu geben, die für einen einheitlichen Zeitsinn verantwortlich sind,*[506] schreiben der Neurophysiologe Franz Seitelberger und der Erkenntnisphilosoph Erhard Oeser. Zeitliche und räumliche Relativität charakterisiert das menschliche Denken, der »Strom des Bewusstseins« ist durch die auf mehr als 100 Milliarden Nervenzellen basierenden Netzwerke des Gehirns weder determiniert noch behindert, er »kann fließen, wohin er will« – in Träume, Phantasien, in magische Manipulation, in *ganzheitliche* Erkenntnis.

Neuronennetzwerke lassen sich in eindimensionalen Ketten, auf zweidimensionalen Flächen, aber auch in drei-, vier-, fünf-, prinzipiell n-dimensionalen Räumen abbilden und beschreiben.[507] Demnach ist *nach dem Auftreten der einsteinschen Relativitätstheorie eher die Frage zu stellen, warum denn gerade die 3-Dimensionalität des Raumes ausgezeichnet sein soll. Denn das Gehirn selbst mit seinen Netzwerkstrukturen gibt dazu keinen direkten Hinweis oder Anlass!*[508] Die *Selbstreferentialität*, nach der das, was wir über die reale Welt und ihre Zeit aussagen können, selbst nur »Aussagen über die kognitive Welt der Erscheinungen sind, die in diesem Gehirn produziert worden sind«[509], scheint sich also auch in der *Dimensionalität,* in der und durch die wir denken, fortzusetzen: je weiter die Wissenschaft *vorangeschritten* ist, desto mehr und unumkehrbarer haben sich die Paradigmen des Ortes, des Raumes, der Zeit auf *relative* gestaltungsabhängige Konstrukte *reduziert* oder *entgrenzt*, die auch die Dimension des Bewusstseins, des Erkennens und des Denkens prinzipiell offen lassen. Das menschliche Gehirn ist also keineswegs ein »objektiv« physiologischer Zeitgeber für den Raum, den wir durch unser Bewusstsein erkennen oder schaffen, ebenso wenig scheinen dies andere biologische Rhythmen zu sein – setzten diese nämlich »menschliche« Zeit, so müssten sie schneller als die kleinsten »erlebbaren« Zeiteinheiten sein, die von den Sinnesphysiologen als »Momente« bezeichnet werden: *Messbar sind diese Momente, die unterschiedlich sind, weil sie von der Modalität und dem Komplexitätsgrad der Reize abhängen, dadurch, dass man das Zeitintervall feststellt, in dem noch gerade das zeitliche Nacheinander von Ereignissen unterschieden werden kann. Da aber alle diese Momente ... nach genauen Untersuchungen im Bereich von Millisekunden liegen, kommen Atmung oder Herzschlag als Zeitgeber nicht in Frage.*[510]

Der Mensch strukturiert definitiv die Zeit und den Raum, in dem er als zeitliches Wesen existiert, denkt und stirbt. Die Summe der äußerst variablen Eigenzeiten – nach Maßgabe zu bewältigender Aufgaben und subjektiv erlebter Momente gesetzt – ergeben jenen »Fluss der Zeit«, dessen *Richtung* die einzige Gewissheit ist, die über Zeit erlangt werden kann: Vergangenheit, Gegenwart und Zukunft sind unumkehrbar! Gleiches gilt für die »erinnerte« Zeit, auch wenn sie von dem betroffenen Individuum nicht mehr aktiv erinnert werden kann. Ramón y Cajal schreibt: *Derjenige, der sich eine Aufgabe gestellt hat, ist nicht mehr derselbe, der sie später gelöst hat. Er hat sich auf irreversible Weise in seiner Bewusstseinsstruktur verändert, und das gilt auch dann noch, wenn er die Lösung längst wieder vergessen hat!*[511] Damit ist die *Lernbefähigung* des Menschen und allen organischen Lebens durch den »Fluss der Zeit« angesprochen – denn strukturelle Information entsteht und vergeht nicht nach der gleichen Art, sie ist in allen organischen Prozessen vollkommen klar voneinander differenzierbar und stellt keinesfalls eine symmetrische Relation dar: Spulen wir den Film der Zeit zurück, so werden wir Wachstum und Fäulnis unschwer voneinander unterscheiden können.[512] Am Anfang unserer Reise durch die Zeit angelangt, werden wir auch erkennen, dass die kognitive Erscheinungswelt, die Welt, die uns umgibt, in der wir atmen, in der wir handeln, deshalb die einzig zweifelsfreie *Realität* ist, weil wir uns *aktiv* zu ihr *in Beziehung* setzen, weil wir sie durch unsere Gestaltungsleistung *beseelen* und sie so zu *unserer* Ordnung von Zeit machen. Wir realisieren diese Welt durch uns selbst. Und die eigentliche Funktion des zeitlichen Bewusstseins von uns selbst *ist das aktive ziel- und planvolle Beobachten und Abhorchen der eigenen Umgebung, um sie nach internen Plänen und Vorstellungen umzuändern. Dadurch entstehen »Weltbilder« und menschliche Kulturen, die die reale Außenwelt zum Spiegel interner Konstruktionen machen.*[513]

Wir haben die Wahl, welchem Bild von Menschsein wir in dem Spiegel der Zeit zukünftig begegnen werden. Die Entscheidung wird in jedem Moment der Gegenwart getroffen, in jeder uns als tätige Wesen verwirklichenden und Welt gestaltenden *Bewegung*. Menschliche, soziale und kulturelle Ordnung sind zeitlich und räumlich bedingte Konstrukte, selbsterschaffene Regeln eines in sich – nur unter der Bedingung temporärer Sicherheit! – beheimateten Wesens. Es liegt eine große Chance darin zu erkennen, dass der Mensch als Begründer seiner Welt für die Zukunft – deren Richtung und Bedeutung unumkehrbar ist – *allein* verantwortlich ist: denn in den Bedingungen der »modernen Zeit« und des »modernen Denkens« gibt es kein Referenzsystem mehr, aus dem heraus sich die Existenz des Menschen und seiner so vielfältigen Welten *unabhängig* von ihm selbst erklären lässt!

Greifen wir also nach den Sternen, entgrenzen wir diese zeitliche *Bedingung* von Sein, sehnen wir uns in den Zustand der unvergänglichen Strahlung, des ewigen – weil nicht mehr als organisches Leben *wiederkehrenden* – Todes oder *bejahen wir* unsere Vergänglichkeit als Voraussetzung für eine *lebendige* Zukunft von Morgen? Fliegen wir als Maschinenintelligenz in den interstellaren Raum, manipulieren oder reproduzieren wir »Leben« aus der Retorte, *entfernen* wir uns von der Zyklizität und nähern wir uns noch radikaler der Linearität an, oder begreifen wir uns als ganzheitlich verbundene, ganzheitlich denkende, lebende, liebende, lernende und sterbende Wesen? Vernichten wir die Zukunft in der Gegenwart oder leben wir die Gegenwart in der Zukunft? Bauen wir Raumschiffe oder verhindern wir Verelendung? Haben wir *Zeit zu sein*, oder nur noch *Zeit zu verlieren*? Trachten wir danach, das Paradies immer *woanders*, außerhalb unserer zeitlich bedingten menschlichen Existenz, zu errichten, oder kehren wir in diese wissentlich zurück, stolz darauf, *begrenzt* zu sein, stolz auch darauf *demütig* und *bescheiden* sein zu können? Werden wir Gott oder bleiben wir Mensch? Es liegt an uns, welchem Konzept von »Wirklichkeit« wir folgen, und es wird an uns liegen, ob und wann *unsere* von uns erschaffene Wirklichkeit *uns selbst* als zeitliche – Vergangenheit, Gegenwart und Zukunft gleichermaßen in uns vereinigende – Lebewesen nicht mehr zu *tragen* vermag.

10 Vergegenwärtigung

Jedes *außerhalb* des Menschen und *seiner* Gegenwart liegende »Paradies« ist in dem Moment der »Erfüllung« zu seinem Gegenteil geworden. Nachdem Sanabeh, meine Kollegin Sigrid Awart und ich den Film über das Goldminenprojekt auf der südpazifischen Insel Lihir abgedreht hatten[514], brauchten wir nicht viel über den Titel nachzudenken: »Das Paradies ist anderswo« – nicht nur für die mit den »Segnungen« der westlichen Welt und der »neuen Zeit« konfrontierten Bewohner einer jahrtausendelang nahezu unverändert gebliebenen Inselgesellschaft, sondern ebenso für uns, die wir die »Erfüllung« der Zukunft in der Gegenwart – trotz enormer Anstrengungen – letztlich nicht finden und rastlos aufbrechen, um sie *woanders* zu suchen. Wir erkennen die Zeichen unseres Scheiterns im Umgang mit Zeit zumeist erst im *Nachhinein*. Wir gestalten uns die Welt nach Maßgabe unserer Vorstellung von Glück. Aber hat unsere Vorstellung von Glück tatsächlich etwas mit uns selbst zu tun? Es ist schwierig, die Zeit der Menschheit *zurückzudenken*, noch schwieriger ist es, die Zeit der eigenen Entwicklung *nachzuempfinden*. Denn in jeder Zeit tun wir so, als wäre das, was wir über uns selbst denken, das, was wir planen, das, worauf wir verzichten, das, was wir für möglich oder unmöglich halten die selbstverständliche, die nötige Antwort auf die Frage nach der Wirklichkeit *außerhalb* unseres eigenen Seins.

In dem Gefängnis oder den unendlichen Universen unserer Imagination von Sein entfalten wir unsere eigene Geschichtlichkeit: das Leben lebt sich nicht von allein, es bedarf unserer aufrechten, *bewussten* Begleitung! Wir können uns entscheiden, auch dafür, *nicht* entschieden zu sein. Dann perpetuieren wir die Vorstellung eines gehetzten und in seiner Gehetztheit versäumten Lebens. Wir nähern uns der Verewigung unserer Wünsche an, indem wir Vergangenheit, Gegenwart und Zukunft als jeweils nicht-eingelöstes und letztlich nicht-einlösbares Versprechen an uns selbst begreifen. Wir können uns aber auch dafür entscheiden, *entschieden* zu sein! Der Vergegenwärtigung unseres Selbst folgt dann die *Gewissheit*, nichts versäumt zu haben, uns in den Bedingungen unseres Selbst wahrgenommen zu haben und Leben als das zu belassen, was wir in unseren Körpern und Seelen – jenseits der Vorstellung zu *herrschen* – von ihm *in uns* gespiegelt finden: ein Werden, Annähern, Reifen und Wachsen, das sich in die Bedingung *eigener* Sterblichkeit gleichermaßen selbstverständlich fügt wie in die Bedingung *eigener* Lebendigkeit. Diese Vergegenwärtigung macht »Alltäglichkeit« als Besonderes erfahrbar, sie erlaubt *Hinwendung* zu Ereignissen, zu Menschen, zu Lebewesen und zu Dingen, ohne durch diese *aufgehalten* zu sein, in ihr nimmt »nicht *die ganze Welt* Platz, sondern *man selbst*, und zwar mit der Bereitschaft zur vollen Anwesenheit. An die Stelle der Logik der Beschleunigung, die die Plausibilität für sich zu haben schien, träte das Wagnis der Verlangsamung!«[515] Wir brauchen uns *unsere* Zeit nicht nehmen zu lassen, weder durch die Vorstellung der Selbstvergottung noch durch jene der Selbstvernichtung. Gott und Untier beiseite lassend, bedarf es nur eines *einzigen* Augenblicks, einer Zehntelsekunde der *Hinwendung* an das scheinbar Nebensächliche, an das scheinbar Zeitlose. Dem *Zeitlosen* unserer Zeitlichkeit verdanken wir die Fähigkeit, auf dieser Welt *Erfüllung* zu finden. Nicht, weil wir sie suchen, sondern weil wir sie – im Moment unserer Sichtbarwerdung, unserer Geburt, unseres Todes – personifizieren, weil sie uns in unserer *Zeit zu sein* als gleichermaßen unverlangtes, wie unerklärliches *Geschenk* mit auf den Weg gegeben worden ist.

»Erst wenn wir arm geworden sind, werden wir wieder eine Zukunft haben. Erst wenn wir arm geworden sind, werden wir wieder lernen zu sterben.« Jene, welche die Mühsal von Zeitreisen auf sich nehmen, können

Erstaunliches erfahren: etwa, dass die Welt keineswegs so ist, wie sie jeweils scheint, oder, dass die Zeit keineswegs so tickt, wie wir sie unausweichlich in der Rhythmik unserer täglichen Bewegung festgeschrieben glauben. Zeit ist – jenseits ihrer wissenschaftlichen Betrachtung – auch immer ein *Dazwischen*; Gegenwart eine Möglichkeit, sich selbst – jenseits des Denkens über sich selbst – *gewiss* zu sein. Gewissheit bedarf keiner Abstraktion von Gewusstem. Oft scheint es sogar umgekehrt zu sein: Je weniger die Abstraktion, die sprachliche Metaebene zur Feststellung von Wirklichkeit herangezogen wird, desto eher entspricht das Wahrgenommene dem *Gefühl* von Wirklichkeit. *Zeit zu sein* ist Zeit *fühlen* zu können: Wenn ich hinaus aufs Meer zum Angeln fahre, schaukle ich ruhig in der »Zeit der Gezeiten«, wenn ich meine zwei Jahre alte Tochter auf den Schoß nehme, sehe ich in ihren Augen die »Zeit des Wachsens«, wenn ich in meinem Haus auf der Karibikinsel Grenada mit Magnus, unserem Gärtner, Rum trinke und Karten spiele, er seine muskulösen Hände auf den Tisch knallt und die mit unzähligen Falten durchzogenen Finger siegessicher spreizt, dann erlebe ich mit ihm eine ebenso bewegte wie genossene Vergangenheit, die ihn und diese Insel und meine Wahrnehmung von beiden verbindet. Vielleicht ist *Zeit* das, was *nach* unserem Bemühen, der Zeit gerecht zu werden, übrig bleibt. Vielleicht besteht die Zeit, die uns unsere Wirklichkeit und unsere Bewegung in diesem Leben wahrnehmen ließ, vielleicht besteht *Vergegenwärtigung* aus dem Raum *zwischen* unserem Bemühen, die Zeit einem Nutzen, einem Mittel und einem Zweck zuzuführen. Vielleicht ist die Zeit, die unserer *Erinnerung* verbleibt, jene, die *nie* in unserem angestrengten Denken beheimatet war: Die »Zeit der Nicht-Nutzung«, die »Zeit der Verrückung« und immer wieder die »Zeit der Liebe«, die aus sich heraus weder erklärbar geschweige denn planbar oder aus dem eigenen Wunsch und Willen heraus veränderbar oder verwirklichbar ist.

Entgegen der neuzeitlichen Utopie diesseitiger Verewigung lässt sich unsere zeitliche Gebundenheit, unsere genealogische Funktion *zwischen* Vergangenheit und Zukunft in der Gegenwart unserer unveräußerlichen körperlichen Existenz weder leugnen noch durch spirituelle oder technoide Programme ungeschehen machen. Wir sind *nur* das, was wir sind, aber in dieser *Begrenzung* voll Würde und Lernfähigkeit: Der Lernende freilich bedarf großer *Geduld*. Außerhalb der Geduld des Lernenden existiert bloß momenthafte Befriedigung und kurzweilige Informationsbeschaffung. Geduld und Demut, die in den gerontokratischen Lernmodellen vermittelt wurden, sind keine Tugenden beschleunigter Zeiten. Jenseits der »alten Welt«, die beseelt und bewohnbar war, in der Magie, Subsistenzorientierung und Umverteilung eine Identifikation mit der Natur ermöglicht haben, konsumieren und akkumulieren wir uns in einem uns selbst und unserer Erfüllungsversessenheit vorauseilenden Gehorsam zu Tode. Wir leben zu lang und zu kurz in einem. Wie identifizieren uns mit toten, aber lebensverlängernden Maschinen. Die Länge unseres Lebens vermag dem Tod keinen Sinn zu geben, und die eilfertige Kürze unseres Lebens vernichtet die Zukunft auf Kosten Zukünftiger. In diesem Dilemma offenbart sich das Elend unserer reichen Existenz. Wir sinken auf den Grund einer dunklen Welt: die Sterne, die uns einst die Wege in die Zukunft gewiesen haben, sind zu schwarzen Löchern, einer Welt ohne Leben, ohne Tod, *ohne Zeit* kollabiert.

Bilder von Zeit – was sie *für* den Menschen ist, wie sie entsteht und vergeht – unterliegen dem allumfassenden Prinzip der Vergänglichkeit *innerhalb* der von Menschen bewohnten und gedachten Welt. Vergangenheit, Gegenwart und Zukunft spiegeln die »vielen Familien von Geschichten«, die wir füreinander und oft auch gegeneinander erzählt haben. Nichts von dem, was in der Vergangenheit war, wird in der Zukunft nicht enthalten sein, nichts von dem, was in der Gegenwart ist, war in der Vergangenheit nicht *auch* vorweggenommen. Mehr als das lässt sich über das, was Zeit *für* die Menschen ist, letztlich nicht sagen. Dies sollte genug Gewicht haben, um *Zeit zu sein* nicht gegen eine illusionäre Zukunft zu tauschen. Dann werden wir und unsere Kinder noch viele Geschichten erzählen: spannende, bunte, verletzende und befreiende Geschichten über Menschen und Kulturen, Zeiten und Räume, die sich voneinander unterscheiden dürfen und trotzdem, gerade ihrer Unterschiedlichkeit und dadurch Vergänglichkeit wegen, Teil jener großen Erzählung sind, die früher einmal »Schöpfung« genannt wurde.

Anmerkungen

Teil I

[1] Neuirland (New Ireland) gehört heute zu dem 1975 unabhängig gewordenen Nationalstaat Papua Neuguinea und stellt die Hauptinsel der etwa zwischen dem 2. und 5. Grad südlicher Breite und 150. und 153. Grad Länge gelegenen Gruppe im Südpazifik dar. Die sich östlich von Neuirland befindende Inselgruppe Lihir, auf der die Sprache Lir gesprochen wird, besteht aus den Inseln Lihir, Mali, Masahet und Mahur.

[2] Zu dieser Zeit wurden erste Vorarbeiten für den Bau einer Goldmine auf Lihir getroffen, die fünf Jahre später die Insel und ihre Bewohner vollkommen verändert hatte. Sigrid Awart hat anhand dieses Goldminenbaus schrittweise dokumentiert, wie sich eine indigene melanesische Gesellschaft innerhalb weniger Jahre radikal verändert. Sie hat die Veränderungen schließlich auch in einer gemeinsam mit dem Autor produzierten Dokumentation (Das Paradies ist anderswo/ORF/3Sat) filmisch dargestellt.

[3] Das vom Österreichischen Fonds zur Förderung der Wissenschaftlichen Forschung finanzierte Projekt »Akkulturation und sozialer Wandel in ehemals segmentären Gesellschaften – am Beispiel des Hochlandes von Papua Neuguinea« hat ein umfassendes Bild der Transformationsprozesse dagestellt. Mitarbeiter dieser interdisziplinären Forschung, die qualitative, quantitative und ethnographische Methoden gleichermaßen einsetzte wie ökonomische und sozialpsychologische Analysen, waren u. a.: Paul Roche, Jerry Hebale, Bernadette Mainge, Alex Belschan, Joachim Schwendenwein, Gimbai Sino, Ignatius Bolokon, David Sumai und Jimmy Roger Ulka Somare. In den Jahren 1991 bis 1993 sowie in den Jahren 1996 bis 1998 wurden von Sigrid Awart Paralleluntersuchungen zu weiblichen Verarbeitungsstrategien von Akkulturationsprozessen durchgeführt. Die zentralen Ergebnisse der Forschung im Hochland liegen vor in dem Buch: Obrecht, A. J. (1995): Panoptismus in Papua Neuguinea – Akkulturation und sozialer Wandel in ehemals segmentären Gesellschaften. Frankfurt, New York; Ergebnisse der Forschungen auf Lihir unter besonderer Berücksichtigung des Problems der Adoleszenz im rapiden Kulturwandel sind u. a. dargestellt in Awart, S. (1997): Schweineschmaus oder Discorausch. In: Ethnopsychoanalyse 5 – Jugend und Kulturwandel. Frankfurt.

[4] Aufgrund eines fehlenden Straßennetzes wird der Großteil der Infrastruktur im Hochland von Papua Neuguinea durch ein von der Missionsfluggesellschaft MAF organisiertes Flugverbindungssystem aufrechterhalten. Auch in sehr entlegenen Urwaldregionen werden mit Hilfe der ansässigen Bevölkerung Air-Strips – Graslandeflächen in der Länge etwa eines Fußballfeldes – angelegt, um eine »Basisversorgung« der Bevölkerung und natürlich auch die Möglichkeit der Missionstätigkeit sicherzustellen.

[5] Dies sollte sich im Zuge des Baus der Goldmine rasant ändern. Als wir fünf Jahre später auf Lihir den Dokumentarfilm drehten, standen uns nicht nur Telefon, Fax, E-Mail, sondern auch die Möglichkeit von DHL-World Wide Schnellservice und andere zeitsparende Einrichtungen zur Verfügung.

[6] Wantok ist ein Wort aus dem Neomelanesischen und leitet sich von »One-Talk« ab, bezeichnet also jene Menschen, die die gleiche Sprache sprechen, in weiterer Folge, die der gleichen Ethnie, Kultur angehören.

[7] Vgl. hierzu die Ausführungen von Norbert Elias, an dessen Zeitkonzeption der Begriff *soziozentrisch* angelehnt ist: *Die Athener verglichen das Intervall zwischen dem Anfang und dem Ende des Ablaufs zweier Reden, also zweier nicht wiederholbarer sozialer Wandlungskontinuen, die sich nacheinander ereigneten, mit dem Intervall zwischen dem Anfang und dem Ende des Ablaufens von Sand in einer Sanduhr – eines wiederholbaren Wandlungskontinuums, das nach unserem Schema der Dinge als »physikalisch« oder »natürlich« eingestuft werden könnte. Wenn man sagt, die Athener maßen die »Zeit« der Reden, dann meint man damit einfach, dass sie die Intervalle zwischen ihrem Anfang und ihrem Ende miteinander vergleichbar machten, indem sie sie in Beziehung setzten zu den Intervallen zwischen dem Anfang und Ende unbelebter Prozesse, die im Gegensatz zu den Reden wiederholbar und zugleich zuverlässiger und kontrollierbarer waren als Abfolgen menschlicher Handlungen. Das Zeitbestimmen war hier, wie man sehen kann, ganz und gar soziozentrisch: Man benutzte wiederholbare, unbelebte Sequenzen von begrenzter Länge als Maßstab für nicht wiederholbare soziale Sequenzen.* Elias, N. (1990): Über die Zeit. Arbeiten zur Wissenssoziologie II. Frankfurt, S. 78.

[8] Die Konstruktion der Weltzeit ist nicht identisch mit der »instrumentellen« Astronomie, die zeitliche Intervalle von Himmelserscheinungen *soziozentrisch* – also wiederum zur Festlegung sozialer oder ritueller Tätigkeiten – nutzt, sondern entsteht durch die Festlegung einer »objektiven« physikalischen Zeit, die »unabhängig« vom menschlichen Betrachter und seinen Tätigkeiten existiert. Auf diese Fragen wird ausführlich eingegangen im Kap.: Die Weltzeit. An dieser Stelle sei mit Norbert Elias angemerkt: *Während der gesamten früheren Stufen in der Entwicklung des Zeitbestimmens war die Verwendung von Intervallen zwischen zwei Positionen einer physikalischen Bewegung, ob es die Bewegung des Sandes in einer Sanduhr war oder die von Sonne und Mond am Himmel, ein Mittel zum Zweck. Sie hatte instrumentellen Charakter. Die Feststellung sich wandelnder Positionen in der Abfolge physikalischer Ereignisse am Himmel oder auf der Erde wurde nicht um ihrer selbst willen unternommen; man benutzte sie als Indikator, der den Menschen sagte, wann bestimmte soziale Tätigkeiten unternommen werden und wie lange diese Tätigkeiten dauern sollten.* Elias, N. (1990): ebd., S. 78, 79.

[9] Dieses Zitat, sowie alle weiteren, sofern nicht anders ausgewiesenen Zitate von Gesprächspartnern in diesem Buch sind Tonbandaufzeichnungen entnommen, die bei den diversen Feldforschungen gemacht, vom Autor jeweils selbst übersetzt und Großteils in Hörfunk-Dokumentationen (alle ORF) gesendet worden sind.

[10] Hans Blumenberg dazu: *Was auch immer man damit anfangen mag, wenn man verstanden hat, wie wir zu dem kommen, was wir Zeit nennen – hergekommen ist des-*

sen Verstehen aus der Intimität des Bewußtseins mit sich selbst und für sich selbst. Daraufhin mag man dann finden, daß Meßbarkeit die wichtigste oder schönste oder nützlichste Eigenschaft des derart Verstandenen ist; nur umgekehrt wird man unverständig bleiben, auch wenn man Zeit zu messen und Uhren jeder Art zu gebrauchen trainiert worden ist. Keine Uhr belehrt darüber, was Zeit ist, auch wenn sie allein solche Fragen zu beantworten erlaubt, wie spät es sei oder wie lange es gedauert habe. Blumenberg, H. (1986): Lebenszeit und Weltzeit. Frankfurt, S. 88.

[11] Vgl. dazu Eliade, M. (1986): Kosmos und Geschichte. Vom Mythos der ewigen Wiederkehr. Frankfurt.

[12] Vgl. dazu Teil II, Kap.: Keine Zeit für Entwicklung.

[13] Bei vielen anderen Kulturen Inselmelanesiens, z. B. auf Trobriand, ist dies anders. Erntezeitzyklische Ereignisse markieren zeitliche Intervalle und Lebensphasen.

[14] Eine nähere Beschreibung der Sozioökonomie der Unavus auf Masahet und des kulturellen Wandels aufgrund des Baus der Goldmine in Lihir findet sich in Obrecht, A. J./Awart, S. (1999a): Das Paradies ist anderswo, oder die »goldene Zukunft« der Bewohner von Lihir. Der durch eine Goldmine verursachte Kulturschock und Kulturwandel auf der südpazifischen Inselgruppe Lihir/Papua Neuguinea. In: Gruber, P. C./Zapotoczky, K.: Globalisierung versus Demokratie? Plädoyer für eine umwelt- und sozialverträgliche Weltordnung. Frankfurt, S. 203-229.

[15] Hall, E. (1959): The Silent Language. Anthropology of Time. New York.

[16] Näheres dazu siehe insbesondere Teil III, Kap.: Eigenzeiten.

[17] Obgleich die Mianmin von Telefomin dem Hochland zugerechnet werden (Sun-Set-Province), unterscheiden sie sich von dessen Bewohnern vor allem durch die Hüttenarchitektur und die Tatsache, dass die ganze Großfamilie in einer Hütte wohnt. Dies ist aus dem Umstand heraus zu erklären, dass die Mianmin ursprünglich Flussbewohner waren (untere May-Region), erst während der letzten 200 Jahre in die Hochlandregionen »heraufgewandert« sind und sich bei dieser Wanderung ihre kulturspezifischen Eigenarten erhalten haben.

[18] Vgl. dazu z. B. Morgenthaler, F. (et al) (1963): Die Weißen denken zu viel. Zürich. – Anhand einer mittlerweile »klassischen« Studie bei den Dogon in Westafrika wird die Abhängigkeit von Körperkontakt – Stillperiode – Zuwendung bzw. Verwehrung derselben, im Sinne einer frühen Ökonomie der Zeit, die im Westen das Kind sehr bald auf definierte Phasen der Bedürfnisbefriedigung festlegt, untersucht.

[19] *Man lernt sowohl den Begriff wie die von ihm untrennbare soziale Institution der Zeit von Kindheit an, wenn man in einer Gesellschaft aufwächst, wo dieser Begriff und diese Institution zu Hause sind ... Jeder Heranwachsende lernt in solchen Gesellschaften recht früh die »Zeit« als Symbol für eine soziale Institution kennen, deren Fremdzwang der Heranwachsende schon sehr bald zu spüren bekommt. Wenn er oder sie nicht lernt, während der ersten zehn Jahre des Lebens eine dieser Institution gemäße Selbstzwangapparatur zu entwickeln, wenn, mit anderen Worten, ein heranwachsender Mensch in einer solchen Gesellschaft nicht frühzeitig lernt, das eigene Verhalten und Empfinden selbst entsprechend der sozialen Institution der Zeit zu regulieren, dann wird es für einen solchen Menschen recht schwer, wenn nicht unmöglich sein, in dieser Gesellschaft die Position eines Erwachsenen auszufüllen. Die Verwandlung des Fremdzwanges der sozia-*

len Zeitinstitution in ein das ganze Leben umgreifendes Selbstzwangmuster des einzelnen Individuums ist ein anschauliches Beispiel dafür, in welcher Weise ein Zivilisationsprozeß zur Ausprägung des sozialen Habitus beiträgt, der zum integralen Bestandteil jeder individuellen Persönlichkeitsstruktur gehört. Elias, N. (1990): Über die Zeit. Arbeiten zur Wissensoziologie. Frankfurt, XVIII-XIX.

[20] Vgl. dazu Lévi-Strauss, C. (1981): Das wilde Denken. Kap.: Die wiedergefundene Zeit. Frankfurt, S. 251ff.

[21] Wie Günter Dux zurecht anmerkt, kann die *Kategorie dieser Entscheidung lediglich einen metaphorischen Sinn haben: Man kann sich nicht gegen etwas entscheiden, was man gar nicht kennt oder kennen kann ...* Gedankenhypothetisch freilich hilft die Unterscheidung in geschichtliche und ungeschichtliche Zeit die relative Dynamik und relative Statik einer Gesellschaft zu erklären. Vgl. Dux, G. (1998): Die Zeit in der Geschichte. Ihre Entwicklungslogik vom Mythos zur Weltzeit. Frankfurt, S. 203ff.

[22] Siehe dazu insbesondere Teil II, Kap.: Zuviel Zeit für Modernisierung.

[23] Vgl. dazu Geißler, K. A. (1999): Das Tempo der Welt. Vom Ende der Uhrzeit. Freiburg i. Breisgau.

[24] *Wenn diese leuchtenden Wesen am Himmel für eine Weile verschwanden, z. B. während einer Sonnen- oder Mondfinsternis, oder ihre Form veränderten, wie es der Mond tut, wenn er anschwillt und dann wieder dünn wird, waren Menschen lange Zeit keineswegs so sicher, wie wir es heute sind, dass sie nach einer eindeutig bestimmbaren Frist zu ihrer früheren Form oder Position zurückkehren würden. Sie mussten es sehen, um es zu glauben. Der punktuelle, diskontinuierliche Charakter ihres Zeitbestimmens ging also Hand in Hand mit ihrem Bedürfnis, den Dingen, die sie jeweils als Zeitindikator gebrauchten, von Angesicht zu Angesicht gegenüberzustehen.* Elias, N. (1990): ebd., S. 65.

[25] Schon der schwedische Physiker und Historiker Martin Nilsson merkt an, dass die Sonne, die den Tag gliedert, und der Mond in seiner wechselnden Gestalt, die ältesten Chronometer der Menschheit sind. Vgl. dazu: Nilsson, M. (1920): Primitive Time-Reckoning. Lund, Oxford, Leipzig, S. 148. – Vor allem die melanesische und polynesische Seefahrt kennt aufgrund detaillierter Sternenkenntnis frühe Formen der astronomischen Zeitbestimmung, die zu einem relativ genauen Wissen über jahreszeitliche Strömungen, Winde, klimatische Veränderungen usw. geführt hat. Diese Art der Zeitbestimmung, obgleich noch nicht präzis berechenbar und auch nicht in eine universale Weltzeit oder in ein präzises Kalendarium eingebunden, geht qualitativ über die rein sozial definierte Zeit hinaus, weil sie »zur Orientierung auf See und nicht zur Synchronisierung beim Agieren mit besuchten Völkern« gedient hat. Vgl. dazu Schmied, G. (1985): Soziale Zeit. Umfang, »Geschwindigkeit« und Evolution. Berlin, S. 81.

[26] Eröffnet hat diese Diskussion der englische Sozialanthropologe Evans-Pritchard mit seiner bahnbrechenden Studie über die Zeitkonzeptionen bei den seminomadisierenden Nuer im Süden vom Sudan und im Norden von Kenia. Vgl. dazu Evans-Pritchard, E. E. (1946): The Nuer. Oxford.

[27] Bei dem zwischen 1995 und 1997 in der Mara-Region (Dreiländereck: Tansania, Uganda, Kenia) durchgeführten Forschungsprojekt »Die Wiederbelebung der Milchwirtschaft in der Mara-Region Tanzania« ging es um die Erarbeitung von so-

zial und ökologisch nachhaltigen Konzepten zur Nutzung des Zebu-Rinder-Potentials und zur Etablierung einer auf Solartechnologie basierenden Milchwirtschaft. Zur kulturellen Bedeutung der Zebu-Rinder bei den Mura siehe: Obrecht, A. J. (et al.) (Hg.) (1997a): The Revival of the Dairy Industry in Mara-Region/Tanzania. Frankfurt; vgl. dazu auch Teil II, Kap.: Hirten und Herden.

[28] Evans-Pritchard hat in seiner klassischen Studie über die Nuer die Variabilität des Einsatzes auch astronomischer Zeitintervalle im Hinblick auf Landwirtschaft und materielle Reproduktion aufgezeigt. Günter Dux dazu: *Die Nuer haben einen lunaren Kalender von 12 Monaten. Da die jahreszeitlichen Bestimmungen fast ausschließlich dazu dienen, die ökonomischen und sozialen Tätigkeiten zu bestimmen, würden die Nuer sehr schnell in Schwierigkeiten und die landwirtschaftlichen Aktivitäten außer Kontrolle geraten, wenn sie sie tatsächlich an den Mondzyklen ausrichteten. Der Ausweg, auf den sie verfallen, ist grandios: Da sie ohnehin die Monate eher nach den sozialen, vor allem ökonomischen Tätigkeiten als nach den Zahlen des Mondes bestimmen, lassen sie die Monde sich nach den saisonalen Tätigkeiten richten und nicht umgekehrt. Die Monde folgen so nicht nur den Regelmäßigkeiten der solarbestimmten Jahreszeiten, sondern auch deren Unregelmäßigkeiten. Man mag sich streiten, welcher Mond es ist, die Entscheidung folgt danach, was zu dieser Zeit getan werden muss. Und das bestimmt sich nach saisonalen Gegebenheiten ...* Dux, G. (1998): ebd., S. 133.

[29] Vgl. dazu Mujuni, P. F. (1994): Lessons on improvement of cattle productivity in Sub-Saharan Africa and their implications for Mara-Region. Musoma. Regional Agriculture and Livestock-Office.

[30] Vgl. dazu die klassische Darstellung chiliastischer und millenaristischer Bewegungen in Mühlmann, W. E. (1961): Studien zur Soziologie der Revolution. Chiliasmus und Nativismus Band I. Berlin; sowie Mühlmann, W. E. (1964): Chiliasmus und Nativismus-Studien zur Psychologie, Soziologie und historischen Kasuistik der Umsturzbewegungen. Berlin.

[31] Dux, G. (1998): ebd., S. 125.

[32] Mbiti, J. E. (1967): Afrikanische Begriffe der Zeit, Geschichte und des Todes. In: Afrika heute 67/3, S. 40.

[33] Unter »culture-shock« werden physische und psychische Abwehrhaltungen verstanden, die insbesondere dann auftreten können, wenn der Forscher in jenen Untersuchungsregionen arbeitet, deren kulturelle Muster besonders divergent zu der Lebenswelt seiner Herkunftskultur sind. Den Gegensatz stellt das sogenannte »going-native« dar, das den Vorgang einer fast vollständigen Integration und Assimilation des Forschers bezeichnet. Sie oder er übernehmen dann die Sichtweisen, Bewertungen, Normen und auch affektiven Bindungen der zu untersuchenden Menschen. Die Relevanzstrukturen beginnen sich zu verschieben, und man stellt sich, wie es Peter L. Berger formuliert hat, »außerhalb der Verbindlichkeiten jener Sinnwelten, für die ein Unterfangen wie die Kulturanthropologie etwas bedeutet, für die es *wirklich* ist.« Vgl. dazu Berger, P. L. (1981): Auf den Spuren der Engel. Die moderne Gesellschaft und die Wiederentdeckung der Transzendenz. Frankfurt, S. 16. – Sowohl »culture-shock« als auch »going-native« scheinen eher Idealtypen zu sein, die zwei Pole eines weiten Spektrums des persönlichen Umgangs mit Fremd-

erfahrung darstellen. Eine literarisch interessante Darstellung des völligen Eintauchens in die Kultur der Waika-Indianer im Amazonas, die damit endet, dass die ethnographischen Aufzeichnungen von der venezolanischen Kulturanthropologin vernichtet werden, findet sich in Donner, F. (1983): Shabono – Eine Frau in der magischen Welt der Iticoterie. Wien, München; eine ausführliche Diskussion der konkreten Feldforschungsproblematik aus der Sicht des Autors findet sich in Obrecht, A. J. (1995): Rationalität und Forschung. In: Obrecht, A. J. (1995): Panoptismus in Papua Neuguinea. Akkulturation und sozialer Wandel in ehemals segmentären Gesellschaften. Kap. 3, S. 58-76; eine erstklassige Aufarbeitung des Exotismus in der Feldforschungspraxis findet sich in dem mittlerweile legendären Buch: Duerr, H.-P. (1985): Der Wissenschafter und das Irrationale. Beiträge aus Ethnologie und Anthropologie 2, Band II, Frankfurt.

[34] Vgl. auch Obrecht, A. J. (1991a): Über die unmögliche Möglichkeit außereuropäische Kulturen zu verstehen. Kultursoziologische und wissenssoziologische Überlegungen zur Konfrontation des »Westens« mit »stammeskulturellen« Gesellschaften. In: SWS-(Sozialwissenschaftliche Studiengesellschaft) Rundschau, S. 79-101.

[35] Dieser Vergleich ist wissenschaftlich unzulässig und ich verwahre mich auch stets gegen Formulierungen wie »Ich komme aus der Steinzeit« (Heinrich Harrer) usw. In einem kulturanthropologischen Sinne kann keine direkte Analogie zwischen heute noch existierenden Jäger- und Sammlergesellschaften und ehemaligen Steinzeitgesellschaften hergestellt werden. Ich verwende hier dieses Bild lediglich als Metapher für eine zuweilen wirklich »unfaßbare« zeitliche Beschleunigung und Dynamik im entwicklungsgeschichtlichen Kontext.

[36] Wenn Menschen z. B. nach »Indien« reisen und zurückkehren um den »neu erfahrenen Sinn« in Mitteleuropa zu realisieren, gehen sie m. E. zumeist dem Bedürfnis nach Festigung und Komplettierung *ihrer* Wirklichkeit nach. Insbesondere der »spirituelle Supermarkt« des »New Age« geht von der Möglichkeit eines transkulturellen Transfers von »Wahrheiten« und damit »Wirklichkeitskonzeptionen« aus. Die usurpatorische »Aneignung von Welt« wird darin fortgeschrieben. Im Grunde bin ich überzeugt von der Unmöglichkeit der Übertragung kulturell gebundenen Wissens.

[37] Vgl. insbesondere Kap.: Von wagemutigen Seefahrern und versicherten Nomaden.

[38] Zu den ökonomischen, »take-off« begünstigenden, sozialen und wirtschaftlichen Faktoren im Zuge einer generellen gesellschaftlichen Beschleunigung siehe u.a. Teil II, Kap.: Keine Zeit für Entwicklung.

[39] Täubrich, J. (1999): Von der »snailmail« zur E-mail. In: Schneider, M./Geißler, K. A. (Hg.): Vom Tempo der Medien. Stuttgart, S. 105; zit n. Geißler, K. A. (1999): ebd., S. 89.

[40] Vgl. dazu vor allem Teil II, Kap.: Armut als Lebensform und Lebenszeit; sowie Teil III, Kap.: Warum ausgerechnet wir?; Sehnsucht nach den Sternen.

[41] Vgl. dazu die Vertragskonzeptionen in der frühen Staatstheorie, insbesondere bei Thomas Hobbes, für den »der Mensch des Menschen Wolf« ist – »homo homini lupus«. Allein gesellschaftsvertragliche Beschränkungen können den »Krieg aller gegen alle« verhindern und eine Gesellschaft ohne Willkür der Zentralgewalt langfristig pazifizieren. Hobbes, T. (1650/1992): Leviathan oder Stoff, Form und Ge-

walt eines kirchlichen und bürgerlichen Staates. Hrsg. von I. Fetscher, Frankfurt.

[42] Aus »Einhards Annalen«, zit. n. Cipolla, C. M. (1999): Gezählte Zeit. Wie die mechanische Uhr das Leben veränderte. Berlin, S. 19.

[43] Luitprand von Cremona: Antapodosis VI, 5, enthalten in Brett, G. (1954): The Automata in the Byzantine Throne of Solomon. In: Speculum, XXIX, S. 477-487; zit. n. Cipolla, C. M. (1999): ebd., S. 19f.

[44] Carlo Cipolla weist darauf hin, dass die von dem Gelehrten und Handwerker Al-Gazari im Jahre 1205 verfasste Enzyklopädie der Technik ein Standardwerk darstellte, das bis zum Beginn des 14. Jahrhunderts mit nichts in der abendländischen Literatur verglichen werden konnte. Al-Gazari hatte 25 Jahre am Hof des Ortopiden Qara Arslan gedient und die erstaunlichsten mechanischen Erfindungen gemacht. Cipolla, C. M. (1999): ebd., S. 20; vgl. dazu auch das biographisch-historische Werk: Olschki, L.(1946): Guillaume Boucher – a French artist at the court of the Khans. Baltimore, S. 95f.

[45] Wie Cipolla anmerkt, wird dieser entscheidende Wendepunkt nur von einem modernen Historiker – Roberto S. Lopez – aufgegriffen. Das Beispiel selbst ist nur aus Zufall bekannt, da es später um diese Fracht einen Rechtsstreit gegeben hat. Kein Chronist der damaligen Zeit hätte es für Wert erachtet, über die bedeutsame Fracht zu berichten, geschweige denn darin eine historische Weichenstellung zu sehen. Vgl. dazu Cipolla, C. M. (1999): ebd., S. 20f.

[46] Zu der geographischen Verbreitung des technologischen Fortschritts in Europa vgl. Cipolla, C. M. (1999): ebd., S. 24ff; sowie Cipolla, C. M. (1967): Clocks and Culture. New York; zu der veränderten Zeitwahrnehmung im Zuge der Technologieexpansion in Europa u. a. Leclercq, J. (1974): Zeiterfahrung und Zeitbegriffe im Spätmittelalter. In: Antiqui und Moderni. Traditionsbewusstsein und Fortschrittsbewusstsein im späten Mittelalter (Miscellanea Mediaevalia Bd. 9), hrsg. von A. Zimmermann, Berlin, New York.

[47] Vgl. dazu Weber, M. (1956): Wirtschaft und Gesellschaft, Kap. 9, Tübingen.

[48] Interdisziplinäre Zusammenfassung von Theologie, Naturphilosophie, politischer Philosophie, Moralphilosophie und dem römischen, kanonischen, dem Stadt- und Gewohnheitsrecht.

[49] Vgl. dazu auch R. Wendorff, der die westliche Expansion und Dynamik auch damit begründet, mit fremden Einflüssen kulturkreativ umzugehen. Wendorff, R. (1984): Dritte Welt und westliche Zivilisation. Opladen.

[50] Vgl. dazu Nelson, B. (1986): Der Ursprung der Moderne. Vergleichende Studien zum Zivilisationsprozeß. Frankfurt, S. 30.

[51] Aristoteles war einem kleineren Kreis von Gelehrten schon vorher als Logiker bekannt, da Teile des *Organon*, die Kategorienschriften und die Abhandlung über den Satz – in der kommentierten Übersetzung und Vermittlung von Boethius (ca. 480-524) – bekannt waren, bzw. auch in der arabischen Welt – der bekannteste Aristoteleskommentator ist Avicenna – rezipiert wurden. Vgl. dazu Gloy, K. (1983): Die Substanz ist als Subjekt zu bestimmen. Eine Interpretation des XII. Buches von Aristoteles' Metaphysik. In: Zeitschrift für philosophische Forschung. Band 37, S. 515-543; sowie Müller, C. D. G. (1986): Die Entwicklung des orientalischen Schul-

und Universitätswesens. Stuttgart, S. 203-205.

[52] Schon Augustinus (354-430) spricht in seiner Schrift »De genesi ad litteram« von den zwei Büchern der Wahrheit – der Heiligen Schrift und dem Buch der Natur *(liber scripturae* und *liber creature)*; und spätestens als Konrad von Megenberg (1309-1374) die Enzyklopädie des Dominikaners Thomas von Cantimpré ins Deutsche übersetzt, wird die Vorstellung von der Welt als Buch zu einem Diskurs-Topos in Theologenkreisen. Vgl. dazu: Gloy, K. (1995): Das Verständnis der Natur. Band I. Die Geschichte des wissenschaftlichen Denkens. München, S. 146.

[53] Dies zeigt sich u. a. dadurch, dass im gesamten Mittelalter die Vivisektionen strengstens verboten waren, die in der griechischen und römischen Antike an der Tagesordnung standen. Schon Hippokrates betrieb anatomische Studien anhand des menschlichen Leichnams, die von dem römischen Gladiatorenarzt Claudius Galenos (131-201), der selbst Tausende Vivisektionen an Sträflingen und getöteten Kämpfern durchgeführt hat, enzyklopädisch zusammengetragen wurden. Von seinen mehr als 100 erhaltenen Schriften befassen sich 18 mit den medizinischen Lehren des Hippokrates, die er für seine Systematik der Diagnose und Prognostik heranzieht, wobei er – gemäß dem antiken Leitbild, dass ein Arzt auch ein umfassend gebildeter Philosoph zu sein hat – die medizinischen Aussagen und Folgerungen auch erkenntnisphilosophisch zu begründen sucht. Aufgrund des Aussetzens der wissenschaftlichen Erforschung des Körpers im Mittelalter war also schon früh ein anatomischer Erkenntnisstand erreicht, der erst durch die Empirie der Renaissance – etwa um die Mitte des 15. Jahrhunderts – überboten werden sollte.

[54] Paracelsus zit. n. Curtius, E. R. (1948): Europäische Literatur und Lateinisches Mittelalter. Bern, S. 321.

[55] Alkmaion von Kroton zit. n. Oeser, E./Seitelberger, F. (1995): Gehirn, Bewußtsein und Erkenntnis. Darmstadt, S. 3.

[56] Vgl. dazu Gloy, K. (1995): ebd., S. 28.

[57] Platon (1962): Timaios. A Calcidio translatus commentarique instructus. Hrsg. von J. H. Waszink, London, Leiden.

[58] Oeser, E./Seitelberger, F. (1995) ebd., S. 3.

[59] Vgl. dazu Aristoteles (1980): Metaphysik. Hrsg. von H. Seidl, (griechisch-deutsch) Band I. Hamburg.

[60] Vgl. dazu Schmitt, C. B. (1983): Aristotle and the Renaissance. Cambridge, London.

[61] Immanuel Kants bahnbrechende Erkenntnisse erscheinen 1796 in seinem Beitrag für ein Buch des Gehirnanatomen Samuel Thomas Soemmering (1755-1830). So veraltet die gehirnanatomischen Vorstellungen von Soemmering damals schon gewesen sein mögen, so sensationell und zukunftsweisend sind die Gedanken des Philosophen, dem der Mediziner seine Arbeit zur kritischen Kommentierung vorgelegt hat. Für Soemmering ist das unmittelbare materielle Organ, in dem sich alle Wahrnehmungen treffen, das Wasser der Gehirnhöhlen (Liquor cerebrospinalis). Kant dazu: ... *(so) könnte man sagen, dieses Wasser werde kontinuierlich organisiert, ohne doch jemals organisiert zu sein: wodurch dann doch eben dasselbe erreicht wird, was man mit der beharrlichen Organisation beabsichtigte, nämlich die kollektive Einheit aller Sinnesvorstellungen in einem gemeinsamen Organ (Sensorium commune), aber nur*

nach seiner chemischen Zergliederung begreiflich zu machen. Kant, I. (1796/1964): Über das Organ der Seele. Königsberg. In: Weischedel, W.: Gesammelte Werke. Band 6. Darmstadt. – Der Philosoph Erhard Oeser und der Neurophysiologe Franz Seitelberger dazu: *Die Antwort ... stellt eine Meisterleistung auf dem schmalen Grat der Verständigung aprioristisch-erkenntnistheoretischer Reflexion und naturwissenschaftlicher Theorienbildung dar. Kant akzeptiert nämlich die Hypothese Soemmerings, konstruiert sie aber in seiner erkenntnistheoretischen Begründung so um, dass daraus eine von der Frage nach dem materiellen Träger der Prozesse völlig abgelöste dynamische Theorie der Organisation entsteht ...* Oeser, E./Seitelberger, F. (1995): ebd., S. 12.

[62] Vgl. dazu Putnam, H. (1982): Vernunft, Wahrheit und Geschichte. Frankfurt.

[63] Andreas Vesalius zit. n. Oeser, E./Seitelberger, F. (1995): ebd., S. 9.

[64] Günther Anders nennt die Welt nach der zweiten industriellen Revolution ein »Mittel-Universum«: So leben wir in einer künstlichen Welt, *in der es keine Akte oder Gegenstände gibt, die nicht Mittel wären, die nicht Mittel sein sollen, deren Zweck nicht darin bestünde, die Produktion oder Wartung weiterer Mittel zu gewährleisten, weiterer Mittel, deren Zweck wiederum darin besteht, weitere Mittel zu erzeugen oder erforderlich zu machen usw.* Anders, G. (1988): Die Antiquiertheit des Menschen. Band 2: Über die Zerstörung des Lebens im Zeitalter der dritten industriellen Revolution. München, S. 364.

[65] Das »gläserne Jerusalem«, die biblische Metapher für das Gelobte Land, die messianisch umgestaltete Welt.

[66] Zu den verschiedenen Formen holistischer Wahrnehmung vgl. insbesondere Teil III, Kap.: Zur radikalen Technisierung der Natur; sowie Kap.: Eigenzeiten.

[67] Über das gängige Motiv des »secret knowledge«, insbesondere im Zusammenhang mit chiliastischen und millenaristischen Bewegungen vgl.: Obrecht, A. J. (1995): ebd., Kap.: Die sinnentleerten Symbole und die Verweigerungsformen gegenüber der Zerstörung der rituellen Ordnung – zur »Irrationalität« sogenannter Synkretismen. S. 516-545.

[68] Dem Autor sind einige tragische Fälle dieser Art bekannt. In einem solchen Terrain führt barfuß Gehen für einen Europäer nach kürzester Zeit zu Schwielen, Rissen, offenen Wunden, die sich aufgrund des tropischen Klimas infizieren und zu bösartigen Eiterungen führen. Das Unvermögen zu gehen, führt zu dem Unvermögen, Nahrungsmittel zu beschaffen; Schwäche und Auszehrung sind die Folge, wobei im schlimmsten Falle – wenn keine Hilfe kommt – die Sepsis zum Tod führt. Ist man freilich auf solchen wochenlangen Märschen – wie dies die Regel ist – von Einheimischen begleitet, so werden die den Verletzten aus der Region bis zum nächsten Posten, z. B. Missionsstation, tragen, von wo er ausgeflogen werden kann. Dem Autor ist kein einziger Fall bekannt, bei dem Verletzte von Einheimischen »im Stich« gelassen wurden. Der in den letzten Jahren aufkommende Extrem- und Abenteurertourismus freilich führt zu mehr Unfällen, die häufiger tragisch ausgehen, weil sich immer mehr »Survival-Romantiker« alleine durch den Busch schlagen wollen.

[69] Vgl. dazu vor allem Teil III, Kap.: Warum ausgerechnet mir?

[70] Vgl. dazu vor allem Teil III, Kap.: Mit kahlgeschorenem Haupt.

[71] Epikur zit. n.. Haas, A. M. (1989): Todesbilder im Mittelalter. Fakten und Hinweise in der deutschen Literatur. Darmstadt, S. 3.

[72] Unter »Gefahrvermeidungstechniken« wird die präventive Magie verstanden, also jene magische Handlungen, die ausgeführt werden, um bestimmte befürchtete oder »zufällige« Ereignisse - wie z. B. Unheil auf Reisen - *nicht* eintreffen zu lassen. Bis zur Mitte des 12. Jahrhunderts werden Zauberer, Giftmischer und Wettermacher vergleichsweise »human«, mit einem Strafausmaß von bis zu 7 Jahren Kerker bestraft. In der Folge aber übernahm die Kirche das Strafverfahren der römischen Kaiserzeit, wodurch sich die Strafen wesentlich verschärften. Zu der organisierten Verfolgung durch die »heilige Inquisition« kam es durch Papst Innozenz VIII., der am 5.12.1484 die berüchtigte Hexenbulle »Summis desiderante affectibus« erließ. Der traurige Höhepunkt der versuchten systematischen Ausrottung volksmagischer Praktiken durch die Ermordung Tausender wurde im 17. Jahrhundert erreicht. Vgl. dazu Schleich, J. (1999): Hexen, Zauberer und Teufelskult in Österreich. Graz, S. 12ff.

[73] Friedell, E. (1929): Kulturgeschichte der Neuzeit. Die Krisis der europäischen Seele von der schwarzen Pest bis zum Weltkrieg. Band I: Renaissance und Reformation. München, S. 63.

[74] Marianne Gronemeyer greift Egon Friedells These in ihrem Buch über den Umgang mit der Zeit in der Moderne erneut auf und entwickelt ihre Kulturgeschichte über die Genese des »Leben als letzte Gelegenheit« aus den traumatischen Erfahrungen Mitte des 14. Jahrhunderts. In den folgenden drei Absätzen beziehe ich mich vorwiegend auf diese Untersuchung. Vgl. dazu: Gronemeyer, M. (1996): Das Leben als letzte Gelegenheit. Sicherheitsbedürfnis und Zeitverknappung. Darmstadt, insbesondere Kap. I und Kap. II, S. 1-73.

[75] Vgl. dazu auch die Darstellung von Philippe Ariés, dessen Kulturgeschichte des Todes der nach wie vor unübertroffene Klassiker der historischen Thanatologie ist: Ariés, Ph. (1987): Geschichte des Todes. München, S. 42.

[76] Auch in den meisten Ereigniszeitkulturen wird der plötzliche Tod als »unnatürlich« angesehen und als Folge eines magischen Eingriffes - einer Verhexung z. B. - interpretiert.

[77] Gronemeyer, M. (1996): ebd., S. 10.

[78] z. B. Delumeau, J. (1986): Angst im Abendland. Die Geschichte kollektiver Ängste im Europa des 14. bis 18. Jahrhunderts. Band I. Hamburg.

[79] *Im Herbst 1348 erstellte die medizinische Fakultät der Universität Paris auf Anordnung König Philipps VI. ein Gutachten, in dem sie, wie es in der Einleitung heißt, sämtliche verborgene Ursachen der Pest aufdecken wolle, gestützt auf die Lehren der weisesten, alten und modernen Philosophen, Astronomen und Ärzte.* Dieckhoff, R. (1978): antiqui - moderni, Zeitbewußtsein und Naturerfahrung im 14. Jahrhundert. In: Legner, A.: Die Parler und der schöne Stil 1350-1400. Europäische Kunst unter den Luxemburgern. Köln, S. 77; zit. n. Gronemeyer, M. (1996): ebd., S. 12. - Gemäß der weltlichen Ursachenzuschreibung - kosmische Konstellationen und Erdausdünstungen - waren auch die empfohlenen Schutzmaßnahmen rein weltlicher Natur: *Flucht aus der verdorbenen Luft, saure Speisen, Duftmittel gegen den vergiftenden Ge-*

stank, Ausnützung der geheimnisvollen Wirkung von Edelsteinen. Und schließlich die Meidung von Frauen (Beischlafvermeidung). Gronemeyer, M. (1996): ebd., S. 12.

[80] Zinn, K. G. (1989): Kanonen und Pest. Über die Ursprünge der Neuzeit im 14. und 15. Jahrhundert. Opladen, S. 201; zit. n. Gronemeyer, M. (1996): ebd., S. 12.

[81] Gronemeyer, M. (1996): ebd., S. 15.

[82] Die durchschnittliche Lebenserwartung der in entlegenen Hochlandregionen siedelnden indigenen Gruppen beträgt etwa 40 Jahre.

[83] Der Tod ist der einzige Lehrmeister der Evolution. Im Projekt der Lebensverlängerung – *ad infinitum* – wird der evolutionäre Charakter der menschlichen Existenz geleugnet und die Vorstellung der *techné*, der Künstlichkeit in apotheotischer Weise verabsolutiert. Vgl. insbesondere Teil III, Kap.: Organisches und Anorganisches.

[84] United Nations Department of Economic and Social Affairs (2003): The 2000 Revision and World Urbanization Prospects (htpp://esa.un.org/unpp); sowie Österreichisches Statistisches Zentralamt (ÖSTAT)(2003): Statistik Austria (www.statistik.at/fachbereich_03)

[85] Die Darstellungen folgender Absätze sind z. T. enthalten in Obrecht, A. J. (1995): ebd., Kap. 1: Rationalität und Erkenntnis S. 1-41 und beziehen sich auch auf die ausgezeichnete Analyse von Weigl, E. (1990): Instrumente der Neuzeit. Die Entdeckung der modernen Wirklichkeit. Stuttgart, S. 114-132.

[86] Thomas von Aquin: Summa theologiae III.

[87] Über die Technik- und Sozialgeschichte der Uhr und deren Verbreitung gibt es eine Fülle ausgezeichneter Arbeiten; vgl. z. B. Mayr, O. (1980): Clockwork Universe. New York; Mayr, O. (1986): Uhrwerk und Waage. Autorität, Freiheit und technische Systeme der frühen Neuzeit. München; Cipolla, C. M. (1967): Clocks and Culture. New York; oder Jenzen, J. A. (Hg.) (1989): Uhrzeiten. Die Geschichte der Uhr und ihres Gebrauchs. Frankfurt.

[88] Die Zerlegung des Raumes und die Festlegung der jeweiligen Handlungen in dem derart definierten Raum finden ihre theologische Entsprechung in der strikten Schaffung eines allein auf die Anrufung Gottes ausgerichteten Lebens. Die Kombination der Alltagsabläufe mit der exakten Einhaltung der Übungen und klösterlichen Gebete ermöglicht eine allumfassende Koordination der Handlungen und Gedanken um ein metaphysisches Zentrum herum. Ist Gott der Motor für die Schaffung dieser neuen Ordnung, so ist die Uhr jenes Instrument, das die z. B. in den Exerzitien von Ignatius von Loyola vorausgedachten Ordnungsprinzipien und deren Einhaltung erst garantieren kann. Vgl. dazu Barthes, R. (1986): Ignatius, Fourier, de Sade. Frankfurt.

[89] Vgl. dazu Cipolla, C. M. (1999): ebd.

[90] Weigl, E. (1990): ebd., S. 122.

[91] Der französische Historiker Michel Foucault dazu: *Die Zeitplanung ist ein altes Erbe. In den klösterlichen Gemeinschaften hatte sich ein strenges Schema entwickelt, das sich rasch ausbreitete. Seine drei Elemente – Festsetzung von Rhythmen, Zwang zu bestimmten Tätigkeiten, Regelung der Wiederholungszyklen – tauchten in den Kollegs, den Werkstätten, den Spitälern wieder auf. Von alten Mustern ausgehend, setzten sich die neuen Disziplinen mühelos durch; die Erziehungshäuser und Fürsorgeeinrichtungen*

setzten das Leben und die Regelmäßigkeit der Klöster fort, an die sie oft angeschlossen waren. Die Strenge der Fabrikszeit hielt lange an einer religiösen Gangart fest; die Reglements der großen Manufakturen des 17. Jahrhunderts legten die Übungen fest, welche die Arbeit skandieren sollten. Foucault, M. (1976): Überwachen und Strafen. Die Geburt des Gefängnisses. Frankfurt, S. 192.

[92] Karlheinz Geißler führt zwei Beispiele aus dem 16. Jahrhundert an: *Nicht überall wurde der Konflikt so eindeutig entschieden wie in Venedig. Dort verbot der Doge den Mächtigen der Kirche, eine Uhr am Markusdom anzubringen. Dem Entschluß, den Klerikern ihr zeitliches Orientierungsmonopol zu nehmen, haben wir den schönsten städtischen Uhrturm der Welt, gleich neben der Markuskirche zu verdanken. In Nürnberg versuchte die weltliche Macht in anderer Art und Weise der Geistlichkeit Konkurrenz zu machen. Die Uhr an der Frauenkirche zeigte nicht, wie üblich, eine biblische Szene. Stündlich umkreisten dort die sieben Kurfürsten den Kaiser.* Geißler, K. A. (1999): ebd., S. 78.

[93] Zu den folgenden Absätzen vgl. auch: Obrecht, A. J. (2000a): Das Denken über das Denken. Eine historische und wissenssoziologische Spurensuche über die Zusammenhänge von Körper, Gehirn, Bewußtsein, Erkenntnis, Denken und Maschine in 12 Stationen. In: Konrad, H./Kriesche, R. (Hg.) (2000): Kunst, Wissenschaft, Kommunikation. Band II: Leben, Sterben, Denken. Wien, New York, S. 40-65.

[94] Descartes, R. (1642/1992): Meditationen über die Grundlagen der Philosophie. Hrsg. von L. Gäbe, (lateinisch-deutsch), Hamburg, S. 151.

[95] Descartes, R. (1648/1984): Die Leidenschaft der Seele. Hrsg. von K. Hammacher, Hamburg, S. 275; zit. n. Gronemeyer, M (1996): ebd., S. 32.

[96] Marianne Gronemeyer dazu: *Descartes' Anleitung zur Vermeidung von Angst und Schrecken enthält trotz der spartanischen Kürze das ganze auf Fortschritt gestimmte Konzept moderner Weltgestaltung. Fortschritt ist in seinem harten Kern nichts anderes als die Optimierung von Sicherheit, d. h. die sukzessive Minimierung von Unsicherheit, Gefahr und Unvorhersehbarkeit, wobei zur Erreichung des Ideals der Sicherheit durchaus große Risiken eingegangen und Opfer gebracht werden müssen ...* Gronemeyer, M. (1996): ebd., S. 34f.

[97] Descartes, R. (1645/1974): Traité de l'homme. In: Descartes gesammelte Werke. Hrsg. von C. Adam und P. Tannery, Band 11, Paris.

[98] Die ersten funktionstüchtigen Rechenmaschinen stammen von dem schottischen Mathematiker John Napir (1550-1617) und dem französischen Philosophen und Mathematiker Blaise Pascal.

[99] Hobbes, T. (1650/1992): Leviathan oder Stoff, Form und Gewalt eines kirchlichen und bürgerlichen Staates. Hrsg. v. I. Fetscher; Frankfurt, S. 32.

[100] Karen Gloy dazu: *Damit war der Physik die klassische Form der Mechanik gegeben. Die Ausarbeitung des mechanistischen Welt- und Naturbildes beruht auf einer Reihe von Vorgaben ... Es sind dies erstens die generelle, noch unspezifische These von der Identifizierung der Natur mit einem menschlichen Artefakt, zweitens die speziellere, detaillierte These von der Identifikation der Natur mit einem maschinellen Artefakt, drittens die These von der Identifikation der Mechanik mit der Physik und viertens die These von der Universalität der Maschinenmetaphorik, ihrer Anwendung auf Natur- wie Geistes- und Humanwissenschaften und, damit verbunden, der Erhebung des mechani-*

stischen Paradigmas zum Paradigma der Wissenschaft überhaupt. Gloy, K. (1995): ebd., S. 164.

[101] *Vom absoluten Raum gibt es insofern mittelbare Erfahrung, als die Rotation von Körpern eine ausgezeichnete Realität darstellt. Die dabei auftretenden Kräfte und deren gestaltliche Wirkung objektivieren jenes Verhältnis zum absoluten Raum. Einen vergleichbaren Zugang zur Realität der absoluten Zeit gibt es nicht.* Blumenberg, H. (1981): Die Genesis der kopernikanischen Wende. Bd. II: Typologie der frühen Wirkungen. Der Stillstand des Himmels und der Fortgang der Zeit. Frankfurt, S. 601.

[102] Newton, I. (1872): Principia I Definitiones, Scholium. Dt. Übersetzung von J. P. Wolfers, Berlin; zit. n. Cassirer, E. (1969): Philosophie und exakte Wissenschaft. Frankfurt, S. 27.

[103] Blumenberg, H. (1981): ebd., S. 600.

[104] Vgl. dazu Weigl, E. (1990): ebd., S. 131.

[105] Ernst Weigl dazu: *Die »creatio continua« als Inbegriff der Erhaltung war der einzige Grund für das Nicht-nicht-sein der Welt. Jeder Moment der Existenz der Welt war von einem Akt Gottes abhängig. Die neuzeitliche Theologie nimmt dagegen der Sprache der Eschatologie ihre Radikalität, ihre Extensität und Intensität durch eine Veränderung ihrer Voraussetzungen. Eine aus sich selbst bestehende Welt wird von Gott von außen zerstört.* Weigl, E. (1990): ebd., S. 131f. – Nur unter dieser Voraussetzung kann z. B. von Henry Power die Uhrenmetaphorik benutzt werden, um ein unmittelbar bevorstehendes Weltende zu widerlegen. Power, H. (1664/1982): Experimental Philosophy. The Third Book. An Essay to prove the World's Duration, from the slow motion of the Sun's Apogaeum, or the Earth's Aphelion. London. – Zur Weltvernichtung als Zeitvernichtung siehe insbesondere auch Teil III, Kap.: Vernichtung von Zeit.

[106] Newton, der öffentliche Auseinandersetzungen scheute, bediente sich in dieser Diskussion seines Schülers Clarke, der seinen Standpunkt unverfälscht weitergegeben hat. Ernst Weigl (1990) rekurriert bei der Darstellung dieses Disputes auf die Briefe von Leibniz an Clarke, enthalten in: Gerhardt, C. J. (Hg.) (1890): Die philosophischen Schriften von Gottfried Wilhelm Leibniz. Band 7. Berlin; vgl. dazu auch die Darstellung der unterschiedlichen kosmogorischen Konzepte bei Newton und Leibniz von Cassirer, E. (1969): ebd.

[107] Vgl. dazu auch Kap.: Ausbrechende Vulkane und die Zeit des Allein-Seins.

[108] Vgl. dazu Gloy, K. (1995): ebd., S. 233.

[109] Vgl. dazu Cassirer, E. (1969): ebd.

[110] Der zeitgenössische Philosoph Peter Sloterdijk dazu: *Die Moderne wird die alte Ökologie menschlicher Macht und Ohnmacht aus den Angeln heben. Beflügelt von einem geschichtemachenden Gemisch aus Optimismus und Aggressivität, hat sie die Herstellung einer Welt in Aussicht gestellt, in der es kommt, wie man denkt, weil man kann, was man will, und den Willen hat zu lernen, was man noch nicht kann.* Sloterdijk, P. (1989): Eurotaoismus. Zur Kritik der politischen Kinetik. Frankfurt, S. 22f; zit. n. Gronemeyer, M. (1996): ebd., S. 36.

[111] Norbert Elias dazu: *Man findet die Vorstellung vom »Selbst im Gehäuse« ... als eines der stehenden Leitmotive der neueren Philosophie – von dem denkenden Ich des Descar-*

tes, von Leibniz' fensterlosen Monaden, von dem Kantschen Subjekt der Erkenntnis, das aus seinem apriorischen Gehäuse nie recht zu dem »Ding an sich« vorzudringen vermag, bis zu der neueren Ausweitung der gleichen Grundvorstellung von dem ganz für sich existierenden Einzelmenschen über den Blickpunkt, der zu »Vernunft« und »Verstand« verdinglichten Denk- und Wahrnehmungstätigkeit hinaus auf sein ganzes »Dasein«, auf seine »Existenz« in den verschiedenen Varianten der Existenzphilosophie oder auf sein Handeln, etwa als Ausgangspunkt der Gesellschaftstheorie Max Webers ... Elias, N. (1976): Über den Prozeß der Zivilisation. Band 1. Frankfurt, S. LIX.

[112] Weigl, E. (1990): ebd., S. 132.

[113] Etwa 70% der Bevölkerung Papua Neuguineas leben nach wie vor subsistenzwirtschaftend im Regenwald. Die tatsächlich isolierten, also von den Modernisierungsprozessen noch nicht erfassten indigenen Gruppen freilich werden von Jahr zu Jahr weniger. Der Auffassung des Autors nach wird es in spätestens zehn Jahren keine »autochthonen« Kulturen mehr geben. Vgl. dazu den strukturellen Vergleich zwischen Modernisierungsprozessen in Ostafrika und Melanesien. Obrecht, A. J. (1998a): Globalisierung und die Konstituierung der außereuropäischen Moderne. Eine komparative Strukturanalyse von Universalisierungsprozessen in ethnischen Gesellschaften Ostafrikas und Melanesiens. In: SWS-Rundschau 4/98, S. 473-498.

[114] In der melanesischen Gesellschaft müssen die »Tribal Fights« - die Stammeskämpfe - als spezifische Form der Ökonomie angesehen werden. Diese Kämpfe gleichen in der traditionellen Gesellschaft eher einem ritualisierten Kräftemessen, denn einem Krieg im europäischen Sinn. Die Opferbilanz ist - auch aufgrund der simplen Waffentechnik (nicht-vergiftete Holzpfeile) - relativ gering, und nie geht es um die totale Vernichtung des Gegners bzw. um die Besetzung eines Territoriums. Der Friedensschluss zeichnet sich durch beiderseitige Kompensationszahlungen für etwaige Verluste aus und wird zumeist in gemeinsamen Festen begangen. Vgl. dazu Roche, P. (1996): Theory of Frenzy - Tribal Fights in the Highlands of Papua New Guinea. Canberra. Bezüglich der Verheiratungen gilt das clanexogamische Prinzip: Junge, heiratsfähige Frauen, für die ausnahmslos von der ganzen Gruppe Brautpreiszahlungen in Form von Naturalien, z. B. Schweine oder Muschelgeld, entrichtet werden, dürfen nicht aus der Patrilineage des Bräutigams kommen.

[115] Zu diesem konstruktivistischen Ansatz vgl. insbesondere Teil II, Kap.: Der Mann im Mond; sowie Teil III, Kap.: Eigenzeiten.

[116] Vgl. dazu auch Elias, N. (1987): Engagement und Distanzierung: Arbeiten zur Wissenssoziologie, Band I. Frankfurt.

[117] In vielen ethnischen Gesellschaften wird »outdoor« geliebt. In den stark geschlechterseparierten melanesischen Gesellschaften würde ein Mann den Frauenwohnbereich - auch aus Angst vor weiblicher Magie - nicht betreten. Dies gilt auch umgekehrt. Der sexuelle Akt wird im Freien, zumeist auf dem »Feld des Mannes«, vollzogen.

[118] So hat z. B. die Flöte im Hochland von Papua Neuguinea eine besondere rituelle Bedeutung im Zuge der Mannwerdung und Initiation. Die Flöte, als Repräsentant der Ahnen und Geister, ist ein stark tabuisiertes Objekt, das oft nur von dem Eigentümer genutzt werden darf und durch die Aura des Numinosen geschützt ist.

Verschiedene Töne werden in verschiedenen kultischen Zusammenhängen eingesetzt. Oft wird die Flöte auch »allein« gespielt, dann freilich ist der Spielende umgeben von einer Vielzahl von Wesenheiten. Zur rituellen Bedeutung der Flöte und ihrer Töne im Hochland von Papua Neuguinea siehe Obrecht, A. J. (1992b): Die Täler der Flöten. Eine ethnosoziologische Abhandlung über die symbolische, rituelle und mythologische Bedeutung der Flöten in den traditionellen Hochlandethnien Papua Neuguineas. In: Lipp, W. (Hg.): Gesellschaft und Musik. Wege zur Musiksoziologie. Sociologia Internationalis. Berlin, S. 475-495.

[119] Dies kann z. B. der Fall sein, wenn in bestimmten kultischen Zusammenhängen das Tötungstabu für das eigene Totem - das eine Art Schutztier des eigenen Clans darstellt, welches in der Regel weder getötet noch verzehrt werden darf - aufgehoben ist; oder wenn die Jagd selbst ein in erster Linie magisch definiertes Ritual ist, wie z. B. der traditionelle Haifischfang in Neuhannover, wo ein einziger Mann in einem fragilen Auslegerkanu einen symbolischen »Kampf« mit den Geistern des Meeres und der Haie ausficht.

[120] Dies wird insbesondere von indianischen Kulturen berichtet, obwohl die soziale Abwendung des Sterbenden, der sozusagen »alleine« sterben geht, kulturanthropologisch gesehen eine Ausnahme darstellt. Vgl. dazu Walker, J. R. (1980): Lakota Belief and Ritual. Lincoln, Nebraska.

[121] Bewusster Selbstmord - Selbsttötung - ist in ethnischen Gesellschaften nahezu nicht vorhanden; auf Formen der unbewussten Selbsttötung kann man aber aufgrund unterschiedlicher Ursachen - eine davon mag die Ächtung sein - immer wieder stoßen. Dabei setzt sich der »Selbstmörder« z. B. immer wieder besonderen Gefahren aus, oder vernachlässigt sich körperlich bis zur Selbstaufgabe - z. B. durch tendenzielle Nahrungsverweigerung -, oder psychosomatisiert sein »Leid« derart, dass er krank wird und schließlich einen psychogenen Tod stirbt.

[122] Das Aussetzen im Wald ist in vielen Ethnien des Hochlandes von Papua Neuguinea eingebettet in ein ganzes Spektrum von strengen Prüfungen, die von verschiedenen Mutproben über »Blutlassen« (z. B. Zahnausschlagen, Tätowierungen) und Kämpfen bis hin zu Formen von ritualisierter »Homosexualität« reichen. Sowohl beim Blutlassen als auch bei der ritualisierten »Homosexualität« geht es um die Trennung der Verbindung zur Mutter - symbolische Menstruation - und um die Minimierung männlicher Angst vor dem schädigenden oder schwächenden Einfluss der weiblichen Magie. Die Geburt des Jungen zum »Mann« erfolgt dabei nicht durch die Frau, sondern durch das »Mana« des männlichen Samens. Zu den Initiationspraktiken im Hochland von Papua Neuguinea vgl. insbesondere die Arbeiten von Herdt, G. (1982): Rituals of Manhood. Male Initiation in Papua New Guinea. Berkely; sowie Herdt, G. (1984): Ritualized Homosexuality in Melanesia. Berkely.

[123] Staatenlose Gesellschaften werden oft als segmentär oder als egalitär bezeichnet. Der Begriff der segmentären Gesellschaft wird im Rekurs auf die Arbeiten von Emile Durkheim (vgl. Fußnoten 221, 226) im Jahre 1940 von Evans-Pritchard und Meyer Fortes eingeführt. Sie unterscheiden in ihrem Buch »African Political Systems« staatslose, akephale und staatlich organisierte Gesellschaften. Erstere nennen sie segmentäre, weil es in ihnen keine Formen der politischen Zentralisierung gibt.

Der Begriff egalitäre Gesellschaften freilich ist irreführend, weil es natürlich auch in nicht-staatlich organisierten Gesellschaften keine »Gleichheit« zwischen den Individuen gibt. Eine gute Diskussion darüber findet sich in Kramer, F./Sigrist, C. (Hg.) (1978): Gesellschaften ohne Staat. Gleichheit und Gegenseitigkeit. Frankfurt; vgl dazu auch: Obrecht, A. J. (1995): ebd., S. 93ff.

124 Über die Teleologie der Weltzeit siehe Obrecht, A. J. (1998b): Im Fadenkreuz der neuen Zeit. Weltzeitsysteme, Mobilitätskultur und Widerstände. In: Widerspruch – Beiträge zur sozialistischen Politik. Nr. 36/98, S. 93-146.

125 Vgl. dazu Teil III, Kap.: Zur radikalen Technisierung der Natur.

126 Vgl. dazu Obrecht, A. J. (2000b): Die zeit-räumliche Entgrenzung ethnischer Gesellschaften. Zur Trennung von Lebenszeit und Weltzeit im Zuge der Hierarchisierung und Universalisierung ehemals segmentärer Gesellschaften – am Beispiel des Hochlandes von Papua Neuguinea. In: Österreichische Zeitschrift für Soziologie. 3/2000, S. 26-50.

127 Dieser Umstand ändert nichts an der Tatsache, dass neue politische Zeiten auch oft mit der zumeist versuchten, aber nicht gelungenen Einführung neuer »Kalendarien« einhergingen. z. B. das »1000-jährige« Reich, der faschistische Kalender Mussolinis, die Zeit der Französischen Revolution usw.

128 Vgl. dazu Nisbet, R. (1980): History of the Idea of Progress. New York.

129 Blumenberg, H. (1986): Lebenszeit und Weltzeit. Frankfurt, S. 86.

130 Vgl. dazu Kap.: Zeitvergleiche und Diskrepanz.

131 Blumenberg, H. (1986): ebd., S. 87.

132 Vgl. dazu Kap.: Elektronische Enzyklopädie und virtuelle Mobilität.

133 So stützte sich der ägyptische Kalender schon auf den Lauf des Mondes und die alljährlich wiederkehrenden Hochwasser des Nils. Er wurde derart detailreich verfeinert, dass wir die ägyptische Zeitrechnung in gewisser Form auch heute noch benutzen. Das ägyptische Jahr umfasste schon zwölf Monate, und jeder Monat war in drei zehntägige Wochen eingeteilt. Tag und Nacht dauerten schon zwölf Stunden, unabhängig davon, wie sich die Tag- und Nachtlängen im Laufe eines Jahres veränderten. In der Ptolemäerzeit wurde in Babylon die 60 Minuten dauernde Stunde eingeführt. Verglichen mit unserem Kalender war der ägyptische aufgrund der gleich lange dauernden Monate klar und übersichtlich. Ausgeglichen wurde dies durch fünf Zusatztage am Jahresende, die zu kultischen Geburtstagsfeiern für die Götter Osiris, Horus, Seth, Isis und Nephthys dienten. Trotzdem stimmten der alte ägyptische Kalender und die Jahreszeiten nur alle 1460 Jahre exakt überein, weil das Sonnenjahr etwa sechs Stunden länger dauert als die dafür »gemessenen« 365 Tage. Vgl. dazu: Otto, E. (1954): Altägyptische Zeitvorstellungen und Zeitbegriffe. In: Welt als Geschichte 14, S. 135-148.

134 Vgl. dazu Geißler, K. A. (1999): ebd., S. 81.

135 Das Lunisolarjahr der Juden weicht mit seinen 354 Tagen von den 365 Tagen des Sonnenjahres ab. Ausgangspunkt der jüdischen Zeitrechnung ist die »fiktive« Erschaffung der Welt im Jahre 3761 unserer Zeitrechnung (v. Chr.), genau am 7. Oktober um 8 Uhr und 11. Minuten. Demnach ist das Jahr 2000 nach jüdischer Zeitrechnung das Jahr 5760/61. Aufgrund der rechnerischen Abweichung vom Solar-

jahr wird in einem 19-Jahreszyklus siebenmal der »Schaltmonat« Adar II eingefügt. Es ist vielfach behauptet worden, dass die Stellung Jahwes und die Bedeutung der Chronologie – »Königszeiten« – im Judentum, für die Herausbildung eines linearen, dynamischen Zeitbegriffs von großer Wichtigkeit gewesen sei. So schreibt z. B. Ernst Bloch in seiner Einleitung zu den »Tübinger Philosophien« über die Zukunftsbedeutung des jüdischen Gottesbildes: *Der Zeitgott Jahwe ..., voll des Futurums, (definiert) seinen Namen vor Moses (so): Ehje ascher ehje, Ich werde sein, der ich sein werde.* In neueren Schriften wird freilich die Ansicht vertreten, dass das hebräische Zeitbewusstsein keinesfalls einer modernen Chronologie entsprach, sondern tief im mythischen und damit nicht-historischen Denken wurzelt. So z. B. Günther Dux, wenn er schreibt: *Jedes einzelne Geschehen in der Geschichte Isreals ist umfaßt von einer einzigen Absicht und einem einzigen Handeln, das Jahwe mit seinem Volk verfolgt ...(diese) Deutung schafft kein Chronologie. Für die Abfolge der Ereignisse in dem inneren, d. h. strukturlogischen Verbund ihrer unendlichen Mannigfaltigkeit steht schlechterdings kein Raster zur Verfügung ... Eine historische Folgeordnung im strikten Sinne lässt sich nicht denken.* Dux, G. (1998): ebd., S. 202; sowie (1990): ebd., S. 242f; vgl. dazu auch Boman, T. (1977): Das hebräische Denken im Vergleich mit dem griechischen. Göttingen.

[136] Der islamische Kalender beginnt mit dem 16. Juli des Jahres 622 n. Chr. unserer Zeitrechnung, der Hedschra Mohammeds von Mekka nach Medina. Da sich der Kalender an den Mondjahren ohne Einfügung von »Schaltzeiten« orientiert, verschieben sich die Festtermine jährlich. Nach islamischer Zeitrechnung entspricht das Jahr 2000 dem Jahr 1421/22 A.H. (Ahhum Hegirae – das Jahr der Hedschra).

[137] Dionysius wurde von Papst Johannes I mit der Berechnung beauftragt und irrte sich um etwa – Historiker und Theologen streiten darüber – fünf bis sieben Jahre.

[138] Der altrömische Kalender ging vorerst von der Einweihung des Tempels des Jupiter im 4. Jahrhundert vor Chr. aus. In der Zeit der ausgehenden Republik setzte sich die Zählung *ab urbe condita* – ab Gründung der Stadt (Rom) – durch. Diese wurde für das Jahr 753 v. Chr. fiktiv angenommen. Julius Caesar reformierte schließlich den Kalender am 1. Januar 45 v. Chr. nach den Berechnungen des griechischen Astronomen Sosigenes entscheidend. Er ging zum »reinen« Sonnenjahr über: 12 Monate; 31 bzw. 30 Tage (außer dem Februar mit 28 Tagen). Die Jahre, deren Zählung weiter *ab urbe condita* erfolgten, hatten eine Länge von 365,25 mittleren Sonnenjahren.

[139] Elias, N. (1990): ebd., S. 22.

[140] Dies erfolgte durch eine mathematische Neubestimmung der Schaltjahre: Schaltjahre wurden jene Jahre, deren zwei Endziffern durch vier teilbar sind. Alle 400 Jahre fallen drei Schaltjahre aus, nämlich jene, deren Zahl nicht durch 400 teilbar ist.

[141] Elias, N. (1990): ebd., S. 22.

[142] Ich habe mich in früheren Arbeiten bei der Darstellung von Zeit-Raum-Konzeptionen, die die okzidentale Organisationsrationalität begünstigen, an das theoretische Modell des Panopticons angelehnt, das, einer architektonischen Metapher von Jeremy Bentham (1843) entnommen, von dem französischen Philosophen Michel Foucault im Lichte einer europäischen Disziplinierungsgeschichte aktualisiert worden ist. Dabei geht es um den »panoptischen Blick«, der alles sieht, ohne

selbst gesehen zu werden – zwecks Ausübung umfassender Kontrolle und Disziplinierung. Vgl. dazu insbesondere Foucault, M. (1976): ebd.; sowie Foucault, M. (1971): Die Ordnung der Dinge. Eine Archäologie der Humanwissenschaften. Frankfurt; sowie meine Ausführungen in Obrecht, A. J. (1995): ebd., insbesondere S. 10-18.

[143] Zu der neoliberalen Ökonomie, insbesondere zur Invisibilisierung der Kapitalmärkte, siehe Teil II, Kap.: Keine Zeit für Entwicklung.

[144] Zu der sogannten ersten und zweiten Entdeckerphase, insbesondere auch zu deren Unterschiedlichkeit, vgl. Bitterli, U. (1976): Die »Wilden« und die »Zivilisierten«. Grundzüge einer Geistes- und Kulturgeschichte der europäisch-überseeischen Begegnung. München.

[145] So sieht z. B. der berühmte englische Nationalökonom Adam Smith in dem freien Handel ein friedenstiftendes und friedenerhaltendes Prinzip, das die Welt zu einem »Reich« werden lässt, in dem gleiche Interessen, nämlich »the common best«, verfolgt werden: *Wenn alle Nationen das liberale System der freien Ein- und Ausfuhr befolgten, so würden die verschiedenen Staaten eines großen Teils der Erde den Provinzen eines großen Reiches gleichen.* – Smith, A. (1766/1934): An inquiry into the Nature and Causes of the Wealth of Nations. Bielefeld; zit. n. Bitterli, U. (1976): ebd., S. 304.

[146] Diese waren: England, Frankreich, Niederlande, Spanien, Portugal, Deutschland und das zaristische Rußland (Binnenkolonialisierung).

[147] Vgl. dazu: Obrecht, A. J. (et al.) (Hg.) (1992d): Kultur des Reisens. Notizen, Berichte, Reflexionen. Wien.

[148] Vgl. dazu Granzotto, G. (1988): Christoph Kolumbus. Reinbek; sowie Madariaga, S. de (1992): Kolumbus. Bern, München.

[149] Vgl. dazu insbesondere Teil II, Kap.: Der europäische Sessel; Abstraktes und Konkretes.

[150] Einen entscheidenden Schritt in Richtung der elektronischen Enzyklopädie markiert die digitale Erfassung nicht nur der Bestände, sondern auch der Buchinhalte der großen Bibliotheken sowie der Bild- und Filmmaterialien, die erst in ihren Anfängen ist. Das Medium wird uns in naher Zukunft nicht nur den Zugriff auf »Standards« des Wissens, sondern auf elektronisch komplett archiviertes Schriftwerk praktisch aller »Wissens«-Gebiete erlauben.

[151] Jonas, F. (1980): Geschichte der Soziologie, Band I, Opladen, S. 15.

[152] Vgl. dazu Ritter, J. (1961): Naturrecht bei Aristoteles. Stuttgart.

[153] Vgl. dazu Geißler, K. A. (1999): ebd., S. 157f.

[154] Die Daten sind entnommen: UNITED NATIONS – Department of Economic and Social Affairs (2003): World and regional Trends: Data for the years around 2000 (http://milleniumindicators.un.org/unsd/mi/wtrends.htm).

[155] Friedrich Jonas dazu: *Diderot ist es, der die Idee des Glücks einführt, die eben eine typisch volkstümliche Idee ist und eben nicht zu den führenden Motiven der vergangenen Gesellschafsordnung, noch nicht einmal zum Motiv der Spitzen des dritten Standes gehört. An die Stelle klarer Forderungen, wie sie Montesquieu und Voltaire erheben, treten jetzt unbestimmte Hoffnungen. Und wenn man vielleicht auch das Gefühl hat, dass die neuen Werte nicht gerade zu den vornehmsten gehören, dann glaubt man doch, dass*

sie notwendig mit dem Fortschritt der Menschheit verbunden sind. Jonas, F. (1980): ebd., S. 45.

[156] Denis Diderot zit. n. Obrecht, A. J. (1995): ebd., S. 24.

[157] Eine Fülle historischen Materials zu diesen Stereotypisierungen findet sich in Bitterli, U. (1976): ebd.

[158] Vgl. dazu Adkinson, G. (1922): An Extraordinary Voyage in French Literature 1700 to 1720. Paris, S. 10f.

[159] Friedrich Jonas dazu: *Zahllose Reisebeschreibungen konfrontieren den Gebildeten an der Wende vom 17. zum 18. Jahrhundert mit der pluralité des mondes. Hier zeigt sich nicht nur die Relativität ... der gesellschaftlichen Einrichtungen, hier zeigt sich zudem, dass die bessere Welt, von der man lange Zeit geträumt hat, eine irdische, reale Möglichkeit ist, die zu ihrer Verwirklichung anscheinend nur des guten Willens bedarf.* Jonas, F. (1980): ebd., S. 22f.

[160] Vgl. dazu die gelungene Darstellung in Bitterli, U. (1976): ebd., Kap.4: Kulturgeschichtliche Betrachtungsweise: Die Weitläufigkeit aufgeklärter Wissenschaft. S. 269-324.

[161] Zu Comte, Marx und Durkheim siehe auch Kap.: Evolutionäre Komplexität.

[162] Der »Discours sur les sciences et les arts« war Rousseaus Antwort auf die von der Akademie zu Dijon gestellte Preisfrage nach den Ursprüngen der gesellschaftlichen Ungleichheit und erschien erstmals 1755. Der französische Ethnologe Claude Levi Strauss nennt Rousseau den Begründer der modernen Ethnologie.

[163] Erst ab den zwanziger Jahren wird die Feldforschung – also das Studieren außereuropäischer Kulturen »aus erster Hand« – paradigmatisch eingefordert. Das »Feldforschungsparadigma« wird gern und nicht zu unrecht mit dem berühmten Kulturanthropologen Bronislaw Malinowski (1884-1942) in Zusammenhang gebracht, der – um als Pole einem australischen Internierungslager während des Ersten Weltkriegs zu entgehen – ab 1917 intensive Forschungen in der melanesischen Inselwelt durchgeführt hat. Vgl. dazu: Malinowski, B. (1975): Eine wissenschaftliche Theorie der Kultur – und andere Aufsätze. Frankfurt. – Für die Herausbildung der Feldforschungspraxis von großer Bedeutung ist auch der deutsche Biologe Franz Boas (1858-1942), der 1887 in die USA ging und die amerikanische Cultural Anthropology gründete. Boas führte Forschungen an der amerikanischen Nordwestküste und bei den Eskimos durch.

[164] Das Motiv der allgemeinen Barbarei in staatlich nicht regulierten Gesellschaften findet sich mit großer Regelmäßigkeit seit der gesellschaftsvertraglichen Konzeption von Thomas Hobbes (1650) wieder. Über die politische Organisation hinausgehend stellt es das Motiv zur generellen Regulierung des Menschen durch die pazifizierenden und disziplinierenden Einflüsse der »Zivilisation« dar (vgl. dazu Fußnote 41). Diese Grundidee findet sich in der Vorstellung von der zivilisatorischen Triebrestriktion wieder – je »zivilisierter« eine Gesellschaft, desto »triebrestriktiver« – etwa in der Kulturtheorie Sigmund Freuds: *Homo homini lupus; wer hat nach allen Erfahrungen des Lebens und der Geschichte den Mut diesen Satz zu bestreiten?* Freud, S. (1981): Das Unbehagen in der Kultur. In: Abriß der Psychoanalyse. Frankfurt, S. 102.

[165] Voltaire zit. n. Fridell, E. (1929): ebd., S. 317.

[166] Alle Revolten führen für Voltaire zur Versklavung des Volkes, denn die Mächtigen haben Geld, und Geld ist Herr aller Dinge; und alle Menschen haben Neigung zu Herrschaft und Reichtum. Vgl. dazu Voltaire: *Egalité*; auszugsweise enthalten in Jonas, F. (1980): ebd., S. 352-354.

[167] Rousseau zit. n. Fridell, E. (1929): ebd., S. 308.

[168] Vgl. dazu Brandes, G. (1923): Voltaire, Band II, Berlin.

[169] Voltaire zit. n. Bitterli, U. (1976): ebd.

[170] Sogenannte »kulturrelativistische Betrachtungsweisen« setzen sich etwa zeitgleich mit dem »Feldforschungsparadigma« durch. Es geht dabei darum, die prinzipielle Variabilität menschlicher Kulturen herauszuarbeiten und zu analysieren – ohne sie nach europäischen Maßstäben »bewerten« zu wollen. Die Suche nach »Kulturmustern« ging trotzdem nicht frei von europäischen Ordnungsvorstellungen vonstatten. So unterscheidet z. B. Ruth Benedict (1887-1948) in ihrem bekannten Werk zwischen apollinischen und dionysischen Kulturen und greift somit eine Lieblingsklassifikation von Friedrich Nietzsche wieder auf. Sie selbst forscht bei nord- und südamerikanischen Indianern. Auch die Arbeiten ihrer und Franz Boas' (vgl. Fußnote 162) Schülerin Margret Mead (1901-1978) sind für die weitere Diskussion über die Möglichkeiten von wertfreien Betrachtungen außereuropäischer Kulturen von grundlegender Bedeutung. Auch sie hat – so wie Malinowski – vorwiegend in Ozeanien geforscht. Vgl. dazu Benedict, R. (1960): Urformen der Kultur. Hamburg; sowie Mead, M. (1935): Sex and Temperament in Three Primitive Societies. London.

[171] Vgl. dazu Teil II, Kap.: Keine Zeit für Entwicklung.

[172] So formuliert der englische Vertreter bei den 1783 abgeschlossenen Verhandlungen zum »Friede zu Versailles: »Wir geben dem Handel gegenüber der Herrschaft den Vorzug!« Die Auffassung Shelbournes sollte durch die Handelsorientierung der neuen dreizehn unabhängigen Staaten Nordamerikas bestätigt werden, denn diese wandten sich nach dem Friedensschluss England als primärem Handelspartner zu, obgleich sie im Unabhängigkeitskrieg von Frankreich unterstützt worden waren. Shelbourne zit. n. Williams, G. (1966): The Expansion of Europe in the 18th Century. London.

[173] Vgl. dazu Teil III., Kap.: Warum ausgerechnet wir?

[174] Vgl. dazu Bitterli, U. (1976): ebd., S. 180-205. – Schon Diderot, der unbeirrbare Konstrukteur individuellen Glücks, hatte anhand seiner Tahiti-Utopie den Genuss und die Ruhe – im Sinne des Fehlens von mühevoller Arbeit – beschworen. Er lässt den König von Tahiti sprechen: *Wenn du uns überredest, die enge Grenze des Bedürfnisses zu überschreiten, wann werden wir dann aufhören zu arbeiten? Wann werden wir genießen? Wir haben die Summe unserer jährlichen und täglichen Mühen möglichst klein gehalten, weil unserer Meinung nach nichts der Ruhe vorzuziehen ist.* Diderot, D. (1984): Philosophische Schriften. Band II. Berlin; zit. n. Geißler, K. A. (1999): ebd., S. 191.

[175] Vgl. dazu : Villiers, A. (1971): The Voyages and Historic Discoveries of Captain James Cook. In: National Geographic 3/71.

[176] Vgl. dazu Volk, W. (1934): Die Entdeckung Tahitis und das Wunschbild der seligen Inseln in der deutschen Literatur. Heidelberg.

[177] Exemplarisch hierfür ist die groteske Kolonialisierung »La Nouvelle France«: Während der Jahre 1879 bis 1881 hat der bretonische Graf Charles Bonaventure du Breil alias Marquis de Rays, Spross aus altfranzösischem Hochadel, den Südteil der Insel New Ireland (heute Papua Neuguinea/Südpazifik), die er weder besessen noch je betreten hatte, an insgesamt etwa 1000 zivilisationsmüde Europäer verkauft. Vier Schiffe brachten die Kolonialisten in ihr neues »Paradies«, das vorher in Zeitungen und eigenen Büchern werbewirksam beschrieben wurde. Statt im gelobten Land, endeten sie in einem malariaverseuchten Sumpfgebiet, wobei die Evakuierung die längste Zeit von dem »Admiral« Capitaine Rabardy verhindert wurde. Mehr als zwei Drittel der Auswanderer starben, der Rest konnte schließlich nach Australien flüchten. Dieses tragische, aber symptomatische Kapitel der französischen Kolonialgeschichte ist in Form eines Romans beschrieben in: Obrecht, A. J.: Der König von Ozeanien (Veröffentlichung in Vorbereitung); sowie Niau, J. H. (1936): The Phantom Paradise. The Story of the Expedition of the Marquise de Rays. Sydney.

[178] Vgl. dazu Poirier (1969): Histoire de l'ethnologie. Paris, S. 20ff.

[179] Amann, A. (1987): Soziologie. Ein Leitfaden zu Theorien, Geschichte, Denkweisen. Wien, S. 95.

[180] Ethnologen und reisende ForscherInnen durchschreiten von berufswegen traditionelle Zeit- und Raumgrenzen. Wichtig im Umgang mit diesen Grenzen scheint mir die Selbstkritik und das Wissen – auch der historischen Dimension – um das eigene Handeln zu sein. Dies braucht keinesfalls zu einer resignativen oder gar Ethnologie verunmöglichenden Einstellung zu führen. Wie Harrys Mail gezeigt hat, sind Ethnologen und reisende ForscherInnen oft der »Gefahr« der Romantisierung, der »Gefahr« der eurozentrischen Analytik, ja der »Gefahr«, ihr Unternehmen überhaupt abzubrechen, ausgesetzt. Was ist an diesen Gefahren so gefährlich? Die Kritiklosigkeit! Wenn man »romantisiert«, dann soll man wissen, dass man die Tradition der Verfügbarmachung durch Pazifizierung fortsetzt (und dies auch ausweisen!); wenn man »eurozentrisch analysiert«, dann soll man wissen, dass man andere und anderes in das Korsett eurozentrischer Rationalisierung und Begrifflichkeit zwingt (und das ebenfalls ausweisen!); und wenn man glaubt, an der Beschreibung außereuropäischer Kulturen zu scheitern, dann soll man wissen, dass das kein Scheitern, sondern die radikale Akzeptanz der Vielfältigkeit und somit – aus der Logik unterschiedlicher Welten heraus – Unbeschreibbarkeit sozialer Wirklichkeit ist (und darüber keinesfalls in Verzweiflung geraten!). Viele sind sich dieser Relationen sehr wohl bewusst, und sie sind auch seit den achtziger Jahren – aufgrund der »postmodernen« Möglichkeit subjektivistischer Perspektive – in der Literatur beschrieben worden. Dass dadurch generell ein sensiblerer Umgang mit anderen Wirklichkeiten und deren Grenzen eingeleitet wurde, darf bezweifelt werden – dafür ist auch die gesellschaftliche Bedeutung dieser Disziplinen, bzw deren Einfluss auf wissenschaftlich-technische Diskurse viel zu gering. Vgl. dazu Obrecht, A. J. (et al.) (Hg.) (1992d): ebd.

[181] Vgl. dazu Kap.: Die Schöpfung als Uhr und als Automat.

[182] Vgl. dazu Teil II, Kap.: Wie modern kann ein Mensch sein?

[183] Vgl. dazu Teil III, Kap.: Eigenzeiten.

[184] Paul, J. (1959): Gesammelte Werke. Hrsg. von N. Miller, München, S. 1122.

[185] Die in diesem und im folgenden Absatz dargestellte konfliktäre Einführung des Blitzableiters in Europa ist entnommen: Weigl, E. (1990): ebd., S. 175-201; vgl. dazu auch Obrecht, A. J. (1995): ebd., Kap. 1.3.1: Der Blitzableiter. S. 27ff.

[186] Vgl. dazu Benz, E. (1971): Theologie der Elektrizität. Zur Begegnung und Auseinandersetzung von Theologie und Naturwissenschaft im 17. und 18. Jahrhundert. Mainz.

[187] Vgl. dazu Meya, J./Sibum, O. (1987): Das fünfte Element. Wirkungen und Deutungen der Elektrizität. Reinbek.

[188] Kant, I. (1756/1982): Geschichte und Naturbeschreibung der merkwürdigsten Vorfälle des Erdbebens, welches an dem Ende des 1755sten Jahres einen großen Theil der Erde erschüttert hat. In: Kants Werke, Akademie-Ausgabe, Band 1, Vorkritische Schriften I (1747-1756), S. 472; zit. n. Weigel, E. (1990): ebd., S. 184.

[189] Dargelegt in: Reimarus, A. (1768): Die Ursache des Einschlagens vom Blitze nebst dessen natürlichen Abwendungen von unsern Gebäuden, aus zuverläßlicher Erfahrung vor Augen gelegt. Hamburg.

[190] Robespierre: Plädoyer im Blitzableiterprozeß St. Omer – 1783; in: Schnelle, K. (1956): Habt ihr eine Revolution ohne Revolution gewollt? Leipzig; zit. n. Weigl, E. (1990): ebd., S. 194f.

[191] Mumford, L. (1970): The Myth of the Machine; the Pentagon of Power II. New York.

[192] Vgl. dazu Teil II, insbesondere Kap.: Ungleichzeitigkeiten: Ethnos, Nation, Weltgesellschaft.

[193] Die Entwicklung der Breitbanddienste wie GPRS, UMTS oder Broadband Wireless setzt nicht nur den »User« zeitlich und räumlich frei, sondern leitet auch das Ende der Produktära in vielen Bereichen ein. Man vergleiche hierzu z. B. das »Herunterladen« von Musik aus dem Web (Napster, MP3), das eine im 20. Jahrhundert homogen gewachsene Tonträgerindustrie – mit einem jährlichen Umsatz von 38,5 Milliarden US$ (2000) – nachhaltig ins Wanken geraten lassen wird.

[194] Heintel, P. (1999): Innehalten. Gegen die Beschleunigung – für eine andere Zeitkultur. Freiburg, Basel, Wien, S. 35.

[195] Geißler, K. A. (1999): ebd., S. 138.

[196] Charakteristisch für seine durch den Kreis in Jena um Goethe inspirierte Forschungsidee war die Synthese dreier spezifischer, jeweils in bestimmten Wissenschaftstraditionen wurzelnden Haltungen: Auch für Humboldt lag der Zweck einer wissenschaftlichen Objektivierung der Welt in der sich daraus ergebenden Möglichkeit der Naturbeherrschung, wobei er – ebenso wie Goethe – die Strukturen und Gesetze der Welt stets in einem Akt der ästhetischen Vergegenwärtigung begreift. Vgl. dazu Geiger, L. (Hg.) (1909): Goethes Briefwechsel mit Wilhelm und Alexander von Humboldt. Berlin

[197] Alexander von Humboldt zit. n. Meyer-Abich, A. (1992): Alexander von Humboldt. Reinbek.

[198] Das amerikanische Reisewerk umfaßt 36 Bände und wurde auch von Humboldt selbst als seine wichtigste Arbeit angesehen. Wesentlich für dieses Werk sind die

ausgezeichneten Karten und Illustrationen, für die Humboldt in Paris 50 Maler und Zeichner zur Verfügung standen. Die Botanik beansprucht 19 Bände – erstens, weil es insgesamt 8000 Pflanzenarten zu beschreiben gab, und zweitens, weil seine »Pflanzengeographie« das universal-erdphilosophische Programm am eingehendsten dokumentiert. Das ganzheitliche »Naturgemälde« – im Sinne einer Morphologie und strukturellen Erfassung der Ausbreitungsgesetze der Flora – spiegelt Humboldts Natur-Begriff, in dem er die in Teile zerlegte und analysierte Welt wieder zusammenfügen wollte. Die beste systematische Zusammenstellung dieser Arbeit befindet sich in Beck, H. (Hg.) (1985): Alexander von Humdoldts Amerikanische Reise. Stuttgart.

199 Vgl. dazu Hein, W. H. (Hg.) (1985): Alexander von Humboldt. Leben und Werk. Frankfurt.

200 Vgl. dazu Weigl, E. (1990): ebd., S. 217f, 224ff.

201 Vgl. dazu Obrecht, A. J. (1999b): Das Chaos der Unsterblichkeit. Dublin, New York, Wien.

202 Bilder dieser Reise sind in lyrischer Form beschrieben in Obrecht, A. J. (1991b): Diese und andere Orte. Frankfurt.

203 Augustinus (397/1989): Confessiones/Bekenntnisse. Stuttgart, S. 333.

204 Augustinus (397/1989) ebd., S. 333. – Das 11. Kapitel von Augustinus' Bekenntnisse ist wohl das früheste, wiewohl eindrucksvollste Zeugnis der Demontage der antiken Kosmologie, die von einem Ungewordensein, einer Unveränderbarkeit und demnach von der Ewigkeit des Universums ausgegangen war. Augustinus verankert das »Unendliche«, damit die Idee Gottes in der »Endlichkeit« des Augenblicks, der in seiner Gewahrwerdung immer schon vergangen sein muss. Die Flüchtigkeit, das Momenthafte des Augenblicks spiegelt die Unendlichkeit Gottes in einer Ahnung um »Zeitlosigkeit«. *Gleichzeitig* linearisiert er die Zeit und gibt ihr eine eindeutige »Richtung«, indem er den Schöpfungsakt als Beginn des Universums und damit als Beginn der Bewegung und der »Zeit« selbst festlegt. Kaum ein anderes Manifest über die Zeit wird das Denken der Gelehrten bis tief in die »Neuzeit« hinein derart nachhaltig beschäftigen und beeinflussen wie Augustinus' um 397 n. Chr. erschienene Schrift.

205 Vgl. dazu Teil III, Kap.: Warum ausgerechnet wir?; sowie Kap.: Zur radikalen Technisierung der Natur.

206 Vgl. dazu Toulmin, S./Goodfield, J. (1970): Entdeckung der Zeit. München, S. 81.

207 Kant, I. (1790/1963): Allgemeine Naturgeschichte und Theorie des Himmels. In: Gesammelte Werke, herausgegeben von W. Weischedel, Band 1, Darmstadt, S. 354.

208 Boschke, F. L. (1979): Und 1000 Jahre sind ein Tag. München, S. 59; zit. n. Schmied, G. (1985): ebd., S. 172.

209 Vgl. dazu Schmied, G. (1985): ebd., S. 172. Prinzipiell ist die zeitliche Festlegung des Beginns der Hominisation nach wie vor umstritten. Von 5 bis 2,5 Millionen Jahre reicht das Spektrum, je nach zugrundeliegender Definition von Hominisation.

210 Vgl. dazu Teil III, Kap.: Die Sehnsucht nach den Sternen.

211 Pascal, B. (1670/1948): Penseés – Über die Religion. Tübingen, S. 94; zit. n.

Wendorff, R. (1980): Zeit und Kultur. Opladen.

[212] Charles Darwin zit. n. der Sendung »Entdecker, Forscher, Abenteurer«/ORF-Ambiente/1998.

[213] Vgl. dazu Benecke, M. (1998): Der Traum vom ewigen Leben. Die Biomedizin entschlüsselt das Geheimnis des Alterns. München, S. 56f.

[214] Comte, A. (1829/1956): Rede über den Geist des Positivismus. Band 244 der Philosophischen Bibliothek, hg. von Fetscher, I., Hamburg. – Im theologischen Stadium herrschen animistische und fetischistische Glaubensvorstellungen, im metaphysischen – oder abstrakten – Stadium werden Gottesbilder verweltlicht und in philosophischen Kategorien gefasst, im positiven Stadium schließlich wird Welt und Wirklichkeit nach rationalen wissenschaftlichen Kriterien begriffen, wobei sich auch das Zusammenleben der Menschen nach diesen richtet. Zu diesen drei Stadien und deren soziologiegeschichtliche Bedeutung für den Diskurs über magische Weltbilder siehe auch Obrecht, A. J. (1999c): Die Welt der Geistheiler. Die Renaissance magischer Weltbilder. Wien, Köln, S. 232f.

[215] Comte, A. (1829/1956): ebd., zit. n. Jonas, F. (1980): ebd., S. 428.

[216] Wissenschaft besteht schon für Comte in einer schrittweisen, asymptotischen Annäherung an die Wirklichkeit, *deren erster Ursprung und deren letzte Bestimmung unentdeckt bleiben werden ... (es ist auch) wichtig einzusehen, dass dieses Studium der Phänomene, statt irgendwie absolut werden zu können, (im Gegenteil) stets auf innere Organisation und auf unsere Lage relativ bleiben muss.* Comte, A. (1829/1956): ebd., zit. n. Jonas, F. (1980): ebd., S. 426.

[217] Karl Marx schreibt dazu: *Die Revolutionen von 1648 und 1789 waren keine englischen und französischen Revolutionen, sie waren Revolutionen europäischen Stils. Sie waren nicht der Sieg einer bestimmten Klasse der Gesellschaft über die alte politische Ordnung; sie waren die Proklamation der politischen Ordnung für die neue europäische Gesellschaft. Die Bourgeoisie siegte in ihnen; aber der Sieg der Bourgoisie war damals der Sieg einer neuen Gesellschaftsordnung, der Sieg des bürgerlichen Eigentums über das Feudale, der Nationalität über den Provinzialismus, der Konkurrenz über die Zunft, der Teilung über das Majorat, der Herrschaft des Eigentums des Bodens über die Beherrschung des Eigentums durch den Boden, der Aufklärung über den Aberglauben ...* Marx, K./Engels, F. (1847/1969): Die Bourgeoisie und die Konterrevolution. In: Gesammelte Werke, Band 6, Berlin, S. 107.

[218] So schossen z. B. während des Juliaufstandes 1830 die französischen Revolutionäre auf die Turmuhren. Schon am 22. September 1792, dem Gründungstag der Republik wurde ein Revolutionskalender eingeführt, der freilich von Napoleon durch ein Dekret vom 13. Dezember 1805 wieder außer Kraft gesetzt wurde. Vgl. Geißler, K. A. (1997): Zeit leben. Vom Hasten und Rasten, Arbeiten und Lernen, Leben und Sterben. Weinheim, Berlin, S. 9; sowie Geißler, K. A. (1999): ebd., S. 83.

[219] Spencer, H. (1862): First Principles. Oxford; zit. n. Klages, H. (1969): Geschichte der Soziologie. München, S. 87.

[220] Luhmann, N. (1974): Soziologische Aufklärung. Opladen, S. 151.

[221] Vgl. dazu Durkheim, E. (1893/1977): Über die Teilung der sozialen Arbeit. Frankfurt.

[222] Vgl. dazu Durkheim, E. (1902/1970): Der Selbstmord. Frankfurt.

[223] Durkheim unternimmt in dieser klassischen Studie die erste »multivariate« Auswertung von umfangreichen Statistiken zum Selbstmord in Europa. Er entdeckt, dass die Selbstmordrate in protestantischen Ländern höher ist als in katholischen und begründet dies durch ein höheres Maß an individualisiertem und säkularisiertem Denken und durch eine schwächere Einbindung in religiös legitimierte normative Regeln im Protestantismus. Gleichzeitig bemerkt er, dass in den katholischen Minderheiten in protestantischen Gebieten Deutschlands die Selbstmordrate noch wesentlich geringer ist als in katholischen Ländern; in jüdischen Gemeinden ist Selbstmord darüber hinaus faktisch überhaupt nicht vorhanden. Durkheim erklärt diesen Umstand durch die erhöhte Solidarität aufgrund des Minderheitenstatus. Wenn diese Erklärung also stimmt, so müsste es auch eine signifikant geringere Selbstmordrate bei protestantischen Minderheiten in katholischen Ländern geben. Also analysiert Durkheim in einem weiteren Schritt protestantische Minderheiten und bestätigt diese These anhand des empirischen Materials.

[224] Vgl. dazu Durkheim, E. (1895/1961): Die Regeln der soziologischen Methode. Neuwied.

[225] Durkheim verweist in einigen seiner Arbeiten auf die Zeitkonzeption des Kulturanthropologen Marcel Mauss und hat auch gemeinsam mit ihm einen Artikel publiziert, wo er auf die Zeit als soziale Tatsache eingeht. Vgl. dazu Durkheim, E./Mauss, M. (1902): De quelques formes primitives de classification. In: L'Année sociologique 6/1902, vgl. dazu auch Schmied, G. (1985): ebd., S. 39.

[226] Durkheim entwickelt einen modernen Funktionsbegriff, der auch für die zu diesem Zeitpunkt beginnende einigermaßen wertfreie Betrachtung von außereuropäischen Kulturen von großer Wichtigkeit war. Für ihn ist z. B. das Verbrechen nicht definiert durch den Inhalt – als etwa durch Tötung –, sondern dadurch, dass es eine Handlung ist, die von der Gesellschaft vehement sanktioniert wird. Durch die Sanktion wiederum wird die Norm, die der Sanktion zugrunde liegt, verfestigt und Solidarität geschaffen. Das Verbrechen hat somit auch die Funktion der Verfestigung der Norm durch die Bestrafung des Delinquenten. Das was in einer Gesellschaft als Verbrechen gilt, kann in einer anderen eine rühmliche Tat sein – z. B. die Kopfjagd. Durkheims methodischer Ansatz erlaubt die Vergleichbarkeit von sozialen Institutionen und Handlungen – z. B. des Verbrechens – zwischen den Kulturen aufgrund der jeweiligen Funktionen, die sie für die Gesellschaft und deren Mitglieder innehaben.

[227] Zu den Ausführungen dieses Kapitels siehe auch Obrecht, A. J. (1988b): Kunst als symbolische Wirklichkeitskonstruktion. Wien, S. 139ff.

[228] Dieser Begriff stammt von Plessner, H. (1974): Diesseits der Utopie. Düsseldorf.

[229] Friedell, E. (1931): Kulturgeschichte der Neuzeit. Die Krisis der europäischen Seele von der schwarzen Pest bis zum Weltkrieg. Band III: Romantik und Liberalismus/Imperialismus und Impressionismus. München, S. 408.

[230] Vgl. dazu Weber, M. (1964): Wirtschaft und Gesellschaft. Köln.

[231] Dargelegt in Weber, M. (1965): Die protestantische Ethik. Herausgegeben von I. Winckelmann, München.

[232] Marinetti: Futuristisches Manifest: zit. n. Geißler, K. A. (1999):ebd., S. 122.

[233] Vgl. dazu Obrecht, A. J. (1988c): Zeitgeistströmungen um die Jahrhundertwende im deutschsprachigen Raum. Forschungsbericht Österreichische Akademie der Wissenschaften. Wien; sowie Obrecht, Andreas J. (1988d): Zeitgeistströmungen an den Jahrhundertwenden I-V, Österreichische Theaterzeitung, Heft 2-6.

[234] Vgl. dazu das fragmentarisch gebliebene Hauptwerk: Nietzsche, F. (1884/85/1999): Der Wille zur Macht – Versuch einer Umwertung aller Werte. In: Nietzsche: Sämtliche Werke. Hrsg. von B. Breuninger, Band 6, Stuttgart.

[235] Nietzsche, F. (1883/84/1999): Also sprach Zarathustra. In Nietzsche: Sämtliche Werke. Hrsg. von B. Breuninger, Band 4, Stuttgart.

[236] W. Lange bemerkt dazu: *Nietzsches Prophetentum gleicht bisweilen einer Revolte in Permanenz, es ist ein rasender Angriff auf die bestehende Ordnung der Dinge, deren Kontinuum aufzusprengen alle Kräfte des Rausches entfesselt. Prophetsein, das heißt vielleicht weniger die Zukunft vorhersehen, als auf dem Grunde der Gegenwart die Apokalypse zu spüren und zu beschwören.* Lange, W. (1983): Tod ist bei Göttern immer nur ein Vorteil – Zum Komplex des Mythos bei Friedrich Nietzsche. In: Bohrer, K. H. (Hg.): Mythos der Moderne. Frankfurt, S. 133.

[237] Friedell, E. (1931): ebd., S. 408.

[238] Vgl. dazu Dingler, H. (1924): Die Grundgedanken der Mach'schen Philosophie. Leipzig, S. 93-102.

[239] Mach, E. (1903): Die Analyse der Empfindungen und das Verhältnis des Physischen zum Psychischen – Antimetaphysische Bemerkungen. Jena, S. 101.

[240] Meynert, T. (1892): Sammlung von populär-wissenschaftlichen Vorträgen über den Bau und die Leistungen des Gehirns. Wien, Leipzig. – Der Inhalt des folgenden Absatzes ist ausführlich dargestellt in: Obrecht, A. J. (Hg.) (2000c): Die Klienten der Geistheiler. Vom anderen Umgang mit Krankheit, Krise, Schmerz und Tod. Kap.: Wie wirklich ist die Wirklichkeit? Wien, Weimar; sowie in Obrecht, A. J. (2000a): Das Denken über das Denken. Eine historische und wissenssoziologische Spurensuche über die Zusammenhänge von Körper, Gehirn, Bewußtsein, Erkenntnis, Denken und Maschine in 12. Stationen. Wien, New York.

[241] Vgl. dazu Oeser, E./Seitelberger, F. (1995): Gehirn, Bewußtsein und Erkenntnis. Darmstadt, S. 209; sowie die Ausführungen im Teil III, Kap.: Eigenzeiten.

[242] Gloy, K. (1995): Das Verständnis der Natur. Band I. Die Geschichte des wissenschaftlichen Denkens. München, S. 259.

[243] Bahr, H. (1904): Dialog vom Tragischen. Berlin, S. 101.

[244] Leo Löwenthal dazu: *Das Autoritätsthema war ja auch das Thema, das diese Studie in Deutschland diktierte, die uns das Leben gerettet hat – eines der wenigen Beispiele, wenn nicht das einzige der Weltgeschichte, wo Sozialforschung den Sozialforschern selbst geholfen hat.* L. Löwenthal, zit. n. Amann, A. (1987): ebd., S. 327.

[245] L. Löwenthal, zit. n. Amann, A. (1987): ebd., S. 327.

[246] Luhmann, N. (1991): Risiko auf alle Fälle. Schwierigkeiten bei der Beschreibung der Zukunft. In: F.A.Z. vom 2.01.1991; zit. n. Geißler, K. A. (1999): ebd., S. 171.

[247] Vgl. dazu Teil II, Kap.: Hirten und Herden.

[248] Dieser Begriff, der durch die publizistische Tätigkeit Ulrich Becks im deutschen

Sprachraum weite Verbreitung gefunden hat, ist m. E. dem der Postmoderne vorzuziehen, weil dessen Implikationen zu vielfältig und auch widersprüchlich sind und er überdies eine vermeintlich scharfe Trennlinie zwischen Mobilitätsgesellschaft und Industriegesellschaft zieht. Vgl. dazu: Beck, U. (1998): Politik der Globalisierung. Frankfurt.

249 Das Genom-Projekt archiviert pflanzliche, tierische und menschliche Gen-Codes. Zu den Biotechniken und Gentechnologien siehe insbesondere Teil III, Kap.: Zur radikalen Technisierung der Natur.

250 Marx, K./Engels, F. (1845/1969): Die Deutsche Ideologie. Gesammelte Werk. Band 3. Berlin, S. 46.

Teil II

251 Entgegen der bis heute gebräuchlichen Mercator-Projektion gibt die Peters-Projektion die Flächenrelationen wirklichkeitsgetreu wieder. Auf der winkelgetreuen Darstellung der Mercator-Projektion erscheinen die nördliche Hemisphäre und damit Europa und auch die meisten anderen Industrieländer wesentlich größer als sie tatsächlich sind. Die flächengetreue Projektion hingegen beruht auf dem von Arno Peters geschaffenen Dezimal-Gradnetz. Sie teilt die Erdoberfläche – unter Verlegung des 0-Meridians auf die korrigierte Datumsgrenze – in 100 gleichbreite Längenfelder und 100 gleichhohe Breitenfelder, quadriert die am Äquator gelegenen Rechtecke und errichtet so die übrigen Planfelder flächengetreu.

252 Entwicklungsgeschichtlich hat sich im Verlauf der Hominisation die Differenzierung der Zeitperspektiven vollzogen. So zeigt der Anthropologe Robert Maxwell, dass die vor ca 1,5 Millionen Jahren in Südafrika lebenden Australopitecinen, einen äußerst befristeten Planungshorizont gehabt haben mussten, da sie Steinwerkzeuge durch Absplittern und Abschlagen und nicht durch Schleifen herstellten, obwohl das Absplittern wesentlich mehr Geschicklichkeit erfordert als das einfachere – aber wesentlich zeitintensivere – Schleifen. Das Anlegen fester Feuerstellen, beginnend vor ca 350 000 Jahren, zeigt eine bewusste gedankliche Antizipation von Dunkelheit und Licht, Kälte der Nacht usw. und technischen Planungsschritten wie Feuerholz sammeln, Bestimmung einer geeigneten – geschützten – Stelle usw. Beim Neandertaler vor ca. 180 000 Jahren finden wir den Brauch, Tote zu begraben, was nach Maxwell auf das Bewusstsein der eigenen Sterblichkeit verweist, wobei die Grabbeigaben signalisieren, dass über die Zeit des menschlichen Lebens hinaus Verwendungsmöglichkeiten für dieselben angenommen wurden, was eine immense Ausdehnung der Perspektive in die Zukunft hinaus bedeutet. Dieselbe Ausdehnung in die Vergangenheit hinein – wie dies der Glaube an die Reinkarnation bedeutet – lässt sich erst für die frühen schriftlichen Kulturen belegen. Vgl. dazu Maxwell, R. J. (1972): Anthropological Perspectives. In: Yaker, H. (et al.) (Hg.): The Future of Time. London, S. 36-72; sowie Schmied, G. (1985): Soziale Zeit. Umfang, »Geschwindigkeit« und Evolution. Berlin, S. 169f.

[253] Die Wiege der Menschheit stand vor rund sieben Millionen Jahren in Afrika, und mit hoher Wahrscheinlichkeit ist auch der anatomisch moderne Homo sapiens ein Geschöpf Afrikas. Vor rund 40 000 Jahren kamen die Cromagnons nach Europa und begannen die Neandertaler, die Hunderttausende von Jahren die alleinigen Bewohner Europas waren, in nur wenigen Jahrtausenden aufgrund ihrer weit überlegenen Techniken und Sprechfähigkeiten vollständig zu verdrängen. Die Europäer, die nach Jahrzehntausenden nach Afrika »zurückkehrten«, freilich fanden jene »Schwarzen« vor, die sie niemals mit ihrer eigenen entwicklungsgeschichtlichen Herkunft identifiziert hätten. Alle fünf Hauptgruppen menschlicher Spezies, die in einem alten Jargon »Rassen« genannt werden, lebten freilich schon lange vor der Ankunft der Europäer auf dem afrikanischen Kontinent. Die Ausbildung einer »Rasse«, also bestimmter genetischer und physiologischer Merkmale, bedarf nur einiger Jahrtausende und hängt von klimatischen, geographischen und humanökologischen Besonderheiten ab. Der Evolutionsbiologe Jared Diamond dazu: *Die fünf Hauptgruppen unserer* Spezies, *die schon vor dem Jahr 1000 n. Chr. in Afrika beheimatet waren, werden von Nichtwissenschaftlern gemeinhin als Schwarze, Weiße, afrikanische Pygmäen, Khoisan und Asiaten bezeichnet ... Die Schwarzen lebten früher nur in Afrika, und die Verbreitung von Pygmäen und Khoisan ist noch heute auf Afrika beschränkt, während Weiße und Asiaten auf anderen Kontinenten weitaus zahlreicher sind als in Afrika. Diese fünf Gruppen verkörpern sämtliche Hauptrassen der Menschheit mit Ausnahme der australischen Aborigines und ihrer Verwandten.* Diamond, J. (1999): Arm und Reich. Die Schicksale menschlicher Gesellschaften. Insbes. Kap. 18: Wie Afrika schwarz wurde. Frankfurt, S. 468, 469. – Anhand der australischen Aborgines und ihrer Verwandten in Neuguinea lässt sich zeigen, wie schnell es zur Ausbildung von spezifischen genetischen und physiologischen Merkmalen kommt. Großaustralien ist vor etwa 40 000 Jahren vom euroasiatischen Festland aus (heutige Inseln Borneo, Java und Bali) besiedelt worden. Die Bevölkerung Australiens und Neuguineas unterscheidet sich nicht nur grundsätzlich von ihren südostasiatischen Vorfahren, sondern auch in genetischer, anatomischer und physiologischer Hinsicht und das, obwohl sie »erst« vor 10 000 Jahren, durch den Anstieg der Arafurasee und der Überflutung der Torresstraße zwischen dem heutigen Australien und dem heutigen Neuguinea voneinander getrennt wurden. *Auch australische Aborigines und Neuguineer selbst entwickelten sich in genetischer, physischer und sprachlicher Hinsicht auseinander. So treten die Blutgruppe B des sogenannten ABO-Systems und die Blutgruppe S des MNS-Systems in Neuguinea und den meisten anderen Teilen der Welt auf, in Australien aber so gut wie gar nicht. Das krause Haar der meisten Neuguineer steht im Kontrast zu dem glatten oder welligen Haar der meisten Aborigines. Die australischen Sprachen und die neuguinesischen Sprachen lassen nicht nur jede Verwandtschaft mit asiatischen Sprachen, sondern auch untereinander vermissen ...* Diamond, J. (1999): ebd., S. 371; vgl. dazu auch Hughes, R. (1992): Die Besiedelung des Fünften Kontinents. München; sowie White, P. L. O'Conell, J. (1992): A Prehistory of Australia, New Guinea and Sahul. Sydney.

[254] Zu der Konfliktgeschichte des subsaharischen Afrika und zu den oft gewalttätigen Prozessen der Dekolonialisierung vgl. Ansperger, F. (1997): Politische Geschichte Afrikas im 20. Jahrhundert. München.

[255] Eine übersichtliche Gesamtdarstellung der Geschichte und aktuellen Lage der Länder des subsaharischen Afrika findet sich in Schicho, W. (1999): Handbuch Afrika. Band I: Zentralafrika, südliches Afrika und die Staaten im Indischen Ozean. Band II: Westafrika und die Inseln im Atlantik. Band III: Nord-, Nordost- und Ostafrika. Frankfurt.

[256] Die sich auf die Sozio-Ökonomie der Länder des subsaharischen Afrika beziehenden statistischen Daten im gesamten Teil 2, die, wenn sie illustrativ eingesetzt werden, nicht extra ausgewiesen werden, stammen aus folgenden Quellen: Deutsche Welthungerhilfe (Hg.) (2000): Jahrbuch Welternährung. Daten, Trends, Perspektiven. Frankfurt; Worldwatch Institute Report (2000): Zur Lage der Welt 2000. Prognosen für das Überleben unseres Planeten. Frankfurt; Deutsche Stiftung Weltbevölkerung (Hg.) (1999): Handbuch Weltbevölkerung – Begriffe, Fakten, Konzepte. Stuttgart; Fischer A./Smith, D. (2000): Zur Lage der Welt. Fakten, Trends und Zusammenhänge. Frankfurt; Deutsche Gesellschaft für die Vereinten Nationen/ United Nations Development Programme (UNDP): Bericht über die menschliche Entwicklung 2000/Human Development Report 2000. UNITED NATIONS (2003): Human Development Report 2002; Deepening Democracy in a Fragmented World. New York; UNITED NATIONS – Department of Economic and Social Affairs (2003): World and regional Trends: Data for the Years around 2000 (http://millenniumindicators.un.org/unsd/mi/wtrends.htm); UNITED NATIONS – Department of Economic and Social Affairs (2003): The 2000 Revision and World Urbanization Prospects (http://esa.un.org/unpp); UNICEF (2002): End Decade Databases – Child Mortality (http://www.childinfo.org); UNICEF (2003): The State of the World's Children 2003 (http//www.unicef.org/sowc03/).

[257] Diese sind Senegal, Gambia, Uganda, Kenia, Tansania, Zimbabwe, Sambia, Mosambik und die Republik Südafrika.

[258] Die Tongas, eine ethnische Minderheit in Zimbabwe, sind im Verlauf des Baus des Kariba-Staudammes Ende der fünfziger Jahre aus ihren Heimatgebieten um den Sambesi-Fluss vertrieben und in dieser unwirtlichen Region angesiedelt worden. Für diese traditionellen, ehemals an den Ufern des Sambesi angesiedelten Fischer bedeutete dies einen schweren Eingriff in Sozio-Ökonomie und Lebensweise. Siehe dazu: Obrecht, A. J. (1988a): Sozialer Wandel in Zimbabwe. SWS-Rundschau, Heft 4/1988, S. 484-497; sowie Obrecht, A. J. (1992a): Chimurenga. Eine afrikanische Reise. Frankfurt.

[259] Vgl. dazu Teil I., Kap.: Wer fürchtet sich vor giftigen Schlangen?

[260] Vgl. dazu die Ausführungen zum magischen Wirklichkeitsverständnis insbesondere Kap.: Zuviel Zeit für Modernisierung.

[261] Vgl. dazu Kap.: Der europäische Sessel; Abstraktes und Konkretes.

[262] Dieses authentische Beispiel ist dem bekannten Film *Rain Man* entnommen, der die Geschichte eines Autisten darstellt.

[263] Vgl. Teil I, Kap.: Wege zur gemessenen Zeit.

[264] Vgl. dazu auch Obrecht, A. J. (et al.) (Hg.) (1997a): The Revival of the Dairy Industry in Mara-Region/Tansania. Frankfurt.

[265] Tansania zählt zu den ärmsten Ländern dieser Welt und rangiert auf der Liste der

insgesamt 48 Least Developed Countries unter den letzten zehn Ländern.

[266] Die durchschnittliche Lebenserwartung in Tansania/gesamt liegt bei etwa 55 Jahren.

[267] Markus 10 (25).

[268] Harry Truman – Inaugurationsrede – 20.01.1949; zit. n. Illich, I. (1993): Bedürfnisse. In: Sachs, W. (Hg.): Wie im Westen so auf Erden. Ein polemisches Handbuch zur Entwicklungspolitik. Reinbek, S. 53.

[269] Vgl. dazu Kap.: Die zu Fels versteinerten Ahnen.

[270] Esteva, G. (1993): Entwicklung. In: Sachs, W. (Hg.): Wie im Westen so auf Erden. Reinbek, S. 90, S. 108.

[271] Vorangegangene Besuche amerikanischer Präsidenten – wie der von George Bush senior in Somalia – waren Truppeninspektionen und keine Staatsbesuche.

[272] Ganz neu freilich war diese Art amerikanischer Selbstbezichtigung auch nicht. Schon John F. Kennedy soll gesagt haben: »Somoza (der ehemalige Diktator Nicaraguas) ist zwar ein Schwein, aber er ist *unser* Schwein.«

[273] 1996 entsteht im Großen Seengebiet mit massiver Unterstüzung von Ruanda, Uganda, Angola in der ostzairischen Provinz Kivu unter Kabilas Führung die AFDL – die Vereinten demokratischen Streitkräfte zur Befreiung von Kongo-Zaire –, die den »Befreiungsschlag« im amerikanischen Interesse ausführt. Kabila selbst wurde 2001 ermordet. Sein Sohn Joseph Kabila übernahm die Regierung und führte Anfang April 2001 eine »good-will«-Tour durch die USA und Länder der Europäischen Gemeinschaft durch, nachdem er die Regierung vorher entlassen hatte – mit dem Ziel einer schrittweisen Deeskalation des Krieges im Kongo und einer mittelfristigen Demokratisierung. Ich kann freilich im Rahmen dieses Buches nicht explizit auf innerafrikanische Konfliktsituationen eingehen, dies würde von der Thematik zu weit wegführen. Beispiele wie diese wollen als Illustration und nicht als Analyse verstanden sein.

[274] So hat z. B. die Republik Südafrika trotz massiver Bemühungen der neuen Regierung als reichstes Land des subsaharischen Afrika die höchste Analphabetenquote. Dies ergibt sich aus dem Umstand, dass das Apartheid-System die Marginalisierung großer Bevölkerungsgruppen in den sogenannten Homelands jahrzehntelang zum politischen Programm gemacht hat. Vgl. dazu Fisch, J. (1991): Geschichte Südafrikas. München.

[275] Die Daten zu den folgenden zwei Kapiteln und zu den Fußnoten 283 bis 327 sind entnommen: UNITED NATIONS (2003): Human Development Report 2002; Deepening Democracy in a Fragmented World. New York; UNITED NATIONS – Department of Economic and Social Affairs (2003): World and regional Trends: Data for the years around 2000 (http://milleniumindicators.un.org/unsd/mi/wtrends.htm); UNITED NATIONS – Department of Economic and Social Affairs (2003): The 2000 Revision and World Urbanization Prospects (http://esa.un.org/unpp); UNICEF (2002): End Decade Databases – Child Mortality (http://www.childinfo.org); UNICEF (2003): The State of the World's Children 2003 (http//www.unicef.org/sowc03/); World Bank (2002): World Development Indicators 2002 (http://www.worldbank.org/poverty/wdrpoverty); Worldwatch Institute Re-

port (2001): Zur Lage der Welt 2001: Zehn Jahre nach Rio: Das Ende der »wilden Globalisierung«? Frankfurt am Main.

[276] Zu dem Problem der Quantifizierung der durchschnittlichen Lebenserwartung siehe auch vor allem Kap.: Armut als Lebenszeit; sowie Teil III, Kap.: Warum ausgerechnet wir?

[277] UNITED NATIONS – Department of Economic and Social Affairs (2003): The 2000 Revision and World Urbanization Prospects (http://esa.un.org/unpp).

[278] Die reale Kaufkraft wird über die »Purchasing Power Parities« (PPP-Index) gemessen. Das in US$ ausgedrückte Prof-Kopf-Einkommen sagt nichts über die reale Kaufkraft innerhalb des Landes aus. Diese wird im PPP-Index als Mittelwertvergleich zwischen 0 und 1 ausgewiesen. In den Least Developed Countries liegt die reale Kaufkraft etwa um den Faktor 3 höher als in den internationalen (US$)Statistiken ersichtlich.

[279] Z. B. den Gini-Koeffizienten als einfaches Distanzmaß der durchschnittlichen Abweichung von der Gleichverteilung.

[280] UNITED NATIONS (2003): Human Development Report 2002; Deepening Democracy in a Fragmented World. New York; sowie UNITED NATIONS – Department of Economic and Social Affairs (2003): World and Regional Trends: Poverty Gap Ratio (2001).

[281] Das Weltsozialprodukt ist das weltweit kumulierte BSP aller Nationalstaaten.

[282] Die Vereinten Nationen kategorisieren in LDC – «less developed countries« – und LLDC – »least developed countries« –: in diesen beträgt das Pro-Kopf-Einkommen per annum weniger als 355US$.

[283] UNITED NATIONS – Department of Economic and Social Affairs (2003): World Population Prospects: The 2000 Revision and World Urbanization (http://esa.un.org/unpp) Als statistische Kosmetik – um Indien und Bangladesh auszuschließen – ist die Defintion der »least developed countries« auf eine maximale Bevölkerungsanzahl von 75 Millionen Menschen beschränkt worden. Allein in Indien sind 53% aller Kinder unterernährt. Vgl. dazu: Worldwatch Institute Report (2001): Zur Lage der Welt 2001: Zehn Jahre nach Rio: Das Ende der »wilden Globalisierung«? Frankfurt am Main, S.103.

[284] Mit der Zahl von 1,3 Milliarden »Superarmen« operiert nicht nur der Human Development Report, sondern auch die Weltbank. Vgl. dazu World Bank (2001): Rural Development: From Vision to Action. Environmentally and Socially Sustainable Development Studies and Monographs Series No. 12. Washington D. C. Die Schätzung der de facto hungernden 1,1 Milliarden Menschen ist vorgenommen worden von Worldwatch auf Basis des U.N. Administrative Committee on Coordination, Subcommittee on Nutrition in Zusammenarbeit mit dem International Food Policy Research Institut, Fourth Report on the World Nutrition Situation (Genf 1999); sowie in Zusammenarbeit mit der U.N. Food and Agriculture Organization (FAO)(2000): The State of Food Insecurity in the World. Rom; Vgl. dazu auch Brown, Lester R. (2001): Es wird immer schwieriger, den Hunger zu besiegen. In: Worldwatch Institute Report (2001): Zur Lage der Welt 2001: Zehn Jahre nach Rio: Das Ende der »wilden Globalisierung«? S. 101–132, Frankfurt.

[285] Eine exakte Angabe ist hier unmöglich, da sich in den letzten beiden Jahren die Ernährungssituation in vielen Gebieten des subsaharischen, insbesondere des südlichen Afrika massiv verschlechtert hat und hierzu noch keine exakten Daten vorliegen. Von 1990 bis 2000 sank die Nahrungsmittelproduktion im subsaharischen Afrika um 1,2%; es ist zu befürchten, dass die Ereignisse der Jahre 2001/2002 diesen Abwärtstrend beschleunigen.

[286] So erzielen 39 der ärmsten Länder 96% ihrer Exporterlöse nur aus einem einzigen Rohstoff, bzw. aus einem Agrarprodukt: davon 1/5 Kaffee, 1/6 Tee, 1/10 Bananen. Weltbank (2002): World Development Indicators 2002 (http://www.worldbank.org/poverty/wdrpoverty).

[287] Während der Endredaktion dieses Buches im Mai 2003 stehen weite Teile des südlichen Afrika - insbesondere Zimbabwe - vor einer akuten Hungerkatastrophe. Nach der Enteignung Tausender weißer Farmer durch die Regierung Mugabe haben Ernteausfälle, Trockenzeiten und politische Misswirtschaft zu einer dramatischen Verschärfung der Lage geführt. Aus dem »Brotkorb« des südlichen Afrika ist ein Land hungernder Menschen geworden. In vielen afrikanischen Staaten sind auch heute noch bis zu 65% des Ackerlandes oder der Weidegründe durch exportorientierte Monokulturen gebunden. Tiefgreifende Bodenreformen sind großteils ausgeblieben. Desertifikation - Versteppung, Verwüstung - gefährdet insbesondere jene Böden, auf denen noch subsistent gewirtschaftet wird. Beschleunigt wird die Bodendegradation - der Rückgang bebaubarer Agrofläche - durch fortschreitende Abholzung aufgrund Brennstoffmangels. Bodenknappheit führt zu Migrationen in die Stadt und zum Zusammenbruch der ruralen Erbfolgen. Zu den Zusammenhängen zwischen Sozio-Ökonomie, Abholzung und Desertifikation vgl. u. a. Gruber, P. C. (1999): Ländliche Entwicklung in Zimbabwe/Chegutu District/Mashonaland West. Interdisziplinäres Forschungsinstitut für Entwicklungszusammenarbeit (IEZ) - Forschungsbericht. Linz.

[288] World Bank (2002): World Development Indicators 2002 (http://www.worldbank.org/poverty/wdrpoverty).

[289] Nuscheler, F. (1996): Entwicklungspolitik. Lern- und Arbeitsbuch. Bonn.

[290] UNICEF (2002): End Decade Databases - Child Mortality (http://www.childinfo.org); UNICEF (2003): The State of the World's Children 2003 (http//www.unicef.org/sowc03/); sowie UNITED NATIONS (2003): Human Development Report 2002, Deepening Democracy in a Fragmented World. New York.

[291] UNITED NATIONS (2003): Human Development Report 2002, Deepening Democracy in a Fragmented World. New York; sowie UNITED NATIONS - Department of Economic and Social Affairs (2003): World Population Prospects: The 2000 Revision and World Urbanization; Demographic Profile 1990-2010 (http://esa.un.org/unpp).

[292] In der »Under-five Mortality Rate« werden die »ersten« Plätze von 23 afrikanischen Staaten eingenommen. Traurige Spitzenreiter dieser Statistik sind Sierra Leone (316 von 1000 Lebendgeburten), Angola (292), Niger (280). UNICEF (2002): End Decade Databases - Child Mortality (http://www.childinfo.org). - Trotz des hohen demographischen Anteils der afrikanischen Länder an den LLDCs, lässt sich

in diesen ein langsames, aber kontinuierliches Sinken der Fertilität feststellen – von durchschnittlich 5,74 Kinder pro Frau 1990 gegenüber 5,24 im Jahre 2002. Insgesamt belief sich die Wachstumsrate in den LLDCs 2002 auf 2,52%, weltweit betrachtet auf 1,23%. Die durchschnittliche Kinderanzahl pro Frau sank weltweit auf 2,68 (2002). UNITED NATIONS – Department of Economic and Social Affairs (2003): World Population Prospects: The 2000 Revision and World Urbanization; Demographic Profile 1990-2010 (http:// esa.un.org/unpp).

[293] So ist es z. B. gelungen, die Kindersterblichkeit in Südostasien innerhalb der Dekade von 1990 bis 2000 von 77 (pro Tausend Lebensgeburten) auf 54 zu senken. UNITED NATIONS – Department of Economic and Social Affairs (2003): World and regional Trends (http://milleniumindicators.un.org/unsd/mi/wtrends.htm).

[294] Obwohl vor 15 Jahren dieses Verhältnis noch für das Jahr 2015 prognostiziert wurde, leben heute schon etwa 50% der Welt-Bevölkerung in städtischen Gebieten und 50% in ländlichen. Dies ist auf das enorme Wachstum (im Durchschnitt zwischen 7% bis 10% per annum) der Megacities der »Dritten Welt« zurückzuführen. Die Ungleichheit setzt sich auch im sogenannten »urban-bias« fort. Der Zugang zu sauberem Wasser, sanitären Anlagen, Gesundheitsversorgung, Bildung usw. ist in vielen armen Ländern ausschließlich in der Stadt gegeben – auch wenn sich die Stadtmigranten diesen Zugang nicht leisten können. Allein das prinzipielle Angebot führt zu den massiven Migrationsraten und damit -problemen. Vgl. dazu Kap.: Das strahlende Licht.

[295] Vgl. dazu Kap.: Die äußerste Peripherie der sozialen Zeit; sowie Komsloy, A. (et al.) (Hg.) (1997): Ungeregelt und unterbezahlt. Der informelle Sektor in der Weltwirtschaft. Frankfurt.

[296] UNITED NATIONS (2003): Human Development Report 2002; Deepening Democracy in a Fragmented World. New York.

[297] UNITED NATIONS – Department of Economic and Social Affairs (2003): World and Regional Trends: Data for the Years around 2000 (http://milleniumindicators.un.org/unsd/mi/wtrends.htm).

[298] UNITED NATIONS (2003): Human Development Report 2002; Deepening Democracy in a Fragmented World. New York.

[299] UNITED NATIONS – Department of Economic and Social Affairs (2003): World and Regional Trends: Data for the Years around 2000 (http://milleniumindicators.un.org/unsd/mi/wtrends.htm).

[300] UNICEF (2003): The State of the World's Children 2003 (http//www.unicef.org/sowc03/).

[301] International Institute for Strategic Studies (IISS): Survey 2000: 1985 wurden weltweit pro Person durchschnittlich 390 US-Dollar für Militärausgaben aufgewendet; 1997 waren es nur noch 270 US-Dollar; 1985 wurden knapp sieben Prozent des jährlich erwirtschafteten Ertrags für Militärausgaben verwandt; 1997 lag der Anteil nur noch knapp über vier Prozent. Diese Reduktion des weltweiten Militäretats dürfte sich – zumindest seit dem 11. September 2001 – dramatisch umkehren, wobei noch keine Daten vorliegen, aufgrund derer diese Trendwende statistisch dargestellt werden könnte. Ausgehend von der Erhöhung des U.S.-»Verteidigungsbudgets«

werden weltweite Steigerungsraten von 12% bis 17% in den Jahren 2002 und 2003 prognostiziert.

302 Zu folgenden Ausführungen vgl. Dirmoser, D. (et al.) (Hg.) (1991): Mythos Entwicklungshilfe. Entwicklungsruinen: Analysen und Dossiers zu einem Irrweg. Gießen.

303 Vgl. dazu Nuscheler, F. (1996): Entwicklungspolitik. Lern- und Arbeitsbuch. Bonn.

304 Diese Projektkonzeption bestimmt die Arbeiten des Interdisziplinären Forschungsinstitutes für Entwicklungszusammenarbeit (IEZ) der Johannes Kepler Universität Linz in Theorie und Praxis. Es kann im Rahmen dieser Arbeit nicht näher auf die sogenannte »Hilfe zur Selbsthilfe« eingegangen werden; an dieser Stelle sei jedoch auf einige grundlegende Publikationen des Instituts zu Fragen von Entwicklungszusammenarbeit, neoliberaler Ökonomie und kultureller Globalisierung verwiesen: Zapotoczky, K. (Hg.) (1994): Nord-Süd-Beziehungen. Entwicklungspolitische Aspekte in Wirtschaft, Ökologie und Kultur. Frankfurt; Zapotoczky, K./Griebl-Shehata, H. (Hg.) (1995): Kulturverständnis und Entwicklungschance. Frankfurt; Zapotoczky, K./Griebl-Shehata, H. (Hg.) (1996): Weltwirtschaft und Entwicklungspolitik. Wege zu einer entwicklungsgerechten Wirtschaftspolitik. Frankfurt; Zapotoczky, K./Gruber, P. C. (Hg.): Entwicklungstheorien im Widerspruch. Plädoyer für eine Streitkultur in der Entwicklungspolitik. Frankfurt; Gruber, P. C./Zapotoczky, K. (Hg.) (1999): Globalisierung versus Demokratie? Plädoyer für eine umwelt- und sozialverträgliche Weltordnung. Frankfurt; Obrecht, A. J. (2003a): Von Armut und Reichtum in unsicheren Zeiten. In: Pracher, C./Strunz, H. (Hg.): Wissenschaft um der Menschen willen. Festschrift für Klaus Zapotoczky zum 65. Geburtstag. Berlin; sowie Obrecht, A. J. (2003b) (Hg.): Wozu forschen? Wozu entwickeln? Möglichkeiten und Grenzen der angewandten Entwicklungsforschung für eine partizipative Entwicklungszusammenarbeit (EZA). Frankfurt.

305 Prozentual – gemessen an der Produktivität der addierten Volkswirtschaften – übersteigen die Schulden der ärmsten Länder die Reparationszahlungen nach Versailles, die zum Ruin der Weimarer Republik beitrugen, um das Doppelte.

306 Die EU regelt ihre wirtschaftlichen Beziehungen zu den sogenannten AKP-Staaten (Afrika-Karibik-Pazifik) durch spezielle Abkommen. Viele Jahre betrieb die EU einen entschiedenen Agrarprotektionismus: Mengenbeschränkungen (1/3 aller Gütergruppen kontingentiert), Zölle und Handelshemmnisse sowie Dumping-Überschuss-Exporte.

307 Die Vereinigten Staaten nehmen den ersten Platz der Rüstungsexporte in die »Dritte Welt« ein. Der Anteil des amerikanischen Waffenhandels stieg von 11% (1989) auf über 60% (2000). An den 121 Milliarden US$, die im weltweiten Waffenhandel im Jahre 2002 »offiziell« umgesetzt worden sind, halten die USA 45% (54 Milliarden US$), gefolgt von Russland 17%, Frankreich 9%, England 7%, Deutschland 5%. Die restlichen 17% verteilen sich auf »andere Staaten«. Diese Zahlen sind Schätzungen und es wird in den Statistiken explizit darauf hingewiesen, dass das defacto Transfervolumen bei weitem höher liegen kann. UNITED NATIONS

(2003): Human Development Report 2002; Deepening Democracy in a Fragmented World. New York. Vgl. dazu auch Fußnote 301.

308 »Grüne Revolution« bedeutet den Einsatz kostenintensiven Hochleistungssaatguts, Bewässerung, Einsatz von Düngemitteln und die Verwendung von teuren Agromaschinen.

309 40% des weltweiten Getreides, 60-70% der Ölsaaten, 1/3 aller Milchprodukte, 50% der Fischfänge (als Fischmehl) werden an Rinder, Schweine, Geflügel usw. verfüttert. Bei dieser »Veredelung« gehen 75% bis 90% der Kalorien verloren. Für eine Kalorie tierischer Nahrung müssen 7 Kalorien pflanzlicher eingesetzt werden (Rindfleisch 10:1; Milch 5:1; Schwein 3:1) Oder anders ausgedrückt: 1 Hektar Weizen nährt 2000 Menschen; wird diese Fläche als Weideland genutzt, können sich 191 Menschen ernähren, baut man hingegen Sojabohnen an, können 5000 Menschen von der gleichen Fläche leben. Vgl. dazu Nuscheler, F. (1996): ebd.

310 So geschehen z. B. bei Ulrich Menzel, der vom großen Scheitern nicht nur der Entwicklungstheorie, sondern auch der Praxis der Entwicklungszusammenarbeit spricht, in Menzel, U. (1992): Das Ende der Dritten Welt und das Scheitern der großen Theorie. Frankfurt.

311 Der Begriff des »take off« kursiert seit der neopositivistischen Ökonomie und den Modernisierungstheorien in den sechziger Jahren. Damit ist die Vorstellung eines gewissen Mindestinputs in eine Volkswirtschaft gemeint, der zusammen mit anderen Modernisierungsfaktoren wie Bildung, Urbanisierung, Medienpartizipation usw. schließlich zu einer dynamischen ökonomischen Verselbständigung führt. Vgl. dazu Fußnote 365.

312 World Bank (2002): World Development Indicators 2002 (http://www.worldbank.org/poverty/wdrpoverty).

313 Ulrich Beck analysiert treffend die politische und ökonomische Globalisierung durch folgende Charakteristika: 1) Transnationale Entzugsmacht (Produktionsstandorte werden gegenseitig ausgespielt, Konzerne können sich einer Nation »verweigern«, wenn deren Politik ihnen nicht genehm ist); 2) Souveränitätsdilemma (unfreiwillige »Pazifizierung« durch extreme Interdependenzen); 3) Demokratie-Dilemma (Fragwürdigkeit der Legitimation durch den Verlust nationalstaatlicher Gesetzesautonomie); 4) Kosmopolitische Ethik als Machtinstrument (Ethischer, humanitärer Kosmopolitismus zur Durchsetzung hegemonialer Interessen); 6) Dialektik kultureller Globalisierung (Pluralität der Lebensentwürfe und Identitätskonstruktionen in der Mobilitätsgesellschaft). Vgl. dazu Beck, U. (Hg.) (1998): Politik der Globalisierung. Frankfurt; sowie Beck, U. (Hg.) (1998): Perspektiven der Weltgesellschaft. Frankfurt.

314 Entgegen dem Konzept der ökonomischen Globalisierung gehen einige Autoren von dem der Trilateralisierung/bzw. Internationalisierung der Weltwirtschaft aus: NAFTA, EU und Japan/Südostasien erwirtschaften 85% des Welthandelsvolumens, wobei der europäische Markt der stärkste Binnenmarkt ist. Nafta und Japan/Südostasien erwirtschaften ihr Volumen zu etwa 32% , Europa freilich zu 73% innerhalb der eigenen Binnenmärkte. Vgl. dazu Thompson, G. F. (2001): Economic autonomy and the advanced industrial state. Cambridge.

[315] Worldwatch Institute Report (2001): Zur Lage der Welt 2001: Zehn Jahre nach Rio: Das Ende der »wilden Globalisierung«? Frankfurt am Main.

[316] World Bank (2002): World Development Indicators 2002 (http://www.worldbank.org/poverty/wdrpoverty).

[317] Trotz etwa 15 Millionen Hektar Regenwaldabholzung pro Jahr bindet der Amazonas *noch* 1/5 des anfallenden Kohlendioxids.

[318] Das Protokoll von Kyoto war am 11. Dezember 1997 in Japan angenommen worden. Bis zum 31. Dezember 2001 hatten es 84 Staaten unterzeichnet und 46 ratifiziert. Trotz der hohen Zahl von Unterzeichnerstaaten – unter ihnen sind auch die wichtigsten europäischen Länder – gefährdet der amerikanische Rückzug das In-Kraft-Treten dieses wichtigen ersten Schrittes zur Bekämpfung der Luftverschmutzung durch Industrie- und Autoabgase. Vgl. dazu auch Ziegler, J. (2003): Die neuen Herrscher der Welt – und ihre globalen Widersacher. München. S. 43.

[319] Der Geburtenrückgang wird z. B. in europäischen Ländern z. T. durch Migration ausgeglichen; dem etwa 2% Wachstum in Entwicklungsländern steht ein Wachstum von 3,1% in den Ländern des subsaharischen Afrika gegenüber, wobei da die »statistischen Ausreißer« mit Wachstumsraten bis zu 4% – z. B. Uganda – zu finden sind, was eine Verdoppelung der Bevölkerung innerhalb der nächsten zwanzig Jahre bedeutet. Die Zahlenangaben im Text sind gemittelt. Je nach Quelle und geographischer, bzw. geopolitischer Definition variieren die Daten zu den Wachstumsraten. Die Vereinten Nationen weisen die Wachstumsraten im statistischen Mittel für die Jahre zwischen 2000 und 2005 mit 1,23% (Welt – insgesamt); 1,48% (Less developed countries – LDCs) und 2,52% (Least developed countries – LLDCs) aus. Vgl. dazu UNITED NATIONS – Department of Economic and Social Affairs (2003): World Population Prospects: The 2000 Revision and World Urbanization; Demographic Profile 1990-2010 (http://esa.un.org/unpp).

[320] Die Food and Agriculture Organization (FAO) schätzt, dass seit dem Jahre 1900 etwa 75% aller Agrosorten verloren gegangen sind. So werden z. B. von den ehemals 30 000 Reissorten in Indien nur mehr 10 angebaut. Es wird davon ausgegangen, dass bis zum Jahre 2020 etwa 1,5 Millionen weitere Arten aussterben werden. Man könnte von einer Vernichtung der Evolutionsgeschichte bei gleichzeitiger versuchter Musealisierung derselben – wie dies in »Gen-Pool-Projekten« geschieht – sprechen.

[321] Worldwatch Institute Report (2001): Zur Lage der Welt 2001: Zehn Jahre nach Rio: Das Ende der »wilden Globalisierung«? Frankfurt am Main, S. 7.

[322] So z. B. beschäftigt die Weltbank hunderte Ökologen und forciert dennoch – nach wie vor – antiökologische Projekte, insbesondere in Ländern der »Dritten Welt«.

[323] Jean Ziegler dazu: *Das Finanzkapital dagegen ist unabhängig von Raum und Zeit. Es bewegt sich in einer Welt und einem Cyberspace, die virtuell eins sind. Außerdem hat es sich allmählich verselbständigt; Milliarden von Dollar »flottieren« ungebunden, in völliger Freiheit. Dieser Prozess datiert nicht erst von heute, aber er beschleunigt sich mit erstaunlicher Geschwindigkeit. Die Revolution des Telefons, die Datenfernübertragung in Echtzeit, die Digitalisierung von Texten, Klängen, Bildern, die äußerste Miniaturisierung von Computern und die allgemeine Verbreitung der Informatik machen die*

Überwachung dieser Kapitalbewegungen – über 1000 Milliarden Dollar täglich – praktisch unmöglich ... Rund 1000 Milliarden Dollar wechselten im Jahre 2001 börsentäglich den Besitzer. Von dieser Summe betrafen nur 13 Prozent die Begleichung einer aus Handelstätigkeit entstandenen Verbindlichkeit (Lieferung einer Ware, Tantiemen für ein Patent, Kauf eines Grundstücke, industrielle Investition u.ä.). 87 Prozent der Gesamtsumme waren reine Geldtransaktionen ohne Wertschöpfung. Ziegler, J. (2003): Die neuen Herrscher der Welt – und ihre globalen Widersacher. München S. 111f.

[324] Die Verteilungsrelation zwischen Arbeit und Kapital hat sich massiv zuungunsten des Faktors Arbeit verschoben. Der Realzins – also die Mindestrendite, unter der Kapitalanlagen nicht zu bekommen sind – stieg von 3% in den sechziger Jahren auf durchschnittlich 6% in den neunziger Jahren. Arbeitsplatzschaffende Investitionen werden also nur dann getätigt, wenn die erwartbare Rendite doppelt so hoch ist wie in den sechziger Jahren. Zusätzlich bedeutet diese Relation, dass die Löhne hinter den Gewinnen zurückbleiben, bzw. dass nicht getätigte Investition zu hoher Arbeitslosigkeit führt. In den Ländern der Europäischen Gemeinschaft finden 65% aller Entlassenen nur mehr Jobs mit signifikant niedrigerem Einkommen.

[325] Vgl. dazu Nuscheler, F. (1996): ebd.

[326] Im amerikanischen World Population Profile wird die zu erwartende Weltbevölkerung für die kommenden Jahrzehnte wie folgt angegeben: 2000: 6,1 Mrd., 2010: 6,9 Mrd.; 2020: 7,6 Mrd. Die Anzahl der Geburten pro Frau sinkt im Jahre 2020 aller Voraussicht nach auf 2,3. USA – Agency for International Development (2000): World Population Profile. Washington D.C.

[327] UNITED NATIONS – Department of Economic and Social Affairs (2003): World Population Prospects: The 2000 Revision and World Urbanization; Demographic Profile 1990-2010 (http://esa.un.org/unpp). – Wie oben beschrieben ist es in vielen Ländern des Südens gelungen, die Wachstumsraten massiv zu senken. Senkung der Kindersterblichkeit, Anhebung der Frauenbildung, Erhöhung des Pro-Kopf-Einkommens, Zugang zu und Gebrauch von Verhütungsmitteln haben auch in afrikanischen Ländern zu einem teilweisen Rückgang der Wachstumsrate geführt. In Phasen des demoskopischen Übergangs steigt die absolute Bevölkerungszahl, auch wenn die Wachstumsraten rückläufig sind. Vgl. dazu auch Fußnote 319.

[328] Vgl. dazu Kap.: Das strahlende Licht.

[329] Zu Tod und Leben in zeitreichen und zeitarmen Gesellschaften siehe insbesondere Teil III, Kap.: Mit kahlgeschorenem Haupt; Warum ausgerechnet wir?

[330] Blumenberg, H. (1986): Lebenszeit und Weltzeit. Frankfurt, S. 175; zit. n. Gronemeyer, M. (1996): Das Leben als letzte Gelegenheit. Darmstadt, S. 101.

[331] Gronemeyer, M. (1996): ebd., S. 101.

[332] Gronemeyer, M. (1996): ebd., S. 102.

[333] Weber, M. (1965): Die protestantische Ethik. Hrsg. von J. Winckelmann, München.

[334] So gibt es allein im Persischen fünfzig verschiedene Begriffe von Armut, die ihren jeweiligen Status und ihre Beziehung »nach außen« ausdrücken.

[335] Vgl. dazu Geißler, K. A. (1999): Vom Tempo der Welt. Am Ende der Uhrzeit. Freiburg im Breisgau, S. 69f.

[336] Obgleich zu dieser Problematik keine empirischen Daten vorliegen, bin ich überzeugt, dass die Grundversorgung der Bettler in o.g. Beispielen - gemessen an der realen Kaufkraft und dem realen Lebensstandard der armen Bevölkerung - höher liegt als die »Basisversorgung« - in Österreich z. B. »Notstandshilfe« - in den westlichen Ländern mit einem staatlich finanzierten Sozialsystem. Vgl. zu dieser Frage auch die von der Ethnopsychologin S. Awart erhobenen Daten zur »économie populaire« in Senegal, welche die im informellen Sektor erzielten Gewinne weit höher als die staatlich garantierten Mindesteinkünfte ausweisen: Awart, S. (et al.) (2000): Innovation oder Marginialisierung. Eigeninitiativen zur Arbeitsbeschaffung im informellen Sektor als Überlebensstrategie in afrikanischen Metropolen am Beispiel Daker (Senegal). IEZ (Interdisziplinäres Forschungsinstitut für Entwicklungszusammenarbeit) - Forschungsbericht. Linz.

[337] Gronemeyer, M. (1996): ebd., S. 103, 104.

[338] Zu den Ausführungen der folgenden drei Absätze siehe auch Obrecht, A. J. (1999d): Folgen der Globalisierung und Modernisierung in Dorfkulturen der III. Welt - am Beispiel ethnischer Gesellschaften Ostafrikas und Melanesiens. In: Gruber, P. C./Zapotoczky, K. (Hg.): Globalisierung versus Demokratie? Plädoyer für eine umwelt- und sozialverträgliche Weltordnung. Frankfurt, S. 93-146.

[339] Darunter wird eine globale Melange aus unterschiedlichen kulturellen Kontexten stammenden sozialen Stilen, Verhaltensweisen, Denkarten, künstlerischen Manifestationen usw. verstanden.

[340] So zeigt z. B. die schichtspezifische transnationale Sozialisationsforschung, dass in den reichen Ländern die »Gemeinsamkeiten« - Werte, Lebensgestaltung, Lebensziele, Interessen, Beziehungsgestaltung usw. - zwischen den gleichen sozioökonomischen Schichten unterschiedlicher Länder größer sind als zwischen den sozioökonomischen Schichten innerhalb ein und desselben Landes.

[341] Unter »epistemic communities« werden insbesondere »Wissensgemeinschaften« verstanden, wie sie sich im World Wide Web konstituieren. Vgl. dazu auch Teil I, Kap.: Elektronische Enzyklopädie und virtuelle Mobilität.

[342] Zu dem Begriff der »sozialen Landschaft« vergleiche insbesondere den Beitrag von Appundarai, in: Beck, U. (1998): Perspektiven der Weltgesellschaft. Frankfurt. Zur Auflösung des »Ortsparadigmas des Sozialen«: Beck, U.: in derselbe (1998): ebd.

[343] In den letzten Jahren haben sich eine Reihe publizistischer Trivialisierungen des Problems der globalen »kulturellen Vereinheitlichung« angenommen. Als ein Beispiel sei hier erwähnt: Ritzer, G. (1997): Die McDonaldisierung der Gesellschaft. Frankfurt.

[344] Schmitt, C. (1928/1983):Verfassungslehre. Berlin, S. 234; zit. n. Beck, U. (1998): ebd., S. 33.

[345] Zum Begriff der »Abwesenheit« in Mobilitätsgesellschaften siehe Beck, U. (1998): ebd.

[346] Zu diesem und folgendem Absatz siehe auch Obrecht, A. J. (1999d): Folgen der Globalisierung und Modernisierung in Dorfkulturen der III. Welt - am Beispiel ethnischer Gesellschaften Ostafrikas und Melanesiens. In: Gruber, P. C./Zapotoczky, K. (Hg.): Globalisierung versus Demokratie? Plädoyer für eine umwelt- und sozial-

verträgliche Weltordnung. Frankfurt, S. 93; sowie ebd., Kap.8: Vom universellen Bürger zum Kosmopoliten. S. 140-143.

[347] Auch die »Spaltung Europas« im März 2003 in Irak-Krieg-Befürworter (England, Spanien) und -Gegner (Frankreich, Deutschland) hat die tiefe Kluft ersichtlich gemacht, in der sich das »Vereinte Europa« zwischen »Souveränitätsverzicht«, Re-Nationalisierung, »Unterordnung« unter die Weltmachtpolitik der Vereinigten Staaten und der Suche nach selbständiger Bündnispolitik, bzw. deren Verunmöglichung befindet. Ob nun Währungs- oder Verteidigungsunion, in allen EU-Ländern ist nicht nur in der Bevölkerung großes Misstrauen gegenüber dem universalistischen Anspruch konstatierbar, sondern auch in den jeweiligen Regierungen (z. B. Beschäftigungsunion) und bürokratischen Apparaten. Kosmopolitismus und Regionalismus, wie sie sich im Projekt »Europa der Regionen« z. T. gegenüberstehen, sind ja historisch, soziokulturell und auch kulturanthropologisch besehen antagonistische Prinzipien und müssen erst in einer neuen Qualität von »Heimat«, »Ort«, »Region« synthetisiert werden. Bei diesem schwierigen Unterfangen wird die Rolle des Souveräns von zunehmend übernationalen Sachverhalten und Problemlagen bestimmt und damit langfristig geschwächt.

[348] Die Identifikation mit dem Ethnos führt zu Stammeskriegen, die mit der Nation zu Vernichtungs- und Weltkriegen. Die Identifizierung mit der »Weltgesellschaft« – dies hat schon Immanuel Kant in seiner Vision der »Weltgesellschaft« beschrieben – verunmöglicht die Kriegsführung und führt zu einer umfassenden Pazifizierung, die nicht Folge von Hegemonie, sondern Ausdruck eines gemeinsamen Interesses *an* dieser Welt ist. Über die rituelle Bedeutung von ethnischen Kriegen und über die Tatsache, dass diese mit nationalen Kriegen nicht verglichen werden können, Roche, P. (1996): ebd.

[349] Vgl. dazu Teil I, Kap.: Ereigniszeiten; sowie Teil I, Fußnote 1, 2.

[350] Die Goldvorkommen auf der Insel Lihir zählen zu den größten der Welt, die Mine wird 36 Jahre lang fördern: Die Goldvorkommen werden auf 90 Millionen Tonnen Golderz mit einem Goldgehalt von 4,8 Gramm/Tonne geschätzt. Das Gold wird mit der Methode der Cyanid-Laugung im Tagbau aus dem Vulkanstaub gewonnen, wobei der Abraum in der Bucht gelagert wird und die Rückstände der Erze in eine Tiefenschicht des Pazifiks geleitet werden. Wegen dieser ökologisch äußerst bedenklichen Entsorgungsart haben Umweltorganisationen wie Greenpeace und Global 2000 massiven internationalen Protest eingelegt, dem aber bis dato durch keine Modifikation der Entsorgungsart entsprochen wurde. Zu der Goldmine in Lihir vgl. Awart, S. (1991): First report from an ethnopsychological study on women in Lihir at the time of gold mine exploration. Research Report. Port Moresby; Awart, S. (1996): Coping with the social and economic impact of a gold mine by the inhabitants of Lihir. Paper presented at the Third Conference of the European Society for Oceanists – The pacific people in the pacific century: society, culture, nature. Copenhagen; und Obrecht, A. J./Awart, S. (1999a): Das Paradies ist anderswo, oder die »goldene Zukunft« der Bewohner von Lihir. Der durch eine Goldmine verursachte Kulturschock und Kulturwandel auf der südpazifischen Inselgruppe Lihir/Papua Neuguinea. In: Gruber, P./Zapotoczky, K. (Hg.): ebd., S.

203-229; sowie den Dokumentarfilm: Das Paradies ist anderswo (ORF/3Sat), 1997.

351 Die Zerstörung des Berges Aleia und deren kulturelle Folgen sind dokumentiert in dem Film: »Das Paradies ist anderswo«.

352 Ethnos ist wesentlich definiert durch *eine Menschengruppe mit gemeinsamer Abstammung, Überlieferung und Wir-Bewusstsein, wohingegen zusätzliche Kriterien wie Sprache, Rechts-, Siedlungs-, Religions- und/oder Kultgemeinschaft u. a. in ihrer Bedeutung stark veränderlich (sind) und nicht allein zur Feststellung und Benennung einer ethnischen Einheit herangezogen werden (können).* Hirschberg, W. (Hg.) (1988): Neues Wörterbuch der Völkerkunde. Berlin, S. 134.

353 Zu den negativen Sanktionen individueller Akkumulation in ethnischen Gesellschaften vgl. insbesondere Kap.: Die Ohnmacht der Zeit-Manager.

354 Über 80% aller der Kulturanthropologie bekannten ethnischen Gesellschaften sind patrilinear und patrilokal organisiert. Die mythologische Rückführung auf einen gemeinsamen Urahnen und die Inkorporation klanexogamisch geheirateter Frauen in den Patri-Klan des Mannes zeichnen diese Ethnien aus. Traditionellerweise erfolgt der Hauptanteil der materiellen Reproduktion in den – auch matrilinearen – ethnischen Gesellschaften durch die Frauen, bzw. durch Frauenarbeit. Nimmt man als Basis diesbezüglicher Berechnungen den durch Frauen erwirtschafteten Kalorienanteil am Gesamtbedarf einer Sozietät, so ergibt sich ein Volumen zwischen 75% und 85%. Selbst bei intensiv jagenden Populationen decken die Männer nicht mehr als maximal 20% des Kalorienbedarfs, wodurch die Jagd eher zu einem männlichen Sozialprestige, denn zu einer Lebensnotwendigkeit wird. Ausnahmen sind Fischer-Gesellschaften, in denen der Anteil zwischen vegetabilen und tierischen Nahrungsmitteln etwa ausgeglichen ist. Das einzige der Kulturanthropologie bekannte Beispiel einer ethnischen Gesellschaft, in der die Männer 90% des Kalorienhaushaltes decken, sind die Eskimos. Vgl. dazu Goetze, D. (1976): Ethnosoziologie. München.

355 Diese Tatsache, die nicht nur in urbanen Gebieten, sondern auch in ländlichen der Regelfall ist, führt dazu, dass in der bilateralen Entwicklungszusammenarbeit insbesondere Frauenökonomie fördernde Projekte präferiert werden. »Women-Empowerment« ist zum Leitspruch der sogenannten »Grundbedürfnisstrategie« geworden. Bei einkommensgenerierenden Projekten muss sichergestellt sein, dass die Distribution der erwirtschafteten Gelder zu einem guten Teil durch die Frauen erfolgt. Erst dann ist gewährleistet, dass das Geld tatsächlich für die Hebung des basalen familiären Standards verwendet wird – z. B. Verbesserung der Nahrung, Medikamente und Kleidung für Kinder, Investition in Bildung usw.

356 Zu diesen Untersuchungen vgl. Fußnote 3, Teil 1; sowie Obrecht, A. J. (1995): Panoptismus in Papua Neuguinea. Akkulturation und sozialer Wandel in ehemals segmentären Gesellschaften. Frankfurt, New York.

357 Diese Diskussion ist dokumentiert in Obrecht, Andreas J. (1995): ebd., S. 218f.

358 Der genaue Wortlaut des Statements in der Fragebogenuntersuchung (N = 260): *It is better if the partner is chosen by the relatives.* Männer stimmen mit 60% stärker zu als Frauen mit 44%. Die Ablehnung bei den Unter-30-Jährigen beläuft sich auf über 30%, wohingegen sie bei älteren Befragten nur bei 16% liegt, und auch bei der

Schulbildung steigt die Ablehnung des Statements beinahe linear von 10% bei denjenigen ohne Schulbildung auf über 35% bei denjenigen mit 12 und mehr Jahren Schulbildung. Vgl. dazu Obrecht, A. J. (1995): ebd., S. 184; sowie Conway, J./ Mantorani, E. (1995): Marriage in Melanesia. A sociological Perspective. Melanesian Institute Goroka.

359 Über die männliche Angst vor weiblicher Magie in Melanesien vgl. Fußnote 117, 122, Teil I.

360 Die erwerbswirtschaftliche Umstrukturierung des »ganzen Hauses« hierarchisiert die Gesellschaft nach Kriterien neuer Produktionsverhältnisse und intimisiert die Familie als Konsumfaktor. Diese am Konsum orientierte Denkweise setzt die »Familie« als Reproduktionsinstanz frei, die in die moderne Produktionstheorie insofern eingeht, als Produktion nur mehr als Konsum – am Markt realisierte Nachfrage – des Faktors Arbeit angesehen wird. Die Produktion von »Individuen« ist Grundvoraussetzung für industrielle Produktion, deren Güter neue Bedürfnisse wecken, das »ganze Haus« als Produktionseinheit auflösen und die »Familie« als Konsumeinheit neu begründen. Im 18. und 19. Jahrhundert wird die Ehe auch für die Unterschichten bewusst propagiert, die die »zügellose Ungebundenheit des Arbeiters« bewusst beenden, ihn an einen »Innenraum« binden und eine »marktgerechte« Sozialisation der Nachkommenschaft ermöglichen soll. Heute lösen sich in der »Dritten Welt«, insbesondere aufgrund der städtischen Migration, agrarwirtschaftlich-subsistente Formen großfamilialer Organisation auf, aber auch in ländlichen Gebieten, in denen vermehrt die Geldwirtschaft das ökonomische Leben bestimmt, sind diese fundamentalen sozialen Veränderungen beobachtbar. Vgl. dazu Brunner, O. (1978): Vom »ganzen Haus« zur »Familie«. In: Rosenbaum, H.: Seminar: Familie und Gesellschaftsstruktur. Materialien zu den sozio-ökonomischen Bedingungen von Familienformen. Frankfurt, S. 88f; sowie Donzelot, J. (1989): Die Ordnung der Familie. Frankfurt, S. 23ff.

361 Der Entscheid darüber obliegt in patrilinearen Gesellschaften dem Vater, in matrilinearen Gesellschaften – so auch auf den Inseln Lihir und Masahet – der Mutter.

362 Dem Autor sind keine »Modernisierungs«-Definitionen bekannt, die nicht eurozentrische ideologische Implikationen enthalten würden. Aus einer Vielzahl möglicher Beispiele sei hier eines exemplarisch herausgegriffen, das die gängigen »Charakteristika« enthält: *Modernization involves, at the cultural level, a value system geared to the continual search for new knowledge, coupled with a high tolerance for ontological uncertainty. At the level of social structure, modernization implies openesse in the sense that political and class groups can face and eventually assimilate the risks and the consequences of innovation ... The social structure of modernity is mobility-oriented – spatially, socially and culturally. A third aspect of modernization is a psychological or personality dimension. Modernization requires innovative, consciously creative persons, who are at ease with mobility and change, who are largely self-directed, and whose short-run ends mainly economic, but whose long-run aims are achievement for the collectivity or for humanity at large.* Nash, M. (1984): Unfinished Agenda. The Dynamics of Modernization in Developing Nations. Boulder.

363 Vgl. dazu Teil III, Kap.: Die Sehnsucht nach den Sternen.

[364] Diese Vorstellungen von individueller Modernität wurden schon in den sechziger Jahren des letzten Jahrhunderts geprägt und erhielten individualpsychologische Unterstützung – z. B. durch das Konzept der Empathie, das Grundvoraussetzung für individuelle und gesellschaftliche Leistungssteigerung ist. Empathie meint in diesem Zusammenhang die Fähigkeit, sich mit »externen« Zielen und Inhalten zu identifizieren – sei es im Bereich der Ökonomie, der Politik, des Sozialen. Deshalb galten »die Medien«, denen man stark empathiefördernde Wirkung zusprach, lange Zeit als Hoffnungsträger der Modernisierung in der »Dritten Welt«. Zum Empathie-Konzept vgl. die »klassische« Studie Lerner, D./Schramm, W. (1966): Communication and Change in the Developing Countries. Honolulu.

[365] Der ökonomische »take off« wurde als Rahmenbedingung für den psychologischen »take off« gesehen. Diese Modernisierunsgtheorien sind in Phasen starken wirtschaftlichen Wachstums in den Industrieländern entstanden und gingen von der Annahme einer Verallgemeinerung des erfolgreichen Wirtschaftswachstumsmodells für arme Länder der »Dritten Welt« aus. Auch wurde darin eine Alternative zu marxistischen Ansätzen in der Entwicklungspolitik gesehen. Das »klassische« Werk Rostows etwa – das im Geiste der neopositivistischen Ökonomie geschrieben ist – richtet sich explizit gegen marxistische Entwicklungsparadigmen. Vgl. dazu Rostow, W. W. (1960): Stadien des wirtschaftlichen Wachstums. Eine Alternative zur marxistischen Entwicklungstheorie, Göttingen. Parallel dazu spielten die Theorien über »individuelle Modernisierung« – neben den Humankapitalkonzepten des Social Demand und Manpowerapproach – eine wesentliche Rolle und wurden zum gängigsten Muster zur Erklärung der »Bildungsökonomie« in Ländern der »Dritten Welt«. Die ökonomistische Ausrichtung von Bildungspolitik »im Zeichen der Modernisierung« wurde auch von den Vereinten Nationen und deren Organisationen, z. B. UNESCO, aufgegriffen. Dies kam im Leitsatz zum Ausdruck: How education can best be related to economic development! Vgl. dazu UNESCO (1964): Economic and social aspects of educational planning. Paris, S. 18. Das Bildungsparadigma, als Voraussetzung der Verwirklichung der Leitmotive »Behavioural Take Off«, »Psychische Modernisierung« und »Human Investment« nach europäischem Vorbild, bestimmte jahrzehntelang die »entwicklungspolitische« Praxis. Vgl. dazu auch UNESCO (1986): New attitudes toward education in relation to economic planning. Paris, S. 23ff; sowie insbesondere Kap.: Der europäische Sessel.

[366] Dieser primärsozialisatorische Ansatz ging noch auf den bestimmenden Einfluss der »Cross-Cultural-Personality-Schools« zurück, die »kulturspezifische Persönlichkeitstypen« aufgrund der Vermittlung von basalen »kulturellen Mustern« durch das familiale Milieu, insbesondere in der frühen Kindheit, festgelegt glaubten. Vgl. dazu z. B. Kardiner, A. (1945): The Psychological Frontiers of Society. New York.

[367] Diese Sichtweise wurde insbesondere durch die »klassischen« Forschungen von Inkeles und Smith verstärkt, die Untersuchungen anderer Forscher durch standardisierte Verfahren miteinander vergleichbar machten und schließlich im Hinblick auf sechs südamerikanische, afrikanische und südostasiatische Entwicklungsländer ausgewertet haben. Vgl dazu Inkeles, A./Smith, D. H. (1974): Becoming Modern – Individual Change in Six Developing Countries. Cambridge.

[368] Vgl. dazu auch die Modernitätskriterien von Peter L. Berger - Abstraktheit, Zeit, Individuum, Freiheit, Säkularisierung -, die lange Zeit diskursbestimmend waren; in: Berger, P. L. (1977): Facing up to Modernity. Frankfurt, S. 101ff; sowie Obrecht, A. J. (1995): ebd., Kap. IV: Rationalität und Akkulturation. Strategien zur ethischen Universalisierung der Menschheit. S. 303-457; sowie Obrecht, A. J. (1996a): Rationalität und Verweigerung. Zur Grenze der Durchsetzbarkeit von Modernität und Mobilität in den ärmsten Ländern der sogenannten Dritten Welt. SWS-Rundschau Heft 4/96; S. 339-366.

[369] So wurde das Konzept der »individuellen Modernität« schon vor geraumer Zeit heftig kritisiert; z. B. bei Reimann: *Ein moderner Mensch ist nach ihrer Sicht (*Anm.: der von Inkeles und Smith; siehe Fußnote 367) *ein informierter, aktiver Bürger mit starkem Interesse an öffentlichen, nationalen und internationalen Angelegenheiten, der gemeinsam mit anderen sein Leben und das seiner Gemeinde selbst in die Hand nimmt, Passivität, Resignation und Fatalismus ablehnt, seine Unabhängigkeit gegenüber traditionellen Autoritäten und anderem auch dadurch manifestiert, dass er politischen und gewerkschaftlichen Führern mehr vertraut als Priestern und Dorfältesten; er ist offen gegenüber allen Neuerungen, insbesondere technischer Art, unterstützt wissenschaftliche Forschung, ist Fremden gegenüber aufgeschlossen und fördert Frauen bei der Wahrnehmung von Chancen außerhalb des Hauses. Das Kontrastprogramm stellt der traditionale Mensch: Passiv, fatalistisch, voll Furcht und Mißtrauen gegenüber Innovationen und allem Neuartigen, isoliert und desinteressiert an Vorgängen außerhalb seiner unmittelbaren Lebenswelt, abhängig von traditionalen Autoritäten, vor allem mit seinen persönlichen und besonders familialen Angelegenheiten befaßt, sich nur mit rein lokalen und parochialen Primärgruppen identifizierend, ausschließlich an kurzfristigen Zielen interessiert, den Wert von Erziehung, Lernprozessen, Forschung unterschätzend, wenn diese nicht mit seinem unmittelbaren Lebensalltag verbunden sind, unterhält rigide Beziehungen zu Untergebenen und zu Personen mit niederem sozialen Status.* Reimann, H. (1986): Die Vitalität »autochthoner« Kulturmuster. Zum Verhältnis von Traditionalität und Moderne. In: Kölner Zeitschrift für Soziologie und Sozialforschung, SH 27, S. 358-378.

[370] Zu dieser Frage und der folgenden Ausführung vgl. Obrecht, A. J. (1999e): Spiegelsplitter - Ethnosoziologische Überlegungen zum Begriff »Kulturtransfer«. In: Newsletter - Zeitschrift des Spezialforschungsbereichs Moderne und Zentraleuropa. Heft 2/99, S. 2-5.

[371] Obeah ist auf den karibischen West Indies eine Art Voodoo-Religion, deren PriesterInnen vor allem mit »negativen« - schwarze Magie - und »positiven« Besetzungen von Geistern arbeiten.

[372] Aufgrund von diversen Erhebungen in den Shona-Kulturen Zimbabwes ist vom IEZ ein spezieller Küchenofen entwickelt und gebaut worden, der 84% Verbrennungseffizienz erreicht. Derzeit werden diese selbstbaubaren, emmissions-reduzierenden Energie-Sparöfen durch Workshops in ariden Gebieten Zimbabwes implementiert. Bei einer durchschnittlichen Haushaltsgröße (Kraal) ergibt sich dadurch eine wöchentliche Einsparung von etwa 20 Kilo Feuerholz. Vgl. dazu: Kunze, G. (2000): Die Übertragbarkeit österreichischer Verbrennungstechnologie auf

semiaride Gebiete des subsaharischen Afrika. IEZ – Forschungsbericht für das Bundesministerium für Innovation und Technologie; Wien, Linz; sowie Gruber, P. (1999): Ländliche Entwicklung in Zimbabwe/Chegutu District/Mashonaland West. Interdisziplinäres Forschungsinstitut für Entwicklungszusammenarbeit (IEZ)-Forschungsbericht. Linz.

[373] Geißler, K. A. (1999): ebd., S. 97.

[374] Vgl. dazu Azeem, A. (et al.) (1999): Development and Dependency. Oxford, New York.

[375] Folgendes Zitat eines Langzeitmigranten in der Stadt Goroka illustriert die mit einer Rückkehr verbundenen Schwierigkeiten: *Another reason, why migrants don't go home, even if they have the fare, is that they must go home as a succsess, and that means that you have to have 500 kina minimum to be able to start something, to show, that you have not wasted all your years ... The expectations are so high, that a person might be expected to buy a truck!*

[376] Vgl. dazu das nachfolgende Kapitel: Der Mann im Mond.

[377] Vgl. dazu das aus der Kulturanthropologie abgeleitete Magiekonzept auf drei funktionalen Ebenen als Vermittler zwischen Lebenswelt und Systemebene – in: Obrecht, A. J. (1999c): Die Welt der Geistheiler. Die Renaissance magischer Weltbilder. Wien, Köln.

[378] Zu folgenden Beispielen, die sich beliebig fortsetzen ließen, siehe Obrecht, A. J. (2000b): Die zeit-räumliche Entgrenzung ethnischer Gesellschaften. Zur Trennung von Lebenszeit und Weltzeit im Zuge der Hierarchisierung und Universalisierung ehemals segmentärer Gesellschaften. In: Österreichische Zeitschrift für Soziologie. Heft 3/2000, S. 26-50.

[379] Güter- und Geldakkumulation in der Stadt widerspricht dem ethnischen Prinzip der Umverteilung und wird magisch sanktioniert. Selbst Migranten, die jahrzehntelang fortgeblieben sind, müssen mit dieser Form der sozialen, ökonomischen Kontrolle »rechnen«, wenn sie – selbst nur als Besucher – in ihre Heimatregion zurückkehren. Vgl. Obrecht, A. J. (1996b): Der böse Blick – Die Ohnmacht vor der Macht des Unbekannten. Kulturanthropologische Überlegungen zur Magie der Destruktion. In: Was – Zeitschrift für Wissenschaft und Kultur, Nr. 84., S. 5-7; sowie Feil, D. K. (1987): The evolution of Highland Papua New Guinea societies. Cambridge, New York, Sydney.

[380] So sind z. B. insbesondere in Melanesien »Cargo-Kulte«, bei denen westliche Waren als Geschenke der Ahnen aus dem Totenreich interpretiert werden, nach wie vor aktuell, obwohl sie in der Literatur oft als historisch ausgewiesen werden. Im Oktober 1997 hat der Autor gemeinsam mit Sigrid Awart einen Cargo-Kult filmisch dokumentiert, der im Zuge des Baus der Goldmine auf der Insel Lihir/Neuirland/Papua Neuguinea enstanden ist. Die Kultanhänger sind überzeugt, dass die »weißen« Betreiber der Goldmine ihnen rechtmäßig zustehendes Eigentum aus der »zeitlosen« Welt der Ahnen wissentlich vorenthalten. Vgl. dazu: Das Paradies ist anderswo. Dokumentation ORF/3Sat 1997.

[381] Insbesondere Formen der »weiblichen« Magie werden auch in urbanen Strukturen aufrechterhalten. Auch in meinen eigenen Untersuchungen über die Resistenz

von Magie im Zuge städtischer Migration beträgt bei allen diesbezüglichen Fragen der geschlechtsspezifische Unterschied rund 20%. Dies dürfte damit zusammenhängen, dass Männer eher als Frauen Modernisierungsgewinner sind. Vgl. dazu Obrecht, A. J. (1995): ebd.; sowie: Strathern, M. (1992): Women in between. The Weakening Influence of Females. London.

[382] In allen »jungen« Nationalstaaten existieren neben staatlicher Rechtsprechung und Exekutive »tribale« Formen der Durchsetzung von Recht. Diese können vom Ältestenrat über das Dorfgericht bis hin zu magischer Rechtsprechung reichen. Bei magischer Tötung etwa wird das zentrale Gewaltmonopl des Staates am massivsten unterwandert. Ein Beispiel einer magischen Tötung aus Afrika findet sich in Obrecht, A. J. (1992): Chimurenga. Kap. II.8: Ukujuja Umthakathi. Frankfurt, S. 42f.

[383] Als prominentes Beispiel sei hier die bewaffnete Revolte gegen die Betreiber einer Kupfermine auf der Insel Bougainville (Papua Neuguinea) erwähnt, die viele magische, chiliastische und Cargo-Kult-Elemente in sich vereinigt und 1989 zur Schließung der Mine geführt hat.

[384] Ausschnitte der Gespräche mit Roy finden sich in der (ORF/Ö1-Extra) Dokumentation »Von den Quellen des Sepik bis zum Südpazifik« (1995); sowie in Obrecht, A. J. (1995): ebd., S. 190-196.

[385] Es zeigt sich, dass in allen von starken Modernisierungsprozessen gekennzeichneten Gesellschaften tendenziell jene am stärksten zur Ablehnung der eigenen kulturellen Wurzeln neigen, die am kürzesten – z. B. nur kurze Verweildauer in der Stadt – oder am schwächsten – z. B. kein Zugang zu Lohnarbeit – in die »modernen« Strukturen eingebunden sind, sich jedoch mit ihnen identifizieren wollen. Jemand, der modern sein will, aber nicht modern sein kann, weil ihm die Zugänge dazu verwehrt sind, macht regelmäßig auch seine Herkunftskultur dafür verantwortlich.

[386] Dies ist nicht nur metaphorisch zu verstehen, sondern in vielen Fällen ganz real. In der Stadt aufwachsende Kinder sprechen oft nur die Lingua Franca – Neomelanesisch – und nicht mehr die indigenen Sprachen ihrer Eltern. Wenn sie dann in die Heimatregion ihrer Eltern auf Besuch kommen, dann können sie sich nicht mehr mit ihren Großeltern unterhalten.

[387] Vgl. dazu Fußnote 380.

[388] Vgl. dazu Teil I, Kap.: Elektronische Enzyklopädie und virtuelle Mobilität.

[389] Bewertet man das *de facto*-Wissen der Schulabgänger in den Industrieländern anhand des Ressourceneinsatzes und der Dauer der durchschnittlichen schulischen Ausbildung, so ist das Ergebnis dürftig: Es erscheint evident, dass die Schule in erster Linie o.a. Funktionen erfüllt und dass »Wissenserwerb« nicht viel mehr als eine legitimatorische Grundlage für die Institution Schule ist. Alle wesentlichen Inhalte, die Schüler aus der Schulzeit in das Erwachsenenleben »herüberretten«, sind Inhalte, die nicht wegen der Schule, sondern trotz der Schule Interesse, Begeisterung, Selbstlernverfahren und damit nachhaltige Auseinandersetzung mit Wissen auslösten. Dies gilt für alle Fertigkeiten und Inhalte. Wenn ein analphabetischer Mensch durchschnittlicher Intelligenz lesen und schreiben lernen *will*, dann kann er sich diese Fähigkeit in kurzer Zeit – einige Monate reichen hierfür – mit ein wenig außerschulischer Hilfe aneignen. Im 20. Jahrhundert ist eine Menge über nicht-

schulische oder alternativ-schulische Lernmodelle diskutiert und einiges auch in die Praxis umgesetzt worden. Es kann im Rahmen dieser Arbeit nicht auf diese interessanten Perspektiven eingegangen werden, die allesamt von der Negation der schulischen Institutionalisierung von Wissen und Wissenswertem ausgehen und die Begeisterungsfähigkeit des heranwachsenden Menschen, seine unlimitierte aber durch Schule limitierbare Neugierde an der Welt in den Mittelpunkt ihrer Konzepte rükken. Als nach wie vor wegweisender Klassiker sei hier verwiesen auf: Illich, I. (1984): Die Entschulung der Gesellschaft. Reinbek.

[390] Zu den folgenden zwei Absätzen vgl. Obrecht, A. J. (1999d): ebd., S. 118-120.

[391] Vgl. dazu Bauer, L./Matis, H. (1989): Die Geburt der Neuzeit. München, S. 323.

[392] Vgl. dazu Thompson, E.P. (1980): Zeit, Arbeitsdisziplin und Industriekapitalismus. Wien; sowie das Kap.: Küsse, Kinder und andere Unfreiheiten.

[393] Auch bei sogenannten lokalisierten Schulen, in denen mehr auf die lebensweltlichen Bedürfnisse – Ernährungslehre, Agronomie, Hygiene usw. – eingegangen wird, ist der Anteil der Lehrinhalte, die außerhalb eines lebensweltlichen Bezuges liegen, noch bei weitem zu hoch.

[394] Mädchen und Jungen treten zu einer Zeit, in der sie im traditionellen Kontext durch die ersten Initiationsschritte voneinander separiert werden, in ein schulisches Konkurrenzverhältnis. Hans Bosse hat in einer sehr gelungenen Arbeit die durch Schule ausgelöste Verunsicherung bezüglich der Entstehung von Geschlechteridentität und der Übernahme von Erwachsenenrollen in Papua Neuguinea beschrieben. Vgl. dazu Bosse, H. (1994): Der fremde Mann – Jugend, Männlichkeit, Macht. Eine Ethnoanalyse. Frankfurt.

[395] Vgl. dazu Bosse, H. (1994): ebd.

[396] *Ist die Schule in den autochthonen Gesellschaften selbst eine Institution der Vermittlung von Fremdkultur, und in den meisten Ländern hat sie diese Funktion inne, so ist sie ebenfalls eine Instanz, die den gesellschaftlichen Widerspruch der Abhängigkeit nicht nur in die Köpfe der Kinder und Jugendlichen trägt, sondern ebenso in ihrer seelischen Verfassung seine Spuren eingräbt.* Rzondetzko, L. (1989): Der Lehrgang vom Wilden zum zivilisierten »modern man«: ein Programm von der spanischen Konquista bis zum Transfer der Pädagogik in Länder der »Dritten Welt«. Frankfurt, S. 245.

[397] *Es ist nicht zuviel hineininterpretiert, wenn man darin (in der Schule) die Vorbereitung auf ein »unfreies« Leben und Arbeiten (sei es in Form von Lohnarbeit oder auch im Zwang zur Kapitalakkumulation) sieht, indem man seine Fähigkeiten und Fertigkeiten für die anderen gezwungenermaßen zur Verfügung stellen muss.* Bauer, L./Matis, H. (1989): ebd., S. 323.

[398] Schulbildung erhöht nur geringfügig die Chancen, den Bereich der ungeregelten informellen Arbeit zu verlassen.

[399] Zu folgenden Ausführungen siehe Obrecht, A. J. (1995): ebd., Kap. 6.1.: Das Abstrakte und das Konkrete – Die verbindenden Metaphern unterschiedlicher logischer Systeme. S. 518-523.

[400] So hat auch der französische Sozialanthropologe Maurice Godelier die interessante These vertreten, dass die Struktur des Denkens keine wie immer gearteten »Sprünge« in der Menschheitsgeschichte aufweist, dass menschliches Denken – zeit-

und epochenunabhängig – immer Äquivalenzbeziehungen herstellt, immer auf vorhandenen Analogien aufbaut. Selbst der bedeutende Schritt der Demontage des antiken Götterpantheons durch die ionische Physik und Geometrie sei eine Folge der analogen Äquivalenzwahrnehmung gewesen, Relationen durch neue Begriffe und in ihrer Kombination auch durch neue Muster auszudrücken. Vgl. dazu Godelier, M. (1980): Ökonomische Anthropologie. Frankfurt.

401 Claessens, D. (1980): Das Konkrete und das Abstrakte. Soziologische Skizzen zur Anthropologie. Frankfurt, S. 290.

402 Der Umgang mit diesen Erklärungsmodellen setzt das Postulat der Gebundenheit des Denkens an die Sprache voraus, wie sie als zentrale These in der Wittgensteinschen Philosophie auftritt. Vgl. dazu Wittgenstein, L. (1963): Tractatus logicophilosophicus. Logisch-philosophische Abhandlungen. Frankfurt; vgl dazu auch die radikal-konstruktivistischen erkenntnistheoretischen Ansätze, wie sie sich etwa bei dem chilenischen Biologen Humberto Maturana finden: *Wir Menschen geschehen in Sprache, und wir verwirklichen uns in Sprache als menschliche Wesen. Es gibt keinen Weg, uns selbst oder irgendetwas anderes außerhalb der Sprache zu unterscheiden. Selbst wenn wir uns als Wesen ohne Sprache behandeln wollen, müssen wir in der Sprache verbleiben. In der Tat gibt es die Operationen der Referenz nur in der Sprache, und außerhalb der Sprache sein zu wollen, ist für uns als Beobachter widersinnig.* Maturana, H. (2000): Biologie der Realität. Frankfurt S. 255; vgl. dazu auch Fußnote 446.

403 So verweist z. B. die zeitliche Struktur der Identitätsfestlegung bei den Marindanim in Ost-Neuguinea auf die genealogisch-generative Wiederholung der rituellen Ordnung, die den Übergang von einer Generation zur nächsten markiert: *Mokraved Anem Mbake*/Junggeselle (in der Wortübersetzung: »Mensch ist nicht«); *Amnanggib Papis-Anem-Ke*/Jungvermählte (»verheirateter kleiner Mensch ist«); *Jevai Anem-Hake*/Vater (»Vater Mensch echt ist«) Vgl. dazu auch Capell, A. (1969): A Survey of New Guinea Languages. Sydney.

404 Dieter Claessens führt aus, dass in dem Akt abstrakter Objektkonstruktion, der einer Sinnentleerung der sprachlichen Symbole gleichkommt – Sinn entsteht durch Analogie! – die Differenz zwischen Konkretem und Abstraktem schlichtweg geleugnet wird: *Die gemeine Differenz kann nur überbrückt werden, wenn sie geleugnet wird; das Wort muss die Sache, das Abstraktum sein, es hat das gemeine Abstrakte zu sein. Das tritt auch in verweltlichteren Verhältnissen zureichend deutlich auf: Das Lästige wird »reifiziert«. So sagte in meiner Studienzeit ein englischer Dozent: Theory, that's Theory. Und heute hat man eben zu wissen, was »Kernenergie« ist (und dass sie gar nicht so gefährlich ist; während bei einem so ungenau benannten »Ding« klugerweise bereits voraus angenommen werden sollte, dass es gefährlich ist).* Claessens, D. (1980): ebd., S. 356.

405 Der Religionswissenschafter Mircea Eliade korrespondiert in seiner berühmten Mytheninterpretation mit diesen unterschiedlichen Kognitionsformen und -techniken der Verbindung zwischen Abstraktem und Konkretem, indem er die Zeit, bzw. das kulturspezifische Zeitempfinden als Vermittler, bzw. als Gestalter dieser Beziehung auftreten lässt. Vgl. dazu Eliade, M. (1986): Kosmos und Geschichte. Der Mythos der ewigen Wiederkehr. Frankfurt.

406 In historischer Analogie sei hier ein Ausspruch von J. H. Campe aus dem Jahre

1785 zitiert: *In den Schulen oder nirgends kann eine Nation zur Industrie, wie zu jeder anderen moralischen und politischen Tugend gebildet werden.* Campe, J. H., zit. n. Bauer L./Matis, H. (1989): Die Geburt der Neuzeit. München, S. 322.

[407] Hans Blumenberg schreibt: *Sobald das Wissen, die Kapazität eines Menschenlebens, es genuin zu erwerben, übersteigt, werden Voraussetzungen des Erkenntniserwerbs als fertiges Instrumentarium überliefert und alsbald wird es fraglich, ob die ursprünglich begründenden Leistungen von jedem, der sie verwertet und mit ihnen umgeht, relativiert werden können.* Blumenberg, H. (1981): ebd., S. 32.

[408] Edmund Husserl (1859-1938) hat in seinem zwischen 1934 und 1937 entstandenen Spätwerk: Die Krisis der europäischen Wissenschaften und die transzendentale Phänomenologie, diesen Prozess der Entkoppelung anhand der »Reaktivierung« der antiken Geometrie in der beginnenden Neuzeit analysiert. War sich die antike Geometrie ursprünglich der Idealisierung der Körperwelt bewusst, so vernachlässigt die neuzeitliche Rezeption diesen primären Kontext und führt das ererbte Werkzeug als rein technische Handhabung ein. Die Sinnentleerung der »Arithmetisierung der Geometrie« (S.44) führt zu einer »Algebraisierung« und schließlich zu einer »rein formalen Mannigfaltigkeitslehre, zur Konstruktion überhaupt.« (S. 45) Husserl, E. (1954): Gesammelte Werke, Husserliana, Band VI, Den Haag.

[409] Norbert Elias beschreibt dieses erkenntnistheoretische Dilemma folgendermaßen: *Die Struktur des Nicht-Wissens von Menschen in Worten von Menschen zu beschreiben, die bereits wissen, ist keine einfache Aufgabe. Alle diese Worte verkörpern ein Niveau der Synthese oder, wenn man will, der Abstraktion, das für eine spätere Stufe in einem Wissensprozeß repräsentativ ist. So mag man zum Beispiel fragen, wie Menschen früherer Gesellschaften die Natur erlebten. Da aber diese Menschen nicht alles wußten, was wir wissen, nahmen sie Vögel und Elefanten, Bäume, Berge, Wolken und was immer sonst, nicht als einen einheitlichen Geschehenszusammenhang wahr, der in der Form mechanischer Ursachen und Wirkungen verknüpft ist und unpersönlichen Gesetzen folgt – mit einem Wort nicht als »Natur«. Sie hatten keine begrifflichen Symbole des sehr hohen Synthese- und Abstraktionsniveaus, das für Begriffe wie »Ursache«, »Zeit« oder »Natur« charakteristisch ist. Wenn man daher fragt, wie sie die »Natur« erlebten, hat man die Antwort bereits vorentschieden.* Elias, N. (1987): Engagement und Distanzierung. Arbeiten zur Wissenssoziologie I. Frankfurt, S. 91.

[410] Vgl. dazu Teil III, Kap.: Organisches und Anorganisches.

[411] Auch in der wissenschaftlichen Diskussion bleibt der normative Aspekt der Magie oft unterbelichtet: In einer Gesellschaft, in der es kein gesatztes Recht und keine an eine politische Zentralgewalt gebundene, rechtsdurchsetzende Institutionen gibt, werden normative Regeln großteils über den Kodex der Magie verinnerlicht. Im eurozentrischen Denken scheint dies obendrein bedenklich zu sein, da es kein »objektives«, gesetztes Kriterium für Rechtssicherheit gibt. Diese Interpretation unterschätzt wiederum die Stringenz und den allgemein verbindlichen Charakter der magischen Sanktion. Jeder eklatante Normbruch, jedes Verbrechen setzt auch in einer Gesellschaft ohne Gefängnis, Psychiatrie und Schule die individuelle Zukunft des Delinquenten aufs Spiel, auch wenn die Art dieses »Zeitentzugs« so ganz anders – eben magisch bis hin in den Tod – beschaffen sein mag.

[412] Vgl. dazu die Fußnote 382.

[413] Es kann hier nicht näher auf den z. T. umstrittenen Kannibalismus-Komplex eingegangen werden. Feststeht, dass insbesondere ältere Menschen in Papua Neuguinea ohne Berührungsängste über *manifesten* Kannibalismus »in früheren Zeiten« berichten – ob es sich dabei um Kulturmythen, Übertragungen oder um historische Wahrheiten handelt, möge dahingestellt bleiben. Fest steht auch, dass gewisse Formen des *Endokannibalismus* – das Verzehren von Leichenteilen, z. B. zerriebene Knochen – zwecks Einverleibung der Energie und der »Seele« des Toten nach wie vor gepflogen werden. Vgl. dazu Strathern, A. (1985): Witchcraft, greed, cannibalism and death: some related themes from the New Guinea Highlands. In: Block, M./Parry, J.: Death and regeneration of life. London.

[414] Der französische Kulturanthropologe Claude Leví Strauss unterscheidet generell zwischen anthropophagischen und anthropemieschen Gesellschaften. Die einen praktizieren das Prinzip der Einverleibung von Kraft, Konflikten usw. die anderen das Prinzip der Aussonderung. Er sieht vor-industrielle Gesellschaften und somit auch das christliche Weltbild vorwiegend von anthropophagischen Bildern und Praktiken durchdrungen, wohingegen die Moderne sich durch eine anthropemiesche Orientierung beschreiben lässt. Er unterscheidet zwischen zwei Gesellschaftsformen, *derjenigen, welche die Anthropophagie (Menschenfresserei) praktiziert, also in der Einverleibung gewisser Individuen, die furchterregende Kräfte besitzen, das einzige Mittel sieht, diese zu neutralisieren oder gar zu nutzen; oder derjenigen, die – wie die unsrige – eine Haltung einnimmt, welche man als Anthropemie (von griech.: emein: erbrechen) bezeichnen könnte. Angesichts ein- und desselben Problems haben diese letzteren Gesellschaften die umgekehrte Lösung gewählt, nämlich jene gefährlichen Individuen auszustoßen und sie zeitweilig oder für immer in eigens für diesen Zweck bestimmte Einrichtungen zu isolieren und von der Berührung anderer Menschen auszuschließen. Den meisten Gesellschaften, die wir primitiv nennen, würde diese Sitte tiefen Abscheu einflößen; sie würden uns in ihren Augen mit derselben Barbarei behaften, die wir ihnen aufgrund ihrer symmetrischen Sitten anzulasten versucht sind.* Lévi-Strauss, C. (1989): Traurige Tropen. Frankfurt

[415] Vgl. dazu Fußnote 380.

[416] So hat sich auch die Kolonialverwaltung den sozialen Statuts der traditionellen Dorfvorsteher zur Durchsetzung ihrer Machtpolitik insofern zunutze gemacht, als sie diese – durch Geschenke, Bezahlungen, Waffen usw. – massiv »aufgewertet« hat. Dorfvorsteher, die im »traditionellen Setting« die Aufgabe hatten, die Umverteilung zu gewährleisten, das Exchange- und Gleichheitsprinzip clanintern zu stabilisieren – eine Aufgabe, die weit mehr Pflichten als Rechte mit sich bringt – wurden zu »Big-Men«, die z. T. als kleine Autokraten früher die Interessen der Kolonialmacht, heute die Interessen des Nationalstaates gegenüber den eigenen Leuten durchzusetzen halfen und helfen. War ihre Macht früher äußerst begrenzt – sie konnte ihnen jederzeit entzogen werden – so wird sie heute durch die »demokratische Legitimation« zumindest für fünf Jahre faktisch uneingeschränkt festgeschrieben. Über den »Staat der tausend Speere« und den »Micro-nationalism« siehe Roche, P. (1992): Westminster System of Government versus Papua New Guinean. In:

Obrecht, A. J. (Hg.) (1992e): Sozialer Wandel in Papua Neuguinea. FWF-Forschungsbericht. Wien.

[417] Die Soziogenese dieser »doppelten Verpflichtung« lässt sich auch in Analogie zur europäischen Entwicklung beschreiben: *Kennzeichen des Westens im 12. und 13. Jahrhundert ist die Herausbildung von Orientierungen und Institutionen, die gleichzeitig auf der doppelten Verpflichtung gegen die konkrete individuelle Person und das objektiv Universelle beruhen. Der zentrale Gedanke, auf dem die Institutionen errichtet sind, besagt, dass die individuierten Personen die Träger von Rechten sind, und rationalisierte Universalien zum Brennpunkt der herrschenden Normen werden.* Nelson, B. (1986): ebd., S. 38.

[418] Klaus Eder nennt die ethische Universalisierung des Normenkodex im Übergang von segmentären zu stratifizierten Gesellschaften die »Moralisierung des Rechts«, durch die die Rekonstruktion der sozialen Realität ermöglicht wird: das politische Organisationsprinzip ist dann der neue, sozial integrative Bezugspunkt, von dem aus das gesellschaftliche System reorganisiert werden kann. Vgl. dazu Eder, K. (1980): Die Entstehung staatlich organisierter Gesellschaften. Ein Beitrag zu einer Theorie sozialer Evolution. Frankfurt, S. 30f.

[419] Zu diesem Absatz siehe Obrecht, A. J. (1999d): ebd., Kap. 7.1.: Das objektiv Universelle. S. 128-132.

[420] Magischer Symbolismus verbindet Metaphorik mit Wirklichkeit: *Der Symbolismus des Mittelalters beginnt bei den Wörtern. Ein Ding bei seinem Namen nennen, heißt es zu erklären. Die res und die verba stehen einander nicht entgegen.* Le Goff, J. (1972): Kultur des europäischen Mittelalters. München, Zürich, S. 539.

[421] Vormals »OeED« – seit Jahresbeginn 2001 »Horizont 3000«.

[422] Vgl. dazu Bosse, H. (1981): Zur Kolonialisierung der inneren Natur. In: Bosse, H. (et al.) (Hg.): Entwürfe zu einer historisch-materialistischen Theorie des Subjekts. Frankfurt.

[423] Die »moderne« Leistungsorientierung in Mobilitätskulturen manifestiert sich durch die *Betonung des Wettkampfs, das Streben nach linear-skalarer Meßbarkeit der Leistung, also nach Standardisierbarkeit, Graduierbarkeit und Quantifizierbarkeit, das Streben nach Steigerung der Leistung sowie die Tendenz zu einer gesamtgesellschaftlichen Durchsetzung von Leistungsnormen, vor allem aber das Streben nach Egalisierung der Chancen, aber auch die Verbindung von Leistung und sozialem Statuserwerb.* Vgl dazu Bauer, L./Matis, H. (1989): ebd., S. 319. – Der Verbindung zwischen Linearität und Leistungssteigerung als Motor der sozio-ökonomischen Einbindung von ethnisch strukturierten Gesellschaften in kapitalistische Produktionsverhältnisse bin ich nachgegangen in: Obrecht, A. J. (1997b): Zeit, Sinn und Raum. In: Zapotoczky, K./Gruber, P. (Hg.): Entwicklungstheorien im Widerspruch. Plädoyer für eine neue Streitkultur in der Entwicklungspolitik. Frankfurt, S. 35-72.

[424] Vgl. dazu Eichberg, H. (1981): Der Umbruch des Bewegungsverhaltens. Leibesübungen, Spiele und Tänze in der industriellen Revolution. In: Nitzsche, A. (Hg.): Verhaltenswandel in der industriellen Revolution. Stuttgart, Berlin.

[425] Originalzitat enthalten in: Obrecht, A. J. (2000b): Die zeit-räumliche Entgrenzung ethnischer Gesellschaften. ÖZS Heft 3/2000, S. 38.

[426] Vgl. dazu Wendorff, R. (1989): Zeitbewußtsein in Entwicklungsländern. In: Wendorff, R. (Hg.): Im Netz der Zeit. Menschliches Zeiterleben interdisziplinär. Stuttgart.

[427] Die Trennung von Arbeitszeit und Freizeit nimmt im europäischen Diskurs über die Entkoppelung von Primärbereich und Systemebene einen zentralen Stellenwert ein, der besonders in der marxistischen Variante über den Begriff der »Entfremdung« stark problematisiert wurde. Schon Karl Marx hat zwischen »freier Zeit« und Freizeit differenziert, wobei die Funktionalisierung der Freizeit, insbesondere durch Varianten der sogenannten »Freizeitindustrie«, die Verwaltung des Menschen in den Reproduktionsbereich hinein verlängert und ihm die Möglichkeit nimmt, »nicht-entfremdeten« Tätigkeiten nachzugehen. Über die Trennung von Arbeitszeit und Freizeit und deren Bedeutung für die kritische Gesellschaftstheorie siehe auch Marcuse, H. (1976): Ideen zu einer kritischen Theorie der Gesellschaft. Frankfurt.

[428] Vgl. dazu Bosse, H. (1979): Diebe, Lügner, Faulenzer: Zur Ethno-Hermeneutik von Abhängigkeit und Verweigerung in der Dritten Welt. Frankfurt.

[429] Mit diesen Ideologisierungen befinden sie sich in bester Gesellschaft mit den Moralisten des 18. Jahrhunderts, die mangelnde Disziplin und Müßiggang zu einem wichtigen gesellschaftlichen Interesse mit weitreichenden ökonomischen Implikationen machen: *Es sei eine anerkannte Tatsache, dass der Mangel in gewissem Umfang als Triebfeder der Industrie zu gelten hat, und dass der Arbeiter, der innerhalb von drei Tagen genügend verdient, den Rest der Woche mit Nichtstun, Sauferei herumbringt ... Die Armen in den Industriegebieten verwenden nur so viel Zeit auf die Arbeit wie sie zum Leben und zur Finanzierung ihrer allwöchentlichen Ausschweifungen benötigen ...* S. Marglin zit. n. Bauer, L./Matis, H. (1989): ebd., S. 176.

[430] Ziegler, J. (2003): Die neuen Herrscher der Welt – und ihre globalen Widersacher. S. 59f.

[431] Vgl. dazu Teil I, Kap.: Die Verletzbarkeit der Körper und der entfesselte Sensenmann.

[432] Vgl. dazu Rahnema, M. (1993): Armut. In: Sachs, W. (Hg.): Wie im Westen so auf Erden. Reinbek.

[433] Die soziologische Theorie der Subsistenzorientierung wurde insbesonders aus feministischer Perspektive heraus entwickelt. Sie entstand aus der Auseinandersetzung mit der »gescheiterten« Entwicklungspolitik und der Krise des Kapitalismus in den Industrieländern. In den armen Ländern ist der »trickle down«-Effekt des Reichtums ausgeblieben, und in den reichen Ländern nimmt die Überbelastung von Frauen und die Polarisierung zwischen Gut- und Geringverdienenden zu: *Anhand der Auseinandersetzung mit den Mechanismen der Ausbeutung, denen die Arbeit von Frauen und anderen Subsistenzproduzenten, insbesondere Bauern in der Dritten Welt, unterworfen ist, wurde uns klar, dass ihre Situation nicht durch ihre Verwandlung in feste Lohnarbeiter gebessert werden kann – abgesehen davon, dass sich dies sowieso niemals einlösen würde –, sondern dass es um die Verteidigung ihres Subsistenzregimes geht. Darüber hinaus sind wir der Überzeugung, dass die Subsistenzorientierung die wirtschaftliche und soziale Perspektive ist, die aus der ökologischen Krise und aus der Krise des globalisierten Kapitalismus führt.* Bennholdt-Thomsen, V. (1997): Die Subsi-

stenzperspektive. Eine Skizze. In: ARGE entwicklungspolitische Hochschulwochen (Hg.): Analysen und Alternativen zu einer neoliberalen Welt. Wien, S. 123f. Die Subsistenzperspektive versteht sich als »Wirtschaft von unten«, wobei *unser Begriff von Wirtschaft umfaßt, wie die Menschen ihren Alltag, ihr Zusammenleben, ihr Essen, ihr Trinken, ihre Kleidung, ihr Wohnen, ihr Auskommen, kurz ihre Subsistenz produzieren.* Bennholdt-Thomsen, V. (Hg.) (1999): Das Subsistenzhandbuch. Widerstandskulturen in Europa, Asien und Lateinamerika. Wien, S. 13. Dieser Subsistenzbegriff ist ebenso wie jener der Kulturanthropologie eng an regionale Konzepte des Wirtschaftens gebunden: *Wir sehen einen erfolgversprechenden, subsistenzorientierten Weg gegen die Massenarbeitslosigkeit, Desorientierung und Umweltzerstörung in der Regionalisierung, und zwar in dem Sinn, dass Produktion, Tausch und Verbrauch in und aus einer Region stattfinden, sodass regionale ökologische Kreisläufe entstehen.* Bennholdt-Thomsen, V.: (1997) ebd., S. 125. Darüber hinaus betont die Subsistenzorientierung die Vorstellung einer »souveränen«, »eigenständigen« Lebensführung, die durch vielfältige Delegation an den »Staat« und andere Versorgungseinrichtungen abhanden gekommen ist. Der allgemeinen Entwertung der Subsistenzproduktion durch Zeitverknappung, Enträumlichung und Entgrenzung werden lokale »überschaubare« Prinzipien der Produktion und Reproduktion gegenübergestellt. Ökonomie versteht sich dabei *als die Existenz- und Lebensmöglichkeit durch alltägliche Subsistenz, als Selbstversorgung, »Eigenarbeit«, Tausch ..., schonenden Umgang mit der Umwelt, also auch die Verwendung anderer, nämlich handwerklicher, irgendwann einmal vielleicht wieder magischer Techniken, und all dies zunächst zur Grundversorgung überschaubarer und selbstorganisierter Gruppen, die sich an lokal vorhandenen »Fähigkeiten und Notwendigkeiten« orientieren.* Werlhof, C. v. (1991): Was haben die Hühner mit dem Dollar zu tun? Frauen und Ökonomie. München, S. 172.

Teil III

434 Vgl. dazu die Beschreibung der Mara-Region, Teil II, Kap. 1: Hirten und Herden.

435 Eine amüsante Darstellung der umfassenden rituellen Bemühungen zur Regelung der Beziehung zwischen Gestorbenen und Lebenden in den unterschiedlichsten Kulturen findet sich in: Barley, N. (1998): Der Tanz ums Grab. Stuttgart.

436 Eine auch die rechtlichen Aspekte der »Ökonomie des Todes« berücksichtigende Analyse des Umgangs mit den Toten findet sich in Hasenfratz, H.-P. (1998): Leben mit den Toten. Eine Kultur- und Religionsgeschichte der anderen Art. Freiburg, Basel, Wien.

437 Der französische Historiker Philippe Ariés stellt fest, dass nahezu zweitausend Jahre lang – »von Homer bis Tolstoi«- die Einstellung des abendländischen Menschen zum Tod nahezu unverändert geblieben ist: *Als vertrauter Begleiter (war der Tod) ein Bestandteil des Lebens, er wurde akzeptiert und häufig als letzte Phase der Erfüllung empfunden. Seit dem 19. Jahrhundert hat sich ein entscheidender Wandel vollzogen. Der Tod ist für den heutigen Menschen angsteinflößend und unfaßbar, und er ist*

außerdem in der modernen, leistungsorientierten Gesellschaft nicht eingeplant. Der Mensch stirbt nicht mehr umgeben von Familien und Freunden, sondern einsam und der Öffentlichkeit entzogen, um den »eigenen Tod« betrogen. Ariés, Ph. (1987): Geschichte des Todes. München, S. 7. – In den historischen, archäologischen, literarischen, kultursoziologischen Analysen von Philippe Ariés zeigt sich der Tod von seiner heroischen, oder klassischen, pathetischen oder romantischen Seite, wobei als verbindende gemeinsame Konstante des sinnhaften Todes die »Todesliturgie« als öffentliche Inszenierung auftritt. Diese basiert auf verbindlichen rituellen und religiösen Grundlagen, die durch die industrielle Revolution erschüttert wurden. Ich selbst bin dem Verlust der »Liturgie des Todes« anhand konkreter Fallbeispiele nachgegangen in: Obrecht, A. J. (2000c): Die Klienten der Geistheiler. Vom anderen Umgang mit Krankheit, Krise, Schmerz und Tod. Wien, Köln. insbes. Kap.: Geistiges Heilen und Sterbebegleitung, S. 181-206. – Zum Einbruch der »Liturgie des Todes« in den Zeiten der schwarzen Pest vgl. auch Teil I, Kap.: Die Verletzbarkeit der Körper und der entfesselte Sensenmann.

[438] Vgl. Teil III, Kap.: Die Sehnsucht nach den Sternen.

[439] Zu diesem und den folgenden Absätzen siehe auch Obrecht, A. J. (2002): Würdevolle Verabschiedung. Eine kleine Kulturgeschichte der Ars moriendi von der Tabuisierung des Todes bis zur neuen »Liturgie des Sterbens«. In: Zeitschritt – Magazin für modern politics; Nr. 13.

[440] Vgl. dazu Obrecht, A. J. (2000c): ebd., insbes. Kap.: Geistiges Heilen und Sterbebegleitung.

[441] Vgl. dazu Langbein, K./Skalnik, Ch. (1996): Leben verlängern – um welchen Preis? Wien, München; insbes. Kap. 6: Mit dem Tod leben. S. 238-279.

[442] Trotz dieser offensichtlichen individuellen und gesellschaftlichen Schwierigkeiten im Umgang mit dem Tod scheint der Höhepunkt der Tabuisierung und Abschiebung des Todes in den westlichen Industrienationen bereits überschritten. 85% der Österreicher wollen zu Hause sterben, 50% von ihnen können sich die Inanspruchnahme komplementärer Heil- und Begleitverfahren als Ergänzung zur schulmedizinischen Betreuung vorstellen. Untersuchungen belegen das große Bedürfnis nach spiritueller Sterbebegleitung. Wesentliche Unterstützung auf dem Weg zu einer neuen Selbstverständlichkeit im Umgang mit der »letzten Lebensphase« finden Betroffene in Österreich in der 2002 in Kraft getretenen »Familienhospizkarenz«. Das einstimmig im Nationalrat beschlossene Gesetz betritt sozialpolitisches Neuland in Europa und schafft die sozial- und arbeitsrechtlichen Voraussetzungen für die Sterbebegleitung im Kreise der Familie oder Lebensgefährten, aber auch für die Betreuung schwerstkranker Kinder. Damit eröffnet sich die prinzipielle Chance, den todnahen Menschen in die familiäre Gemeinschaft zu integrieren und die »Liturgie des Sterbens« als gemeinschaftlich – und wenn nötig mit ambulanter externer Hilfe – bewältigte »letzte Lebensphase« zu erfahren. In welchem Ausmaß diese neue Möglichkeit genutzt wird, bleibt vorerst abzuwarten. Eine erste Evaluation wird 2004 erfolgen. Vgl. dazu Obrecht, A. J. (2002): ebd. S. 35f.

[443] Diese psychologische Tatsache ist seit Beginn der Sterbeforschung vielfach beschrieben worden. So ist auch das Ziel einer jeden Sterbebegleitung, die Akzeptanz

des Todes, die Versöhnung mit ihm und damit mit dem Leben und den den Sterbenden umgebenden Menschen. Als Klassiker der psychologischen Thanatologie sei hier erwähnt: Kübler-Ross, E. (1985): Verstehen was Sterbende sagen wollen. Einführung in ihre symbolische Sprache. Stuttgart.

[444] Zu diesem Kapitel siehe auch Obrecht, A. J. (2003c): Zeitreichtum und Zeitarmut im »Global Village«. Von der Ordnung der Sterblichkeit zum Mythos der Machbarkeit. In: Faschingeder, G./Kolland, F./Wimmer, F. (Hg.): Kultur als umkämpftes Terrain. Paradigmenwechsel in der Entwicklungspolitik? Wien S. 215-241.

[445] Der Arzt und Biologe Mark Benecke dazu: *Nach unserem heutigen biologischen Verständnis wäre es kaum vorstellbar, dass sie (die Unsterblichkeit) langfristig einen Anpassungsvorteil mit sich bringt. Im Gegenteil: Ewiges Leben ... wäre aus zahlreichen biologischen und psychologischen Gründen ein Rohrkrepierer. Es würde die dauernde Verjüngung des Lebewesens verhindern und notwendige Umweltanpassungen im Keim ersticken. Und gerade diese Verjüngung und Umweltanpassung ist das zentrale Element der Evolution – um sie zu beschleunigen hat die Natur die Sexualität »erfunden«, die für eine immer neue Durchmischung der Gene, für immer neue Kombinationen von Eigenschaften und damit für die Anpassung an immer neue Umweltbedingungen sorgt. Gäbe es das Sterben nicht, käme die Evolution zum Stillstand. Unsterblichkeit würde den endgültigen Tod der Art bedeuten. Der Tod gehört untrennbar zum Kreislauf des Lebens.* Benecke, M. (1998): Der Traum vom ewigen Leben. Die Biomedizin entschlüsselt das Geheimnis des Alterns. München, S. 262f.

[446] Die diesem und den folgenden Kapiteln zugrunde liegenden konstruktivistischen erkenntnistheoretischen Ansätze orientieren sich u. a. an dem Werk des chilenischen Biologen und Philosophen Humberto Maturana, der auch insbesondere auf die »selbsterklärende Realität« naturwissenschaftlicher Erkenntnis verweist: *Naturwissenschaft als der Bereich naturwissenschaftlicher Aussagen bedarf keiner unabhängigen Realität, noch auch enthüllt sie eine solche. Die operationale Wirksamkeit der Naturwissenschaft als eines kognitiven Bereichs ruht ausschließlich auf den operationalen Kohärenzen, die in der Praxis des Lebens der Standardbeobachter gelten; und sie werden als ein Bereich konsensueller Koordinationen von Handlungen in der Praxis des Zusammenlebens in einer naturwissenschaftlichen Gemeinde hervorgebracht. Die Naturwissenschaft ist kein Verfahren, eine eigenständige Realität zu enthüllen. Sie ist vielmehr ein Verfahren, eine besondere Realität hervorzubringen, die an die Bedingungen gebunden ist, welche den Beobachter als Menschen konstituieren.* Maturana, H. (2000): Biologie der Realität. Frankfurt, S. 152. – Vgl. dazu u. a. auch Teil I, Kap.: Sprechende Bäume, sowie Teil II, Kap.: Der Mann im Mond. Für Maturana entsteht die beobachtbare Welt buchstäblich durch die Handlung des Beobachtens und deren »Verankerung« in Sprache. Daraus folgen unterschiedliche Rationalitätsstrukturen, die unterschiedliche (kulturelle) Wirklichkeiten entstehen lassen: *Was ein Beobachter folglich ... als Rationalität bestimmt, ist keine Eigenschaft seines Bewusstseins, die ihm gestattet, etwas angeblich von seinen Handlungen Unabhängiges zu erfassen, sondern ist unweigerlich ein konstitutives Merkmal der operationalen Kohärenzen der Sprache. Wir erkennen daher auf diesem Erklärungsweg, dass ein Argument rational ist, weil es in vollkommener Übereinstimmung mit den operationalen Kohärenzen desjenigen Reali-*

tätsbereiches konstruiert wurde, in dem der Beobachter es als Merkmal seiner Praxis des Lebens in der Sprache erkennt. Maturana, H. (2000): ebd. S. 253. Vgl. dazu auch Teil II, Kap.: Abstraktes und Konkretes, sowie Fußnote 402. Eine »populäre« Darstellung« der »konstruktivistischen Erkenntnisphilosophie« findet sich in Maturana, H. (2001): Was ist erkennen? Die Welt entsteht im Auge des Betrachters. München.

[447] Heintel, P. (1999): Innehalten. Gegen die Beschleunigung – für eine andere Zeitkultur. Freiburg, Basel, S. 224.

[448] Heintel, P. (1999): ebd., S. 218.

[449] Adalbert Stifter: Die Sonnenfinsternis; zit. n. Kippenhahn, R./Knapp, W. (1999): Schwarze Sonne, roter Mond. Die Jahrhundertfinsternis. Stuttgart, S. 224.

[450] Heute geht man davon aus, dass Sonnenfinsternisse schon in der Megalithkultur von Stonehenge – also etwa vor 4750 Jahren – »vorausberechnet« werden konnten. Steinkreise dienten als Kalender, durch die man Winter- und Sommersonnenwenden bestimmen konnte. Die Position der Steine markierte zudem Auf- und Untergangspunkte des Mondes, die für eine Finsternisberechnung wichtig sind. Fred Doyle, ein englischer Astronom vertrat schon Ende der siebziger Jahre die These, dass ein um 2400 v. Chr. angelegter, aus 56 kleinen Gruben bestehender zweiter Kreis, in denen Steine – je nach astronomischer Konstellation – weiterbewegt wurden, zur Berechnung von Sonnen- und Mondfinsternissen dienten: Wenn drei dieser Markiersteine auf einer Position zusammentrafen, dann musste es irgendwo auf der Welt eine Sonnenfinsternis, wenn sie sich paarweise gegenüberstanden, eine Mondfinsternis geben. Aufgrund fehlender Verschriftlichung ist ein exakter Nachvollzug dieser ab 1500 v. Chr. – mit dem Untergang der Megalith-Kultur – in Vergessenheit geratenen Berechnungsart nicht möglich. Die ersten exakten Verschriftlichungen von Finsternisberechnungen finden sich dank der Entwicklung der Keilschrift bei den Priesterastronomen der semitisch-aramäischen Chaldäer, die seit 626 v. Ch. über die Babylonier herrschten und über Beobachtungen im Zweistromland feststellten, dass der Abstand zwischen einander ähnelnden Finsternissen 18 Jahre und 11 1/3 Tage beträgt. Dieser Saros-Zyklus (*sar*, babylonisch für »Universum«, »Wiederholung«) beginnt mit Finsternissen an beiden Polen, wandert dann alle 18 Jahre immer weiter nach Norden, bzw. Süden, bis nach etwa 13 Jahrhunderten der Kernschatten des Mondes am gegenüberliegenden Pol anlangt und die Erde schließlich nicht mehr trifft. Jede der zweimal im Jahr stattfindenden Sonnenfinsternisse ist Teil eines Saroszyklus, wobei derzeit 39 nebeneinander laufen. Vgl. dazu Raffetseder, W. (1999): Sonnenfinsternis. Das Mysterium der reisenden Nacht. München, insbes. S. 62-68; sowie S. 92-96; Guillermier, P./Koutchmy, S. (1999): Sonnenfinsternis II: Wenn der Tag zur Nacht wird. In: Spektrum der Wissenschaft 8/99, S. 55f.

[451] Die Vertreibung des Drachens war von exemplarischer Wichtigkeit für die ritualisierte Wiederherstellung der politischen Ordnung und die »Rettung« des Reiches: *Sogleich strömen die Vasallen im Mittelpunkt des Vaterlandes zusammen. Dort formieren sie sich zu einem Quadrat, um zur Rettung des Landes beizutragen und die Ganzheit des gestörten Raums und der gestörten Zeit wiederherzustellen. Es gelingt ihnen dabei, die Gefahr zu bannen, wenn jeder von ihnen mit den für seine eigene und seine lebensräumliche Eigenart charakteristischen Insignien sich einstellt. Für die Leute aus dem*

Osten, die sich an der Ostseite aufstellen, sind dies die Armbrust, grüne Kleidung und ein grünes Fähnchen. Allein kraft der an der Stätte der Bundesversammlungen richtig angeordneten Embleme wird der Raum in allen Dimensionen, ja bis in den Bereich der Sternenwelt erneuert. Granet, M. (1985): Das chinesische Denken. Frankfurt, S. 67, zit. n. Dux, G. (1998): Die Zeit in der Geschichte. Ihre Entwicklungslogik vom Mythos zur Weltzeit. Frankfurt, S. 225. – Die ersten Protokolle von Sonnenfinsternissen über dem Reich der Mitte stammen übrigens von dem Philosophen Konfuzius (551-479 v. Chr.); vgl. dazu Raffetseder, W. (1999): ebd., S. 105-110.

[452] Vgl. dazu Dux, G. (1998): ebd., S. 216.

[453] Das Verhältnis zwischen ritueller Tötung und Entstehung des Lebens – als Bild einer den Prinzipien des Organischen entsprechenden Sexualität – kann hier nicht näher ausgeführt werden. Die archaische Vorstellung, dass Tod Leben und Identität gebiert, liegt gleichermaßen Kopfjagd- wie Kannibalismuspraktiken zugrunde. Der »kosmische Vorgang der Reproduktion«, wie er sich in ritualisierten Formen der Sexualität ausdrückt, ist – wie dies Günter Dux anhand eines Initiationsbeispieles bei den Marindanim auf Süd-Neu-Guinea ausführt – *nicht einfach darstellende Wiederholung dessen, was im Ursprung angelegt war und am Anfang geschah, (sondern) magische Bewegung jenes Ursprungs und muss deshalb die Unbegrenztheit des Ursprungs in sich aufnehmen. Mit diesem Bedeutungsgehalt des Unbegrenzten ist das Schicksal der vielen jungen Paare, für die die Zulassung zur Reproduktion des Lebens zugleich der Tod wurde, fast schon besiegelt. Die substantialistische Vorstellung nämlich, die dieser Logik eigen ist, will die Kraft der Zeugung substanzhaft dem kosmischen Ursprung zugeführt sehen. Eben dadurch gehen Magie und Opfer eine Bindung ein.* Dux, G. (1998): ebd., S. 220; Die von Dux hier angesprochene Verbindung zwischen Sexualität, Tötung und Entstehung von lebendiger, beseelter Identität kennen wir aus vielen archaischen Kulturen. Der Vollständigkeit und des besseren Verständnisses halber soll nachstehend noch jenes Initiationsbeispiel wiedergegeben werden, auf das sich Dux bezieht: *Das Fest der Initiation dauert mehrere Tage. Es wird unter ständigem Getöse der Trommeln und bull-roarers gefeiert, die die Stimme der anwesenden Götter, der Dema, darstellen. Das Ende der Initiationsriten hat orgiastische Züge. Unter dem Tumult der Gesänge, Trommeln und bull-roarers der letzten Tage und Nächte mag jeder mit jedem kopulieren – außer den Initianden. Die spielen ihren Part erst in der letzten Nacht. In ihr wird ein junges Mädchen, bemalt, gesalbt und kostümiert, in den Kreis geführt. Sie muss sich unter eine Plattform von schweren Holzblöcken legen. Mit ihr kohabieren die Initianden einer nach dem anderen unter den Augen der Festteilnehmer. Während der letzte Initiand sie umarmt, werden die Stützen der Blöcke weggezogen; unter dem Dröhnen der Trommeln fällt der Stoß zusammen und erschlägt das Paar.* Wirz, P. (1925): Die Marindanim von Holländisch Süd-Neuguinea. Band II. Hamburg, S. 40ff. – Zur Verbindung zwischen Mythos, Ritual und Sexualität als Ausdruck »kosmischer« Reproduktion vgl. auch Obrecht, A. J. (1992c): Theatrum Mundi Universale: Kulturanthropologische Aspekte zur Konstruktion kulturspezifischer Kosmologien – am Beispiel des Dr. Faust, der osagischen Weltphilosophie und der Schöpfungsmythologien der Hochlandbewohner Papua Neuguineas. Insbes. Kap. 7: Bison, Vulva und Phallus: Die Funktionalität antagonistischer Wahrneh-

mung. In: Csobádi, P. (et.al) (Hg.) (1992): Welttheater, Mysterienspiel, rituelles Theater. »Vom Himmel durch die Welt zur Hölle.« Gesammelte Vorträge des Salzburger Festspiel-Symposions 1991, Salzburg, S. 85-105.

454 Vgl. dazu auch die klassische Untersuchung auf Trobriand: Malinowski, B. (1979): Das Geschlechtsleben der Wilden in Nordwest-Melanesien. Frankfurt, S. 218ff.

455 So macht sich z. B. schon Aristoteles in seiner Schrift *Problemata Physika* Gedanken über die »direkte« Reinkarnation. Er beschreibt das »Früher« oder »Später« als lineare Zeitachse, wohingegen die Reinkarnation einem Zeitkreis entspräche. Als scharfsinnigem Beobachter entgeht ihm freilich nicht, dass seit Stadtstaatengründung die Bevölkerungszahlen kontinuierlich im Steigen begriffen sind. Wie ist es dann möglich, fragt der Philosoph, dass sich Menschen, »direkt« reinkarnieren. Woher kommen jene »neuen« Menschen, bzw. deren Seelen? Er erkennt treffsicher, dass Kulturen der »direkten« Reinkarnation jene sind, in denen die Bevölkerungszahl relativ konstant ist – bzw. war. Vgl. dazu Aristoteles (1962): Problemata Physika. Gesammelte Werke, Band 19, Darmstadt.

456 Günter Dux schreibt in seiner schönen Analyse über das Gilgamesch-Epos: *Die Überantwortung der Lebenszeit an die Handlungskompetenz des Lebenden lässt das Leben selbst wie eine Handlung vor ihn zu liegen kommen und nach dessen Sinn fragen ... Eben dadurch bekommt der Tod eine Bedeutung, die ihn zur Aufgabe werden lässt: zur Aufgabe seiner Überwindung ... In archaischen Zeiten wird damit ein Thema gestellt, das bis zur Gegenwart nicht zur Ruhe kommen sollte: die Ewigkeit des Individuums ... In der Abweisung der Ischtar wird eine andere als die naturale Liebe eingefordert, eine, die sich personal bindet. Gerade diese Identität ist es jedoch, die ihre Bedrohung durch den Tod erfährt. In einer Kultur, die eben erst den Unterschied zwischen Natur und Kultur entdeckt hat ..., muss das zu einer verzweifelten Erfahrung des Todes führen. Mit der Abhebung der Kultur von der Natur wird der Tod als die Grenze aller kulturellen Autonomie sichtbar. Der Tod, das ist deutlich, hört auf zu sein, was er bis dahin war: handhabbar.* Dux, G. (1998): ebd., S. 244.

457 Osiris »ist der, der immer wieder Kind werde!« Im Alten Reich wird der Tote mit dem Sohn des Osiris, mit Horus identifiziert, nur die Herrscher werden zu Osiris selbst. Ab dem Mittleren Reich wird jeder Ägypter zu Osiris, die »Auferstehung der Toten« wird egalisiert. Vgl. dazu Bellinger, G. J. (1989): Lexikon der Mythologie. München. S. 366f.

458 Lukas, 23, 44-45: Lukas ist der einzige der drei Synoptiker, der die Verdunkelung der Sonne explizit erwähnt. Markus (15,33) und Matthäus (27,45) beschreiben die Finsternis, ohne Gründe hierfür anzugeben. Johannes erwähnt sie nicht, von ihm wissen wir freilich, dass Jesus am Rüsttag (Freitag, Vorbereitung zum Sabbat) vor dem Passah-Fest starb. Das Passah-Fest fiel aber immer auf den fünfzehnten Tag des Monats Nisan (März/April) – auf den Tag des ersten Frühlingsvollmondes. Sonnenfinsternisse freilich können nie bei Vollmond, sondern nur bei Neumond stattfinden. Exegeten vertreten die Auffassung, dass es sich bei dem beschriebenen Phänomen um eine Mondfinsternis gehandelt haben könnte: eine solche fand tatsächlich am 3. April des Jahres 33 n. Chr. im Monat Nisan statt.

459 Die Recherche zu diesem Absatz, insbesondere die Hinweise zur medialen Aufbereitung der Sonnenfinsternis in Österreich, verdanke ich meiner Kollegin Ruth Pinter.

460 Sonnenfinsternis-Cocktails, -Menüs, -Jausen, -Flüge, -Parties und -Wellness-Angebote waren die kommerzielle Seite des Spektakels; zusätzlich wurde eine Fülle von Informationen angeboten: so brachte allein der ORF (Oesterreichischer Rundfunk) in den zehneinhalb Augusttagen vor der Finsternis über 15 Fernseh- und Radiosendungen zu diesem Thema. Vgl. ORF-Nachlese, extra, 08/99, S. 16f.

461 Erwähnt sei an dieser Stelle aus der Vielzahl diesbezüglicher Publikationen nur das umstrittene Buch des Geologen Alexander Tollmann, der – sich auf Nostradamus berufend – ein gewaltiges apokalyptisches Szenario – Kometeneinschlag, Naturkatastrophen und atomarer Weltkrieg – beschworen hat. Tollmann, A. (1998): Das Weltenjahr geht zur Neige. Mythos und Wahrheit der Prophezeiungen. Wien, Weimar.

462 Vgl. dazu Kippenhahn, R./Knapp, W. (1999): ebd., S. 24f.

463 Die Presse, Jg. 1961, Nr. 3798 (14.4.1961).

464 Der Jahreswechsel 1999/2000 wurde in der Selbstpräsentation der westlichen Welt – ungeachtet der mathematischen Logik – als Zeitenwende und Eintritt in das 3. Jahrtausend dargestellt.

465 Ich bin mir durchaus bewusst, dass diese Aussage vor einem forschungstechnischen Problem steht, denn der Vergleich von Jahrhundertwenden ist bis dato nur in einem historischen, nicht aber in einem empirisch sozialwissenschaftlichen Sinn möglich. In der kultursoziologischen Betrachtungsweise ergab sich zum ersten Mal in der Geschichte der Menschheit die Möglichkeit, »wirkliche« oder »bloß vermutete« Bedeutungsgehalte einer »Jahrtausendwende« mit dem Instrumentarium der empirischen Sozialforschung zu analysieren. Eine Vielzahl von quantitativen Umfragen wurde in den Industriestaaten zur Wahrnehmung der »Zeitenwende« durchgeführt. Das historische Material freilich enthält nur die öffentliche Selbstpräsentation und nicht individuelle Wahrnehmungsweisen, bezogen auf nennenswerte Grundgesamtheiten. Analog zum Fin de Siècle wurde in der öffentlichen Selbstpräsentation auf eine Vielzahl von durch die Jahrhundertwende bedingten Zeitgeistströmungen verwiesen – von der Zunahme magischer, okkulter, spiritistischer Welterklärung über apokalyptische Untergangsszenarien, bis hin zu optimistischen, chiliastisch anmutenden Erwartungen einer »neuen« Zeit, in der das »Leben« besser und einfacher zu bewerkstelligen sein wird. Ob es sich dabei freilich um eine tatsächliche Zunahme oder Veränderung von relevanten Einstellungsdispositionen aufgrund der »Zeitenwende« handelt, muss mangels zuverlässiger sozialwissenschaftlicher Daten früherer Jahrhundertwenden empirisch offen bleiben. Ich bin dieser Problematik nachgegangen in: Obrecht, A. J. (1988c): Sammlung und Analyse von literarischem Material zu Zeitgeistströmungen um die Jahrhundertwende im deutschsprachigen Raum. Forschungsbericht. Österreichische Akademie der Wissenschaften. Wien. – Eine gute historische Untersuchung zu Bedeutungsinhalten von Zeitenwenden, die auch den »apokalyptischen Gehalt« der vorletzten Jahrtausendwende entlarvt, der erst nachträglich, nämlich im 14 Jahrhundert »rückwir-

kend« verliehen wurde, findet sich in: Immler, N. L. (1999): Jahrhundertwende – Zeitenwende? Auf den Spuren eines historischen Selbst- und Zeitverständnisses. Graz. – Zu der historischen Genese millenaristischer Vorstellungen und Untergangsmythologien in Hinblick auf »Zeitenwenden« siehe auch Herman, A. (1998): Propheten des Untergangs – Der Endzeitmythos im westlichen Denken. Berlin; sowie Tuveson, E. (1989): Millenium and Utopia. A Study in the Background of the Idea of Progress. Berkeley.

[466] Marianne Gronemeyer spricht von diesem »Generationenneid« als einem grundsätzlichen Missempfinden: *Dieses Mißempfinden macht die Neigung einer jeden Gegenwart verständlich, sich als vorletztes Stadium der Geschichte zu begreifen, sich in einer Art positiver Endzeit zu wähnen: eine Selbsttröstung, deren noch jede vom Fortschrittsglauben durchdrungene Epoche bedurfte: nur der letzte Durchbruch steht noch aus, bevor man den Ertrag der Gesamtgeschichte in die eigene Scheuer fahren kann. Die Zuversicht, mit der sich eine Epoche in die Universalerbschaft und Endgestalt der Geschichte hineinphantasiert, wird aufgeboten gegen die kränkende Erfahrung, immer nur Durchgangsstadium für einen höheren Fortschritt zu sein, dessen Nutznießer die Späteren sein werden. Sie dient dem Selbstschutz vor einem übersteigerten Generationenneid.* Gronemeyer, M. (1996): ebd., S. 140.

[467] Gronemeyer, M. (1996): ebd., S. 141.

[468] Gronemeyer, M. (1996): ebd., S. 143.

[469] Dieser das Mangelempfinden als anthropologische Konstante im Menschen festschreibende Begriff stammt von Gehlen, A. (1961): Anthropologische Forschung. Hamburg.

[470] Schopenhauer, A. (1966): Welt und Mensch. Stuttgart, S. 162f.

[471] Horstmann, U. (1985): Das Untier. Konturen einer Philosophie der Menschenflucht. Frankfurt, S. 59.

[472] Clarke, A. C. (1952/2000): 2001 – Odyssee im Weltraum. München, S. 221f.

[473] Dieser Weltruhm verdankt sich auch insbesondere der Verfilmung durch den amerikanischen Regisseur Stanley Kubrick, mit dem Arthur C. Clarke 1968 das gemeinsame Drehbuch verfasst hat. Clarke trat auch als Verfasser von kosmologischen Sachbüchern und wissenschaftlichen Artikeln hervor, publizierte 1945 als erster seine – längst verwirklichte – Vision von geostationären Kommunikationssatelliten, arbeitete für die Britische Interplanetare Gesellschaft und in US-Raumfahrtprojekten (Rover, Nerva) und veröffentlichte 1950 als erster das Konzept des elektromagnetischen Linearbeschleunigers.

[474] Zur Veränderung des Wirklichkeitsbegriffes und zum erkenntnistheoretischen Paradigmenwechsel in den Wissenschaften siehe Obrecht, A. J. (2000a): Das Denken über das Denken. Eine historische und wissenssoziologische Spurensuche über die Zusammenhänge von Körper, Gehirn, Bewußtsein, Erkenntnis, Denken und Maschine in 12 Stationen. In: Konrad, H./Kriesche, R. (Hg.): Kunst, Wissenschaft, Kommunikation; Wien, New York; Obrecht, A. J. (2000c): Die Klienten der Geistheiler. Insbes. Kap.: Wie wirklich ist die Wirklichkeit. Wien, Weimar, Köln, S. 233-246; sowie Fußnote 446 über die konstruktivistische Erkenntnistheorie Humberto Maturanas.

[475] Einstein führt eine »kosmologische Konstante« ein, welche die Masse und Energie im Universum mit der Raumzeit in Beziehung setzt und so ein statisches, stationäres Weltall beschreibt. Er selbst wird diese Idee später die »größte Eselei meines Lebens« nennen. Vgl. dazu Hawking, S. (1997a): Einsteins Traum. Expeditionen an die Grenzen der Raumzeit. Reinbek, S. 69.

[476] Diese Untersuchungen wurden gemeinsam mit Roger Penrose durchgeführt.

[477] Hawking, S. (1997a): ebd., S. 70, S. 60-61.

[478] Hawking, S. (1997b): Eine kurze Geschichte der Zeit. Reinbek, S. 232.

[479] Vgl. dazu Teil I, Kap.: Die Schöpfung als Uhr und als Automat.

[480] Vgl. dazu auch Hawking, S. (2002): Das Universum in der Nußschale. München.

[481] *Als Folge des Unbestimmtheitsprinzips würden, so scheint es, große Mengen von Strahlung entstehen, wenn man in die Vergangenheit reiste. Diese Strahlung würde die Raumzeit entweder so in sich krümmen, dass es nicht möglich wäre, in der Zeit zurückzugehen, oder sie würde die Raumzeit veranlassen, in einer Singularität zu enden, wie es im Urknall oder im Großen Kollaps geschieht.* Hawking, S. (1997a): ebd., S. 156.

[482] Diese Position rührt an zentrale weltanschauliche Fragen, weswegen sie auch heftige Diskussionen ausgelöst hat – bis hin zu vatikanischen Kommissionen. Die Vorstellung des Universums ohne zeitlichen Anfang – und damit Ende – widerspricht dem *linearen Schöpfungsprinzip.* Stephen Hawking hat in mehreren Interviews die weltanschaulichen Folgen seiner Position relativiert, indem er z. B. sagte: *Ich glaube immer noch, dass das Universum einen Anfang in der realen Zeit hat, einen Urknall. Aber es gibt eine andere Art von Zeit, die imaginäre, rechtwinkelig zur realen Zeit, in der das Universum keinen Anfang und kein Ende hat. Das würde bedeuten, dass die Art und Weise wie das Universum begonnen hat, von den physikalischen Gesetzen bestimmt würde. Man müsste nicht sagen, dass Gott das Universum auf irgendeine willkürliche Weise in Gang gesetzt hat, die wir nicht verstehen ... Trotzdem bleibt die Frage: Warum macht sich das Universum die Mühe zu existieren? Wenn Sie wollen, können Sie Gott als die Antwort auf diese Frage definieren.* Stephen Hawking in einem Interview mit Sue Lawley in der BBC-Sendung »Desert Island Discs« vom 24.12.1992, publiziert in Hawking, S. (1997a): ebd., S. 176, S. 177.

[483] Stephen Hawking dazu in seiner bekannt humorigen Art: *Der Titel dieses Essays ist eine Frage: Ist alles vorherbestimmt? Die Antwortet lautet ja. Doch sie könnte genausogut nein lauten, weil wir niemals wissen können, was vorherbestimmt ist.* Hawking, S. (1997a): ebd., S. 140.

[484] *Wenn alles vorherbestimmt ist, was wird aus dem freien Willen und der Verantwortung für unser Handeln? Im Falle des Menschen sind wir völlig unfähig, anhand der Naturgesetze vorherzusagen, was Menschen tun werden – und zwar aus zwei Gründen: Erstens können wir die Gleichungen für die sehr große Zahl von beteiligten Teilchen nicht lösen. Zweitens, selbst wenn wir die Gleichungen lösen könnten, würde die Vorhersage das System stören und zu veränderten Ergebnissen führen. Wenn wir also nicht in der Lage sind, menschliches Verhalten vorherzusagen, können wir auch die operative Theorie zugrunde legen, dass Menschen freie Wesen sind, die sich für oder gegen eine Handlung entscheiden.* Hawking, S. (1997a): ebd., S. 138.

[485] Hawking, S. (1997a): ebd., S. 58f.

[486] Zu dieser erkenntnistheoretischen Grundfrage, die sich freilich in einem ontologischen Sinne nicht klären lässt, siehe Obrecht, A. J. (2000a, b).

[487] Zu den Ausführungen dieses Kapitels siehe ebenfalls Obrecht, A. J. (2000a, b).

[488] Die Kybernetik kann als die radikalste Form der mechanischen Technisierung der Natur angesehen werden, da sie auf rein physikalische, vollautomatische Weise organische Prozesse imitiert, die durch Selbsterhaltung und Selbstproduktion gekennzeichnet sind. Die Gentechnologie bedient sich dazu des lebendigen biologischen Materials. Die von ihrem Begründer Norbert Wiener (1894-1964) nach dem griechischen kybernetes »Steuermann« bezeichnete Wissenschaft der Kybernetik stellt eine Weiterentwicklung der cartesianischen Automatentheorie dar: offene Systeme werden imitiert, die in Wechselwirkung zu ihrer Umwelt stehen, selbständig frei variable Steuerungsvorgänge nützen, um das jeweils definierte Ziel zu erreichen und obendrein ihre Systemeigenschaften gegen eindringende, zerstörende Umwelteinflüsse behaupten, indem sie die Fähigkeit zur Regenerierung, Anpassung, Reproduktion usw. besitzen. Das Rückmelde- und Informationssystem – »feed back« – erlaubt ein Lernen durch Misserfolg und Erfolg – »trial and error« –, wobei durch diese irrtumsausgleichende Fähigkeit gleiche Handlungsziele auf prinzipiell immer neuen Wegen erreicht werden können. Das kybernetische Prinzip der Rückmeldung war der wichtigste – theoretische – Beitrag zum Verständnis organischer Systeme, denn der funktionalen Rolle des feed back im anorganischen, mechanischen Bereich entspricht die Wahrnehmung im organischen. Sie (die Rückmeldung) stellt die perzeptive Offenheit des Systems für die Umwelteinflüsse dar, auf die das jeweilige Verhalten abgestimmt wird. Die Tatsache, dass nicht nur Wahrnehmung, sondern auch Steuerung, Kommando, Anpassung, Information u.ä. in der Kybernetik nachgeahmt werden, hat dazu geführt, diese organischen Begriffe auch hier zu verwenden; so ist die Rede von Sensoren, Fühlern, Steuerungsorganen usw. in der Kybernetik üblich geworden. Die Arbeiten Norbert Wieners hatten großen Einfluss auf die nachfolgende Generation der Physiker, Kommunikationswissenschafter, Informatiker und Biologen insbesondere an der Elite-Forschungsstätte MIT – Massachusetts Institute of Technology –, wo auch er selbst gewirkt hatte. Seine These, dass der Mensch nichts anderes als eine raffinierte, komplizierte Maschine sei, schockierte seine Zeitgenossen. Vgl. dazu Wiener N. (1948/1963): Kybernetik. Regelung und Nachrichtenübertragung im Lebewesen und in der Maschine. Düsseldorf, Wien. Amerikanische Originalausgabe (1948): Cybernetics or control and communication in the animal and the machine. Massachusetts Institute of Technology. New York, Paris; Wiener N. (1952/1964): Mensch und Menschmaschine. Kybernetik und Gesellschaft. Düsseldorf, Wien. Amerikanische Originalausgabe (1952): The Human Use of Human Beings. Cybernetics and Society. Massachusetts Institute of Technology. New York, Paris; sowie Gloy, K. (1995): Das Verständnis der Natur. Band I: Die Geschichte des wissenschaftlichen Denkens. München, S. 228, 230.

[489] Vgl. dazu die Ausführungen zu dem Werk Darwins und die Veränderungen des Naturbegriffes im 19. Jahrhundert in Teil I, Kap.: Evolutionäre Komplexität.

[490] Clarke, A. C. (2000): ebd., S. 113.

[491] Die Forschungsrichtung der »Artificial Intelligence« (Künstliche Intelligenz – KI) wurde 1956 während der von dem am Massachusetts Institute of Technology (MIT) tätigen Mathematiker John Mc Carthy einberufenen »Dartmouth-Sommerakademie« begründet: Zwei Monate lang wurde über Ziele und Möglichkeiten Künstlicher Intelligenz diskutiert, wobei sich wahre Euphorie breitmachte: *Wichtigste Neuerung ... war, sich des Computers und seiner spezifischen Verarbeitungsweise zu bedienen und ihn als Grundmodell (»Computermetapher«) zu verwenden, um Annahmen darüber, wie menschliches Denken funktioniert, ersetzen zu können und sie so zu verifizieren bzw. zu falsifizieren: auf dem Rechner sollten kognitive Leistungen simuliert, weiterentwickelt und perfektioniert werden, um so – gleichsam rückwirkend – auch neue Hypothesen über das menschliche Denken zu gewinnen und einer Bewährungsprobe zu unterziehen.* Zimmerli, C/Wolf, S. (Hg.) (1994): Künstliche Intelligenz. Philosophische Probleme. Stuttgart, S. 13; sowie Mc Carthy, J. (1979/1994): Können einer Maschine geistige Eigenschaften zugeschrieben werden? In: Zimmerli, C./Wolf, S. (Hg.) (1994): ebd., S. 184-231, erstmals erschienen (1979): Ascribing Mental Qualities to Machines. In: Ringle, M. (Hg.): Philosophical Perspectives in Artificial Intelligence. Brigthon, S. 161-195.

[492] Vgl. dazu Turing, A. M.(1950/1994): Kann eine Maschine denken? In: Zimmerli, C./Wolf, S.(Hg.)(1994): Künstliche Intelligenz. Philosophische Probleme. Stuttgart, S. 39-79; erstmals erschienen (1950): Computing Machinery and Intelligence. In: Mind 59, S. 433-460; Oxford. – Der exzentrische, vorerst in Cambridge, dann in Manchester wirkende Mathematiker Alan M. Turing (1912-1954) hat in einem »provokanten Artikel« schon 1950 – kurz nach dem Erscheinen der grundlegenden Arbeiten Norbert Wieners (1948 – siehe Fußnote 488) – die damals gängigen Einwände gegen die Entwicklung menschenähnlicher, intelligenter Maschinen widerlegt: *Nichtsdestoweniger glaube ich, dass am Ende dieses Jahrhunderts der Sprachgebrauch und die allgemeine Ansicht sich so stark gewandelt haben werden, dass man widerspruchslos von denkenden Maschinen reden kann.* (ebd., S. 52) In diese heutzutage keineswegs umstrittene Behauptung warf er sein ganzes wissenschaftliches Gewicht: Er gilt seit seiner 1937 erschienenen Arbeit *On Computable Numbers*, in der er sein Prinzip des abstrakten Universalrechners entwickelte, als Erfinder des Computers. Auch die sogenannte Turing-Maschine, ein theoretisches Denkmodell, das als Prototyp einer universellen intelligenten Maschine gilt, weil sie prinzipiell alle (logischen) Probleme simulieren kann, ist in die Geschichte der Entstehung der Künstlichen Intelligenz eingegangen. Sie bildet auch die gedankliche Grundlage der englischen Dechiffriermaschine COLOSSOS I, mit der im Zweiten Weltkrieg der Geheimcode der deutschen Wehrmacht entziffert werden konnte. Vgl. dazu Dengel, A. (1994): Künstliche Intelligenz – Allgemeine Prinzipien und Modelle. Mannheim, Zürich; S. 10f; sowie Hesse, S. (1999): Künstliche Intelligenz. Renningen-Malmsheim, Wien, S. 238f. – Auch der Romanautor Clarke nimmt den Turing-Test als Entscheidungskriterium für die Güte seines fiktiven Bordcomputers: *Ob HAL tatsächlich zu denken vermochte, war eine Frage, die der britische Mathematiker Alan Turing bereits in den vierziger Jahren geklärt hatte. HAL war imstande, den Turing-Test mit Leichtigkeit zu bestehen.* Clarke, A. C. (2000): ebd., S. 115.

[493] »Deep Thought« wurde von Feng-Hsiung Hsu und Murray Campell entwickelt.

[494] Ich habe mich auf »Deep Thought« auch bezogen in: Obrecht, A. J. (2000c): ebd., S. 245f. – Karen Gloy merkt an, dass diese imposante Leistung noch bei weitem nicht zum Durchrechnen aller Varianten reicht. Bei zwei Halbzügen (fünf schwarzen und fünf weißen) gibt es theoretisch bereits 10 Billiarden Möglichkeiten, in denen freilich die »unsinnigen« Züge mit eingerechnet sind. Um diesem unnötigen Rechenaufwand zu entgehen, wird ein Alpha-Beta-Algorithmus eingesetzt, der aus dem Variantenbaum die »ineffektiven« Äste herausschneidet. Vgl. dazu Gloy, K. (1995): ebd., S. 234.

[495] Vgl. dazu Teil II, Kap.: Hirten und Herden.

[496] Vier Jahre nach der Sommerakademie von Dartmouth (siehe Fußnote 491), 1960 also, wurde am MIT von H. A. Ernst der erste »sinnlich wahrnehmende«, also mit Sensoren ausgestattete Roboterarm gebaut. Als Modellaufgabe, die der »Ernst-Arm« bravourös absolvierte, wurde das automatische Einsammeln auf einer Fläche verstreuter Würfel demonstriert. Schon vier Jahre später, 1964, wurde der mobile Roboter »Shakey« präsentiert, der schon über eine viel kompliziertere Struktur, über verschiedenste Sensoren- und feed-back-Systeme verfügte, und der als dreirädriges Fahrzeug zum Test von Aktionen auf der Basis von »Künstliche-Intelligenz«-Programmen diente. Die erste Generation bestand aus nichtautonomen, einer horizontalen hierarchischen Steuerungsstruktur folgenden Robotern. Die zweite Generation, von der seit etwa 1980 gesprochen wird, besteht aus sogenannten intelligenten Robotern, die Umwelt sensomotorisch erfassen und verarbeiten können (sehen, tasten, hören), sich damit auch in »fremden« Umwelten zurechtfinden, selbständige Lösungsstrategien zur Bewältigung selbständig gesetzter Etappenziele erarbeiten und diese auch mitteilen (Sprache) können, um die »Gesamtaufgabe« zu bewältigen. – Obgleich viele mechanische, elektronische, technologische usw. Probleme noch ungelöst sind, hat die Robotik in den letzten zwanzig Jahren zur Entwicklung einer Reihe von in den unterschiedlichsten Bereichen einsetzbaren intelligenten Maschinen geführt. So haben z. B. die unter der Leitung des australischen Wissenschafters Rodney A. Brooks am MIT entwickelten sogenannten »Dschingis« oder Roboterinsekten Berühmtheit erlangt. Die auf Beinen laufenden Kleinroboter erinnern an Käfer, ihr aus Mikrochips bestehendes »Gehirn« ermöglicht höher koordinierte Verhaltensweisen, wie etwa das Umgehen oder Überklettern von Hindernissen, wobei interaktive Leitsysteme ermöglichen, dass die einzelnen »künstlichen Tiere« koordiniert im Kollektiv arbeiten können. Mobile, autonome intelligente Roboter können in fremden oder den Menschen gefährdenden oder in nicht zugänglichen Umwelten schon heute gezielt eingesetzt werden: so. z. B. bei Reinigungsarbeiten in Rohrleitungen oder bei der Erkundung eines fremden Planeten. So baut das von der NASA durchgeführte Marslandungs-Programm auf der Leistung mobiler autonomer Systeme auf. – Zu der historischen Entwicklung der Robotik vgl. Raphael, B. (1976): The Thinking Computer. New York; sowie Hesse, S. (1999): ebd., S. 67f.

[497] Die Idee der Neuronalen Netzwerke – die schon in den vierziger Jahren von dem Neurophysiologen Mc Culloch formuliert wurde – wird von F. Rosenblatt wieder aufgegriffen und von J. J. Hopfield (1988) entscheidend weiterentwickelt.

Künstliche Neuronale Netzwerke (KNN) sind sehr vereinfachte Nachbildungen von biologischen Neuronalen Netzwerken: im Prinzip geht es – einfach ausgedrückt – darum, *lernfähige* Systeme so zu konstruieren, dass Informationen als anhaltende Zustandsveränderungen in die Struktur eines Netzes eingehen (*Inhaltsadressierung)* und nicht als lineare Symbolketten abgearbeitet und gespeichert werden (*Ortsadressierung* im Digitalcomputer etwa). Dieser Lerneffekt wird in KNN dadurch erreicht, dass eine Einheit (unit) durch die Überwindung von Schwellenwerten (elektrische Impulse) aktiviert werden kann. Wenn der Impuls zu schwach ist, der Schwellenwert also nicht erreicht wird, dann bleibt das künstliche Neuron passiv. Es müssen bei diesem Verfahren also nicht – wie in den linearen Modellen – alle n-Varianten jeweils von neuem errechnet werden. Das »erlernte« (Lang-)Zeitwissen wird in Form von »Gewichten« gespeichert. Die Vorteile der Künstlichen Neuronalen Netzwerke werden in der Robustheit gesehen, da ein Ausfall einzelner Neuronen aufgrund der vernetzten Kollektive nur minimalen Leistungsabfall zur Folge hat; ferner in den Parallelisierungsmöglichkeiten verschiedener Operationen durch den Einsatz mehrerer Prozessoren sowie in der Adaptivität, also dem Lernverhalten. Als Nachteile werden die vergleichsweise hohen Kosten und der extreme Rechenzeitbedarf angeführt. Vgl. dazu, Dengel, A. (1994): ebd., S. 122f; sowie: Rosenblatt, F. (1961): Perceptrons. In: Anderson, J. A./Rosenfeld E. (Hg.) (1988): Neurocomputing. Foundations of Research. Cambridge, S. 92-114.

[498] Andreas Dengel dazu: *Die unbewußte Leichtigkeit, mit der der Mensch Sprache erfaßt, kann mit heute verfügbaren Computern auch nicht annähernd simuliert werden ... Die Verarbeitung von Sprache ist eines der komplexesten Phänomene menschlicher Intelligenz überhaupt ... Beim Lesen werden ganze Wörter oder sogar Gruppen von Wörtern auf einmal erkannt und bedürfen in manchen Fällen nicht einmal mehr einer weiteren visuellen Verarbeitung. Schon das Lesen eines einzelnen Wortes bewirkt die Aktivität vieler Gehirnbereiche. Besonders Sehrinde, Zwischen- und Mittelhirn, aber auch der für die akustische Verarbeitung zuständige Gehirnbereich werden dabei aktiviert ... Dies mag verwundern, doch wenn man darauf achtet, kann man sich selbst beim Lesen zuhören... Trotz eines tausendfachen Vorteils in der Verarbeitungsgeschwindigkeit sind die meisten Computer dem menschlichen Gehirn in der Lösung intelligenter Aufgaben weit unterlegen. Dies beruht auf der hohen Parallelität des Gehirns. Erste Ansätze von parallel arbeitenden Computersystemen hat man in der Informatik erfolgreich gestartet, ist jedoch noch Welten von der Leistung des Gehirns entfernt.* Dengel, A. (1994): ebd., S. 82f; S. 123.

[499] Ende Dezember 2002 erreicht uns die bislang noch unbestätigte Nachricht von der ersten »erfolgreichen« Geburt eines »Klon-Babys«. Es ist kein Zufall, dass sich eine astro-spirituelle Sekte, welche »die menschliche Sterblichkeit überwinden und den Menschen zur ewigen Selbstreproduktion führen will« (Newsweek, Nr.1, 2003), der genetischen Reproduktionstechniken angenommen hat. Auch wenn diese, durch die gesamte Weltpresse gegangene »Erfolgsmeldung« nicht verifiziert werden wird, so stimmen Biologen und Humangenetiker doch weitgehend darin überein, dass die Geburt des ersten menschlichen »Klons« nur eine »Frage der Zeit« ist und wahrscheinlich bevorsteht.

[500] Das mediale Echo auf Peter Sloterdijks Traktat hat m.E. die große Ohnmacht gespiegelt, die angesichts der gentechnologischen Reproduktionstechniken herrscht. Die Entwicklung dieser Technologien, dies hat Sloterdijk ausführlich beschrieben, kann nicht unabhängig von der Entwicklung unseres Denkens und der sozialen Konsequenz dieses Denkens gesehen werden. Zwischen »Lesen« und »Auslesen« besteht ein ursächlicher Zusammenhang, einer, der auch in dieser Arbeit – z. B. in den Kap.: Der europäische Sessel; oder die Ohnmacht der Zeitmanager beschrieben wurde, und von dem Pädagogen, Universalethiker und Humanisten gleichermaßen wenig wissen wollen. Peter Sloterdijk schreibt: *Dass die Domestikation des Menschen das große Ungedachte ist, vor dem der Humanismus von der Antike bis zur Gegenwart die Augen abwandte – dies einzusehen genügt, um in tiefes Wasser zu geraten ... Lektionen und Selektionen haben miteinander mehr zu tun als irgendein Kulturhistoriker zu bedenken willens und fähig war, und wenn es uns bis auf weiteres auch unmöglich scheint, den Zusammenhang zwischen Lesen und Auslesen präzise zu rekonstruieren, so ist es doch mehr als eine unverbindliche Ahnung, dass dieser Zusammenhang als solcher eine Realität besitzt ... Mit der These vom Menschen als Züchter des Menschen wird der humanistische Horizont gesprengt, sofern der Humanismus niemals weiter denken kann und darf als bis zur Zähmungs- und Erziehungsfrage: Der Humanist lässt sich den Menschen vorgeben und wendet dann seine zähmenden, dressierenden, bildenden Mittel an – überzeugt wie er ist, vom notwendigen Zusammenhang zwischen Lesen, Sitzen, Besänftigen.* Sloterdijk, P. (1999): Regeln für den Menschenpark. Ein Antwortschreiben zu Heideggers Brief über den Humanismus. Frankfurt, S. 43, S. 39. Und weiter zum »Codex der Anthropotechniken«: *Ein solcher Codex würde rückwirkend auch die Bedeutung des klassischen Humanismus verändern, denn in ihm würde offengelegt und aufgeschrieben, dass Humanitas nicht nur die Freundschaft des Menschen mit dem Menschen beinhaltet; sie impliziert auch immer – und mit wachsender Expliziertheit –, dass der Mensch für den Menschen die höhere Gewalt darstellt.* Sloterdijk, P. (1999): ebd., S. 45.

[501] Sloterdijk, P. (1999): ebd., S. 44, S. 46, S. 54-55.

[502] Platons Höhlenbeispiel, dargelegt in Platon (387 v. Chr./1977): Staat. Abschnitt 514. Hrsg. und übersetzt von E. Schleiermacher, Stuttgart.

[503] Clarke, A. C.(2000): ebd., S. 212f.

[504] Dies scheint mir auch der wichtigste Unterschied zwischen den »Lichtphilosophien« der alten Welt und jenen der »Moderne« zu sein. In dieser wird die »Transformation« – demokratisch egalisiert, und in jedem einschlägigen Buchhandel erhältlich – als individuelle Gestaltungsleistung ausgewiesen, wohingegen in traditionell religiösen Systemen die zirkular zyklische Wiederholung von Zeit – z. B. im Reinkarnationsglauben – erhalten bleibt, und die Erleuchtung selbst ein symbolischer Akt der Transzendenz und der Weisheit ist, keinesfalls jedoch ein »Erfüllungsprogramm« für den »individuellen« Lebensvollzug. Erkenntnisproduktion ist z. B. in allen asiatischen Systemen, auf die sich »Light-Age-Philosophien« gerne beziehen, eine äußerst elitäre, keineswegs egalisierbare, mitunter auch gefährliche Angelegenheit.

[505] Vgl. dazu Teil I, Kap.: Der Immoralismus Zarathustras – das unrettbare Ich; so-

wie Fußnote 240 in Teil I, in der auf Theodor Meynert Bezug genommen wird.

[506] Und weiter: *Richtet man nun im Sinne einer neuroepistemologischen Betrachtungsweise die Aufmerksamkeit auf den Ort des raumzeitlichen Geschehens der Erkenntnisinhalte, dann ergibt sich schon aus dem Netzcharakter des neurokognitiven Systems die Relativität der Raum-Zeit-Struktur.* Oeser, E./Seitelberger, F. (1995): Gehirn, Bewußtsein und Erkenntnis. Darmstadt, S. 208f. – Diese erkenntnistheoretische Position ist nicht ohne Widerspruch geblieben. So bezeichnet sie z. B. der Neurophysiologe V. Braitenberg als »wilde Spekulation«. Vgl. dazu Braitenberg, V./Schütz A. (1991): Anatomy of the Cortex. Statistics and Geometry. Berlin, New York.

[507] Die Erfassung der Netzwerkverbindungen ist nicht nur ein qualitatives – Dimensionalität –, sondern auch ein quantitatives Problem. So schreibt Andreas Dengel: *Es ist ein bodenloses Unterfangen, die Wechselwirkung von mehr als 10 Milliarden Nervenzellen erklären zu wollen, die allein in der Großhirnrinde mit mehr als 100 Billionen Kontakten untereinander verbunden sind und in einer einzigen Schicht auf einer Ebene ausgebreitet, eine Fläche von mehreren Quadratkilometern ergeben würde.* Dengel, A. (1994): ebd., S. 12.

[508] Oeser, E./Seitelberger, F. (1995): Gehirn, Bewußtsein und Erkenntnis. Darmstadt, S. 208f.

[509] Diese Selbstreferentialität grenzt an ein erkenntnistheoretisches Problem: *Diese Unvollständigkeit* (die der empirisch-biologischen Hirnforschung; Anm.) *liegt einerseits in der ungeheuren, in ihrer Gesamtheit nie erfaßbaren Komplexität der Hirnfunktionen selbst mit ihren ins Unendliche gehenden kombinatorischen Möglichkeiten einer massiven Parallelität, andererseits in der selbstreferentiellen Struktur des Problems, die die neurobiologische Forschung mit der »reinen« Erkenntnistheorie und allen anderen, selbsterklärenden und selbstbeweisenden Systemen teilt* . So will die Disziplin der *Neuroepistemologie* die empirischen Befunde der biologischen Hirnforschung mit den tatsächlichen Erkenntnisleistungen der Menschen stufenweise verbinden und zur Erklärung der metaorganischen abstrakten Leistungen der kognitiven Funktionen des Menschenhirns beitragen. Vgl. dazu Oeser, E./Seitelberger, F. (1995): ebd. S. 147, S. 153. – Zur prinzipiellen Unmöglichkeit der hinreichend empirischen Erfassung neuronaler Prozesse – angesichts der hohen Parallelität und auch der Vieldimensionalität des menschlichen Bewusstseins –, schreibt Stephen Hawking: *Tatsächlich können wir menschliches Verhalten nicht vorhersagen, weil es schlicht zu schwierig ist. Die grundlegenden physikalischen Gesetze, denen die Gehirntätigkeit folgt, kennen wir bereits, und sie sind vergleichsweise einfach. Aber es ist zu schwer, die Gleichungen zu lösen, wenn mehr als ein paar Teilchen beteiligt sind. Das menschliche Gehirn enthält etwa hundert Millionen Milliarden Milliarden Teilchen. Diese Zahl ist bei weitem zu groß, um jeweils auf eine Lösung der Gleichungen hoffen und das Verhalten des Gehirns auf Grund des Anfangszustandes und der eintreffenden Sinnesdaten vorhersagen zu können.* Hawking, S. (1997): Einsteins Traum. Expeditionen an die Grenze der Raumzeit. Reinbek, S. 133f.

[510] Oeser, E./Seitelberger, F. (1995): ebd., S. 210.

[511] Ramón y Cajal zit. n. Oeser, E./Seitelberger, F. (1995): ebd., S. 210.

[512] Vgl. dazu Grüsser, O. J. (1983): Zeit und Gehirn. Zeitliche Aspekte der Signal-

verarbeitung in den Sinnesorganen und im Zentralnervensystem. In: ders.: Die Zeit. München, Wien.

[513] Oeser, E./Seitelberger, F. (1995): ebd., S. 155, S. 228.

[514] Vgl. dazu Teil II, Kap.: Die zu Fels versteinerten Ahnen; sowie Fußnoten 1, 2, 380.

[515] Gronemeyer, M. (1996): ebd., S. 146.

Literatur

Adkinson, G. (1922): An Extraordinary Voyage in French Literature 1700 to 1720. Paris.
Amann, A. (1987): Soziologie. Ein Leitfaden zu Theorien, Geschichte, Denkweisen. Wien.
Anders, G. (1988): Die Antiquiertheit des Menschen. Band II. Über die Zerstörung des Lebens im Zeitalter der dritten industriellen Revolution. München.
Ansperger, F. (1997): Politische Geschichte Afrikas im 20. Jahrhundert. München.
Ariés, P. (1987): Geschichte des Todes. München.
Aristoteles (355 v. Chr./1962): Problemata Physika. Gesammelte Werke, Band 19, Darmstadt.
Aristoteles (350 v. Chr./1980): Metaphysik. Hrsg. von H. Seidl, griechisch-deutsch. Band I. Hamburg.
Augustinus (397/1989): Confessiones/Bekenntnisse. Stuttgart.
Awart, S. (1991): First report from an ethnopsychological study on women in Lihir at the time of gold mine exploration. Research Report. Port Moresby.
Awart, S. (1996): Coping with the social and economic impact of a gold mine by the inhabitants of Lihir. Paper presented at the Third Conference of the European Society for Oceanists – The pacific people in the pacific century: society, culture, nature. Copenhagen.
Awart, S. (1997): Schweineschmaus oder Discorausch. In: Ethnopsychoanalyse 5 – Jugend und Kulturwandel. Frankfurt.
Awart, S. (et al.) (2000): Innovation oder Marginalisierung. Eigeninitiativen zur Arbeitsbeschaffung im informellen Sektor als Überlebensstrategie in afrikanischen Metropolen am Beispiel Dakar (Senegal). IEZ (Interdisziplinäres Forschungsinstitut für Entwicklungszusammenarbeit) – Forschungsbericht. Linz, Wien.
Azeem, A. (et al.) (1999): Development and Dependency. Oxford, New York.
Bahr, H. (1904): Dialog vom Tragischen. Berlin.
Barley, N. (1998): Der Tanz ums Grab. Stuttgart.
Barthes, R. (1986): Ignatius, Fourier, de Sade. Frankfurt.
Bauer, L./Matis, H. (1989): Die Geburt der Neuzeit. München.
Beck, H. (Hg.) (1985): Alexander von Humboldts Amerikanische Reise. Stuttgart.
Beck, U. (Hg.) (1998): Perspektiven der Weltgesellschaft. Frankfurt.
Beck, U. (Hg.) (1998): Politik der Globalisierung. Frankfurt.
Bellinger, G. J. (1989): Lexikon der Mythologie. München.
Benecke, M. (1998): Der Traum vom ewigen Leben. Die Biomedizin entschlüsselt das Geheimnis des Alterns. München.
Benedict, R. (1960): Urformen der Kultur. Hamburg.
Bennholdt-Thomsen, V. (1997): Die Subsistenzperspektive. Eine Skizze. In: ARGE entwicklungspolitische Hochschulwochen (Hg.): Analysen und Alternativen zu einer neoliberalen Welt. Wien.

Bennholdt-Thomsen, V. (Hg.) (1999): Das Subsistenzhandbuch. Widerstandskulturen in Europa, Asien und Lateinamerika. Wien.
Benz, E. (1971): Theologie der Elektrizität. Zur Begegnung und Auseinandersetzung von Theologie und Naturwissenschaft im 17. und 18. Jahrhundert. Mainz.
Berger, P. L. (1977): Facing up to Modernity. Frankfurt.
Berger, P. L. (1981): Auf den Spuren der Engel. Die moderne Gesellschaft und die Wiederentdeckung der Transzendenz. Frankfurt.
Bitterli, U. (1976): Die »Wilden« und die »Zivilisierten«. Grundzüge einer Geistes- und Kulturgeschichte der europäisch-überseeischen Begegnung. München.
Blumenberg, H. (1981): Die Genesis der kopernikanischen Wende. Band II: Typologie der frühen Wirkungen. Der Stillstand des Himmels und der Fortgang der Zeit. Frankfurt.
Blumenberg, H. (1986): Lebenszeit und Weltzeit. Frankfurt.
Boman, T. (1977): Das hebräische Denken im Vergleich mit dem griechischen. Göttingen.
Boschke, F. L. (1979): Und 1000 Jahre sind ein Tag. München.
Bosse, H. (1979): Diebe, Lügner, Faulenzer: Zur Ethno-Hermeneutik von Abhängigkeit und Verweigerung in der Dritten Welt. Frankfurt.
Bosse, H. (1981): Zur Kolonialisierung der inneren Natur. In: Bosse, H. (et al.) (Hg.): Entwürfe zu einer historisch-materialistischen Theorie des Subjekts. Frankfurt.
Bosse, H. (1994): Der fremde Mann – Jugend, Männlichkeit, Macht. Eine Ethnoanalyse. Frankfurt.
Braitenberg, V./Schütz A. (1991): Anatomy of the Cortex. Statistics and Geometry. Berlin, New York.
Brandes, G. (1923): Voltaire. Band II. Berlin.
Brett, G. (1954): The Automata in the Byzantine Throne of Solomon. In: Speculum, XXIX, S. 477-487.
Brunner, O. (1978): Vom »ganzen Haus« zur »Familie«. In: H. Rosenbaum: Seminar: Familie und Gesellschaftsstruktur. Materialien zu den sozio-ökonomischen Bedingungen von Familienformen. Frankfurt.
Capell, A. (1969): A Survey of New Guinea Languages. Sydney.
Cassirer, E. (1969): Philosophie und exakte Wissenschaft. Frankfurt.
Cipolla, C. M. (1967): Clocks and Culture. New York.
Cipolla, C. M. (1999): Gezählte Zeit. Wie die mechanische Uhr das Leben veränderte. Berlin.
Claessens, D. (1980): Das Konkrete und das Abstrakte. Soziologische Skizzen zur Anthropologie. Frankfurt.
Clarke, A. C. (1952/2000): 2001 – Odyssee im Weltraum. München.
Comte, A. (1829/1956): Rede über den Geist des Positivismus. Band 244 der Philosophischen Bibliothek. Hrsg. von I. Fetscher, Hamburg.
Conway, J./Mantorani, E. (1995): Marriage in Melanesia. A sociological Perspective. Melanesian Institute Goroka.
Curtius, E. R. (1948): Europäische Literatur und Lateinisches Mittelalter. Bern.

Delumeau, J. (1986): Angst im Abendland. Die Geschichte kollektiver Ängste im Europa des 14. bis 18. Jahrhunderts. Band I. Hamburg.
Dengel, A. (1994): Künstliche Intelligenz - Allgemeine Prinzipien und Modelle. Mannheim, Zürich.
Descartes, R. (1642/1992): Meditationen über die Grundlagen der Philosophie. Hrsg. von L. Gäbe, lateinisch-deutsch. Hamburg.
Descartes, R. (1645/1974): Traité de l'homme. In: Descartes gesammelte Werke. Hrsg. von C. Adam u. P. Tannery, Band 11. Paris.
Decartes, R. (1648/1984): Die Leidenschaft der Seele. Hrsg. von K. Hammacher, Hamburg.
Deutsche Gesellschaft für die Vereinten Nationen/United Nations Development Programme (UNDP): Bericht über die menschliche Entwicklung 2000/Human Development Report 2000. Bonn.
Deutsche Stiftung Weltbevölkerung (Hg.) (1999): Handbuch Weltbevölkerung - Begriffe, Fakten, Konzepte. Stuttgart.
Deutsche Welthungerhilfe (Hg.) (2000): Jahrbuch Welternährung. Daten, Trends, Perspektiven. Frankfurt.
Diamond, J. (1999): Arm und Reich. Die Schicksale menschlicher Gesellschaften. Frankfurt.
Diderot, D. (1752-1784/1984): Philosophische Schriften. Band II. Berlin.
Dieckhoff, R. (1978): Antiqui - Moderni. Zeitbewußtsein und Naturerfahrung im 14. Jahrhundert. In: Legner, A.: Die Parler und der schöne Stil 1350-1400. Europäische Kunst unter den Luxemburgern. Köln.
Dingler, H. (1924): Die Grundgedanken der Machschen Philosophie. Leipzig.
Dirmoser, D. (et al.) (Hg.) (1991): Mythos Entwicklungshilfe. Entwicklungsruinen: Analysen und Dossiers zu einem Irrweg. Gießen.
Donner, F. (1983): Shabono - Eine Frau in der magischen Welt der Iticoterie. Wien, München.
Donzelot, J. (1989): Die Ordnung der Familie. Frankfurt.
Durkheim, E. (1893/1977): Über die Teilung der sozialen Arbeit. Frankfurt.
Durkheim, E. (1895/1961): Die Regeln der soziologischen Methode. Neuwied.
Durkheim, E. (1902/1970): Der Selbstmord. Frankfurt.
Durkheim, E./Mauss, M. (1902): De quelques formes primitives de classification. In: L'Année sociologique 6/1902.
Duerr, H.-P. (1985): Der Wissenschafter und das Irrationale. Beiträge aus Ethnologie und Anthropologie, Band II. Frankfurt.
Dux, G. (1990): Die Logik der Weltbilder. Sinnstrukturen im Wandel der Geschichte. Frankfurt.
Dux, G. (1998): Die Zeit in der Geschichte. Ihre Entwicklungslogik vom Mythos zur Weltzeit. Frankfurt.
Eder, K. (1980): Die Entstehung staatlich organisierter Gesellschaften. Ein Beitrag zu einer Theorie sozialer Evolution. Frankfurt.
Eichberg, H. (1981): Der Umbruch des Bewegungsverhaltens. Leibesübungen, Spiele und Tänze in der industriellen Revolution. In: Nitzsche, A. (Hg.): Verhal-

tenswandel in der industriellen Revolution. Stuttgart, Berlin.
Eliade, M. (1986): Kosmos und Geschichte. Der Mythos der ewigen Wiederkehr. Frankfurt.
Elias, N. (1976): Über den Prozeß der Zivilisation. Band 1. Frankfurt.
Elias, N. (1987): Engagement und Distanzierung. Arbeiten zur Wissenssoziologie I. Frankfurt.
Elias, N. (1990): Über die Zeit. Arbeiten zur Wissenssoziologie II. Frankfurt.
Esteva, G. (1993): Entwicklung. In: Sachs, W. (Hg.): Wie im Westen so auf Erden. Reinbek.
Evans-Pritchard, E. E. (1946): The Nuer. Oxford.
Feil, D. K. (1987): The evolution of Highland Papua New Guinea societies. Cambridge, New York, Sydney.
Fisch, J. (1991): Geschichte Südafrikas. München.
Fischer A./Smith, D. (2000): Zur Lage der Welt. Fakten, Trends und Zusammenhänge. Frankfurt.
Foucault, M. (1971): Die Ordnung der Dinge. Eine Archäologie der Humanwissenschaften. Frankfurt.
Foucault, M. (1976): Überwachen und Strafen. Die Geburt des Gefängnisses. Frankfurt.
Freud, S. (1981): Das Unbehagen in der Kultur. In: Abriß der Psychoanalyse. Frankfurt.
Friedell, E. (1929): Kulturgeschichte der Neuzeit. Die Krisis der europäischen Seele von der schwarzen Pest bis zum Weltkrieg. Band I: Renaissance und Reformation. München.
Friedell, E. (1931): Kulturgeschichte der Neuzeit. Die Krisis der europäischen Seele von der schwarzen Pest bis zum Weltkrieg. Band III: Romantik und Liberalismus/Imperialismus und Impressionismus. München.
Gehlen, A. (1961): Anthropologische Forschung. Hamburg.
Geiger, L. (Hg.) (1909): Goethes Briefwechsel mit Wilhelm und Alexander von Humboldt. Berlin.
Geißler, K. A. (1997): Zeit leben. Vom Hasten und Rasten, Arbeiten und Lernen, Leben und Sterben. Weinheim, Berlin.
Geißler, K. A. (1999): Das Tempo der Welt. Vom Ende der Uhrzeit. Freiburg i. Breisgau.
Gerhardt, C. J. (Hg.) (1890): Die philosophischen Schriften von Gottfried Wilhelm Leibniz. Band 7. Berlin.
Gloy, K. (1983): Die Substanz ist als Subjekt zu bestimmen. Eine Interpretation des XII. Buches von Aristoteles' Metaphysik. In: Zeitschrift für philosophische Forschung. Band 37, S. 515-543.
Gloy, K. (1995): Das Verständnis der Natur. Band I: Die Geschichte des wissenschaftlichen Denkens. München.
Godelier, M. (1980): Ökonomische Anthropologie. Frankfurt.
Goetze, D. (1976): Ethnosoziologie. München.
Granet, M. (1985): Das chinesische Denken. Frankfurt.

Granzotto, G. (1988): Christoph Kolumbus. Reinbek.
Gronemeyer, M. (1996): Das Leben als letzte Gelegenheit. Sicherheitsbedürfnis und Zeitverknappung. Darmstadt.
Gruber, P. C. (1999): Ländliche Entwicklung in Zimbabwe/Chegutu District/ Mashonaland West. Interdisziplinäres Forschungsinstitut für Entwicklungszusammenarbeit (IEZ) – Forschungsbericht. Linz.
Gruber, P. C./Zapotoczky, K. (Hg.) (1999): Globalisierung versus Demokratie? Plädoyer für eine umwelt- und sozialverträgliche Weltordnung. Frankfurt.
Grüsser, O. J. (1983): Zeit und Gehirn. Zeitliche Aspekte der Signalverarbeitung in den Sinnesorganen und im Zentralnervensystem. In: ders.: Die Zeit. München, Wien.
Guillermier, P./Koutchmy, S. (1999): Sonnenfinsternis II: Wenn der Tag zur Nacht wird. In: Spektrum der Wissenschaft 8/99.
Haas, A. M. (1989): Todesbilder im Mittelalter. Fakten und Hinweise in der deutschen Literatur. Darmstadt.
Hall, E. (1959): The Silent Language. Anthropology of Time. New York.
Hasenfratz, H.-P. (1998): Leben mit den Toten. Eine Kultur- und Religionsgeschichte der anderen Art. Freiburg, Basel, Wien.
Hawking, S. (1997a): Einsteins Traum. Expeditionen an die Grenzen der Raumzeit. Reinbek.
Hawking, S. (1997b): Eine kurze Geschichte der Zeit. Reinbek.
Hawking, S. (2002): Das Universum in der Nußschale. München.
Hein, W. (Hg.) (1998): Unterentwicklung. Krise der Peripherie. Hamburg.
Hein, W. H. (Hg.) (1985): Alexander von Humboldt. Leben und Werk. Frankfurt.
Heintel, P. (1999): Innehalten. Gegen die Beschleunigung – für eine andere Zeitkultur. Freiburg, Basel, Wien.
Herdt, G. (1982): Rituals of Manhood. Male Initiation in Papua New Guinea. Berkely.
Herdt, G. (1984): Ritualized Homosexuality in Melanesia. Berkely.
Herman, A. (1998): Propheten des Untergangs – Der Endzeitmythos im westlichen Denken. Berlin.
Hesse, S. (1999): Künstliche Intelligenz. Renningen-Malmsheim, Wien.
Hirschberg, W. (Hg.) (1988): Neues Wörterbuch der Völkerkunde. Berlin.
Hobbes, T. (1650/1992): Leviathan oder Stoff, Form und Gewalt eines kirchlichen und bürgerlichen Staates. Hrsg. von I. Fetscher, Frankfurt.
Horstmann, U. (1985): Das Untier. Konturen einer Philosophie der Menschenflucht. Frankfurt.
Hughes, R. (1992): Die Besiedelung des Fünften Kontinents. München.
Husserl, E. (1954): Gesammelte Werke, Husserliana, Band VI. Den Haag.
Illich, I. (1984): Die Entschulung der Gesellschaft. Reinbek.
Illich, I. (1993): Bedürfnisse. In: Sachs, W. (Hg.): Wie im Westen so auf Erden. Ein polemisches Handbuch zur Entwicklungspolitik. Reinbek.
Immler, N. L. (1999): Jahrhundertwende – Zeitenwende? Auf den Spuren eines historischen Selbst- und Zeitverständnisses. Graz.

Inkeles, A./Smith, D. H. (1974): Becoming Modern – Individual Change in Six Developing Countries. Cambridge.
Jenzen, J. A. (Hg.) (1989): Uhrzeiten. Die Geschichte der Uhr und ihres Gebrauchs. Frankfurt.
Jonas, F. (1980): Geschichte der Soziologie. Band I. Opladen.
Kant, I. (1756/1982): Geschichte und Naturbeschreibung der merkwürdigsten Vorfälle des Erdbebens, welches an dem Ende des 1755sten Jahres einen großen Teil der Erde erschüttert hat. In: Kants Werke, Akademie-Ausgabe, Band 1, Vorkritische Schriften I (1747-1756). Darmstadt.
Kant, I. (1790/1963): Allgemeine Naturgeschichte und Theorie des Himmels. In: Gesammelte Werke, hrsg. von W. Weischedel, Band 1. Darmstadt.
Kant, I. (1796/1964): Über das Organ der Seele. Königsberg. In: Gesammelte Werke, hrsg. von W. Weischedel, Band 6. Darmstadt.
Kardiner, A. (1945): The Psychological Frontiers of Society. New York.
Kippenhahn, R./Knapp, W. (1999): Schwarze Sonne, roter Mond. Die Jahrhundertfinsternis. Stuttgart.
Klages, H. (1969): Geschichte der Soziologie. München.
Komsloy, A. (et al.) (Hg.) (1997): Ungeregelt und unterbezahlt. Der informelle Sektor in der Weltwirtschaft. Frankfurt.
Kramer, F./Sigrist, C. (Hg.) (1978): Gesellschaften ohne Staat. Gleichheit und Gegenseitigkeit. Frankfurt.
Kübler-Ross, E. (1985): Verstehen was Sterbende sagen wollen. Einführung in ihre symbolische Sprache. Stuttgart.
Kunze, G. (2000): Die Übertragbarkeit österreichischer Verbrennungstechnologie auf semiaride Gebiete des subsaharischen Afrika. IEZ (Interdisziplinäres Forschungsinstitut für Entwicklungszusammenarbeit)-Forschungsbericht, Wien, Linz.
Langbein, K./Skalnik, C. (1996): Leben verlängern – um welchen Preis? Wien, München.
Lange, W. (1983): Tod ist bei Göttern immer nur ein Vorteil – Zum Komplex des Mythos bei Friedrich Nietzsche. In: Bohrer, K.H. (Hg.): Mythos der Moderne. Frankfurt.
Le Goff, J. (1972): Kultur des europäischen Mittelalters. München, Zürich.
Leclercq, J (1974): Zeiterfahrung und Zeitbegriffe im Spätmittelalter. In: Antiqui und Moderni. Traditionsbewußtsein und Fortschrittsbewußtsein im späten Mittelalter (Miscellanea Mediaevalia Band 9), hrsg. von A. Zimmermann, Berlin, New York.
Lerner, D./Schramm, W. (1966): Communication and Change in the Developing Countries. Honolulu.
Lévi-Strauss, C. (1981): Das wilde Denken. Frankfurt.
Lévi-Strauss, C. (1989): Traurige Tropen. Frankfurt.
Luhmann, N. (1974): Soziologische Aufklärung. Opladen.
Luhmann, N. (1991): Risiko auf alle Fälle. Schwierigkeiten bei der Beschreibung der Zukunft. In: F.A.Z. vom 2.01.1991.

Mach, E. (1903): Die Analyse der Empfindungen und das Verhältnis des Physischen zum Psychischen – Antimetaphysische Bemerkungen. Jena.
Madariaga, S. de (1992): Kolumbus. Bern, München.
Malinowski, B. (1975): Eine wissenschaftliche Theorie der Kultur – und andere Aufsätze. Frankfurt.
Malinowski, B. (1979): Das Geschlechtsleben der Wilden in Nordwest-Melanesien. Frankfurt.
Marcuse, H. (1976): Ideen zu einer kritischen Theorie der Gesellschaft. Frankfurt.
Marx, K./Engels, F. (1847/1969): Die Bourgeosie und die Konterrevolution. In: Gesammelte Werke, Band 6. Berlin.
Marx, K./Engels, F. (1845/1969): Die Deutsche Ideologie. Gesammelte Werk, Band 3. Berlin.
Maturana, H. (2000): Biologie der Realität. Frankfurt.
Maturana, H. (2001): Was ist erkennen? Die Welt entsteht im Auge des Betrachters. München.
Maxwell, R. J. (1972): Anthropological Perspectives. In: Yaker, H. (et al.) (Hg.): The Future of Time. London.
Mayr, O. (1980): Clockwork Universe. New York.
Mayr, O. (1986): Uhrwerk und Waage. Autorität, Freiheit und technische Systeme der frühen Neuzeit. München.
Mbiti, J. E. (1967): Afrikanische Begriffe der Zeit, Geschichte und des Todes. In: Afrika heute 67/3.
Mc Carthy, J. (1979/1994): Können einer Maschine geistige Eigenschaften zugeschrieben werden? In: Zimmerli, C./Wolf, S. (Hg.) (1994): Künstliche Intelligenz. Philosophische Probleme. Stuttgart, S. 184-231.
Mead, M. (1935): Sex and Temperament in Three Primitive Societies. London.
Menzel, U. (1992): Das Ende der Dritten Welt und das Scheitern der großen Theorie. Frankfurt.
Meya, J./Sibum, O. (1987): Das fünfte Element. Wirkungen und Deutungen der Elektrizität. Reinbek.
Meyer-Abich, A. (1992): Alexander von Humboldt. Reinbek.
Meynert, T. (1892): Sammlung von populär-wissenschaftlichen Vorträgen über den Bau und die Leistungen des Gehirns. Wien, Leipzig.
Morgenthaler, F. (et al.) (1963): Die Weißen denken zu viel. Zürich.
Mühlmann, W. E. (1961): Studien zur Soziologie der Revolution. Chiliasmus und Nativismus, Band I. Berlin.
Mühlmann, W. E. (1964): Chiliasmus und Nativismus. Studien zur Psychologie, Soziologie und historischen Kasuistik der Umsturzbewegungen. Berlin.
Mujuni, P. F. (1994): Lessons on improvement of cattle productivity in Sub-Saharan Africa and their implications for Mara-Region. Regional Agriculture and Livestock-Office. Musoma.
Müller, C. D. G. (1986): Die Entwicklung des orientalischen Schul- und Universitätswesens. Stuttgart.
Mumford, L. (1970): The Myth of the Machine; the Pentagon of Power II. New York.

Nash, M. (1984): Unfinished Agenda. The Dynamics of Modernization in Developing Nations. Boulder.

Nelson, B. (1986): Der Ursprung der Moderne. Vergleichende Studien zum Zivilisationsprozeß. Frankfurt.

Newton, I. (1872): Principia I Definitiones, Scholium. Dt. Übersetzung von J. P. Wolfers, Berlin.

Niau, J. H. (1936): The Phantom Paradise. The Story of the Expedition of the Marquise de Rays. Sydney.

Nietzsche, F. (1883/84/1999): Also sprach Zarathustra. In: Nietzsche - Sämtliche Werke. Hrsg. von B. Breuninger, Band 4. Stuttgart.

Nietzsche, F. (1884/85/1999) Der Wille zur Macht - Versuch einer Umwertung aller Werte. In: Nietzsche - Sämtliche Werke. Hrsg. von B. Breuninger, Band 6. Stuttgart.

Nilsson, M. (1920): Primitive Time-Reckoning. Lund, Oxford, Leipzig.

Nisbet, R. (1980): History of the Idea of Progress. New York.

Nuscheler, F. (1996): Entwicklungspolitik. Lern- und Arbeitsbuch. Bonn.

Obrecht, A. J. (1988a): Sozialer Wandel in Zimbabwe. SWS (Sozialwissenschaftliche Studiengesellschaft)-Rundschau, Heft 4/1988, S. 484-497.

Obrecht, A. J. (1988b): Kunst als symbolische Wirklichkeitskonstruktion. Wien.

Obrecht, A. J. (1988c): Zeitgeistströmungen um die Jahrhundertwende im deutschsprachigen Raum. Forschungsbericht Österreichische Akademie der Wissenschaften. Wien.

Obrecht, A. J. (1988d): Zeitgeistströmungen an den Jahrhundertwenden I-V, Österreichische Theaterzeitung, Heft 2-6.

Obrecht, A. J. (1991a): Über die unmögliche Möglichkeit außereuropäische Kulturen zu verstehen. Kultursoziologische und wissenssoziologische Überlegungen zur Konfrontation des »Westens« mit »stammeskulturellen« Gesellschaften. In: SWS (Sozialwissenschaftliche Studiengesellschaft)-Rundschau, S. 79-101.

Obrecht, A. J. (1991b): Diese und andere Orte. Frankfurt.

Obrecht, A. J. (1992a): Chimurenga. Eine afrikanische Reise. Frankfurt.

Obrecht, A. J. (1992b): Die Täler der Flöten. Eine ethnosoziologische Abhandlung über die symbolische, rituelle und mythologische Bedeutung der Flöten in den traditionellen Hochlandethnien Papua Neuguineas. In: Lipp, W. (Hg.): Gesellschaft und Musik. Wege zur Musiksoziologie. Sociologia Internationalis. Berlin, S. 475-495.

Obrecht, A. J. (1992c): Theatrum Mundi Universale: Kulturanthropologische Aspekte zur Konstruktion kulturspezifischer Kosmologien - am Beispiel des Dr. Faust, der osagischen Weltphilosophie und der Schöpfungsmythologien der Hochlandbewohner Papua Neuguineas. In: Csobádi, P. (et al.) (Hg.) (1992): Welttheater, Mysterienspiel, rituelles Theater. »Vom Himmel durch die Welt zur Hölle.« Gesammelte Vorträge des Salzburger Festspiel-Symposions 1991. Salzburg, S. 85-105.

Obrecht, A. J. (et al.) (Hg.) (1992d): Kultur des Reisens. Notizen, Berichte, Reflexionen. Wien.

Obrecht, A. J. (Hg.) (1992e): Sozialer Wandel in Papua Neuguinea. FWF (Fonds zur Förderung der wissenschaftlichen Forschung)-Forschungsbericht. Wien.

Obrecht, A. J. (1995): Panoptismus in Papua Neuguinea – Akkulturation und sozialer Wandel in ehemals segmentären Gesellschaften. Frankfurt, New York.

Obrecht, A. J. (1996a): Rationalität und Verweigerung. Zur Grenze der Durchsetzbarkeit von Modernität und Mobilität in den ärmsten Ländern der sogenannten Dritten Welt. SWS (Sozialwissenschaftliche Studiengesellschaft)-Rundschau Heft 4/96; S. 339-366.

Obrecht, A. J. (1996b): Der böse Blick – Die Ohnmacht vor der Macht des Unbekannten. Kulturanthropologische Überlegungen zur Magie der Destruktion. In: Was – Zeitschrift für Wissenschaft und Kultur, Nr. 84, S. 5-7.

Obrecht, A. J. (et al.) (Hg.) (1997a): The Revival of the Dairy Industry in Mara-Region/Tanzania. Frankfurt.

Obrecht, A. J. (1997b): Zeit, Sinn und Raum. In: Zapotoczky, K./Gruber, P. C. (Hg.): Entwicklungstheorien im Widerspruch. Plädoyer für eine neue Streitkultur in der Entwicklungspolitik. Frankfurt.

Obrecht, A. J. (1998a): Globalisierung und die Konstituierung der außereuropäischen Moderne. Eine komparative Strukturanalyse von Universalisierungsprozessen in ethnischen Gesellschaften Ostafrikas und Melanesiens. In: SWS (Sozialwissenschaftliche Studiengesellschaft)-Rundschau 4/98, S. 473-498.

Obrecht, A. J. (1998b): Im Fadenkreuz der neuen Zeit. Weltzeitsysteme, Mobilitätskultur und Widerstände. In: Widerspruch – Beiträge zur sozialistischen Politik. Nr. 36/98, S. 93-146.

Obrecht, A. J./Awart, S. (1999a): Das Paradies ist anderswo, oder die »goldene Zukunft« der Bewohner von Lihir. Der durch eine Goldmine verursachte Kulturschock und Kulturwandel auf der südpazifischen Inselgruppe Lihir/Papua Neuguinea. In: Gruber, P. C./Zapotoczky, K. (Hg.): Globalisierung versus Demokratie? Plädoyer für eine umwelt- und sozialverträgliche Weltordnung. Frankfurt, S. 203-229.

Obrecht, A. J. (1999b): Das Chaos der Unsterblichkeit. Dublin, New York, Wien.

Obrecht, A. J. (1999c): Die Welt der Geistheiler. Die Renaissance magischer Weltbilder. Wien, Köln.

Obrecht, A. J. (1999d): Folgen der Globalisierung und Modernisierung in Dorfkulturen der III. Welt – am Beispiel ethnischer Gesellschaften Ostafrikas und Melanesiens. In: Gruber, P. C./Zapotoczky, K. (Hg.): Globalisierung versus Demokratie? Plädoyer für eine umwelt- und sozialverträgliche Weltordnung. Frankfurt, S. 93-146.

Obrecht, A. J. (1999e): Spiegelsplitter – Ethnosoziologische Überlegungen zum Begriff »Kulturtransfer«. In: Newsletter – Zeitschrift des Spezialforschungsbereichs Moderne und Zentraleuropa. Heft 2/99.

Obrecht, A. J. (2000a): Das Denken über das Denken. Eine historische und wissenssoziologische Spurensuche über die Zusammenhänge von Körper, Gehirn, Bewußtsein, Erkenntnis, Denken und Maschine in 12 Stationen. In: Konrad, H./Kriesche, R. (Hg.): Kunst, Wissenschaft, Kommunikation. Band II: Leben, Sterben, Denken. Wien, New York, S. 40-65.

Obrecht, A. J. (2000b): Die zeit-räumliche Entgrenzung ethnischer Gesellschaften. Zur Trennung von Lebenszeit und Weltzeit im Zuge der Hierarchisierung und Universalisierung ehemals segmentärer Gesellschaften – am Beispiel des Hochlandes von Papua Neuguinea. In: Österreichische Zeitschrift für Soziologie. 3/2000, S. 26-50.

Obrecht, A. J. (2000c): Die Klienten der Geistheiler. Vom anderen Umgang mit Krankheit, Krise, Schmerz und Tod. Wien, Köln.

Obrecht, A. J. (2002): Würdevolle Verabschiedung. Eine kleine Kulturgeschichte der Ars Moriendi von der Tabuisierung des Todes bis zur neuen »Liturgie des Sterbens« In: Zeitschritt – Magazin für modern politics, Nr. 13.

Obrecht, A. J. (2003a): Von Armut und Reichtum in unsicheren Zeiten. In: Pracher, C./Strunz, H. (Hg.): Wissenschaft um der Menschen willen. Festschrift für Klaus Zapotoczky zum 65. Geburtstag. Berlin.

Obrecht, A. J. (2003b) (Hg.): Wozu forschen? Wozu entwickeln? Möglichkeiten und Grenzen der angewandten Entwicklungsforschung für eine partizipative Entwicklungszusammenarbeit (EZA). Frankfurt.

Obrecht, A. J. (2003c): Zeitreichtum und Zeitarmut im »Global Village«. Von der Ordnung der Sterblichkeit zum Mythos der Machbarkeit. In: Faschingeder, G./Kolland, F./Wimmer, F. (Hg.): Kultur als umkämpftes Terrain. Paradigmenwechsel in der Entwicklungspolitik? Wien, S. 215-241.

Oeser, E./Seitelberger, F. (1995): Gehirn, Bewußtsein und Erkenntnis. Darmstadt.

Olschki, L. (1946): Guillaume Boucher – a French artist at the court of the Khans. Baltimore.

Oltensdorf, U./Weingärtner, L. (1998): Handbuch der Welternährung. Zwei Gesichter der globalen Nahrungssituation. Bonn.

Otto, E. (1954): Altägyptische Zeitvorstellungen und Zeitbegriffe. In: Welt als Geschichte 14, S. 135-148.

Pascal, B. (1670/1948): Penseés – Über die Religion. Tübingen.

Paul, J. (1959): Gesammelte Werke. Hrsg. von N. Miller, München.

Platon (etwa 392 v. Chr./1962): Timaios. A Calcidio translatus commentarique instructus. Hrsg. von J. H. Waszink, London, Leiden.

Platon (387 v. Chr./1977): Staat. Abschnitt 514. Hrsg. und übersetzt von E. Schleiermacher, Stuttgart.

Plessner, H. (1974): Diesseits der Utopie. Düsseldorf.

Poirier (1969): Histoire de l'ethnologie. Paris.

Power, H. (1664/1982): Experimental Philosophy. The Third Book. An Essay to prove the World's Duration, from the slow motion of the Sun's Apogaeum or the Earth's Aphelion. London.

Putnam, H. (1982): Vernunft, Wahrheit und Geschichte. Frankfurt.

Raffetseder, W. (1999): Sonnenfinsternis. Das Mysterium der reisenden Nacht. München.

Rahnema, M. (1993): Armut. In: Sachs, W. (Hg.): Wie im Westen so auf Erden. Reinbek.

Raphael, B. (1976): The Thinking Computer. New York.

Reimann, H. (1986): Die Vitalität »autochthoner« Kulturmuster. Zum Verhältnis von Traditionalität und Moderne. In: Kölner Zeitschrift für Soziologie und Sozialforschung, SH 27, S. 358-378.
Reimarus, A. (1768): Die Ursache des Einschlagens vom Blitze nebst dessen natürlichen Abwendungen von unsern Gebäuden, aus zuverläßlicher Erfahrung vor Augen gelegt. Hamburg.
Ritter, J. (1961): Naturrecht bei Aristoteles. Stuttgart.
Ritzer, G. (1997): Die McDonaldisierung der Gesellschaft. Frankfurt.
Roche, P. (1992): Westminster System of Government versus Papua New Guinean. In. Obrecht, A. J. (Hg.) (1992e): Sozialer Wandel in Papua Neuguinea. FWF (Fonds zur Förderung der wissenschaftlichen Forschung)-Forschungsbericht. Wien.
Roche, P. (1996): Theory of Frenzy – Tribal Fights in the Highlands of Papua New Guinea. Canberra.
Rosenblatt, F. (1961): Perceptrons. In: Anderson, J. A./Rosenfeld E. (Hg.) (1988): Neurocomputing. Foundations of Research. Cambridge.
Rostow, W. W. (1960): Stadien des wirtschaftlichen Wachstums. Eine Alternative zur marxistischen Entwicklungstheorie. Göttingen.
Rzondetzko, L. (1989): Der Lehrgang vom Wilden zum zivilisierten »modern man«: ein Programm von der spanischen Konquista bis zum Transfer der Pädagogik in Ländern der »Dritten Welt«. Frankfurt.
Schicho, W. (1999): Handbuch Afrika. Band I: Zentralafrika, südliches Afrika und die Staaten im Indischen Ozean. Band II: Westafrika und die Inseln im Atlantik. Frankfurt.
Schleich, J. (1999): Hexen, Zauberer und Teufelskult in Österreich. Graz.
Schmied, G. (1985): Soziale Zeit. Umfang, »Geschwindigkeit« und Evolution. Berlin.
Schmitt, C. (1928/1983):Verfassungslehre. Berlin.
Schmitt, C. (1983): Aristotle and the Renaissance. Cambridge, London.
Schnelle, K. (1956): Habt ihr eine Revolution ohne Revolution gewollt? Leipzig.
Schopenhauer, A. (1966): Welt und Mensch. Stuttgart.
Sloterdijk, P. (1989): Eurotaoismus. Zur Kritik der politischen Kinetik. Frankfurt.
Sloterdijk, P. (1999): Regeln für den Menschenpark. Ein Antwortschreiben zu Heideggers Brief über den Humanismus. Frankfurt.
Smith, A. (1766/1934): An inquiry into the Nature and Causes of the Wealth of Nations. Bielefeld.
Spencer, H. (1862): First Principles. Oxford.
Strathern, A. (1985): Witchcraft, greed, cannibalism and death: some related themes from the New Guinea Highlands. In: Block, M./Parry, J.: Death and regeneration of life. London.
Strathern, A. (1992): Women in between. The Weakening Influence of Females. London.
Täubrich, J. (1999): Von der »snailmail« zur E-mail. In: Schneider, M./Geißler, K.A. (Hg.): Vom Tempo der Medien. Stuttgart.
Thompson, E. P. (1980): Zeit, Arbeitsdisziplin und Industriekapitalismus. Wien.

Thompson, G. F. (2001): Economic autonomy and the advanced industrial state. Cambridge.
Tollmann, A. (1998): Das Weltenjahr geht zur Neige. Mythos und Wahrheit der Prophezeiungen. Wien, Köln.
Toulmin, S./Goodfield, J. (1970): Entdeckung der Zeit. München.
Turing, A. M. (1950/1994): Kann eine Maschine denken? In: Zimmerli, W. C./ Wolf, S. (Hg.) (1994): Künstliche Intelligenz. Philosophische Probleme. Stuttgart, S. 39-79.
Tuveson, E. (1989): Millenium and Utopia. A Study in the Background of the Idea of Progress. Berkeley.
UNESCO (1964): Economic and social aspects of educational planning. Paris
UNESCO (1986): New attitudes toward education in relation to economic planning. Paris.
UNICEF (2002): End Decade Databases - Child Mortality (http://www.childinfo.org).
UNICEF (2003): The State of the World's Children 2003 (http//www.unicef.org).
UNITED NATIONS - Department of Economic and Social Affairs (2003):The 2000 Revision and World Urbanization Prospects (http://esa.un.org/unpp).
UNITED NATIONS - Department of Economic and Social Affairs (2003): World and regional Trends: Data for the years around 2000 (http://milleniumindicators.un.org/unsd/mi/wtrends.htm).
UNITED NATIONS - Food and Agriculture Organization (2000): The State of Food Insecurity in the World. Rom.
UNITED NATIONS (2003): Human Development Report 2002: Deepening Democracy in a Fragmented World. New York.
USA - Agency for International Development (1998): World Population Profile. Washington D.C.
Villiers, A. (1971): The Voyages and Historic Discoveries of Captain James Cook. In: National Geographic 3/71.
Volk, W. (1934): Die Entdeckung Tahitis und das Wunschbild der seligen Inseln in der deutschen Literatur. Heidelberg.
Walker, J. R. (1980): Lakota Belief and Ritual. Lincoln Nebraska.
Weber, M. (1964): Wirtschaft und Gesellschaft. Köln.
Weber, M. (1965): Die protestantische Ethik. Hrsg. von I. Winckelmann, München.
Weigl, E. (1990): Instrumente der Neuzeit. Die Entdeckung der modernen Wirklichkeit. Stuttgart.
Wendorff, R. (1980): Zeit und Kultur. Opladen.
Wendorff, R. (1984): Dritte Welt und westliche Zivilisation, Opladen.
Wendorff, R. (1989): Zeitbewußtsein in Entwicklungsländern. In: Wendorff, R. (Hg.): Im Netz der Zeit. Menschliches Zeiterleben interdisziplinär. Stuttgart.
Werlhof, C. v. (1991): Was haben die Hühner mit dem Dollar zu tun? Frauen und Ökonomie. München.
White, P. L./O'Conell, J. (1992): A Prehistory of Australia, New Guinea and Sahul. Sydney.

Wiener, N. (1948/1963): Kybernetik. Regelung und Nachrichtenübertragung im Lebewesen und in der Maschine. Düsseldorf, Wien.

Wiener, N. (1952/1964): Mensch und Menschmaschine. Kybernetik und Gesellschaft. Düsseldorf, Wien.

Williams, G. (1966): The Expansion of Europe in the 18th Century. London.

Wirz, P. (1925): Die Marindanim von Holländisch Süd-Neuguinea. Band II. Hamburg.

Wittgenstein, L. (1963): Tractatus logico-philosophicus. Logisch-philosophische Abhandlungen. Frankfurt.

World Bank (2001): Rural Development: From Vision to Action. Environmentally and Socially Sustainable Development Studies and Monographs Series No. 12., Washington D.C.

World Bank (2002): World Development Indicators 2002 (http://www.worldbank.org/poverty/wdrpoverty).

Worldwatch Institute Report (2000): Zur Lage der Welt 2000. Prognosen für das Überleben unseres Planeten. Frankfurt.

Worldwatch Institute Report (2001): Zur Lage der Welt 2001. Zehn Jahre nach Rio: Das Ende der »wilden Globalisierung«? Frankfurt.

Zapotoczky, K. (Hg.) (1994): Nord-Süd-Beziehungen. Entwicklungspolitische Aspekte in Wirtschaft, Ökologie und Kultur. Frankfurt.

Zapotoczky, K./Griebl-Shehata, H. (Hg.) (1995): Kulturverständnis und Entwicklungschance. Frankfurt.

Zapotoczky, K./Griebl-Shehata, H. (Hg.) (1996): Weltwirtschaft und Entwicklungspolitik. Wege zu einer entwicklungsgerechten Wirtschaftspolitik. Frankfurt.

Zapotoczky, K./Gruber, P. C. (Hg.) (1997): Entwicklungstheorien im Widerspruch. Plädoyer für eine Streitkultur in der Entwicklungspolitik. Frankfurt.

Ziegler, J. (2003): Die neuen Herrscher der Welt – und ihre globalen Widersacher. München.

Zimmerli, C./Wolf, S. (Hg.) (1994): Künstliche Intelligenz. Philosophische Probleme. Stuttgart.

Zinn, K. G. (1989): Kanonen und Pest. Über die Ursprünge der Neuzeit im 14. und 15. Jahrhundert. Opladen.